Instructor's Annotated Edition

D0203238

¡VIVA!

Primer curso de lengua española

Philip Redwine Donley, Late
Austin Community College

José A. Blanco

VISTA
HIGHER LEARNING

Boston, Massachusetts

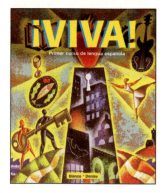

Publisher: José A. Blanco

President: Stephen Pekich

Editorial Director: Denise St. Jean

Art Director: Linda Jurras

Design Manager: Polo Barrera

Project Manager: Alicia Spinner

Staff Editor: Armando Brito

Contributing Writers and Editors: Diana Giraldo, Adriana Lavergne, Angélica Solares

Design, Production, and Manufacturing Team: Linde Gee; Niki Birbilis, Oscar Díez, Jonathan Gorey, Mauricio Henao; Gustavo Cinci

Technology Team: Andrew Paradise, Thomas Ziegelbauer

Cover image: Rafael López, *Key to the Heart*

Copyright © 2006 by Vista Higher Learning.

All rights reserved.

No part of this work may be reproduced or distributed in any form or by any means, electronic or mechanical, including photocopying and recording, or by any information storage or retrieval system without prior written permission from Vista Higher Learning, 31 St. James Avenue, Boston, MA 02116-4104.

Printed in the United States of America.

Student Text ISBN 1-59334-575-5

Instructor's Annotated Edition ISBN 1-59334-576-3

1 2 3 4 5 6 7 8 9 VH 09 08 07 06 05

Instructor's Annotated Edition

Table of Contents

The ¡VIVA! Story

Vista Higher Learning, the publisher of **¡VIVA!**, was founded with one mission: to raise the teaching of Spanish to a higher level. Years of experience working with textbook publishers convinced us that more could be done to offer you superior tools and to give your students a more profound learning experience. Along the way, we questioned everything about the way textbooks support the teaching of introductory college Spanish.

In fall 2000, the result was **VISTAS**, a textbook and coordinated package of ancillaries that looked different and *were* different. **PANORAMA**, a briefer text based on **VISTAS**, followed in fall 2001. We took a fresh look at introductory college Spanish and found that hundreds of Spanish instructors nationwide liked what they saw. In just two years, **VISTAS** and **PANORAMA** became the most widely adopted new introductory college Spanish programs in more than a decade. Building on this success, we published another introductory program entitled **AVENTURAS** in January 2003, which, to our pride and gratification, was also highly successful in winning a significant number of adoptions nationwide.

Now, Vista Higher Learning, our authors, and our editors welcome you to **¡VIVA!**, the more compact version of **AVENTURAS**. Like its classroom-proven parent program, **¡VIVA!** offers a communicative approach supported by the basic grammar and high-frequency vocabulary students need, as well as coverage of daily-life culture and an introduction to the countries of the Spanish-speaking world. **¡VIVA!** also shares the hallmark student-friendly design of Vista Higher Learning's other introductory Spanish programs and is accompanied by a complete set of fully integrated print and technology components.

We hope that you and your students enjoy using **¡VIVA!** Please contact us with your questions, comments, and reactions.

Vista Higher Learning
31 St. James Avenue
Boston, MA 02116-4104
TEL: 800-618-7375
FAX: 617-426-5215
www.vistahigherlearning.com

To get the most out of pages IAE-5–IAE-16 in your Instructor's Annotated Edition, you should familiarize yourself with the front matter to the **¡VIVA!** Student Text, especially Introduction (page iii), **¡VIVA!**-at-a-Glance (pages xii–xxiii), Video Programs (pages xxiv–xxvii), and Ancillaries (pages xxix–xxxi).

Getting to Know Your Instructor's Annotated Edition

The Instructor's Annotated Edition (IAE) of **¡VIVA!** contains a wealth of teaching resources. Answers to exercises are overprinted on the student text pages. Marginal annotations complement and support varied teaching styles, extend the rich contents of the student text, and save you time in class preparation and course management. Here are the principle types of annotations in your IAE:

- **Para empezar** Questions on the lesson opener photo for use in jump-starting the lesson
- **Instructional Resources** A correlation to all student and instructor supplements available to reinforce each lesson section or subsection. The following abbreviations appear in the listings:

WB	Workbook	**Tests**	Testing Program
VM	Video Manual	**Es Video**	**Escenas** VHS Video
LM	Lab Manual	**Ph Video**	**¡Vivan los países hispanos!** VHS Video
Text CD	Textbook Activities CD	**Es DVD**	**Escenas** DVD
Lab CD/MP3	Lab Audio CD/Lab MP3 Files Audio CD-ROM	**Ph DVD**	**¡Vivan los países hispanos!** DVD
		Es V CD-ROM	**Escenas** Video CD-ROM
Vocab CD	Vocabulary CD	**I CD-ROM**	Interactive CD-ROM
OT	Overhead Transparencies	**Website**	Companion website (**www.vistahigherlearning.com**)
IRM	Instructor's Resource Manual		

- **Suggestion** Ideas or techniques for presenting individual instructional elements and relevant cultural information
- **Expansion** Ideas and activities for expanding, varying, and reinforcing individual instructional elements
- **Variación léxica** Alternate words and expressions used in the Spanish-speaking world or extra information related to specific vocabulary items
- **Teaching Option** Supplemental activities, including games, that practice the language of the lesson section
- **Script** Printed transcripts of the audio recordings on the Textbook Activities CDs for the listening exercises in the **Preparación** and **Ampliación** sections
- **Video Synopsis** Summaries in the **Escenas** section that recap the video episode
- **Evaluation** Suggested rubrics for the **Escribir** activity in the **Ampliación** section
- **National Standards Icons** Special icons linking the sections or subsections to specific Standards

¡VIVA! and the *Standards for Foreign Language Learning*

Since 1982, when the *ACTFL Proficiency Guidelines* were first published, that seminal document and its subsequent revisions have influenced the teaching of modern languages in the United States. **¡VIVA!** was written with the concerns and philosophy of the *ACTFL Proficiency Guidelines* in mind. It emphasizes an interactive, proficiency-oriented approach to the teaching of language and culture.

¡VIVA!'s pedagogy was also informed from its inception by the *Standards for Foreign Language Learning in the 21st Century.* First published under the auspices of the National Standards in Foreign Language Education project, the Standards are organized into five goal areas, often called the Five Cs: Communication, Cultures, Connections, Comparisons, and Communities.

Since **¡VIVA!** takes a communicative approach to the teaching and learning of Spanish, the Communications goal is an integral part of the student text. For example, the basic structure of the **Gramática** section with explanations and activities presented on the same two-page spread supports and facilitates communication by providing students with immediate access to information essential to using Spanish in the activities. In addition, diverse activity formats (interviews, role-plays, surveys, task-based, and so forth) in **Preparación**, **Gramática**, and **Ampliación** engage students in communicative exchanges. Listening exercises in **Preparación** and **Ampliación** develop students' listening and interpreting skills. Furthermore, **Un paso más** in **Ampliación** guides students in presenting information, concepts, and ideas to their classmates on a variety of topics and in varied ways.

The Cultures goal is most evident in the **Exploración**, **Español en vivo**, and **¡Vivan los países hispanos!** sections, but **¡VIVA!** also weaves culture into virtually every page, exposing students to the multiple facets of practices, products, and perspectives of the Spanish-speaking world. With respect to the Connections goal, students can connect with other disciplines such as geography, history, and fine arts in the **¡Vivan los países hispanos!** sections. They can also acquire information and recognize distinctive cultural viewpoints in the non-literary and literary texts of the **Lectura** sections. The **Pronunciación** and **Gramática** sections, with their clear explanations, reflect the Comparisons goal. Students can work toward the Connections and Communities goals when they do the **En Internet** activities, as well as the activities on the **¡VIVA!** website. In addition, special Standards icons appear on the pages of your IAE to call out sections that have a particularly strong relationship with the Standards. You will find many more connections to the Standards as you work with the student textbook and its ancillaries.

General Teaching Considerations

Orienting Students to the Student Textbook

Since the design of ¡VIVA! was created to support students' language learning experience, you may want to spend some time orienting them to the textbook. Have students flip through **Lección 1**, pointing out the major sections. Explain that all lessons are organized in the same manner and that, because of this, they will always know "where they are" in the textbook. Emphasize that sections are self-contained, occupying either a full page or a spread of two facing pages, which eliminates the need to flip back and forth to do activities or to reference grammar explanations. Call students' attention to the use of color to highlight important information in charts, diagrams, word lists, exercise **modelos**, and activity titles. Also point out how the major sections of each lesson are color-coded for easy navigation: red for **Preparación**, green for **Escenas**, burgundy for **Gramática**, purple for **Lectura**, and gold for **Vocabulario**. Then have students turn to the **¡Vivan los países hispanos!** section that follows **Lección 2**. Explain that these sections cover different countries or regions of the Spanish-speaking world and that they appear every two lessons.

Flexible Lesson Organization

To meet the needs of diverse teaching styles, institutions, and instructional objectives, the lesson organization of ¡VIVA! is flexible. For example, you can begin with the lesson opening page and progress sequentially through the lesson. If you do not want to devote class time to teaching grammar, you can assign the **Gramática** explanations for outside study, freeing up class time for other purposes like developing speaking skills; building listening, reading, or writing skills; learning more about the Spanish-speaking world; or working with the video program. You might even prefer to skip some sections depending on students' interests and time constraints. If you plan on using the ¡VIVA! Testing Program, however, be aware that the tests and exams contain sections based on language presented in **Preparación**, **Gramática**, and the **Expresiones útiles** of **Escenas**.

Identifying Active Vocabulary

All words and expressions appearing with the illustrations and in the thematic lists in the **Preparación** section are considered active vocabulary. The words and expressions in the **Expresiones útiles** boxes in the **Escenas** section, as well as words in charts, word lists, and sample sentences in the **Gramática** section, are also active vocabulary.

To increase students' lexicon, the Instructor's Resource Manual includes a supplemental vocabulary list for each lesson that may be distributed to the class.

General Suggestions for Using *Preparación*

Lesson Vocabulary

- Introduce the new vocabulary using one of the full-color overhead transparencies.
- Introduce the new vocabulary by providing comprehensible input on your own in the form of a description or narration or through the use of tapes, videos, or readings.
- Introduce the new vocabulary using Total Physical Response (TPR).
- Ask questions based on the new vocabulary and photos or illustrations.

Práctica y conversación: listening

- If class time is limited, assign the *listening* activities as homework, although it is advisable to do this section in class for the first few lessons, so students develop good listening habits.
- Tell students that they should listen for general meaning and not worry about understanding every word they hear.
- Before playing the recording, read the direction line to the class to set the scene and have students read through the exercise as a pre-listening activity.
- If the recorded passage is long, encourage students to take notes.

Práctica y conversación: pairs and groups

- Have students form pairs or groups quickly, or assign students to pairs and groups.
- Allow sufficient time for pairs or groups to do activities (between five and fifteen minutes depending on the activity), but do not give them too much time or they may lapse into English and socialize. Always give students a time limit for an activity before they begin.
- Insist on the use of Spanish only during activities. Encourage students to use language creatively.
- Monitor students to make sure they are on task. Note common errors to be worked on for general improvement.
- Remind students to jot down information during the interview and survey activities.

Pronunciación

- Explain how the sounds are pronounced.
- Have students find examples of the sounds in the vocabulary of the lesson or preceding lessons.
- Model pronunciation of example words followed by choral repetition.
- Remind students that the **Pronunciación** section is recorded on the Textbook Activities CDs and the Lab CDs/MP3 files so they can practice the sounds on their own.

General Suggestions for Using *Escenas*

Escenas and *Expresiones útiles*

- To introduce **Escenas**, have students predict what will happen based on the video stills.
- To introduce **Escenas**, have students brainstorm a list of things that might happen based on the title of a specific scenario, for example, shopping or checking into a hotel.
- Have students read the first half of **Escenas** and predict what will happen in the second half.
- See ideas under **General Suggestions for Using the Escenas Video**, page IAE-12.
- Where appropriate, explain which phrases in the **Expresiones útiles** are more or less formal, emphatic, or polite.
- Have students identify situations in which they would use certain phrases in the **Expresiones útiles**.

¿Qué piensas?

- The **¿Qué piensas?** activities can be done orally as class, pair, or group activities. Some may be assigned as written homework if they do not involve pair or group work.
- See the instructor annotations for individual activities in your IAE.

Exploración

- Relate **Exploración** to the lesson theme.
- Use the photos as a basis for cross-cultural comparisons. Have students describe what they see in each photo, and then explain how things are similar or different in their culture.
- Use **Exploración** as a reading comprehension exercise. Have students read the material in class, then ask them content questions or give them true/false statements.
- Use **Exploración** as a pronunciation exercise by having different students read the captions aloud in class.
- If time permits, show a video or slides related to the topic.
- Have students research additional information about the topic in the library or on the Internet.

General Suggestions for Using *Gramática*

Grammar Explanations

- Try to keep grammar explanations to a minimum. Grammar explanations can be assigned as homework so that class time can be devoted to the **Práctica y Conversación** activities.
- Have students locate examples of the grammar points in the **Escenas** section.
- See the Instructor's Resource Manual for specific ideas or techniques for presenting individual grammar points in each lesson.

Práctica y Conversación

- Exercises can be done orally with the whole class or in pairs or small groups. They may also be assigned as written homework.
- See the instructor annotations for individual activities in the Instructor's Resource Manual.

Español en vivo

- See the instructor annotations in your IAE for questions and individual activities.

General Suggestions for Using *Ampliación*

Escuchar

- Point out to students how the listening strategies (*Tips*) will help them develop their listening skills.

Conversar

- For suggestions, see **Práctica y conversación: pairs and groups**, page IAE-9.

Escribir

- Briefly discuss the writing tip in each **Escribir** activity with students. Point out how these strategies will help them develop their writing skills in Spanish.
- In the first lesson, explain the four steps in the writing process (**Organízalo**, **Escríbelo**, **Corrígelo**, and **Compártelo**) and their purpose. Tell students on what basis you will grade their work.
- Encourage students to be creative in their writing, but remind them to keep their writing simple and to use vocabulary and structures they know.

General Suggestions for Using *Lectura*

- Briefly discuss the **Antes de leer** with students. Point out that these reading strategies will develop their reading skills. Discourage students from translating the readings into English or relying on a dictionary.
- Use the photos and other visuals as a basis for cross-cultural comparisons.
- If the **Lectura** is used as an in-class reading comprehension exercise, students can complete the **¿Comprendiste?** and **Preguntas** activities orally as a class, in pairs, or in groups of three.

General Suggestions for Using ¡*Vivan los países hispanos!*

- This section can be used as an in-class or homework assignment. It may also be presented at any time during or after the lesson it follows.
- Have students look at the map or project an overhead transparency with the map. Ask them to read aloud the names of the cities and geographical features, or ask questions about the locations of certain cities and geographical features.
- For additional suggestions, see **Exploración**, page IAE-10.

General Suggestions for Using the *Escenas* Video

The **Escenas** section in Lessons 1–15 of the student text and the **Escenas** video were created as interlocking pieces. All photos in the **Escenas** section are actual video stills from the corresponding video module. The printed conversations are shortened versions of the video module. Both represent comprehensible input at the discourse level; they were purposely written to use language from the corresponding lesson's **Preparación** and **Gramática** sections. Thus, as of **Lección 2**, they recycle known language, preview grammar points students will study later in the lesson, and, in keeping with the concept of "i + 1," contain a small amount of unknown language.

Since the **Escenas** section in the text and the **Escenas** video are so closely connected, you may use them in different ways. For instance, you can use the **Escenas** section as an advance organizer, presenting it before showing the video module or vice versa. You can also show the video module at the end of the lesson as a culminating activity. You can even use the **Escenas** text section as a stand-alone, video-independent section.

You might decide to show the video modules in class or to assign them for viewing outside the classroom. You could begin by showing the first one or two modules in class to familiarize the students with the characters, story line, style, "flashbacks," and **Resumen** sections. After that, you could work in class only with the **Escenas** section and have students view the remaining video modules outside of class. No matter which approach you choose, students have ample materials to support viewing the video independently and processing it in a meaningful way. For each video module, there are **¿Qué piensas?** activities in the **Escenas** section of the corresponding textbook lesson and additional activities in the Video Manual.

You might also want to use the **Escenas** video in class when working with the **Gramática** sections. You could play the sections of the dramatic episode that correspond to the video stills in the grammar explanations or show parts of the episode and ask students to identify certain grammar points.

You could also focus on the video's **Resumen** sections. These sections provide a new, often humorous setting for the host character's reminiscences, as well as opportunities for students to process language they have been studying within the context of the video story line.

General Suggestions for Using the *¡Vivan los países hispanos!* Video

The **¡Vivan los países hispanos!** video contains documentary and/or travelogue footage of each country featured in the lessons' **¡Vivan los países hispanos!** section. The images were chosen for visual appeal, diversity of topics, and information that goes beyond what is presented in the textbook. Like the conversations in the **Escenas** video, the voice-overs for the video segments represent comprehensible input. Each was written to make the most of the vocabulary and grammar students learned in the corresponding and previous lessons while still providing a small amount of unknown language. All footage is authentic, all narration is exclusively in Spanish, and a special effort was made to concentrate on one unique aspect of each country in order to avoid stereotyping Spanish-speaking cultures.

Activities for the **¡Vivan los países hispanos!** video are in the Video Manual section of the **¡VIVA!** Workbook/Video Manual. They follow a process approach of pre-viewing, while-viewing, and post-viewing and use a variety of formats to prepare students for watching the video segments, to focus them while watching, and to check comprehension afterwards. The following suggestions can be expanded upon in any number of ways.

Before viewing

- Have pairs make a list of the lesson vocabulary they expect to hear in the video segment.
- Read the class a list of true-false or multiple-choice questions about the video. Students must use what they learned in the **¡Vivan los países hispanos!** section to guess the answers. Confirm their guesses after watching the segment.

While viewing

- Show the video segment with the audio turned off and ask students to use lesson vocabulary and structures to describe what is happening. Have them confirm their guesses by showing the segment again with the audio on.
- Photocopy the segment's videoscript from the Instructor's Resource Manual and white out words and expressions related to the lesson theme. Distribute the scripts for pairs or groups to complete as cloze paragraphs.

After viewing

- Have students say what aspects of the information presented in the **¡Vivan los países hispanos!** section of their textbook are observable in the video segment.
- Ask students to discuss any aspects of the featured country of which they were unaware before watching. Encourage them to say why they didn't expect those aspects to be true of the country in question.

Course Planning

The **¡VIVA!** program was developed keeping in mind the need for flexibility and manageability in a wide variety of academic situations. The following sample course plans illustrate how **¡VIVA!** can be used in courses on a semester or quarter system and in courses that complete the book in two, three, or four semesters. You should, of course, feel free to organize your courses in the way that best suits your students' needs and your instructional goals.

Two-Semester System

The following chart shows how the **¡VIVA!** program can be completed in a two-semester course. The division of material allows the present indicative tense, the present progressive tense, and the preterite to be presented in the first semester; the second semester covers the imperfect, the subjunctive, the present and past perfect tenses, the future, and the conditional.

Semester 1	Semester 2
Lecciones 1–8	Lecciones 9–16

Three-Semester Course or Quarter System

This chart presents one way to configure **¡VIVA!** for a three-semester course or for the quarter system. This arrangement allots only five lessons to the second and third semesters, which gives students more time to absorb and practice new verb tenses.

Semester 1	Semester 2	Semester 3
Lecciones 1–6	Lecciones 7–11	Lecciones 12–16

Four-Semester System

This chart illustrates how **¡VIVA!** can be used in a four-semester course. The lessons are equally divided among the four semesters, allowing students to progress at a steady pace.

Semester 1	Semester 2	Semester 3	Semester 4
Lecciones 1–4	Lecciones 5–8	Lecciones 9–12	Lecciones 13–16

Lesson Planning

¡VIVA! has been carefully planned to meet your instructional needs and for maximum flexibility. Vocabulary presentations and grammar topics have been designed with students and ease of use in mind. This sample lesson plan illustrates how ¡VIVA! can be used in a two-semester program with five contact hours per week and fifty-minute classes.

NOTE: Specific instructional techniques, suggestions, and other relevant material are presented in marginal annotations on the pages of the ¡VIVA! Instructor's Annotated Edition and in the Instructor's Resource Manual. In addition, lesson plans for all lessons are posted on the ¡VIVA! companion website.

Sample Lesson Plan for *Lección 3*

Day 1
1. Preview the **Preparación** section and present the lesson vocabulary.
2. Do **Práctica y conversación Actividades 1–3** with the class.
3. Have students review the lesson vocabulary and read through **Actividad 4** and **Pronunciación** for the next class.

Day 2
1. Review the lesson vocabulary.
2. Have students do **Actividad 4** in class.
3. Go over the **Pronunciación** section with the class.
4. Preview the dramatic episode and **Expresiones útiles** in the **Escenas** section.
5. Have students read the **Escenas** and **Exploración** sections for the next class. Tell them to prepare the **¿Qué piensas?** activities.

Day 3
1. Review the lesson vocabulary and **Expresiones útiles**.
2. Present the **Escenas** episode and do the **¿Qué piensas?** activities.
3. Ask students to say what their double last names would be in a Spanish-speaking country, as discussed in the **Exploración** section. Have them do the **Coméntalo** activities in pairs.
4. Present **Gramática 3.1.**
5. Have students study **Gramática 3.1** and prepare **Actividades 1–2** for the next class.

Day 4
1. Review the lesson vocabulary and **Expresiones útiles**.
2. Work through **Actividades 1–2** for **Gramática 3.1** with the class.
3. Have students do **Actividades 3–4** during class.
4. Present **Gramática 3.2.**
5. Have students study **Gramática 3.2** and prepare **Actividad 1** for the next class.

Day 5

1. Review **Gramática 3.1.**
2. Work through **Actividad 1** for **Gramática 3.2** with the class.
3. Have students do **Actividades 2–4** during class.
4. Present **Gramática 3.3**.
5. Have students study **Gramática 3.3** and prepare **Actividades 1–2** for the next class.

Day 6

1. Review **Gramática 3.2.**
2. Work through **Actividades 1–2** for **Gramática 3.3** with the class. Have students do them in pairs.
3. Have students do **Actividades 3–4** during class.
4. Present **Gramática 3.4.**
5. Have students study **Gramática 3.4** and prepare **Actividades 1–2** for the next class.

Day 7

1. Review **Gramática 3.3.**
2. Work through **Actividades 1–2** for **Gramática 3.4** with the class.
3. Have students do **Actividades 3–4** during class.
4. Have students do the **Escuchar** and **Conversar** activities in the **Ampliación** section during class.
5. Have students read the **Lectura** and prepare the **Después de leer** activities for the next class. Also assign either the **Escribir** or the **Un paso más** activity from **Ampliación**.

Day 8

1. Go over the **Antes de leer** and **Después de leer** activities with the class.
2. Review **Lección 3** with the class. Explain to students what material will be covered on **Prueba A** for **Lección 3**.

Day 9

1. Administer **Prueba A** for **Lección 3**. Reserve **Prueba B** for makeup examinations.
2. Preview the **Preparación** section for **Lección 4**.
3. Have students read the **Preparación** section and prepare **Actividad 1** for the next class.

¡VIVA!

Primer curso de lengua española

Philip Redwine Donley, Late
Austin Community College

José A. Blanco

VISTA
HIGHER LEARNING

Boston, Massachusetts

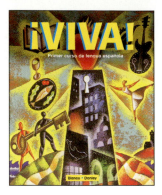

Publisher: José A. Blanco

President: Stephen Pekich

Editorial Director: Denise St. Jean

Art Director: Linda Jurras

Design Manager: Polo Barrera

Project Manager: Alicia Spinner

Staff Editor: Armando Brito, Sarah Kenney, Kristen Odlum

Contributing Writers and Editors: Diana Giraldo, Adriana Lavergne, Angélica Solares

Design, Production, and Manufacturing Team: Linde Gee; Niki Birbilis, Oscar Díez, Jonathan Gorey, Mauricio Henao; Gustavo Cinci

Technology Team: Andrew Paradise, Thomas Ziegelbauer

Cover image: Rafael López, *Key to the Heart*

Copyright © 2006 by Vista Higher Learning.

All rights reserved.

No part of this work may be reproduced or distributed in any form or by any means, electronic or mechanical, including photocopying and recording, or by any information storage or retrieval system without prior written permission from Vista Higher Learning, 31 St. James Avenue, Boston, MA 02116-4104.

Printed in the United States of America.

Student Text ISBN 1-59334-575-5

Instructor's Annotated Edition ISBN 1-59334-576-3

Library of Congress Card Number: 2004114833

1 2 3 4 5 6 7 8 9 VH 09 08 07 06 05

To Students and Instructors

Welcome to **¡VIVA!**, a compact, yet comprehensive introductory Spanish program, ideal for courses with limited contact hours or those in which instructors truly desire to complete their textbook in an academic year.

¡VIVA! provides students with an active learning experience focused on communicating in Spanish in the real world. In light of this, here are some of its features:

▶ Practical, high-frequency vocabulary for communicating in real-life situations

▶ Clear, concise grammar explanations that graphically highlight important concepts

▶ Guided activities to practice the target vocabulary and grammar so students feel confident communicating in Spanish

▶ Opportunities to interact in a variety of communicative situations in pairs, in small groups, or with the whole class

▶ Systematic development of reading, writing, and listening skills that integrates learning strategies and a process approach

▶ Presentation of important cultural aspects of the daily lives of Spanish speakers and coverage of the entire Spanish-speaking world

▶ A complete set of print and technology ancillaries to make learning and teaching Spanish easier and more efficient.

¡VIVA! also incorporates features unique to textbooks published by Vista Higher Learning that distinguish them from other college-level introductory Spanish textbooks:

▶ Original, user-friendly graphic design and layout that both support and facilitate language learning

▶ A visually dramatic and more cohesive way of integrating video with the student textbook

▶ An abundance of illustrations, photos, charts, and graphs, all specifically chosen or created to help students learn

▶ A highly structured, easy-to-navigate lesson organization, revolving around color-coded sections that appear either completely on one page or on logical spreads of two facing pages.

¡VIVA! has sixteen lessons, and each lesson is organized exactly in the same manner. In addition, a special **¡Vivan los países hispanos!** section appears after every two lessons.

All of us at Vista Higher Learning hope students and instructors alike enjoy the **¡VIVA!** program.

TABLE OF CONTENTS

	PREPARACIÓN	ESCENAS

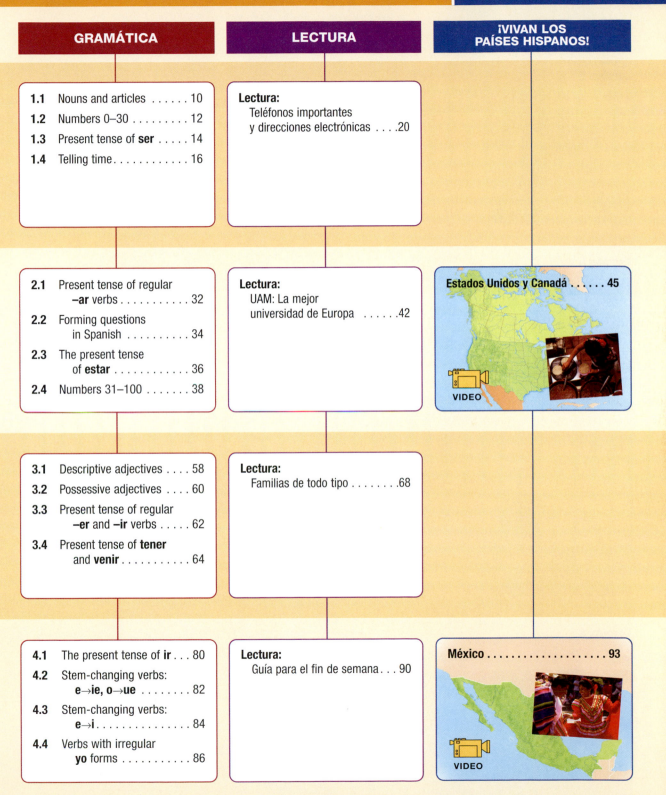

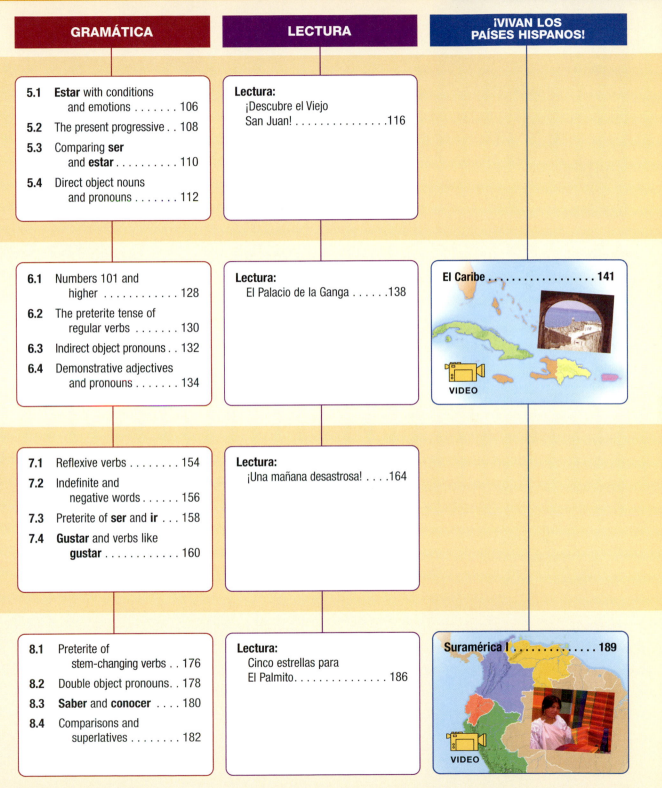

	PREPARACIÓN	ESCENAS

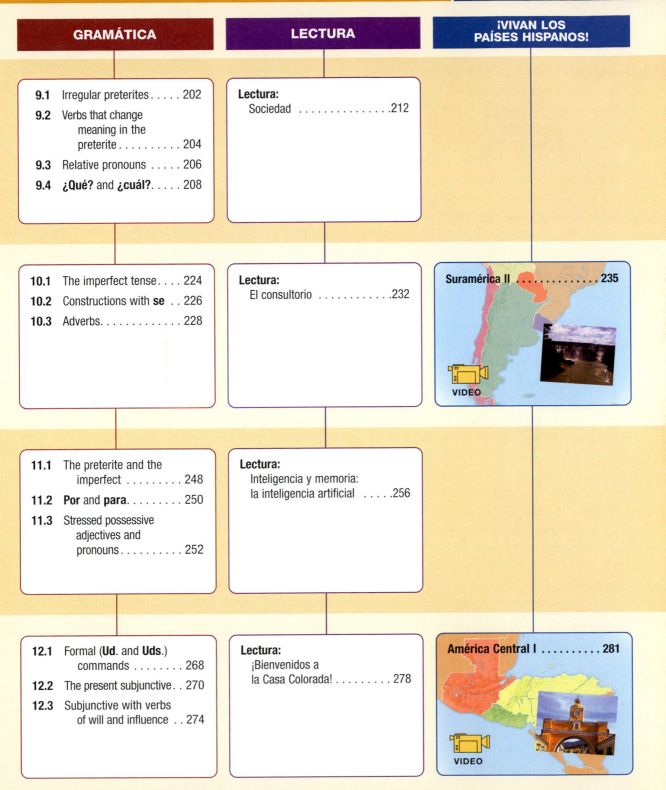

PREPARACIÓN

ESCENAS

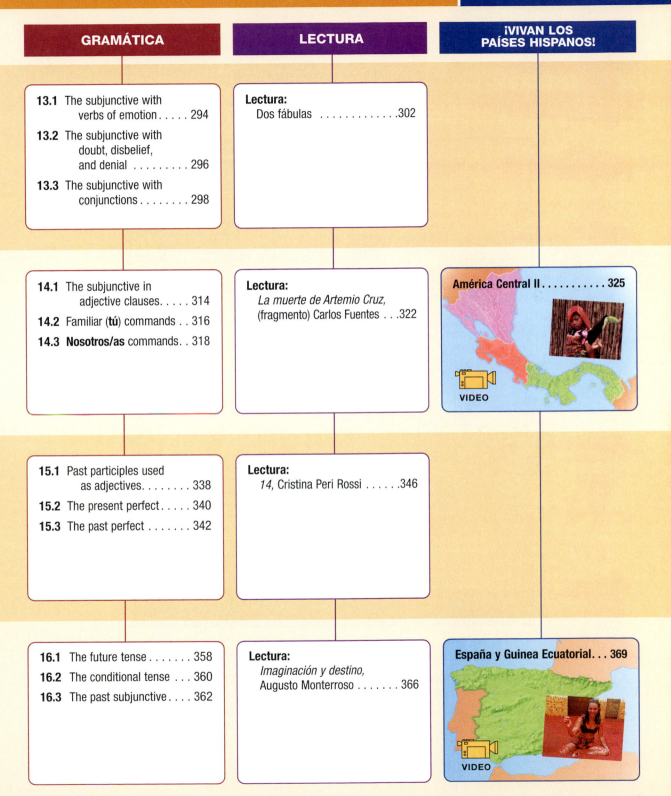

LESSON OPENERS
outline the content and goals of each lesson.

Communicative Goals
You will learn how to:
• talk about your family
• describe people
• express ownership

3 La familia

PREPARACIÓN
pages 50–53
• Words related to family and professions
• Diphthongs and linking

ESCENAS
pages 54–57
• On their way to Otavalo, Maite, Inés, Álex, and Javier talk about their families. Don Francisco observes the growing friendship between the four students.

GRAMÁTICA
pages 58–67
• Descriptive adjectives
• Possessive adjectives
• Present tense of regular –er and –ir verbs
• Present tense of tener and venir

LECTURA
pages 68–69
• Magazine article: *Familias de todo tipo*

Para empezar
• ¿Cuántas personas hay en la fotografía? ¿Tres o cuatro?
• ¿Son ellos compañeros de clase o son una familia?
• ¿Está el hombre lejos de la mujer o al lado de ella?
• ¿Ellos conversan, descansan o bailan?

Para empezar Jump-start activities allow you to use the Spanish you know to talk about the photos.

Lesson organization Each lesson's content is organized in major sections that are color-coded for easy navigation.

PREPARACIÓN

introduces meaningful vocabulary central to the lesson theme.

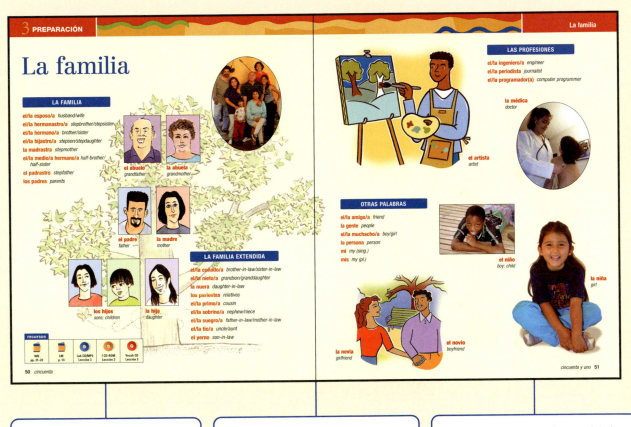

Art High-frequency vocabulary is presented with dynamic, full-color photos and illustrations.

Recursos boxes, whose icons are color-coded to match the print and technology supplements they represent, let you know exactly what ancillaries you can use to reinforce and expand on every section of every lesson. See page xxviii for a legend of the **recursos** boxes.

Vocabulary Important theme-related vocabulary appears in easy-to-reference Spanish-English lists.

PREPARACIÓN

practices vocabulary in meaningful contexts.

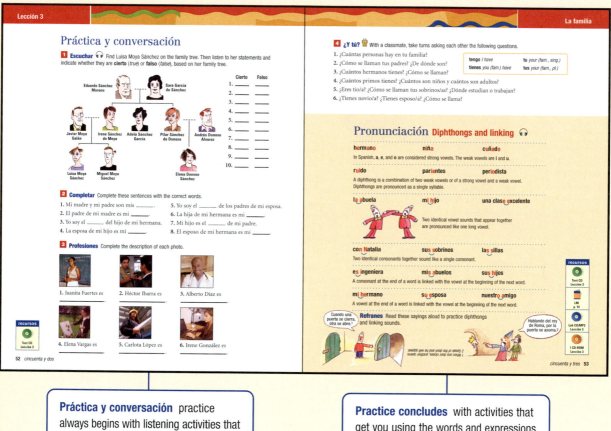

Práctica y conversación practice always begins with listening activities that allow you to recognize and understand the new vocabulary in real-life contexts, before you have to use it orally or in writing. Drawings and photos are often used to facilitate your comprehension.

Practice continues with guided, meaningful activities that reinforce the new vocabulary in diverse and engaging formats.

Practice concludes with activities that get you using the words and expressions creatively for self-expression in interactions with a partner, a small group, or the entire class.

Pronunciación explains the sounds and pronunciation of Spanish in **Lecciones 1–9**. **Ortografía** focuses on topics related to Spanish spelling in **Lecciones 10–16**.

ESCENAS

tells the story of four students traveling in Ecuador.

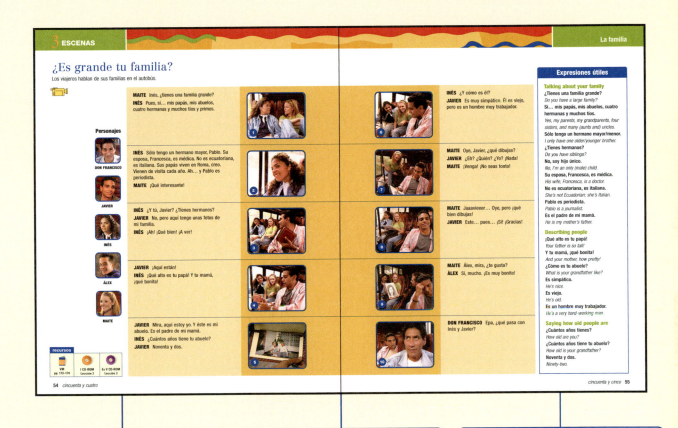

Personajes The photo-based conversations take place among a cast of recurring characters—four college students on vacation in Ecuador and the bus driver who accompanies them.

Escenas Video The photo-based **Escenas** conversations appear in the textbook's video program. To learn more about the video, turn to pages xxiv and xxv.

Expresiones útiles organizes new, active words and expressions by language function so you can focus on using them for real-life, practical purposes.

Conversations Taken from the **Escenas** video, the conversations re-enter vocabulary from **Preparación**. They also preview structures from the upcoming **Gramática** section in context *and* in a comprehensible way.

ESCENAS

¿Qué piensas? reinforces the *Escenas* conversations.

Lección 3

¿Qué piensas?

1 ¿Cierto o falso? Indicate whether each sentence is **cierto** or **falso**. Correct the false statements.

Cierto	Falso	
_____	_____	1. Inés tiene una familia grande.
		_____
_____	_____	2. Pablo, el hermano de Inés, es médico.
		_____
_____	_____	3. La cuñada de Inés es italiana.
		_____
_____	_____	4. Javier no tiene hermanos.
		_____
_____	_____	5. El abuelo de Javier es muy perezoso (*lazy*).
		_____
_____	_____	6. Javier habla del padre de su (*his*) padre.
		_____

2 Adivinar Read these sentences and guess which video character is being described. Each name is used twice.

JAVIER   INÉS   MAITE

1. Tiene cuatro hermanas y muchos tíos y primos. _____
2. Su abuelo tiene noventa y dos años, pero es muy trabajador. _____
3. Ella dice que (*says that*) Javier dibuja muy bien. _____
4. Ella tiene muchas preguntas para (*for*) sus amigos. _____
5. Su mamá es muy bonita. _____
6. Su cuñada es médica. _____

3 Sus familias With a partner, use these questions to talk about your families.

- ¿Es grande o pequeña (*small*) tu (*your*) familia? ¿Cuántas personas hay en tu familia?
- ¿Tienes muchos tíos y primos? ¿Dónde viven?
- ¿Tienes un(a) tío/a o un(a) primo/a favorito/a? ¿Cómo es?

56 *cincuenta y seis*

¿Qué piensas? provides guided exercises to check your understanding of the **Escenas** conversations and communicative activities to allow you to react to them in a personalized way.

ESCENAS

Exploración provides cultural information related to the *Escenas* episode.

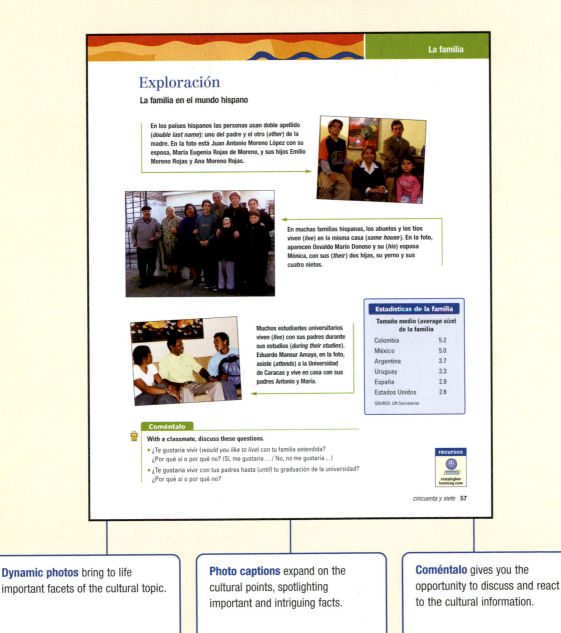

La familia

Exploración

La familia en el mundo hispano

En los países hispanos las personas usan doble apellido (*double last name*): uno del padre y el otro (*other*) de la madre. En la foto está Juan Antonio Moreno López con su esposa, María Eugenia Rojas de Moreno, y sus hijos Emilio Moreno Rojas y Ana Moreno Rojas.

En muchas familias hispanas, los abuelos y los tíos viven (*live*) en la misma casa (*same house*). En la foto, aparecen Osvaldo Marín Donoso y su (*his*) esposa Mónica, con sus (*their*) dos hijas, su yerno y sus cuatro nietos.

Muchos estudiantes universitarios viven (*live*) con sus padres durante sus estudios (*during their studies*). Eduardo Mansur Amaya, en la foto, asiste (*attends*) a la Universidad de Caracas y vive en casa con sus padres Antonio y María.

Estadísticas de la familia

Tamaño medio (*average size*) de la familia	
Colombia	5.2
México	5.0
Argentina	3.7
Uruguay	3.3
España	2.9
Estados Unidos	2.6

SOURCE: UN Secretariat

Coméntalo

With a classmate, discuss these questions.

- ¿Te gustaría vivir (*would you like to live*) con tu familia extendida? ¿Por qué sí o por qué no? (Sí, me gustaría… / No, no me gustaría…)
- ¿Te gustaría vivir con tus padres hasta (*until*) tu graduación de la universidad? ¿Por qué sí o por qué no?

recursos

vistahigher learning.com

cincuenta y siete **57**

Dynamic photos bring to life important facets of the cultural topic.

Photo captions expand on the cultural points, spotlighting important and intriguing facts.

Coméntalo gives you the opportunity to discuss and react to the cultural information.

GRAMÁTICA
presents grammar clearly and concisely.

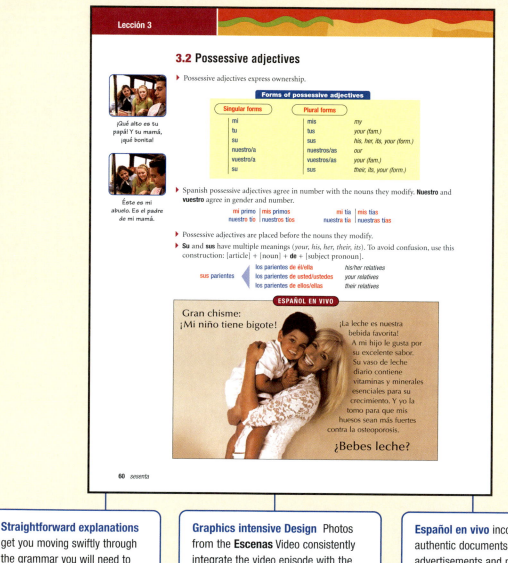

Lección 3

3.2 Possessive adjectives

▶ Possessive adjectives express ownership.

Forms of possessive adjectives

Singular forms	Plural forms	
mi	mis	*my*
tu	tus	*your (fam.)*
su	sus	*his, her, its, your (form.)*
nuestro/a	nuestros/as	*our*
vuestro/a	vuestros/as	*your (fam.)*
su	sus	*their, its, your (form.)*

▶ Spanish possessive adjectives agree in number with the nouns they modify. **Nuestro** and **vuestro** agree in gender and number.

mi primo	mis primos	mi tía	mis tías
nuestro tío	nuestros tíos	nuestra tía	nuestras tías

▶ Possessive adjectives are placed before the nouns they modify.

▶ **Su** and **sus** have multiple meanings (*your, his, her, their, its*). To avoid confusion, use this construction: [article] + [noun] + **de** + [subject pronoun].

sus parientes	los parientes **de él/ella**	*his/her relatives*
	los parientes **de usted/ustedes**	*your relatives*
	los parientes **de ellos/ellas**	*their relatives*

ESPAÑOL EN VIVO

Gran chisme:
¡Mi niño tiene bigote!

¡La leche es nuestra bebida favorita! A mi hijo le gusta por su excelente sabor. Su vaso de leche diario contiene vitaminas y minerales esenciales para su crecimiento. Y yo la tomo para que mis huesos sean más fuertes contra la osteoporosis.

¿Bebes leche?

Photo captions:
¡Qué alto es tu papá! Y tu mamá, ¡qué bonita!

Éste es mi abuelo. Es el padre de mi mamá.

60 *sesenta*

Straightforward explanations get you moving swiftly through the grammar you will need to start communicating in Spanish.

Graphics intensive Design Photos from the **Escenas** Video consistently integrate the video episode with the grammar explanations. Additional photos, drawings, charts, and diagrams enliven the presentation.

Español en vivo incorporates authentic documents, like advertisements and movie posters, into the grammar explanations, highlighting the use of the grammar point in a real-life context.

GRAMÁTICA

provides varied types of directed and communicative practice.

La familia

Práctica y conversación

1 Completar Marta just took a photo of her family. Complete her description of the photo.

Ésta es una foto de _____ familia. Aquí están _____ abuelos. Son los padres de _____ papá. _____ casa (*home*) está en Miami. Este hombre es _____ papá. Se llama David y es médico. _____ mamá se llama Rebeca; es periodista. _____ tía Silvia es la hermana de _____. Y aquí está _____ hermano Ramón. La esposa de _____ se llama Sonia. _____ hijos Javier y Sara son _____ sobrinos. Son muy simpáticos.

2 ¿Dónde está? You can't remember where you put some of your belongings. Your partner will look at the pictures and remind you.

MODELO
Estudiante 1: ¿Dónde está mi pluma?
Estudiante 2: Tu pluma está al lado de la computadora.

1.
2.
3.
4.
5.
6.

3 Describir With a partner, describe these people and places.

MODELO
La biblioteca de tu universidad
La biblioteca de mi universidad es muy grande. Hay muchos libros en la biblioteca.

1. Tus padres
2. Tus abuelos
3. Tu mejor (*best*) amigo/a
4. Tu novio/a ideal
5. Tu universidad
6. La librería
7. Tu profesor
8. Tu clase de español

4 Tres fotos Choose one of the three family photos and describe the family as if it were your own. Your partner will guess which photo you are describing. Then switch roles.

Familia 1

Familia 2

Familia 3

sesenta y uno **61**

Guided Practice Práctica y conversación begins with a wide range of guided exercises in contexts that combine current and previously learned vocabulary with the current grammar point.

Open-ended practice Práctica y conversación ends with opportunities for creative expression using the lesson's grammar and vocabulary. Activities take place with a partner, in small groups, or with the whole class.

Icons provide on-the-spot visual cues for pair, and small-group activities. For a legend explaining all of the icons used in the student text, see page xxviii.

GRAMÁTICA

Ampliación develops language skills as it synthesizes the lesson's grammar and vocabulary.

Ampliación

1 Escuchar 🎧

A Listen to Cristina and Laura's conversation. Then indicate who would make each statement.

TIP **Ask for repetition.** You can ask someone to repeat by saying **¿Cómo?** (*What?*) or **¿Perdón?** (*Pardon me?*). You can ask your teacher to repeat by saying **Repítalo, por favor** (*Repeat it, please*). If you don't understand a recorded activity, simply replay it.

	Cristina	Laura
1. Mi novio habla sólo (*only*) del fútbol y del béisbol.	☐	☐
2. Tengo un novio muy interesante y simpático.	☐	☐
3. Mi novio es alto y moreno.	☐	☐
4. Mi novio trabaja mucho.	☐	☐
5. Mi amiga no tiene buena suerte con los muchachos.	☐	☐
6. El novio de mi amiga es un poco gordo, pero guapo.	☐	☐

B ¿Cómo son Laura y Cristina? ¿Cómo son sus novios? ¿Tienes novio/a? ¿Cómo es?

2 Conversar 👥
You are taking a friend to a reunion of your extended family. So that there will not be any surprises for your friend, you have a conversation with him or her to talk about your relatives. During the conversation, your friend should find out about the following:

• Which family members are coming, including their names and their relationship to you
• What each family member is like
• How old each person is
• Where each person is from
• Where each person lives

recursos

Text CD Lección 3	WB pp. 23–30	LM pp. 15–18	Lab CD/MP3 Lección 3	I CD-ROM Lección 3	vistahigher learning.com

66 *sesenta y seis*

3 Escribir
An e-mail friend wants to know about your family. Write a message describing your family or an imaginary family.

TIP **Use idea maps.** Idea maps **help** you group your information.

moreno trabajador inteligente alto	trabajadora simpática bonita		
Simón *padre*	Rosa *madre*		
Mi familia			
José *hermano*			

Organízalo — Use an idea map to help you list and organize information about your family.

Escríbelo — Using the material you have compiled, write the first draft of your letter. Use an appropriate greeting, such as **Querido/a** (*Dear*), and an appropriate closing, such as **Un abrazo** (*A hug*).

Corrígelo — Exchange papers with a classmate and comment on the organization, style, and grammatical correctness of each other's work. Then revise your first draft, keeping your classmate's comments in mind.

Compártelo — Read your letter aloud to a small group of classmates. Discuss how your families are similar (**semejantes**) and how they are different (**distintas**).

4 Un paso más
Create an illustrated family tree for your family and share it with the class. Your family tree might include these elements:

• A simple title
• A format that clearly shows the relationships between family members
• Photos of family members and their names, following Hispanic naming conventions
• A few adjectives that describe each family member

En Internet

Investiga estos temas en el sitio vistahigherlearning.com.
• La familia en las culturas hispanas
• La amistad (*friendship*) en las culturas hispanas

sesenta y siete 67

Escuchar uses a recorded conversation or narration to develop your listening skills in Spanish and checks your understanding of what you heard.

Escribir provides a writing topic and takes you step-by-step through the writing process, including planning, writing a first draft, peer review, and correcting your work.

Un paso más engages you in a project in which you research and create a tangible product such as a radio broadcast, a brochure, or a Web page.

Conversar focuses on developing your oral communication skills through realistic, practical role-plays and situations.

Tips present valuable on-the-spot listening and writing strategies to help you carry out the accompanying activities more easily and effectively.

En Internet lists relevant topics you can research on the Web.

LECTURA
develops reading skills in the context of the lesson theme.

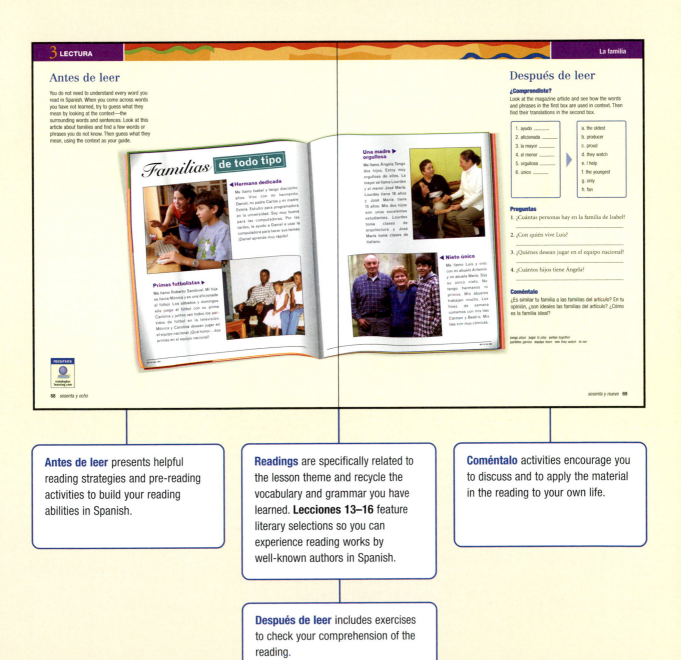

Antes de leer presents helpful reading strategies and pre-reading activities to build your reading abilities in Spanish.

Readings are specifically related to the lesson theme and recycle the vocabulary and grammar you have learned. **Lecciones 13–16** feature literary selections so you can experience reading works by well-known authors in Spanish.

Coméntalo activities encourage you to discuss and to apply the material in the reading to your own life.

Después de leer includes exercises to check your comprehension of the reading.

VOCABULARIO
summarizes all the active vocabulary in each lesson.

3 VOCABULARIO

La familia

el/la abuelo/a	grandfather/grandmother
el/la cuñado/a	brother-in-law/sister-in-law
el/la esposo/a	husband/wife; spouse
la familia	family
el/la hermanastro/a	stepbrother/stepsister
el/la hermano/a	brother/sister
el/la hijastro/a	stepson/stepdaughter
el/la hijo/a	son/daughter
los/las hijos/as	children; sons; daughters
la madrastra	stepmother
la madre	mother
el/la medio/a hermano/a	half-brother/half-sister
el/la nieto/a	grandson/granddaughter
la nuera	daughter-in-law
el padrastro	stepfather
el padre	father
los padres	parents
los parientes	relatives
el/la primo/a	cousin
el/la sobrino/a	nephew/niece
el/la suegro/a	father-in-law/mother-in-law
el/la tío/a	uncle/aunt
el yerno	son-in-law

Otras personas

el/la amigo/a	friend
la gente	people
el/la muchacho/a	boy/girl
el/la niño/a	child; boy/girl
el/la novio/a	boyfriend/girlfriend
la persona	person

Adjetivos

alto/a	tall
antipático/a	unpleasant
bajo/a	short
bonito/a	pretty
buen, bueno/a	good
delgado/a	thin; slender
difícil	difficult; hard
fácil	easy
feo/a	ugly
gordo/a	fat
gran, grande	big, large; great
guapo/a	handsome; good-looking
importante	important
inteligente	intelligent
interesante	interesting
joven	young
mal, malo/a	bad
mismo/a	same
moreno/a	dark-haired
mucho/a	much; many; a lot of
pelirrojo/a	red-haired
pequeño/a	small
rubio/a	blond
simpático/a	nice; likeable
tonto/a	silly; foolish
trabajador(a)	hard-working
viejo/a	old

Las profesiones

el/la artista	artist
el/la ingeniero/a	engineer
el/la médico/a	doctor; physician
el/la periodista	journalist
el/la programador(a)	computer programmer

Verbos

abrir	to open
aprender	to learn
asistir (a)	to attend
beber	to drink
comer	to eat
compartir	to share
comprender	to understand
correr	to run
creer (en)	to believe (in)
deber (+ inf.)	to have to; should
decidir	to decide
describir	to describe
escribir	to write
leer	to read
recibir	to receive
tener	to have
venir	to come
vivir	to live

Expresiones con *tener*

tener… años	to be… years old
tener (mucho) calor	to be (very) hot
tener (mucho) cuidado	to be (very) careful
tener (mucho) frío	to be (very) cold
tener ganas de (+ inf.)	to feel like (doing something)
tener (mucha) hambre	to be (very) hungry
tener (mucho) miedo	to be (very) afraid/scared
tener (mucha) prisa	to be in a (big) hurry
tener que (+ inf.)	to have to (do something)
tener razón	to be right
no tener razón	to be wrong
tener (mucha) sed	to be (very) thirsty
tener (mucho) sueño	to be (very) sleepy
tener (mucha) suerte	to be (very) lucky

Expresiones útiles	See page 55.
Nationalities	See page 58.
Possessive adjectives	See page 60.

recursos

LM p. 18 — Lab CD/MP3 Lección 3 — Vocab CD Lección 3

70 setenta

Recorded vocabulary The **recursos** box at the bottom of the page highlight that the active lesson vocabulary is recorded for convenient study on both the Lab Audio Program and the Vocabulary CDs.

¡VIVAN LOS PAÍSES HISPANOS!

presents the nations of the Spanish-speaking world.

Opening page The opening page sets the scene for the section with a dramatic photo and statistics about the location.

Maps illustrate significant geographical sites and features and situate the country or area within its region and the world.

Photo captions Contemporary, eye-catching photos with captions explore key facets of the target location's culture such as history, fine arts, foods, celebrations, and traditions.

¿Qué aprendiste? activities check your understanding of key ideas.

En Internet suggests related topics for you to investigate further on the Web.

Cultural video A video segment for each featured country lets you experience the sights, and sounds of the Spanish-speaking world.

ESCENAS VIDEO

Fully integrated with your textbook, the **Escenas** Video contains fifteen episodes. The episodes present the adventures of four college students who are studying at the **Universidad de San Francisco** in Quito, Ecuador. They each decide to spend their vacation break on a bus tour of the Ecuadorian countryside with the ultimate goal of hiking up a volcano. The video, shot in various locations in Ecuador, tells their story and the story of Don Francisco, the tour bus driver who accompanies them.

The **Escenas** section in each textbook lesson is actually an abbreviated version of the dramatic episode featured in the video. Therefore, each **Escenas** section can be done before you see the corresponding video episode, after it, or as a section that stands alone in its own right.

The cast

Here are the main characters you will meet when you watch the **Escenas** Video:

 From Ecuador,
Inés Ayala Loor

 From Spain,
María Teresa (Maite)
Fuentes de Alba

 From Mexico,
Alejandro (Álex)
Morales Paredes

 From Puerto Rico,
Javier Gómez Lozano

 And, also from Ecuador,
don Francisco
Castillo Moreno

As you watch each video episode, you will first see a live segment in which the characters interact using vocabulary and grammar you are studying. As the video progresses, the live segments carefully combine new vocabulary and grammar with previously taught language. You will then see a **Resumen** section in which one of the main video characters recaps the live segment, emphasizing the grammar and vocabulary you are studying within the context of the episode's key events.

In addition, in most of the video episodes, there are brief pauses to allow the characters to reminisce about their home country. These flashbacks—montages of real-life images shot in Spain, Mexico, Puerto Rico, and various parts of Ecuador—connect the theme of the video to everyday life in various parts of the Spanish-speaking world.

¡VIVAN LOS PAÍSES HISPANOS! VIDEO

The **¡Vivan los países hispanos!** Video is integrated with the **¡Vivan los países hispanos!** section in each lesson of **¡VIVA!** Each segment is 2–3 minutes long and consists of documentary footage from each of the countries featured. The images were specially chosen for interest level and visual appeal, while the all-Spanish narrations were carefully written to reflect the vocabulary and grammar covered in the textbook.

As you watch the video segments, you will experience a diversity of images and topics: cities, monuments, traditions, festivals, archaeological sites, geographical wonders, and more. You will be transported to each Spanish-speaking country including the United States and Canada, thereby having the opportunity to expand your cultural perspectives with information directly related to the content of **¡VIVA!**

¡VIVAN LOS PAÍSES HISPANOS! VIDEO

Table of Contents

ICONS AND RECURSOS BOXES

Icons Familiarize yourself with these icons that appear throughout **¡VIVA!**

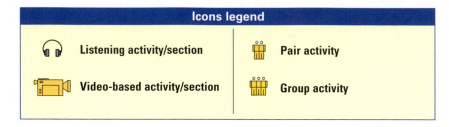

Icons legend	
🎧 Listening activity/section	Pair activity
📹 Video-based activity/section	Group activity

Recursos boxes let you know exactly what print and technology ancillaries you can use to reinforce and expand on every section of the lessons in your textbook. They even include page numbers when applicable. The colors of the icons match those of the actual ancillaries, making it easier for you to use the complete program. See the next page for a description of the ancillaries.

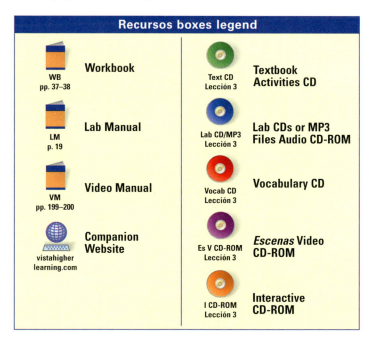

Recursos boxes legend

WB pp. 37–38	Workbook	Text CD Lección 3	Textbook Activities CD
LM p. 19	Lab Manual	Lab CD/MP3 Lección 3	Lab CDs or MP3 Files Audio CD-ROM
VM pp. 199–200	Video Manual	Vocab CD Lección 3	Vocabulary CD
vistahigher learning.com	Companion Website	Es V CD-ROM Lección 3	*Escenas* Video CD-ROM
		I CD-ROM Lección 3	Interactive CD-ROM

STUDENT ANCILLARIES

Workbook/Video Manual
The Workbook activities provide additional practice of the vocabulary and grammar in each textbook lesson, as well as activities for the **¡Vivan los países hispanos!** sections. The Video Manual includes previewing, viewing, and post-viewing activities to help you understand and explore the segments of both the **Escenas** and the **¡Vivan los países hispanos!** Videos.

Lab Manual
The Lab Manual activities for each textbook lesson focus on building your listening comprehension, speaking, and pronunciation skills in Spanish.

Lab Audio Program
Available on sixteen audio CDs or one MP3 Files Audio CD-ROM, the Lab Program contains the recordings to be used in conjunction with the activities of the Lab Manual.

Web-SAM Quia
Incorporating the **Escenas** and **¡Vivan los países hispanos!** Videos, as well as the complete Lab Audio Program, the Web-SAM delivers the Workbook, Video Manual, and Lab Manual online with automatic scoring. Instructors have access to powerful classroom management and gradebook tools that allow in-depth tracking of students' scores, customization of activities, and easy exporting of grades to Blackboard and WebCT courses.

Textbook Activities CDs*
The Textbook Activities CDs contain the audio recordings for the listening activities in the **Preparación, Pronunciación,** and **Ampliación** sections in each lesson of the student text.

*Free with purchase of a new Student Text

Vocabulary CDs*
The Vocabulary CDs contain recordings of the active vocabulary in each lesson of the student text.

Escenas Video CD-ROM*
This CD-ROM provides the complete **Escenas** Video with Spanish and English videoscripts, note-taking capabilities, and easy-to-use video viewing controls.

Interactive CD-ROMs*
These CD-ROMs contain multimedia practice of the language and culture presented in each textbook lesson, practice quizzes with autoscoring and feedback, and useful reference tools. All modules of the **Escenas** and **¡Vivan los países hispanos!** Videos are also included.

VHL Intro Spanish Pocket Dictionary & Language Guide*
The Pocket Dictionary & Language Guide is a portable reference containing all of **¡VIVA!**'s active vocabulary—plus additional useful expressions, lists of frequently-used topical vocabulary, and verb conjugations—all packaged in one handy, easy-to-carry volume.

Companion Website*
(www.vistahigherlearning.com)
The **¡VIVA!** Website provides Internet activities and additional readings for every textbook lesson, as well as activities for every **¡Vivan los países hispanos!** section. Among the resources included are links to the entire Spanish-speaking world and an entryway to the **¡VIVA!** Web-SAM.

xxix

INSTRUCTOR ANCILLARIES

In addition to the student ancillaries, all of which are available to the instructor, the following supplements are also available.

Instructor's Annotated Edition

The Instructor's Annotated Edition (IAE) provides a wealth of information designed to support classroom teaching. The IAE contains answers to exercises over-printed on the page, cultural and lexical information, suggestions for implementing and extending student activities, and cross-references to student and instructor ancillaries.

Instructor's Resource Manual

The Instructor's Resource Manual (IRM) offers materials that reinforce and expand on the lessons in the student text. It includes a supplementary reproducible list of vocabulary for each lesson, teaching suggestions and expansion activities for the **Gramática** sections and selected **Preparación** sections in the student textbook, English equivalents of the **Escenas** photo captions, tapescripts of the Lab Audio Program and Textbook Activities CDs, and videoscripts of the **Escenas** and **¡Vivan los países hispanos!** Video Programs.

Workbook/Video Manual/Lab Manual Answer Key

This component contains answer keys for all activities with discrete answers in the Workbook, Video Manual, and Lab Manual.

Escenas VHS Video

This text-specific video is closely integrated into the **Escenas** and **Gramática** sections of each textbook lesson. It contains dramatic episodes, cultural shots, and unique summary features. See pages xxiv–xxv for more information.

¡Vivan los países hispanos! VHS Video

Complementing and extending the **¡Vivan los países hispanos!** sections that occur after every even-numbered textbook lesson, this video consists of authentic footage from the twenty-one Spanish-speaking countries, including the United States and Canada. See pages xxvi–xxvii for more information.

Escenas and *¡Vivan los países hispanos!* DVDs

The **Escenas** and **¡Vivan los países hispanos!** Videos are also available on DVD.

Testing Program

The Testing Program contains versions A and B of the following: a test for each of the textbook's sixteen lessons, semester exams for Lessons 1–8 and 9–16, and quarter exams for Lessons 1–6, 7–11, and 12–16. All tests and exams include sections on listening comprehension, vocabulary, grammar, and communication. Listening scripts, answer keys, suggestions for oral tests, and an audio CD of the listening sections are also provided.

Testing Program Audio CD

This CD contains the listening passages to be used in conjunction with the listening sections on the tests and exams. Scripts for the passages are located in the printed Testing Program and on the Test Files CD-ROM.

Test Generator BROWNSTONE

The Test Generator provides a test bank of the entire **¡VIVA!** Testing Program on CD-ROM and includes a robust online testing component. Instructors can modify existing tests, create their own tests, and randomly generate new tests. Test items with discrete answers are automatically scored, and all grades are easily exported to WebCT and Blackboard.

Test Files CD-ROM

This CD-ROM contains the tests, exams, listening scripts, and answer keys of the printed Testing Program as Microsoft Word® files. Instructors may customize the materials to suit their curricula and/or teaching styles.

Overhead Transparencies

The Overhead Transparencies include maps of the Spanish-speaking world, drawings to reinforce vocabulary presented in the textbook's **Preparación** sections, and other useful illustrations for presenting or practicing concepts such as telling time.

VHL WebLinks for WebCT and Blackboard users

VHL WebLinks gives students direct access to online activities and other course content specially created for **¡VIVA!** through their WebCT or Blackboard courses.

Companion Website

(www.vistahigherlearning.com)
The **¡VIVA!** website supports instructors with a wide range of online resources—cultural information and links, lyrics to the music on the **Escenas** Video, a professional center, course syllabi, lesson plans, and more—that directly correlate to the textbook and go beyond it.

¡VIVA! REVIEWERS

On behalf of its authors and editors, Vista Higher Learning expresses its sincere appreciation to the more than eighty college professors nationwide who reviewed **AVENTURAS**, the parent program from which **¡VIVA!** is derived. We are grateful for their ideas and detailed comments, all of which were invaluable to **AVENTURAS** and **¡VIVA!** in their final published forms.

We also extend a thank you to the professors and students who have been using **AVENTURAS**. We appreciate their faith in our programs and value the input they share with us. That input plays a crucial role in the development of all our programs.

Finally, we extend a special thank you to the following teaching professionals who provided in-depth reviews of **AVENTURAS** based on the everyday use of the materials in their classrooms. Their practical comments and constructive ideas were critical in helping us to fine-tune **¡VIVA!**

Ellen Aramburu
University of Missouri, Rolla, MO

Lisa Barboun
Coastal Carolina University, SC

Berta Bilbao
Biola University, CA

Jeff DiIuglio
Curry College, MA

Miguel González-Abellas
Washburn University, KS

Marie Karam
University of Scranton, PA

Ilia Lively
Central Piedmont Community College, NC

Carolina Moctezuma
Cabrini College, PA

Anna Montoya
Florida Institute of Technology, FL

Peregrina Pereiro
Washburn University, KS

José A. Sandoval
Des Moines Area Community College, IA

Gabriela Segal
Arcadia University, PA

Charlene Suscavage
University of Southern Maine, ME

Henry Thurston-Griswold
Juniata College, PA

María Luisa Torres
Coastal Carolina University, SC

Rebecca Williams
Coastal Carolina University, SC

1 Hola, ¿qué tal?

PARA EMPEZAR Have students look at the photo. Ask: What do you think the young women are doing? Say: It is common in Hispanic cultures for friends to greet each other with a kiss (or two) on the cheek. Ask: How do you greet your friends?

Communicative Goals

You will learn how to:

- use greetings, farewells, courtesy expressions and numbers
- identify yourself and others
- tell time

Para empezar

- Guess what the people in the photo are saying:
  a. Por favor. b. Hola. c. amigo
- Most likely they would also say:
  a. Gracias. b. fiesta c. Buenos días.

Hola, ¿qué tal?

SALUDOS Y DESPEDIDAS

Buenas noches. *Good evening; good night.*

Buenas tardes. *Good afternoon.*

Hasta la vista. *See you later.*

Hasta pronto. *See you soon.*

Hasta mañana. *See you tomorrow.*

SUGGESTION Write a few greetings, farewells, and courtesy expressions on the board. Explain their meanings and model pronunciation. Circulate around the room greeting students, making introductions, and encouraging responses.

SEÑORA	Hola, señor Lara. ¿Cómo está usted?
SEÑOR	Muy bien, gracias. ¿Y usted, señora Salas?
SEÑORA	Bien, gracias.
SEÑOR	Hasta luego, señora Salas. Saludos al señor Salas.
SEÑORA	Adiós.

¿CÓMO ESTÁS?

¿Cómo estás? (*familiar*) *How are you?*

No muy bien. *Not very well.*

¿Qué pasa? *What's happening?; what's going on?*

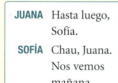

JUANA	Hasta luego, Sofía.
SOFÍA	Chau, Juana. Nos vemos mañana.

CARLOS	¿Qué tal, Roberto?
ROBERTO	Regular. ¿Y tú?
CARLOS	Bien. ¿Qué hay de nuevo?
ROBERTO	Nada.

recursos

WB pp. 1–2	LM p. 1	Lab CD/MP3 Lección 1	I CD-ROM Lección 1	Vocab CD Lección 1

INSTRUCTIONAL RESOURCES WB, LM, Lab CD/MP3, I CD-ROM, Vocab CD, OT, IRM

LAURA   Buenos días.
Me llamo Laura.

ESTEBAN   Buenos días.
Me llamo Esteban.
Mucho gusto.

LAURA   El gusto es mío.
¿De dónde eres?

ESTEBAN   Soy de los Estados
Unidos, de Texas.

PRESENTACIONES

¿Cómo te llamas (tu)?   *What's your name? (fam.)*

¿Cómo se llama usted?   *What's your name? (form.)*

Le presento a…   *I would like to introduce (name) to you. (form.)*

Te presento a…   *I would like to introduce (name) to you. (fam.)*

Éste es…   *This is… (masculine)*

Ésta es…   *This is… (feminine)*

SUGGESTION Point out the use of **usted** vs. **tú** in the conversations. Explain in which situations each form is appropriate.

EXPANSION Use the overhead transparency and have students identify informal and formal conversations. Have small groups create conversations based on the pictures and share them with the class.

SUSANA   Leti, éste es el señor
Garza.

LETICIA   Encantada.

SEÑOR GARZA   Igualmente. ¿De dónde
es usted, señora?

LETICIA   Soy de Puerto Rico.
¿Y usted?

SEÑOR GARZA   De México.

¡Muchas gracias!

EXPRESIONES DE CORTESÍA

Por favor.   *Please.*

De nada.   *You're welcome.*

No hay de qué.   *You're welcome.*

Lo siento.   *I'm sorry.*

Muchas gracias.   *Thank you very much;
thanks a lot.*

VARIACIÓN LÉXICA Point out these lexical items:

Buenos días. ➔ **Buenas.**

De nada. ➔ **A la orden.** (*colloquial*)

Lo siento. ➔ **Perdón.**

¿Qué tal? ➔ **¿Cómo te va?** (*colloquial*);
¿Qué hubo? (*Col.*)

The following abbreviations appear in the list of Instructional Resources: **WB** (Workbook), **LM** (Lab Manual), **VM** (Video Manual), **IRM** (Instructor's Resource Manual), **OT** (Overhead Transparencies), **I CD-ROM** (Interactive CD-ROM), **Lab CD/MP3** (Lab CDs or MP3 Files Audio CD-ROM), **Es Video** (Escenas Video), **Es V CD-ROM** (Escenas Video CD-ROM), **Es DVD** (Escenas DVD), **Ph Video** (¡Vivan! los países hispanos! Video), and **Ph DVD** (¡Vivan los países hispanos! DVD), **Vocab CD** (Vocabulary CDs).

1 SCRIPT For the script, see the Instructor's Resource Manual.

2 SCRIPT For the script, see the Instructor's Resource Manual.

2 SUGGESTION Point out the abbreviations **Sr.**, **Sra.**, and **Srta.** for the titles **señor**, **señora**, and **señorita**. Tell students there is no Spanish equivalent for the title *Ms.*

3 EXPANSION Write these categories on the board: **Saludo** (*Greeting*), **Despedida** (*Farewell*), **Presentación** (*Introduction*), and **Expresión de cortesía** (*Courtesy Expression*). Ask students to identify the category for each expression.

4 EXPANSION Tell students to continue the conversation by adding at least two lines when they act it out.

Práctica y conversación

1 **¿Lógico o ilógico?** 🎧 Listen to each conversation and indicate whether the conversation is logical or illogical.

	1.	2.	3.	4.	5.	6.
Lógico		✓	✓		✓	✓
Ilógico	✓			✓		

2 **Una fiesta** 🎧 Margarita is having an all-day party to celebrate her twentieth birthday. Listen to the conversations and indicate whether each guest is arriving (**Llega**) or leaving (**Sale**).

	Llega	Sale		Llega	Sale
1. Ramiro	✓		**4.** Vicente		✓
2. Sra. Sánchez		✓	**5.** Profesor Lado	✓	
3. Luisa	✓		**6.** Sr. Torres		✓

3 **Escoger** For each expression, write a word or phrase that expresses a similar idea.

MODELO
¿Cómo estas? _¿Qué tal?_

1. De nada. _No hay de qué._

2. Encantado. _Mucho gusto._

3. Adiós. _Chau; hasta luego/mañana/pronto._

4. Te presento a Antonio. _Éste es Antonio._

5. ¿Qué hay de nuevo? _¿Qué pasa?_

6. Mucho gusto. _El gusto es mío._

4 **Ordenar** 🎁 With a classmate, put this scrambled conversation in order. Then act it out.

—Muy bien, gracias. Soy Rosabel.

—Soy de Ecuador. ¿Y tú?

—Mucho gusto, Rosabel.

—Hola. Me llamo Carlos. ¿Cómo estás?

—Soy de Argentina.

—Igualmente. ¿De dónde eres, Carlos?

CARLOS	Hola. Me llamo Carlos. ¿Cómo estás?
ROSABEL	Muy bien, gracias. Soy Rosabel.
CARLOS	Mucho gusto, Rosabel.
ROSABEL	Igualmente. ¿De dónde eres, Carlos?
CARLOS	Soy de Ecuador. ¿Y tú?
ROSABEL	Soy de Argentina.

recursos

Text CD
Lección 1

5 **Conversaciones** With a partner, make up a conversation in Spanish for each photo.
Answers will vary.

5 SUGGESTION To prepare students, have them brainstorm who the people in the photos are and what they are talking about. Ask them whether the people in the photos would use the **tú** or **Ud.** form when conversing.

Pronunciación The Spanish alphabet 🎧

comparisons
NATIONAL STANDARDS

The Spanish alphabet consisted of 29 letters until 1994, when the **Real Academia Española** (*Royal Spanish Academy*) removed **ch** (**che**) and **ll** (**elle**). You may still see **ch** and **ll** listed as separate letters in reference works printed before 1994. The Spanish letter, **ñ** (**eñe**), doesn't appear in the English alphabet. The letters **k** (**ka**) and **w** (**doble ve**) are used only in words of foreign origin.

SUGGESTION Model pronunciation of the Spanish alphabet and the example words. Have students repeat after you.

Letra	Nombre(s)	Ejemplos	Letra	Nombre(s)	Ejemplos
a	a	a**diós**	n	ene	**n**acio**n**alidad
b	be	**b**ien, pro**b**lema	ñ	eñe	ma**ñ**ana
c	ce	**c**osa, **c**ero	o	o	**o**nce
d	de	**d**iario, na**d**a	p	pe	**p**rofesor
e	e	**e**studiante	q	cu	**q**ué
f	efe	**f**oto	r	ere	**r**egular, seño**r**a
g	ge	**g**racias, **G**erardo, re**g**ular	s	ese	**s**eñor
			t	te	**t**ú
h	hache	**h**ola	u	u	**u**sted
i	i	**i**gualmente	v	ve	**v**ista, nue**v**o
j	jota	**J**avier	w	doble ve	**w**alkman
k	ka, ca	**k**ilómetro	x	equis	e**x**istir, Mé**x**ico
l	ele	**l**ápiz	y	i griega, ye	**y**o
m	eme	**m**apa	z	zeta, ceta	**z**ona

EXPANSION Do a dictation activity in which you spell Spanish words as students write them down. Spell each word twice. Then write the list of words on the board or on a transparency so students can check their work.

EXPANSION Ask students to spell their names in Spanish.

Refranes Read these sayings aloud.

EXPANSION For additional practice with the alphabet, give students these **refranes: De tal palo, tal astilla** (*A chip off the old block*); **Los ojos son el espejo del alma.** (*The eyes are the mirror of the soul.*); **El rayo nunca cae dos veces en el mismo lugar.** (*Lightning never strikes twice in the same place.*); **No dejes para mañana lo que puedas hacer hoy.** (*Don't put off until tomorrow what you can do today.*)

Ver es creer.[1]

En boca cerrada no entran moscas.[2]

1 Seeing is believing.
2 Silence is golden.

recursos

Text CD Lección 1

LM p. 2

Lab CD/MP3 Lección 1

I CD-ROM Lección 1

Todos a bordo

VIDEO SYNOPSIS Don Francisco, the bus driver, and Sra. Ramos, a representative of Ecuatur, meet the four travelers at the university. Sra. Ramos passes out travel documents. Inés and Maite introduce themselves, as do Javier and Álex.

Los cuatro estudiantes, don Francisco y la señora Ramos se reúnen *(meet)* en la universidad.

PREVIEW Have students cover the Spanish captions and guess what this episode is about based on the video stills. Record their predictions and review them later.

SUGGESTION Play the video module and ask the class to write down the greetings they hear. Play the module again and ask students to write the courtesy expressions they hear, including ways to say "pleased to meet you" and "excuse me."

SUGGESTION Have students read individual parts of the **Escenas** episode aloud, or have them get together in groups of six and act out the episode.

SUGGESTION Point out that **don** and **doña** are used with first names in Spanish-speaking countries to show respect: **don Francisco**, **doña Rita**.

Personajes

DON FRANCISCO

JAVIER

INÉS

ÁLEX

MAITE

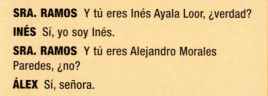

SRA. RAMOS

SRA. RAMOS Buenos días, chicos. Yo soy Isabel Ramos de la agencia Ecuatur.

DON FRANCISCO Y yo soy don Francisco, el conductor.

SRA. RAMOS Bueno, ¿quién es María Teresa Fuentes de Alba?

MAITE ¡Soy yo!

SRA. RAMOS Ah, bien. Aquí tienes los documentos de viaje.

MAITE Gracias.

SRA. RAMOS ¿Javier Gómez Lozano?

JAVIER Aquí… Soy yo.

SRA. RAMOS Y tú eres Inés Ayala Loor, ¿verdad?

INÉS Sí, yo soy Inés.

SRA. RAMOS Y tú eres Alejandro Morales Paredes, ¿no?

ÁLEX Sí, señora.

INÉS Hola. Soy Inés.

MAITE Encantada. Yo me llamo Maite. ¿De dónde eres?

INÉS Soy de Ecuador, de Portoviejo. ¿Y tú?

MAITE De España. Soy de Madrid, la capital. Oye, ¿qué hora es?

INÉS Son las diez y tres minutos.

recursos

| VM pp. 169–170 | I CD-ROM Lección 1 | Es V CD-ROM Lección 1 |

INSTRUCTIONAL RESOURCES VM, I CD-ROM, Es Video (Start 00:02:18), Es V CD-ROM, Es DVD, IRM

SUGGESTION Model pronouncing the expressions, having students repeat after you. Explain to students that learning each lesson's **Expresiones útiles** will help improve their conversational skills.

SUGGESTION Identify forms of the verb **ser** and point out some subject pronouns. Tell students they will learn more about these concepts in **Gramática** section 1.3.

JAVIER ¿Qué tal? Me llamo Javier.

ÁLEX Mucho gusto, Javier. Yo soy Álex. ¿De dónde eres?

JAVIER De Puerto Rico. ¿Y tú?

ÁLEX Yo soy de México.

DON FRANCISCO Bueno, chicos, ¡todos a bordo!

INÉS Con permiso.

ÁLEX Perdón.

DON FRANCISCO ¿Y los otros?

SRA. RAMOS Son todos.

DON FRANCISCO Está bien.

Expresiones útiles

Identifying yourself and others

¿Cómo se llama usted?
What's your name?
Yo soy don Francisco, el conductor.
I'm Don Francisco, the driver.
¿Cómo te llamas?
What's your name?
Me llamo Javier.
My name is Javier.
¿Quién es… ?
Who is… ?
Aquí… Soy yo.
Here… That's me.
Tú eres… , ¿verdad?/¿no?
You are… , right?/no?

Saying what time it is

¿Qué hora es?
What time is it?
Es la una. / Son las dos.
It's one o'clock. / It's two o'clock.
Son las diez y tres minutos.
It's 10:03.

Saying "excuse me"

Con permiso.
Pardon me; excuse me.
(to request permission)
Perdón.
Pardon me; excuse me.
(to get someone's attention or to ask forgiveness)

When starting a trip

¡Todos a bordo!
All aboard!
¡Buen viaje!
Have a good trip!

Getting a friend's attention

Oye…
Listen…

❶ SUGGESTION Have students act out the dialogue and add sentences of their own.

❷ SUGGESTION Have students work in pairs.

❷ SUGGESTION Have students locate the countries and cities mentioned (**España, México, Puerto Rico, Ecuador, Madrid,** and **Portoviejo**) on the maps on the inside covers of their texts.

❸ EXPANSION Tell students to jot down the responses to their questions. Then ask them to introduce their partner to the class.

¿Qué piensas?

communication NATIONAL STANDARDS

1 Completar Complete this conversation.

INÉS   Hola. ¿Cómo te _____ *llamas* ?

MAITE   _____ *Me* llamo _____ *Maite* . ¿Y _____ *tú* ?

INÉS   Inés. Mucho _____ *gusto* .

MAITE   _____ *El* gusto _____ *es* mío.

INÉS   ¿De dónde _____ *eres* ?

MAITE   _____ *Soy* de _____ *España* . ¿Y _____ *tú* ?

INÉS   Del _____ *Ecuador* .

2 ¿Cierto o falso? Indicate if each statement is **cierto** (*true*) or **falso** (*false*). Then correct the false statements.

Cierto	Falso	
✓	____	**1.** Javier y Álex son pasajeros (*passengers*).
____	✓	**2.** Javier Gómez Lozano es el conductor.
		Don Francisco es el conductor.
____	✓	**3.** Inés Ayala Loor es de la agencia Ecuatur.
		Isabel Ramos es de la agencia Ecuatur.
✓	____	**4.** Inés es de Ecuador.
✓	____	**5.** Maite es de España.
✓	____	**6.** Javier es de Puerto Rico.
____	✓	**7.** Álex es de Ecuador.
		Álex es de México.

3 Conversar 🎁 Using these cues, have a conversation with someone you just met at an airport.
Answers will vary.

• Greet each other.

• Find out each other's names.

• Ask each other how you are feeling today.

• Find out where each of you is from.

• Wish each other a good trip and say goodbye.

Exploración

Los saludos

SUGGESTION Point out that greeting people with a kiss is not unique to the Spanish-speaking world. This custom is common in many parts of the world.

Daniel y Juan se dan un abrazo (*give each other a hug*).

El señor Rivas y la señora Casas se dan la mano (*shake hands*).

Rita le da un beso a su abuela (*kisses her grandmother*).

Observaciones

- **Darse la mano**
  Hispanics generally shake hands when they meet for the first time.

- **El abrazo**
  Hispanic men often greet men they know well with an **abrazo**—a quick hug and a pat on the back.

- **El beso**
  Hispanic women often greet friends and loved ones with a brief kiss on one or both cheeks.

Coméntalo

With a classmate, discuss these questions.

- How do you greet a person you don't know well?
- How do you greet your friends?
- How do you greet your parents?

EXPANSION To check comprehension, ask students if these sentences are true (**Cierto**) or false (**Falso**):
1. Daniel y Juan se dan la mano. (**Falso**)
2. El señor Rivas y la señora Casas se dan un abrazo. (**Falso**)
3. Rita y su abuela se dan un beso. (**Cierto**)

recursos

vistahigher learning.com

1.1 Nouns and articles

▶ Nouns identify people, animals, places, or things. All Spanish nouns have gender (masculine or feminine) and number (singular or plural).

▶ Usually, nouns referring to males are masculine and nouns referring to females are feminine.

la chica

Masculine		Feminine	
el hombre	the man	la mujer	the woman
el chico	the boy	la chica	the girl

Masculine		Feminine	
el pasajero	the passenger	la pasajera	the passenger
el conductor	the driver	la conductora	the driver
el profesor	the teacher	la profesora	the teacher

la pasajera

▶ Most nouns ending in **–o**, **–ma**, and **–s** are masculine. Most nouns ending in **–a**, **–ción**, and **–dad** are feminine.

Masculine		Feminine	
el cuaderno	the notebook	la cosa	the thing
el diario	the diary	la escuela	the school
el diccionario	the dictionary	la grabadora	the tape recorder
el número	the number	la maleta	the suitcase
el video	the video	la mochila	the backpack
el problema	the problem	la palabra	the word
el programa	the program	la lección	the lesson
el autobús	the bus	la conversación	the conversation
el país	the country	la nacionalidad	the nationality
		la comunidad	the community

el chico

el conductor

¡ojo!

El lápiz (*pencil*), el mapa (*map*), and el día (*day*) are masculine. La mano (*hand*) is feminine.

• • •

When a singular noun has an accent mark on the last syllable, the accent is dropped from the plural form:

la lecci**ó**n ⟶
las lecci**o**nes

el autob**ú**s ⟶
los autob**u**ses

▶ Some nouns have identical masculine and feminine forms. The definite article (**el** or **la**) indicates the gender of these words.

Masculine		Feminine	
el turista	the tourist	la turista	the tourist
el joven	the young man	la joven	the young woman
el estudiante	the student	la estudiante	the student

Plural of nouns

▶ Nouns that end in a vowel form the plural by adding **–s**. Nouns that end in a consonant add **–es**. Nouns that end in **–z** change the **–z** to **–c**, then add **–es**.

SINGULAR	PLURAL	SINGULAR	PLURAL
el chico	los chicos	el país	los países
la palabra	las palabras	el lápiz	los lápices

▶ The masculine plural form may refer to a mixed-gender group.

1 pasajer**o** + 2 pasajer**as** = 3 pasajer**os**

INSTRUCTIONAL RESOURCES WB, LM, Lab CD/MP3, I CD-ROM, IRM (Audio Scripts & Instructor Annotations)
Refer students to the **recursos** box in **Ampliación** for complete information.

Spanish articles

Spanish has four forms that are equivalent to the English definite article *the*. Spanish also has four forms that are equivalent to the English indefinite article, which, according to context, may mean *a*, *an*, or *some*.

Spanish articles

Definite articles

MASCULINE		FEMININE	
el diccionario	the dictionary	la computadora	the computer
los diccionarios	the dictionaries	las computadoras	the computers

Indefinite articles

un pasajero	a (one) passenger	una fotografía	a (one) photograph
unos pasajeros	some passengers	unas fotografías	some photographs

Práctica y conversación

1 Singular y plural Make the singular words plural and the plural words singular.

1. el turista _los turistas_
2. la cosa _las cosas_
3. la mujer _las mujeres_
4. la mochila _las mochilas_
5. los países _el país_
6. el problema _los problemas_
7. unos hombres _un hombre_
8. unos diarios _un diario_
9. un pasajero _unos pasajeros_
10. una escuela _unas escuelas_

2 Identificar For each photo, provide the noun and the appropriate definite and indefinite articles.

MODELO
Las maletas, unas maletas.

1. _la computadora, una computadora_

2. _los cuadernos, unos cuadernos_

3. _el chico, un chico_

4. _las fotografías, unas fotografías_

3 Clasificar With a partner, identify the photos in Spanish and supply the definite and indefinite articles. Then indicate whether the photos represent objects or persons.

¿Qué es/son? ¿Objeto(s) o persona(s)?

1. _una chica_ / _persona_
3. _un profesor_ / _persona_
5. _una grabadora_ / _objeto_
2. _un mapa_ / _objeto_
4. _unos lápices_ / _objetos_
6. _unos pasajeros_ / _personas_

4 Charadas In groups, play a game of charades. Individually, think of two nouns for each charade—for example, a boy using a computer (**un chico**; **una computadora**). The first person to guess correctly acts out the next charade. Answers will vary.

1.2 Numbers 0–30

Numbers 0–30

0 *cero*	4 *cuatro*	8 *ocho*	12 *doce*	16 *dieciséis*	20 *veinte*	24 *veinticuatro*	28 *veintiocho*
1 *uno*	5 *cinco*	9 *nueve*	13 *trece*	17 *diecisiete*	21 *veintiuno*	25 *veinticinco*	29 *veintinueve*
2 *dos*	6 *seis*	10 *diez*	14 *catorce*	18 *dieciocho*	22 *veintidós*	26 *veintiséis*	30 *treinta*
3 *tres*	7 *siete*	11 *once*	15 *quince*	19 *diecinueve*	23 *veintitrés*	27 *veintisiete*	

¡ojo!

The numbers **16–19** and **21–29** can also be written as three words, as in **diez y seis** and **veinte y uno**. **Uno** and **veintiuno** are used when counting (**uno, dos, tres… veinte, veintiuno, veintidós…**). They are also used after a noun, even if it is feminine (**la lección uno**).

▸ Before a masculine noun, **uno** shortens to **un**. Before a feminine noun, **uno** changes to **una**.

un hombre → veinti**ún** hombres   **una** mujer → veinti**una** mujeres

▸ To ask *how many*, use **¿Cuántos?** with a masculine noun and **¿Cuántas?** with a feminine one. **Hay** means both *there is* and *there are*. Use **¿Hay…?** to ask *is/are there…?* Use **no hay** to express *there is/are not*.

¿Hay chicas en la fotografía?
No, **no hay** chicas.
Are there girls in the picture?
No, there aren't any girls.

¿Cuántos chicos **hay?**
Hay cuatro.
How many guys are there?
There are four.

ESPAÑOL EN VIVO

SUGGESTION Have students scan the advertisement and find the places where numbers appear, and say the numbers out aloud.

SUGGESTION Ask students questions about the advertisement.
EX: **What are the prices of the following items: Teddy bear, storybook and Christmas tree? What is the message of the advertisement? Do you think it is effective? Why?**

Práctica y conversación

1 **Matemáticas** Solve these math problems.

+ **más** – **menos** = **es** (singular)/**son** (plural)

MODELO **9 + 2 =** Nueve más dos son once.

1. **3 + 10 =** Tres más diez son trece.
2. **22 – 3 =** Veintidós menos tres son diecinueve.
3. **4 + 8 =** Cuatro más ocho son doce.
4. **17 + 13 =** Diecisiete más trece son treinta.
5. **22 + 1 =** Veintidós más uno son veintitrés.
6. **5 – 2 =** Cinco menos dos son tres.
7. **11 + 12 =** Once más doce son veintitrés.
8. **10 – 10 =** Diez menos diez es cero.
9. **3 + 14 =** Tres más catorce son diecisiete.
10. **22 – 11 =** Veintidós menos once son once.

2 **¿Cuántos hay?** How many persons or things are there in these drawings?

MODELO
¿Cuántas maletas hay?
Hay cuatro maletas.

1. ¿Cuántos hombres hay?
Hay un hombre.

4. ¿Cuántas fotografías hay?
Hay cuatro fotografías.

2. ¿Cuántos chicos hay?
Hay veinticinco chicos.

5. ¿Cuántos turistas hay?
Hay tres turistas.

3. ¿Cuántas conductoras hay?
Hay una conductora.

6. ¿Cuántas chicas hay?
Hay diecisiete chicas.

3 **Describir** Get together with a classmate and answer these questions about the photo.

1. ¿Cuántos conductores hay en la fotografía?
Hay un conductor.

2. ¿Cuántas mujeres hay?
Hay dos mujeres.

3. ¿Cuántos hombres hay?
Hay tres hombres.

4. ¿Cuántos pasajeros hay?
Hay cuatro pasajeros.

5. ¿Cuántos pasajeros son hombres?
Dos pasajeros son hombres.

6. ¿Cuántos autobuses hay?
Hay un autobús.

4 **En la clase** With a classmate, take turns asking and answering these questions about your classroom.

Answers will vary.

1. ¿Cuántos estudiantes hay?
2. ¿Cuántos profesores hay?
3. ¿Cuántos hombres hay?
4. ¿Cuántas mujeres hay?
5. ¿Hay una computadora?
6. ¿Hay fotografías?
7. ¿Cuántos mapas hay?
8. ¿Hay diccionarios?
9. ¿Hay cuadernos?
10. ¿Cuántas grabadoras hay?
11. ¿Cuántas mochilas hay?
12. ¿Hay chicos?

1.3 Present tense of **ser** (*to be*)

Subject pronouns

¡ojo!

Nosotros, **vosotros**, and **ellos** refer to a group of males or to a group of males and females. **Nosotras**, **vosotras**, and **ellas** refer only to groups of females.

• • •

In Latin America, **ustedes** and **Uds.** are used as the plural of both **tú** and **usted**. In Spain, **vosotros/as** is used as the plural of **tú**. **Usted** and **ustedes** are abbreviated **Ud.** and **Uds.**

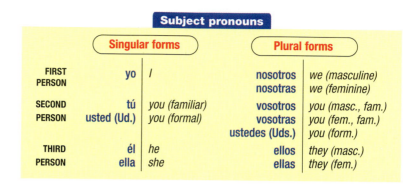

Subject pronouns				
	Singular forms		**Plural forms**	
FIRST PERSON	yo	*I*	nosotros / nosotras	*we (masculine)* / *we (feminine)*
SECOND PERSON	tú / usted (Ud.)	*you (familiar)* / *you (formal)*	vosotros / vosotras / ustedes (Uds.)	*you (masc., fam.)* / *you (fem., fam.)* / *you (form.)*
THIRD PERSON	él / ella	*he* / *she*	ellos / ellas	*they (masc.)* / *they (fem.)*

▸ A subject pronoun replaces the name or title of a person or thing and acts as the subject of a verb.

Carlos es estudiante. → Él es estudiante.

▸ Spanish has two subject pronouns that mean *you* (singular). Use **tú** when talking to friends, family members, and small children. Use **usted** when talking to someone with whom you have a more formal relationship, such as an employer or a professor, or to someone who is older than you.

The present tense of ser

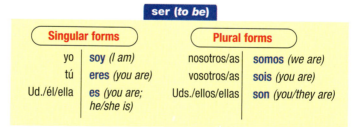

ser (*to be*)			
Singular forms		**Plural forms**	
yo	**soy** *(I am)*	nosotros/as	**somos** *(we are)*
tú	**eres** *(you are)*	vosotros/as	**sois** *(you are)*
Ud./él/ella	**es** *(you are; he/she is)*	Uds./ellos/ellas	**son** *(you/they are)*

▸ Use **ser** to identify people and things.

▸ There is no Spanish equivalent of the English subject pronoun *it*.

¿Quién **es** ella?	**Es** Inés Ayala Loor.	¿Qué **es**?	**Es** una computadora.
Who is she?	*She's Inés Ayala Loor.*	*What is it?*	*It's a computer.*

▸ Use **ser** to express possession, along with **de**. **De** combines with **el** to form the contraction **del**.[1] Note that Spanish does not use [*apostrophe*]+ *s* to indicate possession.

¿**De** quién **es**?	**Es** el diario **de** Maite.	¿**De** quiénes **son**?	**Son** los lápices **del** chico.
Whose is it?	*It's Maite's diary.*	*Whose are they?*	*They are the boy's pencils.*

---
[1] **De** does not form contractions with **la**, **los**, or **las**.

   INSTRUCTIONAL RESOURCES WB, LM, Lab CD/MP3, I CD-ROM, IRM (Audio Scripts & Instructor Annotations)

▶ Use **ser** to express origin, along with **de**.

¿De dónde **es** Inés?
Where is Inés from?

Es de Ecuador.
She's from Ecuador.

▶ Use **ser** to talk about someone's occupation.[2]

Don Francisco **es** conductor.
Don Francisco is a driver.

Isabel **es** profesora.
Isabel is a teacher.

---

[2] Spanish does not use **un** or **una** after **ser** when mentioning a person's occupation, unless the occupation is accompanied by an adjective.

Práctica y conversación

1 **En el dormitorio** Using the items in the word bank, ask your partner questions about Susana's dorm room. Answers will vary.

¿Cuántas?
¿Cuántos?
¿De dónde?
¿De quién?
¿Qué?
¿Quién?

2 **¿Qué es?** Ask your partner what each object is and to whom it belongs.

MODELO
Estudiante 1: ¿Qué es?
Estudiante 2: Es una grabadora.

Estudiante 1: ¿De quién es?
Estudiante 2: Es del profesor.

1.

E1: ¿Qué es? E2: Es una maleta.
E1: ¿De quién es? E2: Es de la señora López.

3.

E1: ¿Qué es? E2: Es un cuaderno.
E1: ¿De quién es? E2: Es de Manuel.

2.

E1: ¿Qué es? E2: Es un cuaderno.
E1: ¿De quién es? E2: Es de Sara.

4.

E1: ¿Qué es? E2: Es una computadora.
E1: ¿De quién es? E2: Es de Rafael.

3 **¿Quién es?** With a partner, take turns asking who these people are and where they are from. Answers will vary.

MODELO
Estudiante 1: ¿Quién es?
Estudiante 2: Es Jennifer López.

Estudiante 1: ¿De dónde es?
Estudiante 2: Es de Nueva York.

Jennifer López
Nueva York

Gloria Estefan
Cuba

Carlos Santana
México

Shakira
Colombia

4 **Personas famosas** Pretend to be a person from Spain, Mexico, Puerto Rico, Cuba, or the United States who is famous in one of these professions. Your classmates will try to guess who you are. Answers will vary.

| actor | *actor* | cantante | *singer* | escritor(a) | *writer* |
| actriz | *actress* | deportista | *athlete* | músico/a | *musician* |

MODELO
Estudiante 3: ¿Eres de Cuba?
Estudiante 1: Sí.
Estudiante 2: ¿Eres mujer?
Estudiante 1: No. Soy hombre.
Estudiante 3: ¿Eres músico?
Estudiante 1: No. Soy actor.
Estudiante 2: ¿Eres Andy García?
Estudiante 1: ¡Sí! ¡Sí!

Andy García

quince **15**

1.4 Telling time

▶ Use numbers with the verb **ser** to tell time. To ask what time it is, use **¿Qué hora es?** To say what time it is, use **es la** with **una** and **son las** with other hours.

 Es la una.

 Son las cuatro.

▶ Express time from the hour to the half hour by adding minutes.

 Son las dos y diez.

 Son las ocho y veinte.

▶ Use **y cuarto** or **y quince** to say that it's fifteen minutes past the hour. Use **y media** or **y treinta** to say that it's thirty minutes past the hour.

 Son las cuatro y cuarto.

 Son las nueve y media.

▶ To express time from the half-hour to the hour in Spanish, subtract minutes or a portion of an hour from the next hour.

 Son las nueve menos diez.

 Son las once menos quince.

Time-telling expressions

▶ Here are some useful phrases related to time-telling.

¿Qué hora es?
What time is it?

Son las nueve de la mañana.
It's 9 a.m. (in the morning).

Son las cuatro de la tarde.
It's 4 p.m. (in the afternoon).

Son las diez de la noche.
It's 10 p.m. (at night).

Son las once **en punto.**
It's 11 o'clock on the dot (sharp).

Es **el mediodía.**
It's noon.

Es **la medianoche.**
It's midnight.

¿A qué hora es la clase?
(At) what time is the class?

La clase es **a la una.**
The class is at one o'clock.

La clase es **a las dos.**
The class is at two o'clock.

INSTRUCTIONAL RESOURCES WB, LM, Lab CD/MP3, I CD-ROM, IRM (Audio Scripts & Instructor Annotations)

Práctica y conversación

1 **Emparejar** Match each watch with the correct statement.

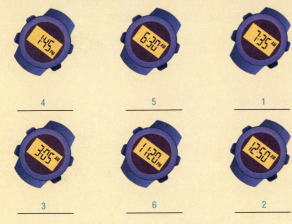

4   5   1

3   6   2

1. Son las ocho menos veinticinco de la mañana.
2. Es la una menos diez de la mañana.
3. Son las tres y cinco de la mañana.
4. Son las dos menos cuarto de la tarde.
5. Son las seis y media de la mañana.
6. Son las once y veinte de la noche.

2 **¿Qué hora es?** With a partner, answer the questions using the clocks as a guide.

MODELO

Estudiante 1: **Son las siete de la noche en Los Ángeles.**

Estudiante 2: **¿Qué hora es en San Antonio?**

Miami   San Antonio   Denver   Los Ángeles

1. Son las cuatro en punto de la tarde en Los Ángeles.
   ¿Qué hora es en Miami?
   Son las siete de la tarde.
2. Son las once de la mañana en San Antonio.
   ¿Qué hora es en Los Ángeles?
   Son las nueve de la mañana.
3. Son las siete de la noche en Denver.
   ¿Qué hora es en Los Ángeles?
   Son las seis de la tarde.
4. Son las dos y media de la tarde en Los Ángeles.
   ¿Qué hora es en Miami?
   Son las cinco y media de la tarde.

3 **En la televisión** With a partner, take turns asking and answering questions about these television listings. *Answers will vary.*

MODELO

Estudiante 1: **¿A qué hora es el documental Las computadoras?**

Estudiante 2: **Es a las nueve en punto de la noche.**

TV Hoy
Programación

11:00 am	Telenovela: *Cuatro viajeros y un autobús*
12:00 pm	Película: *El cóndor* (drama)
2:00 pm	Telenovela: *Dos mujeres y dos hombres*
3:00 pm	Programa juvenil: *Fiesta*
3:30 pm	Telenovela: *¡Sí, sí, sí!*
4:00 pm	Telenovela: *El diario de la Sra. González*
5:00 pm	Telenovela: *Tres mujeres*
6:00 pm	Noticias
7:00 pm	Especial musical: *Música folklórica de México*
7:30 pm	La naturaleza: *Jardín secreto*
8:00 pm	Noticiero: *Veinticuatro horas*
9:00 pm	Documental: *Las computadoras*
10:00 pm	Telecomedia: *Don Paco y doña Tere*
11:00 pm	Película: *Pedro Páramo*

4 **Entrevista** Use the following questions to interview a classmate. *Answers will vary.*

1. ¿Qué hora es?
2. ¿A qué hora es la clase de español?
3. ¿A qué hora es el programa *60 Minutes*?
4. ¿A qué hora es el programa *Nightline*?
5. ¿Hay una fiesta el sábado (on Saturday)? ¿A qué hora es?
6. ¿Hay un concierto el sábado? ¿A qué hora es?

1 SCRIPT For the script, see the Instructor's Resource Manual.

1 SUGGESTION Point out to students that the tip in the **Escuchar** activity will help improve their listening skills in Spanish.

2 EXPANSION Tell the reporters to jot down the responses to their questions. Then ask them to write a brief description about the professor based on the person's responses, or have them report the information to the class.

Ampliación

NATIONAL communication STANDARDS

1 Escuchar 🎧

A Listen to the conversation between Srta. Martínez and a traveler. Then fill in the missing information on the form.

TIP **Listen for words you know.** Listening for familiar words and phrases will help you follow a conversation.

Aero Tur ✈

Número de pasajeros
1. uno

Nombre (*first name*) del pasajero
2. Alejandro

Apellido (*last name*) del pasajero
3. Cavazos

Destino
4. Quito

Número de maletas
5. dos

B When does this conversation take place? How do you know?

2 Conversar

With two classmates, act out an interview between school newspaper reporters and a visiting **profesor de literatura**. After introducing themselves, the reporters should find out the following information.

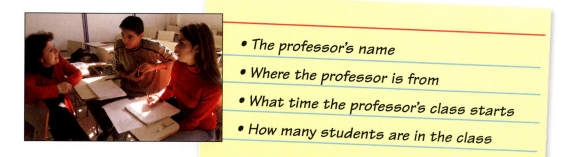

- The professor's name
- Where the professor is from
- What time the professor's class starts
- How many students are in the class

recursos

| Text CD Lección 1 | WB pp. 3–8 | LM pp. 3–8 | Lab CD/MP3 Lección 1 | I CD-ROM Lección 1 | vistahigherlearning.com |

INSTRUCTIONAL RESOURCES Text CD, WB, LM, Lab CD/MP3, I CD-ROM (Activities & Quiz), Website, IRM
Inform students that the material listed in the **recursos** box applies to the complete **Gramática** section.

3 **Escribir** Write a list of names, numbers, addresses, and websites that will help you in your study of Spanish. Use the plan below to guide you in your writing. Answers will vary.

TIP **Write in Spanish.** Use grammar and vocabulary that you know. Also, look at your textbook for examples of style, format, and expressions in Spanish.

Organízalo Make a list of campus resources and contact information. Then explore Web resources and jot down a few addresses.

Escríbelo Using the material you have compiled, write the first draft of your list.

Corrígelo Exchange papers with a classmate and comment on the organization, style, and grammatical correctness of each other's work. Then revise your first draft, keeping your classmate's comments in mind.

Compártelo Share your list with two new classmates. If they found resources you didn't mention, add them to your list. Store your list with your other study aids.

3 SUGGESTION Write the standard headings used in a telephone/address list on the board: **Nombre**, **Teléfono**, **Dirección electrónica**. You may also want to add **Número de casa**, **Número de oficina**, and **Número de fax** to the list. Encourage students to use their imagination in adding categories and to make annotations on their lists.

3 EVALUATION

Criteria	Scale
Content	1 2 3 4
Organization	1 2 3 4
Comprehensibility	1 2 3 4
Accuracy	1 2 3 4
Creativity	1 2 3 4

Scoring

Excellent	18–20 points
Good	14–17 points
Satisfactory	10–13 points
Unsatisfactory	< 10 points

4 **Un paso más** Prepare a presentation about how Hispanic cultures have influenced an American city. Include the following in your presentation: Answers will vary.

- An introduction of yourself in Spanish
- A general description of the city
- Examples of how Hispanic cultures have influenced the city
- Photos, drawings, and charts to make your presentation more interesting.

4 SUGGESTION Have students brainstorm a list of possible cities or assign students specific cities so that a wide variety is covered.

4 EXPANSION Bring in a map of the United States and ask students to name the cities described in the presentations as you mark them on the map.

En Internet

Investiga estos temas en el sitio vistahigherlearning.com.

- Ciudad de Nueva York
- Ciudad de Miami
- Ciudad de Los Ángeles

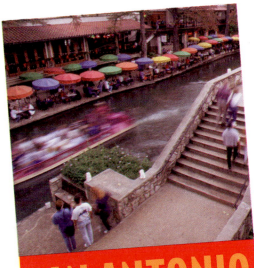

SAN ANTONIO

Antes de leer

Cognates are words that share similar meanings and spellings in two or more languages. The Spanish words **computadora**, **problema**, and **programa** are examples of cognates.

When you read in Spanish, look for cognates and use them to get the general meaning of what you're reading. But watch out for false cognates such as **librería**, which means *bookstore*, not *library*.

Laura, a university student, made a list of important names and numbers she needed to remember. Look for cognates while you read her list.

For now, read the phone numbers one digit at a time. The period (.) is called **punto** and the "at" symbol (**@**) is called **arroba**.

SUGGESTION Write the following suffixes on the board and have students guess the English meaning: **–ción/–sión** = –tion/–sion (**información, nación, televisión, decisión**); **–ante/–ente** = –ant/–ent (**inteligente, elegante**); **–ia/–ía** = –y (**sociología, historia, agencia**); **–dad** = –ty (**oportunidad, universidad**).

SUGGESTION As a prereading activity, have students scan the two lists and identify the cognates. Then have them compare their lists in groups.

EXPANSION Have students correct the false statements in **¿Comprendiste?**

EXPANSION Have students write additional true/false statements on the reading to ask their classmates.

recursos

vistahigher
learning.com

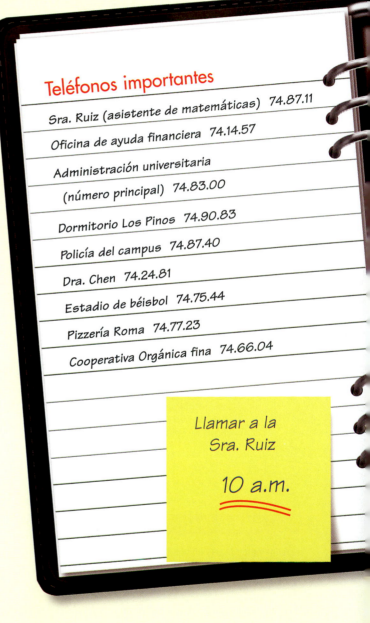

Teléfonos importantes

Sra. Ruiz (asistente de matemáticas) 74.87.11

Oficina de ayuda financiera 74.14.57

Administración universitaria
(número principal) 74.83.00

Dormitorio Los Pinos 74.90.83

Policía del campus 74.87.40

Dra. Chen 74.24.81

Estadio de béisbol 74.75.44

Pizzería Roma 74.77.23

Cooperativa Orgánica fina 74.66.04

Llamar a la
Sra. Ruiz

10 a.m.

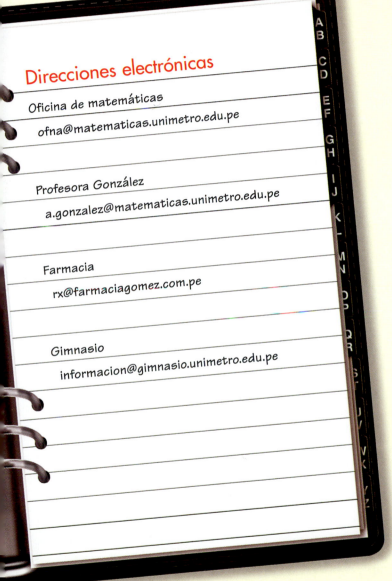

Direcciones electrónicas

Oficina de matemáticas
ofna@matematicas.unimetro.edu.pe

Profesora González
a.gonzalez@matematicas.unimetro.edu.pe

Farmacia
rx@farmaciagomez.com.pe

Gimnasio
informacion@gimnasio.unimetro.edu.pe

Después de leer

NATIONAL / communication cultures / STANDARDS

¿Comprendiste?

Indicate whether each statement is **cierto** (*true*) or **falso** (*false*).

Cierto	Falso	
✔		**1.** Professor González works in the math department.
	✔	**2.** If Laura wanted to get a student loan, she would call 74.83.00.
	✔	**3.** Laura never eats pizza.
✔		**4.** If Laura needed to report a crime, she would dial 74.87.40.
✔		**5.** To find out the price of organic apples, Laura would dial 74.66.04.
✔		**6.** Laura would call 74.75.44 to get a baseball ticket.

Coméntalo

Think about the names, phone numbers, and e-mail addresses that Laura keeps in her address book. If you were preparing a similar address book, what names, telephone numbers, and e-mail addresses would you include?

Saludos

Hola.	Hello; Hi.
Buenos días.	Good morning.
Buenas tardes.	Good afternoon.
Buenas noches.	Good evening; Good night.

Despedidas

Adiós.	Good-bye.
Nos vemos.	See you.
Hasta luego.	See you later.
Hasta la vista.	See you later.
Hasta pronto.	See you soon.
Hasta mañana.	See you tomorrow.
Saludos a…	Greetings to…
Chau.	Bye.

¿Cómo está?

¿Cómo está usted?	How are you? (form.)
¿Cómo estás?	How are you? (fam.)
¿Qué hay de nuevo?	What's new?
¿Qué pasa?	What's happening?; What's going on?
¿Qué tal?	How are you?; How is it going?
(Muy) bien, gracias.	(Very) well, thanks.
Nada.	Nothing.
No muy bien.	Not very well.
Regular.	So-so; OK.

Expresiones de cortesía

De nada.	You're welcome.
Lo siento.	I'm sorry.
(Muchas) gracias.	Thank you (very much); Thanks (a lot).
No hay de qué.	You're welcome.
Por favor.	Please.

Títulos

señor (Sr.)	Mr.; sir
señora (Sra.)	Mrs.; ma'am
señorita (Srta.)	Miss

Presentaciones

¿Cómo se llama usted?	What's your name? (form.)
¿Cómo te llamas (tú)?	What's your name? (fam.)
Me llamo…	My name is…
¿Y tú?	And you? (fam.)
¿Y usted?	And you? (form.)
Mucho gusto.	Pleased to meet you.
El gusto es mío.	The pleasure is mine.
Encantado/a.	Delighted; Pleased to meet you.
Igualmente.	Likewise.
Éste/Ésta es…	This is…
Le presento a…	I would like to introduce (name) to you. (form.)
Te presento a…	I would like to introduce (name) to you. (fam.)

Países

Ecuador	Ecuador
España	Spain
Estados Unidos (EE.UU.)	United States
México	Mexico
Puerto Rico	Puerto Rico

Verbos

ser	to be

¿De dónde es?

¿De dónde es usted?	Where are you from? (form.)
¿De dónde eres?	Where are you from? (fam.)
Soy de…	I'm from…

Otras expresiones

¿Cuánto(s)/a(s)?	How many?
¿De quién…?	Whose…? (sing.)
¿De quiénes…?	Whose…? (plural)
(No) Hay	There is (not); there are (not)
¿Qué es?	What is it?
¿Quién es…?	Who is…?

Sustantivos

el autobús	bus
la capital	capital city
la chica	girl
el chico	boy
la computadora	computer
la comunidad	community
el/la conductor(a)	driver; chauffeur
la conversación	conversation
la cosa	thing
el cuaderno	notebook
el día	day
el diario	diary
el diccionario	dictionary
la escuela	school
el/la estudiante	student
la foto(grafía)	photograph
la grabadora	tape recorder
el hombre	man
el/la joven	youth; young person
el lápiz	pencil
la lección	lesson
la maleta	suitcase
la mano	hand
el mapa	map
la mochila	backpack
la mujer	woman
la nacionalidad	nationality
el número	number
el país	country
la palabra	word
el/la pasajero/a	passenger
el problema	problem
el/la profesor(a)	teacher
el programa	program
el/la turista	tourist
el video	video

Expresiones útiles	See page 7.
Numbers 0–30	See page 12.
Subject Pronouns	See page 14.
Time expressions	See page 16.

recursos

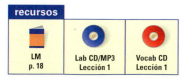

| LM p. 18 | Lab CD/MP3 Lección 1 | Vocab CD Lección 1 |

2 Las clases

PARA EMPEZAR Have students look at the photo. Say: **Es una foto de dos jóvenes en la universidad.** Then ask: **¿Qué son los jóvenes? (Son estudiantes.) ¿Qué hay en la mano del chico? (Hay un libro/diccionario.)**

Communicative Goals

You will learn how to:
- talk about people, places, classes
- express likes and dislikes
- chat with a new friend
- talk about prices

Para empezar

- ¿Cuántos chicos hay en la foto? ¿Dos o tres?
- ¿Cuántos hombres y cuántas mujeres?
- ¿Qué hora es?
  a. La una de la tarde. b. Las dos de la mañana.
  c. Es la medianoche.

Las clases

el laboratorio
laboratory

LUGARES

la cafetería *cafeteria*
la librería *bookstore*
la residencia estudiantil *dormitory*
la universidad *university*

el estadio
stadium

la biblioteca
library

SUGGESTION Identify items in the transparency or the text, then in the room, and ask questions. Ex: (Transparency) **Es un lápiz.** (Looking around the room) Ex: **¿Hay un lápiz en la clase? ¿Cuántos lápices hay en la clase? ¿Dónde hay un libro de biología? ¿De quién es el libro de historia?**

la química
chemistry

LOS CURSOS

la administración de empresas *business administration*
el arte *art*
la biología *biology*
la clase *class*
la contabilidad *accounting*
los cursos *courses*
el español *Spanish*
la física *physics*
la historia *history*

el inglés *English*
las lenguas extranjeras *foreign languages*
las matemáticas *mathematics*
el periodismo *journalism*
la psicología *psychology*
la sociología *sociology*

la computación
computer science

la geografía
geography

recursos				
WB pp. 9–10	LM p. 7	Lab CD/MP3 Lección 2	I CD-ROM Lección 2	Vocab CD Lección 2

VARIACIÓN LÉXICA Point out these lexical items:
pluma → **bolígrafo** *(Esp., Perú, Ven.)*; **lapicero** *(Col.)*
pizarra → *(Col.)*
tarea → **asignación** *(P. Rico)*; **deberes** *(Esp., Arg.)*

INSTRUCTIONAL RESOURCES WB, LM, Lab CD/MP3, I CD-ROM, Vocab CD, OT, IRM

el reloj
clock; watch

EN LA CLASE

el borrador *eraser*

el examen *test; exam*

el horario *schedule*

la mesa *table*

el papel *paper*

la pizarra *blackboard*

la pluma *pen*

la prueba *test; quiz*

la puerta *door*

el semestre *semester*

la silla *chair*

la tarea *homework*

la tiza *chalk*

el trimestre *trimester; quarter*

la ventana *window*

EXPANSION Ask students what phrases or words they associate with various items. Ex: **la pizarra (la tiza, el borrador), el reloj (¿Qué hora es? Son las...), la biblioteca (los libros, los exámenes, las materias).**

el libro
book

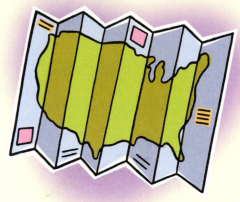

el mapa
map

el escritorio
desk

el profesor
teacher; professor

PERSONAS

el/la compañero/a de clase
classmate

el/la compañero/a de cuarto
roommate

el/la estudiante *student*

EXPANSION Write **¿Qué clases tomas?** and **Tomo...** on the board and explain their meaning. Have students circulate, introducing themselves, finding out where others are from, and asking what classes they are taking. Conclude by asking students to present the information they have learned about a classmate.

LOS DÍAS DE LA SEMANA

lunes *Monday*

martes *Tuesday*

miércoles *Wednesday*

jueves *Thursday*

viernes *Friday*

sábado *Saturday*

domingo *Sunday*

el día *day*

la semana *week*

Hoy es... *Today is...*

Práctica y conversación

1 SCRIPT For the script, see the Instructor's Resource Manual.

1 SUGGESTION Using sentences 2 through 6 as a model, have students prepare four statements about their classes to share with the class or a partner. Prepare a class schedule like María's on the board if time permits.

1 SUGGESTION Point out that the days of the week are always written in lowercase.

2 EXPANSION Ask students to provide examples of famous people from other fields such as **física** (ex: Albert Einstein), **computación** (ex: Bill Gates), **economía** (ex: Alan Greenspan), **periodismo** (ex: Barbara Walters)

2 EXPANSION Ask students to give additional examples and have classmates identify the class.

3 SUGGESTION Have students write analogies using the unused words.

1 Mis clases Listen and fill in the calendar with María's class schedule. Then complete the sentences below.

Estudiante: María			Semestre Nº 1		
	lunes	**martes**	**miércoles**	**jueves**	**viernes**
AM	10:30 arte				
			11 periodismo		
PM					biblioteca
		2:15 computación			
				3:30 geografía	

1. Éste es el primer (*first*) ____semestre____ de María en la universidad.
2. El horario de María es de cuatro ____clases____.
3. La clase de ____arte____ es el lunes a las diez y media de la mañana.
4. La clase de ____computación____ es el martes a las dos y quince de la tarde.
5. La clase de periodismo es el ____miércoles____ a las once de la mañana.
6. La clase de ____geografía____ es el jueves a las tres y media de la tarde.
7. María estudia (*studies*) en la ____biblioteca____ los viernes.

2 Cursos What is the subject matter of each class?

MODELO
la cultura de España, los verbos
Es la clase de español.

Frida Kahlo

El río Amazonas

1. los microbios, los animales
   Es la clase de biología.

2. George Washington, Martin Luther King, Jr.
   Es la clase de historia.

3. la geometría, la trigonometría
   Es la clase de matemáticas.

4. Frida Kahlo, Leonardo da Vinci
   Es la clase de arte.

5. África, el río Amazonas
   Es la clase de geografía.

3 Analogías Use these words to complete the analogies. Two words will not be used.

1. dos ⟷ cuatro ⊜ martes ⟷ ____jueves____
2. hoy ⟷ mañana ⊜ viernes ⟷ ____sábado____
3. EE.UU. ⟷ mapa ⊜ hora ⟷ ____reloj____
4. inglés ⟷ lengua ⊜ miércoles ⟷ ____día____
5. maleta ⟷ turista ⊜ mochila ⟷ ____estudiante____
6. pluma ⟷ papel ⊜ tiza ⟷ ____pizarra____

día	miércoles
estudiante	pizarra
jueves	reloj
martes	sábado

recursos

Text CD Lección 2

INSTRUCTIONAL RESOURCES Text CD, IRM

4 SUGGESTION Have students jot down the responses to their questions. Then ask them to report what one partner said and to write a paragraph about the other partner.

4 **Entrevistas** Use these questions to interview two classmates. Then share the results of your interviews with the class. Answers will vary.

1. ¿Cómo te llamas?
2. ¿Cómo estás hoy?
3. ¿De dónde eres?

4. ¿Cuántos cursos tomas?
5. ¿Cuándo tomas…?
6. ¿A qué hora es la clase de…?

7. ¿Quién es el/la profesor(a)?
8. ¿Qué hora es ahora (*now*)?

4 EXPANSION Have students prepare and ask additional interview questions.

Pronunciación Spanish vowels

SUGGESTION Model pronunciation and have students watch the shape of your mouth as you pronounce each word. Have them repeat after you.

SUGGESTION Model the pronunciation of each word, and **refrán,** and have students repeat after you.

a   **e**   **i**   **o**   **u**

Spanish vowels are never silent; they are always pronounced in a short, crisp way without the glide sounds used in English.

Álex   **clase**   **nada**   **encantada**

The letter **a** is pronounced like the *a* in *father*, but shorter.

el   **ene**   **mesa**   **elefante**

The letter **e** is pronounced like the *e* in *they*, but shorter.

Inés   **chica**   **tiza**   **señorita**

The letter **i** sounds like the *ee* in *beet*, but shorter.

hola   **con**   **libro**   **don Francisco**

The letter **o** is pronounced like the *o* in *tone*, but shorter.

uno   **regular**   **saludos**   **gusto**

The letter **u** sounds like the *oo* in *room*, but shorter.

Refranes Practice the vowels by reading these sayings aloud.

Del dicho al hecho hay un gran trecho.[1]

Cada loco con su tema.[2]

1 Easier said than done.
2 To each his own.

recursos

Text CD
Lección 2

LM
p. 8

Lab CD/MP3
Lección 2

I CD-ROM
Lección 2

INSTRUCTIONAL RESOURCES Text CD, LM, Lab CD/MP3, I CD-ROM, IRM

¿Qué clases tomas?

Maite, Inés, Javier y Álex hablan de las clases.

VIDEO SYNOPSIS While Álex writes an e-mail, Maite pretends to be a radio reporter and asks Inés and Javier a few questions about school. Álex is shocked that Javier doesn't like computers.

PREVIEW Have students cover the **Expresiones útiles** and scan the captions to find two phrases about classes and two phrases that express likes and dislikes. Have volunteers read aloud the phrases they find.

SUGGESTION Play the segment and have students give you a play-by-play description of the action.

SUGGESTION Point out that **UNAM** is the **Universidad Nacional Autónoma de México**, located in Mexico City.

Personajes

JAVIER

INÉS

ÁLEX

MAITE

ÁLEX Hola Ricardo… Aquí estamos en la Mitad del Mundo. ¿Qué tal las clases en la UNAM?

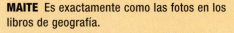

MAITE Es exactamente como las fotos en los libros de geografía.

INÉS ¡Sí! ¿También tomas tú geografía?

MAITE Yo no. Yo tomo inglés y literatura. También tomo una clase de periodismo.

MAITE Muy buenos días. María Teresa Fuentes, de Radio Andina FM 93. Hoy estoy con estudiantes de la Universidad San Francisco de Quito. ¡A ver! La señorita que está cerca de la ventana… ¿Cómo te llamas y de dónde eres?

INÉS Hola. Me llamo Inés Ayala Loor y soy del Ecuador, de Portoviejo.

MAITE Encantada. ¿Qué clases tomas en la universidad?

INÉS Tomo geografía, inglés, historia, sociología y arte.

MAITE Tomas muchas clases, ¿no?

INÉS Pues sí, me gusta estudiar mucho.

recursos

VM pp. 171–172	I CD-ROM Lección 2	Es V CD-ROM Lección 2

INSTRUCTIONAL RESOURCES VM, I CD-ROM, Es Video (Start 00:06:10), Es V CD-ROM, Es DVD, IRM

SUGGESTION Point out concepts from this lesson's **Gramática** section, including **tomo** and **tomas** as a regular **–ar** verb, **está** and **estamos** from **estar** to express location and well-being, and using **¿no?**, **¿qué?**, and **¿dónde?** to form questions. Point out the written accent on the question words.

SUGGESTION Model the pronunciation of the **Expresiones útiles**, having students repeat after you. Then have pairs prepare a short dialogue, personalizing the questions and answers.

MAITE ¿En qué clase hay más chicos?

INÉS Bueno, eh… en la clase de historia.

MAITE ¿Y más chicas?

INÉS En la de sociología hay más chicas, casi un ochenta y cinco por ciento.

MAITE Y tú, joven, ¿cómo te llamas y de dónde eres?

JAVIER Me llamo Javier Gómez y soy de San Juan, Puerto Rico.

MAITE ¿Tomas muchas clases este semestre?

JAVIER Sí, tomo tres.

MAITE ¿Te gustan las computadoras, Javier?

JAVIER No me gustan nada. Me gusta mucho más el arte… y, sobre todo, me gusta dibujar.

ÁLEX ¿Cómo que no? ¿No te gustan las computadoras?

ÁLEX Pero si son muy interesantes, hombre.

JAVIER Sí, ¡muy interesantes!

Expresiones útiles

Talking about classes

¿Qué tal las clases en la UNAM?
How are classes going at UNAM?
Tomas muchas clases, ¿no?
You're taking lots of classes, aren't you?
Pues sí.
Well, yes.
¿En qué clase hay más chicos?
In which class are there more guys?
En la clase de historia.
In history class.

Talking about likes/dislikes

¿Te gusta estudiar?
Do you like to study?
Sí, me gusta mucho. Pero también me gusta mirar la televisión.
Yes, I like it a lot. But I also like to watch television.
¿Te gustan las computadoras?
Do you like computers?
Sí, me gustan muchísimo.
Yes, I like them very much.
No, no me gustan nada.
No, I don't like them at all.

Talking about location

Aquí estamos en…
Here we are at/in…
¿Dónde está la señorita?
Where is the young woman?
Está cerca de la ventana.
She's near the window.

Expressing hesitation

A ver…
Let's see…
Bueno…
Well…

1 SUGGESTION Quickly review the names of courses, page 24, and days of the week, page 25, before doing this activity.

1 EXPANSION Ask students to create sentences about classmates using the pattern in **Escoger**.

2 SUGGESTION Have students prepare sentences with missing information, exchange papers with a classmate, complete the sentences, then check and discuss. Possible sentences include: **Hay muchas chicas en ____ (la clase de sociología). A Javier no le gustan ____ (las computadoras).**

3 EXPANSION Have students present their conversations in front of the class.

¿Qué piensas?

1 Escoger Choose the answer that best completes each sentence.

1. Maite toma (*is taking*) __c__ en la universidad.

   a. geografía, inglés y periodismo   b. inglés, periodismo y arte

   c. periodismo, inglés y literatura

2. Inés toma sociología, geografía, __a__.

   a. inglés, historia y arte   b. periodismo, computación y arte

   c. historia, literatura y biología

3. Javier toma __b__ clases este semestre.

   a. cuatro   b. tres   c. dos

4. A Javier le gusta __c__ y sobre todo, le gusta __c__.

   a. la sociología; el arte   b. la literatura; dibujar

   c. el arte; dibujar

INÉS

JAVIER

MAITE

2 Completar These sentences are similar to things said in the **Escenas** episode. Complete each sentence with the correct word(s).

1. Maite, Javier, Inés y yo estamos en <u>la Mitad del Mundo</u>.

2. Hay fotos impresionantes de la Mitad del Mundo en los libros de <u>geografía</u>.

3. Me llamo María Teresa Fuentes. Estoy aquí con estudiantes de <u>la Universidad San Francisco de Quito</u>.

4. Hay muchos chicos en <u>la clase de historia</u>.

5. No me gustan las computadoras. Me gusta más <u>el arte/dibujar</u>.

3 Conversar Use the following guidelines to have a conversation with a partner. Answers will vary.

• Greet each other.

• Ask each other where you are from.

• Find out what each of you likes to study.

• Find out how many classes each of you is taking.

• Find out which classes each of you likes and dislikes.

• Say goodbye.

Exploración

Las universidades hispanas

Estadísticas universitarias	
Principales universidades del mundo hispano	**Número de estudiantes**
1. Universidad Nacional Autónoma de México (México)	255.000
2. Universidad de Buenos Aires (Argentina)	206.700
3. Universidad Complutense de Madrid (España)	140.000
4. Universidad Autónoma de Santo Domingo (República Dominicana)	100.000

SUGGESTION Explain that in Spanish-speaking countries, unlike in the United States, students usually enroll in programs that prepare them for a specific career and have few electives. Classes are conducted as lectures that meet once or twice weekly, and grades are often based on a scale of one to ten, where six is passing.

SUGGESTION Have students locate the countries mentioned (**México, Argentina, España, República Dominicana**) on the maps on the inside covers of their texts.

La Universidad de Salamanca, fundada en el siglo XIII (*thirteenth century*), es una de las universidades preeminentes de Europa. Ofrece muchos cursos y clases de español para extranjeros (*foreigners*).

EXPANSION To check comprehension, ask:
1. ¿Cuál es la universidad que tiene unos doscientos cincuenta y cinco mil estudiantes? (UNAM)
2. ¿Cuál es una de las universidades preeminentes de Europa? (La Universidad de Salamanca)
3. ¿Cuál es la universidad que ayudó en la formación de tres ganadores del Premio Nobel? (UBA)

La Universidad Nacional Autónoma de México (UNAM), con unos 255.000 (doscientos cincuenta y cinco mil) estudiantes, es una de las más grandes del mundo (*biggest in the world*).

Fundada en 1821 (mil ochocientos veintiuno), la Universidad de Buenos Aires (UBA) es un importante centro de estudios sociales y científicos. La UBA ayudó (*helped*) en la formación de tres científicos que ganaron (*won*) el Premio Nobel.

Coméntalo

With a classmate, discuss the following questions. Answers will vary.

- ¿Cuál (*which*) es la universidad más grande en tu ciudad (*city*) o estado (*state*)?
- ¿Te gustaría (*would you like*) estudiar español en Salamanca? (Sí, me gustaría… / No, no me gustaría…)

recursos

vistahigher learning.com

2.1 The present tense of regular –ar verbs

▶ To create the forms of regular verbs, drop the infinitive endings (**–ar, –er, –ir**). Then add the endings of the different subject pronouns. The chart below demonstrates how to conjugate regular **–ar** verbs.

estudiar (*to study*)		
yo	estudi**o**	*I study*
tú	estudi**as**	*you (fam.) study*
Ud./él/ella	estudi**a**	*you (form.) study; he/she studies*
nosotros/as	estudi**amos**	*we study*
vosotros/as	estudi**áis**	*you (fam.) study*
Uds./ellos/ellas	estudi**an**	*you (form.)/they study*

Common –ar verbs							
bailar	*to dance*	descansar	*to rest*	explicar	*to explain*	preguntar	*to ask (a question)*
buscar	*to look for*	desear	*to want; to wish*	hablar	*to talk; to speak*	preparar	*to prepare*
caminar	*to walk*	dibujar	*to draw*	llegar	*to arrive*	regresar	*to return*
cantar	*to sing*	enseñar	*to teach*	llevar	*to carry*	terminar	*to end; to finish*
comprar	*to buy*	escuchar	*to listen*	mirar	*to look (at); to watch*	tomar	*to take; to drink*
contestar	*to answer*	esperar	*to wait (for); to hope*	necesitar	*to need*	trabajar	*to work*
conversar	*to talk*	estudiar	*to study*	practicar	*to practice*	viajar	*to travel*

¿Tomas muchas
clases este
semestre?

▶ The Spanish present tense can be translated in several ways. Note the following examples.

Ana **trabaja** en la cafetería.
Ana works in the cafeteria.
Ana is working in the cafeteria.
Ana does work in the cafeteria.

Paco **viaja** a Madrid mañana.
Paco travels to Madrid tomorrow.
Paco is traveling to Madrid tomorrow.
Paco does travel to Madrid tomorrow.

Using verbs in Spanish

▶ When two verbs are used together with no change of subject, the second verb is generally in the infinitive.

Sí, tomo tres.

Deseo hablar con Maite.
I want to speak with Maite.

Necesito comprar lápices.
I need to buy pencils.

▶ To make a sentence negative, use **no** before the conjugated verb.

Yo **no** miro la televisión.
I don't watch television.

Ella **no** desea bailar.
She doesn't want to dance.

▶ Subject pronouns are often omitted because the verb endings indicate who the subject is.

¿Habl**as** español?
Do you speak Spanish?

No, no habl**o** español.
No, I don't speak Spanish.

INSTRUCTIONAL RESOURCES WB, LM, Lab CD/MP3, I CD-ROM, IRM (Audio Scripts & Instructor Annotations)
Refer students to the **recursos** box in **Ampliación** for complete information.

▶ Subject pronouns are occasionally used for clarification.

¿Qué enseñan **ellos**?
What do they teach?

Él enseña arte y **ella** enseña química.
He teaches art and she teaches chemistry.

▶ Sometimes subject pronouns are used for emphasis.

¿Quién desea trabajar hoy?
Who wants to work today?

Yo no deseo trabajar.
I don't want to work.

Práctica y conversación

communication
NATIONAL STANDARDS

1 **¿Te gusta… ?** Get together with a classmate and take turns asking each other if you like these activities. Answers will vary.

¿Te gusta… ?		Sí, me gusta/No, no me gusta
Do you like… ?	▶	*Yes, I like/No, I don't like*

MODELO

Estudiante 1: ¿Te gusta tomar el autobús?
Estudiante 2: Sí, me gusta tomar el autobús. /
No, no me gusta tomar el autobús.

	Sí	No		Sí	No
bailar	___	___	estudiar	___	___
cantar	___	___	mirar la televisión	___	___
dibujar	___	___	trabajar	___	___

2 **Completar** Complete the conversation with a partner.

JUAN ¡Hola, Linda! ¿Qué tal las clases?

LINDA Bien. ___Tomo___ [tomar] tres clases: química, biología y computación. Y tú, ¿cuántas clases ___tomas___ [tomar]?

JUAN ___Tomo___ [tomar] cuatro: sociología, biología, arte y literatura. Yo ___tomo___ [tomar] biología a las cuatro. ¿Y tú?

LINDA Lily, Alberto y yo ___tomamos___ [tomar] biología a las diez.

JUAN ¿___Estudian___ [estudiar] ustedes mucho?

LINDA Sí, Alberto y yo ___estudiamos___ [estudiar] dos horas todos los días (*every day*).

JUAN ¿Lily no ___estudia___ [estudiar] con ustedes?

LINDA No, ella ___estudia___ [estudiar] con Arturo.

3 **Describir** With a partner, describe what the people in the photos are doing.

MODELO
Manuela baila.

Manuela

Hector

Ernesto

1. Héctor dibuja. _____

3. Ernesto descansa. _____

Mariana y Tina

Mario y Celia

2. Mariana y Tina miran la televisión. _____

4. Mario y Celia toman el autobús. _____

4 **Entrevista** Use these questions to interview a classmate. Answers will vary.

1. ¿Qué clases tomas?
2. ¿A qué hora terminan las clases?
3. ¿Qué llevas a la clase de español?
4. ¿Cuántas lenguas hablas?
5. ¿Estudias en la biblioteca o en la residencia estudiantil?
6. ¿Necesitas estudiar hoy para un examen?
7. ¿Miras mucho la televisión?
8. ¿Te gusta viajar? ¿Viajas mucho?

2.2 Forming questions in Spanish

▶ You can form a question by raising the pitch of your voice at the end of a sentence. In writing, be sure to use an upside-down question mark (¿) at the beginning of a question and a regular question mark (?) at the end.

¿Dibujas mucho?

Statement	Question
Miguel busca un mapa.	¿Miguel busca un mapa?
Miguel is looking for a map.	*Is Miguel looking for a map?*

▶ You can also form a question by putting the subject after the verb. The subject may even be placed at the end of the sentence.

Statement	Question
SUBJECT · VERB	VERB · SUBJECT
Ustedes trabajan los sábados.	¿**Trabajan ustedes** los sábados?
You work on Saturdays.	*Do you work on Saturdays?*
SUBJECT · VERB	VERB · SUBJECT
Carlota regresa a las seis.	¿**Regresa** a las seis **Carlota**?
Carlota returns at six.	*Does Carlota return at six?*

▶ Questions can also be formed by adding ¿**no**? or ¿**verdad**? at the end of a statement.

Statement	Question
Ella regresa a las seis.	Ella regresa a las seis, ¿**verdad**?
She returns at six.	*She returns at six, right?*

Las computadoras son muy interesantes, ¿no?

▶ The following interrogative words are used to form questions in Spanish.

Interrogative words

¿Cómo?	*How?*	¿Qué?	*What?;*	¿De dónde?	*From where?*	¿Cuántos/as?	*How many?*
¿Cuál?,	*Which?;*		*Which?*	¿Por qué?	*Why?*	¿Quién?,	*Who?*
¿Cuáles?	*Which one(s)?*	¿Dónde?	*Where?*	¿Cuánto/a?	*How much?*	¿Quiénes?	
¿Cuándo?	*When?*	¿Adónde?	*Where (to)?*				

▶ Use interrogative words in questions that require more than a simple *yes* or *no* answer.

¿**Cuándo** descansan ustedes?
When do you rest?

¿**Adónde** caminamos?
Where are we walking to?

¿**Qué** clases tomas?
What classes are you taking?

▶ In questions that contain interrogative words, the pitch of your voice falls at the end of the sentence.

¿**Cómo** llegas a la escuela?
How do you get to school?

¿**Por qué** necesitas estudiar?
Why do you need to study?

¡ojo!

Interrogative words always carry a written accent mark.

• • •

The answer to the question ¿**por qué**? is **porque**, which is written as one word without an accent.
¿**por qué**? *why?*
porque *because*

Práctica y conversación

1 **En el centro estudiantil** Use the cues to ask questions about what's going on at the student center.

MODELO

Ernesto / estudiar con Sara

¿Estudia Ernesto con Sara? /

¿Estudia con Sara Ernesto?

1. Sandra / hablar con su compañera de cuarto

¿Habla Sandra con su compañera de cuarto? /

¿Habla con su compañera de cuarto Sandra?

2. La profesora Soto / buscar una mesa

¿Busca la profesora Soto una mesa? /

¿Busca una mesa la profesora Soto?

3. Jaime / preparar la tarea

¿Prepara Jaime la tarea? /

¿Prepara la tarea Jaime?

4. Jorge y Leticia / trabajar en la cafetería

¿Trabajan Jorge y Leticia en la cafetería? /

¿Trabajan en la cafetería Jorge y Leticia?

5. Los chicos / escuchar música por la radio

¿Escuchan los chicos música por la radio? /

¿Escuchan música por la radio los chicos?

2 **Una conversación** Irene and Manolo are chatting (quietly!) in the library. Complete their conversation with the appropriate questions.

IRENE ¿Cómo estás? / ¿Qué tal?

MANOLO Bien, gracias. ¿Y tú?

IRENE Muy bien. ¿Qué hora es?

MANOLO Son las nueve.

IRENE ¿Qué estudias?

MANOLO Estudio historia.

IRENE ¿Por qué?

MANOLO Porque hay un examen mañana.

IRENE ¿Te gusta la clase?

MANOLO Sí, me gusta mucho la clase.

IRENE ¿Quién enseña la clase?

MANOLO El profesor Padilla enseña la clase.

IRENE ¿Tomas psicología este semestre?

MANOLO No, no tomo psicología este semestre.

3 **Encuesta** Change the phrases in the first column into questions and use them to survey two or three classmates. Then report the results of your survey to the class. Answers will vary.

Actividades	Nombres
1. Estudiar contabilidad	_____
2. Tomar una clase de sociología	_____
3. Dibujar bien	_____
4. Cantar bien	_____
5. Bailar bien	_____
6. Escuchar jazz	_____
7. Necesitar comprar un reloj	_____
8. Tomar el autobús a la escuela	_____
9. Llevar una mochila a clase	_____
10. Desear viajar a España	_____

4 **Entrevista** Imagine that you are a reporter for the school newspaper. Use these questions and write three of your own to interview a classmate about student life. Answers will vary.

1. ¿Dónde estudias? ¿Cuándo?
2. ¿Quién es tu profesor favorito?
3. ¿Cuántas clases tomas?
4. ¿Necesitas estudiar más (*more*)?
5. ¿Cómo llegas a la escuela?
6. ¿Trabajas? ¿Dónde?
7. ¿Qué programas miras en la televisión?
8. ¿_____?
9. ¿_____?
10. ¿_____?

2.3 The present tense of **estar**

▶ In Lesson 1, you learned how to conjugate and use the verb **ser** (*to be*). You will now learn a second verb which means *to be*, the verb **estar**.

▶ Although **estar** ends in **–ar**, it does not follow the pattern of regular **–ar** verbs. The **yo** form (**estoy**) is irregular. Also, all forms but the **yo** and **nosotros/as** forms have an accented **á**. As you will see, **ser** and **estar** are used in different ways.

Hola, Ricardo.
Aquí estamos en la
Mitad del Mundo.

Hoy estoy con
estudiantes de la
universidad.

estar (*to be*)

yo	est**oy**	*I am*
tú	est**ás**	*you (fam.) are*
Ud./él/ella	est**á**	*you (form.) are; he/she is*
nosotros/as	est**amos**	*we are*
vosotros/as	est**áis**	*you (fam.) are*
Uds./ellos/ellas	est**án**	*you (form.)/they are*

Uses of *ser* and *estar*

Uses of estar

LOCATION

Estoy en Ecuador.
I am in Ecuador.

Inés **está** al lado de Javier.
Inés is next to Javier.

HEALTH

Álex **está** enfermo hoy.
Álex is sick today.

WELL–BEING

¿Cómo **estás**, Maite?
How are you, Maite?

Estoy muy bien, gracias.
I'm very well, thank you.

Uses of ser

IDENTITY

Hola, **soy** Maite.
Hello, I'm Maite.

OCCUPATION

Soy estudiante.
I'm a student.

ORIGINS

¿**Eres** de España?
Are you from Spain?

Sí, **soy** de España.
Yes, I'm from Spain.

TIME–TELLING

Son las cuatro.
It's four o'clock.

Estar with prepositions of locations

¡A ver! La señorita
que está cerca de la
ventana...

Prepositions of location

al lado de	next to; beside	delante de	in front of
a la derecha de	to the right of	detrás de	behind
a la izquierda de	to the left of	encima de	on top of
en	in; on; at	entre	between; among
cerca de	near	lejos de	far from
con	with	sobre	on; over
debajo de	below; under		

Aquí estoy con
cuatro estudiantes
de la universidad...

INSTRUCTIONAL RESOURCES WB, LM, Lab CD/MP3, I CD-ROM, IRM (Audio Scripts & Instructor Annotations)

▶ **Estar** is often used with certain prepositions to describe the location of a person or an object.

La cafetería está **al lado de** la biblioteca.
The cafeteria is beside the library.

Los libros están **encima del** escritorio.
The books are on top of the desk.

El estadio no está **lejos de** la librería.
The stadium isn't far from the bookstore.

Estamos **entre** amigos.
We are among friends.

Práctica y conversación

communication NATIONAL STANDARDS

1 **Completar** Complete this phone conversation between Daniela and her mother with the correct forms of **ser** or **estar**.

MAMÁ Hola, Daniela. ¿Cómo _____estás_____ ?

DANIELA Hola, mamá. _____Estoy_____ bien. ¿Dónde _____está_____ papá? ¡Ya (*already*) _____son_____ las ocho de la noche!

MAMÁ No _____está_____ aquí. _____Está_____ en la oficina.

DANIELA Y Andrés y Margarita, ¿dónde _____están_____ ellos?

MAMÁ _____Están_____ en el restaurante García con Martín.

DANIELA ¿Quién _____es_____ Martín?

MAMÁ _____Es_____ un compañero de clase. _____Es_____ de México.

DANIELA Y el restaurante García, ¿dónde _____está_____ ?

MAMÁ _____Está_____ cerca de la Plaza Mayor, en San Modesto.

DANIELA Gracias, mamá. Voy (*I'm going*) al restaurante. ¡Hasta pronto!

2 **¿Dónde está… ?** You are having trouble finding several things in the school bookstore. Look at the drawing and ask the clerk (your partner) where the items are located.
Answers will vary.

MODELO

Estudiante 1: *¿Dónde están las mochilas?*

Estudiante 2: *Las mochilas están debajo de las computadoras.*

3 **¿Dónde estás… ?** Find out where your partner is at these times. Answers will vary.

1. ¿Dónde estás los viernes al mediodía?
2. ¿Dónde estás los miércoles a las nueve y cuarto de la mañana?
3. ¿Dónde estás los lunes a las once y diez de la mañana?
4. ¿Dónde estás los jueves a las doce y media de la tarde?

4 **La Ciudad Universitaria** You and your partner are at the **Facultad de Bellas Artes** (*School of Fine Arts*). Take turns asking each other where other buildings on the campus map are located. Answers will vary.

Facultad de Medicina

Facultad de Administración de Empresas

Facultad de Química

biblioteca

Colegio Mayor Cervantes

Facultad de Bellas Artes

1. ¿Está lejos la biblioteca de la Facultad (*school*) de Bellas Artes?
2. ¿Dónde está la Facultad de Medicina?
3. ¿Está la Facultad de Administración de Empresas a la derecha de la biblioteca?
4. ¿Dónde está el Colegio Mayor Cervantes?
5. ¿Está la Facultad de Administración de Empresas detrás del Colegio Mayor Cervantes?
6. ¿Dónde está la Facultad de Química?

2.4 Numbers 31–100

Numbers 31–100

31 *treinta y uno*	36 *treinta y seis*	41 *cuarenta y uno*	80 *ochenta*
32 *treinta y dos*	37 *treinta y siete*	42 *cuarenta y dos*	90 *noventa*
33 *treinta y tres*	38 *treinta y ocho*	50 *cincuenta*	100 *cien, ciento*
34 *treinta y cuatro*	39 *treinta y nueve*	60 *sesenta*	
35 *treinta y cinco*	40 *cuarenta*	70 *setenta*	

¿En qué clase hay más chicas?

En la de sociología… casi un ochenta y cinco por ciento.

▶ The word **y** is used in most numbers from **31** through **99**.

Hay **ochenta y cinco** exámenes.
There are eighty-five exams.

Hay **cuarenta y dos** estudiantes.
There are forty-two students.

▶ With numbers that end in **uno** (31, 41, etc.), **uno** becomes **un** before a masculine noun and **una** before a feminine noun.

Hay **treinta y un** chicos.
There are thirty-one guys.

Hay **treinta y una** chicas.
There are thirty-one girls.

▶ **Cien** is used before nouns and in counting. The words **un**, **una**, and **uno** are never used before **cien** in Spanish. **Ciento** is used for numbers over one hundred.

¿Cuántos libros hay?
How many books are there?

Hay **cien** libros.
There are one hundred books.

¿Cuántas sillas hay?
How many chairs are there?

Hay **ciento diez** sillas.
There are one hundred ten chairs.

SUGGESTION Tell students that this is the table of contents from a Latin American magazine. Have them scan it and identify the places where numbers appear.

SUGGESTION Ask students questions about the table of contents. Ex. **¿Qué está en la página 59? ¿En qué página está la sección de música? ¿Y el horóscopo? ¿Con quién conversan en la página 74?**

ESPAÑOL EN VIVO

CONTENIDO

37 Correo

42 Mi álbum de fotos

56 Salud

57 Dinero

59 Amor

61 Familia

62 Educación

69 Mi cocina

74 Música

82 Horóscopo

59 Cuestionario

¿Dónde buscas el amor?

62 Encuesta

Entrevistamos a 100 estudiantes de la universidad para preguntarles cuáles son los cursos más importantes para su futuro profesional.

74 Rock en Español

Conversamos con la cantante mexicana Paulina Rubio sobre su nuevo álbum.

INSTRUCTIONAL RESOURCES WB, LM, Lab CD/MP3, I CD-ROM, IRM (Audio Scripts & Instructor Annotations)

Práctica y conversación

1 **Baloncesto** Provide these basketball scores in Spanish.

1. ochenta y cinco,
   setenta y cuatro

2. cien,
   noventa y dos

3. cincuenta y ocho,
   cuarenta y nueve

4. setenta y ocho,
   sesenta y cuatro

5. sesenta y tres,
   cincuenta y siete

6. noventa y uno,
   ochenta y seis

2 **Números de teléfono** You are a telephone operator in Spain. Give the appropriate phone numbers and addresses when callers ask for them. Answers will vary.

122	MORALES – NAYA	
Morales Ballesteros, José	Venerable Centenares, 22	(91) 944-6662
Morales Benito, Francisco	Plaza Ahorro, 16	(91) 773-1216
Morales Borrego, Flora	Mayor, 51	(91) 634-3211
Morales Calvo, Emilio	Villafuerte, 49	(91) 472-2350
Morales Campos, María Josefa	Toledo, 35	(91) 419-7660
Morales Cid, Pedro	Rosal, 98	(91) 773-1382
Morales Conde, Ángel	Alameda, 67	(91) 944-3915
Morales de la Iglesia, Juliana	Buenavista, 80	(91) 834-5238
Morales Fraile, María Rosa	Plaza March, 74	(91) 834-3371

MODELO

Estudiante 1: ¿Cuál es el número de teléfono de José Morales Ballesteros, por favor?

Estudiante 2: Es el noventa y uno, noventa y cuatro, cuatro, sesenta y seis, sesenta y dos.

3 **Precios (*prices*)** With a partner, take turns asking how much the items in the ad cost. Answers will vary.

MODELO

Estudiante 1: Deseo comprar papel. ¿Cuánto cuesta (*how much does it cost*)?

Estudiante 2: Un paquete cuesta (*costs*) cuatro dólares y cuarenta y un centavos.

$4,41 paquete
$5,59 caja
$36
$19,50
$4,98
$5,31 caja
$87

4 **Entrevista** Find out the telephone numbers and e-mail addresses of four classmates. Answers will vary.

MODELO

Estudiante 1: ¿Cuál es tu (*your*) número de teléfono?

Estudiante 2: Es el 6-35-19-51.

Estudiante 1: ¿Y tu dirección de correo electrónico (*e-mail address*)?

Estudiante 2: Es jota-Smith-arroba (*at*)-pe-ele-punto-e-de-u (*jsmith@pl.edu*).

1 SCRIPT For the script, see the Instructor's Resource Manual.

2 EXPANSION Have students write down and ask a few additional questions such as **¿Dónde estás los sábados a la una de la tarde? ¿Cuál es tu dirección de correo electrónico? ¿Cuál es tu programa de televisión favorito?**

Ampliación

1 Escuchar 🎧

A Listen to Armando and Julia's conversation. Then list the classes each person is taking.

TIP Listen for cognates. Cognates are words that have similar spellings and meanings in two or more languages. Listening for cognates will help you increase your comprehension.

Armando

1. antropología
2. filosofía
3. japonés
4. italiano
5. cálculo

Julia

1. astronomía
2. geología
3. italiano
4. cálculo
5.

B ¿Cuántas clases toman Armando y Julia? ¿Cuántas clases tomas tú? ¿Qué clases te gustan y qué clases no te gustan? Answers will vary.

2 Conversar

Greet a classmate, find out how he or she is, and get to know your classmate better by asking these questions. Answers will vary.

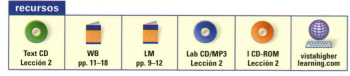

- ¿Cómo te llamas?
- ¿De dónde eres?
- ¿Qué clases tomas?
- ¿Cuántas horas estudias cada día (each day) y dónde?
- ¿Cuál es tu número de teléfono?

recursos

Text CD Lección 2	WB pp. 11–18	LM pp. 9–12	Lab CD/MP3 Lección 2	I CD-ROM Lección 2	vistahigher learning.com

 INSTRUCTIONAL RESOURCES Text CD, WB, LM, Lab CD/MP3, I CD-ROM (Activities & Quiz), Website, IRM
Inform students that the material listed in the **recursos** box applies to the complete **Gramática** section.

3 **Escribir** Write a description of yourself to post on a website in order to meet Spanish-speaking people. Answers will vary.

TIP **Brainstorm.** Spend ten to fifteen minutes writing down ideas about the topic you are going to write about. The more ideas you write down, the more you'll have to choose from later when you start to organize your thoughts.

¡Hola!
Me llamo Alicia Roberts. Estudio matemáticas en la Universidad de Nueva York.

Organízalo Make a list of things you would like people to know about you, including your name, your major, where you go to school, what you're studying, where you work, and your likes and dislikes.

Escríbelo Using the material you have compiled, write the first draft of your description.

Corrígelo Exchange papers with a classmate and comment on the organization, style, and grammatical correctness of each other's work. Then revise your first draft, keeping your classmate's comments in mind.

Compártelo Read your descriptions aloud in small groups. Point out the three best features of each description.

3 SUGGESTION Tell students to brainstorm using Spanish whenever possible. Explain that to brainstorm means to enjoy thinking about possibilities, and that selecting and organizing ideas only comes in the second stage of writing.

3 EVALUATION

Criteria	Scale
Content	1 2 3 4
Comprehensibility	1 2 3 4
Organization	1 2 3 4
Accuracy	1 2 3 4
Visual Appeal	1 2 3 4

Scoring

Excellent	18–20 points
Good	14–17 points
Satisfactory	10–13 points
Unsatisfactory	< 10 points

4 SUGGESTION Tell students that information on universities in the Spanish-speaking world will usually appear in Spanish. Encourage students to use their knowledge of cognates to determine meaning.

4 **Un paso más** Create a poster that will encourage students to study in a university in a Spanish-speaking country. The poster might include these elements: Answers will vary.

- A simple title
- Photos of university locations
- A campus map
- A short summary of the university's programs
- Photos of the town where the university is located.

4 EXPANSION Have students present their posters in class and give a short talk in Spanish that might include how many students are in the university, what interesting sites are in the area, what courses are offered, what number to call for more information, etc.

NATIONAL
connections
communities
STANDARDS

En Internet

Investiga estos temas en el sitio vistahigherlearning.com.

- Las universidades en España
- Las universidades en América Latina y en el Caribe

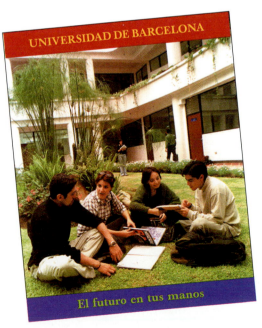

UNIVERSIDAD DE BARCELONA

El futuro en tus manos

Antes de leer

Examina el texto

Recognizing the format of a document can help you to predict its content. For instance, invitations and classified ads follow an easily identifiable format, which usually gives you a general idea of the information they contain. Glance at the document on this page and identify it based on its format.

Cognados

With a classmate, make a list of cognates in the text and guess their English meanings. What do the cognates reveal about the content of the document?

Piénsalo

If you guessed that this text is a brochure from a university, you are correct. You can now infer that the document contains information on courses, departments, and the university campus.

SUGGESTION Tell students there are 67 universities in Spain: 48 public universities and 19 private ones. Detailed information may be found at the Spanish Ministry of Education, www.mec.es.

SUGGESTION Point out that the photo on page 43 is of the Retiro Park **(Parque del Buen Retiro)** in Madrid. Originally the gardens of the Royal Palace, the Retiro has become a great public park.

EXPANSION Have students check the UAM website for information on its location relative to Retiro Park and other important sites of Madrid.

EXPANSION Have students correct the false statements in **¿Comprendiste?**

UAM
LA MEJOR UNIVERSIDAD DE EUROPA
Universidad Autónoma de Madrid

En el campus de la UAM hay ocho facultades:

- Ciencias
- Derecho
- Medicina
- Psicología
- Filosofía y Letras
- Ciencias Económicas y Empresariales
- Escuela Técnica Superior de Computación
- Facultad de Educación

Toma cursos de:

- Antropología aplicada
- Microbiología
- Contabilidad
- Derecho Privado
- Ecología
- Economía general
- Filosofía antigua
- Física general
- Geografía
- Historia contemporánea
- Computación
- Literatura
- Matemáticas
- Psicología social
- Química
- Sociología

recursos

vistahigher
learning.com

Después de leer

¿Comprendiste?

Indicate whether each statement is **cierto** (*true*) or **falso** (*false*).

Cierto	Falso	
✓		**1.** La Universidad Autónoma de Madrid está en Europa.
	✓	**2.** En la UAM hay diez facultades.
	✓	**3.** Filosofía y Letras es un curso.
✓		**4.** Es posible estudiar microbiología en la UAM.
	✓	**5.** Hay cursos de literatura china en la UAM.
✓		**6.** Hay una facultad de psicología en la UAM.
✓		**7.** En la UAM, las clases se inician en septiembre.
	✓	**8.** La UAM está en la carretera de Cantoblanco.

Preguntas

1. ¿Hay clases de contabilidad en la UAM?
Sí, hay clases de contabilidad en la UAM.

2. ¿Es posible estudiar medicina en la UAM?
Sí, es posible estudiar medicina en la UAM.

3. ¿En qué facultad hay clases de economía general? Hay clases de economía general en la Facultad de Ciencias Económicas y Empresariales.

4. ¿En qué facultad hay clases de microbiología?
Hay clases de microbiología en la Facultad de Ciencias.

5. ¿En qué facultad hay clases de literatura?
Hay clases de literatura en la Facultad de Filosofía y Letras.

Coméntalo

Look at the ad and answer the following questions. Does your university offer the same courses? Are you taking any of those courses? Would you be interested in studying at the UAM? Why or why not? Answers will vary.

mejor *best*   derecho *law*   carretera *highway*

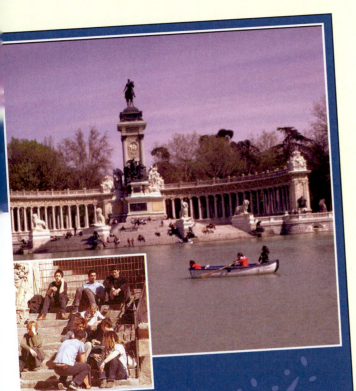

UAM

INICIAMOS LAS CLASES EN SEPTIEMBRE

¡La UAM está cerca de ti!
Ciudad Universitaria de Cantoblanco
Carretera de Colmenar Viejo, Km. 15
28049 Madrid, ESPAÑA
Teléfono: (34) 91.397.42.67
http://www.uam.es

La clase y la universidad

el borrador	eraser
la clase	class
el/la compañero/a de clase	classmate
el/la compañero/a de cuarto	roommate
el escritorio	desk
el/la estudiante	student
el libro	book
el mapa	map
la mesa	table
el papel	paper
la pizarra	blackboard
la pluma	pen
el/la profesor(a)	teacher; professor
la puerta	door
el reloj	clock; watch
la silla	chair
la tiza	chalk
la ventana	window
la biblioteca	library
la cafetería	cafeteria
el estadio	stadium
el laboratorio	laboratory
la librería	bookstore
la residencia estudiantil	dormitory
la universidad	university
el curso	course
el examen	test; exam
el horario	schedule
la prueba	test; quiz
el semestre	semester
la tarea	homework
el trimestre	trimester; quarter

Verbos

bailar	to dance
buscar	to look for
caminar	to walk
cantar	to sing
comprar	to buy
contestar	to answer
conversar	to talk; to chat
descansar	to rest
desear	to want; to wish
dibujar	to draw
enseñar	to teach
escuchar	to listen
esperar	to wait (for); to hope
estar	to be
estudiar	to study
explicar	to explain
hablar	to talk; to speak
llegar	to arrive
llevar	to carry
mirar	to look (at); to watch
necesitar	to need
practicar	to practice
preguntar	to ask (a question)
preparar	to prepare
regresar	to return
terminar	to end; to finish
tomar	to take; to drink
trabajar	to work
viajar	to travel

Otras palabras

porque	because

Los cursos

la administración de empresas	business administration
el arte	art
la biología	biology
la computación	computer science
la contabilidad	accounting
el español	Spanish
la física	physics
la geografía	geography
la historia	history
el inglés	English
las lenguas extranjeras	foreign languages
las matemáticas	mathematics
el periodismo	journalism
la psicología	psychology
la química	chemistry
la sociología	sociology

Los días de la semana	See page 25.
Expresiones útiles	See page 29.
Interrogative words	See page 34.
Prepositions of location	See page 36.
Numbers 31–100	See page 38.

recursos

LM p. 12

Lab CD/MP3 Lección 2

Vocab CD Lección 2

INSTRUCTIONAL RESOURCES LM, Lab CD/MP3, Vocab CD, IRM, Tests

Todos los años (*every year*), en el mes de junio, Nueva York organiza un gran desfile (*great parade*) en honor a los puertorriqueños.

Estados Unidos y Canadá

Estados Unidos

Población de origen hispano: 39.000.000
País de origen de hispanos en EE.UU.:

19,8% **otros**
3,5% **Cuba**
9,6% **Puerto Rico**
8,6% **Centroamérica y Suramérica**
58,5% **México**

Estados de mayor población hispana:
California, Texas, Nueva York y Florida

SOURCE: U.S. Census Bureau

Canadá

Población de origen hispano: 300.000
País de origen de hispanos en Canadá:

12,4% **México**
11,6% **Chile**
67% **otros**
9% **El Salvador**

Ciudades de mayor población hispana:
Montreal, Toronto y Vancouver

SOURCE: Statistics Canada

Lugares

La Pequeña Habana

La Pequeña Habana (*Little Havana*) es un barrio (*neighborhood*) de Miami, Florida, donde viven (*live*) muchos cubanoamericanos. Es un lugar donde se encuentran (*are found*) las costumbres (*customs*) de la cultura cubana, los aromas y sabores (*flavors*) de su comida y la música salsa. La Pequeña Habana es una parte de Cuba en los Estados Unidos.

CANADÁ

Vancouver
Calgary

San Francisco

EE.UU.

Los Ángeles
Las Vegas
San Diego

Personalidades

Latinos famosos

Los estadounidenses de origen hispanoamericano contribuyen (*contribute*) en todos los niveles (*at all levels*) a la cultura y a la economía de los Estados Unidos.

Martin Sheen, actor, de origen salvadoreño

Ellen Ochoa, astronauta, de origen mexicano

Rosie Pérez, actriz, de origen puertorriqueño

Geraldo Rivera, periodista, de origen puertorriqueño

INSTRUCTIONAL RESOURCES WB, VM, Website, OT, IRM, Ph Video, Ph DVD, I CD-ROM

Ottowa

Toronto

Chicago

Ciudad de
Nueva York

Washington, D.C.

Océano
Atlántico

Miami

Golfo
de México

Mar Caribe

recursos

| WB pp. 19–20 | VM pp. 199–200 | I CD-ROM Lección 2 | vistahigher learning.com |

Comida

La comida mexicana

En casi todas las ciudades (*almost all cities*) de los Estados Unidos hay restaurantes mexicanos. Hoy día, los tacos y las quesadillas son tan populares como (*are as popular as*) las hamburguesas y las papas fritas (*french fries*).

Sociedad

La influencia hispánica en Canadá

En 1998 (mil novecientos noventa y ocho) se establecieron (*were established*) los *Latin American Achievement Awards Canada*, para reconocer (*to recognize*) los logros (*achievements*) de la comunidad en varios campos (*fields*).

Dos figuras canadienses importantes de origen argentino son: el novelista Alberto Manguel y el Embajador (*Ambassador*) de Canadá en las Naciones Unidas (*United Nations*), Sergio Marchi.

Algunos de los grupos musicales que son parte de la cultura hispana en Canadá son: Dominicanada, Bomba, Norteño y Rasca.

¿Qué aprendiste?

1 **¿Cierto o falso?** Indicate whether the following statements are true or false, based on what you have learned about Latinos in the USA.

Cierto	Falso	
✓		**1.** Los mexicanos son el grupo hispano más grande (*biggest*) de los EE.UU.
	✓	**2.** En Florida no hay muchas personas de origen hispano.
✓		**3.** En Texas hay muchos latinos.
	✓	**4.** La Pequeña Habana está en la isla de Cuba.
	✓	**5.** Martin Sheen es un policía en Los Ángeles.
✓		**6.** Geraldo Rivera es de origen hispano.
✓		**7.** Muchos puertorriqueños viven (*live*) en Nueva York.
	✓	**8.** A los estadounidenses, no les gustan los tacos.
	✓	**9.** Los chilenos son el grupo hispano más grande de Canadá.
✓		**10.** Dominicanada es un grupo musical de Canadá.

2 **Preguntas** Answer the following questions. Answers will vary.

1. ¿Hay muchos hispanos en tu (*your*) comunidad? ¿De dónde son?

2. ¿Quién es Ellen Ochoa?

3. ¿En qué estados de los Estados Unidos hay más habitantes hispanos?

4. ¿Te gustan los restaurantes mexicanos? ¿Por qué?

5. ¿En qué ciudades de Canadá hay muchos latinos?

6. ¿Cuál es la población de origen hispano en Canadá?

En Internet

Busca más información sobre estos temas en el sitio vistahigherlearning.com. Presenta la información a tus compañeros/as de clase.

- El Día de los puertorriqueños
- La Pequeña Habana
- Rosie Pérez
- *Latin American Achievement Awards Canada*

3 La familia

Communicative Goals

You will learn how to:
- talk about your family
- describe people
- express ownership

PREPARACIÓN

pages 50–53

- Words related to family and professions
- Diphthongs and linking

ESCENAS

pages 54–57

- On their way to Otavalo, Maite, Inés, Álex, and Javier talk about their families. Don Francisco observes the growing friendship between the four students.

GRAMÁTICA

pages 58–67

- Descriptive adjectives
- Possessive adjectives
- Present tense of regular **–er** and **–ir** verbs
- Present tense of **tener** and **venir**

LECTURA

pages 68–69

- Magazine article: *Familias de todo tipo*

Para empezar

- ¿Cuántas personas hay en la fotografía? ¿Tres o cuatro?
- ¿Son ellos compañeros de clase o son una familia?
- ¿Está el hombre lejos de la mujer o al lado de ella?
- ¿Ellos conversan, descansan o bailan?

La familia

LA FAMILIA

el/la esposo/a *husband/wife*

el/la hermanastro/a *stepbrother/stepsister*

el/la hermano/a *brother/sister*

el/la hijastro/a *stepson/stepdaughter*

la madrastra *stepmother*

el/la medio/a hermano/a *half-brother/half-sister*

el padrastro *stepfather*

los padres *parents*

SUGGESTION Ask: Who has a brother? Write **hermano** on the board. Ask: **¿Cómo se llama tu hermano?** After the student answers, ask: **¿Cómo se llama el hermano de ___?** Work through the remaining relationships in the same manner.

el abuelo
grandfather

la abuela
grandmother

el padre
father

la madre
mother

los hijos
sons; children

la hija
daughter

LA FAMILIA EXTENDIDA

el/la cuñado/a *brother-in-law/sister-in-law*

el/la nieto/a *grandson/granddaughter*

la nuera *daughter-in-law*

los parientes *relatives*

el/la primo/a *cousin*

el/la sobrino/a *nephew/niece*

el/la suegro/a *father-in-law/mother-in-law*

el/la tío/a *uncle/aunt*

el yerno *son-in-law*

EXPANSIÓN Have groups of three interview each other about their families, with one conducting the interview, one answering, and one taking notes. At intervals have students switch roles until all have had a turn. As a whole class, ask students questions about the families of their group members.

el artista
artist

VARIACIÓN LÉXICA Point out these lexical items:
madre → mamá, mami (*colloquial*)
padre → papá, papi (*colloquial*)
muchacho/a → chico/a

LAS PROFESIONES

el/la ingeniero/a *engineer*

el/la periodista *journalist*

el/la programador(a) *computer programmer*

la médica
doctor

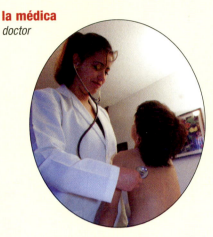

SUGGESTION Ask students to name a profession based on the definition you provide. Ex: **Un hombre que programa las computadoras, ¿qué es? (Es un programador.) Una mujer que trabaja en un hospital, ¿qué es? (Es una médica.)**

OTRAS PALABRAS

el/la amigo/a *friend*

la gente *people*

el/la muchacho/a *boy/girl*

la persona *person*

mi *my (sing.)*

mis *my (pl.)*

el niño
boy; child

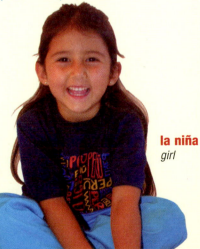

la niña
girl

EXPANSION Use the overhead transparency. Ask: **¿Cómo se llama el padre? ¿Quién es la hija de Mirta? Con referencia a Marina, ¿quién es Héctor? Con referencia a Héctor, ¿quién es José Miguel? Con referencia a Héctor, ¿quién es Silvia?** Work through additional relationships.

el novio
boyfriend

la novia
girlfriend

SCRIPT For the script, see the Instructor's Resource Manual.

1 EXPANSION Play Luisa's statements again, stopping at the end of each. Where the statements are true, have students repeat. Where the statements are false, have students correct them.

2 EXPANSION Ask students to provide additional examples for the class to identify.

3 EXPANSION Ask questions about the photos and captions. Ex: ¿Quién es artista? (Elena Vargas es artista.) ¿Quién trabaja con una computadora? ¿Qué es? (Irene González trabaja con una computadora. Es programadora.)

3 EXPANSION Have students bring in pictures of people engaged in various activities. (Use family photos, magazine pictures, drawings, computer art, etc.) Create a class family tree and identify each picture with a name. With the whole class, ask questions about relationships and professions. Ex: ¿Quién es la abuela de ____? ¿Qué es?

Práctica y conversación

1 Escuchar Find Luisa Moya Sánchez on the family tree. Then listen to her statements and indicate whether they are **cierto** (*true*) or **falso** (*false*), based on her family tree.

	Cierto	Falso
1.	✔	
2.	✔	
3.		✔
4.		✔
5.		✔
6.	✔	
7.		✔
8.		✔
9.	✔	
10.		✔

2 Completar Complete these sentences with the correct words.

1. Mi madre y mi padre son mis __padres__.

2. El padre de mi madre es mi __abuelo__.

3. Yo soy el __tío__ del hijo de mi hermana.

4. La esposa de mi hijo es mi __nuera__.

5. Yo soy el __yerno__ de los padres de mi esposa.

6. La hija de mi hermana es mi __sobrina__.

7. Mi hijo es el __nieto__ de mi padre.

8. El esposo de mi hermana es mi __cuñado__.

3 Profesiones Complete the description of each photo.

1. Juanita Fuertes es __profesora__.

2. Héctor Ibarra es __periodista__.

3. Alberto Díaz es __médico__.

4. Elena Vargas es __artista__.

5. Carlota López es __ingeniera__.

6. Irene González es __programadora__.

recursos

Text CD Lección 3

4 **¿Y tú?** With a classmate, take turns asking each other the following questions. Answers will vary.

1. ¿Cuántas personas hay en tu familia?
2. ¿Cómo se llaman tus padres? ¿De dónde son?
3. ¿Cuántos hermanos tienes? ¿Cómo se llaman?
4. ¿Cuántos primos tienes? ¿Cuántos son niños y cuántos son adultos?
5. ¿Eres tío/a? ¿Cómo se llaman tus sobrinos/as? ¿Dónde estudian o trabajan?
6. ¿Tienes novio/a? ¿Tienes esposo/a? ¿Cómo se llama?

tengo *I have*	**tu** *your (fam., sing.)*
tienes *you (fam.) have*	**tus** *your (fam., pl.)*

4 **EXPANSION** Ask students to prepare and ask additional interview questions.

Pronunciación Diphthongs and linking

comparisons NATIONAL STANDARDS

hermano   **niña**   **cuñado**

In Spanish, **a**, **e**, and **o** are considered strong vowels. The weak vowels are **i** and **u**.

ruido   **parientes**   **periodista**

A diphthong is a combination of two weak vowels or of a strong vowel and a weak vowel. Diphthongs are pronounced as a single syllable.

la abuela   **mi hijo**   **una clase excelente**

Two identical vowel sounds that appear together are pronounced like one long vowel.

con Natalia   **sus sobrinos**   **las sillas**

Two identical consonants together sound like a single consonant.

es ingeniera   **mis abuelos**   **sus hijos**

A consonant at the end of a word is linked with the vowel at the beginning of the next word.

mi hermano   **su esposa**   **nuestro amigo**

A vowel at the end of a word is linked with the vowel at the beginning of the next word.

Refranes Read these sayings aloud to practice diphthongs and linking sounds.

Cuando una puerta se cierra, otra se abre.[1]

Hablando del rey de Roma, por la puerta se asoma.[2]

1 When one door closes, another opens. 2 Speak of the devil and he will appear.

SUGGESTION Write **hermano**, **niña**, and **cuñado** on the board, pronounce the words, and ask students to repeat them. Ask students to identify the strong and weak vowels. Repeat writing, modeling, practicing, and identifying key pronunciation points with each of the remaining five sections.

EXPANSION Provide model sentences to practice diphthongs and linking. Ex: **Los estudiantes extranjeros hablan inglés. Mi abuela Ana tiene ochenta años. Juan y Enrique son hermanos.**

recursos
Text CD Lección 3
LM p. 14
Lab CD/MP3 Lección 3
I CD-ROM Lección 3

¿Es grande tu familia?

Los viajeros hablan de sus familias en el autobús.

VIDEO SYNOPSIS The bus trip continues. Maite, Inés, and Javier talk about their families. As they talk, Javier secretly sketches Inés. When Maite discovers what he is drawing, both he and Inés are embarrassed. Behind the wheel, Don Francisco wonders what is happening.

PREVIEW Ask students to read the title, glance at the video stills, and predict what they think the episode will be about. Record the predictions and return to them after having watched the video.

SUGGESTION Play the video segment without sound and have students create a plot summary based on visual cues. Then show the segment with sound and have students make corrections and fill in gaps in their work.

Personajes

DON FRANCISCO

JAVIER

INÉS

ÁLEX

MAITE

MAITE Inés, ¿tienes una familia grande?

INÉS Pues, sí… mis papás, mis abuelos, cuatro hermanas y muchos tíos y primos.

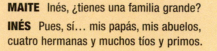

INÉS Sólo tengo un hermano mayor, Pablo. Su esposa, Francesca, es médica. No es ecuatoriana, es italiana. Sus papás viven en Roma, creo. Vienen de visita cada año. Ah… y Pablo es periodista.

MAITE ¡Qué interesante!

INÉS ¿Y tú, Javier? ¿Tienes hermanos?

JAVIER No, pero aquí tengo unas fotos de mi familia.

INÉS ¡Ah! ¡Qué bien! ¡A ver!

JAVIER ¡Aquí están!

INÉS ¡Qué alto es tu papá! Y tu mamá, ¡qué bonita!

JAVIER Mira, aquí estoy yo. Y éste es mi abuelo. Es el padre de mi mamá.

INÉS ¿Cuántos años tiene tu abuelo?

JAVIER Noventa y dos.

recursos

VM
pp. 173–174

I CD-ROM
Lección 3

Es V CD-ROM
Lección 3

INSTRUCTIONAL RESOURCES VM, I CD-ROM, Es Video (Start 00:12:14), Es V CD-ROM, Es DVD, IRM

SUGGESTION Point out the masculine, feminine, singular, and plural forms of descriptive adjectives and the present tense of **tener** in the captions, the **Expresiones útiles**, and in your classroom conversation. Tell students that this material will be formally presented in the upcoming **Gramática** section.

SUGGESTION Have students review the **Expresiones útiles**. In groups of five, direct them to select a role and read **¿Es grande tu familia?** Ask one or two groups to present the script to the rest of the class.

INÉS ¿Y cómo es él?

JAVIER Es muy simpático. Él es viejo, pero es un hombre muy trabajador.

MAITE Oye, Javier, ¿qué dibujas?

JAVIER ¿Eh? ¿Quién? ¿Yo? ¡Nada!

MAITE ¡Venga! ¡No seas tonto!

MAITE Jaaavieeer… Oye, pero ¡qué bien dibujas!

JAVIER Este… pues… ¡Sí! ¡Gracias!

MAITE Álex, mira, ¿te gusta?

ÁLEX Sí, mucho. ¡Es muy bonito!

DON FRANCISCO Epa, ¿qué pasa con Inés y Javier?

Expresiones útiles

Talking about your family
¿Tienes una familia grande?
Do you have a large family?
Sí… mis papás, mis abuelos, cuatro hermanas y muchos tíos.
Yes, my parents, my grandparents, four sisters, and many (aunts and) uncles.
Sólo tengo un hermano mayor/menor.
I only have one older/younger brother.
¿Tienes hermanos?
Do you have siblings?
No, soy hijo único.
No, I'm an only (male) child.
Su esposa, Francesca, es médica.
His wife, Francesca, is a doctor.
No es ecuatoriana, es italiana.
She's not Ecuadorian; she's Italian.
Pablo es periodista.
Pablo is a journalist.
Es el padre de mi mamá.
He is my mother's father.

Describing people
¡Qué alto es tu papá!
Your father is so tall!
Y tu mamá, ¡qué bonita!
And your mother, how pretty!
¿Cómo es tu abuelo?
What is your grandfather like?
Es simpático.
He's nice.
Es viejo.
He's old.
Es un hombre muy trabajador.
He's a very hard-working man.

Saying how old people are
¿Cuántos años tienes?
How old are you?
¿Cuántos años tiene tu abuelo?
How old is your grandfather?
Noventa y dos.
Ninety-two.

1 **EXPANSION** Continue the activity with true/false statements such as: **El padre de Javier es alto. (Cierto) Javier tiene tres hermanos. (Falso; Javier no tiene hermanos.) Javier tiene unas fotos de su familia. (Cierto) Inés es italiana. (Falso; Inés es del Ecuador.)**

2 **EXPANSION** Taking each sentence in turn, expand (or have students expand) the information given by asking questions based on additional information provided in the video segment. Ex: 1. ¿**Tiene Inés sólo hermanas? (No, tiene un hermano.) ¿Cómo se llama su hermano? (Pablo) ¿Qué es? (Es periodista.) ¿Tiene esposa? (Sí) ¿Cómo se llama ella? (Francesca) ¿De dónde es? (Italia) ¿Qué es? (Es médica.)**

3 **EXPANSION** Have students prepare additional interview questions to ask their partner.

¿Qué piensas?

1 **¿Cierto o falso?** Indicate whether each sentence is **cierto** or **falso**. Correct the false statements.

Cierto	Falso	
✓	_____	**1.** Inés tiene una familia grande.
		_____
_____	✓	**2.** Pablo, el hermano de Inés, es médico.
		Francesca es médica.
✓	_____	**3.** La cuñada de Inés es italiana.
		_____
✓	_____	**4.** Javier no tiene hermanos.
		_____
_____	✓	**5.** El abuelo de Javier es muy perezoso (*lazy*).
		El abuelo de Javier es muy trabajador.
_____	✓	**6.** Javier habla del padre de su (*his*) padre.
		Javier habla del padre de su mamá.

2 **Adivinar** Read these sentences and guess which video character is being described. Each name is used twice.

JAVIER   **INÉS**   **MAITE**

1. Tiene cuatro hermanas y muchos tíos y primos. _____Inés_____

2. Su abuelo tiene noventa y dos años, pero es muy trabajador. _____Javier_____

3. Ella dice que (*says that*) Javier dibuja muy bien. _____Maite_____

4. Ella tiene muchas preguntas para (*for*) sus amigos. _____Maite_____

5. Su mamá es muy bonita. _____Javier_____

6. Su cuñada es médica. _____Inés_____

3 **Sus familias** With a partner, use these questions to talk about your families. Answers will vary.

• ¿Es grande o pequeña (*small*) tu (*your*) familia? ¿Cuántas personas hay en tu familia?

• ¿Tienes muchos tíos y primos? ¿Dónde viven?

• ¿Tienes un(a) tío/a o un(a) primo/a favorito/a? ¿Cómo es?

Exploración

La familia en el mundo hispano

SUGGESTION Have students locate the Spanish-speaking countries mentioned (**Colombia, México, Argentina, Uruguay, España, Venezuela**) on the maps on the inside covers of their texts.

En los países hispanos las personas usan doble apellido (*double last name*): uno del padre y el otro (*other*) de la madre. En la foto está Juan Antonio Moreno López con su esposa, María Eugenia Rojas de Moreno, y sus hijos Emilio Moreno Rojas y Ana Moreno Rojas.

En muchas familias hispanas, los abuelos y los tíos viven (*live*) en la misma casa (*same house*). En la foto, aparecen Osvaldo Marín Donoso y su (*his*) esposa Mónica, con sus (*their*) dos hijas, su yerno y sus cuatro nietos.

EXPANSION Discuss the pattern of Hispanic last names (**apellidos**). If your name follows this pattern, you may wish to use it as an example. Ask volunteers what their names would be.

Muchos estudiantes universitarios viven (*live*) con sus padres durante sus estudios (*during their studies*). Eduardo Mansur Amaya, en la foto, asiste (*attends*) a la Universidad de Caracas y vive en casa con sus padres Antonio y María.

Estadísticas de la familia	
Tamaño medio (*average size*) de la familia	
Colombia	5.2
México	5.0
Argentina	3.7
Uruguay	3.3
España	2.9
Estados Unidos	2.6
SOURCE: UN Secretariat	

EXPANSION Ask questions (or have students prepare questions) about the photos on this page. Ex: **¿En qué país vive Eduardo Mansur Amaya?**

SUGGESTION Explain that although it is difficult to generalize about families in any culture, the family is traditionally an important social institution for Spanish speakers.

Coméntalo

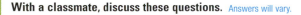

With a classmate, discuss these questions. Answers will vary.

- ¿Te gustaría vivir (*would you like to live*) con tu familia extendida? ¿Por qué sí o por qué no? (Sí, me gustaría… / No, no me gustaría…)
- ¿Te gustaría vivir con tus padres hasta (*until*) tu graduación de la universidad? ¿Por qué sí o por qué no?

recursos

vistahigher learning.com

3.1 Descriptive adjectives

▶ Descriptive adjectives describe nouns. In Spanish, most adjectives agree in gender and number with the nouns or pronouns they describe.

▶ Adjectives that end in **–o** and **–or** have four forms.

<table>
<tr><td>**Masculine**</td><td>**Feminine**</td><td>**Masculine**</td><td>**Feminine**</td></tr>
<tr><td>el chico alt**o**</td><td>la chica alt**a**</td><td>el hombre trabajad**or**</td><td>la mujer trabajad**ora**</td></tr>
<tr><td>los chicos alt**os**</td><td>las chicas alt**as**</td><td>los hombres trabajad**ores**</td><td>las mujeres trabajad**oras**</td></tr>
</table>

¡ojo!

Adjectives that refer to nouns of different genders use the masculine plural form.

Paco es alt**o**.
Ana es alt**a**.
➔ Paco y Ana son alt**os**.

▶ Adjectives that end in **–e** or a consonant have the same masculine and feminine forms.

<table>
<tr><td>**Masculine**</td><td>**Feminine**</td><td>**Masculine**</td><td>**Feminine**</td></tr>
<tr><td>el chico inteligent**e**</td><td>la chica inteligent**e**</td><td>el chico joven</td><td>la chica joven</td></tr>
<tr><td>los chicos inteligent**es**</td><td>las chicas inteligent**es**</td><td>los chicos jóven**es**</td><td>las chicas jóven**es**</td></tr>
</table>

Common adjectives

alto/a	*tall*	fácil	*easy*	interesante	*interesting*	pelirrojo/a	*red-haired*
antipático/a	*unpleasant*	feo/a	*ugly*	joven	*young*	pequeño/a	*small*
bajo/a	*short*	gordo/a	*fat*	malo/a	*bad*	rubio/a	*blond*
bonito/a	*pretty*	grande	*large; great*	mismo/a	*same*	simpático/a	*nice; likeable*
bueno/a	*good*	guapo/a	*handsome*	moreno/a	*dark-haired*	tonto/a	*silly; foolish*
delgado/a	*thin; slender*	importante	*important*	mucho/a	*much; many; a lot of*	trabajador(a)	*hard-working*
difícil	*hard; difficult*	inteligente	*intelligent*			viejo/a	*old*

▶ Adjectives of nationality are formed like other descriptive adjectives. Note that adjectives of nationality that end in a consonant add **–a** to form the feminine.

<table>
<tr><td>**Masculine**</td><td>**Feminine**</td><td>**Masculine**</td><td>**Feminine**</td></tr>
<tr><td>Toño es mexican**o**.</td><td>Gloria es mexican**a**.</td><td>Héctor es español.</td><td>Sara es español**a**.</td></tr>
<tr><td>Ellos son mexican**os**.</td><td>Ellas son mexican**as**.</td><td>Ellos son español**es**.</td><td>Ellas son español**as**.</td></tr>
</table>

Some adjectives of nationality

alemán, alemana	*German*	estadounidense	*from the United States*		inglés, inglesa	*English*	
canadiense	*Canadian*			mexicano/a	*Mexican*	
ecuatoriano/a	*Ecuadorian*	francés, francesa	*French*	norteamericano/a	*(North) American*	
español(a)	*Spanish*	japonés, japonesa	*Japanese*	puertorriqueño/a	*Puerto Rican*	

▶ Adjectives generally follow the nouns they modify.

La muchacha **rubia** es de España.
The blond girl is from Spain.

¿Cómo se llama la mujer **ecuatoriana**?
What is the Ecuadorian woman's name?

▶ Adjectives of quantity are placed before the modified noun.

Hay **muchos** estudiantes.
There are many students.

Hablo con **dos** turistas.
I am talking with two tourists.

INSTRUCTIONAL RESOURCES WB, LM, Lab CD/MP3, I CD-ROM, IRM (Audio Scripts & Instructor Annotations)
Refer students to the **recursos** box in **Ampliación** for complete information.

▶ **Bueno/a** and **malo/a** can be placed before or after a noun. Before a masculine singular noun, the forms are shortened: **bueno** ➔ **buen**; **malo** ➔ **mal**.

José es un **buen** amigo. Hoy es un **mal** día.
José es un amigo **bueno**. Hoy es un día **malo**.
José is a great friend. *Today is a bad day.*

▶ When **grande** appears before a singular noun, it is shortened to **gran**. **Grande** also changes its definition depending on its position: **gran** = *great*, but **grande** = *big, large*.

Mandela es un **gran** hombre. La familia de Inés es **grande**.
Mandela is a great man. *Inés's family is large.*

Práctica y conversación

1 **Emparejar** Read the descriptions and match them with the photos.

1. _E_ Mateo es moreno. 4. _B_ Andrés hace el (*acts*) tonto.
2. _D_ Henri es francés. 5. _A_ Tanya es vieja.
3. _F_ Luisa es rubia. 6. _C_ Raquel es pelirroja.

A   B   C

D   E   F

2 **Completar** Look at the photo of Amanda's family and imagine their personalities. Complete the sentences with appropriate adjectives. Answers will vary.

1. Mi familia es _____.
2. Mis abuelos son _____.
3. Mi padre se llama Julio. Él es _____.
4. Mi madre es _____.
5. Mi hermana Rosa es _____.
6. Y mi hermano es muy _____.

3 **Describir** With a partner, take turns describing each photo. Tell your partner whether you agree (**Estoy de acuerdo**) or disagree (**No estoy de acuerdo**) with the descriptions. Answers will vary.

MODELO
Estudiante 1: Los Ángeles es muy bonita.
Estudiante 2: No estoy de acuerdo. Es muy fea.

Los Ángeles

Celia Cruz

La torre (*tower*) Sears

Salma Hayek

Enrique Iglesias

Santa Fe, Nuevo México

Nelly Furtado

4 **Anuncio personal** Write a personal ad that describes your ideal mate. Compare your ad with a classmate's. Answers will vary.

SOY ALTA, morena y bonita. Estudio arte en la universidad. Busco un chico similar. Mi novio ideal es alto, moreno, inteligente y muy simpático.

3.2 Possessive adjectives

▶ Possessive adjectives express ownership.

Forms of possessive adjectives

Singular forms	Plural forms	
mi	mis	*my*
tu	tus	*your (fam.)*
su	sus	*his, her, its, your (form.)*
nuestro/a	nuestros/as	*our*
vuestro/a	vuestros/as	*your (fam.)*
su	sus	*their, its, your (form.)*

▶ Spanish possessive adjectives agree in number with the nouns they modify. **Nuestro** and **vuestro** agree in gender and number.

mi primo	mis primos		mi tía	mis tías
nuestro tío	nuestros tíos		nuestra tía	nuestras tías

▶ Possessive adjectives are placed before the nouns they modify.

▶ **Su** and **sus** have multiple meanings (*your, his, her, their, its*). To avoid confusion, use this construction: [article] + [noun] + **de** + [subject pronoun].

sus parientes

los parientes de él/ella	*his/her relatives*
los parientes de usted/ustedes	*your relatives*
los parientes de ellos/ellas	*their relatives*

SUGGESTION Have students scan the advertisement and identify the instances where possessive adjectives are used.

SUGGESTION Ask students questions about the advertisement. Ex. **¿Quiénes son las personas del anuncio? ¿Qué beben? ¿Por qué les gusta la leche?**

ESPAÑOL EN VIVO

Gran chisme:
¡Mi niño tiene bigote!

¡La leche es nuestra bebida favorita! A mi hijo le gusta por su excelente sabor. Su vaso de leche diario contiene vitaminas y minerales esenciales para su crecimiento. Y yo la tomo para que mis huesos sean más fuertes contra la osteoporosis.

¿Bebes leche?

¡Qué alto es tu papá! Y tu mamá, ¡qué bonita!

Éste es mi abuelo. Es el padre de mi mamá.

INSTRUCTIONAL RESOURCES WB, LM, Lab CD/MP3, I CD-ROM, IRM (Audio Scripts & Instructor Annotations)

Práctica y conversación

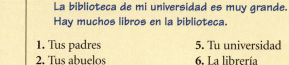

1 **Completar** Marta just took a photo of her family. Complete her description of the photo.

Ésta es una foto de ___mi___ familia. Aquí están ___mis___ abuelos. Son los padres de ___mi___ papá. ___Su___ casa (*home*) está en Miami.

Este hombre es ___mi___ papá. Se llama David y es médico. ___Mi___ mamá se llama Rebeca; es periodista. ___Mi___ tía Silvia es la hermana de ___ella___. Y aquí está ___mi___ hermano Ramón. La esposa de ___él___ se llama Sonia. ___Sus___ hijos Javier y Sara son ___mis___ sobrinos. Son muy simpáticos.

2 **¿Dónde está?** You can't remember where you put some of your belongings. Your partner will look at the pictures and remind you. Answers will vary.

MODELO

Estudiante 1: ¿Dónde está mi pluma?

Estudiante 2: Tu pluma está al lado de la computadora.

1.

4.

2.

5.

3.

6.

3 **Describir** With a partner, describe these people and places. Answers will vary.

MODELO

La biblioteca de tu universidad

La biblioteca de mi universidad es muy grande. Hay muchos libros en la biblioteca.

1. Tus padres
2. Tus abuelos
3. Tu mejor (*best*) amigo/a
4. Tu novio/a ideal
5. Tu universidad
6. La librería
7. Tu profesor
8. Tu clase de español

4 **Tres fotos**  Choose one of the three family photos and describe the family as if it were your own. Your partner will guess which photo you are describing. Then switch roles. Answers will vary.

Familia 1

Familia 2

Familia 3

3.3 Present tense of regular –er and –ir verbs

Inés y Javier comen.

Maite escribe.

▸ In Lesson 2, you learned how to form the present tense of regular **–ar** verbs. You also learned about the importance of verb forms, which change to show who is performing the action. The chart below contains the forms of the regular **–ar** verb **trabajar**, which is conjugated just like **hablar, enseñar, comprar, estudiar,** and other **–ar** verbs you have learned. The chart also shows the forms of an **–er** verb and an **–ir** verb.

▸ **–Ar, –er,** and **–ir** verbs have very similar endings. Study the following chart to detect the patterns that make it easier for you to learn the forms of these verbs and to use them to communicate in Spanish.

Present tense of –ar, –er, and –ir verbs		
trabajar	**comer**	**escribir**
to work	*to eat*	*to write*
yo trabajo	como	escribo
tú trabajas	comes	escribes
Ud./él/ella trabaja	come	escribe
nosotros/as trabajamos	comemos	escribimos
vosotros/as trabajáis	coméis	escribís
Uds./ellos/ellas trabajan	comen	escriben

Eugenio y Lilia **corren** en el parque.

Ramón **escribe** una carta.

▸ The **yo** forms of all three types of verbs end in **–o.**

trabaj**o**   com**o**   escrib**o**

▸ The endings for **–ar** verbs begin with **–a,** except for the **yo** form.

habl**o**   habl**a**   habl**áis**
habl**as**   habl**amos**   habl**an**

▸ The endings for **–er** verbs begin with **–e,** except for the **yo** form.

com**o**   com**e**   com**éis**
com**es**   com**emos**   com**en**

▸ **–Er** and **–ir** verbs have the exact same endings, except in the **nosotros/as** and **vosotros/as** forms.

nosotros ◂ com**emos** / escrib**imos**   vosotros ◂ com**éis** / escrib**ís**

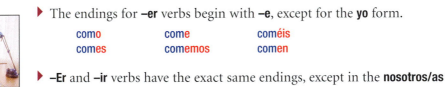

   INSTRUCTIONAL RESOURCES WB, LM, Lab CD/MP3, I CD-ROM, IRM (Audio Scripts & Instructor Annotations)

Common –er and –ir verbs

–er verbs

aprender	to learn	correr	to run
beber	to drink	creer (en)	to believe (in)
comer	to eat	deber (+ inf.)	should, ought to; must
comprender	to understand	leer	to read

–ir verbs

abrir	to open	describir	to describe
asistir (a)	to attend	escribir	to write
compartir	to share	recibir	to receive
decidir	to decide	vivir	to live

Práctica y conversación

1 Emparejar Susana is describing her family. Complete each sentence with the correct verb form.

1. Mi familia y yo ___vivimos___ [vivir] en Montevideo, Uruguay.
2. Mi hermano Alfredo es muy inteligente. Él ___asiste___ [asistir] a clases de lunes a viernes.
3. Los martes Alfredo y yo ___corremos___ [correr] en el parque José Batlle y Ordoñez.
4. Mis padres ___comen___ [comer] mucho; ellos son un poco gordos.
5. Yo ___creo___ [creer] que (that) mis padres ___deben___ [deber] comer menos.

2 Completar Juan is talking about what he and his friends do after school. Complete his sentences.

MODELO

Yo _leo_ en la biblioteca.

1. Nosotros ___comemos___ en el restaurante.
3. Elena ___escribe___ en su diario.

2. Sofía y Eugenio ___beben___ café.
4. Susana y Bárbara ___comparten___ unas fotos.

3 Entrevista Use these questions to interview a classmate. Then report the results of your interview to the class. Answers will vary.

1. ¿Dónde comes al mediodía? ¿Comes mucho?
2. ¿Debes comer más (more) o menos (less)?
3. ¿Dónde vives?
4. ¿Con quién vives?
5. ¿Cuándo asistes a tus clases?
6. ¿Cuál es tu clase favorita? ¿Por qué?
7. ¿Qué cursos debes tomar el próximo (next) semestre?
8. ¿Lees The National Enquirer? ¿Qué periódicos (newspapers) leen tus padres?
9. ¿Recibes muchos mensajes electrónicos (e-mails)? ¿De quién?
10. ¿Escribes poemas o cuentos (stories)?

4 Encuesta Walk around the class and ask your classmates if they do (or should do) the things mentioned on the questionnaire. Try to find at least two people for each item. Answers will vary.

Actividad	Nombres
4. Asistir a conciertos de rock	_____
2. Correr todos los días (every day)	_____
3. Comprender chino	_____
4. Deber ser más (more) trabajador(a)	_____
5. Deber estudiar para (for) un examen	_____
6. Deber hablar más en la clase	_____
7. Beber un litro de agua al día	_____
8. Aprender contabilidad	_____

3.4 Present tense of **tener** and **venir**

▶ The verbs **tener** (*to have*) and **venir** (*to come*) are frequently used. You will have to learn each form individually because most of the forms are irregular.

Tengo cuatro hermanas y un hermano mayor.

Present tense of *tener* and *venir*

tener					venir			
to have					*to come*			
yo	tengo	nosotros/as	tenemos		yo	vengo	nosotros/as	venimos
tú	tienes	vosotros/as	tenéis		tú	vienes	vosotros/as	venís
Ud./él/ella	tiene	Uds./ellos/ellas	tienen		Ud./él/ella	viene	Uds./ellos/ellas	vienen

▶ Note that the **yo** forms are irregular:

tengo   vengo

▶ The **nosotros** and **vosotros** forms are regular:

tenemos   venimos
tenéis   venís

▶ In the second person singular and the third person singular and plural forms, there is also an **e:ie** stem change.

INFINITIVE	VERB STEM	VERB FORM	
tener	ten-	tú	tienes
		Ud./él/ella	tiene
		Uds./ellos/ellas	tienen
venir	ven-	tú	vienes
		Ud./él/ella	viene
		Uds./ellos/ellas	vienen

▶ In certain expressions, Spanish uses the construction **tener** + [noun] instead of **ser** or **estar** to express the English equivalent *to be* + [adjective].

Expressions with *tener*

tener... años	to be . . . years old	tener (mucha) hambre	to be (very) hungry	tener razón	to be right
tener (mucho) calor	to be (very) hot			no tener razón	to be wrong
		tener (mucho) miedo	to be (very) afraid/scared	tener (mucha) sed	to be (very) thirsty
tener (mucho) cuidado	to be (very) careful			tener (mucho) sueño	to be (very) sleepy
		tener (mucha) prisa	to be in a (big) hurry	tener (mucha) suerte	to be (very) lucky
tener (mucho) frío	to be (very) cold				

¡ojo!

To express an obligation, use **tener que** (*to have to*) + [infinitive].

—¿**Tienes que** estudiar hoy?
Do you have to study today?

—**Sí, tengo que** estudiar física.
Yes, I have to study physics.

• • •

To ask people if they feel like doing something, use **tener ganas de** (*to feel like*) + [infinitive].

—¿**Tienes ganas de** comer?
Do you feel like eating?

—No, **tengo ganas de** dormir.
No, I feel like sleeping.

   INSTRUCTIONAL RESOURCES WB, LM, Lab CD/MP3, I CD-ROM, IRM (Audio Scripts & Instructor Annotations)

Práctica y conversación

1 Completar Complete the sentences with the forms of **tener** or **venir**.

1. Hoy nosotros ___tenemos___ una reunión familiar.

2. Todos (*all*) mis parientes ___vienen___, excepto mi tío Ricardo y mi tía Luisa.

3. Él no ___viene___ porque vive en Guayaquil.

4. Mi prima Inés y su novio no ___vienen___ hasta las ocho porque ella ___tiene___ que trabajar.

5. En las fiestas mis sobrinos siempre (*always*) ___tienen___ ganas de cantar y bailar.

6. Después de (*after*) las fiestas, mi madre siempre dice que mis sobrinos son muy simpáticos. Creo que ella ___tiene___ razón. Ellos son simpáticos.

2 Describir Describe these people using **tener** expressions.

1. ___Tiene (mucha) prisa.___

4. ___Tienen (mucha) hambre.___

2. ___Tiene (mucho) calor.___

5. ___Tienen (mucho) frío.___

3. ___Tiene veintiún años.___

6. ___Tiene (mucha) sed.___

3 ¿Sí o no? With a partner, discuss whether these statements apply to you. Answers will vary.

MODELO
Estudiante 1: ¿Tiene tu madre cincuenta años?
Estudiante 2: No, tiene cuarenta y dos años.

	Sí	No
1. Mi padre tiene 57 años.	____	____
2. Mis padres vienen mucho a la universidad.	____	____
3. Vengo a clase a la medianoche.	____	____
4. Tengo dos pruebas hoy.	____	____
5. Mis amigos vienen mucho a mi casa (*house*).	____	____
6. Tengo muchos problemas con mi novio/a.	____	____
7. Tengo sed.	____	____
8. Tengo miedo de comer sushi.	____	____
9. Tengo que estudiar los domingos.	____	____
10. Tengo una familia grande.	____	____

4 Entrevista Use these questions to interview a classmate. Answers will vary.

1. ¿Cuántos años tienes? ¿Y tus hermanos?

2. ¿Cuándo vienes a la clase de español?

3. ¿Tienes que estudiar hoy? ¿Por qué?

4. ¿Siempre (*always*) tienes razón?

5. ¿Tienes muchas fiestas en tu casa (*house*)? ¿Quiénes vienen a tus fiestas?

6. ¿Tienes sueño? ¿Por qué?

7. ¿Qué tienes ganas de hacer (*what do you feel like doing*) el sábado?

8. ¿De qué tienes miedo? ¿Por qué?

9. ¿Cuándo vienen tus amigos a tu casa?

10. ¿Qué periódico (*newspaper*) lees?

❶ **SCRIPT** For the script, see the Instructor's Resource Manual.

❷ **SUGGESTION** Before beginning the conversation, have students review descriptive adjectives and the present tense of regular verbs. You may also wish to have them brainstorm a list of words and ideas for each item.

❷ **TEACHING OPTION** Ask for a few volunteers to present a summary of their conversation to the rest of the class.

Ampliación

1 Escuchar 🎧

A Listen to Cristina and Laura's conversation. Then indicate who would make each statement.

TIP **Ask for repetition.** You can ask someone to repeat by saying **¿Cómo?** (*What?*) or **¿Perdón?** (*Pardon me?*). You can ask your teacher to repeat by saying **Repítalo, por favor** (*Repeat it, please*). If you don't understand a recorded activity, simply replay it.

	Cristina	Laura
1. Mi novio habla sólo (*only*) del fútbol y del béisbol.	☑	☐
2. Tengo un novio muy interesante y simpático.	☐	☑
3. Mi novio es alto y moreno.	☑	☐
4. Mi novio trabaja mucho.	☐	☑
5. Mi amiga no tiene buena suerte con los muchachos.	☐	☑
6. El novio de mi amiga es un poco gordo, pero guapo.	☑	☐

B ¿Cómo son Laura y Cristina? ¿Cómo son sus novios? ¿Tienes novio/a? ¿Cómo es? Answers will vary.

2 Conversar 🎴 You are taking a friend to a reunion of your extended family. So that there will not be any surprises for your friend, you have a conversation with him or her to talk about your relatives. During the conversation, your friend should find out about the following: Answers will vary.

- Which family members are coming, including their names and their relationship to you
- What each family member is like
- How old each person is
- Where each person is from
- Where each person lives

recursos

Text CD Lección 3	WB pp. 23–30	LM pp. 15–18	Lab CD/MP3 Lección 3	I CD-ROM Lección 3	vistahigher learning.com

INSTRUCTIONAL RESOURCES Text CD, WB, LM, Lab CD/MP3, I CD-ROM (Activities & Quiz), Website, IRM Inform students that the material listed in the **recursos** box applies to the complete **Gramática** section.

3 **Escribir** An e-mail friend wants to know about your family. Write a message describing your family or an imaginary family. *Answers will vary.*

TIP **Use idea maps.** Idea maps **help** you group your information.

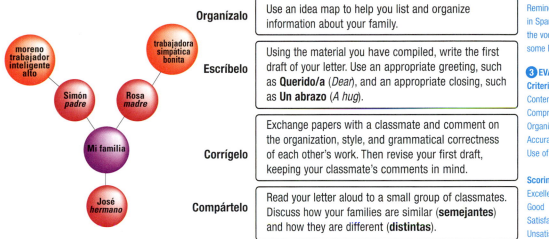

Organízalo Use an idea map to help you list and organize information about your family.

Escríbelo Using the material you have compiled, write the first draft of your letter. Use an appropriate greeting, such as **Querido/a** (*Dear*), and an appropriate closing, such as **Un abrazo** (*A hug*).

Corrígelo Exchange papers with a classmate and comment on the organization, style, and grammatical correctness of each other's work. Then revise your first draft, keeping your classmate's comments in mind.

Compártelo Read your letter aloud to a small group of classmates. Discuss how your families are similar (**semejantes**) and how they are different (**distintas**).

4 **Un paso más** Create an illustrated family tree for your family and share it with the class. Your family tree might include these elements: *Answers will vary.*

- A simple title
- A format that clearly shows the relationships between family members
- Photos of family members and their names, following Hispanic naming conventions
- A few adjectives that describe each family member

NATIONAL connections communities STANDARDS

En Internet

Investiga estos temas en el sitio vistahigherlearning.com.

- La familia en las culturas hispanas
- La amistad (*friendship*) en las culturas hispanas

3 **EXPANSION** Tell students that they may find it helpful to create idea maps with note cards. Writing each detail on a separate card allows students to rearrange ideas and experiment with organization. Remind students to write their ideas in Spanish, since they may not have the vocabulary or structures for some English items they generate.

3 **EVALUATION**

Criteria	Scale
Content	1 2 3 4
Comprehensibility	1 2 3 4
Organization	1 2 3 4
Accuracy	1 2 3 4
Use of visuals	1 2 3 4

Scoring

Excellent	18–20 points
Good	14–17 points
Satisfactory	10–13 points
Unsatisfactory	< 10 points

4 **SUGGESTION** Students may use newspaper or magazine photos for their family tree. Encourage students to use poster paper or overhead transparencies.

4 **SUGGESTION** Have students practice before a small group of classmates who can make suggestions before the student presents in front of the whole class. Extend the presentations over more than one class period so that each student will have sufficient time to present.

Antes de leer

You do not need to understand every word you read in Spanish. When you come across words you have not learned, try to guess what they mean by looking at the context—the surrounding words and sentences. Look at this article about families and find a few words or phrases you do not know. Then guess what they mean, using the context as your guide.

SUGGESTION Guide students to see that the photos and captions reveal that the paragraphs are about several different families.

SUGGESTION Have students read the **Hermana dedicada** section silently. Point out the phrase **le ayudo a usar** and ask a volunteer to explain how context and the photo might give clues to the meaning.

SUGGESTION Have partners check their work in **¿Comprendiste?** by locating the words and phrases which enabled them to infer their meanings.

TEACHING OPTION Have pairs read the paragraphs aloud and write two questions about each. Then have them exchange their questions with another pair.

recursos

vistahigher learning.com

Familias de todo tipo

◄ Hermana dedicada

Me llamo Isabel y tengo dieciocho años. Vivo con mi hermanito Daniel, mi padre Carlos y mi madre Estela. Estudio para programadora en la universidad. Soy muy buena para las computadoras. Por las tardes, le ayudo a Daniel a usar la computadora para hacer sus tareas. ¡Daniel aprende muy rápido!

Primas futbolistas ►

Me llamo Roberto Sandoval. Mi hija se llama Mónica y es una aficionada al fútbol. Los sábados y domingos ella juega al fútbol con su prima Carolina y juntas ven todos los partidos de fútbol en la televisión. Mónica y Carolina desean jugar en el equipo nacional. ¡Qué honor... dos primas en el equipo nacional!

MAYO DEL 2003

Después de leer

¿Comprendiste?

Look at the magazine article and see how the words and phrases in the first box are used in context. Then find their translations in the second box.

1. ayudo ___e___
2. aficionada ___h___
3. la mayor ___a___
4. el menor ___f___
5. orgullosa ___c___
6. único ___g___

a. the oldest
b. producer
c. proud
d. they watch
e. I help
f. the youngest
g. only
h. fan

Preguntas

1. ¿Cuántas personas hay en la familia de Isabel?
   Hay cuatro personas en la familia de Isabel.

2. ¿Con quién vive Luis?
   Luis vive con sus abuelos.

3. ¿Quiénes desean jugar en el equipo nacional?
   Mónica y Carolina desean jugar en el equipo nacional.

4. ¿Cuántos hijos tiene Ángela?
   Ángela tiene dos hijos.

Coméntalo

¿Es similar tu familia a las familias del artículo? En tu opinión, ¿son ideales las familias del artículo? ¿Cómo es la familia ideal? Answers will vary.

juega *plays* jugar *to play* juntas *together*
partidos *games* equipo *team* ven *they watch* ni *nor*

Una madre ▶ orgullosa

Me llamo Ángela. Tengo dos hijos. Estoy muy orgullosa de ellos. La mayor se llama Lourdes y el menor José María. Lourdes tiene 18 años y José María tiene 15 años. Mis dos hijos son unos excelentes estudiantes. Lourdes toma clases de arquitectura y José María toma clases de italiano.

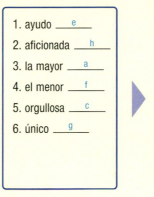

◀ Nieto único

Me llamo Luis y vivo con mi abuelo Artemio y mi abuela María. Soy su único nieto. No tengo hermanos ni primos. Mis abuelos trabajan mucho. Los fines de semana comemos con mis tías Carmen y Beatriz. Mis tías son muy cómicas.

MAYO DE 2003

La familia

el/la abuelo/a	grandfather/grandmother
el/la cuñado/a	brother-in-law/sister-in-law
el/la esposo/a	husband/wife; spouse
la familia	family
el/la hermanastro/a	stepbrother/stepsister
el/la hermano/a	brother/sister
el/la hijastro/a	stepson/stepdaughter
el/la hijo/a	son/daughter
los/las hijos/as	children; sons, daughters
la madrastra	stepmother
la madre	mother
el/la medio/a hermano/a	half-brother/half-sister
el/la nieto/a	grandson/granddaughter
la nuera	daughter-in-law
el padrastro	stepfather
el padre	father
los padres	parents
los parientes	relatives
el/la primo/a	cousin
el/la sobrino/a	nephew/niece
el/la suegro/a	father-in-law/mother-in-law
el/la tío/a	uncle/aunt
el yerno	son-in-law

Adjetivos

alto/a	tall
antipático/a	unpleasant
bajo/a	short
bonito/a	pretty
buen, bueno/a	good
delgado/a	thin; slender
difícil	difficult; hard
fácil	easy
feo/a	ugly
gordo/a	fat
gran, grande	big, large; great
guapo/a	handsome; good-looking
importante	important
inteligente	intelligent
interesante	interesting
joven	young
mal, malo/a	bad
mismo/a	same
moreno/a	dark-haired
mucho/a	much; many; a lot of
pelirrojo/a	red-haired
pequeño/a	small
rubio/a	blond
simpático/a	nice; likeable
tonto/a	silly; foolish
trabajador(a)	hard-working
viejo/a	old

Verbos

abrir	to open
aprender	to learn
asistir (a)	to attend
beber	to drink
comer	to eat
compartir	to share
comprender	to understand
correr	to run
creer (en)	to believe (in)
deber (+ inf.)	to have to; should
decidir	to decide
describir	to describe
escribir	to write
leer	to read
recibir	to receive
tener	to have
venir	to come
vivir	to live

Expresiones con *tener*

tener… años	to be… years old
tener (mucho) calor	to be (very) hot
tener (mucho) cuidado	to be (very) careful
tener (mucho) frío	to be (very) cold
tener ganas de (+ inf.)	to feel like (doing something)
tener (mucha) hambre	to be (very) hungry
tener (mucho) miedo	to be (very) afraid/scared
tener (mucha) prisa	to be in a (big) hurry
tener que (+ inf.)	to have to (do something)
tener razón	to be right
no tener razón	to be wrong
tener (mucha) sed	to be (very) thirsty
tener (mucho) sueño	to be (very) sleepy
tener (mucha) suerte	to be (very) lucky

Otras personas

el/la amigo/a	friend
la gente	people
el/la muchacho/a	boy/girl
el/la niño/a	child; boy/girl
el/la novio/a	boyfriend/girlfriend
la persona	person

Las profesiones

el/la artista	artist
el/la ingeniero/a	engineer
el/la médico/a	doctor; physician
el/la periodista	journalist
el/la programador(a)	computer programmer

Expresiones útiles	See page 55.
Nationalities	See page 58.
Possessive adjectives	See page 60.

recursos

LM p. 18

Lab CD/MP3 Lección 3

Vocab CD Lección 3

INSTRUCTIONAL RESOURCES LM, Lab CD/MP3, Vocab CD, IRM, Tests

4 El fin de semana

PARA EMPEZAR Here are some additional questions you can ask based on the photo:
¿Por qué crees que son importantes los pasatiempos? ¿Trabajas mucho los sábados y
domingos? ¿Te gusta bailar? ¿Y leer? ¿Y escuchar música?

Communicative Goals

You will learn how to:
- talk about pastimes, weekend activities, and sports
- make plans and invitations
- say what you are going to do

Para empezar

- ¿Cómo son estas personas? ¿Gordas o flacas?
- ¿Son pelirrojas, morenas o rubias?
- ¿Son jóvenes o viejas?
- ¿Tienen calor o frío?
- ¿Crees que son amigos?

El fin de semana

SUGGESTION Write **practicar un deporte** on the board and explain the meaning. Then use the overhead transparencies to present the vocabulary. Point to different items and ask yes/no questions. Ex: **¿Practicas el béisbol? ¿el baloncesto? ¿Paseas en bicicleta? ¿Te gusta patinar en línea?**

pasear en bicicleta
to ride a bicycle

ACTIVIDADES Y DISTRACCIONES

escalar montañas *to climb mountains*

escribir una carta *to write a letter*

un mensaje electrónico
to write an e-mail

esquiar *to ski*

ir de excursión (a las montañas)
to go on a hike (in the mountains)

leer el periódico
to read the newspaper

el correo electrónico
to read e-mail

una revista *to read a magazine*

nadar en la piscina
to swim in the pool

pasear por la ciudad/el pueblo
to walk around the city/town

practicar deportes (m. pl.)
to practice sports

ver películas *to see movies*

visitar un monumento
to visit a monument

patinar (en línea)
to skate (in-line)

tomar el sol
to sunbathe

una (tarjeta) postal
a postcard

bucear
to scuba dive

recursos				
WB pp. 31–32	LM p. 19	Lab CD/MP3 Lección 4	I CD-ROM Lección 4	Vocab CD Lección 4

EXPANSION Narrate some activities you want to do and have students guess where you will go. Ex: **Deseo nadar. ¿Adónde voy?** (Write **voy** on the board and explain the meaning.) **(la piscina) Deseo tomar café. ¿Adónde voy? (el café)**

INSTRUCTIONAL RESOURCES WB, LM, Lab CD/MP3, I CD-ROM, Vocab CD, OT, IRM

VARIACIÓN LÉXICA Point out these lexical items:
piscina → pileta (*Arg.*); **alberca** (*Méx.*)
baloncesto → básquetbol (*Amér. L.*)
béisbol → pelota (*P. Rico, Rep. Dom.*)

LOS DEPORTES

el baloncesto *basketball*

el ciclismo *cycling*

el esquí (acuático) *(water) skiing*

el fútbol americano *football*

el golf *golf*

el hockey *hockey*

la natación *swimming*

el tenis *tennis*

el vóleibol *volleyball*

el equipo *team*

el/la jugador(a) *player*

el partido *game*

la pelota *ball*

ganar *win*

ser aficionado/a (a) *to be a fan (of)*

deportivo/a *sports-related*

el/la excursionista
hiker

VARIACIÓN LÉXICA Point out that some Spanish names for sports are derived from English (**el béisbol, el fútbol, el básquetbol, el golf, el hockey, el vóleibol, el tenis**). Tell students that in the English-speaking world outside of the United States and Canada, soccer is called football. The game Americans know as football is called **fútbol americano** in the Spanish-speaking world.

la iglesia
church

EXPANSION Have students write their three favorite sports or leisure activities in Spanish. Then tell them to share this information with a classmate who must remember it without writing it down. Ask students at random to report their partners' activities.

el fútbol
soccer

el béisbol
baseball

LUGARES

la casa *house*

el centro *downtown*

el cine *movie theater*

el gimnasio *gym, gymnasium*

el museo *museum*

el parque *park*

el restaurante *restaurant*

la piscina
pool

el café
café

OTRAS PALABRAS

la diversión *entertainment; fun activity*

el fin de semana *weekend*

el lugar *place*

el pasatiempo *pastime, hobby*

los ratos libres *spare time*

el tiempo libre *free time*

favorito/a *favorite*

pasar el tiempo *to spend time*

1 SCRIPT For the script, see the Instructor's Resource Manual.

2 EXPANSION Have students correct the false statements.

2 EXPANSION For review, ask students to describe the people in the photos.

3 EXPANSION Have students act out the conversation in pairs and tell them to continue the conversation by adding at least two lines.

3 EXPANSION Tell students to work in pairs and rewrite the conversation, substituting their own preferences.

Práctica y conversación

1 **Una estudiante muy activa** Every day, Laura does many things. Number the drawings in the order in which you hear Laura mention them.

2 **Tiempo libre** Indicate whether each statement is **cierto** or **falso**.

Gustavo y Simón   Las chicas   José   Don Fernando

1. __Cierto__ Gustavo y Simón pasean en bicicleta.
2. __Cierto__ Las chicas juegan al fútbol.
3. __Falso__ José hace una excursión a las montañas.
4. __Cierto__ Don Fernando lee en el parque.
5. __Falso__ Maribel patina en línea.
6. __Cierto__ Doña Leonor pasea por la ciudad.

Maribel

Doña Leonor

3 **Dos amigos** Complete the conversation with the words given.

LUISA ¿Cómo te gusta __pasar__ los ratos libres, Manuel?

MANUEL Bueno, Luisa, no tengo mucho __tiempo__ libre, pero los fines de __semana__ me gusta ver películas. Y tú, Luisa, ¿cuáles son tus __pasatiempos__ favoritos?

LUISA Voy al __gimnasio__. Nado en la __piscina__. Y los sábados juego al __vóleibol__.

centro	piscina
gimnasio	semana
pasar	tiempo
pasatiempos	vóleibol

recursos

Text CD Lección 4

INSTRUCTIONAL RESOURCES Text CD, IRM

4 **¿Y tú?** Interview your partner using these questions. Answers will vary.

1. ¿Te gustan los deportes? ¿Qué deportes practicas?
2. ¿Cuál es tu deporte favorito? ¿Por qué te gusta?
3. ¿Te gusta pasear en bicicleta? ¿Dónde paseas y con quién?
4. ¿Escribes muchos mensajes electrónicos? ¿Te gusta recibir mensajes electrónicos?
5. ¿Qué periódicos y revistas lees? ¿Por qué?

4 **EXPANSION** Using the lesson vocabulary, have students add at least two of their own questions to the list.

4 **EXPANSION** Have students jot down the responses to their questions. Then ask them to report what their partner said to the class. Have them write a paragraph about their partner.

Pronunciación **Word stress** 🎧

NATIONAL comparisons STANDARDS

SUGGESTION Model pronunciation having students repeat after you. Explain that **¿Cómo?** (**Práctica** item 6) has an accent because it is a question word.

pe-**lí**-cu-la   e-di-**fi**-cio   **ver**   **yo**

Every Spanish syllable contains at least one vowel. When two vowels (two weak vowels or one strong and one weak) are joined in the same syllable, they form a **diphthong**. A **monosyllable** is a word formed by a single syllable.

bi-blio-**te**-ca   vi-si-**tar**   **par**-que   **fút**-bol

The syllable of a Spanish word that is pronounced most emphatically is the "stressed" syllable.

pe-**lo**-ta   pis-**ci**-na   **ra**-tos   **ha**-blan

Words that end in **n, s,** or a **vowel** are usually stressed on the next-to-last syllable.

na-ta-**ción**   pa-**pá**   in-**glés**   Jo-**sé**

If words that end in **n, s,** or a **vowel** are stressed on the last syllable, they must carry an accent mark on the stressed syllable.

bai-**lar**   es-pa-**ñol**   u-ni-ver-si-**dad**   tra-ba-ja-**dor**

Words that do **not** end in **n, s,** or a **vowel** are usually stressed on the last syllable.

béis-bol   **lá**-piz   **ár**-bol   **Gó**-mez

EXPANSION Write a list of words on the board. In small groups, have students come up with the stress rule that applies to each word. Ex: **Inés, lápiz, equipo, pluma, Javier, chicas, francés, comer, mujer, tenis, hombre, libros, papel, Álex, excursión, deportes, pasear, esquí, voleibol, película, mensaje, practican.** Then have the class pronounce each word, paying particular attention to the word stress.

If words that do **not** end in **n, s,** or a **vowel** are stressed on the next-to-last syllable, they must carry an accent mark on the stressed syllable.

Refranes Read these sayings aloud to practice word stress.

En la unión está la fuerza.[2]

Quien ríe de último, ríe mejor.[1]

1 He who laughs last laughs loudest.
2 In unity, there is strength.

recursos

Text CD
Lección 4

LM
p. 20

Lab CD/MP3
Lección 4

I CD-ROM
Lección 4

¡Vamos al parque!

Los estudiantes pasean por la ciudad y hablan de sus pasatiempos.

VIDEO SYNOPSIS The travelers have an hour to explore the city before checking into the cabins. Javier and Inés decide to stroll around the city. Álex and Maite go to the park. While Maite writes postcards, Álex and a young man play soccer. A stray ball hits Maite. Álex and Maite return to the bus, and Álex invites her to go running with him that evening.

Personajes

PREVIEW Have students glance over **Escenas** and list the cognates they find. Ask them to guess what this episode is about based on the visuals and the cognates.

SUGGESTION Point out that soccer is the most popular sport in the Spanish-speaking world. You may also wish to have students read the **Exploración** section on page 79 at this time.

SUGGESTION Point out that going to a park is a popular pastime in Spanish-speaking countries. People go to parks to socialize with their friends and to enjoy themselves.

DON FRANCISCO

JAVIER

INÉS

ÁLEX

MAITE

JOVEN

DON FRANCISCO Tienen una hora libre. Pueden explorar la ciudad, si quieren.

JAVIER Inés, ¿quieres ir a pasear por la ciudad?
INÉS Sí, vamos.

ÁLEX ¿Por qué no vamos al parque, Maite? Podemos hablar y tomar el sol.
MAITE ¡Buena idea! También quiero escribir unas postales.

MAITE ¿Eres aficionado a los deportes, Álex?
ÁLEX Sí, me gusta mucho el fútbol. Me gusta también nadar, correr e ir de excursión a las montañas.
MAITE Yo también corro mucho.

ÁLEX Oye, Maite, ¿por qué no jugamos al fútbol con él?
MAITE Mmm… No quiero. Voy a terminar de escribir unas postales.

recursos

VM pp. 175–176 | I CD-ROM Lección 4 | Es V CD-ROM Lección 4

INSTRUCTIONAL RESOURCES VM, I CD-ROM, Es Video (Start 00:17:00), Es V CD-ROM, Es DVD, IRM

SUGGESTION Model the pronunciation of the **Expresiones útiles**, having students repeat after you. Then, explain that **vas**, **vamos**, and **van** are forms of **ir**. Point out that **quiero**, **quieres**, and **siento** are forms of **querer** and **sentir**, which have a stem change from **e** to **ie** in certain forms. Tell students they will learn more about these verbs in **Gramática** sections 4.1 and 4.2.

ÁLEX ¡Maite!

MAITE ¡Dios mío!

JOVEN Mil perdones. Lo siento muchísimo.

MAITE ¡No es nada! Estoy bien.

ÁLEX Ya son las dos y treinta. Debemos regresar al autobús, ¿no?

MAITE Tienes razón.

ÁLEX Oye, Maite, ¿qué vas a hacer esta noche?

MAITE No tengo planes. ¿Por qué?

ÁLEX Eh, este… A veces salgo a correr por la noche. ¿Quieres venir a correr conmigo?

MAITE Sí, vamos. ¿A qué hora?

ÁLEX ¿A las seis?

MAITE Perfecto.

DON FRANCISCO Esta noche van a correr. ¡Y yo no tengo energía para pasear!

Expresiones útiles

Making invitations

¿Por qué no vamos al parque?
Why don't we go to the park?
¡Buena idea!
Good idea!
¿Por qué no jugamos al fútbol?
Why don't we play soccer?
Mmm… no quiero.
Hmm… I don't want to.
Lo siento, pero no puedo.
I'm sorry, but I can't.
¿Quieres pasear por la ciudad conmigo?
Do you want to walk around the city with me?
Sí, vamos.
Yes, let's go.

Making plans

¿Qué vas a hacer esta noche?
What are you going to do tonight?
No tengo planes.
I don't have any plans.

Talking about pastimes

¿Eres aficionado/a a los deportes?
Are you a sports fan?
Sí, me gustan todos los deportes.
Yes, I like all sports.
Sí, me gusta mucho el fútbol.
Yes, I like soccer a lot.

Apologizing

Mil perdones./Lo siento muchísimo.
I'm so sorry.

¿Qué piensas?

NATIONAL communication STANDARDS

❶ SUGGESTION Have students write each sentence on a separate slip of paper so they can easily rearrange them to determine the correct order.

❶ EXPANSION Ask students to add one or two sentences about events preceding and following those listed.

❷ SUGGESTION Have students work in pairs or groups for this activity.

TEACHING OPTION To review the **Expresiones útiles**, have students complete these statements.

1. _____ **a terminar de escribir unas postales. (Voy)**

2. **¡Mil _____! Lo siento muchísimo. (perdones)**

3. **Inés, ¿_____ ir a pasear por la ciudad? (quieres)**

4. **¿Por qué no _____ al parque, Maite? (vamos)**

5. **Maite, ¿qué vas a _____ esta noche? (hacer)**

1 Ordenar Put the following events in order from 1 to 5.

_____1_____ **a.** Álex y Maite deciden ir al parque.

_____3_____ **b.** Álex y el joven juegan al fútbol.

_____5_____ **c.** Maite y Álex vuelven al autobús.

_____2_____ **d.** Maite decide escribir unas postales.

_____4_____ **e.** El joven causa un accidente.

2 Pasatiempos Scan **Escenas** and indicate which pastimes the characters mention. Then indicate whether you participate in each pastime.

ÁLEX

nadar, correr, ir de excursión a las montañas, jugar al fútbol, tomar el sol
_____
_____

MAITE

correr, pasear, escribir postales
_____
_____
_____

3 Preguntas 🎁 Get together with a partner and take turns asking each other these questions.

Answers will vary.

1. ¿Qué desean hacer Inés y Javier?

_____

2. ¿Cuáles son los deportes favoritos de Álex?

_____

3. ¿Qué desea hacer Maite en el parque?

_____

4. ¿Qué desea hacer Álex en el parque?

_____

5. ¿Qué deciden hacer Álex y Maite esta noche?

_____

6. ¿Cuáles son tus pasatiempos favoritos?

_____

7. ¿Cuáles son los pasatiempos favoritos de tu mejor (*best*) amigo/a?

_____

Exploración

NATIONAL communication cultures STANDARDS

El fútbol: pasión de multitudes

EXPANSION To check comprehension, ask: 1. **¿Cuál es el deporte más popular del mundo hispanohablante?** (el fútbol) 2. **¿Qué celebran los aficionados en los centros de las ciudades?** (los triunfos de sus equipos) 3. **¿Qué equipo ha ganado la Copa de Europa más de siete veces?** (el Real Madrid) 4. **¿Cuál es el estadio más grande del mundo?** (el Estadio Azteca en la Ciudad de México)

La Copa Mundial de Fútbol (*World Cup*) es uno de los eventos más vistos en los países hispanos. Los aficionados celebran los triunfos de sus equipos con grandes fiestas en los centros de las ciudades.

SUGGESTION Have students locate the countries mentioned (**España, México, Argentina, Uruguay, and Brasil**) on the maps on the inside covers of their texts.

El Real Madrid, equipo español, ha ganado (*has won*) la Copa de Europa nueve veces.

El fútbol es el deporte más popular en todo el mundo hispanohablante. El Estadio Azteca de la Ciudad de México tiene una capacidad de 106.000 (ciento seis mil) espectadores. Es el estadio más grande (*the biggest*) de los países hispanohablantes.

SUGGESTION Point out that many people participate as players or spectators in local soccer clubs and larger cities have professional clubs that may be known throughout the country. Team rivalries can be fierce, especially during the **Copa Mundial** (*World Cup*), which is the sport's international championship. The first **Copa Mundial** was played in Uruguay in 1930.

Estadísticas de la Copa Mundial	
Equipos ganadores	
Argentina	2
Uruguay	2
Equipos con más participaciones	
Argentina	13
México	12
Jugadores con más participaciones	
Antonio Carvajal, Méx.	5
Pedro Rocha, Uru.	4
Andoni Zubizarreta, Esp.	4
Mundiales sin un equipo suramericano en la final	6

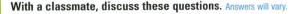

Coméntalo

With a classmate, discuss these questions. Answers will vary.

- ¿Te gusta el fútbol? Explica por qué.
- ¿Crees que el fútbol va a ser más (*is going to be more*) popular en los Estados Unidos?
- ¿Se juega (*do they play*) al fútbol en tu comunidad?

recursos

vistahigher learning.com

4.1 The present tense of ir

comparisons
NATIONAL STANDARDS

ir (to go)			
Singular forms		**Plural forms**	
yo	**voy**	nosotros/as	**vamos**
tú	**vas**	vosotros/as	**vais**
Ud./él/ella	**va**	Uds./ellos/ellas	**van**

Voy a
escribir unas
postales.

Álex y Maite
van a volver al
autobús.

▸ The verb **ir** (*to go*) is irregular in the present tense.

▸ **Ir** is often used with the preposition **a** (*to*). When **a** is followed by the article **el**, they form the contraction **al**. There is no contraction when **a** is followed by **la**, **las**, and **los**.

a + el = al

Voy al cine con María.
I'm going to the movies with María.

Ellos **van a** las montañas.
They are going to the mountains.

▸ The construction **ir a** + [infinitive] expresses actions that are going to happen in the future. It is equivalent to the English *to be going to* + [infinitive].

▸ **Vamos a** + [infinitive] can also express the idea of *let's (do something)*.

Vamos a pasear.
Let's take a stroll.

¡Vamos a ver!
Let's see!

communication
cultures
NATIONAL STANDARDS

¡ojo!

Use **adónde** instead of **dónde** when asking a question with **ir**.

¿Adónde vas?
Where are you going?

¿Adónde van hoy?
Where are they going today?

SUGGESTION Have students scan the advertisement, and find the instances where the **ir a** + [infinitive] construction is used.

SUGGESTION Ask students questions about the advertisement. Ex: **¿Quiénes son las personas de la familia? ¿Cómo va a estar la familia? ¿Qué va a hacer el hijo? En tu opinión, ¿por qué el hijo escoge el Banco Atlantis?**

ESPAÑOL EN VIVO

Esta familia siempre va a estar unida,

porque el Banco Atlantis siempre va a estar con ellos.

Luis va a trabajar lejos de su familia, pero ellos van a estar tranquilos. Luis va a despositar su sueldo en el Banco Atlantis y así, él va a ahorrar mucho dinero.

BANCO ATLANTIS
Vamos a ganarle dinero

INSTRUCTIONAL RESOURCES WB, LM, Lab CD/MP3, I CD-ROM, IRM (Audio Scripts & Instructor Annotations)
Refer students to the **recursos** box in **Ampliación** for complete information.

Práctica y conversación

1 Adivina Roberto has gone to see Doña Imelda, a fortune teller. Using **ir a** + [infinitive], say what Doña Imelda predicts.

MODELO

Tu hermano Gabriel _____va a_____ ir a Europa.

1. Tú _____vas a_____ correr en el Maratón de Boston.
2. Tú y tu familia _____van a_____ escalar el monte Everest.
3. Tu hermano Pablo _____va a_____ jugar en la Liga Nacional de Fútbol.
4. Tu hermana Tina _____va a_____ recibir una carta misteriosa.
5. Tu hermana Rosario _____va a_____ patinar en los Juegos Olímpicos.
6. Tus padres _____van a_____ tomar el sol en Acapulco.
7. Tú _____vas a_____ ver las pinturas (*paintings*) de tu amiga en el Museo Nacional de Arte.
8. ¡Y yo _____voy a_____ ser muy, muy rica!

2 ¿Adonde vas? You and some friends are visiting Madrid. Work with a partner and ask each other which sites you will visit today. Use the clues provided in this map.

Answers will vary.

MODELO

Estudiante 1: ¿Adonde va Ricardo?
Estudiante 2: Va al Palacio Real.

3 Situaciones With a partner, say where you and your friends go in the following situations. Answers will vary.

1. Cuando deseo descansar…
2. Cuando mi novio/a tiene que estudiar…
3. Si mis amigos necesitan practicar el español…
4. Si deseo hablar con unos amigos…
5. Cuando tengo dinero (*money*)…
6. Cuando mis amigos y yo tenemos hambre…
7. Si tengo tiempo libre…
8. Cuando mis amigos desean esquiar…
9. Si estoy de vacaciones (*on vacation*)…
10. Si quiero leer…

4 Encuesta Walk around the class and ask your classmates if they are going to do these activities today. Try to find at least two people for each item and write their names on the worksheet. Report your findings to the class.
Answers will vary.

Actividades	Nombres
1. Comer en un restaurante	_____
2. Mirar la televisión	_____
3. Leer una revista	_____
4. Escribir un mensaje electrónico	_____
5. Correr	_____
6. Ver una película	_____
7. Pasear en bicicleta	_____
8. Estudiar en la biblioteca	_____

5 Entrevista Interview two classmates to find out what they are going to do this weekend. Answers will vary.

MODELO

Estudiante 1: ¿Adónde vas este (*this*) fin de semana?
Estudiante 2: Voy a Guadalajara con mis amigos.
Estudiante 1: ¿Y qué van a hacer (*to do*) ustedes en Guadalajara?
Estudiante 2: Vamos a visitar unos monumentos y unos museos de arte.

4.2 Stem-changing verbs: e → ie, o → ue

Álex empieza a
enviar mensajes.

▶ In stem-changing verbs, the stressed vowel of the stem changes when the verb is conjugated.

INFINITIVE	VERB STEM	STEM CHANGE	CONJUGATED FORM
empezar	empez–	empiez–	empiezo
volver	volv–	vuelv–	vuelvo

▶ In many verbs, such as **empezar** (*to begin*), the stem vowel changes from **e** to **ie**. Note that the **nosotros/as** and **vosotros/as** forms don't have a stem change.

Álex y Maite vuelven
al autobús.

empezar (e:ie)

Singular forms		Plural forms	
yo	empiezo	nosotros/as	empezamos
tú	empiezas	vosotros/as	empezáis
Ud./él/ella	empieza	Uds./ellos/ellas	empiezan

▶ In many other verbs, such as **volver** (*to return*), the stem vowel changes from **o** to **ue**. The **nosotros/as** and **vosotros/as** forms have no stem change.

¡ojo!

To help you identify stem-changing verbs, they will appear as follows throughout the text:

empezar (e:ie)

volver (o:ue)

volver (e:ue)

Singular forms		Plural forms	
yo	vuelvo	nosotros/as	volvemos
tú	vuelves	vosotros/as	volvéis
Ud./él/ella	vuelve	Uds./ellos/ellas	vuelven

Common stem-changing verbs

e:ie				o:ue			
cerrar	to close	pensar	to think	dormir	to sleep	poder	to be able to; can
comenzar	to begin	perder	to lose; to miss	encontrar	to find	recordar	to remember
empezar	to begin	preferir	to prefer	mostrar	to show	volver	to return
entender	to understand	querer	to want; to love				

▶ **Jugar** (*to play* a sport or a game) is the only Spanish verb that has a **u:ue** stem change. **Jugar** is followed by **a** + [definite article] when the name of a sport or game is mentioned.

▶ **Comenzar** and **empezar** require the preposition **a** when they are followed by an infinitive.

Álex y el joven
juegan al fútbol.

Comienzan a jugar a las siete.
They begin playing at seven.

Ana **empieza a** escribir una postal.
Ana starts to write a postcard.

INSTRUCTIONAL RESOURCES WB, LM, Lab CD/MP3, I CD-ROM, IRM (Audio Scripts & Instructor Annotations)

▶ **Pensar** + [infinitive] means *to plan* or *to intend to do something*. **Pensar en** means *to think about someone or something*.

¿Piensan ir al gimnasio?
Are you planning to go to the gym?

¿En qué **piensas?**
What are you thinking about?

Práctica y conversación

1 **Preferencias** With a partner, take turns asking and answering questions about what these people want to do.

MODELO

Guillermo: estudiar / pasear en bicicleta
Estudiante 1: ¿Quiere estudiar Guillermo?
Estudiante 2: No, prefiere pasear en bicicleta.

1. **tú:** trabajar / dormir
   E1: ¿Quieres trabajar? E2: No, prefiero dormir.

2. **ustedes:** mirar la televisión / ir al cine
   E1: ¿Quieren ustedes mirar la televisión? E2: No, preferimos ir al cine.

3. **tus amigos:** ir de excursión / descansar
   E1: ¿Quieren ir de excursión tus amigos? E2: No, prefieren descansar.

4. **tú:** comer en la cafetería / ir a un restaurante
   E1: ¿Quieres comer en la cafetería? E2: No, prefiero ir a un restaurante.

5. **Elisa:** ver una película / leer una revista
   E1: ¿Quiere ver una película Elisa? E2: No, prefiere leer una revista.

6. **María y su hermana:** tomar el sol / practicar el esquí
   E1: ¿Quieren tomar el sol María y su hermana? E2: No, prefieren practicar el esquí.

2 **El día del partido** Complete this game-day conversation between two friends with the appropriate verb forms. Then act it out with a partner. Answers will vary.

PABLO Óscar, voy al centro ahora. ¿ _Quieres_ [querer] venir?

ÓSCAR No, yo _prefiero_ [preferir] descansar un poco y ver la televisión.

PABLO ¡Qué perezoso (*how lazy*) eres!

ÓSCAR No, hombre. Es que estoy muy cansado. Oye, ¿a qué hora _piensas_ [pensar] regresar? El partido de fútbol _empieza_ [empezar] a las dos.

PABLO A la una. _Quiero_ [querer] ver el partido también.

ÓSCAR ¿ _Piensas_ [pensar] que (*that*) nuestro equipo _puede_ [poder] ganar?

PABLO No, _pienso_ [pensar] que vamos a _perder_ [perder]. Los jugadores del Guadalajara _juegan_ [jugar] muy bien.

3 **En la televisión** Read the listing of sports events to be televised this weekend and choose the programs you want to watch. Compare your choices with a classmate and explain why you made them. Then agree on one program you will watch together on each day. Answers will vary.

sábado

3:30 NATACIÓN
1 Copa Mundial (*World Cup*) de Natación
15:00 TENIS
8 Abierto (*Open*) Mexicano de Tenis: Alejandro Hernández (México) vs. Jacobo Díaz (España) Semifinales
16:00 FÚTBOL NACIONAL
3 Chivas vs. Monterrey
16:30 FÚTBOL AMERICANO PROFESIONAL
21 los Vaqueros de Dallas vs. los Leones de Detroit
20:00 BALONCESTO PROFESIONAL
16 los Knicks de Nueva York vs. los Toros de Chicago

domingo

13:00 GOLF
40 Audi Senior Classic: Lee Treviño, Jack Nicklaus, Arnold Palmer
14:30 VOLEIBOL
1 Campeonato (*Championship*) Nacional de México
16:00 BALONCESTO
3 Campeonato de Cimeba: los Correcaminos de Tampico vs. los Santos de San Luis Final
17:00 ESQUÍ ALPINO
19 Eslálom
18:30 FÚTBOL INTERNACIONAL
30 Copa América: México vs. Argentina. Ronda final
20:00 PATINAJE ARTÍSTICO
16 Exhibición mundial

4 **Turistas** You and two classmates are spending a long weekend in a new city. Talk about the things you want to do, then fill in the day-planner with the things you plan to do each day. Answers will vary.

4.3 Stem-changing verbs: e → i

Le pido un favor
a un amigo.

▶ In some verbs, such as **pedir** (*to ask for; to request*), the stressed vowel in the stem changes from **e** to **i**, as shown in the diagram.

INFINITIVE		VERB STEM		STEM CHANGE		CONJUGATED FORM
pedir	▶	p**e**d–	▶	p**i**d–	▶	p**i**do

▶ As with other stem-changing verbs you have learned, there is no stem change in the **nosotros/as** or **vosotros/as** forms in the present tense.

pedir (e:i)			
Singular forms		**Plural forms**	
yo	p**i**do	nosotros/as	pedimos
tú	p**i**des	vosotros/as	pedís
Ud./él/ella	p**i**de	Uds./ellos/ellas	p**i**den

¡ojo!

To help you identify verbs with the **e:i** stem change, they will appear as follows throughout the text:

pedir (e:i)

▶ The following are the most common **e:i** stem-changing verbs:

conseguir	**repetir**	**seguir**
to get; to obtain	*to repeat*	*to follow; to continue; to keep (doing something)*

Consiguen ver buenas películas.
They get to see good movies.

Repito la pregunta.
I repeat the question.

Sigue esperando.
He keeps waiting.

▶ The **yo** forms of **seguir** and **conseguir** have a spelling change as well as a stem change.

Sigo su plan.
I'm following their plan.

Consigo novelas en la librería.
I get novels at the bookstore.

SUGGESTION Have students scan the movie poster and identify the stem-changing verbs.

SUGGESTION Ask students questions about the movie poster. Ex: **¿Qué palabras indican que *Un mundo azul oscuro* es una película dramática? ¿Cuántas personas hay en el póster? ¿Cómo son las personas del póster? ¿Qué relación tienen? ¿Te gustan las películas como ésta?**

ESPAÑOL EN VIVO

JUGAR CON EL AMOR PUEDE RESULTAR PELIGROSO.

ALGUIEN PUEDE PERDERLO TODO
Y VOLVER A EMPEZAR DE NUEVO.

UN MUNDO AZUL OSCURO

CONSEGUIR LO QUE QUIERES
PUEDE COSTARTE
MUCHO MÁS DE LO QUE PIENSAS

INSTRUCTIONAL RESOURCES WB, LM, Lab CD/MP3, I CD-ROM, IRM (Audio Scripts & Instructor Annotations)

Práctica y conversación

1 En la clase You're teaching Spanish at an elementary school. Fill in the blanks to describe a typical day in your class.

1. Yo entro en la clase y ___cierro___ [cerrar] la puerta.
2. La clase ___comienza___ [comenzar] a las nueve en punto.
3. Yo ___pido___ [pedir] la tarea del día anterior (*previous*).
4. Los estudiantes ___repiten___ [repetir] las palabras del vocabulario.
5. Pablo no ___sigue___ [seguir] mis instrucciones.
6. Pedro ___pierde___ [perder] su lápiz.
7. Otro estudiante ___encuentra___ [encontrar] el lápiz de Pedro.
8. La clase termina y yo ___vuelvo___ [volver] a casa muy cansado/a.

2 Combinar Combine words from the columns to create sentences about yourself and people you know. Answers will vary.

Yo	pedir muchos favores
Mi compañero/a de cuarto	dormir hasta el mediodía
Mi mejor (*best*) amigo/a	nunca (*never*) pedir perdón
Mi familia	nunca seguir las instrucciones del profesor
Mis amigos/as	siempre seguir las instrucciones del profesor
Mis amigos y yo	conseguir libros en Internet
Mis padres	poder hablar dos lenguas extranjeras
Mi hermano/a	repetir el vocabulario
Mi profesor(a) de español	siempre perder sus libros

3 Las películas  Use these questions to interview a classmate. Answers will vary.

1. ¿Prefieres las películas románticas, las películas de acción o las películas de horror? ¿Por qué?
2. ¿Dónde consigues información sobre (*about*) una película?
3. ¿Dónde consigues las entradas (*tickets*) para una película?
4. Para decidir qué películas vas a ver, ¿sigues las recomendaciones de los críticos?
5. ¿Qué cines en tu comunidad muestran las mejores (*best*) películas?
6. ¿Vas a ver una película esta semana? ¿A qué hora empieza la película?

4 El fin de semana Ask a classmate if he or she does these things on a weekend. Report the results to the class. Answers will vary.

Actividad	Sí	No
1. Dormir hasta la una de la tarde	____	____
2. Pedir una pizza por teléfono	____	____
3. Jugar al tenis	____	____
4. Ir a un partido de fútbol/baloncesto/béisbol	____	____
5. Pasear	____	____
6. Ir a un museo	____	____
7. Escribir mensajes electrónicos	____	____
8. Patinar	____	____
9. Ir al gimnasio	____	____

4.4 Verbs with irregular **yo** forms

A veces salgo a correr por la noche.

▶ In Spanish, several verbs have irregular **yo** forms in the present tense.

▶ The verbs **hacer** (*to do, to make*), **poner** (*to put, to place*), **salir** (*to leave*), **suponer** (*to suppose*), and **traer** (*to bring*) have **yo** forms that end in **–go**. The other forms are regular.

Verbs with irregular *yo* forms

	hacer	poner	salir	suponer	traer
yo	hago	pongo	salgo	supongo	traigo
tú	haces	pones	sales	supones	traes
Ud./él/ella	hace	pone	sale	supone	trae
nosotros/as	hacemos	ponemos	salimos	suponemos	traemos
vosotros/as	hacéis	ponéis	salís	suponéis	traéis
Uds./ellos/ellas	hacen	ponen	salen	suponen	traen

▶ **Salir de** is used to indicate that someone is leaving a particular place.

Hoy **salgo del** hospital.
Today I leave the hospital.

Sale de la clase a las cuatro.
He leaves class at four.

▶ **Salir para** is used to indicate someone's destination.

Mañana **salgo para** México.
Tomorrow I leave for Mexico.

Hoy **salen para** España.
Today they leave for Spain.

▶ **Salir con** means *to leave with someone or something*, or *to date someone*.

Alberto **sale con** su amigo.
Alberto is leaving with his friend.

Margarita **sale con** Guillermo.
Margarita is going out with Guillermo.

▶ The verb **ver** (*to see*) has an irregular **yo** form. The other forms of **ver** are regular.

▶ The verb **oír** (*to hear*) has an irregular **yo** form and a spelling change in the **tú**, **usted**, **él**, **ella**, **ustedes**, **ellos**, and **ellas** forms. The **nosotros/as** and **vosotros/as** forms have an accent mark.

Maite ve la pelota.

Oigo a unas personas en la otra sala.
I hear some people in the other room.

¿**Oyes** la música latina?
Do you hear the Latin music?

ver (to see)

Singular forms		Plural forms	
yo	veo	nosotros/as	vemos
tú	ves	vosotros/as	veis
Ud./él/ella	ve	Uds./ellos/ellas	ven

oír (to hear)

Singular forms		Plural forms	
yo	oigo	nosotros/as	oímos
tú	oyes	vosotros/as	oís
Ud./él/ella	oye	Uds./ellos/ellas	oyen

   INSTRUCTIONAL RESOURCES WB, LM, Lab CD/MP3, I CD-ROM, IRM (Audio Scripts & Instructor Annotations)

Práctica y conversación

1 Completar Complete this conversation with the appropriate verb forms. Then act it out with a partner.

ERNESTO David, ¿qué __haces__ [hacer] hoy?

DAVID Ahora estudio biología, pero esta noche __salgo__ [salir] con Luisa. Vamos al cine. Queremos __ver__ [ver] la nueva (*new*) película de Almodóvar.

ERNESTO ¿Y Diana? ¿Qué __hace__ [hacer] ella?

DAVID __Sale__ [salir] a comer con sus padres.

ERNESTO ¿Qué __hacen__ [hacer] Andrés y Javier?

DAVID Tienen que __hacer__ [hacer] las maletas. __Salen__ [salir] para Monterrey mañana.

ERNESTO Pues, ¿qué __hago__ [hacer] yo?

DAVID __Supongo__ [suponer] que puedes estudiar.

ERNESTO No quiero estudiar. Mejor __hago__ [hacer] la tarea.

2 Describir Form complete sentences with the cues provided. Answers will vary.

Fernán/poner

Yo/traer

Nosotras/ver

El estudiante/hacer

3 Oraciones Form sentences using the cues given.

MODELO

Tú / ? / los libros / debajo de / escritorio
Tú pones los libros debajo del escritorio.

1. Nosotros / ? / mucha / tarea   Nosotros hacemos mucha tarea.
2. ¿Tú / ? / la radio?   ¿Tú oyes la radio?
3. Yo / no / ? / el problema   Yo no veo el problema.
4. Marta / ? / una grabadora / clase   Marta trae una grabadora a clase.
5. Los señores Marín / ? / su casa / siete   Los señores Marín salen de/para su casa a las siete.
6. Yo / ? / que (*that*) / tú / ir / cine / ¿no?   Yo supongo que tú vas al cine, ¿no?

4 Preguntas Get together with a classmate and ask each other these questions. Answers will vary.

1. ¿A qué hora sales de tu residencia o de tu casa por la mañana? ¿A qué hora llegas a la universidad?
2. ¿A qué hora comienza la clase de español?
3. ¿Traes un diccionario a la clase de español? ¿Por qué? ¿Qué más traes?
4. ¿A qué hora salimos de la clase de español?
5. Cuando vuelves a la casa, ¿dónde pones tus libros? ¿Siempre (*always*) pones tus cosas en su lugar?
6. ¿Pones fotos de tu familia en tu casa? ¿De quiénes son las fotos?
7. ¿Cuándo estudias? ¿Haces la tarea cada (*each*) noche o prefieres ver la televisión?
8. ¿Oyes la radio cuando estudias?
9. ¿Qué vas a hacer mañana?
10. ¿Qué haces los fines de semana? ¿Sales con los amigos? ¿Adónde van?

5 Charadas In groups, play a game of charades. Each person should think of a phrase using **hacer**, **poner**, **salir**, **oír**, **traer**, or **ver** and act out the phrase. The first person to guess correctly acts out the next charade. Answers will vary.

6 Situación Ask a classmate if he or she wants to go out. He or she will accept. Then find out what activities your classmate prefers so you can decide where you want to go. Finally, negotiate the place and the time for your date with your classmate. Answers will vary.

❶ **SCRIPT** For the script, see the Instructor's Resource Manual.

❷ **SUGGESTION** Give pairs of students a few minutes to plan what they are going to say. Have them role-play the conversation and then change partners and repeat. Ask a couple of pairs to share their conversations with the whole class.

Ampliación

1 Escuchar 🎧

A First you will hear José talking, then Anabela. Which person does each statement best describe?

TIP **Listen for general meaning.** You will be surprised at how much you can understand even if you don't know every word.

Descripción	José	Anabela
1. Es muy aficionado/a a los deportes.	☐	✓
2. Usa mucho la computadora.	✓	☐
3. Va mucho al cine.	✓	☐
4. Es una persona muy activa.	☐	✓
5. Le gusta descansar por la tarde.	✓	☐
6. Es una persona estudiosa.	☐	✓
7. Su deporte favorito es el ciclismo.	☐	✓
8. A veces va a ver un partido de béisbol.	✓	✓

B ¿Tienes más en común (*more in common*) con José o con Anabela? Explica tu respuesta.
Answers will vary.

2 Conversar
You are planning to visit a friend who lives in another state. Call your friend and discuss your plans, including the following information: Answers will vary.

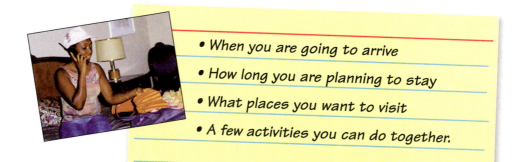

- • When you are going to arrive
- • How long you are planning to stay
- • What places you want to visit
- • A few activities you can do together.

recursos

Text CD Lección 4	WB pp. 33–40	LM pp. 21–24	Lab CD/MP3 Lección 4	I CD-ROM Lección 4	vistahigher learning.com

INSTRUCTIONAL RESOURCES Text CD, WB, LM, Lab CD/MP3, I CD-ROM (Activities & Quiz), Website, IRM
Inform students that the material listed in the **recursos** box applies to the complete **Gramática** section.

3 **Escribir** Write a flyer describing the sports and recreational activities offered at your school.
Answers will vary.

TIP **Use bilingual dictionaries carefully.** Use a Spanish-English dictionary to look up words you don't know, but consider each entry carefully in order to find the best word for your needs.

Organízalo	List the activities you could include in the flyer. Use an idea map to organize them.
Escríbelo	Using your idea map, write the first draft of your flyer.
Corrígelo	Exchange papers with a classmate and comment on the organization, style, and grammatical correctness of each other's work. Then revise your first draft, keeping your classmate's comments in mind.
Compártelo	Exchange papers with a new partner. Note any words that are new to you, so you can look them up later. Then turn your paper in to your teacher.

4 **Un paso más** Prepare a radio broadcast of weekend sports events for a major city in the Spanish-speaking world. Include the following in your broadcast: Answers will vary.

- An introduction of yourself and your program
- The location and time of each event
- A list of local sports events
- A brief sign-off.

NATIONAL STANDARDS connections communities

En Internet

Investiga estos temas en el sitio
vistahigherlearning.com.

- Los deportes más (*most*) populares del mundo hispano
- Los pasatiempos más populares del mundo hispano

3 **EXPANSION** Write a few dictionary entries on the board and explain the abbreviations. Ex: gymnastics n. **gimnasia, *f.***; bowling n. **bolos, *m. pl.*** (game); **lanzamiento, *m.*** (of cricket ball) Point out that when multiple Spanish translations are given without clarification they should look up the words in the Spanish section of the dictionary to verify the English meaning.

3 **EVALUATION**

Criteria	Scale
Appropriate Details	1 2 3 4
Organization	1 2 3 4
Use of Vocabulary	1 2 3 4
Grammatical Accuracy	1 2 3 4
Mechanics	1 2 3 4

Scoring

Excellent	18–20 points
Good	14–17 points
Satisfactory	10–13 points
Unsatisfactory	< 10 points

4 **SUGGESTION** Provide students with possible opening and closing phrases for their broadcasts. Opening: **Buenas tardes, estimados radioyentes. Hoy es domingo, el _____, y su reportero(a) es _____.** Closing: **Y por ahora, estimados radioyentes, eso es todo. Hasta el próximo domingo.** Also remind students to address their audience as **ustedes.**

4 **SUGGESTION** Have students record their broadcasts on audiocassettes. Point out that sound effects can add appeal or make their broadcasts more realistic.

Antes de leer

The following article appeared in one of Mexico City's daily newspapers. Scan the headings and the visual elements of the article. Based on what you see, what do you think the reading is about?

Can you guess the meaning of the following cognates that appear in the article?

baladas	misticismo
concierto	naturaleza
exposición	realista
festival	recomendar
isla	romántico/a
majestuosidad	pintor
misterio	serenidad

SUGGESTION Tell students there are theaters in the United States that show foreign films, which are often dubbed in English or have English subtitles like *El hijo de la novia*. Some cities—Chicago, New York, Los Angeles, and San Francisco— have Latino film festivals, and some schools even offer courses in Latin American cinema. Give examples if available in your community. Encourage students to go see a foreign film or have them research the plot of *El hijo de la novia* online.

SUGGESTION Point out that Juan José Campanella lives in New York City and directs episodes of the TV series *Law and Order*.

SUGGESTION Point out that Tomás Sánchez was born in Aguada de Pasajeros in 1948. In 1993 he moved to Miami, Florida, which has a large community of Cuban artists. Besides the Museo Nacional de Bellas Artes in La Habana, his works have been exhibited in Spain, Greece, Austria, and other countries.

EXPANSION In groups, have students prepare a similar **Guía para el fin de semana** for their school or community.

EXPANSION Have students correct the false statements in **¿Comprendiste?**

recursos

vistahigher
learning.com

GUÍA para el fin

CINE

Festival de cine argentino

Para los aficionados al cine este fin de semana comienza El Festival de cine argentino en el Cine Rex. Se muestran las últimas películas de directores como Juan José Campanella, Fito Páez, Gabriela Tagliavini y Aníbal Di Salvo. Recomendamos especialmente la película *El hijo de la novia* del director Juan José Campanella. Esta película fue nominada para el Óscar como mejor película extranjera.

Fechas: 10–14 de marzo
Hora: 8:00 p.m.
Lugar: Cine Rex
Dirección: Calle del Espanto, 152

CONCIERTO

Canta Maribel Puértolas

Si quiere escuchar música, la cantante Maribel Puértolas va a ofrecer un concierto en el Café Los Amigos. Puértolas es de origen puertorriqueño y sus baladas están en el nuevo CD *Verano de amor*. Si quiere pasar una noche muy romántica con su novio o novia, recomendamos este concierto.

Fecha: 15 de marzo
Hora: 7:00 p.m.
Lugar: Café Los Amigos
Dirección: Avenida Bolívar, 345

de semana

E X P O S I C I Ó N

El pintor Tomás Sánchez

El Museo de Arte Moderno ofrece una exposición del pintor cubano Tomás Sánchez. Las obras de Sánchez son paisajes realistas de la naturaleza de la isla de Cuba. Las pinturas expresan la serenidad y majestuosidad de la selva tropical cubana, en una atmósfera de misterio y misticismo. Tomás Sánchez es tal vez uno de los pintores cubanos contemporáneos más conocidos.

Fechas: 12 de marzo – 8 de abril
Lugar: Museo de Arte Moderno
Dirección: Avenida Juárez, 248

últimas *latest*   fue nominada para *was nominated for*
extranjera *foreign*   cantante *singer*   ofrecer *to offer*
verano *summer*   paisajes *landscapes*   selva *jungle*

Después de leer

¿Comprendiste?

Based on the article, are these statements **cierto** or **falso**?

Cierto	Falso	
	✓	**1.** El artículo presenta noticias sobre eventos deportivos.
✓		**2.** La película *El hijo de la novia* fue nominada para un Óscar.
✓		**3.** Maribel Puértolas es una cantante de baladas.
	✓	**4.** Las pinturas de Tomás Sánchez se exhiben en el Cine Rex.
✓		**5.** Juan José Campanella es un director de cine argentino.
	✓	**6.** En el Café Los Amigos hay una exposición de arte.

Preguntas

Answer these questions based on the information provided in the reading.

1. ¿De dónde es Maribel Puértolas?

Maribel Puértolas es de Puerto Rico.

2. ¿Qué clase de canciones (*songs*) canta ella?

Ella canta baladas.

3. ¿Cómo son las pinturas de Tomás Sánchez?

Las pinturas de Tomás Sánchez son realistas.

4. ¿Dónde está la exposición de Tomás Sánchez?

La exposición de Tomás Sánchez está en el Museo de Arte Moderno, en la Avenida Juárez, 248.

5. ¿Qué película está dirigida por Juan José Campanella?

La película *El hijo de la novia* está dirigida por Juan José Campanella.

6. ¿Dónde es el festival de cine?

El festival de cine es en el Cine Rex, en la Calle del Espanto, 152.

Coméntalo

Discuss with classmates which of the activities in the article you would each prefer to do on a weekend.

Verbos

cerrar (e:ie)	to close
comenzar (e:ie)	to begin
conseguir (e:i)	to get; to obtain
dormir (o:ue)	to sleep
empezar (e:ie)	to begin
encontrar (o:ue)	to find
entender (e:ie)	to understand
hacer	to do; to make
ir	to go
ir a (+ inf.)	to be going to do something
jugar (u:ue)	to play
mostrar (o:ue)	to show
oír	to hear
pedir (e:i)	to ask for; to request
pensar (e:ie)	to think
pensar (+ inf.)	to intend; to plan
pensar en	to think about
perder (e:ie)	to lose; to miss
poder (o:ue)	to be able to; can
poner	to put; to place
preferir (e:ie)	to prefer
querer (e:ie)	to want; to love
recordar (o:ue)	to remember
repetir (e:i)	to repeat
salir	to leave
seguir (e:i)	to follow; to continue; to keep (doing something)
suponer	to suppose
traer	to bring
ver	to see
volver (o:ue)	to return

Adjetivos

deportivo/a	sports-related
favorito/a	favorite

Las actividades

bucear	to scuba dive
escalar montañas (f. pl.)	to climb mountains
escribir una carta/ un mensaje electrónico/ una (tarjeta) postal	to write a letter an e-mail message a postcard
esquiar	to ski
ganar	to win
ir de excursión (a las montañas)	to go for a hike (in the mountains)
leer el correo electrónico/ un periódico/ una revista	to read e-mail a newspaper a magazine
nadar	to swim
pasar el tiempo	to spend time
pasear en bicicleta	to ride a bicycle
pasear por la ciudad/el pueblo	to walk around the city/town
patinar (en línea)	to skate (in-line)
practicar deportes (m. pl.)	to play sports
ser aficionado/a (a)	to be a fan (of)
tomar el sol	to sunbathe
ver películas (f. pl.)	to see movies
visitar un monumento	to visit a monument
la diversión	entertainment; fun activity
el/la excursionista	hiker
el fin de semana	weekend
el pasatiempo	pastime, hobby
los ratos libres	spare time
el tiempo libre	free time

Los deportes

el baloncesto	basketball
el béisbol	baseball
el ciclismo	cycling
el esquí (acuático)	(water) skiing
el fútbol	soccer
el fútbol americano	football
el golf	golf
el hockey	hockey
la natación	swimming
el tenis	tennis
el vóleibol	volleyball
el equipo	team
el/la jugador(a)	player
el partido	game
la pelota	ball

Los lugares

el café	café
la casa	house
el centro	downtown
el cine	movie theater
el gimnasio	gym; gymnasium
la iglesia	church
el lugar	place
el museo	museum
el parque	park
la piscina	swimming pool
el restaurante	restaurant

Expresiones útiles	See page 77.

recursos

LM
p. 24

Lab CD/MP3
Lección 4

Vocab CD
Lección 4

 INSTRUCTIONAL RESOURCES LM, Lab CD/MP3, Vocab CD, IRM, Tests

¡VIVAN LOS PAÍSES HISPANOS!

En Acapulco, un hombre salta desde un acantilado (*cliff*) frente al océano Pacífico. El lugar se llama La Quebrada y miles de turistas lo visitan cada (*each*) día. ¿Te gustaría (*would you like*) visitarlo algún (*some*) día?

México

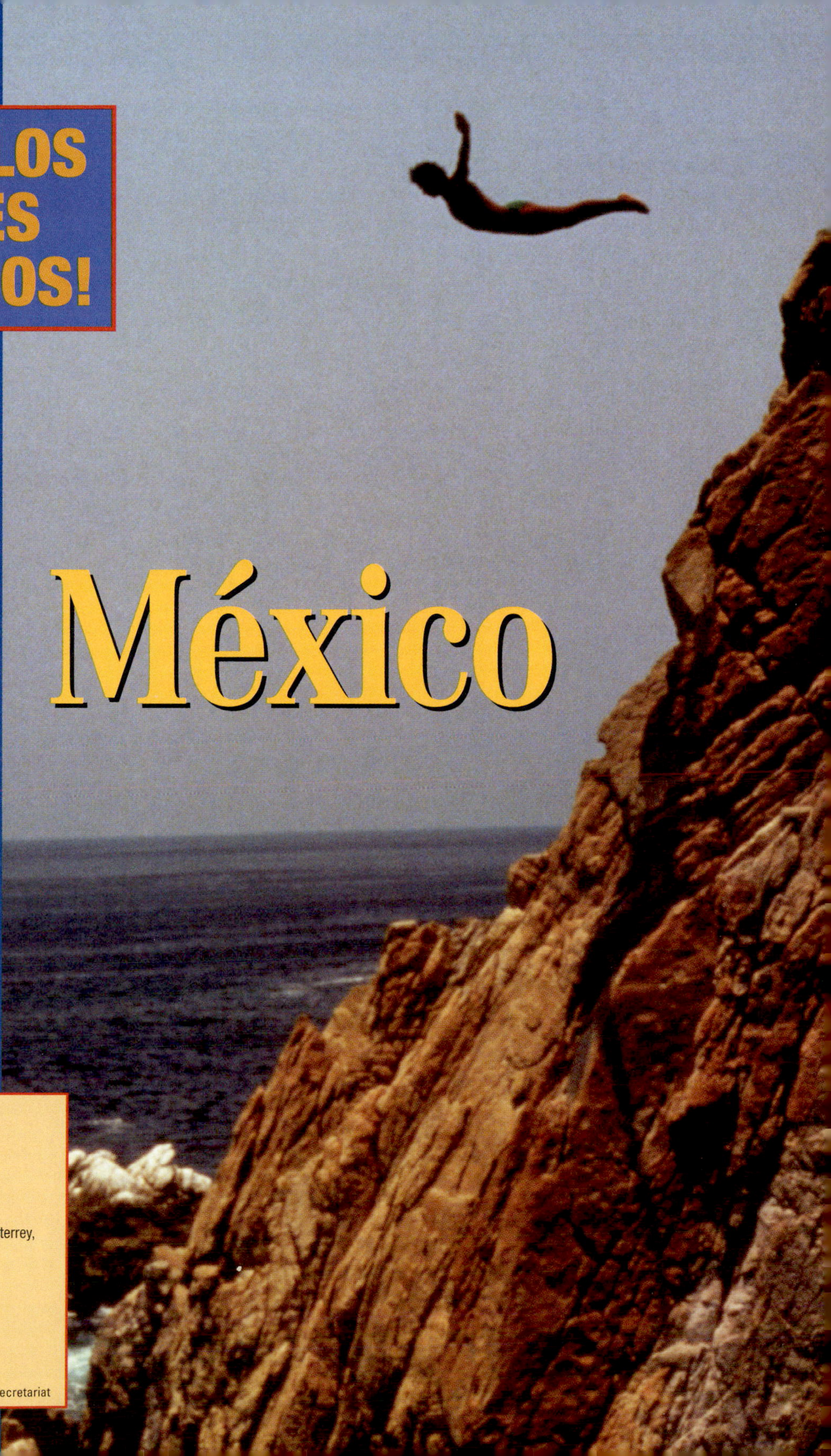

México

Área: 1.972.550 km^2 (761.603 millas^2)
Población: 110.139.000
Capital: México, D.F.–18.934.000
Ciudades importantes: Guadalajara, Monterrey, Puebla, Cancún, Ciudad Juárez
Moneda: peso mexicano

SOURCE: Population Division, UN Secretariat

Celebraciones

La independencia de México

El 16 de septiembre los mexicanos celebran la independencia de su país. A estas celebraciones se les llaman las fiestas patrias. En todas las ciudades se ponen decoraciones con los colores de la bandera (*flag*) mexicana y se hacen fiestas con mariachis, comida típica y bailes (*dances*) tradicionales.

Arte

Diego Rivera y Frida Kahlo

Frida Kahlo y Diego Rivera son los pintores mexicanos más famosos. Casados (*married*) en 1929, los dos se interesaron (*became interested*) en las condiciones sociales de la gente indígena y de los campesinos (*farmers*) de su país. Puedes ver algunas de sus obras (*works*) en el Museo de Arte Moderno de la Ciudad de México.

ESTADOS UNIDOS

Ciudad Juárez

Río Bravo d

Baja California

Golfo de California

MÉXICO

Puerto Vallarta

Guadal

Océano Pacífico

INSTRUCTIONAL RESOURCES WB, VM, Website, OT, IRM, Ph Video, Ph DVD, I CD-ROM

Los mayas

La cultura maya habitó (*inhabited*) la región del sur de México, la península de Yucatán y otros países de Centroamérica. Los mayas crearon (*created*) formidables ciudades con templos religiosos en forma de pirámide, que hoy día son visitados (*are visited*) por millones de turistas.

Comida

Las tortillas

La base de la comida mexicana es la tortilla, que está hecha (*is made from*) de maíz (*corn*) y de harina (*wheat flour*). Los tacos, las enchiladas y las quesadillas están hechos (*are made*) con tortillas y son tan populares en México como en los Estados Unidos. ¿Conoces un restaurante mexicano en tu comunidad?

Río Grande

Monterrey

Golfo de México

Península de Yucatán

Mérida

Cancún

...d de ...ico

Bahía de Campeche

...ebla

Veracruz

Istmo de Tehuantepec

...lco

BELICE

GUATEMALA

recursos

WB pp. 41–42	VM pp. 201–202	I CD-ROM Lección 4	vistahigher learning.com

¿Qué aprendiste?

1 **¿Cierto o falso?** Say whether the following statements are **cierto** or **falso**, based on what you've learned about Mexico.

Cierto	Falso	
	✓	**1.** La Quebrada está en México, D.F.
✓		**2.** Frida Kahlo es una pintora.
	✓	**3.** El 16 de septiembre en México organizan una celebración religiosa.
	✓	**4.** Los mayas inventaron (*invented*) las tortillas.
✓		**5.** En México celebran la independencia con las fiestas patrias.
	✓	**6.** Los mexicanos hacen las tortillas con tomates.
✓		**7.** Diego Rivera fue (*was*) el esposo de Frida Kahlo.
	✓	**8.** Puebla es la capital de México.
	✓	**9.** La harina es la base de la comida mexicana.
	✓	**10.** La moneda mexicana es el dólar mexicano.

2 **Preguntas** Answer the following questions, based on what you've learned about Mexico.

1. ¿Qué aspecto cultural te interesa más (*interests you most*) de México: el arte, la historia o la comida? Explica tu respuesta. *Answers will vary.*

2. ¿Cómo celebran los mexicanos el día de la independencia de su país?

3. ¿Te gustan los cuadros de Diego Rivera y Frida Kahlo? Explica por qué.

4. ¿Por qué piensas que los mayas son importantes en la historia de México?

5. ¿Qué platos (*dishes*) típicos de México te gustan más? ¿Por qué?

6. ¿Por qué Diego Rivera y Frida Kahlo decidieron pintar (*decided to paint*) gente indígena y campesinos?

En Internet

Busca más información sobre estos temas en el sitio vistahigherlearning.com. Presenta la información a tus compañeros/as de clase.

- El 16 de septiembre en México
- Frida Kahlo y Diego Rivera
- Los mayas
- La comida mexicana

5 Las vacaciones

PARA EMPEZAR Here are some additional questions you can ask based on the photo: **¿Dónde te gusta pasar tus vacaciones? ¿Qué te gusta hacer? ¿Te gusta nadar?**

Communicative Goals

You will learn how to:
- talk to hotel personnel
- describe a hotel
- talk about how you feel

PREPARACIÓN

pages 98–101
- Words related to vacationing and travel
- Weather, seasons, months, ordinal numbers
- Pronouncing **b** and **v**

ESCENAS

pages 102–105
- The travelers check in at a hotel. Álex and Javier drop by the girls' cabin. Inés and Javier decide to explore the city further. Álex and Maite decide to stay behind. Maite notices that Javier and Inés spend lots of time together.

GRAMÁTICA

pages 106–115
- **Estar** with conditions and emotions
- The present progressive
- Comparing **ser** and **estar**
- Direct object nouns and pronouns

LECTURA

pages 116–117
- Brochure: *¡Descubre el Viejo San Juan!*

Para empezar

- ¿Los chicos en la foto, nadan, bucean o toman el sol?
- ¿Están ellos en el mar o en una piscina?
- ¿Quién tiene sueño? ¿El hombre o la mujer?
- ¿Cuántos años crees que tienen: veinte o treinta?
- ¿Es el mediodía o la medianoche?

SUGGESTION Ask: ¿A quién le gusta mucho viajar? Y ¿cómo prefieres viajar? ¿Te gusta viajar en tren? ¿en auto? ¿Cómo le gusta viajar a ____? Y a ti, ¿adónde te gusta viajar? ¿Cómo puedes viajar a ____?

Las vacaciones

el pasaporte
passport

la estación del tren
train station

LAS VACACIONES Y LOS VIAJES

el aeropuerto *airport*
la agencia de viajes *travel agency*
el/la agente de viajes *travel agent*
la estación de autobuses *bus station*
   del metro *subway station*
el/la inspector(a) de aduanas *customs officer*
el pasaje (de ida y vuelta) *(round-trip) ticket*
la tienda de campaña *tent*
el/la viajero/a *traveler*

VARIACIÓN LÉXICA Point out these lexical items:
automóvil → coche (*Esp.*), **carro** (*Amér. L.*)
autobús → camión (*Méx.*), **guagua** (*P. Rico*)
motocicleta → moto (*colloquial*)

¿QUÉ TIEMPO HACE?

¿Qué tiempo hace? *How's the weather?; what's the weather like?*
Está despejado. *It's clear.*
   (muy) nublado. *It's (very) cloudy.*
Hace buen/mal tiempo. *It's nice/bad weather.*
   (mucho) calor. *It's (very) hot.*
   fresco. *It's cool.*
   (mucho) frío. *It's (very) cold.*
   (mucho) sol. *It's (very) sunny.*
   (mucho) viento. *It's (very) windy.*
Hay (mucha) niebla. *It's (very) foggy.*

llover (o:ue) *to rain*
Llueve. *It's raining.*
nevar (e:ie) *to snow*
Nieva. *It's snowing.*

EN EL HOTEL

el alojamiento *lodging*
la cabaña *cabin*
la cama *bed*
el/la empleado/a *employee*
la habitación *room*
   individual *single room*
   doble *double room*
el hotel *hotel*
el/la huésped *guest*
la pensión *boarding house*
el piso *floor (of a building)*
la planta baja *ground floor*

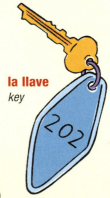

la llave
key

el botones
bellhop

recursos				
WB pp. 45–46	LM p. 25	Lab CD/MP3 Lección 5	I CD-ROM Lección 5	Vocab CD Lección 5

ir en motocicleta (f.)
to go by motorcycle

ACTIVIDADES

acampar *to camp*

confirmar una reservación *to confirm a reservation*

estar de vacaciones *to be on vacation*

hacer las maletas *to pack (one's suitcases)*

hacer turismo (m.) *to go sightseeing*

un viaje *to take a trip*

una excursión *to go on a hike, to go on a tour*

ir a la playa *to go to the beach*

ir de pesca *to go fishing*

de vacaciones *to go on vacation*

ir en autobús (m.) *to go by bus*

en auto(móvil) (m.) *to go by car*

en avión (m.) *to go by plane*

en barco (m.) *to go by boat*

en taxi (m.) *to go by taxi*

pasar por la aduana *to go through customs*

pescar *to fish*

sacar fotos (f. pl.)
to take pictures

montar a caballo
to ride a horse

NÚMEROS ORDINALES

primer, primero/a *first*

segundo/a *second*

tercer, tercero/a *third*

cuarto/a *fourth*

quinto/a *fifth*

sexto/a *sixth*

séptimo/a *seventh*

octavo/a *eighth*

noveno/a *ninth*

décimo/a *tenth*

SUGGESTION Point out that Spanish speakers label the ground floor of buildings **la planta baja** (first floor in the United States).

LAS ESTACIONES Y LOS MESES

el invierno *winter*

la primavera *spring*

el verano *summer*

el otoño *fall, autumn*

el año *year*

la estación *season*

el mes *month*

OTRAS PALABRAS Y EXPRESIONES

el ascensor *elevator*

el campo *countryside*

el equipaje *luggage*

la llegada *arrival*

el mar *ocean, sea*

la salida *departure; exit*

¿Cuál es la fecha de hoy? *What is today's date?*

Hoy es el primero (dos, tres,...) de marzo.
Today is March first (second, third,...).

enero *January*	❄
febrero *February*	
marzo *March*	
abril *April*	
mayo *May*	
junio *June*	
julio *July*	
agosto *August*	
septiembre *September*	
octubre *October*	
noviembre *November*	
diciembre *December*	

EXPANSION Play "20 Questions" with the months of the year.

1 SCRIPT For the script, see the Instructor's Resource Manual.

1 EXPANSION Work with students to create a model: **Un agente de viajes ... (prepara el pasaje de ida y vuelta.)** Then ask volunteers to do the same with **un botones, un huésped, un viajero, un inspector de aduanas, un empleado de hotel.**

2 SCRIPT For the script, see the Instructor's Resource Manual.

3 EXPANSION Ask individuals to share their answers to the questions of personal preference. Ex: _____, **cuando estás de vacaciones, ¿qué haces?** Ask other students to report on the preferences of their classmates. Ex: _____, **¿qué hace _____ cuando está de vacaciones?** Students must use complete sentences.

Práctica y conversación

1 Escuchar Indicate who would probably make each statement you hear. Each answer is used twice.

El agente de viajes **La inspectora de aduanas** **El empleado del hotel**

El agente de viajes	La inspectora de aduanas	El empleado del hotel
1. ✓	1.	1.
2. ✓	2.	2.
3.	3.	3. ✓
4.	4. ✓	4.
5.	5.	5. ✓
6.	6. ✓	6.

2 ¿Cierto o falso? Listen to each sentence and indicate whether it is **cierto** or **falso**. Correct the false statements.

Cierto	Falso		
	✓	1.	Abrimos la puerta con una llave.
✓		2.	
	✓	3.	Necesitas el pasaporte para pasar por la aduana.
	✓	4.	Un turista es una persona que hace turismo.
✓		5.	
✓		6.	
	✓	7.	Debes pasar por la aduana en el aeropuerto.
✓		8.	

3 Contestar Answer these questions with a classmate. Answers will vary.

MODELO
¿Cuál es el primer mes de la primavera?
Estudiante 1: ¿Cuál es el primer mes de la primavera?
Estudiante 2: Marzo.

recursos

Text CD Lección 5

1. ¿Cuál es la fecha de hoy?
2. ¿Qué estación es? ¿Te gusta esta (*this*) estación?
3. ¿Cuál es el segundo mes del verano?
4. ¿Cuál es el primer mes del invierno?
5. ¿Cuál es la cuarta estación del año?
6. ¿Prefieres el otoño o la primavera? ¿Por qué?
7. ¿Prefieres el mar o la montaña? ¿Por qué?
8. ¿Te gusta más el campo o la ciudad?
9. ¿Qué prefieres: el calor o el frío?
10. ¿En qué mes piensas ir de vacaciones este año? ¿Adónde quieres ir?

4 **Describir** With a partner, describe what these people are doing.

4 EXPANSION Have students take turns asking a partner questions about each illustration, imagining details when no specific information is provided. Ex: 1. ¿Qué estación es? ¿Dónde están? ¿Qué tiempo hace? ¿Qué mes es? ¿Dónde trabajan cuando no están de vacaciones?

Enrique y Juan
Enrique y Juan
van de pesca.

Josefina
Josefina
monta a caballo.

Ricardo
Ricardo
va en motocicleta.

Don Luis
Don Luis
abre la habitación.

Amalia
Amalia
saca fotos.

El Sr. y la Sra. Montes
El Sr. y la Sra. Montes
hacen las maletas.

Pronunciación Spanish b and v

NATIONAL comparisons STANDARDS

bueno   **v**ólei**b**ol   **b**i**b**lioteca   **v**i**v**ir

There is no difference in pronunciation between the Spanish letters **b** and **v**. However, each letter can be pronounced two different ways, depending on which letters appear next to them.

bonito   **v**iajar   ta**mb**ién   i**nv**estigar

B and **v** are pronounced like the English hard **b** when they appear either as the first letter of a word, at the beginning of a phrase, or after **m** or **n**.

de**b**er   no**v**io   a**b**ril   cer**v**eza

In all other positions, **b** and **v** have a softer pronunciation, which has no equivalent in English. Unlike the hard **b**, which is produced by tightly closing the lips and stopping the flow of air, the soft **b** is produced by keeping the lips slightly open.

bola   **v**ela   Cari**b**e   decli**v**e

In both pronunciations, there is no difference between **b** and **v**. The English *v* sound, produced by friction between the upper teeth and lower lip, does not exist in Spanish. Instead, the soft **b** comes from friction between the two lips.

Verónica y su esposo canta**n b**oleros.

When **b** or **v** begins a word, its pronunciation depends on the previous word. At the beginning of a phrase or after a word that ends in **m** or **n**, it is pronounced as a hard **b**.

Hombre prevenido vale por dos.[2]

Benito es d**e B**oquerón per**o v**ive e**n V**ictoria.

Words that begin with **b** or **v** are pronounced with a soft **b** if they appear immediately after a word that ends in a vowel or any consonant other than **m** or **n**.

No hay mal que por bien no venga.[1]

Refranes Read these sayings aloud to practice the **b** and the **v**.

SUGGESTION Emphasize that **b** and **v** are pronounced alike. Model both sounds these letters make based on their position in a word. Pronounce in turn the examples in each section, modeling the pronunciation and asking students to repeat after you. Take special care to model the soft **b** sound and note that it has no equivalent in English. Also explain that Spanish has no sound like the English **v**.

SUGGESTION Write some additional proverbs for students to practice saying aloud. Ex: **Más vale que sobre y no que falte.** (*Better too much than too little.*) **No sólo de pan vive el hombre.** (*Man does not live by bread alone.*) **A caballo regalado no se le ve el colmillo.** (*Don't look a gift horse in the mouth.*)

recursos

Text CD
Lección 5

LM
p. 26

Lab CD/MP3
Lección 5

I CD-ROM
Lección 5

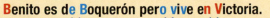
1 *Every cloud has a silver lining.*
2 *An ounce of prevention equals a pound of cure.*

Tenemos una reservación.

Don Francisco y los estudiantes llegan al hotel.

communication cultures
NATIONAL STANDARDS

VIDEO SYNOPSIS The travelers check in at a hotel. Álex and Javier drop by the girls' cabin. Inés and Javier decide to explore the city further. Álex and Maite decide to stay behind. Maite notices that Javier and Inés spend a lot of time together.

PREVIEW Have students look over the video stills and list words and phrases related to tourism.

SUGGESTION Play the video segment without sound and have students create a plot summary based on visual cues. Then show the segment with sound and have students make corrections and fill in gaps.

SUGGESTION Have students review the **Expresiones útiles**. Assign students to groups of six or seven and direct them to select a role and read **Tenemos una reservación**. Ask one or two groups to present the script to the rest of the class.

Personajes

DON FRANCISCO

JAVIER

INÉS

ÁLEX

MAITE

EMPLEADA

BOTONES

EMPLEADA ¿En qué puedo servirles?

DON FRANCISCO Mire, yo soy Francisco Castillo Moreno y tenemos una reservación a mi nombre.

EMPLEADA Mmm… No veo su nombre aquí. No está.

DON FRANCISCO ¿Está segura, señorita? Quizás la reservación está a nombre de la agencia de viajes, Ecuatur.

EMPLEADA Pues sí, aquí está… dos habitaciones dobles y una individual, de la ciento uno a la ciento tres… todas en las primeras cabañas.

DON FRANCISCO Gracias, señorita. Muy amable.

BOTONES Bueno, la habitación ciento dos… Por favor.

ÁLEX Hola, chicas. ¿Qué están haciendo?

MAITE Estamos descansando.

JAVIER Oigan, no están nada mal las cabañas, ¿verdad?

INÉS Y todo está muy limpio y ordenado.

ÁLEX Sí, es excelente.

MAITE Y las camas son tan cómodas.

---

recursos

VM pp. 177–178	I CD-ROM Lección 5	Es V CD-ROM Lección 5

INSTRUCTIONAL RESOURCES VM, I CD-ROM, Es Video (Start 00:22:27), Es V CD-ROM, Es DVD, IRM

INÉS Oigan, yo estoy aburrida. ¿Quieren hacer algo?

JAVIER ¿Por qué no vamos a explorar la ciudad un poco más?

INÉS ¡Excelente idea! ¡Vamos!

MAITE No, yo no voy. Estoy cansada y quiero descansar un poco porque a las seis voy a correr con Álex.

ÁLEX Y yo quiero escribir un mensaje electrónico antes de ir a correr.

JAVIER Pues nosotros estamos listos, ¿verdad, Inés?

INÉS Sí, vamos.

MAITE Adiós.

INÉS & JAVIER ¡Chau!

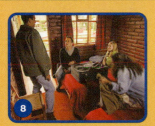

ÁLEX Bueno, nos vemos a las seis.

MAITE Sí, hasta luego.

ÁLEX Adiós.

MAITE ¿Inés y Javier? Juntos otra vez.

Expresiones útiles

Talking to hotel personnel
¿En qué puedo servirles?
How can I help you?
Tenemos una reservación a mi nombre.
We have a reservation in my name.
Mmm… No veo su nombre. No está.
I don't see your name. It's not here.
¿Está seguro/a? Quizás/Tal vez está a nombre de Ecuatur.
Are you sure? Maybe it's in the name of Ecuatur.
Aquí está… dos habitaciones dobles y una individual.
Here it is, two double rooms and one single.
Aquí tienen las llaves.
Here are your keys.
Gracias, señorita. Muy amable.
Thank you, miss. Very kind/nice.
¿Dónde pongo las maletas?
Where do I put the suitcases?
Allí, encima de la cama.
There, on the bed.

Describing a hotel
No están nada mal las cabañas.
The cabins aren't bad at all.
Todo está muy limpio y ordenado.
Everything is very clean and orderly.
Es excelente/estupendo/ fabuloso/fenomenal.
It's excellent/stupendous/ fabulous/great.
Es increíble/magnífico/ maravilloso/perfecto.
It's incredible/magnificent/ marvelous/perfect.
Las camas son tan cómodas.
The beds are so comfortable.

Talking about how you feel
Estoy un poco aburrido/a/cansado/a.
I'm a little bored/tired.

1 **SUGGESTION** Have students write the sentences on slips of paper so that they can rearrange them as they determine the correct order.

1 **EXPANSION** Have students work in groups of three or four and write each of the sentences in large letters on individual pieces of paper. After arranging the sentences in order, the group creates a short skit related to the content of each sentence. Ask for groups to volunteer to present the sentences and the skit for the class.

2 **SUGGESTION** Students may do this activity individually or in a group, orally or in writing.

3 **SUGGESTION** Before beginning the skits, have the groups read **Tenemos una reservación** together to review vocabulary and phrases.

3 **EXPANSION** Have students continue the skit with a scene inside the room in which they discuss the condition and comfort of the room and its furnishings, and briefly discuss plans for the day.

¿Qué piensas?

1 **Ordenar** Put these events in the correct order.

_____3_____ **a.** Las chicas descansan en su habitación.

_____5_____ **b.** Javier e Inés deciden ir a explorar la ciudad.

_____1_____ **c.** Don Francisco habla con la empleada del hotel.

_____4_____ **d.** Javier, Maite, Inés y Álex hablan en la habitación de las chicas.

_____2_____ **e.** El botones pone las maletas en la cama.

2 **Completar** Complete these sentences using the words below.

la agencia de viajes	descansar	habitación individual
las camas	el empleado	hacer las maletas
cansada	habitaciones dobles	las maletas

1. La reservación para el hotel está a nombre de ___la agencia de viajes___.

2. Los estudiantes tienen dos ___habitaciones dobles___.

3. Don Francisco tiene una ___habitación individual___.

4. Maite va a ___descansar___ porque está ___cansada___.

5. El botones lleva ___las maletas___ a las habitaciones.

6. Las habitaciones son buenas y ___las camas___ son cómodas.

3 **Minidrama** With two or three classmates, prepare a skit with the following scenes:

Answers will vary.

Scene 1: You call your travel agent and make a hotel reservation for a specific date.

Scene 2: You go to the front desk at the hotel to check in and find out that there are problems with your reservation. You solve the problems and check in.

Scene 3: You find a bellhop to take your bags to your room.

Scene 4: Your bellhop shows you to your room and asks you where to put your bags. You tell the bellhop where to put them and thank him or her.

Exploración

El alojamiento

SUGGESTION Lead students in a discussion of when they have been in a hotel, inn, or other type of lodging away from home. Ask if any of the photos look like places they have stayed.

España tiene unos paradores impresionantes. Generalmente los paradores son castillos o palacios que reflejan la cultura de la región.

Hay muchos tipos de alojamiento para las personas que viajan a los países hispanos. Por ejemplo, hay muchos hoteles elegantes como el Hotel San Juan en San Juan, Puerto Rico. Está cerca de la playa y ofrece hermosas (*beautiful*) habitaciones y jardines (*gardens*) tropicales.

Muchos estudiantes prefieren los albergues juveniles (*youth hostels*) porque son baratos (*inexpensive*). Además, los huéspedes tienen la oportunidad de conocer (*meet*) a personas de todo el mundo (*around the world*).

SUGGESTION Mention that youth hostels are found in large cities and small towns. Hostels are inexpensive because rooms contain more beds than would be found in hotels, and luxuries are scarce. Hostels are often in the lively parts of town, and young travelers discover lots to do and meet new friends.

Estadísticas de hoteles

Cadenas de hoteles más importantes:
- Sol Meliá (España)
- Posadas de México (México)
- N.H. Hoteles (España)

Hoteles más grandes del mundo hispano:
- Moon Palace Hotel (Cancún, México)
- Oasis Cancún Hotel (Cancún, México)
- Sheraton María Isabel Hotel & Towers (México, D.F.)
- Hilton (Caracas, Venezuela)
- Catalonia Bávaro Resort (República Dominicana)
- Caribe Hilton Hotel (San Juan, Puerto Rico)

EXPANSION After pairs discuss the first item of the **Coméntalo** section, have each pair meet with another to share comments and thoughts. Then ask for volunteers to report the comments of the group to the whole class. As time permits, you may want to lead students in summarizing class preferences.

Coméntalo

With a classmate, discuss these questions. Answers will vary.

- Imagina que vas de vacaciones. ¿Prefieres estar en un hotel, un parador o en un albergue juvenil? ¿Por qué?
- ¿Hay un albergue juvenil en tu comunidad? ¿Hay un lugar similar a un parador?

recursos

vistahigher learning.com

5.1 **Estar** with conditions and emotions

▶ **Estar** is used to talk about how you are and to say where nouns are located.

Estoy bien, gracias.
I'm fine, thanks.

Juan **está** en la biblioteca.
Juan is at the library.

▶ **Estar** is used with adjectives to describe the physical condition of nouns.

La puerta **está** cerrada.
The door is closed.

Todo **está** muy limpio.
Everything is very clean.

▶ **Estar** is also used with adjectives to describe how people feel.

Estoy aburrida.

Estoy cansada.

Adjectives that describe emotions and conditions

abierto/a	*open*	contento/a	*happy, content*	nervioso/a	*nervous*
aburrido/a	*bored; boring*	desordenado/a	*disorderly; messy*	ocupado/a	*busy*
alegre	*happy; joyful*	enamorado/a (de)	*in love (with)*	ordenado/a	*orderly*
avergonzado/a	*embarrassed*	enojado/a	*mad, angry*	preocupado/a (por)	*worried (about)*
cansado/a	*tired*	equivocado/a	*wrong; mistaken*	seguro/a	*sure; safe*
cerrado/a	*closed*	feliz	*happy*	sucio/a	*dirty*
cómodo/a	*comfortable*	limpio/a	*clean*	triste	*sad*

ESPAÑOL EN VIVO

TÚ: en la ciudad. Estás muy ocupado, cansado y nervioso. Si crees que el invierno es así para todos, estás equivocado.

CURAÇAO

Donde siempre es verano

El paquete incluye:

- Pasaje de ida y vuelta
- Cómoda estancia de 5 días en habitación doble
- Excursiones en barco a los maravillosos lugares de la isla

OFERTA
$797
ESPECIAL

Consulte su Agencia de Viajes.

ELLOS: de vacaciones en Curaçao. Están felices y relajados. ¿Estás listo para hacer tus maletas?

SUGGESTION Have students scan the advertisement and identify the adjectives that take the verb **estar**.

SUGGESTION Ask students questions about the advertisement. Ex: **¿Dónde están las personas del anuncio? ¿Cuál es el aspecto más atractivo del anuncio? ¿Cómo están el hombre y la mujer en el anuncio?**

INSTRUCTIONAL RESOURCES WB, LM, Lab CD/MP3, I CD-ROM, IRM (Audio Scripts & Instructor Annotations)
Refer students to the **recursos** box in **Ampliación** for complete information.

Práctica y conversación

1 Un viaje Tere is going on a trip. Say how she, her family, and her friends are feeling.

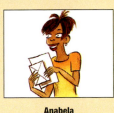
Tere

cansado	está	estoy
enojado	estamos	felices
equivocados	están	nerviosa

1. Hoy yo ___estoy___ muy contenta porque mañana voy a hacer un viaje a Chicago.

2. También estoy ___nerviosa___ porque voy en avión.

3. Mis padres ___están___ preocupados porque voy sola (*alone*).

4. Mi amiga Patricia y yo ___estamos___ tristes porque ella no puede ir.

5. Es que Patricia ___está___ ocupada con sus clases.

6. Mi novio César está ___enojado___ porque no puede ir.

7. Mis hermanos Juan y Rafael están ___felices___ porque no voy a estar en casa.

8. Todos (*they all*) piensan que voy a tener problemas. Creo que están ___equivocados___.

2 ¿Dónde están y cómo están? Indicate where these people are and how they feel.

Sebastián

Olivia y Marco

1. Sebastián está en el parque. Está contento/feliz/alegre.

3. Olivia y Marco están en el parque. Están enamorados.

Mónica

El profesor Olmos

2. Mónica está en la biblioteca. Está cansada.

4. El profesor Olmos está en la clase. Está enojado.

3 Situaciones With a partner, talk about how you feel in these situations. *Answers will vary.*

1. Cuando estoy de vacaciones…
2. Cuando hago un examen…
3. Cuando estoy con la familia…
4. Cuando estoy en la clase de español…
5. Cuando llueve…
6. Cuando asisto a un funeral…
7. Cuando mi novio/a sale con otro/a chico/a…

4 Describir With a partner, describe the following people and places.

Anabela
Está contenta

Juan y Luisa
Están enojados.

la habitación de Teresa
Está ordenada/limpia.

la habitación de César
Está desordenada/sucia.

5 Preguntas Use these questions to interview your partner. *Answers will vary.*

1. ¿Estás ocupado/a este fin de semana? ¿Qué vas a hacer?
2. ¿Estás enamorado/a? ¿De quién?
3. ¿Qué haces cuando estás contento/a?
4. ¿Qué haces cuando estás aburrido/a?
5. ¿Qué haces cuando estás cansado/a?
6. ¿Qué haces cuando estás nervioso/a?

5.2 The present progressive

NATIONAL comparisons STANDARDS

▶ Both Spanish and English have a present progressive tense, which consists of the present tense of the verb *to be* and the present particicple (the *–ing* form of the verb in English).

Los chicos **están jugando.**	**Estoy escribiendo** una postal.	**Estás mirando** la televisión.
The kids are playing.	*I am writing a postcard.*	*You are watching television.*

¿Qué están haciendo?

▶ The present progressive is formed with **estar** and the present participle of the main verb.

ESTAR + PRESENT PARTICIPLE

Están cantando.	**Estamos esperando.**	**Estoy comiendo.**	Ella **está trabajando.**
They are singing.	*We are waiting.*	*I am eating.*	*She is working.*

▶ The present participle of regular verbs is formed as follows:

INFINITIVE	STEM	ENDING	PRESENT PARTICIPLE
hablar	habl–	–ando	hablando
comer	com–	–iendo	comiendo
escribir	escrib–	–iendo	escribiendo

Estamos descansando.

▶ When the stem of an **–er** or **–ir** verb ends in a vowel, the present participle ends in **–yendo**.

INFINITIVE	STEM	ENDING	PRESENT PARTICIPLE
leer	le–	–yendo	leyendo
oír	o–	–yendo	oyendo
traer	tra–	–yendo	trayendo

▶ The verbs **ir**, **poder**, and **venir** have irregular present participles (**yendo, pudiendo, viniendo**). Several other verbs have irregular present participles.

–ir stem-changing verbs

e:ie in the present tense	PRESENT PARTICIPLE	**e:i** in the present tense	PRESENT PARTICIPLE	**o:ue** in the present tense	PRESENT PARTICIPLE
preferir →	prefiriendo	conseguir	consiguiendo	dormir →	durmiendo
sentir	sintiendo	pedir →	pidiendo		
		seguir	siguiendo		

▶ The present progressive is used less in Spanish than in English. In Spanish, the present progressive emphasizes that an action is *in progress*.

Ella todavía **está escuchando** música.	Javier **está dibujando** ahora mismo.
She is still listening to music.	*Javier is drawing right now.*

   INSTRUCTIONAL RESOURCES WB, LM, Lab CD/MP3, I CD-ROM, IRM (Audio Scripts & Instructor Annotations)

In English, the present progressive is used with actions that occur over time or in the future. In Spanish, the simple present tense is used.

Practican fútbol este verano.
They're playing soccer this summer.

Salgo hoy a las tres.
I'm leaving today at three.

Práctica y conversación

1 **De vacaciones** Mauricio and his family are vacationing. Complete his description of what everyone is doing right now.

1. Yo _estoy tomando el sol._

4. Mi mamá _está sacando fotos._

2. Mi hermana Elena _está nadando._

5. Mis hermanos _están jugando al vóleibol._

3. Mi papá _está montando a caballo._

6. Mi abuela _está patinando en línea._

2 **Un amigo preguntón** You are on summer vacation. A nosy friend calls you at all hours to see what you're doing. Look at the clocks and tell him. Answers will vary.

MODELO
Estoy descansando.

3 **¿Qué están haciendo?** With a partner, say what these celebrities are doing right now, using the cues provided.

MODELO
Tiger Woods está jugando al golf.

Tiger Woods

Carlos Costa
Carlos Costa está jugando al tenis.

Nomar Garciaparra
Nomar Garciaparra está jugando al béisbol.

Marion Jones
Marion Jones está corriendo.

Michelle Kwan
Michelle Kwan está patinando.

Carlos Santana
Carlos Santana está cantando.

Christina Aguilera
Christina Aguilera está bailando.

4 **Describir** With a partner, describe what's going on in this picture. Answers will vary.

5.3 Comparing **ser** and **estar**

▶ **Ser** and **estar** both mean *to be*, but are used for different purposes.

Soy Francisco
Castillo Moreno. Yo
soy de la agencia
Ecuatur.

Su nombre no está
en mi lista.

Uses of *ser*

Nationality and place of origin	Los Gómez **son** peruanos. Luisa **es** de Cuzco.	**Possession**	Las postales **son** de Maite.
Profession or occupation	Adela **es** ingeniera. Any y yo **somos** médicos.	**What something is made of**	Las llaves **son** de metal.
Traits of people and things	Sus padres **son** amables. El hotel **es** muy grande.	**Date and time**	¿Qué hora **es**? **Son** las tres. ¿Qué día **es** hoy? Hoy **es** lunes. Hoy **es** el dos de abril.
Generalizations	**Es** necesario trabajar.	**Where or when events occur**	La fiesta **es** en mi casa. El concierto **es** a las ocho.

Uses of *estar*

Location or spatial relationships	El hotel no **está** lejos. Álex **está** en el cine.	**Emotional states**	Silvio **está** aburrido. **Estoy** contenta con el viaje.
Health	¿Cómo **estás**? **Estoy** enfermo.	**Certain weather expressions**	**Está** despejado. **Está** nublado.
Physical states and conditions	El conductor **está** cansado. Las puertas **están** cerradas.	**Ongoing actions (progressive)**	**Estamos** buscando el museo. Chela **está** durmiendo.

Ser and estar with adjectives

▶ With many adjectives, both **ser** and **estar** can be used, but with different connotations. Statements with **ser** describe inherent, permanent qualities. **Estar** is used to describe temporary and changeable conditions.

Juan **es** nervioso.
Juan is nervous.

Juan **está** nervioso hoy.
Juan is nervous today.

Ana siempre **es** feliz.
Ana is always happy.

Ana **está** feliz hoy.
Ana is happy today.

▶ Some adjectives change in meaning depending on whether they are used with **ser** or **estar**.

With *ser*		With *estar*	
El chico **es listo**. *The boy is **smart**.*	Las peras **son verdes**. *The pears are **green**.*	El chico **está listo**. *The boy is **ready**.*	Las peras **están verdes**. *The pears are **not ripe**.*
La niña **es mala**. *The girl is **bad**.*	El gato **es muy vivo**. *The cat is **very lively**.*	La niña **está mala**. *The girl is **sick**.*	El gato **está vivo**. *The cat is **alive**.*
Él **es aburrido**. *He is **boring**.*	El puente **es seguro**. *The bridge is **safe**.*	Él **está aburrido**. *He is **bored**.*	Él no **está seguro**. *He's not **sure**.*

INSTRUCTIONAL RESOURCES WB, LM, Lab CD/MP3, I CD-ROM, IRM (Audio Scripts & Instructor Annotations)

Práctica y conversación

1 Completar Complete this dialogue with **ser** and **estar**.

TINA ¡Hola, Ricardo! ¿Cómo _estás_?

RICARDO Hola, Tina. Bien, gracias. ¡Qué guapa _estás_ hoy!

TINA Gracias. _Eres_ muy amable. Oye, ¿qué _estás_ haciendo? ¿_Estás_ ocupado?

RICARDO No, sólo _estoy_ escribiendo un mensaje electrónico a mi amigo Sancho.

TINA ¿De dónde _es_ él?

RICARDO Sancho _es_ de Ponce, pero ahora él y su familia _están_ de vacaciones en Nueva York.

TINA Y… ¿cómo _es_ Sancho?

RICARDO _Es_ moreno y un poco bajo. También _es_ muy listo. Quiere _ser_ ingeniero.

2 En el aeropuerto What do the people in the picture look like? How are they feeling? What are they doing?
Answers will vary.

1. El señor Matadero _____.
2. El señor Delgado _____.
3. Luis _____.
4. Dolores _____.
5. Anita _____.
6. La señora Ortiz _____.
7. El señor Campo _____.

3 Advinar Using the questions below as a guide, describe a few classmates to your partner. Don't mention their names. Your partner should guess which classmate you are describing. For a challenge, describe a couple of celebrities and your partner will guess their identities. Answers will vary.

1. ¿Cómo es? _____
2. ¿Cómo está? _____
3. ¿De dónde es? _____
4. ¿Dónde está? _____
5. ¿Qué está haciendo? _____

4 Describir With a partner, describe the people in the drawing. Your descriptions should answer these questions.
Answers will vary.

1. ¿Quiénes son? _____.
2. ¿Dónde están? _____.
3. ¿Cómo son? _____.
4. ¿Cómo están? _____.
5. ¿Qué están haciendo? _____.
6. ¿Qué estación es? _____.
7. ¿Qué tiempo hace? _____.
8. ¿Qué hora es? _____.

5.4 Direct object nouns and pronouns

¿Dónde pongo las maletas?

Puede ponerlas encima de la cama.

Hay muchos lugares interesantes por aquí. ¿Quieren ir a verlos?

▶ A direct object receives the action of the verb directly and generally follows the verb. In this example, the direct object answers the question *what is Maite writing*?

SUBJECT	VERB	DIRECT OBJECT NOUN
Maite	está escribiendo	unas postales.
Maite	*is writing*	*some postcards.*

▶ When a direct object noun is a person or a pet, it is preceded by the word **a**. The "personal **a**" has no English equivalent.

Marta busca **a** sus amigos.
Marta looks for her friends.

Escucho **al** profesor.
I listen to the professor.

Direct object pronouns

Singular forms				Plural forms		
me	*me*	lo	*you (m., form.); him; it (m.)*	nos	*us*	los	*you (m., form.); them (m.)*
te	*you (fam.)*	la	*you (f., form.); her; it (f.)*	os	*you (fam.)*	las	*you (f., form.); them (f.)*

▶ Direct object pronouns replace direct object nouns. Like English, Spanish sometimes uses a direct object pronoun to avoid repetition.

DIRECT OBJECT	DIRECT OBJECT PRONOUN	DIRECT OBJECT	DIRECT OBJECT PRONOUN
Ella hace las maletas.	Ella las hace.	Él tiene el carro.	Él lo tiene.

¡ojo!

In Spain and parts of Latin America, **le** and **les** are used when referring to people.

No **le** veo.
I don't see him/her.

No **les** escucha.
He/she doesn't listen to them.

▶ In affirmative sentences, direct object pronouns generally appear before the conjugated verb. In negative sentences, the pronoun is placed between the word **no** and the verb.

Katia tiene las llaves. → Katia las tiene. Él no practica el tenis. → Él no lo practica.

▶ In the present progressive and in infinitive constructions, the direct object pronoun can be placed before the conjugated form, or attached to the present participle or infinitive.

Vamos a hacer las maletas. → Las vamos a hacer. / Vamos a hacerlas. Quiero ver el estadio. → Lo quiero ver. / Quiero verlo.

▶ When a pronoun is attached to the present participle, an accent mark is added to maintain the proper stress.

Están buscando la llave. → La están buscando. / Están buscándola.

INSTRUCTIONAL RESOURCES WB, LM, Lab CD/MP3, I CD-ROM, IRM (Audio Scripts & Instructor Annotations)

Práctica y conversación

1 **Seleccionar** Choose the correct response.

1. ¿El artista quiere dibujarte con tu mamá?
   a. Sí, quiere dibujarlos mañana.
   b. Sí, nos quiere dibujar mañana.
   c. Sí, quiere dibujarte mañana.

2. ¿Quién tiene los pasajes?
   a. Yo lo tengo.
   b. Rita las lleva al aeropuerto.
   c. Mónica los tiene.

3. ¿Vas a llevar a tu hermana a la playa?
   a. No, no voy a llevarlas.
   b. No, no voy a llevarte.
   c. No, no voy a llevarla.

4. ¿Vas a hacer las maletas?
   a. Sí, voy a hacerla.
   b. Sí, voy a hacerlas.
   c. Sí, los voy a hacer.

5. ¿Quién tiene la llave de nuestra habitación?
   a. Yo no la tengo.
   b. Amalia los tiene.
   c. Yo lo tengo.

6. ¿Me puedes llevar al partido de fútbol?
   a. No, no las puedo llevar.
   b. Sí, los puedo llevar.
   c. Sí, te puedo llevar.

2 **¿Qué estás haciendo?** A classmate has called to find out what you are doing to prepare for your trip to Cancún. Answer his or her questions. Answers will vary.

MODELO
buscar tu cámara
Estudiante 1: ¿Estás buscando tu cámara?
Estudiante 2: No, no estoy buscándola.
Estudiante 1: ¿Cuándo la vas a buscar?
Estudiante 2: Voy a buscarla mañana (el lunes, a los dos, etc.).

1. preparar los documentos de viaje
2. confirmar tus reservaciones
3. buscar tu pasaje
4. hacer tus maletas

3 **Entrevista** Use these questions to interview a classmate. Your classmate should respond using direct object pronouns. Answers will vary.

1. ¿Quién prepara la comida (*food*) en tu casa?
2. ¿Visitas mucho a tus abuelos?
3. ¿Cuándo ves a tus amigos?
4. ¿Estudias español todos los días?
5. ¿Traes tu libro a clase? ¿Y tu cuaderno?
6. ¿Cuándo vas a hacer la tarea de la clase de español?
7. ¿Ves mucho la televisón? ¿Cuándo vas a ver tu programa favorito?
8. ¿Tienes las llaves de tu casa? ¿De tu carro (*car*)?

4 **En un café** Get together with a partner and take turns asking each other questions about the drawing. Answers will vary.
MODELO
Estudiante 1: ¿Quién está leyendo el mapa?
Estudiante 2: El Sr. Torres está leyéndolo.

❶ **SCRIPT** For the script, see the Instructor's Resource Manual.

❷ **SUGGESTION** Have students list the interrogative words they will use. Then have them list the uses of **ser** and **estar** they could use with each interrogative word.

Ampliación

❶ Escuchar 🎧

A Listen to the weather report by Hernán Jiménez and indicate which of these phrases are correct.

TIP **Listen for key words.** Listening for key words and phrases will help you identify the subject and main ideas, as well as some of the details.

Santo Domingo

✓ **1.** hace sol

___ **2.** va a hacer frío

___ **3.** una mañana de mal tiempo

✓ **4.** va a estar nublado

___ **5.** buena tarde para tomar el sol

✓ **6.** buena mañana para ir a la playa

San Francisco de Macorís

✓ **1.** hace frío

___ **2.** hace sol

___ **3.** va a nevar

✓ **4.** va a llover

✓ **5.** hay niebla

___ **6.** buen día para excursiones

B ¿Qué tiempo hace en Santo Domingo ahora? ¿Y en San Francisco de Macorís? ¿Qué tiempo hace en tu ciudad?

❷ Conversar 🎁 Get together with a classmate you don't know very well and ask each other questions using **ser, estar,** and other verbs. Be sure to ask about the following topics. Answers will vary.

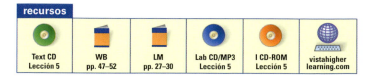

- Las clases
- La familia
- Los amigos
- Los pasatiempos
- Las vacaciones
- Los parientes
- El tiempo
- Los compañeros de clase

recursos

Text CD Lección 5	WB pp. 47–52	LM pp. 27–30	Lab CD/MP3 Lección 5	I CD-ROM Lección 5	vistahigher learning.com

INSTRUCTIONAL RESOURCES Text CD, WB, LM, Lab CD/MP3, I CD-ROM (Activities & Quiz), Website, IRM
Inform students that the material listed in the **recursos** box applies to the complete **Gramática** section.

3 **Escribir** Write a tourist brochure for a hotel or resort. Answer will vary.

TIP **Make an outline.** Separate topics and subtopics in order to provide a framework for the information you want to present.

Descripción del sitio (con foto)
A. Playa Grande
1. Playas seguras y limpias
2. Ideal para tomar el sol y descansar
B. El hotel
1. Abierto los 365 días del año
2. Piscina grande

Organízalo Jot down the most attractive aspects of your hotel or resort. Then, organize your ideas into an outline.

Escríbelo Using the outline you have compiled, write the first draft of your brochure.

Corrígelo Exchange papers with a classmate and comment on the brochure's completeness, organization, grammatical correctness, and level of interest. Then revise your first draft, keeping your classmate's comments in mind.

Compártelo Swap brochures with a classmate. After you have read the brochure, name the three aspects of the hotel or resort that appeal to you most or least.

3 SUGGESTION Tell students that outlines are a great way to think about what a piece of writing will be like before spending a lot of time and effort on writing. Outlines also allow the writer to focus attention on specific parts without losing sight of the project as a whole.

3 EVALUATION

Criteria	Scale
Appropriate details	1 2 3 4 5
Organization	1 2 3 4 5
Use of vocabulary	1 2 3 4 5
Grammar	1 2 3 4 5

Scoring

Excellent	18–20 points
Good	14–17 points
Satisfactory	10–13 points
Unsatisfactory	< 10 points

4 SUGGESTION You may want to teach additional terms related to the Internet, such as: **navegar la red** (surf the Web), **página principal** (home page), **hacer clic** (click), **pasar a la próxima página** (go to the next page).

4 **Un paso más** Create a real or simulated website to promote a travel package to a resort in a Spanish-speaking country. Include images whenever possible. Your website should consist of the following pages: Answer will vary.

- A home page with a general description of the tour and links to your other pages
- A page describing the means of transportation
- A page describing hotels and accommodations
- A page about the locations to be visited
- A page detailing activities available to travelers.

Excursión por Puerto Rico: La Isla del Encanto

excursión de 4 días

excursión de 7 días

Agencia de Viajes El Morro
Tel: 787-234-5678
Fax: 787-876-5432

4 EVALUATION (If an oral presentation is required, the presentation would be a fifth criterion and the scale would be modified to 4 points per item.)

Criteria	Scale	Scoring	
Content	1 2 3 4 5	Excellent	18–20 points
Organization	1 2 3 4 5	Good	14–17 points
Accuracy	1 2 3 4 5	Satisfactory	10–13 points
Creativity	1 2 3 4 5	Unsatisfactory	< 10 points

NATIONAL connections communities STANDARDS

En Internet

Investiga estos temas en el sitio vistahigherlearning.com.

- Balnearios (*resorts*) de España
- Balnearios de América del Sur
- Balnearios de México, Centroamérica y el Caribe

Antes de leer

By scanning for specific information, you can learn a great deal about a text without reading it word for word. For example, you can scan a document to identify its format, to find cognates, or to find specific facts.

SUGGESTION Remind students that at the time El Morro was built, piracy was a major concern for Spain and its Caribbean colonies.

Examinar el texto

Scan the reading selection for cognates and write a few of them down.

1. _____
2. _____
3. _____
4. _____
5. _____

Based on the cognates you found, what do you think this document is about?

_____

_____

Preguntas

Read the following questions. Then scan the document again to look for answers to the questions.

1. What is the format of the reading selection?

_____

2. What place is the document about?

_____

3. What are some of the visual cues this document provides? What do they tell you about the content of the document?

_____

_____

4. Who produced the document, and what do you think the document is for?

_____

_____

recursos

vistahigher
learning.com

¡Descubre el Viejo San Juan!

El Morro

El Morro es una fortaleza que defendió la bahía de San Juan entre los años 1500 y 1900. La arquitectura del lugar es extraordinaria. El Morro tiene numerosos túneles secretos, oscuras mazmorras y fantásticas vistas de la bahía. Además, en su interior hay un museo donde se explica la historia de la fortaleza.

EXPANSION Have students check www.vistahigherlearning.com for additional information on Puerto Rico.

SUGGESTION Play an excerpt from a recording of Pablo Casals. Note that Casals' musicianship has been an inspiration for composers and musicians for many decades.

La Iglesia de San José

La Iglesia de San José está en el norte de la ciudad, en la famosa plaza del mismo nombre. Esta iglesia es una construcción de 1532. De hecho, es la iglesia más antigua de la isla y un excelente ejemplo de la arquitectura gótica española del siglo XVI.

El Museo Pablo Casals

Pablo Casals es un famoso violonchelista español, que vivió los últimos años de su vida, de 1956 a 1973, en la isla de Puerto Rico. El Museo Pablo Casals es un interesante edificio del siglo XVIII. En su interior hay muchos objetos personales del músico, como su chelo, su piano y una gran cantidad de manuscritos y fotografías.

Hermosos hoteles y cafés

El Viejo San Juan ofrece unos hoteles impresionantes, con habitaciones lujosas y vistas increíbles de la ciudad y del mar. Cerca de los hoteles hay cafés muy agradables, donde los viajeros pueden conversar y escuchar diferentes estilos de música.

Después de leer

communication cultures — NATIONAL STANDARDS

¿Comprendiste?

Indicate whether each statement is **cierto** or **falso**.

Cierto	Falso	
✓		**1.** El Morro es una fortaleza en la bahía de San Juan.
	✓	**2.** El Viejo San Juan no tiene hoteles buenos.
✓		**3.** El Museo Pablo Casals tiene artículos del famoso violonchelista.
	✓	**4.** La Iglesia de San José tiene un museo.
✓		**5.** El Museo Pablo Casals es un edificio del siglo XVIII.
	✓	**6.** La Iglesia de San José es de estilo moderno.

Preguntas

1. ¿Dónde pasa Pablo Casals los últimos años de su vida?

Pablo Casals pasa los últimos años de su vida en Puerto Rico.

2. Describe la arquitectura de la Iglesia de San José.

La arquitectura de la iglesia de San José es gótica española del siglo XVI.

3. ¿Qué podemos hacer en los cafés del Viejo San Juan?

En los cafés del Viejo San Juan podemos conversar y escuchar música.

4. ¿Qué hay en el interior de El Morro?

En el interior de El Morro hay un museo donde se explica la historia de la fortaleza.

5. ¿Dónde está la Iglesia de San José?

La Iglesia de San José está en el norte de la ciudad, en la famosa plaza del mismo nombre.

Coméntalo

Imagina que vas de vacaciones al Viejo San Juan. ¿En qué mes del año deseas ir? ¿Por qué? ¿Quieres visitar los lugares mencionados aquí? ¿Por qué?
Answers will vary.

mazmorras *dungeons*   además *besides*   se explica *they explain; (something) is explained*   de hecho *in fact*   más antigua *oldest*   siglo *century*   edificio *building*   lujosas *luxurious*

Los viajes y las vacaciones

el aeropuerto	airport
la agencia de viajes	travel agency
el/la agente de viajes	travel agent
la estación de autobuses, del metro, del tren	bus, subway, train station
el/la inspector(a) de aduanas	customs inspector
el pasaje (de ida y vuelta)	(round-trip) ticket
el pasaporte	passport
la tienda de campaña	tent
el/la viajero/a	traveler
acampar	to camp
confirmar una reservación	to confirm a reservation
estar de vacaciones	to be on vacation
hacer las maletas	to pack (one's suitcases)
hacer turismo (m.)	to go sightseeing
hacer un viaje	to take a trip
hacer una excursión	to go on a hike, to go on a tour
ir a la playa	to go to the beach
ir de pesca	to go fishing
ir de vacaciones	to go on vacation
ir en autobús (m.), auto(móvil) (m.), avión (m.), barco (m.), motocicleta (f.), taxi (m.)	to go by bus, car, plane, boat, motorcycle, taxi
montar a caballo	to ride a horse
pasar por la aduana	to go through customs
pescar	to fish
sacar fotos (f. pl.)	to take pictures

En el hotel

el alojamiento	lodging
el/la botones	bellhop
la cabaña	cabin
la cama	bed
el/la empleado/a	employee
la habitación individual, doble	single, double room
el hotel	hotel
el/la huésped	guest
la llave	key
la pensión	boarding house
el piso	floor (of a building)
la planta baja	ground floor

Adjetivos

abierto/a	open
aburrido/a	bored; boring
alegre	happy, joyful
amable	nice; friendly
avergonzado/a	embarrassed
cansado/a	tired
cerrado/a	closed
cómodo/a	comfortable
contento/a	happy, content
desordenado/a	disorderly; messy
enamorado/a (de)	in love (with)
enojado/a	mad, angry
equivocado/a	wrong; mistaken
feliz	happy
limpio/a	clean
listo/a	ready; smart
malo/a	bad; sick
nervioso/a	nervous
ocupado/a	busy
ordenado/a	orderly
preocupado/a (por)	worried (about)
seguro/a	sure; safe
sucio/a	dirty
triste	sad
verde	green; ripe
vivo/a	lively; alive

¿Qué tiempo hace?

¿Qué tiempo hace?	How's the weather?; What's the weather like?
Está despejado.	It's clear.
Está (muy) nublado.	It's (very) cloudy.
Hace buen/mal tiempo.	It's nice/bad weather.
Hace (mucho) calor.	It's (very) hot.
Hace fresco.	It's cool.
Hace (mucho) frío.	It's (very) cold.
Hace (mucho) sol.	It's (very) sunny.
Hace (mucho) viento.	It's (very) windy.
Hay (mucha) niebla.	It's (very) foggy.
llover (o:ue)	to rain
Llueve.	It's raining.
nevar (e:ie)	to snow
Nieva.	It's snowing.

Otras palabras y expresiones

el ascensor	elevator
el campo	countryside
el equipaje	luggage
la llegada	arrival
el mar	ocean, sea
la salida	departure; exit
ahora mismo	right now
todavía	yet; still
¿Cuál es la fecha de hoy?	What is today's date?
Hoy es el primero (dos, tres,...) de marzo.	Today is March first (second, third,...).

Las estaciones y los meses	See page 99.
Números ordinales	See page 99.
Expresiones útiles	See page 103.
Direct object pronouns	See page 112.

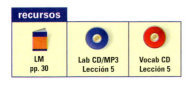

recursos

LM pp. 30 | Lab CD/MP3 Lección 5 | Vocab CD Lección 5

INSTRUCTIONAL RESOURCES LM, Lab CD/MP3, Vocab CD, IRM, Tests

6 ¡De compras!

PARA EMPEZAR Here are some additional questions you can ask based on the photo: **¿Te gusta ir de compras? ¿Por qué? ¿Qué compras cuando estás de vacaciones? ¿Estás pensando ir de vacaciones en el verano?**

Communicative Goals

You will learn how to:
- discuss how much things cost
- talk about clothing
- talk to salespeople

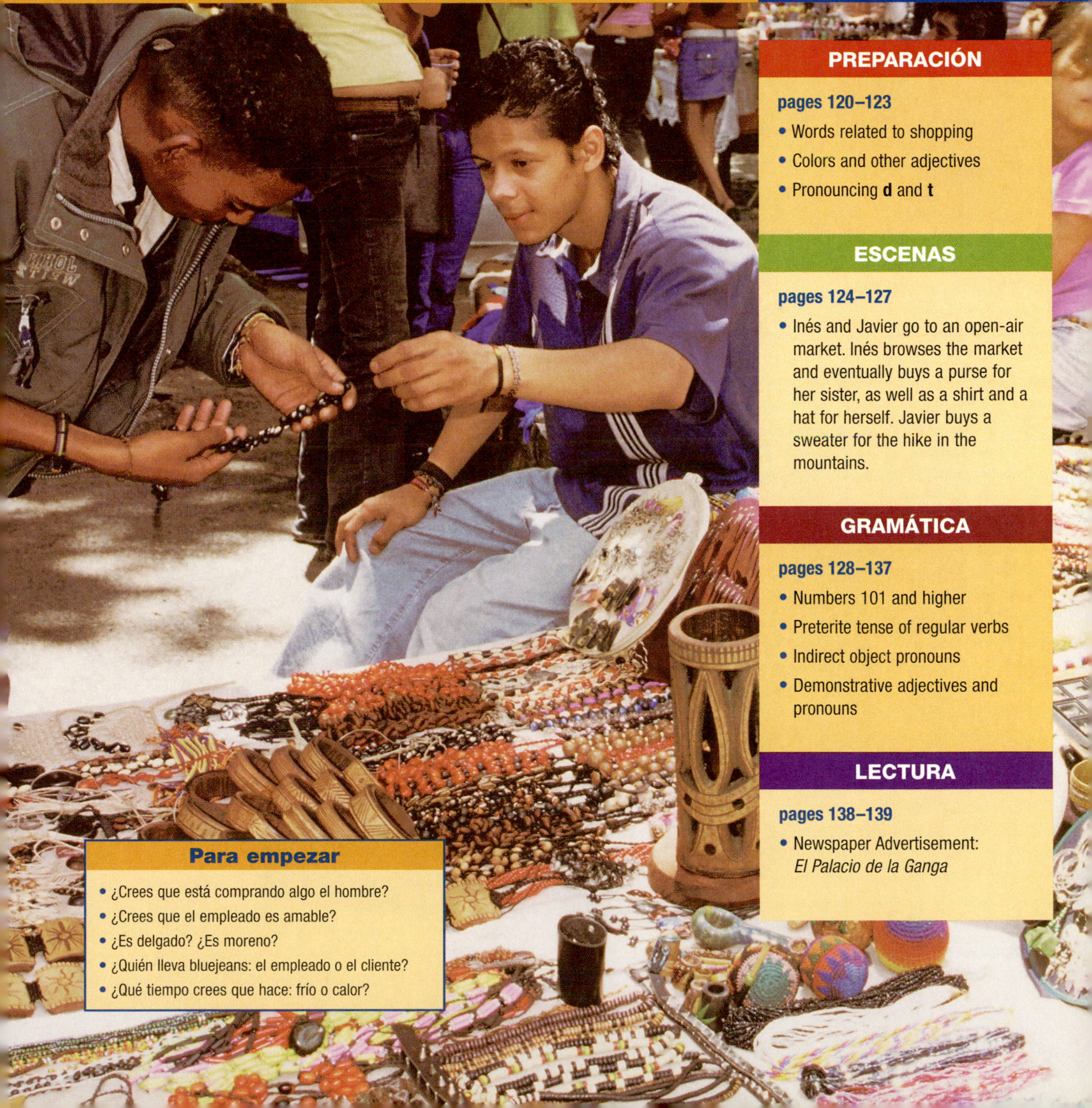

PREPARACIÓN

pages 120–123
- Words related to shopping
- Colors and other adjectives
- Pronouncing **d** and **t**

ESCENAS

pages 124–127
- Inés and Javier go to an open-air market. Inés browses the market and eventually buys a purse for her sister, as well as a shirt and a hat for herself. Javier buys a sweater for the hike in the mountains.

GRAMÁTICA

pages 128–137
- Numbers 101 and higher
- Preterite tense of regular verbs
- Indirect object pronouns
- Demonstrative adjectives and pronouns

LECTURA

pages 138–139
- Newspaper Advertisement:
  El Palacio de la Ganga

Para empezar

- ¿Crees que está comprando algo el hombre?
- ¿Crees que el empleado es amable?
- ¿Es delgado? ¿Es moreno?
- ¿Quién lleva bluejeans: el empleado o el cliente?
- ¿Qué tiempo crees que hace: frío o calor?

¡De compras!

SUGGESTION Have students look at the money from various countries and compare it with that of the U.S.

15 €

DE COMPRAS

el almacén *department store*

la caja *cash register*

el centro comercial *shopping mall*

el/la cliente/a *client*

el/la dependiente/a *clerk*

el mercado (al aire libre) *(open-air) market*

la rebaja *sale*

la tienda *shop, store*

el/la vendedor(a) *salesperson*

costar (o:ue) *to cost*

gastar *to spend (money)*

hacer juego (con) *to match*

ir de compras *to go shopping*

llevar *to wear*

regatear *to bargain*

usar *to wear; to use*

vender *to sell*

el precio (fijo) *(fixed, set) price*

SUGGESTION Ask students questions on shopping preferences using pantomime. Write terms on the board as you say them. Ex: **¿A quién le gusta ir de compras? ¿Qué te gusta comprar? ¿discos compactos? ¿ropa?** (point to your own clothing) **¿Adónde vas para comprar estas cosas? ¿Cuánto dinero gastas?** (pantomime paying). **¿Te gusta regatear?** (Then, to another student:) **¿Adónde va _____? ¿Qué compra allí? ¿Cuánto gasta? Y a ti, ¿qué te gusta comprar?**

el dinero *money*

la tarjeta de crédito *credit card*

recursos

WB pp. 53–54	LM p. 31	Lab CD/MP3 Lección 6	I CD-ROM Lección 6	Vocab CD Lección 6

INSTRUCTIONAL RESOURCES WB, LM, Lab CD/MP3, I CD-ROM, Vocab CD, OT, IRM

la corbata
tie

VARIACIÓN LÉXICA Point out these lexical items:
calcetines → medias (*Amér. L.*)
cinturón → correa (*Col., Venez.*)
gafas de sol → lentes oscuros, lentes negros (*Amér. L.*)
zapatos de tenis → zapatillas de deporte (*Esp.*) **zapatillas** (*Arg., Perú*)
los bluejeans → pantalones de mezclilla (*Méx.*) **vaqueros, tejanos** (*Esp.*)

LA ROPA

el abrigo *coat*

los bluejeans *jeans*

la blusa *blouse*

la bolsa *bag; purse*

las botas *boots*

los calcetines *socks*

la camisa *shirt*

la camiseta *t-shirt*

la cartera *wallet*

la chaqueta *jacket*

el cinturón *belt*

la falda *skirt*

los guantes *gloves*

el impermeable *raincoat*

las medias *pantyhose, stockings*

los pantalones *pants*

cortos *shorts*

el par *pair*

la ropa *clothing, clothes*

interior *underwear*

las sandalias *sandals*

el sombrero *hat*

el suéter *sweater*

el traje *suit*

de baño *bathing suit*

el vestido *dress*

los zapatos de tenis *sneakers*

EXPANSION Have students do a mini fashion show, using adjectives and colors. Ex: **Éste es mi compañero de clase Miguel, quien lleva hoy unos bluejeans viejos con zapatos de tenis blancos y rojos y una camiseta nueva.**

las gafas (de sol)
sunglasses

los zapatos
shoes

LOS COLORES

amarillo/a *yellow*

anaranjado/a *orange*

blanco/a *white*

rojo/a *red*

gris *gray*

rosado/a *pink*

negro/a *black*

morado/a *purple*

café *brown*

azul *blue*

verde *green*

ADJETIVOS

barato/a *cheap*

bueno/a *good*

cada *each*

caro/a *expensive*

corto/a *short*

elegante *elegant*

hermoso/a *beautiful*

largo/a *long*

loco/a *crazy*

nuevo/a *new*

otro/a *other; another*

pobre *poor*

rico/a *rich*

SUGGESTION Name a vacation spot and ask students what clothing they need to take. Make it a continuing narration whereby the next student must repeat all the items before adding one. Ex: (You say:) **Vas a la playa. ¿Qué vas a llevar?** (S1:) **Voy a llevar un traje de baño.** (S2:) **Voy a llevar un traje de baño y gafas de sol.** And so forth.

Práctica y conversación

1 **Escuchar** 🎧 Listen to Juanita and Vicente talk about what they're packing for their vacations. Indicate who is packing each item. If both are packing an item, write both names. If neither is packing an item, write an X.

Vicente

Juanita

Artículo	Nombre(s)	Artículo	Nombre(s)
1. abrigo	Vicente	7. gafas de sol	Vicente
2. zapatos de tenis	Juanita, Vicente	8. camisetas	Juanita, Vicente
3. impermeable	X	9. traje de baño	Juanita
4. chaqueta	Vicente	10. botas	Vicente
5. sandalias	Juanita	11. pantalones cortos	Juanita
6. bluejeans	Juanita, Vicente	12. suéter	Vicente

2 **Anita la contraria** Your friend Anita always contradicts you. Indicate how she would respond to each sentence.

MODELO El suéter nuevo de Tina es muy hermoso.
No, su suéter es muy feo.

1. Las sandalias de Rufino están sucias. No, sus sandalias están limpias.
2. El impermeable de don José es muy grande. No, su impermeable es muy pequeño.
3. La corbata del Sr. Garza es larga. No, su corbata es corta.
4. Los trajes de Mauricio son bonitos. No, sus trajes son feos.
5. Los zapatos de tenis de Noelia son nuevos. No, sus zapatos de tenis son viejos.
6. El cinturón de Amalia es caro. No, su cinturón es barato.

3 **Preguntas** Answer these questions with a classmate.

1. ¿De qué color es el suéter? Es gris.
2. ¿De qué color es la corbata? Es roja y azul.
3. ¿De qué color es la planta? Es verde.
4. ¿De qué color es la rosa de Texas? Es amarilla.
5. ¿De qué color es la casa donde vive el presidente de EE.UU.? Es blanca.
6. ¿De qué color es una cebra? Es blanca y negra.

recursos Text CD Lección 6

INSTRUCTIONAL RESOURCES Text CD, IRM

4 **Entrevista** Use these questions to interview a classmate. Then report your findings to the class. Answers will vary.

1. ¿Adónde vas para (*in order to*) comprar ropa? ¿Por qué?
2. En tu opinión, ¿es importante comprar frecuentemente ropa nueva?
3. ¿Cuánto dinero gastas en ropa cada mes? ¿Cada año?
4. Cuando vas de compras, ¿buscas rebajas?
5. ¿Regateas cuando compras ropa?
6. ¿Prefieres pagar en efectivo (*cash*) o con una tarjeta de crédito?

4 EXPANSION Students note information and preferences as each interview is presented. After all presentations are finished, students discuss and prepare a summary of class preferences and actions.

Pronunciación The consonants d and t

| ¿**D**ón**d**e? | ven**d**er | na**d**ar | ver**d**a**d** |

Like **b** and **v**, the Spanish **d** can also have a hard sound or a soft sound, depending on which letters appear next to it.

SUGGESTION Point out that the letter before the **d** determines whether its sound is hard or soft.

| **D**on | **d**inero | tien**d**a | fal**d**a |

At the beginning of a phrase and after **n** or **l**, the letter **d** is pronounced with a hard sound. This sound is similar to the English *d* in *dog*, but a little softer and duller. The tongue should touch the back of the upper teeth, not the roof of the mouth.

EXPANSION Write some additional proverbs for students to practice saying aloud. Ex: **De tal padre, tal hijo.** (*Like father, like son.*) **El que tiene tejado de cristal no tira piedras al vecino.** (*People who live in glass houses shouldn't throw stones.*) **Cuatro ojos ven más que dos.** (*Two heads are better than one.*)

| me**d**ias | ver**d**e | vesti**d**o | huéspe**d** |

In all other positions, **d** has a soft sound. It is similar to the English *th* in *there*, but a little softer.

Don **D**iego no tiene el **d**iccionario.

When **d** begins a word, its pronunciation depends on the previous word. At the beginning of a phrase or after a word that ends in **n** or **l**, it is pronounced as a hard **d**.

Doña **D**olores es **d**e la capital.

Words that begin with **d** are pronounced with a soft **d** if they appear immediately after a word that ends in a vowel or any consonant other than **n** or **l**.

| **t**raje | pan**t**alones | **t**arje**t**a | **t**ienda |

When pronouncing the Spanish **t**, the tongue should touch the back of the upper teeth, not the roof of the mouth. Unlike the English **t**, no air is expelled from the mouth.

Aunque la mona se vista de seda, mona se queda.[2]

recursos

Text CD
Lección 6

LM p. 32

Lab CD/MP3 Lección 6

I CD-ROM Lección 6

Refranes Read these sayings aloud to practice the **d** and the **t**.

En la variedad está el gusto.[1]

1 Variety is the spice of life.
2 You can't make a silk purse out of a sow's ear.

¡Qué ropa más bonita!

Javier e Inés van de compras al mercado.

VIDEO SYNOPSIS Inés and Javier go to an open-air market. Inés browses and eventually buys a purse for her sister, as well as a shirt and a hat for herself. Javier buys a sweater for hiking in the mountains.

PREVIEW Have students scan the captions for vocabulary related to clothing or colors, and study the **Escenas** episode and **Expresiones útiles** as homework.

SUGGESTION Photocopy the **Escenas** episode and erase 7–10 words with white correction fluid. Hand out copies and have students fill in the missing words as they watch the video segment.

Personajes

JAVIER

INÉS

EL VENDEDOR

INÉS Javier, ¡qué ropa más bonita! A mí me gusta esa camisa blanca y azul. Debe ser de algodón. ¿Te gusta?

JAVIER Yo prefiero la camisa de la izquierda, la gris con rayas rojas. Hace juego con mis botas marrones.

INÉS Está bien, Javier. Mira, necesito comprarle un regalo a mi hermana Graciela. Acaba de empezar un nuevo trabajo…

JAVIER ¿Tal vez una bolsa?

VENDEDOR Esas bolsas son típicas de las montañas. ¿Le gustan?

INÉS Sí. Quiero comprarle una a mi hermana.

INÉS Me gusta aquélla. ¿Cuánto cuesta?

VENDEDOR Ésa cuesta ciento sesenta mil sucres. ¡Es de muy buena calidad!

INÉS Uy, demasiado cara. Quizás otro día.

recursos

| VM pp. 179–180 | I CD-ROM Lección 6 | Es V CD-ROM Lección 6 |

INSTRUCTIONAL RESOURCES VM, I CD-ROM, Es Video (Start 00: 28:00), Es V CD-ROM, Es DVD, IRM

EXPANSION Tell the class that in many open-air markets in the Spanish-speaking world, customers are expected to engage in good-natured bargaining (**regateo**) with the sellers.

SUGGESTION Assign students to groups of three and read **¡Qué ropa más bonita!**. Ask a few groups to present the script to the rest of the class.

VENDEDOR Buenas tardes, joven. ¿Le puedo servir en algo?
JAVIER Sí. Voy a ir de excursión a las montañas y necesito un buen suéter.
VENDEDOR ¿Qué talla usa usted?
JAVIER Uso talla grande.

VENDEDOR Éstos son de talla grande.
JAVIER ¿Qué precio tiene ése?
VENDEDOR ¿Le gusta este suéter? Le cuesta ciento cincuenta mil sucres.
JAVIER Quiero comprarlo. Pero, señor, no soy rico. ¿Ciento veinte mil sucres?

VENDEDOR Bueno, para usted… sólo ciento treinta mil sucres.
JAVIER Está bien, señor.

JAVIER Acabo de comprarme un suéter. Y tú, ¿qué compraste?
INÉS Compré esta bolsa para mi hermana.

INÉS También compré una camisa y un sombrero. ¿Qué tal me veo?
JAVIER ¡Guapa, muy guapa!

Expresiones útiles

Talking about clothing
¡Qué ropa más bonita!
What pretty clothes!
Me gusta esta/esa camisa blanca de rayas negras.
I like this/that white shirt with black stripes.
Está de moda.
It's in fashion.
Debe ser de algodón/lana/seda.
It must be cotton/wool/silk.
Es de cuadros/lunares/rayas.
It's plaid/polka-dotted/striped.
Me gusta este/ese suéter.
I like this/that sweater.
Es de muy buena calidad.
It's very good quality.
¿Qué talla lleva/usa usted?
What size do you wear?
Llevo/uso talla grande.
I wear a large.
¿Qué número calza usted?
What (shoe) size do you wear?
Calzo el treinta y seis.
I wear a size six.

Talking about shopping
¿Cuánto cuesta?
How much does it cost?
Sólo cuesta noventa mil sucres.
It only costs ninety thousand sucres.
Demasiado caro/a.
Too expensive.
Es una ganga.
It's a bargain.
¿Qué compró usted/él/ella?
What did you (form.)/he/she buy?
Compré esta bolsa para mi hermana.
I bought this bag for my sister.
¿Qué compraste?
What did you buy?
Acabo de comprarme un sombrero.
I just bought myself a hat.

1 SUGGESTION Have students change the six statements in this activity to yes-no questions.

2 SUGGESTION Have students read the six statements and then quickly read through the video stills before doing this activity. Note that this activity may be done orally or in writing, by individual students, pairs, groups, or the whole class.

2 EXPANSION Have the class work in small groups to write statements about the video segment. Ask each group to exchange its statements with another group. Each group then writes out the question that would have elicited each statement. Ex: (G1:) **Graciela acaba de empezar un nuevo trabajo.** (G2:) **¿Quién acaba de empezar un nuevo trabajo?**

3 SUGGESTION Tell your students to devote extra attention and effort to Activity 3, since it is an excellent summary of all they have learned in this lesson so far, and reflects a common real-life experience of those visiting a Spanish-speaking country.

¿Qué piensas?

1 **¿Cierto o falso?** Indicate whether each sentence is **cierto** or **falso**. Correct the false statements.

Cierto	Falso	
	✓	**1.** A Inés le gusta la camisa verde y amarilla.

A Inés le gusta la camisa blanca y azul.

Cierto	Falso	
	✓	**2.** Javier necesita comprarle un regalo a su hermana.

Inés necesita comprarle un regalo a su hermana.

| ✓ | | **3.** Las bolsas del mercado son típicas de las montañas. |

| | ✓ | **4.** Javier busca un traje de baño en el mercado. |

Javier busca un suéter en el mercado.

| | ✓ | **5.** Inés compró un sombrero, un suéter y una bolsa. |

Inés compró un sombrero, una camisa y una bolsa.

| ✓ | | **6.** Javier regatea con el vendedor. |

2 **Contestar** Answer these questions about the **Escenas** episode.

1. Inés quiere comprarle un regalo a su hermana. ¿Por qué?

Inés quiere comprarle un regalo a su hermana porque ella acaba de empezar un nuevo trabajo.

2. ¿Cuánto cuesta la bolsa típica de las montañas?

La bolsa típica de las montañas cuesta ciento sesenta mil sucres.

3. ¿Por qué necesita Javier un buen suéter?

Javier necesita un buen suéter porque va a ir de excursión a las montañas.

4. ¿Cuánto cuesta el suéter que compra Javier?

El suéter que compra Javier cuesta ciento treinta mil sucres.

5. ¿Cuántas cosas compró Inés en el mercado?

Inés compró tres cosas: una bolsa, una camisa y un sombrero.

6. ¿Qué talla usa Javier?

Javier usa talla grande.

3 **Conversar** With a classmate, role-play a conversation in which the salesperson greets a customer in an open-air market and offers assistance. The customer is looking for a particular item of clothing. The salesperson and the customer discuss colors and sizes and negotiate a price. Answers will vary.

Exploración

NATIONAL communication cultures STANDARDS

De compras en los países hispanos

SUGGESTION Lead students in a discussion of places they go shopping in the U.S. Point out the various shopping venues found in the photos, and ask if they have been to similar places, and where. Point out that additional shopping choices in Spanish-speaking areas include supermarkets, department stores, and the Internet.

Las tiendas pequeñas son muy populares en los países hispanos. El nombre de muchas de estas tiendas se refiere al producto que venden. Por ejemplo, una tienda que vende zapatos es una zapatería y una tienda que vende libros es una librería.

Los mercados al aire libre son muy importantes en el mundo hispano. En ellos se venden muchos productos como ropa, comida (*food*) y libros. En estos mercados tienes que pagar en efectivo (*cash*), pero puedes regatear. El Rastro en Madrid es un mercado muy conocido (*well-known*).

SUGGESTION Explain to students that there are many other open-air markets. The **Rastro** in Madrid is held every Sunday, and is a popular source for antiques and many other goods. Another famous market, in Otavalo, Ecuador, has taken place every Saturday since pre-Incan times.

XPANSION After the pairs iscuss the second item of the oméntalo section, have each air meet with another to hare comments and thoughts. hen ask for volunteers to eport back on the comments f their partners and the group the whole class. As time ermits, you may want to lead tudents in summarizing class formation and preferences.

Muchas ciudades grandes, como la Ciudad de México, Caracas y Madrid, tienen centros comerciales que ofrecen tiendas exclusivas, restaurantes y música en vivo (*live music*).

Datos interesantes

- El centro comercial Larcomar en Lima, Perú, está situado sobre un espléndido acantilado (*cliff*).
- En los pueblos pequeños las tiendas generalmente cierran durante la hora del almuerzo (*lunch*).
- El Centro Sambil en Caracas, Venezuela, es el centro comercial más grande de Suramérica. Tiene una terraza, con restaurantes y cafés, que ofrece una vista espectacular de la ciudad.

Coméntalo

Con un(a) compañero/a, contesta las siguientes preguntas.

- ¿Conoces alguna tienda que tiene un nombre similar al producto que vende?
- Piensa en los artículos que te gusta comprar. ¿Dónde prefieres comprarlos?
- ¿Hay un mercado al aire libre o un centro comercial en tu comunidad?

recursos

vistahigher learning.com

6.1 Numbers 101 and higher

▶ Note that Spanish uses a period, rather than a comma, to indicate thousands and millions.

Le cuesta
ciento cincuenta
mil sucres.

Pero, señor,
no soy rico. ¿Ciento
veinte mil sucres?

Bueno, para
usted... sólo ciento
treinta mil sucres.

Numbers 101 and higher					
101	ciento uno	700	setecientos/as	5.000	cinco mil
200	doscientos/as	800	ochocientos/as	100.000	cien mil
300	trescientos/as	900	novecientos/as	200.000	doscientos mil
400	cuatrocientos/as	1.000	mil	550.000	quinientos cincuenta mil
500	quinientos/as	1.100	mil cien	1.000.000	un millón (de)
600	seiscientos/as	2.000	dos mil	8.000.000	ocho millones (de)

▶ The numbers **200** through **999** agree in gender with the nouns they modify.

324 tiendas
trescient**as** veinticuatro tiendas

873 habitaciones
ochocient**as** setenta y tres habitaciones

500 mujeres
quinient**as** mujeres

605 clientes
seiscient**os** cinco clientes

990 euros
novecient**os** noventa euros

257 estudiantes
doscient**os** cincuenta y siete estudiantes

¡ojo!

Note this difference between Spanish and English:

mil millones
a billion
(1.000.000.000)

un billón
a trillion
(1.000.000.000.000)

Hay **mil millones** de personas en China.
There are a billion people in China.

Hay un **billón** de planetas en el universo.
There are a trillion planets in the universe.

▶ **Mil** can mean *a thousand* or *one thousand*. The plural form **miles** is rarely used. The plural form of **un millón** (*a million* or *one million*) is **millones**, which has no accent.

1.000 dólares
mil dólares

1.000 aviones
mil aviones

5.000 bicicletas
cinco mil bicicletas

2.000.000 de pesos
dos millones de pesos

1.000.000 de personas
un millón de personas

1.000.000 de aficionados
un millón de aficionados

▶ In Spanish, years are not expressed as pairs of 2-digit numbers as they are in English (*1979, nineteen seventy-nine*):

1945
mil novecientos cuarenta y cinco

1898
mil ochocientos noventa y ocho

2005
dos mil cinco

1220
mil doscientos veinte

▶ When **millón** or **millones** is used before a noun, place **de** between the two.

1.000.000 **de** hombres = un **millón de** hombres
12.000.000 **de** aviones = doce **millones de** aviones
15.000.000 **de** personas = quince **millones de** personas

INSTRUCTIONAL RESOURCES WB, LM, Lab CD/MP3, I CD-ROM, IRM (Audio Scripts & Instructor Annotations)
Refer students to the **recursos** box in **Ampliación** for complete information.

Práctica y conversación

communication NATIONAL STANDARDS

1 Completar Complete these sequences in Spanish.

1. 100, 120, 140, … 200

cien, ciento viente, ciento cuarenta, ciento sesenta, ciento ochenta, doscientos

2. 5.000, 10.000, 15.000, … 30.000

cinco mil, diez mil, quince mil, veinte mil, veinticinco mil, treinta mil

3. 50.000, 100.000, 150.000, … 300.000

cincuenta mil, cien mil, ciento cincuenta mil, doscientos mil, doscientos cincuenta mil, trescientos mil

4. 100.000.000, 200.000.000, 300.000.000, … 900.000.000

cien millones, doscientos millones, trescientos millones, cuatrocientos millones, quinientos millones, seiscientos millones, setecientos millones, ochocientos millones, novecientos millones

2 Resolver Read the math problems aloud and solve them.

MODELO
$$
\begin{array}{r} 300 \\ + 400 \\ \hline 700 \end{array}
$$

Trescientos más cuatrocientos son setecientos.

+ mas   − menos   = es (*singular*)/son (*plural*)

1. $\begin{array}{r} 150 \\ + 150 \end{array}$

Ciento cincuenta más ciento cincuenta son trescientos.

5. $\begin{array}{r} 3.000 \\ + \ \ \ 753 \end{array}$

Tres mil más setecientos cincuenta y tres son tres mil setecientos cincuenta y tres.

2. $\begin{array}{r} 43.000 \\ - 10.000 \end{array}$

Cuarenta y tres mil menos diez mil son treinta y tres mil.

6. $\begin{array}{r} 200.000 \\ + 350.000 \end{array}$

Doscientos mil más trescientos cincuenta mil son quinientos cincuenta mil.

3. $\begin{array}{r} 20.000 \\ + \ \ \ \ 555 \end{array}$

Veinte mil más quinientos cincuenta y cinco son veinte mil quinientos cincuenta y cinco.

7. $\begin{array}{r} 1.000.000 \\ - \ \ \ \ 75.000 \end{array}$

Un millón menos setenta y cinco mil son novecientos veinticinco mil.

4. $\begin{array}{r} 32.000 \\ - 30.000 \end{array}$

Treinta y dos mil menos treinta mil son dos mil.

8. $\begin{array}{r} 800.000 \\ + 175.000 \end{array}$

Ochocientos mil más ciento setenta y cinco mil son novecientos setenta y cinco mil.

3 ¿Cuándo?  With a partner, look at the timeline and say when these events occur. Answers will vary.

1914–1918	1939–1945	1968	1969	1997
Primera Guerra Mundial	Segunda Guerra Mundial	Martin Luther King Jr. es asesinado.	Los astronautas llegan a la Luna.	El *Pathfinder* llega al planeta Marte.

1. La Primera Guerra Mundial comienza.
La Primera Guerra Mundial comienza en mil novecientos catorce.
2. El *Pathfinder* llega al planeta Marte.
El Pathfinder llega al planeta Marte en mil novecientos noventa y siete.
3. Martin Luther King Jr. es asesinado.
Martin Luther King Jr. es asesinado en mil novecientos sesenta y ocho.
4. La Primera Guerra Mundial termina.
La Primera Guerra Mundial termina en mil novecientos dieciocho.
5. La Segunda Guerra Mundial termina.
La Segunda Guerra Mundial termina en mil novecientos cuarenta y cinco.
6. Los astronautas llegan a la Luna (*moon*).
Los astronautas llegan a la Luna en mil novecientos sesenta y nueve.
7. La Segunda Guerra Mundial comienza.
La Segunda Guerra Mundial comienza en mil novecientos treinta y nueve.

4 ¿Cuánto cuesta?  Ask your partner how much each item costs.

MODELO
Estudiante 1: ¿Cuánto cuestan las gafas de sol?
Estudiante 2: Cuarenta mil pesos.

40.000 pesos

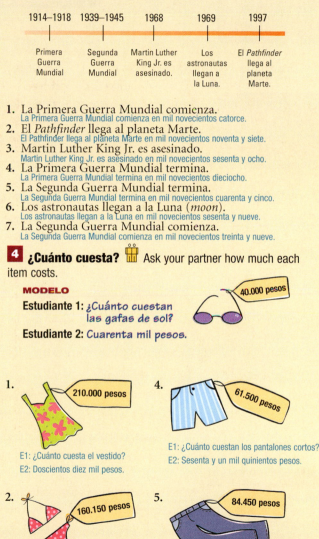

1. 210.000 pesos
E1: ¿Cuánto cuesta el vestido?
E2: Doscientos diez mil pesos.

4. 61.500 pesos
E1: ¿Cuánto cuestan los pantalones cortos?
E2: Sesenta y un mil quinientos pesos.

2. 160.150 pesos
E1: ¿Cuánto cuesta el traje de baño?
E2: Ciento sesenta mil ciento cincuenta pesos.

5. 84.450 pesos
E1: ¿Cuánto cuestan los bluejeans?
E2: Ochenta y cuatro mil cuatrocientos cincuenta pesos.

3. 48.200 pesos
E1: ¿Cuánto cuesta la camiseta?
E2: Cuarenta y ocho mil doscientos pesos.

6. 22.790 pesos
E1: ¿Cuánto cuestan los calcetines?
E2: Veintidós mil setecientos noventa pesos.

6.2 The preterite tense of regular verbs

¿Qué compraste?

Compré esta bolsa.

▶ The preterite is used to talk about actions or states completed in the past.

Preterite of –ar, –er, and –ir verbs		
comprar	**vender**	**escribir**
yo	compré *I bought*	vendí *I sold*	escribí *I wrote*
tú	compraste	vendiste	escribiste
usted/él/ella	compró	vendió	escribió
nosotros/as	compramos	vendimos	escribimos
vosotros/as	comprasteis	vendisteis	escribisteis
ustedes/ellos/ellas	compraron	vendieron	escribieron

▶ The preterite endings for regular **–er** and **–ir** vebs are identical. Also, note that all **yo** and **usted/él/ella** forms have accents on the last syllable.

▶ Note that the **nosotros/as** forms of regular **–ar** and **–ir** verbs in the preterite are identical to the present tense forms. The context will help you tell the difference.

En invierno **compramos** suéteres.
In the winter we buy sweaters.

Anoche **compramos** unas sandalias.
Last night we bought some sandals.

Escribimos poemas en clase.
We write poems in class.

Ya **escribimos** dos veces al presidente.
We already wrote to the president twice.

▶ **–Ar** and **–er** verbs that have a stem change in the present tense do *not* have a stem change in the preterite.

INFINITIVE	PRESENT	PRETERITE
cerrar (e:ie)	Ana cierra la puerta.	Ana cerró la puerta.
volver (o:ue)	Memo vuelve a las dos.	Memo volvió a las dos.
jugar (u:ue)	Él juega al fútbol.	Él jugó al fútbol.
pensar (e:ie)	Pienso mucho.	Pensé mucho.

▶ Verbs that end in **–car**, **–gar**, and **–zar** have a spelling change in the **yo** form of the preterite. All the other forms are regular.

buscar ➔ busqué   llegar ➔ llegué   empezar ➔ empecé

▶ **Creer**, **leer**, and **oír** have spelling changes in the preterite.

creer   creí, creíste, creyó, creímos, creísteis, creyeron
leer   leí, leíste, leyó, leímos, leísteis, leyeron
oír   oí, oíste, oyó, oímos, oísteis, oyeron

▶ **Ver** is regluar in the preterite, but none of its forms has an accent.

ver ➔ vi, viste, vio, vimos, visteis, vieron

¡ojo!

Acabar de + [infinitive] is used to say that something has just occurred. Note that **acabar** is in the present tense in this construction:

Acabo de comprar un suéter.
I just bought a sweater.

Acabas de ir de compras.
You just went shopping.

INSTRUCTIONAL RESOURCES WB, LM, Lab CD/MP3, I CD-ROM, IRM (Audio Scripts & Instructor Annotations)

Words commonly used with the preterite

anoche	*last night*	ayer	*yesterday*	la semana pasada	*last week*
anteayer	*the day before yesterday*	de repente	*suddenly*	una vez	*once; one time*
		desde... hasta...	*from... until...*	dos veces	*twice; two times*
el año pasado	*last year*	pasado/a	*(adj.) last; past*	ya	*already*

Useful phrases

¿Qué hiciste?	*What did you (fam., sing.) do?*	¿Qué hizo él/ella?	*What did he/she do?*
¿Qué hizo usted?	*What did you (form., sing.) do?*	¿Qué hicieron ellos/ellas?	*What did they do?*
¿Qué hicieron ustedes?	*What did you (form., pl.) do?*		

Práctica y conversación

1 **Preguntas** A pesky friend keeps asking you questions. Respond that you already did or have just done what he/she asks.

MODELO
leer la lección
Estudiante 1: ¿Leíste la lección?
Estudiante 2: Sí, ya la leí./Sí, acabo de leerla.

1. lavar (*to wash*) la ropa
   E1: ¿Lavaste la ropa? E2: Sí, ya la lavé./Sí, acabo de lavarla.
2. encontrar tu tarjeta de crédito
   E1: ¿Encontraste tu tarjeta de crédito? E2: Sí, ya la encontré./Sí, acabo de encontrarla.
3. comprar los suéteres
   E1: ¿Compraste los suéteres? E2: Sí, ya los compré./Sí, acabo de comprarlos.
4. ver la película *La momia* (*The Mummy*)
   E1: ¿Viste la película La momia? E2: Sí, ya la vi./Sí, acabo de verla.

2 **¿Qué hicieron?** Combine words from each list to talk about things you and others did. Answers will vary.

MODELO
Yo leí un buen libro la semana pasada.

¿Quién?	¿Qué?	¿Cuándo?
yo	ver la televisión	anoche
mi compañero/a de cuarto	hablar con un(a) chico/a guapo/a	anteayer
mis amigos y yo	estudiar español	ayer
mis padres	comprar ropa	la semana pasada
mi abuelo/a	leer un buen libro	el año pasada
el/la profesor(a)	bailar en el centro comercial	una vez
el/la presidente/a		dos veces

3 **Nuestras vacaciones** You took these photos on a vacation with friends. Use the pictures to tell your partner about the trip. Answers will vary.

4 **¿Qué hiciste ayer?** Get together with a partner and take turns asking each other what you did yesterday, the day before yesterday, and last week. Answers will vary.

6.3 Indirect object pronouns

NATIONAL comparisons STANDARDS

SUBJECT	INDIRECT OBJECT	VERB	DIRECT OBJECT	INDIRECT OBJECT
Roberto	le	prestó	cien pesos	a Luisa.
Roberto		*loaned*	*100 pesos*	*to Luisa.*

¿Le puedo servir en algo?

Sí, necesito comprarme un buen suéter.

▶ An indirect object is the noun or pronoun that answers the question *to whom or for whom* an action is done. In the example above, the indirect object answers this question: **¿A quién le prestó Roberto cien pesos?** *To whom did Roberto loan 100 pesos?*

Indirect object pronouns

Singular forms		Plural forms	
me	*(to, for) me*	nos	*(to, for) us*
te	*(to, for) you (fam.)*	os	*(to, for) you (fam.)*
le	*(to, for) you (form.);*	les	*(to, for) you (form.);*
	(to, for) him; (to, for) her		*(to, for) them*

▶ The indirect object pronoun and the indirect object noun (to which the pronoun refers) are often used in the same sentence. This is done to emphasize or clarify *to whom* the pronoun refers. The indirect object pronoun is often used without its indirect object noun when the person for whom the action is being done is known.

Iván **le** prestó un lápiz **a Rico**.   También **le** prestó papel.
Iván loaned a pencil to Rico.   *He also loaned him paper.*

▶ Since **le** and **les** have multiple meanings, **a** + [noun] or **a** + [pronoun] are often used to clarify to whom the pronouns refer.

Unclear: Ella **les** vendió ropa.   Clearer: Ella **les** vendió ropa **a ellos**.
Yo **le** presté una camisa.   Yo **le** presté una camisa **a Luis**.

▶ Indirect object pronouns usually precede the conjugated verb. In negative phrases, place the pronoun between **no** and the conjugated verb.

Le compré un abrigo.   **No le compré** nada.
I bought him a coat.   *I didn't buy him anything.*

▶ When an infinitive or present participle follows the conjugated verb, the indirect object pronoun may be placed before the conjugated verb, or attached to the infinitive or present participle. When a pronoun is attached to a present participle, an accent mark is added.

Estoy mostrándo**les** las fotos.   ¿Vas a comprar**le** un regalo?
Les estoy mostrando las fotos.   ¿**Le** vas a comprar un regalo?
I'm showing them the photos.   *Are you going to buy a gift for her?*

▶ The irregular verbs **dar** (*to give*) and **decir** (*to say; to tell*) often occur with object pronouns.

Dar and decir

dar				decir			
yo	**doy**	vosotros/as	**dais**	yo	**digo**	vosotros/as	**decís**
tú	**das**	Uds./ellos/ellas	**dan**	tú	**dices**	Uds./ellos/ellas	**dicen**
Ud./él/ella	**da**	Present Participle	**dando**	Ud./él/ella	**dice**	Present Participle	**diciendo**
nosotros/as	**damos**			nosotros/as	**decimos**		

Ella **me da** regalos. | Voy a **darle** un beso. | **Te digo** la verdad. | No **digo** mentiras.
She gives me gifts. | *I'm going to give her a kiss.* | *I'm telling you the truth.* | *I don't tell lies.*

Práctica y conversación

NATIONAL communication STANDARDS

1 **Completar** Complete Emilio's description of his family's holiday shopping.

1. Yo ___le___ compré una cartera a mi padre.
2. Mi prima ___me___ compró una corbata muy fea.
3. Mis tíos ___les___ compraron guantes a mis padres.
4. A mi mamá yo ___le___ compré un suéter azul.
5. A nosotros mis abuelos ___nos___ compraron regalos.
6. Y yo ___le___ compré una camiseta bonita a mi novia.

2 **Minidiálogos** Supply the missing words.

ESPOSO ¿Vas a comprarme una cartera? ¿Un cinturón?
ESPOSA No, _voy a comprarte/te voy a comprar_ ropa interior.

• • •

ALFREDO ¿_Me puedes prestar/Puedes prestarme_ tu bicicleta?
RAMÓN No, no te puedo prestar mi bicicleta. Lo siento.

• • •

ELISA ¿_Estás escribiéndole/Le estás escribiendo_ una tarjeta postal a Maripili?
NACHO No, estoy escribiéndoles una tarjeta postal a Laura y Enrique. ¿Por qué?

3 **Describir**  With a partner, describe what's happening in these photos based on the cues provided. Use indirect object pronouns.

1. escribir / mensaje
Álex le escribe un mensaje (electrónico) a un amigo.

3. mostrar / fotos
Javier les muestra las fotos.

2. pedir / llaves
Don Francisco le pide las llaves.

4. vender / suéter
El vendedor le vende el suéter.

4 **¡Somos ricos!** You and your classmates are very rich and want to spend money on your loved ones. In groups of three, discuss what each person is buying for family and friends.

MODELO
Estudiante 1: Quiero comprarle un vestido a mi mamá.
Estudiante 2: Y yo voy a darles un carro nuevo a mis padres y una blusa a mi amiga.
Estudiante 3: Voy a comprarles una casa a mis padres. Pero a mis amigos no les voy a dar nada.

6.4 Demonstrative adjectives and pronouns

Me gusta **este** vestido.

¡Pero **esos** zapatos son horrendos!

▶ Demonstrative adjectives demonstrate or point out nouns. Demonstrative adjectives precede the nouns they modify and agree with them in gender and number.

este vestido	**esos** zapatos	**aquella** tienda	**aquellas** bolsas
this dress	*those shoes*	*that store (over there)*	*those bags (over there)*

Demonstrative adjectives

Singular forms		Plural forms		
MASCULINE	FEMININE	MASCULINE	FEMININE	
este	esta	estos	estas	*this; these*
ese	esa	esos	esas	*that; those*
aquel	aquella	aquellos	aquellas	*that; those (over there)*

▶ The demonstrative adjectives **este**, **esta**, **estos**, and **estas** are used to point out nouns that are close to both the speaker and the listener.

▶ The demonstrative adjectives **ese**, **esa**, **esos**, and **esas** are used to point out nouns that are not close to the speaker. The objects may, however, be close to the listener.

▶ The demonstrative adjectives **aquel**, **aquella**, **aquellos**, and **aquellas** are used to point out nouns that are far away from both the speaker and the listener..

¿Qué pantalón te gusta?

Me gusta **éste**.

▶ Demonstrative pronouns are identical to demonstrative adjectives, except that they carry an accent mark on the stressed vowel. They agree in number and gender with the corresponding noun.

No me gusta **este** suéter. Prefiero **ése**.	Ella quiere comprar **esa** bolsa, no **aquélla**.
I don't like this sweater. I prefer that one.	*She wants to buy that purse, not that one over there.*

Demonstrative pronouns

Singular forms		Plural forms		
MASCULINE	FEMININE	MASCULINE	FEMININE	
éste	ésta	éstos	éstas	*this one; these*
ése	ésa	ésos	ésas	*that one; those*
aquél	aquélla	aquéllos	aquéllas	*that one; those (over there)*

¿Cuáles tiendas son tus favoritas?

Mis favoritas son **aquéllas**.

▶ There are three neuter forms: **esto**, **eso**, and **aquello**. These forms refer to unidentified or unspecified nouns, situations, and ideas. They do not change in gender or number and never carry an accent mark.

¿Qué es **esto**?	**Eso** es interesante.	**Aquello** es bonito.
What's this?	*That's interesting.*	*That's pretty.*

 INSTRUCTIONAL RESOURCES WB, LM, Lab CD/MP3, I CD-ROM, IRM (Audio Scripts & Instructor Annotations)

Práctica y conversación

1 **En un almacén** Gabriel and María are at a department store. Complete their conversation.

MARÍA No me gustan _____esos_____ (*those*) pantalones.
Voy a comprar _____éstos_____ (*these*).

GABRIEL Yo prefiero _____aquéllos_____ (*those over there*).

MARÍA Sí, me gustan a mí también. ¿Qué piensas de _____estos_____ (*these*) cinturones?

GABRIEL _____Éstos_____ (*these*) cuestan demasiado (*too much*).

MARÍA También busco un vestido elegante. ¿Te gusta _____éste_____ (*this one*)?

GABRIEL No, es muy feo. ¿Necesitas una falda nueva? _____Ésta_____ (*this one*) es bonita.

MARÍA No, no necesito una falda. Vamos, Gabriel. Me gusta _____este_____ (*this*) almacén, pero _____aquél_____ (*that one over there*) es mejor (*better*).

2 **¿De qué color es?** Use demonstrative adjectives and pronouns to discuss the colors of your classmates' clothing. Answers will vary.

| rojo/a | amarillo/a | azul | verde |
| anaranjado/a | blanco/a | café | negro/a |

MODELO
Estudiante 1: ¿Esos zapatos son azules?
Estudiante 2: No, ésos son verdes. Aquéllos son azules.
Estudiante 1: Y esa camiseta, ¿es roja?
Estudiante 2: No, ésa es blanca. Aquélla es roja.

3 **Nuestros compañeros** Get together with a partner and take turns asking each other questions about the people around you. Answers will vary.

¿A qué hora… ?	¿Cuántos años tiene(n)… ?
¿Cómo es/son… ?	¿De dónde es/son… ?
¿Cómo se llama… ?	¿De quién es/son… ?
¿Cuándo… ?	¿Qué clases toma(n)… ?

MODELO
Estudiante 1: ¿De dónde es ese chico?
Estudiante 2: Es de Nueva York. ¿De dónde es esa chica?
Estudiante 1: Creo que es de Los Ángeles. ¿Qué clases toma aquella chica?
Estudiante 2: Ella toma inglés, español y arte.

4 **En una tienda** You and a classmate are in a small clothing store. Look at the illustration, then have a conversation about what you see around you. Answers will vary.

MODELO
Estudiante 1: ¿Te gusta esa chaqueta que está debajo de las camisas?
Estudiante 2: No, prefiero aquélla que está al lado de los pantalones. ¿Dónde están los zapatos?
Estudiante 1: Están en el centro de la tienda.

❶ **SCRIPT** For the script, see the Instructor's Resource Manual.

❷ **SUGGESTION** Review the vocabulary of clothing, colors, and adjectives, and the **Expresiones útiles**.

Ampliación

① Escuchar 🎧

A Listen to Marisol and Alicia's conversation. Make a list of the clothing items that each person mentions, then note if she actually purchased it.

TIP **Listen for linguistic cues.** Listening for the verb endings of conjugated verbs will help you identify when an event occurs—in the past, present, or future. Verb endings also give clues as to who is participating in the action.

	Marisol			Alicia	
1.	pantalones	✓	1.	falda	☐
2.	blusa	✓	2.	blusa	☐
3.	_____	☐	3.	zapatos	☐
4.	_____	☐	4.	cinturón	☐

B ¿Crees que la moda (*fashion*) es importante para Alicia? ¿Y para Marisol? ¿Por qué? En tu opinión, ¿es importante estar a la moda (*to be in fashion*)? Answers will vary.

② Conversar 🎁 With a classmate, take turns playing the roles of a shopper and a clerk in a clothing store. Use the following guidelines. Answers will vary.

- The shopper talks about the clothing he/she is looking for as a gift, mentions for whom the clothes are intended, and says what he/she bought for the same person last year.

- The clerk recommends items.

- The shopper asks how much items cost.

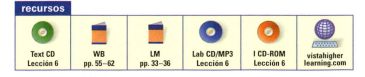

recursos

Text CD Lección 6	WB pp. 55–62	LM pp. 33–36	Lab CD/MP3 Lección 6	I CD-ROM Lección 6	vistahigher learning.com

INSTRUCTIONAL RESOURCES Text CD, WB, LM, Lab CD/MP3, I CD-ROM, (Activities & Quiz), Website, IRM
Inform students that the material listed in the **recursos** box applies to the complete **Gramática** section.

3 Escribir Write a report for the school newspaper about an interview you conducted with a student concerning his or her shopping habits and clothing preferences.

TIP Reporting an interview. You may transcribe the interview verbatim, simply summarize it, or summarize it with occasional speaker quotes. Your report will be more interesting if you include a title and introduction, and end with a conclusion. Answers will vary.

Organízalo	Use an idea map to organize the interview questions and develop an outline for your report. Then brainstorm a title for your report.
Escríbelo	Using your outline as a guide, write the first draft of your report.
Corrígelo	Exchange papers with a classmate and comment on the report's title, introduction, conclusion, organization, level of interest, and correctness. Then revise your first draft, with your classmate's comments in mind.
Compártelo	Exchange reports in groups of four. Give a superlative title to each report on the basis of its strongest points, for example, "best use of Spanish" or "most interesting questions."

4 Un paso más Develop a business plan to open a store in a Spanish–speaking country.
Answers will vary.
- Decide which products you are going to sell and select an appealing name for your store.
- Choose a location for your store.
- Include a visual presentation of your products.
- Itemize your products' prices and your expected profits.
- Explain why you think your store will be successful.

3 EVALUATION

Criteria	Scale
Content	1 2 3 4
Organization	1 2 3 4
Accuracy	1 2 3 4
Oral Presentation	1 2 3 4
Creativity	1 2 3 4

Scoring

Excellent	18–20 points
Good	14–17 points
Satisfactory	10–13 points
Unsatisfactory	< 10 points

4 SUGGESTION Students may acquire templates of business plans from the Small Business Administration (www.sba.gov) or SCORE (Service Corps of Retired Executives, www.score.org).

4 EXPANSION Have students work in pairs to create a mini drama of a meeting with the banker whose financial backing is critical. Remind students that the meeting should reflect a formal, business-like atmosphere. Would the class as a whole back the business plan? Why or why not?

4 EVALUATION

Criteria	Scale
Content	1 2 3 4 5
Organization	1 2 3 4 5
Accuracy	1 2 3 4 5
Creativity	1 2 3 4 5

Scoring

Excellent	18–20 points
Good	14–17 points
Satisfactory	10–13 points
Unsatisfactory	< 10 points

NATIONAL communication STANDARDS

En Internet

Investiga estos temas en el sitio vistahigherlearning.com.
- Tiendas y almacenes famosos
- La moneda de los países hispanos

Antes de leer

Skimming involves quickly reading through a document to absorb its general meaning. This strategy allows you to understand the main ideas without having to read word for word. Skim the reading selection to get its general meaning.

Examinar el texto

Look at the format of the reading selection. How is it organized? What does the organization of the document tell you about its content?

Buscar cognados

Scan the reading selection to locate cognates and write a few of them down. Based on the cognates, what is the reading selection about?

1. _____
2. _____
3. _____
4. _____
5. _____
6. The reading selection is about _____ .

Impresiones generales

Now skim the reading selection to understand its general meaning. Jot down your impressions. What new information did you learn about the document by skimming it? Based on all the information you now have, answer these questions.

1. Who produced this document?
2. What is its purpose?
3. Who is its intended audience?

GAME Write items of clothing on slips of paper. Divide the class into two teams. Have a member of one team draw a slip. That team member pantomimes putting on the clothing while the other team guesses what the item is. The team with the most correct answers wins.

El Palacio de l

¡Donde la rebaja es la reina! ¡Aproveche nuestras ofe

Abierto de lunes a viernes de 10 a 21 horas • sábado de 12 a 20 h

Suéter de algodón para mujeres/todas las tallas Rebajados de 3.450,00 PESOS A SÓLO 2.760,00 PESOS

Pantalones formales para caballeros/colores gris, negro y azul con el 30% de rebaja, de 5.200,00 PESOS A SÓLO 3.640,00 PESOS

Hermosas **blusas** de seda para damas/tallas mediana y grande Rebajadas de 2.030,00 PESOS al increíble precio de 1.450,00 PESOS

Elegantes **chaquetas** para caballeros/colores café, negro, azul y verde con rebaja del 25%, de 5.370,00 PESOS A SÓLO 4.027,50 PESOS

recursos
vistahigherlearning.com

SUGGESTION Ask volunteers to point out cognates they notice: **suéter, pantalones, blusas, chaquetas, precio, elegantes, tenis, colores.**

GANGA

Aceptamos todas las tarjetas de crédito.

...aldas largas para mujeres/
...ores café, morado, azul y gris
...ajadas de 2.468,00 PESOS
...ÓLO 1.974,00 PESOS

Baratos **trajes de baño**
para hombres en amarillo, blanco,
azul, verde y morado
Con rebaja del 40%, de 1.384,00
PESOS A SÓLO 830,40 PESOS

...evo **modelo de botas**
...ra mujeres
...meros 35 a 38
...bajados de 3.370,00 PESOS
...ÓLO 2.596,00 PESOS

Zapatos de tenis
Para hombres
Números 40 a 45
rebajados de 2.976,00 PESOS A
SÓLO 2.315,00 PESOS

el palacio *palace* la reina *queen* aproveche *take advantage of*
abierto *open* caballeros *gentlemen* damas *ladies*

Después de leer

NATIONAL communication cultures STANDARDS

¿Comprendiste?

Indicate whether each statement is **cierto** or **falso**. Correct the false statements.

Cierto	Falso	
✓		1. Con 4.000 pesos un cliente puede comprar un pantalón.
✓		2. Normalmente las blusas de seda cuestan más de 2.000 pesos.
	✓	3. El Palacio de la Ganga abre a las diez de la mañana los domingos. No abre los domingos.
✓		4. Una elegante chaqueta azul cuesta 4.027,50 pesos.
	✓	5. Los trajes de baño para hombre tienen una rebaja del veinticinco por ciento. Tienen una rebaja del cuarenta por ciento.
	✓	6. Hay rebaja de suéteres de algodón para hombres. Hay rebaja de suéteres para mujeres.
✓		7. El Palacio de la Ganga acepta tarjetas de crédito.
✓		8. El Palacio de la Ganga está abierto (*open*) los sábados.

Preguntas

1. ¿Cuánto cuestan los zapatos de tenis?

   Los zapatos de tenis cuestan 2.315 pesos.

2. ¿Hay rebaja de blusas de algodón?

   No, hay rebaja de blusas de seda.

3. ¿Hay rebaja de ropa para niños en el Palacio de la Ganga?

   No, no hay rebaja de ropa para niños en el Palacio de la Ganga.

4. ¿Hay rebaja de minifaldas?

   No, hay rebaja de faldas largas.

Coméntalo

Imagina que vas a ir al Palacio de la Ganga. ¿Qué ropa vas a comprar? ¿Hay tiendas similares al Palacio de la Ganga en tu comunidad? ¿Cómo se llaman?
Answers will vary.

La ropa

el abrigo	coat
los bluejeans	jeans
la blusa	blouse
la bolsa	bag; purse
las botas	boots
los calcetines	socks
la camisa	shirt
la camiseta	t-shirt
la cartera	wallet
la chaqueta	jacket
el cinturón	belt
la corbata	tie
la falda	skirt
las gafas (de sol)	(sun)glasses
los guantes	gloves
el impermeable	raincoat
las medias	pantyhose, stockings
los pantalones	pants
los pantalones cortos	shorts
el par	pair
la ropa	clothing, clothes
la ropa interior	underwear
las sandalias	sandals
el sombrero	hat
el suéter	sweater
el traje	suit
el traje de baño	bathing suit
el vestido	dress
los zapatos	shoes
los zapatos de tenis	sneakers

Adjetivos

barato/a	cheap
bueno/a	good
cada	each
caro/a	expensive
corto/a	short
elegante	elegant
hermoso/a	beautiful
largo/a	long
loco/a	crazy
nuevo/a	new
otro/a	other; another
pobre	poor
rico/a	rich

Ir de compras

el almacén	department store
la caja	cash register
el centro comercial	shopping mall
el/la cliente/a	client
el/la dependiente/a	clerk
el dinero	money
el mercado (al aire libre)	(open-air) market
el precio (fijo)	(fixed, set) price
la rebaja	sale
la tarjeta de crédito	credit card
la tienda	shop, store
el/la vendedor(a)	salesperson
costar (o:ue)	to cost
gastar	to spend (money)
hacer juego (con)	to match
ir de compras	to go shopping
llevar	to wear
regatear	to bargain
usar	to wear; to use
vender	to sell

Otras palabras y expresiones

anoche	last night
anteayer	the day before yesterday
ayer	yesterday
de repente	suddenly
desde	from
hasta	until
pasado/a	(adj.) last; past
el año pasado	last year
la semana pasada	last week
una vez	once; one time
dos veces	twice; two times
ya	already
el beso	kiss
la mentira	lie
el regalo	gift
la verdad	truth
¿Qué hiciste?	What did you (fam.) do?
¿Qué hizo usted?	What did you (form., sing.) do?
¿Qué hizo él/ella?	What did he/she do?
¿Qué hicieron ustedes?	What did you (form., pl.) do?
¿Qué hicieron ellos/ellas?	What did they do?
acabar de (+ inf.)	to have just done something
dar	to give
decir	to say; to tell
prestar	to loan

Colors	See page 121.
Expresiones útiles	See page 125.
Numbers 101 and higher	See page 128.
Indirect object pronouns	See page 132.
Demonstrative adjectives and pronouns	See page 134.

recursos

LM pp. 36 | Lab CD/MP3 Lección 6 | Vocab CD Lección 6

INSTRUCTIONAL RESOURCES LM, Lab CD/MP3, Vocab CD, IRM, Tests

El Caribe

El mar Caribe, de aguas cálidas (*warm*) y transparentes, está al este de América Central y rodea (*surrounds*) las Islas Antillas. Cuba, Puerto Rico y La República Dominicana son tres de estas islas. El Caribe goza de (*enjoys*) un clima tropical todo el año. Las plantas y animales del Caribe son muy variados y exóticos. Personas de todo el mundo (*world*) viajan al Caribe para disfrutar (*to enjoy*) del clima, la naturaleza y las hermosas playas.

Puerto Rico

Área: 8.959 km^2 (3.459 millas^2)
Población: 4.091.000
Capital: San Juan – 1.466.000
Ciudades principales: Caguas, Mayagüez, Ponce
Moneda: dólar estadounidense

SOURCE: Population Division, UN Secretariat

Cuba

Área: 110.860 km^2 (42.083 millas^2)
Población: 11.369.000
Capital: La Habana – 2.306.000
Ciudades principales: Santiago de Cuba, Camagüey, Holguín, Guantánamo
Moneda: peso cubano

SOURCE: Population Division, UN Secretariat

República Dominicana

Área: 48.730 km^2 (18.815 millas^2)
Población: 9.026.000
Capital: Santo Domingo – 2.889.000
Ciudades importantes: Santiago de los Caballeros, La Vega
Moneda: peso dominicano

SOURCE: Population Division, UN Secretariat

Lugares

La Habana Vieja

La Habana Vieja es la parte antigua (*old*) de la capital de Cuba. Fue (*was*) declarada Patrimonio Cultural de la Humanidad por la UNESCO en 1982. Tiene muchas construcciones coloniales, como el Palacio de los Capitanes generales, que ahora es un museo. También hay calles estrechas (*narrow*) y casas antiguas con balcones.

ESTADOS UNIDOS

ISLAS BAHAMAS

Estrecho de la Florida

La Habana

Cordillera de los Órganos

Isla de la Juventud

CUBA

Mar de las Antillas

Camagüey

Holguín

Sierra Maestra

Santiago de Cuba

Guantánar

JAMAICA

Deportes

El béisbol

El béisbol es un deporte muy popular en el Caribe. Los primeros países hispanos en tener una liga (*league*) de béisbol fueron (*were*) Cuba y México, en el siglo XIX. El béisbol es el deporte nacional de la República Dominicana. Pedro Martínez y Manny Ramírez son dos de los muchos beisbolistas dominicanos que alcanzaron (*achieved*) la fama en este deporte.

Océano
Atlántico

Música

La salsa y el merengue

La música salsa nació en Nueva York entre los inmigrantes de
Puerto Rico y Cuba. Esta música es muy rítmica y está hecha
(*is made*) para bailar. Tiene ese nombre porque es la "salsa"
(*sauce*) de las fiestas. Tres de los músicos de salsa más populares
son Tito Puente, Willie Colón y Héctor Lavoe.

El merengue, una música tradicional de la República
Dominicana, tiene sus raíces (*roots*) en el campo.
Tradicionalmente, las canciones eran (*were*) historias de
los problemas sociales de los campesinos (*country people*).
El merengue también está hecho para bailar. Hay muchos
músicos de merengue famosos internacionalmente.
El dominicano Juan Luis Guerra es uno de ellos.

Monumentos

El Morro

El Morro es un fuerte (*fort*) que está en la bahía (*bay*) de San Juan,
Puerto Rico. Lo hicieron los españoles en el siglo (*century*) XVI
para defenderse de los piratas. Desde mil novecientos sesenta y
uno, El Morro es un museo
que atrae (*attracts*) a miles de
turistas. También es el sitio
más fotografiado de Puerto
Rico. La arquitectura del
fuerte es impresionante. Tiene
túneles misteriosos, mazmor-
ras (*dungeons*) y vistas (*views*) fab-
ulosas de la bahía.

Puerto Plata

Santiago

Río Yuna

HAITÍ

Sierra de Neiba

Sierra de Baoruco

LA REPÚBLICA DOMINICANA

San Pedro
de Macorís

**Santo
Domingo**

Arecibo

San Juan

Fajardo

Mayagüez

Isla Culebra

Ponce

Isla de Vieques

PUERTO RICO

Mar Caribe

recursos			
WB
pp. 63–64	VM
pp. 203–206	I CD-ROM
Lección 6	vistahigher
learning.com

¿Qué aprendiste?

1 ¿Cierto o falso? Indicate whether each sentence is **cierto** or **falso**.

Cierto	Falso	
	✓	**1.** El mar Caribe está al Norte de América Central.
✓		**2.** El área de Cuba es mayor que el área de Puerto Rico.
✓		**3.** San Juan es la capital de Puerto Rico.
	✓	**4.** El Morro fue construido por los piratas en el siglo XVI.
✓		**5.** El Morro es actualmente un museo.
✓		**6.** La Habana Vieja es Patrimonio Cultural de la Humanidad.
	✓	**7.** La Habana Vieja es la parte nueva de la capital de Cuba.
	✓	**8.** Los primeros países hispanos en tener una liga de béisbol fueron Chile y Uruguay.
✓		**9.** El béisbol es el deporte nacional de la República Dominicana.
✓		**10.** La salsa nació en Nueva York.
	✓	**11.** El merengue tiene sus raíces en la ciudad.
✓		**12.** Juan Luis Guerra es un cantante de merengue.

2 Preguntas Answer the following questions. Answers will vary.

1. ¿Dónde está el mar Caribe? ¿Cómo son sus aguas?

2. ¿Cómo es la arquitectura del fuerte El Morro?

3. ¿Por qué crees que la Habana Vieja fue declarada Patrimonio Cultural de la Humanidad?

4. ¿En qué países del Caribe es popular el béisbol?

5. ¿En qué país nació la música salsa? ¿En qué país nació el merengue?

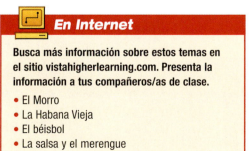

En Internet

Busca más información sobre estos temas en el sitio vistahigherlearning.com. Presenta la información a tus compañeros/as de clase.

- El Morro
- La Habana Vieja
- El béisbol
- La salsa y el merengue

7 La vida diaria

PARA EMPEZAR Here are some additional questions you can ask based on the photo: **¿Con quién vives? ¿Qué le dices antes de salir de casa? ¿Qué tipo de ropa llevas para ir a tus clases? ¿Les prestas esta ropa a tus amigos/as? ¿Qué ropa usaste en el verano? ¿Y en el invierno?**

Communicative Goals

You will learn how to:
- tell where you went
- talk about daily routines and personal hygiene
- reassure someone

Para empezar

- ¿Ella lleva una camisa o un suéter?
- ¿De qué color son sus ojos? ¿Y su pelo?
- ¿Crees que ella está en su casa o en una tienda?
- ¿Crees que ella está aburrida o feliz?

PREPARACIÓN

pages 146–149
- Words related to personal hygiene and daily routines
- Sequencing expressions
- Pronouncing **r** and **rr**

ESCENAS

pages 150–153
- Javier shows Álex the sweater he bought at the market. They discuss getting up early the next day. Álex agrees to wake Javier after his morning run. Don Francisco reminds them that the bus will leave at 8:30 a.m. tomorrow.

GRAMÁTICA

pages 154–163
- Reflexive verbs
- Indefinite and negative words
- Preterite of **ser** and **ir**
- **Gustar** and verbs like **gustar**

LECTURA

pages 164–165
- Magazine article: *¡Una mañana desastrosa!*

La vida diaria

el espejo
mirror

SUGGESTION Use the overhead transparencies to present the new vocabulary. Create two columns on the board and write **Por la mañana** and **Por la noche** at the top of each. Discuss your own morning and evening routine and write the appropriate tasks in each column. Ex: **Por la mañana me despierto a las 7:00. Me ducho y me visto.** Then ask students to describe their routines using the two columns.

LA HIGIENE PERSONAL

cepillarse el pelo *to brush one's hair*
ducharse *to shower*
lavarse la cara *to wash one's face*
las manos *to wash one's hands*
maquillarse *to put on makeup*
peinarse *to comb one's hair*

el baño *bathroom*
el champú *shampoo*
la crema de afeitar *shaving cream*
el maquillaje *makeup*
la rutina diaria *daily routine*
la toalla *towel*

el despertador
alarm clock

cepillarse los dientes
to brush one's teeth

SUGGESTION Write **levantarse por la mañana** on the board and explain what it means. Do the same with **dormirse por la noche**. Have students tell what time they get up (or go to sleep) on a weekday.

afeitarse
to shave

el jabón
soap

bañarse
to bathe; to take a bath

recursos				
WB pp. 65–66	LM p. 37	Lab CD/MP3 Lección 7	I CD-ROM Lección 7	Vocab CD Lección 7

INSTRUCTIONAL RESOURCES WB, LM, Lab CD/MP3, I CD-ROM, Vocab CD, OT, IRM

POR LA MAÑANA Y POR LA NOCHE

acostarse (o:ue) *to lie down; to go to bed*
despertarse (e:ie) *to wake up*
vestirse (e:i) *to get dressed*

EXPANSION Divide the class into two teams to play this game. Have a person from each team take turns acting out various actions associated with a daily routine for their team to identify. (Ex: **Usted se lava las manos.**) The team with the most correct answers wins.

dormirse (o:ue)
to go to sleep; to fall asleep

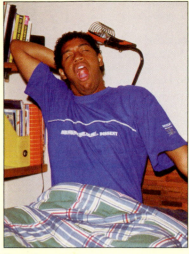

levantarse
to get up

VARIACIÓN LÉXICA Point out these lexical items:
afeitarse → **rasurarse** (*Méx., Amér. C.*)
ducha → **regadera** (*Col., Méx., Venez.*)
ducharse → **bañarse** (*Amér. L.*)

OTRAS PALABRAS Y EXPRESIONES

Se acuesta. *He/she goes to bed; you (form.) go to bed.*
Se afeita. *He/she shaves; you shave.*
Se cepilla los dientes. *He/she brushes his/her teeth; you brush your teeth.*
Se despierta. *He/she wakes up; you wake up.*
Se peina. *He/she combs his/her hair; you comb your hair.*
Se viste. *He/she gets dressed; you get dressed.*

ADVERBIOS Y PREPOSICIONES DE TIEMPO

antes (de) *before*
después *afterward; then*
después de *after*
durante *during*
entonces *then*
luego *afterward; then*
más tarde *later*
por la mañana *in the morning*
por la noche *at night*
por la tarde *in the afternoon; in the (early) evening*
por último *finally*

TEACHING OPTION Have students write out four daily routine activities. With a partner, have them organize those activities in the most logical order using adverbs of time. Go over answers with the whole class. (Ex: **Ella se ducha después de levantarse.**)

Se lava las manos.
She washes her hands.

Se ducha.
He takes a shower.

Práctica y conversación

NATIONAL communication STANDARDS

1 ¿Cierto o falso? 🎧 Escucha las frases, mira las fotos e indica si cada frase es **cierta** o **falsa**.

	Cierto	Falso
1.	✓	
2.	✓	
3.		✓
4.	✓	
5.	✓	
6.		✓
7.	✓	
8.		✓

1. 2. 3. 4.

5. 6. 7. 8.

2 Escuchar 🎧 Escucha las frases e indica si cada frase es **lógica** o **ilógica**.

	1.	2.	3.	4.	5.	6.
Lógico		✓		✓	✓	
Ilógico	✓		✓			✓

3 Identificar Con un(a) compañero/a, indica las cosas que cada persona necesita.

MODELO

Manuel / vestirse

Estudiante 1: ¿Qué necesita Manuel para (*in order to*) vestirse?

Estudiante 2: Necesita una camiseta y unos pantalones.

1. Daniel / acostarse
E1: ¿Qué necesita Daniel para acostarse?
E2: Necesita una cama.

3. Raúl / despertarse
E1: ¿Qué necesita Raúl para despertarse?
E2: Necesita un despertador.

5. Mercedes / lavarse la cara
E1: ¿Qué necesita Mercedes para lavarse la cara?
E2: Necesita jabón y una toalla.

2. Leonardo / afeitarse
E1: ¿Qué necesita Leonardo para afeitarse?
E2: Necesita crema de afeitar.

4. Sofía / lavarse el pelo
E1: ¿Qué necesita Sofía para lavarse el pelo?
E2: Necesita champú.

6. Yolanda / maquillarse
E1: ¿Qué necesita Yolanda para maquillarse?
E2: Necesita un espejo y el maquillaje.

① SCRIPT For the script, see the Instructor's Resource Manual.

① EXPANSION Have students identify if these routine activities are **por la mañana** or **por la noche** and place them in a logical order.

② SCRIPT For the script, see the Instructor's Resource Manual.

② SUGGESTION Have students rephrase the illogical sentences so that they are logical.

③ EXPANSION Ask brief questions about the actions described for each drawing. Ex: **¿Qué hace Daniel antes de acostarse? (se cepilla los dientes) ¿Qué más necesita Mercedes para lavarse la cara? (agua)**

③ TEACHING OPTION Name daily routine activities and have students make a list of all the words they associate with each activity. Ex: **lavarse las manos: el jabón, el cuarto de baño, el agua, la toalla,** and so forth.

recursos
Text CD Lección 7

INSTRUCTIONAL RESOURCES Text CD, IRM

4 **Describir** Trabajen en parejas (*pairs*) para describir la rutina diaria de dos o tres de estas personas. Pueden usar las palabras de la lista. Answers will vary.

antes	después	durante el día	luego	primero
antes de	después de	entonces	por último	

1. mi mejor (*best*) amigo/a
2. nuestro/a profesor(a) de español
3. mi padre/madre
4. mi compañero/a de cuarto
5. Gabriel García Márquez
6. Jennifer López
7. Ricky Martin
8. el presidente de los Estados Unidos

4 TEACHING OPTION In groups of three or four, students choose a famous person and describe his or her daily routine. The rest of the class guesses who is being described.

Pronunciación The consonant r

comparisons NATIONAL STANDARDS

ropa   **rutina**   **rico**   **Ramón**

In Spanish, **r** has a strong trilled sound at the beginning of a word. No English words have a trill, but English speakers often produce a trill when they imitate the sound of a motor.

gustar   **durante**   **primero**   **crema**

In any other position, **r** has a weak sound similar to the English *tt* in *better* or the English *dd* in *ladder*. In contrast to English, the tongue touches the roof of the mouth behind the teeth.

pizarra   **corro**   **marrón**   **aburrido**

The letter combination **rr**, which only appears between vowels, always has a strong trilled sound.

caro   **carro**   **pero**   **perro**

Between vowels, the difference between the strong trilled **rr** and the weak **r** is very important, as a mispronunciation could lead to confusion between two different words.

Refranes Lee en voz alta los refranes, prestando atención a la **r** y a la **rr**.

Perro que ladra no muerde.[1]

No se ganó Zamora en una hora.[2]

1 The dog's bark is worse than its bite.
2 Rome wasn't built in a day.

EXPANSION Try this sentence with students to practice the **r** and **rr** sounds. **El carro corre por la carretera pero el tren corre por el ferrocarril.**

EXPANSION To help students discriminate between **r** and **rr**, pronounce the pairs **caro/carro** and **pero/perro**. Write each word on the board as you pronounce it. Then pronounce them in random order and have students identify which word you said.

recursos

Text CD
Lección 7

LM
p. 38

Lab CD/MP3
Lección 7

I CD-ROM
Lección 7

INSTRUCTIONAL RESOURCES Text CD, LM, Lab CD/MP3, I CD-ROM, IRM

ciento cuarenta y nueve **149**

¡Jamás me levanto temprano!

Álex y Javier hablan de sus rutinas diarias.

VIDEO SYNOPSIS Javier returns from the market and shows Álex the sweater he bought. Álex, an early riser, agrees to wake Javier up after his morning run. Don Francisco comes by to remind them that the bus will leave at 8:30 the next morning.

PREVIEW Have students skim the **Escenas** episode for the gist and write down their impressions. Ask for a few volunteers to share their impressions with the class.

SUGGESTION Have students view the video module and jot down notes on what they see and hear. Then have them work in small groups to prepare a brief plot summary. Play the segment again and have them refine their summaries.

SUGGESTION Draw attention to the verb forms **fui**, **fuiste**, **fue**, and **fuimos**. Explain that these are forms of the verbs **ir** and **ser** in the preterite tense. The context will always clarify the meaning. Students will learn more about them in **Gramática** 7.3.

Personajes

DON FRANCISCO

ÁLEX

JAVIER

JAVIER Hola, Álex. ¿Qué estás haciendo?

ÁLEX Nada… Sólo estoy leyendo mi correo electrónico. ¿Adónde fueron?

JAVIER Inés y yo fuimos a un mercado. Fue muy divertido. Mira, compré este suéter. Me encanta. No fue barato, pero es chévere, ¿no?

ÁLEX Sí, es ideal para las montañas.

JAVIER ¡Qué interesantes son los mercados al aire libre! Me gustaría volver, pero ya es tarde. Oye, Álex, ¿sabes que mañana tenemos que levantarnos temprano?

ÁLEX Ningún problema.

JAVIER ¿Seguro? Pues yo jamás me levanto temprano. Nunca oigo el despertador cuando estoy en casa y mi mamá se enoja mucho.

ÁLEX Tranquilo, Javier. Yo tengo una solución.

ÁLEX Cuando estoy en casa en la Ciudad de México, siempre me despierto a las seis en punto. Me ducho en cinco minutos y luego me cepillo los dientes. Después me afeito, me visto y ¡listo! ¡Me voy!

recursos

VM pp. 181–182

I CD-ROM Lección 7

Es V CD-ROM Lección 7

INSTRUCTIONAL RESOURCES VM, I CD-ROM, Es Video (Start 00:34:37), Es V CD-ROM, Es DVD, IRM

SUGGESTION Point out that **me levanto**, **me despierto**, **me ducho**, **me cepillo**, **me afeito** and **No te preocupes** are examples of reflexive verbs. Students will learn more about them in **Gramática** 7.1.

SUGGESTION Work quickly through the **Expresiones útiles** by pronouncing each expression and having the class repeat after you.

JAVIER ¡Increíble! ¡Álex, el superhombre!

ÁLEX Oye, Javier, ¿por qué no puedes levantarte temprano?

JAVIER Es que por la noche no quiero dormir, sino dibujar y escuchar música. Por eso es difícil despertarme por la mañana.

JAVIER El autobús no sale hasta las ocho y media. ¿Vas a levantarte mañana a las seis también?

ÁLEX No, pero tengo que levantarme a las siete menos cuarto porque voy a correr.

JAVIER Ah, ya... ¿Puedes despertarme después de correr?

ÁLEX Éste es el plan para mañana. Me levanto a las siete menos cuarto y corro por treinta minutos. Vuelvo, me ducho, me visto y a las siete y media te despierto. ¿De acuerdo?

JAVIER ¡Absolutamente ninguna objeción!

DON FRANCISCO Hola, chicos. Mañana salimos temprano, a las ocho y media... ni un minuto antes ni un minuto después.

ÁLEX No se preocupe, don Francisco. Todo está bajo control.

DON FRANCISCO Bueno, pues, hasta mañana.

DON FRANCISCO ¡Ay, los estudiantes! Siempre se acuestan tarde. ¡Qué vida!

Expresiones útiles

Telling where you went
¿Adónde fuiste/fue usted?
Where did you (sing.)/(form.) go?
Fui a un mercado.
I went to a market.
¿Adónde fueron ustedes?
Where did you (pl.) go?
Fuimos a un mercado. Fue muy divertido.
We went to a market. It was a lot of fun.

Talking about morning routine
(Jamás) Me levanto temprano/tarde.
I (never) get up early/late.
Nunca oigo el despertador.
I never hear the alarm clock.
Es difícil/fácil despertarme.
It's hard/easy for me to wake up.
Cuando estoy en casa, siempre me despierto a las seis en punto.
When I'm at home, I always wake up at six on the dot.
Me ducho y luego me cepillo los dientes.
I take a shower and then I brush my teeth.
Después me afeito y me visto.
Afterward, I shave and get dressed.

Reassuring someone
Ningún problema.
No problem.
No te preocupes. / No se preocupe.
Don't worry.

❶ **EXPANSION** Additional items: **Javier quiere volver al mercado pero no hay tiempo. (cierto) Javier siempre se despierta muy temprano en su casa. (falso, es Álex)**

❷ **SUGGESTION** Have students write each sentence on a separate slip of paper so they can easily rearrange them to determine the correct order.

❸ **EXPANSION** Possible questions: **¿Prefieres levantarte tarde o temprano? ¿A qué hora te levantas durante la semana? ¿A qué hora te acuestas durante la semana?**

❸ **TEACHING OPTION** After students compare their daily routines in pairs, ask for a few volunteers to describe the daily routine of their partner to the rest of the class.

¿Qué piensas?

NATIONAL communication STANDARDS

1 **¿Cierto o falso?** Indica si las frases son **ciertas** o **falsas**. Corrige (*correct*) las frases falsas.

Cierto	Falso	
✔		**1.** Álex siempre se despierta a las seis cuando está en casa.
	✔	**2.** Álex está mirando la televisión.
		Álex está leyendo su correo electrónico.
✔		**3.** El suéter que Javier acaba de comprar es caro, pero es muy bonito.
✔		**4.** A Javier le gusta mucho dibujar y escuchar música por la noche.
	✔	**5.** Javier cree que los mercados al aire libre son aburridos.
		Javier cree que los mercados al aire libre son muy divertidos.
	✔	**6.** El autobús va a salir hoy a las siete y media en punto.
		El autobús va a salir mañana a las ocho y media en punto.
	✔	**7.** Álex va a nadar por la mañana.
		Álex va a correr por la mañana.
	✔	**8.** Javier siempre oye el despertador cuando está en casa.
		Javier nunca oye el despertador cuando está en casa.

2 **Los planes de Álex** Ordena correctamente los planes que tiene Álex para mañana. Si hay algo (*something*) que Álex no menciona, escribe una **X**.

____X____ **a.** Voy a lavarme las manos.

____5____ **b.** Voy a vestirme.

____2____ **c.** Voy a correr por media hora.

____X____ **d.** Voy a acostarme temprano.

____6____ **e.** Voy a despertar a mi amigo a las siete y media.

____3____ **f.** Voy a volver a la habitación.

____1____ **g.** Voy a levantarme a las siete menos cuarto.

____4____ **h.** Voy a ducharme.

3 **Conversación** En parejas (*pairs*), conversen sobre sus rutinas diarias. Answers will vary.

MODELO
Estudiante 1: ¿Prefieres levantarte temprano o tarde?
Estudiante 2: Prefiero levantarme tarde... muy tarde.

Estudiante 1: ¿A qué hora te levantas?
Estudiante 2: A las once. ¿Y tú?

Exploración

La vida diaria

Alejandra Arce de Valera vive en Barcelona, España. Va a la oficina a las ocho de la mañana y trabaja hasta las cinco. Durante la mañana ella y dos o tres colegas (*colleagues*) descansan de quince a treinta minutos. Pero no se quedan en la oficina para descansar; van a un café para relajarse (*relax*), tomar un café (*have a cup of coffee*) y conversar.

EXPANSION Mention that **Ciudad de México** is also called el **Distrito Federal**, or **D.F.** for short.

EXPANSION Explain that the **siesta**, a two-hour lunch break after the day's largest meal and a period of rest, is becoming less common in the Spanish-speaking world. Have students discuss this custom of the **siesta** and its impact on businesses and on individual workers. Have them discuss if the **siesta** should be added to the daily routine in the United States.

Margarita Benítez Morales vive en Caracas, Venezuela. Trabaja en casa cuidando de (*taking care of*) sus hijas. ¡Pero Margarita no se queda (*doesn't stay*) en el sofá mirando la televisión! Durante un día típico, prepara tres comidas (*meals*), arregla la casa (*straightens the house*), va de compras, juega con las niñas y les lee varios cuentos (*stories*).

SUGGESTION Have students locate the cities and countries mentioned (**Barcelona, España, Caracas, Venezuela**, and **Ciudad de México, México** on the inside covers of their texts.

Luis Romero Reyes tiene diecinueve años y es estudiante de la Universidad Nacional Autónoma de México (UNAM). En un día típico se levanta temprano, asiste a una clase y estudia en la biblioteca. Va a su casa para comer al mediodía, pero después vuelve al campus para asistir a las clases de la tarde.

Observaciones

- La costumbre de la siesta (un descanso de dos o tres horas durante el día) no es hoy tan común como (*as common as*) antes. Cuando España entró en la Unión Europea, por ejemplo, muchas empresas (*businesses*) eliminaron la siesta para tener el mismo horario que los otros países.

Coméntalo

Con un(a) compañero/a, contesta las siguientes preguntas. Answers will vary.

- Piensa en la rutina diaria de tu familia y de tus amigos/as. ¿Es similar a la rutina diaria de Alejandra Arce de Valera, Margarita Benítez Morales y Luis Romero Reyes?

- ¿Descansas un poco durante un día típico? ¿Cuándo y dónde descansas?

TEACHING OPTION To check comprehension, ask **1.** ¿Quién trabaja en casa? (Margarita) **2.** ¿Quién trabaja en una oficina? (Alejandra) **3.** ¿Quién estudia en la UNAM? (Luis)

recursos

vistahigher learning.com

7.1 Reflexive verbs

▶ A reflexive verb is used to indicate that the subject does something to or for himself or herself. Reflexive verbs always use reflexive pronouns.

SUBJECT	REFLEXIVE VERB
Carlos	**se afeita** todos los días.

Me ducho, me cepillo los dientes, me visto y ¡listo!

¡Ay, los estudiantes! ¡Siempre se acuestan tarde!

Reflexive verbs

lavarse
to wash oneself

yo	me lavo	*I wash (myself)*	nosotros/as	nos lavamos	*we wash (ourselves)*
tú	te lavas	*you wash (yourself)*	vosotros/as	os laváis	*you wash (yourself)*
usted	se lava	*you wash (yourself)*	ustedes	se lavan	*you wash (yourself)*
él/ella	se lava	*he/she washes (himself/herself)*	ellos/ellas	se lavan	*they wash (themselves)*

▶ The pronoun **se** attached to an infinitive identifies it as a reflexive verb, as in **lavarse** (*to wash oneself*) and **levantarse** (*to get up*).

▶ Reflexive pronouns follow the same rules for placement as object pronouns. They are placed before the conjugated verb, or attached to the infinitive or present participle. When a pronoun is attached to the participle, an accent mark is added.

¡ojo!

The definite article, not a possesive article, is usually used when referring to clothing or parts of the body.

Se quitó **los** zapatos.
He took off his shoes.

Me cepillé **los** dientes.
I brushed my teeth.

José **se** levanta temprano.
José gets up early.

José **se** va a levantar temprano.
José va a levantar**se** temprano.
José is going to get up early.

Carlos **se** afeita.
Carlos shaves.

Carlos está afeitándo**se**.
Carlos **se** está afeitando.
Carlos is shaving.

Common reflexive verbs

acordarse (de) (o:ue)	*to remember*	ducharse	*to shower*	ponerse	*to put on*
acostar (o:ue)	*to go to bed*	enojarse (con)	*to get angry (with)*	ponerse + [adj.]	*to become + [adj.]*
afeitarse	*to shave*	irse	*to go away; to leave*	preocuparse (por)	*to worry (about)*
bañarse	*to bathe; to take a bath*	lavarse	*to wash oneself*	probarse (o:ue)	*to try on*
cepillarse	*to brush*	levantarse	*to get up*	quedarse	*to stay, to remain*
despedirse (de) (e:ie)	*to say goodbye (to)*	llamarse	*to be called/named*	quitarse	*to take off*
despertarse (e:ie)	*to wake up*	maquillarse	*to put on makeup*	sentarse (e:ie)	*to sit down*
dormirse (o:ue)	*to go to sleep*	peinarse	*to comb one's hair*	sentirse (e:ie)	*to feel*
				vestirse (e:i)	*to get dressed*

INSTRUCTIONAL RESOURCES WB, LM, Lab CD/MP3, I CD-ROM, IRM (Audio Scripts & Instructor Annotations)
Refer students to the **recursos** box in **Ampliación** for complete information.

▶ Most Spanish verbs can be reflexive. If the verb acts on the subject, use the reflexive form. If it acts on something else, use the non-reflexive form.

Lola **lava** los platos
Lola washes dishes

Lola **se lava** la cara.
Lola washes her face.

▶ Reflexive verbs and their non-reflexive counterparts sometimes have different meanings.

acordar	**acordarse**	**levantar**	**levantarse**
to agree	*to remember*	*to lift*	*to get up*

Práctica y conversación

NATIONAL communication STANDARDS

1 Emparejar Empareja las fotos con las frases que siguen.

1.

4.

2.

5.

3.

6.

____4____ **a.** Julia se enoja.

____6____ **b.** Juan y Enrique se despiden.

____1____ **c.** Manuela baña a su hija.

____5____ **d.** Estela se pone los calcetines.

____3____ **e.** El abuelo despierta a sus nietas.

____2____ **f.** Ramón se cepilla los dientes.

2 Conversaciones Completa las conversaciones.

MARIO   Tú ___lavaste___ [lavar / lavarse] los platos ayer, ¿no?

TOMÁS   Sí, los ___lavé___ [lavar / lavarse] en la noche.

• • •

BEATRIZ   ¿Normalmente ___te duchas___ [duchar / ducharse] antes de ir a clase?

DAVID   Sí, ___me ducho___ [duchar / ducharse] por la mañana.

• • •

MAMÁ   ¿Anoche ___acostaste___ [acostar / acostarse] a los niños a las ocho?

PAPÁ   No, los ___acosté___ [acostar / acostarse] a las diez.

• • •

ANA   Yo ___me siento___ [sentir / sentirse] nerviosa hoy.

PATRICIA   Bueno… tú siempre (*always*) ___te sientes___ [sentir / sentirse] nerviosa antes de un examen.

3 Charadas Piensa en una frase con un verbo reflexivo y dramatízala en frente de dos o tres compañeros/as. La primera persona que adivina (*guesses*) la frase dramatiza la próxima (*next*) charada. Answers will vary.

4 Entrevista Prepara un horario con las actividades que hiciste (*you did*) anoche. Después en parejas, comparen las actividades y tomen apuntes (*notes*) de lo que hizo el/la compañero/a. Answers will vary.

6 pm.	En el Centro Comercial. Me he probado un vestido bien bonito.
7 pm.	En la cafetería con Luis. ¡Siempre se pone tan pesado!
7.30 pm.	Cine con Javier. Muy aburrido. Casi me duermo.
9 pm.	Cena en el restaurante "El cangrejo".
11 pm.	Fiesta de Antonio. Me despido de mis amigos.
2 am.	Me acuesto. No me duermo hasta muy tarde.

7.2 Indefinite and negative words

Yo siempre
me despierto
a las seis.

Yo jamás me
levanto temprano.
Nunca oigo el
despertador.

▶ Indefinite words, like *someone* or *something*, refer to people and things that are not specific. Negative words, like *no one* or *nothing*, deny the existence of people and things or contradict statements.

Indefinite and negative words			
Indefinite words		**Negative words**	
algo	something; anything	nada	nothing; not anything
alguien	someone; anyone	nadie	no one; not anyone
alguno/a(s), algún	some; any	ninguno/a, ningún	no; none; not any
o... o	either... or	ni... ni	neither... nor
siempre	always	nunca, jamás	never
también	also; too	tampoco	neither; not either

▶ There are two ways to form negative sentences in Spanish. You can place the negative word before the verb, or you can place **no** before the verb and the negative word after the verb.

Nadie está en casa.	Ellos **no** se enojan **nunca**.	**Ninguno** me gusta.	**Nada** me despierta.
No está **nadie** en casa.	Ellos **nunca** se enojan.	**No** me gusta **ninguno**.	**No** me despierta **nada**.
Nobody is at home.	*They never get angry.*	*I don't like any.*	*Nothing wakes me.*

▶ In Spanish, sentences frequently contain two or more negative words. Once a sentence is negative, all indefinite ideas must be expressed in the negative.

Ella **no** tiene **ninguna** idea.
She doesn't have any idea.

Nunca te pido **nada**.
I never ask you for anything.

Jamás me preocupo por **nada**.
I never worry about anything.

Tampoco me despido de **nadie**.
I don't say goodbye to anyone either.

▶ **Alguien** and **nadie** are often used with the personal **a**. The personal **a** is also used before **alguno/a**, **algunos/as**, and **ninguno/a** when these words refer to people.

Carlos, ¿ves **a alguien** allí?
Carlos, do you see someone there?

¿Oyes **a alguno** de los chicos?
Do you hear any of the boys?

No, no veo **a nadie**.
No, I don't see anyone.

No, no oigo **a ninguno**.
No, I don't hear any of them.

¡ojo!

Before a masculine, singular noun, **alguno** and **ninguno** are shortened to **algún** and **ningún**.

—¿Tienen ustedes **algún** amigo peruano?
Do you have a Peruvian friend?

—No, no tenemos **ningún** amigo peruano.
No, we don't have any Peruvian friend.

▶ Although **pero** and **sino** both mean *but*, they are not interchangeable. **Sino** is used when the first part of a sentence is negative and the second part contradicts it. In this context, **sino** means *but rather* or *on the contrary*. **Pero** is used in all other cases.

No se acuesta temprano, **sino** tarde.
*He doesn't get up early, **but rather** late.*

Canto, **pero** nunca en público.
*I sing, **but** never in public.*

No queremos irnos, **sino** quedarnos.
*We don't want to leave, **but rather** stay.*

Me desperté a las once, **pero** estoy cansada.
*I woke up at eleven, **but** I'm tired.*

INSTRUCTIONAL RESOURCES WB, LM, Lab CD/MP3, I CD-ROM, IRM (Audio Scripts & Instructor Annotations)

Práctica y conversación

1 **La familia de Margarita González Arjona** Completa las frases con **pero** o **sino**.

MODELO

Mi abuela es aburrida, ___pero___ amable.

1. No me ducho por la mañana, ___sino___ por la noche.

2. A mí no me gusta nadar, ___sino___ correr.

3. Mi hermana María Luisa es alta, ___pero___ delgada.

4. Mi hermano Emilio no es moreno, ___sino___ rubio.

5. Mis padres y mis tíos no se acuestan temprano, ___sino___ tarde.

6. Mi primo Manuel es inteligente, ___pero___ no es interesante.

7. Mi madre y yo siempre nos despertamos temprano, ___pero___ nunca estamos cansadas.

8. Mi amiga Mariana es pequeña, ___pero___ fuerte.

2 **Completar** Completa la conversación de Aurelio y Ana María con palabras negativas.

AURELIO Ana María, ¿encontraste algún regalo para Eliana?

ANA MARÍA No, no encontré ningún regalo/nada para Eliana.

AURELIO ¿Viste a algunas amigas en el centro comercial?

ANA MARÍA No, no vi a ninguna amiga/nadie en el centro comercial.

AURELIO ¿Quieres ir al teatro o al cine esta noche?

ANA MARÍA No, no quiero ir ni al teatro ni al cine.

AURELIO ¿Quieres salir a comer?

ANA MARÍA No, no quiero salir a comer (tampoco).

AURELIO ¿Hay algo interesante en la televisión esta noche?

ANA MARÍA No, no hay nada interesante en la televisión.

AURELIO ¿Tienes algún problema?

ANA MARÍA No, no tengo ningún problema.

AURELIO ¿Eres siempre tan antipática?

ANA MARÍA No, nunca soy antipática.

3 **Quejas** Con un(a) compañero/a, prepara una lista de las quejas (*complaints*) comunes de los estudiantes universitarios. Answers will vary.

MODELO

¡Nadie me entiende!

¡Jamás puedo levantarme tarde!

Ahora preparen una lista de las quejas que los padres tienen de sus hijos.

MODELO

¡Nunca limpian sus habitaciones!

¡No se lavan las manos tampoco!

4 **Anuncios** Mira el anuncio (*ad*). Con un(a) compañero/a, prepara otro anuncio usando expresiones indefinidas o negativas. Answers will vary.

¿Buscas algún producto especial?

¡Siempre hay algo para todos en las tiendas García!

7.3 Preterite of **ser** and **ir**

*¿Adónde
fueron ustedes?*

*Fuimos a un
mercado. Fue muy
divertido.*

▶ The preterite forms of **ir** (*to go*) and **ser** (*to be*) are irregular, so you will need to memorize them. None of these forms has an accent mark.

Preterite of *ser* and *ir*		
	ser	**ir**
	to be	*to go*
yo	fui	fui
tú	fuiste	fuiste
usted/él/ella	fue	fue
nosotros/as	fuimos	fuimos
vosotros/as	fuisteis	fuisteis
ustedes/ellos/ellas	fueron	fueron

▶ The preterite forms of **ser** and **ir** are identical. The context clarifies which of the two verbs is being used.

Lina **fue** a ver una película.
Lina went to see a film.

Fui a Barcelona el año pasado.
I went to Barcelona last year.

La película **fue** muy interesante.
The film was very interesting.

Fue un viaje maravilloso.
It was a wonderful trip.

SUGGESTION Have students scan the advertisement and identify the preterite forms of **ser** and **ir**.

SUGGESTION Ask students questions about the advertisement. Ex: **¿Cómo se siente el hombre en el anuncio? ¿Por qué fue a Caldea? ¿Cómo fue su visita? En tu opinión, ¿se acuerda este hombre de sus responsabilidades diarias mientras está en Caldea? En tu opinión, ¿va a volver a Caldea este hombre? ¿Por qué?**

ESPAÑOL EN VIVO

Fue una experiencia increíble.

Cuando fui a Caldea, me olvidé de todo. Fui para despedirme de todas mis preocupaciones y descubrir los efectos calmantes del agua de las lagunas. Después de bañarme en las aguas termales, se me fueron el cansancio y el estrés. Fueron unas vacaciones extraordinarias.

caldea
SIEMPRE TE ESTAMOS ESPERANDO.

 INSTRUCTIONAL RESOURCES WB, LM, Lab CD/MP3, I CD-ROM, IRM (Audio Scripts & Instructor Annotations)

Práctica y conversación

1 **Conversación** Andrés y Laura están chismeando (*gossiping*). Completa su conversación con el pretérito de **ser** e **ir**.

ANDRÉS Cristina y Vicente __fueron__ novios, ¿no?

LAURA Sí, pero ahora no salen. Anoche Cristina __fue__ a comer con Luis y la semana pasada ellos __fueron__ al partido de fútbol.

ANDRÉS ¿Ah, sí? Mercedes y yo __fuimos__ al partido y no los vimos.

LAURA ¿__Fuiste__ tú con Mercedes? Y después del partido, ¿adónde __fueron__ ustedes?

ANDRÉS __Fuimos__ al café Paraíso y vimos a Vicente con otra chica.

LAURA ¿Él __fue__ al café Paraíso con otra chica? ¡Qué horror!

2 **Frases** Forma frases con los siguientes elementos. Usa el pretérito. Answers will vary.

Sujetos	Verbos	Actividades
yo		a un restaurante
tú		en autobús a Nueva York
mis amigos		estudiante(s)
nosotros/as		a una discoteca en Buenos Aires
ustedes	(no) ir	por avión a Europa
Antonio Banderas	(no) ser	a casa muy tarde
Gloria Estefan		a la playa con su novio/a
		dependiente/a en una tienda

3 **Preguntas** En parejas, túrnense (*take turns*) para hacerse las siguientes preguntas. Answers will vary.

1. ¿Adónde fuiste de vacaciones este año?
2. ¿Con quién fuiste de vacaciones?
3. ¿Cómo fueron tus vacaciones?
4. ¿Fuiste de compras esta semana? ¿Qué compraste?
5. ¿Cómo se llama la última (*last*) película que viste?
6. ¿Cuándo fuiste a ver esta película?
7. ¿Cómo fue la película?
8. ¿Adónde fuiste durante el fin de semana? ¿Por qué?

4 **El fin de semana pasado** En parejas, hablen de lo que hicieron (*you did*) ustedes el fin de semana pasado por la mañana, por la tarde y por la noche. Luego reporten la información a la clase. Answers will vary.

	Yo	Mi compañero/a
Por la mañana	_____	_____
	_____	_____
	_____	_____
Por la tarde	_____	_____
	_____	_____
	_____	_____
Por la noche	_____	_____
	_____	_____
	_____	_____

5 **Personas famosas** En grupos pequeños, cada estudiante debe pensar en una persona famosa del pasado. Luego, los otros miembros del grupo tienen que hacer preguntas usando el pretérito hasta que adivinen (*they guess*) la identidad de la persona. Por ejemplo, pueden hacer preguntas acerca de (*about*) su profesión, su nacionalidad, su personalidad o su apariencia (*appearance*) física.
Answers will vary.

7.4 Gustar and verbs like gustar

▶ **Me gusta(n)** and **te gusta(n)** express the concepts of *I like* and *you* (fam.) *like*. The literal meaning of **gustar** is *to be pleasing to (someone)*.

Me gusta ese champú.
That shampoo is pleasing to me.
I like that shampoo.

¿**Te gustan** los deportes?
Are sports pleasing to you?
Do you like sports?

▶ **Me gusta(n)** and similar constructions require an indirect object pronoun. In Spanish, the object or thing being liked (**el champú**) is the subject of the sentence. The person who likes the object is an indirect object that answers the question *to whom is the shampoo pleasing?*

I. O. PRONOUN	SUBJECT	SUBJECT		DIRECT OBJECT
Me gusta	ese champú.	*I*	*like*	*that shampoo.*

▶ **Gustar** and similar verbs are usually used in the **Ud./él/ella** and **Uds./ellos/ellas** forms. When the object or person liked is singular, the form **gusta** is used. When two or more objects or persons are liked, **gustan** is used.

Me gusta el suéter que compraste.

Me gustan el arte y la música.

| SINGULAR | ▶ | me, te, le | ▶ | gusta gustó | ▶ | la película el concierto |
| PLURAL | | nos, os, les | | gustan gustaron | | las papas fritas los helados |

▶ To express what someone likes or does not like to do, the singular form **gusta** is used, followed by one or more infinitives.

Me gusta levantarme tarde.
I like to get up late.

Me gusta comer y **dormir**.
I like to eat and sleep.

▶ The construction **a** + [personal pronoun] (**a mí, a ti, a usted, a él, a ella, a nosotros/as, a vosotros/as, a ustedes, a ellos, a ellas.**) clarifies or emphasizes the people who are pleased. **A** + [noun] can also be used.

A mí me gusta levantarme temprano. ¿**Y a ti**?
I like to get up early. How about you?

Al profesor le gustó el libro.
The teacher liked the book.

▶ Here is a list of common verbs used in the same way as **gustar**.

Verbs like *gustar*

aburrir	*to bore*	fascinar	*to fascinate*	molestar	*to bother; to annoy*
encantar	*to like very much; to love (objects)*	importar	*to be important to; to matter*	quedar	*to be left over; to fit (clothing)*
faltar	*to lack; to need*	interesar	*to be interesting to; to interest*		

¡ojo!

To express the English equivalent of *would like* (something or to do something), use the construction [i.o. pronoun] + **gustaría(n)**.

Nos gustaría ver esa película.
We would like to see that movie.

Me gustarían unos días sin clases.
I would like a few days without class.

 INSTRUCTIONAL RESOURCES WB, LM, Lab CD/MP3, I CD-ROM, IRM (Audio Scripts & Instructor Annotations)

▶ **Faltar** and **quedar** express what someone lacks or has left. Also, **quedar** is used to talk about how clothing fits or looks on someone.

Le falta dinero.	**Me faltan** dos pesos.	**Nos quedan** cinco libros.	La falda **te queda** bien.
He/she is short of money.	*I need two pesos.*	*We have five books left.*	*The skirt looks good on you.*

Práctica y conversación

NATIONAL communication STANDARDS

1 Describir Describe los dibujos con uno de los siguientes verbos: **aburrir, encantar, faltar, interesar, molestar,** y **quedar.**

1. A Mauricio / libros
A Mauricio le interesan los libros.

3. A Lorena / despertador
A Lorena le molesta el despertador.

2. A ellos / bailar
A ellos les encanta bailar.

4. A él / camisa
A él le queda grande la camisa.

2 Completar Completa las siguientes frases.

1. _____A_____ Adela _le gustan_ [gustar] las canciones (*songs*) de Enrique Iglesias.

2. A mis amigos _les encanta_ [encantar] la música de Gloria Estefan.

3. _____A_____ nosotros _nos fascinan_ [fascinar] los grupos de pop latino.

4. Creo que a Elena _le interesa_ [interesar] más la bachata.

5. ¿A _____ti_____ te _falta_ [faltar] dinero para el concierto de Carlos Santana?

6. Sí. Sólo _me quedan_ [quedar] cinco dólares.

3 Preguntas  En parejas, túrnense (*take turns*) para hacer y contestar estas preguntas. Answers will vary.

1. ¿Te gusta levantarte temprano o tarde? ¿Por qué?
2. ¿A tu compañero/a de cuarto le gusta levantarse temprano o tarde?
3. ¿Te molesta cuando tu compañero/a de cuarto se levanta muy temprano?
4. ¿Te gusta acostarte temprano o tarde?
5. ¿Prefiere tu compañero/a de cuarto acostarse temprano o tarde?
6. ¿Te gusta bañarte o ducharte?
7. ¿Qué te gusta de esta universidad? ¿Qué te molesta?
8. ¿Te interesan más las ciencias o las humanidades? ¿Por qué?
9. ¿Te aburren las películas románticas?
10. ¿Te molesta cuando alguien llega tarde a una cita (*appointment*)?

4 Encuesta Pregúntales a dos o tres compañeros/as qué cosas o actividades les encantan, les aburren o les molestan. Answers will vary.

Nombre	Le encanta(n)	Le aburre(n)	Le molesta(n)
_____	_____	_____	_____
_____	_____	_____	_____
_____	_____	_____	_____
_____	_____	_____	_____
_____	_____	_____	_____
_____	_____	_____	_____

1 SCRIPT For the script, see the Instructor's Resource Manual.

Ampliación

1 Escuchar

A Escucha la entrevista entre Carolina y Julián, teniendo en cuenta (*taking into account*) lo que ya sabes sobre este tipo de situación. Elige la opción que completa correctamente cada oración.

TIP **Use background information.** Use what you already know about a topic to help you guess the meaning of unknown words or linguistic structures.

1. Julián es
   a. político.   **b.** deportista profesional.
   c. artista de cine.

2. El público de Julián quiere saber de
   a. sus películas.   **b.** su vida.   **c.** su novia.

3. Julián habla de
   a. sus viajes y sus rutinas.   **b.** sus parientes y amigos.
   c. sus comidas favoritas.

4. Julián
   a. se levanta y se acuesta a horas diferentes todos los días.
   b. tiene una rutina diaria.   **c.** no quiere hablar de su vida.

B ¿Crees que Julián siempre ha sido (*has been*) rico? ¿Por qué? ¿Qué piensas de Julián como persona?

2 Conversar

Túrnense (*take turns*) para hacerse estas preguntas. Answers will vary.

- ¿A qué hora te levantaste ayer? ¿Usaste un despertador?
- ¿Cuántas veces te cepillaste los dientes ayer?
- ¿Adónde fuiste ayer después de las clases?
- ¿Te gusta mirar la televisión antes de acostarte?
- ¿A qué hora te acostaste anoche?

recursos

| Text CD Lección 7 | WB pp. 67–74 | LM pp. 39–42 | Lab CD/MP3 Lección 7 | I CD-ROM Lección 7 | vistahigher learning.com |

INSTRUCTIONAL RESOURCES Text CD, WB, LM, Lab CD/MP3, I CD-ROM (Activities & Quiz), Website, IRM
Inform students that the material listed in the **recursos** box applies to the complete **Gramática** section.

3 Escribir Escribe una composición en la que describes tu rutina diaria en algún lugar interesante de tu propia invención (en una isla desierta, en el Polo Norte, en el desierto, etc.). Considera los elementos básicos de tu rutina: ¿Dónde vas a dormir? ¿Cómo te vas a bañar?
Answers will vary.

TIP **Use adverbs to sequence events.** You can use adverbs and adverbial phrases as transitions between the introduction, the body, and the conclusion of a narrative.

Organízalo	Utiliza estos adverbios para planear la secuencia de tu composición: **primero, después, entonces, más tarde** y **al final**. Escribe unas notas sobre la introducción a tu narración. Recuerda: **¿qué?, ¿quién?, ¿cuándo?, ¿dónde?, ¿cómo?** y **¿por qué?**
Escríbelo	Utiliza tus notas para escribir el primer borrador de la composición.
Corrígelo	Intercambia tu composición con un(a) compañero/a. Comenta sobre la introducción, la secuencia de eventos, el nivel de interés y los errores de gramática o de ortografía. Revisa el primer borrador según las indicaciones de tu compañero/a.
Compártelo	Intercambia tu composición con otro/a compañero/a. Lee su trabajo y en otra hoja de papel dibuja las escenas que describe, utilizando los adverbios que introducen la narración. Tu compañero/a puede usar los dibujos para presentar la composición a la clase.

3 SUGGESTION Read through the instructions so students understand what they need to do. Have students who have chosen the same location get together to brainstorm how their daily routines would be different there.

3 EVALUATION: Descripción

Criteria	Scale
Content	1 2 3 4 5
Organization	1 2 3 4 5
Use of Vocabulary	1 2 3 4 5
Grammatical Accuracy	1 2 3 4 5

Scoring

Excellent	18–20 points
Good	14–17 points
Satisfactory	10–13 points
Unsatisfactory	< 10 points

4 SUGGESTION Students may search for information on the Internet. They can also gather maps, magazines or tourism information from the local library or travel agencies. Encourage them to collect visuals to illustrate their brochure.

4 Un paso más Planea un viaje a un lugar famoso del mundo hispano. Utiliza elementos visuales en tu proyecto. Answers will vary.

- Prepara un folleto (*pamphlet*) para presentar el itinerario de cada uno de los días del viaje e indica la hora para cada actividad.
- Describe la rutina diaria de un viajero típico.
- Describe el país, la historia del lugar y también las actividades programadas para el viaje.
- Comenta sobre los restaurantes, el transporte y los hoteles.

En Internet

Investiga estos temas en el sitio vistahigherlearning.com.

- Lugares de interés en España y Suramérica
- Lugares de interés en México, Centroamérica, y el Caribe

4 EXPANSION Students can gather information on typical foods and local restaurants, transportation, featured tourist attractions and their hours of operation, local customs, shopping for typical crafts of the region, and much more.

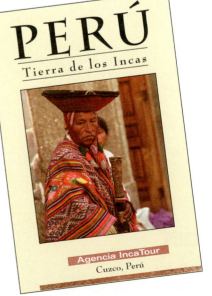

PERÚ

Tierra de los Incas

Agencia IncaTour

Cuzco, Perú

Antes de leer

Predicting content from the title will help you increase your reading comprehension in Spanish. We can usually predict the content of a newspaper article in English from its headline, for example.

Examinar el texto

Lee el título de la lectura y haz tres predicciones sobre el contenido. Escribe tus predicciones en una hoja de papel. Answers will vary.

Compartir

Comparte tus ideas con un(a) compañero/a de clase. Answers will vary.

Cognados

Escribe una lista de cuatro cognados que encuentres en la lectura. Answers will vary.

1. _____
2. _____
3. _____
4. _____

¿Qué te dicen los cognados sobre el tema de la lectura?

SUGGESTION Possible cognates in the text include: **desastrosa, autobús, televisión, cereales, sándwiches, botas, teléfono, automóvil, clases.** Discuss how scanning for cognates can help you predict the content of a text.

EXPANSION In groups, have students rewrite the story from the perspective of Yolanda and Dolores.

SUGGESTION Have pairs of students work together to write their own version of **"¡Una mañana desastrosa!"** from their own experiences.

15 de octubre
¡Una mañana desastrosa!

—Me levanté de la cama a las seis y media.

Esta mañana me levanté de la cama a las seis y media y corrí a despertar a mis dos hijas. —Yolan Dolores, van a perder el autobús de la escuela, —les grité. Pero ellas no se despertaron. Jamás se despiertan temprano. Siempre se sientan a ver la televisión por la noche y se acuestan muy tarde

—Corrimos para llegar a la parada del autobús.

Yolanda y Dolores salieron de la casa sin cepillarse los dientes, pero eso no importa. Por lo menos se acordaron de ponerse las botas y el abrigo antes de irse. Corrimos para llegar a la parada del autobús de la escuela, que pasa a las siete de la mañana.

—Nunca llegó el autob

Esperamos media hora, pero nunca llegó el autobús Regresamos a casa. Llamam por teléfono a la escuela, pero nadie contestó. Tomamos el automóvil y salimos de casa.

—¡Por fin se despertaron mis hijas!

¡Por fin se despertaron! Medio dormidas y medio enojadas, ellas entraron al baño para lavarse la cara y peinarse. Luego volvieron a su habitación para vestirse. Yo fui a la cocina para prepararles el desayuno. A mis hijas les encanta comer un buen desayuno, pero hoy les di cereales y les preparé dos sándwiches para el almuerzo.

—¡Hoy es sábado!

Llegamos a la escuela antes de las ocho y entonces me di cuenta de que hoy es sábado. ¡Y los sábados no hay clases!

Después de leer

¿Comprendiste?

Selecciona la respuesta (*answer*) correcta.

1. ¿Quién es el/la narrador(a)?
   (a.) el padre de las chicas   b. Yolanda
   c. Dolores

2. ¿A qué hora se despertó el papá?
   a. a las seis de la mañana (b.) a las seis y media
   c. a las siete y media

3. ¿Qué comieron las chicas antes de salir de la casa?
   a. un sándwich (b.) cereales
   c. dos sándwiches

4. ¿Cómo fueron las chicas a la escuela?
   a. Corrieron. b. Fueron en autobús.
   (c.) Fueron en automóvil.

Preguntas

1. ¿Por qué nunca se despiertan temprano las chicas?
   Las chicas nunca se despiertan temprano porque siempre se acuestan muy tarde.

2. ¿Se bañaron las chicas esta mañana?
   Las chicas no se bañaron esta mañana, pero se lavaron la cara y se peinaron.

3. ¿A qué hora llega generalmente el autobús?
   El autobús llega a las siete de la mañana.

4. ¿A qué hora llegó el autobús hoy?
   El autobús nunca llegó hoy.

5. ¿Por qué no contestó nadie cuando llamaron a la escuela?
   No contestó nadie cuando llamaron a la escuela porque no hay clases los sábados.

Coméntalo

¿Qué crees que le dicen Yolanda y Dolores a su papá después de volver de la escuela? Imagina que eres el papá. ¿Cómo respondes a lo que te dicen las chicas?
Answers will vary.

grité *I shouted* medio dormidas y medio enojadas *half asleep and half mad*
desayuno *breakfast* almuerzo *lunch* sin *without* di *I gave* parada *stop*
llamamos por teléfono *we called on the phone* me di cuenta de quel *realized that*

Los verbos reflexivos

acordarse (de) (o:ue)	to remember
acostarse (o:ue)	to lie down; to go to bed
afeitarse	to shave
bañarse	to bathe; to take a bath
cepillarse el pelo	to brush one's hair
cepillarse los dientes	to brush one's teeth
despedirse (de) (e:i)	to say goodbye (to)
despertarse (e:ie)	to wake up
dormirse (o:ue)	to go to sleep; to fall asleep
ducharse	to shower, to take a shower
enojarse (con)	to get angry (with)
irse	to go away; to leave
lavarse la cara	to wash one's face
lavarse las manos	to wash one's hands
levantarse	to get up
llamarse	to be called; to be named
maquillarse	to put on makeup
peinarse	to comb one's hair
ponerse	to put on
ponerse + [adj.]	to become + [adj.]
preocuparse (por)	to worry (about)
probarse (o:ue)	to try on
quedarse	to stay; to remain
quitarse	to take off
sentarse (e:ie)	to sit down
sentirse (e:ie)	to feel
vestirse (e:i)	to get dressed

Adverbios y preposiciones de tiempo

antes (de)	before
después	afterward; then
después de	after
durante	during
entonces	then
luego	afterward; then
más tarde	later
por último	finally

Gustar y verbos similares

aburrir	to bore
encantar	to like very much; to love (inanimate objects)
faltar	to lack; to need
fascinar	to fascinate
gustar	to be pleasing to; to like
importar	to be important to; to matter
interesar	to be interesting to; to interest
me gustaría(n)…	I would like…
molestar	to bother; to annoy
quedar	to be left over; to fit (clothing)

En el baño

el baño	bathroom
el champú	shampoo
la crema de afeitar	shaving cream
el espejo	mirror
el jabón	soap
el maquillaje	makeup
la toalla	towel

Otras palabras y expresiones

el despertador	alarm clock
por la mañana	in the morning
por la noche	at night
por la tarde	in the afternoon; in the (early) evening
la rutina diaria	daily routine

Expresiones útiles	See page 151.
Indefinite and negative words	See page 156.

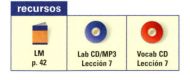

recursos

LM p. 42 | Lab CD/MP3 Lección 7 | Vocab CD Lección 7

8 ¡A comer!

PARA EMPEZAR Here are some additional questions you can ask based on the photo: **¿Siempre comes algo cuando te despiertas por la mañana? ¿Dónde te encanta comer? ¿Por qué? ¿Qué ropa te pones para salir a comer en una ocasión especial? ¿Qué más haces antes de salir?**

Para empezar

- ¿Están los muchachos en un mercado al aire libre?
- ¿Crees que las frutas son caras o baratas?
- ¿De qué color es el suéter del empleado?
- ¿Crees que el cliente está contento?
- ¿Te gusta esta fotografía?

¡A comer!

SUGGESTION Mention some typical dishes and have students tell the ingredients needed to make them. Ex: **una ensalada verde, una ensalada de fruta, un sándwich, una hamburguesa,** and so forth.

el camarero
waiter

EN UN RESTAURANTE

el plato (principal) *(main) dish*

la sección de (no) fumadores *(non) smoking section*

el almuerzo *lunch*

la cena *dinner*

la comida *food; meal*

el desayuno *breakfast*

el menú
menu

almorzar (o:ue) *to have lunch*

cenar *to have dinner*

desayunar *to have breakfast*

pedir (e:i) *to order (food)*

probar (o:ue) *to taste; to try*

recomendar (e:ie) *to recommend*

servir (e:i) *to serve*

VARIACIÓN LÉXICA
Point out these lexical items:
camarones → gambas (*Esp.*)
refresco → gaseosa (*Amér. L.*)
sándwich → bocadillo (*Esp.*), **torta** (*Méx.*)
arveja → guisante (*Esp.*), **chícharo** (*Méx.*)
papa → patata (*Esp.*)

los entremeses
hors d'oeuvres

CARNES Y MARISCOS

el atún *tuna*

los camarones *shrimp*

la carne *meat*

la carne de res *beef*

la chuleta de cerdo *pork chop*

la hamburguesa *hamburger*

el jamón *ham*

la langosta *lobster*

el pavo *turkey*

el pescado *fish*

la salchicha *sausage*

el salmón *salmon*

los mariscos
seafood

el bistec
steak

LOS SABORES

agrio/a *sour*

delicioso/a *delicious*

dulce *sweet*

picante *hot, spicy*

rico/a *tasty; delicious*

sabroso/a *tasty; delicious*

salado/a *salty*

el pollo (asado)
(roast) chicken

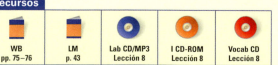

recursos

WB pp. 75–76	LM p. 43	Lab CD/MP3 Lección 8	I CD-ROM Lección 8	Vocab CD Lección 8

INSTRUCTIONAL RESOURCES WB, LM, Lab CD/MP3, I CD-ROM, Vocab CD, OT, IRM

EXPANSION Review color vocabulary by asking what colors the following food items are: **las bananas (amarillas)**, **los tomates (rojos)**, and so forth.

LAS FRUTAS

la banana *banana*
el limón *lemon*
la manzana *apple*
la naranja *orange*
las uvas *grapes*

las frutas *fruit*

EXPANSION Play "Twenty Questions". Ask a volunteer to think of a food item. The other students ask yes-no questions until someone guesses the item correctly. Ex: **¿Es una fruta? ¿Es roja?** and so forth.

GRANOS Y VERDURAS

las arvejas *peas*
la cebolla *onion*
los frijoles *beans*
la lechuga *lettuce*
el maíz *corn*
la papa/patata *potato*
el tomate *tomato*
la zanahoria *carrot*

los champiñones *mushrooms*

las verduras *vegetables*

OTRAS COMIDAS

el aceite *oil*
el ajo *garlic*
el arroz *rice*
el azúcar *sugar*
los cereales *cereal; grain*
la ensalada *salad*
el huevo *egg*
la mantequilla *butter*
la margarina *margarine*
la mayonesa *mayonnaise*
el pan (tostado) *(toasted) bread*
las papas/patatas fritas *French fries*
el queso *cheese*
la sal *salt*
la sopa *soup*
el vinagre *vinegar*

la pimienta *pepper*

el sándwich *sandwich*

BEBIDAS

la bebida *drink*
la cerveza *beer*
el jugo (de fruta) *(fruit) juice*
la leche *milk*
el refresco *soft drink*
el té (helado) *(iced) tea*
el vino (blanco/tinto) *(white/red) wine*

el café *coffee*

el agua (f.) (mineral) *(mineral) water*

1 SCRIPT For the script, see the Instructor's Resource Manual.

2 SCRIPT For the script, see the Instructor's Resource Manual.

3 EXPANSION With the class, list major food categories on the board (**carnes, frutas, bebidas, condimentos**) and categorize all the food items from the vocabulary list.

3 TEACHING OPTION Bring in a copy of the food pyramid (often on the back of cereal boxes) and have students use magazine photos or other visuals of food items and categorize them into the major food categories.

4 SUGGESTION Have students work in pairs to complete the sentences. Go over correct answers with the whole class.

Práctica y conversación

NATIONAL communication STANDARDS

1 **¿Lógico o ilógico?** 🎧 Escucha las frases e indica si son **lógicas** o **ilógicas**.

	1.	2.	3.	4.	5.	6.	7.	8.
Lógico	✓		✓		✓	✓		
Ilógico		✓		✓			✓	✓

2 **¿Qué pide Nora?** 🎧 Escucha la conversación entre Nora y el camarero en un restaurante. Luego indica las comidas y bebidas que Nora pide.

Restaurante Las Fuentes

ENTREMESES
_____ papas fritas
✓ cóctel de frutas con queso
_____ sopa de verduras
_____ sopa de pollo
_____ pan con mantequilla

PLATOS PRINCIPALES
_____ sándwich de jamón y queso
_____ pollo asado
_____ hamburguesa
_____ hamburguesa con queso
_____ enchiladas de res
_____ enchiladas de queso

BEBIDAS
_____ agua mineral
_____ té helado
_____ leche
_____ café
_____ jugo de naranja

3 **¿Qué es?** Identifica estas comidas. Luego indica si son **carnes**, **frutas**, **verduras**, **bebidas** o **condimentos**.

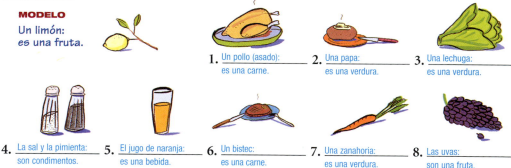

MODELO
Un limón: es una fruta.

1. Un pollo (asado): es una carne.
2. Una papa: es una verdura.
3. Una lechuga: es una verdura.
4. La sal y la pimienta: son condimentos.
5. El jugo de naranja: es una bebida.
6. Un bistec: es una carne.
7. Una zanahoria: es una verdura.
8. Las uvas: son una fruta.

4 **Completar** Completa las frases con las palabras correctas.

1. El hombre que sirve la comida en un restaurante es el _____camarero_____.
2. Camarero, ¿puedo ver el _____menú_____, por favor?
3. El bistec y el jamón son dos tipos de _____carne_____.
4. El té helado, el café y el refresco son ejemplos de _____bebidas_____.
5. El condimento blanco que pongo en mi café es el _____azúcar_____.
6. Las tres comidas principales del día son el _____desayuno_____, el almuerzo y la cena.

recursos

Text CD Lección 8

INSTRUCTIONAL RESOURCES Text CD, IRM

5 Conversación En grupos, contesten las preguntas. Answers will vary.

1. ¿Desayunas? ¿Qué comes y bebes por la mañana?
2. ¿A qué hora, dónde y con quién almuerzas?
3. ¿Cuáles son las comidas típicas de tu almuerzo?
4. ¿A qué hora, dónde y con quién cenas?
5. ¿Qué comidas prefieres para la cena?
6. ¿Cuáles son las comidas y bebidas más frecuentes en tu dieta?

5 SUGGESTION Have students work in groups of 3 to 5, taking turns asking and answering questions. Have them report on their group's eating habits to the rest of the class.

5 SUGGESTION Point out to students that in addition to **beber**, the verb **tomar** is also used to express **to drink**.

5 SUGGESTION Mention that the mid-day meal is the largest one in many Hispanic countries.

Pronunciación ll, ñ, c, and z

NATIONAL comparisons STANDARDS

| pollo | llave | ella | cebolla |

Most Spanish speakers pronounce the letter **ll** like the *y* in *yes*.

| mañana | señor | baño | niña |

The letter **ñ** is pronounced much like the *ny* in *canyon*.

| café | colombiano | cuando | rico |

Before **a**, **o**, or **u**, the Spanish **c** is pronounced like the *c* in *car*.

| cereales | delicioso | conducir | conocer |

Before **e** or **i**, the Spanish **c** is pronounced like the *s* in *sit*. (In parts of Spain, **c** before **e** or **i** is pronounced like the *th* in *think*.)

| zeta | zanahoria | almuerzo | cerveza |

The Spanish **z** is pronounced like the *s* in *sit*. (In parts of Spain, **z** before a vowel is pronounced like the *th* in *think*.)

SUGGESTION Model the pronunciation of each word or sentence, having students repeat after you.

EXPANSION Pronounce the following food items from the vocabulary list and have students repeat after you: **champiñones, comida, carne, cerdo, cena, dulce, picante, almuerzo.**

Refranes Lee los refranes en voz alta.

Panza llena, corazón contento.[2]

Las apariencias engañan.[1]

1 Looks can be deceiving.
2 A full belly makes a happy heart.

recursos

Text CD
Lección 8

LM
p. 44

Lab CD/MP3
Lección 8

I CD-ROM
Lección 8

¿Qué tal la comida?

Don Francisco y los estudiantes van al restaurante El Cráter.

VIDEO SYNOPSIS Don Francisco takes the travelers to the **Restaurante El Cráter** for lunch. The owner of the restaurant, Doña Rita, welcomes the group and makes recommendations about what to order. After the food has been served, Don Francisco and Doña Rita plan a surprise birthday party for Maite.

PREVIEW Have the class predict the content of the **Escenas** episode based on its title and the video stills. Record the predictions.

SUGGESTION Play only the first half of the video and have the class give you a description of what they see. Then have students guess what will happen in the rest of the segment. Play the entire video segment and discuss the plot.

Personajes

DON FRANCISCO

JAVIER

INÉS

ÁLEX

MAITE

DOÑA RITA

CAMARERO

recursos		
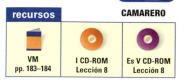		
VM pp. 183–184	I CD-ROM Lección 8	Es V CD-ROM Lección 8

JAVIER ¿Sabes dónde estamos?

INÉS Mmm, no sé. Oiga, don Francisco, ¿sabe usted dónde estamos?

DON FRANCISCO Estamos cerca de Cotacachi.

ÁLEX ¿Dónde vamos a almorzar, don Francisco? ¿Conoce un buen restaurante en Cotacachi?

DON FRANCISCO Pues, conozco a doña Rita Perales, la dueña del mejor restaurante de la ciudad, el restaurante El Cráter.

DOÑA RITA Hombre, don Paco, ¿usted por aquí?

DON FRANCISCO Sí, doña Rita… y hoy le traigo clientes. Le presento a Maite, Inés, Álex y Javier. Los llevo a las montañas para ir de excursión.

DOÑA RITA ¡Bienvenidos al restaurante El Cráter! Están en muy buenas manos… don Francisco es el mejor conductor del país. Y no hay nada más bonito que nuestras montañas. Pero, si van a ir de excursión, deben comer bien. Vengan, chicos, por aquí.

JAVIER ¿Qué nos recomienda usted?

DOÑA RITA Bueno, las tortillas de maíz son riquísimas. La especialidad de la casa es el caldo de patas… ¡tienen que probarlo! El lomo a la plancha es un poquito más caro que el caldo, pero es sabrosísimo. También les recomiendo el ceviche de camarón y la fuente de fritada.

INSTRUCTIONAL RESOURCES VM, I CD-ROM, Es Video (Start 00:39:36), Es V CD-ROM, Es DVD, IRM

EXPANSION Ask students about their favorite restaurants, using the active vocabulary in **Expresiones útiles**. Ex: **¿Conoces un buen restaurante? ¿Cómo se llama? ¿Qué plato pides? ¿Qué tal la comida en ___?**

SUGGESTION Point out that meal times in Spanish-speaking countries differ from country to country.

MAITE Voy a tomar un caldo de patas y un lomo a la plancha.

JAVIER Para mí las tortillas de maíz y el ceviche de camarón.

ÁLEX Yo también quisiera las tortillas de maíz y el ceviche de camarón.

INÉS Voy a pedir caldo de patas y lomo a la plancha.

DON FRANCISCO Yo quiero tortillas de maíz y una fuente de fritada, por favor.

DOÑA RITA Y de tomar, les recomiendo el jugo de piña, frutilla y mora. ¿Se lo traigo a todos?

TODOS Sí, perfecto.

CAMARERO ¿Qué plato pidió usted?

MAITE Un caldo de patas y lomo a la plancha.

DOÑA RITA ¿Qué tal la comida? ¿Rica?

JAVIER Rica, no. ¡Riquísima!

ÁLEX Sí, y nos la sirvieron tan rápidamente.

MAITE Una comida deliciosa, gracias.

DON FRANCISCO Hoy es el cumpleaños de Maite…

DOÑA RITA ¡Ah! Tenemos unos pasteles que están como para chuparse los dedos…

Expresiones útiles

Finding out where you are
¿Sabe usted/Sabes dónde estamos?
Do you know where we are?
Estamos cerca de Cotacachi.
We're near Cotacachi.

Talking about people and places
¿Conoce usted/Conoces un buen restaurante?
Do you know a good restaurant?
Sí, conozco varios.
Yes, I know several.
¿Conoce/Conoces a doña Rita?
Do you know Doña Rita?
Sí, es la dueña del restaurante.
Yes, she's the owner of the restaurant.

Ordering food
¿Qué le puedo traer?
What can I bring you?
Voy a tomar/pedir un caldo de patas y un lomo a la plancha.
I am going to have/to order the beef soup and grilled flank steak.
Para mí las tortillas de maíz y el ceviche de camarón, por favor.
Corn tortillas and lemon-marinated shrimp for me, please.
Yo también quisiera…
I also would like…
Y de tomar, el jugo de piña, frutilla y mora.
And to drink, pineapple-strawberry-blackberry juice.
¿Qué plato pidió usted?
What did you order?
Yo pedí un caldo de patas.
I ordered the beef soup.

Talking about food
¿Qué tal la comida?
How is the food?
¡Riquísima!/Muy rica, gracias.
Extremely delicious! Very tasty, thanks.

① **SUGGESTION** Warm up by asking: **¿Qué es El Cráter?** (un restaurante) **¿Quién es doña Rita?** (la dueña del restaurante) **¿Cuáles son algunas de las comidas del menú?** (el caldo de patas, el lomo a la plancha, el ceviche de camarón, las tortillas de maíz, la fuente de fritada) **¿En qué ciudad está el restaurante El Cráter?** (Cotacachi)

② **SUGGESTION** Ask volunteers to share answers to the questions.

③ **SUGGESTION** Have students work in pairs or small groups to prepare the skits. Have several groups perform their skit in front of the class.

¿Qué piensas?

1 En el restaurante Escoge la respuesta (*answer*) que completa cada oración.

1. Inés va a pedir

  a. las tortillas de maíz y la fuente de fritada (*mixed grill*).
  b. el ceviche y el caldo de patas.   c. el caldo de patas y el lomo a la plancha.

2. Doña Rita es

  a. la hermana de don Francisco.   b. la dueña del restaurante.
  c. una camarera que trabaja en El Cráter.

3. Don Francisco lleva a los estudiantes a

  a. cenar.   b. desayunar.   c. almorzar.

4. Doña Rita les recomienda a los viajeros

  a. el caldo de patas y el lomo a la plancha.
  b. el bistec, las verduras frescas y el vino tinto.   c. unos pasteles (*cakes*).

2 Preguntas Contesta las preguntas.

1. ¿Dónde comieron don Francisco y los estudiantes? Don Francisco y los estudiantes comieron en el restaurante de doña Rita/El Cráter.

2. Según (*according to*) doña Rita, ¿por qué deben comer bien los viajeros? Según doña Rita, los viajeros deben comer bien porque van a ir de excursión a las montañas.

3. ¿Cuál es la especialidad del restaurante? La especialidad del restaurante es el caldo de patas.

4. ¿Qué pidió Maite? Maite pidió el caldo de patas y el lomo a la plancha.

5. ¿Qué pidió Álex? Álex pidió las tortillas de maíz y el ceviche de camarón.

6. ¿Qué tomaron todos? Todos tomaron el jugo.

7. ¿Cuándo es el cumpleaños (*birthday*) de Maite? Hoy es el cumpleaños de Maite.

8. ¿Qué tal son los pasteles (*cakes*) en El Cráter? Los pasteles en El Cráter son muy ricos.

3 Dos situaciones Answers will vary.

1. Prepara con un(a) compañero/a una conversación en la que le preguntas si conoce algún buen restaurante en su comunidad. Tu compañero/a responde que sí conoce un restaurante donde sirven comida deliciosa. Lo/La invitas a cenar y él/ella acepta. Determinan la hora para verse en el restaurante y se despiden.

2. Trabaja con un(a) compañero/a para representar una conversación entre un(a) cliente/a y un(a) camarero/a en un restaurante. El/La camarero/a te pregunta qué te puede servir y tú preguntas cuál es la especialidad del restaurante. El/La camarero/a te lo dice y te recomienda algunos platos del menú. Tú pides entremeses, un plato principal y una bebida. El/La camarero/a te da las gracias y luego te sirve la comida.

Exploración

NATIONAL communication cultures STANDARDS

La comida hispana

EXPANSION Typical breakfast foods vary in different parts of the Spanish-speaking world. Some popular breakfasts are: Guatemala: **huevos**, **frijoles**, and **tortillas**, or **champurradas** (eggs, beans and tortillas, or sugar cookies); Spain: **madalenas** (muffins); Costa Rica: **gallo pinto** (black beans and rice); and Venezuela: **perico** (scrambled eggs with peppers and onions).

El asado es la barbacoa (*barbecue*) argentina. Un asado típico consiste en chorizos (*sausages*) y otras carnes a la parrilla (*grilled*). Según los argentinos, el secreto de un buen asado es el corte (*cut*) de la carne y el control del fuego (*fire*).

La paella es el plato típico de España. Tradicionalmente se prepara al aire libre. Los ingredientes principales son: arroz, mariscos, pescado, carne y verduras.

EXPANSION Rice is a staple of Caribbean, Central American, and Mexican cuisine. It often accompanies main dishes and is served with beans, **arroz con frijoles**, or with chicken, **arroz con pollo**.

El ceviche es una comida muy popular en Perú y Ecuador. En su preparación, se combina el jugo de limón con pescado o mariscos crudos (*raw*).

SUGGESTION Point out that **ceviche** is made with raw fish, shrimp or shellfish, onions, and hot peppers. The ingredients are marinated in lime juice and salt for several hours before serving.

Observaciones

- Hay cerca de 4.000 variedades de papa.
- La palabra *papa* es de origen quechua (la lengua de los incas).
- En el Perú, hay 35 variedades de maíz, más que en ningún otro país del mundo.
- En Madrid, España, el restaurante más antiguo es la Casa Botín, fundado en el año 1725.

Coméntalo

Con un(a) compañero/a, contesta las siguientes preguntas. Answers will vary.

- ¿Te gustaría probar los platos mencionados en esta página?
- Describe los platos tradicionales de tu región o comunidad. ¿Los preparas con frecuencia en tu casa? ¿Son fáciles o difíciles de preparar?

EXPANSION After students work in pairs to list traditional regional dishes in **Coméntalo**, have them create the recipe and describe how the dish is prepared. Ask for volunteers to present the recipes to the whole class.

recursos

vistahigher learning.com

8.1 Preterite of stem-changing verbs

▶ As you know, **–ar** and **–er** stem-changing verbs have no stem change in the preterite. **–Ir** stem-changing verbs, however, do have a stem change.

Perdón, ¿quiénes pidieron las tortillas de maíz?

Preterite of –ir stem-changing verbs

	servir **e→i**	morir (to die) **o→u**
yo	serví *I served*	morí *I died*
tú	serviste	moriste
usted/él/ella	sirvió	murió
nosotros/as	servimos	morimos
vosotros/as	servisteis	moristeis
ustedes/ellos/ellas	sirvieron	murieron

¿Y qué plato pidió usted?

▶ Stem-changing **–ir** verbs, in the preterite only, have an **e** to **i** or **o** to **u** stem change in the **Ud./él/ella** and **Uds./ellos/ellas** forms.

INFINITIVE	VERB STEM	STEM CHANGE	PRETERITE
pedir	ped–	pid–	pidió, pidieron
dormir	dor–	dur–	durmió, durmieron

ESPAÑOL EN VIVO

Buenos días, Mamá y Papá: ¡Durmieron bien? Me levanté temprano y les preparé el desayuno, como me pidieron. Lo dejé en el horno. Un gran beso, Camilo

007Mundo.com piensa en todo lo que necesitas para estar en Internet. Explora ese mundo ideal.

007mundo.com

SUGGESTION Have students scan the advertisement and identify preterites of stem-changing verbs.

SUGGESTION Ask students questions about the advertisement. Ex: **¿Quién escribió la nota del anuncio? ¿Qué les preguntó Camilo a sus padres? En tu opinión, ¿se sintieron los padres felices o infelices cuando se despertaron?**

INSTRUCTIONAL RESOURCES WB, LM, Lab CD/MP3, I CD-ROM, IRM (Audio Scripts & Instructor Annotations)
Refer students to the **recursos** box in **Ampliación** for complete information.

Práctica y conversación

1 ¡Pobre Sr. Suárez! Completa las frases.

1. Los señores Suárez llegaron al restaurante a las ocho y __siguieron__ [seguir] al camarero a una mesa.
2. El señor Suárez __pidió__ [pedir] una chuleta de cerdo. La señora Suárez decidió probar los camarones.
3. El camarero __repitió__ [repetir] el pedido (*the order*).
4. La comida tardó mucho (*took a long time*) en llegar y los señores Suárez casi (*almost*) __se durmieron__ [dormirse] esperándola.
5. A las nueve el camarero les __sirvió__ [servir] la comida.
6. Después de comer la chuleta de cerdo, el señor Suárez __se sintió__ [sentirse] muy mal.
7. De repente, el señor Suárez se __murió__ [morir].
8. ¡Pobre señor Suárez! ¿Por qué no __pidió__ [pedir] los camarones?

2 El camarero loco Indica lo que los clientes pidieron y lo que el camarero loco les sirvió.

MODELO
Claudia / hamburguesa
Claudia pidió una hamburguesa, pero el camarero le sirvió zanahorias.

1. Juan y Rafael / té helado
Juan y Rafael pidieron té helado, pero el camarero les sirvió vino tinto.

3. Laura / arroz
Laura pidió arroz, pero el camarero le sirvió camarones.

2. Nosotros / papas fritas
Nosotros pedimos papas fritas, pero el camarero nos sirvió maíz.

4. Margarita / salmón
Margarita pidió salmón, pero el camarero le sirvió uvas.

3 Preguntas Usa estas preguntas para entrevistar a tu compañero. Answers will vary.

¿Te acostaste tarde o temprano anoche?

Me acosté tarde, a la una de la mañana.

1. ¿Te acostaste tarde o temprano anoche? ¿A qué hora te dormiste? ¿Dormiste bien?
2. ¿A qué hora te despertaste esta mañana? ¿A qué hora te levantaste?
3. ¿Llegaste a tiempo (*on time*) a la clase de español?
4. ¿Cuándo empezaste a estudiar español?
5. ¿Se durmió alguien en alguna de tus clases la semana pasada? ¿En qué clase?
6. ¿Quién preparó anoche la cena en tu casa? ¿Y quién la sirvió?

4 Una cena romántica En grupos, describan la cena romántica de Eduardo y Rosa. Usen la foto y las preguntas como guía (*as a guide*). Answers will vary.

- ¿Adónde salieron a cenar?
- ¿Qué pidieron?
- ¿Les sirvieron rápidamente (*quickly*) la comida?
- ¿Les gustó la comida?
- ¿Cuánto costó?
- ¿Van a volver otra vez a ese restaurante en el futuro?

8.2 Double object pronouns

▶ In previous lessons you learned that direct and indirect object pronouns replace nouns. You'll now learn how to use direct and indirect object pronouns together.

INDIRECT OBJECT PRONOUNS			DIRECT OBJECT PRONOUNS	
me	nos		lo	los
te	os	+		
le (se)	les (se)		la	las

▶ When direct and indirect object pronouns are used together, the indirect object pronoun goes before the direct object pronoun.

Y de tomar, les recomiendo el jugo de piña... ¿Se lo traigo a todos?

I.O.	D.O.	DOUBLE OBJECT PRONOUNS
El camarero me muestra el menú.		El camarero me lo muestra.
The waiter shows me the menu.		The waiter shows it to me.
Nos sirven los platos.		Nos los sirven.
They serve us the dishes.		They serve them to us.
Maribel te pidió una hamburguesa.		Maribel te la pidió.
Maribel ordered a hamburger for you.		Maribel ordered it for you.

Sí, perfecto.

▶ The indirect object pronouns **le** and **les** always change to **se** when they are used with **lo, los, la,** and **las.**

Qué tal la comida, ¿rica?

I.O.	D.O.	DOUBLE OBJECT PRONOUNS
Le escribí la carta.		Se la escribí.
I wrote him the letter.		I wrote it to him.
Les sirvió los entremeses.		Se los sirvió.
He served them the hors d'oeuvres.		He served them to them.
Le pedimos un café.		Se lo pedimos.
We ordered him a coffee.		We ordered it for him.

Sí, y nos la sirvieron tan rápidamente.

▶ Because **se** has multiple meanings, Spanish speakers clarify to whom the pronoun refers by adding **a usted, a él, a ella, a ustedes, a ellos,** or **a ellas.**

¿El sombrero? Carlos **se** lo vendió **a ella**.
The hat? Carlos sold it to her.

¿Las verduras? Ellos **se** las compran **a usted.**
The vegetables? They buy them for you.

▶ Double object pronouns are placed before a conjugated verb. With infinitives and present participles, double object pronouns may be placed before the conjugated verb or attached to the end of the infinitive or present participle.

 INSTRUCTIONAL RESOURCES WB, LM, Lab CD/MP3, I CD-ROM, IRM (Audio Scripts & Instructor Annotations)

▸ When double object pronouns are attached to an infinitive or a present participle, an accent mark is added to maintain the original stress.

Me lo estoy comiendo.
Estoy comiéndo**melo**.
I am eating it.

Se la van a traer.
Van a traér**sela**.
They are going to bring it to you.

Práctica y conversación

NATIONAL communication STANDARDS

1 En un restaurante Imagínate que trabajas de camarero/a en un restaurante. Indica lo que se dicen (*say to each other*) tú y tus clientes. Answers will vary.

MODELO
Sra. Guzmán: Una hamburguesa, por favor.
Camarero/a: Enseguida (*right away*) se la traigo.

Sra. Guzmán

1. Tus compañeros/as de cuarto
2. Tu profesor(a) de español
3. Sr. Ramos

4. Tus padres
5. Srta. Salas
6. Dr. Cifuentes

2 ¿Quién? La Sra. Cevallos está hablando sola de los planes para una cena. Cambia los sustantivos subrayados (*underlined nouns*) por pronombres de objeto directo.

MODELO
¿Quién va a traerme la carne del supermercado? [Mi esposo]
Mi esposo va a traérmela./Mi esposo me la va a traer.

1. ¿Quién les mandó las invitaciones a los invitados (*guests*)? [Mi hija] Mi hija se las mandó.

2. ¿Quién me puede comprar el pan? [Mi hijo]
Mi hijo puede comprármelo./Mi hijo me lo puede comprar.

3. ¿Quién puede prestarme los platos que necesito?
[Mi mamá] Mi mamá puede prestármelos./Mi mamá me los puede prestar.

4. ¡Los postres (*desserts*)! ¿Quién está preparándonos los postres? [Silvia y Renata] Silvia y Renata están preparándonoslos./Silvia y Renata nos los están preparando.

5. Nos falta mantequilla. ¿Quién nos trae la mantequilla?
[Mi cuñada] Mi cuñada nos la trae.

3 Contestar Trabajen en parejas (*pairs*) y formulen preguntas usando las palabras interrogativas **¿Quién?** o **¿Cuándo?** Answers will vary.

MODELO
nos enseña español
Estudiante 1: ¿Quién nos enseña español?
Estudiante 2: La profesora Castro nos lo enseña.

Preguntas	Respuestas
1. te escribe mensajes electrónicos	_____
2. me vas a prestar tu computadora	_____
3. les vende los libros de texto a los estudiantes	_____
4. le enseñó español al/a la profesor(a)	_____
5. te compró esa camiseta	_____
6. me vas a mostrar tu casa o apartamento	_____

4 Preguntas Contesta estas preguntas con un(a) compañero/a. Answers will vary.

1. ¿Me prestas tu coche (*car*)?
2. ¿Me puedes comprar un coche nuevo?
3. ¿Quién te presta dinero cuando lo necesitas?
4. ¿Les prestas tu casa a tus amigos? ¿Por qué?
5. ¿Nos compras el almuerzo a mí y a los otros compañeros de clase?
6. ¿Me describes tu casa?
7. ¿Quién te va a preparar la cena esta noche?
8. ¿Vas a leerles el cuento (*story*) de "Blancanieves" (*Snow White*) a tus nietos? ¿Qué otros cuentos les vas a leer?

8.3 Saber and conocer

▶ Spanish has two verbs that mean *to know*, **saber** and **conocer**, but they are used differently. Note that only the **yo** forms of **saber** and **conocer** are irregular in the present tense.

Saber and conocer		
	saber	**conocer**
yo	sé	conozco
tú	sabes	conoces
usted/él/ella	sabe	conoce
nosotros/as	sabemos	conocemos
vosotros/as	sabéis	conocéis
ustedes/ellos/ellas	saben	conocen

▶ **Saber** means *to know a fact or piece(s) of information* or *to know how to do something.*

No **sé** tu número de teléfono.
I don't know your telephone number.

Mi hermana **sabe** hablar francés.
My sister knows how to speak French.

▶ **Conocer** means *to know or be familiar/acquainted with a person, place, or thing.*

¿**Conoces** la ciudad de Nueva York?
Do you know New York City?

No **conozco** a tu amigo Esteban.
I don't know your friend Esteban.

▶ When the direct object of **conocer** is a person or pet, the personal **a** is used.

¿**Conoces a** Rigoberta Menchú?
Do you know Rigoberta Menchú?

¿**Conoces** ese restaurante?
Do you know that restaurant?

▶ These verbs are conjugated like **conocer**.

conducir (*to drive*)	conduzco, conduces, conduce, etc.
ofrecer (*to offer*)	ofrezco, ofreces, ofrece, etc.
parecer (*to seem*)	parezco, pareces, parece, etc.
traducir (*to translate*)	traduzco, traduces, traduce, etc.

SUGGESTION Have students scan the advertisement and identify the instances where the verbs **saber** and **conocer** are used.

SUGGESTION Ask students questions about the advertisement. Ex: **Después de leer el anuncio, ¿qué sabes del Centro Comercial Oviedo? ¿Qué puedes hacer en el Centro Comercial Oviedo? ¿A quién está dirigido el anuncio? ¿Conoces un centro comercial como éste? ¿Cómo se llama? ¿En qué ciudad está?**

ESPAÑOL EN VIVO

Él sabe dónde comer lo que más le gusta

Él sabe cómo jugar cuatro horas seguidas

Él sabe dónde está su regalo de cumpleaños

Él sabe dónde divertirse

...y usted sabe dónde puede encontrar un poco de todo.
¿Conoce algún otro lugar como éste?

Oviedo
Centro Comercial
Sabe lo que te gusta

INSTRUCTIONAL RESOURCES WB, LM, Lab CD/MP3, I CD-ROM, IRM (Audio Scripts & Instructor Annotations)

Práctica y conversación

1 Completar Completa las frases con la forma apropiada de **saber** o **conocer**.

1. —¿_____Saben_____ ustedes dónde vive Pilar?
   —No, nosotras no lo _____sabemos_____ .

2. Mi amiga Carla _____sabe_____ conducir, pero yo no _____sé_____ .

3. —¿_____Conoces_____ a Mateo, mi hermano mayor?
   —No, no lo _____conozco_____ .

4. —Todavía no _____conozco_____ a tu novio.
   —Sí, ya lo _____conoces_____ .

5. Tú _____sabes_____ esquiar, pero Tino y Luis son pequeños y no _____saben_____ .

6. —Nosotros no _____conocemos_____ Guatemala.
   —Ah, ¿no? Yo _____conozco_____ bien las ciudades de Escuintla, Quetzaltenango y Antigua.

7. Roberto _____conoce_____ bien el *Popol Vuh*, el libro sagrado de los mayas; también _____sabe_____ leer los jeroglíficos de los templos mayas.

2 Oraciones Combina las palabras de las tres columnas para hacer oraciones completas. Answers will vary.

MODELO

No conozco a Cher. Yo conozco a Andy García.

Sujetos	Verbos	Objetos directos
Katie Couric		Cameron Díaz
Cher		Andy García
Ozzy Osbourne		cantar
Tom Hanks		el lago de Maracaibo en Venezuela
Carlos Santana		hablar dos lenguas extranjeras
Manny Ramírez	(no) conocer	hacer reír (*laugh*) a la gente
yo	(no) saber	la fecha de hoy
tú		escribir novelas de terror
tu compañero/a		programar computadoras
tu profesor(a)		muchas personas importantes

3 Deportes  Pregúntale a un(a) compañero/a qué deportes practica y por qué. Answers will vary.

MODELO

Estudiante 1: **¿Sabes esquiar?**

Estudiante 2: **Sí, sé esquiar porque aprendí de niño./ Sí, sé esquiar porque me gusta mucho el invierno.**

4 Preguntas Con un(a) compañero/a, contesten las siguientes preguntas. Answers will vary.

1. ¿Qué restaurantes buenos conoces? ¿Cenas en los restaurantes frecuentemente (*frequently*)?

2. En tu familia, ¿quién sabe cantar mejor (*best*)? ¿Tu opinión es objetiva?

3. ¿Conoces a algún/alguna artista hispano/a?

4. ¿Sabes usar bien Internet? ¿Te parece fácil o difícil usar la computadora?

5. ¿Sabes escuchar cuando alguien te habla de sus problemas?

6. ¿Conoces a algún/alguna chef famoso/a? ¿Qué tipo de comida prepara?

7. ¿Conoces a algún/alguna escritor(a) famoso/a?

8. ¿Sabes si ofrecen cursos de administración de empresas en tu universidad?

8.4 Comparisons and superlatives

▶ Comparisons of inequality are formed by placing **más** (*more*) or **menos** (*less*) before adjectives, adverbs, and nouns and **que** (*than*) after them. When the comparison involves a numerical expression, **de** is used before the number.

Tengo más hambre que un elefante.

El té es **más caro que** el jugo.
The tea is more expensive than the juice.

Tú eres **mas alto que** Jorge.
You are taller than Jorge.

Susana es **menos generosa que** su prima.
Susana is less generous than her cousin.

Hay **más de cincuenta** naranjas.
There are more than fifty oranges.

▶ With verbs, use this construction to make comparisons of inequality: [verb] + **más/menos que**.

Mis hermanos **comen más que** yo.
My brothers eat more than I do.

Arturo **duerme menos que** su padre.
Arturo sleeps less than his father does.

El lomo a la plancha es un poquito más caro que el caldo.

▶ The constructions **tan** + [adverb, adjective] + **como** and **tanto/a(s)** + [singular noun, plural noun] + **como** are used to make comparisons of equality.

Este plato es **tan delicioso como** aquél.
This dish is as delicious as that one.

Tu amigo es **tan simpático como** tú.
Your friend is as nice as you.

Yo comí **tanta comida como** tú.
I ate as much food as you did.

Ustedes probaron **tantos platos como** ellos.
You tried as many dishes as they did.

▶ Comparisons of equality with verbs are formed by placing **tanto como** after the verb. Note that **tanto** does not change in number or gender.

No **duermo tanto como** mi tía.
I don't sleep as much as my aunt.

Estudiamos tanto como ustedes.
We study as much as you do.

▶ This construction is used to form superlatives: **el/la/los/las** + [noun] + **más/menos** + [adjective] + **de**

Es **el café más rico del** país.
It's the most delicious coffee in the country.

Es **el menú menos caro de** todos éstos.
It is the least expensive menu of all of these.

▶ The noun in a superlative construction can be omitted if it is clear to whom or what the superlative refers.

¿El restaurante Mar? Es **el más elegante de** la ciudad.
The Mar restaurant? It's the most elegant (one) in the city.

¡ojo!

The absolute superlative, which ends in **–ísimo**, is equivalent to the English *extremely/very* + [adjective] or *extremely/very* + [adverb]. For example: **muchísimo** (*very much*), **malísimo** (*very bad*), **facilísimo** (*extremely easy*).

Irregular comparative and superlative forms

Adjectives		Comparative form		Superlative form	
bueno/a	good	**mejor**	better	**el/la mejor**	(the) best
malo/a	bad	**peor**	worse	**el/la peor**	(the) worst
grande	big	**mayor**	bigger	**el/la mayor**	(the) biggest
pequeño/a	small	**menor**	smaller	**el/la menor**	(the) smallest
joven	young	**menor**	younger	**el/la menor**	(the) youngest
viejo/a	old	**mayor**	older	**el/la mayor**	(the) oldest

   INSTRUCTIONAL RESOURCES WB, LM, Lab CD/MP3, I CD-ROM, IRM (Audio Scripts & Instructor Annotations)

▶ When **grande** and **pequeño/a** refer to age, the irregular comparative and superlative forms, **mayor/menor**, are used. However, when **grande** and **pequeño/a** refer to size, the regular forms, **más grande/más pequeño/a**, are used.

Isabel es **la mayor de** los hermanos.
Isabel is the biggest (eldest) of the siblings.

Tu ensalada es **más grande que** ésa.
Your salad is bigger than that one.

▶ The adverbs **bien** and **mal** have the same irregular comparative forms as **bueno/a** and **malo/a**.

Julio nada **mejor que** los otros chicos.
Julio swims better than the other boys.

Ellas cantan **peor que** las otras chicas.
They sing worse than the other girls.

Práctica y conversación

1 **Dos parejas de hermanos** Escoge (*choose*) la palabra correcta para comparar a las hermanas Lucila y Tita y a los hermanos Mario y Luis.

1. Lucila es más alta y más bonita ____que____ [de, más, menos, que] Tita.

2. Tita es más delgada porque practica deportes ____más____ [de, más, menos, que] que Lucila.

3. Mario es ____tan____ [tan, tanto, tantos, tantas] guapo como Luis.

4. Luis va al gimnasio ____tanto____ [tan, tanto, tantos, tantas] como Mario.

5. A Tita le gusta quedarse en casa. Va a ____menos____ [de, más, menos, que] fiestas que Lucila.

6. Lucila es la menos inteligente ____de____ [de, más, menos, que] su clase.

7. Luis va a ____tantas____ [tan, tanto, tantos, tantas] fiestas como Mario.

8. ¡Lucila y Tita son ____tan____ [tan, tanto, tantos, tantas] diferentes y Mario y Luis tienen ____tantas____ [tan, tanto, tantos, tantas] cosas en común!

Tita y Lucila

Mario y Luis

2 **Comparaciones** En parejas, conversen sobre los siguientes temas: restaurantes, cafés, tiendas, periódicos, revistas, libros, comida, profesores, cursos, personas famosos. *Answers will vary.*

MODELO
papas fritas

Estudiante 1: Las papas fritas del restaurante Los Pinos son las mejores del mundo.

Estudiante 2: Pues yo creo que las papas fritas del restaurante López son tan buenas como las del restaurante Los Pinos.

Estudiante 1: No, porque son más saladas que las papas fritas del restaurante Los Pinos.

3 **La familia García** En grupos, túrnense (*take turns*) para hacer comparaciones entre Rafael, Eva, Esteban y Lourdes. *Answers will vary.*

MODELO

Estudiante 1: Esteban es el más guapo de la familia.

Estudiante 2: Pues yo creo que Rafael es tan guapo como Esteban.

Estudiante 1: Mmm, pero Esteban es mucho más alto.

Ampliación

1 Escuchar 🎧

A Escucha a Ramón Acevedo. Toma apuntes (*notes*) de las instrucciones que él da.

TIP **Jot down notes as you listen.** Jotting down notes while you listen will help you to focus actively on comprehension rather than on remembering what you have heard.

Ingredientes del relleno		Poner dentro del pavo
carne de cerdo	pimienta	relleno
zanahorias	aceite	sal
papas	ajo	pimienta
consomé		

- Untarlo con __margarina__.
- Cubrirlo con __papel__ de aluminio.
- Ponerlo en el horno a __trescientos veinticinco__ grados, por unas __cuatro__ horas.

B ¿Es similar el plato que prepara Ramón Acevedo a algún plato que tu familia come habitualmente? ¿En qué es similar? ¿En qué es distinto? *Answers will vary.*

2 Conversar 🎁 En parejas, túrnense (*take turns*) para contestar estas preguntas. Luego informen a la clase de los resultados. *Answers will vary.*

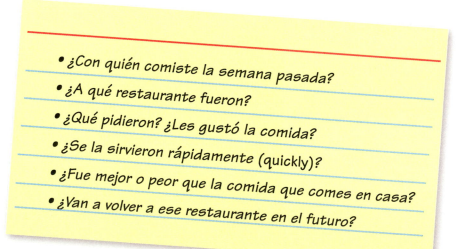

- ¿Con quién comiste la semana pasada?
- ¿A qué restaurante fueron?
- ¿Qué pidieron? ¿Les gustó la comida?
- ¿Se la sirvieron rápidamente (quickly)?
- ¿Fue mejor o peor que la comida que comes en casa?
- ¿Van a volver a ese restaurante en el futuro?

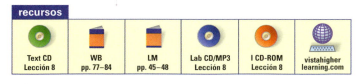

recursos

Text CD Lección 8 · WB pp. 77–84 · LM pp. 45–48 · Lab CD/MP3 Lección 8 · I CD-ROM Lección 8 · vistahigherlearning.com

INSTRUCTIONAL RESOURCES Text CD, WB, LM, Lab CD/MP3, I CD-ROM (Activities & Quiz), Website, IRM
Inform students that the material listed in the **recursos** box applies to the complete **Gramática** section.

1 SCRIPT For the script, see the Instructor's Resource Manual.

3 Escribir Escribe una crítica culinaria sobre un restaurante local para el periódico de la universidad. Answers will vary.

TIP Expressing and supporting opinions. Use details, facts, examples, and other forms of evidence to convince your readers to take your opinions seriously.

Organízalo Usa un mapa de ideas para organizar tus comentarios sobre la comida, el servicio, el ambiente (*atmosphere*) y otras informaciones sobre el restaurante.

Escríbelo Utiliza tus notas para escribir el primer borrador de tu artículo culinario.

Corrígelo Intercambia (*exchange*) tu composición con un(a) compañero/a. Comenta sobre el título, la organización, los detalles específicos y los errores de gramática o de ortografía.

Compártelo Revisa el primer borrador según las indicaciones de tu compañero/a. Incorpora nuevas ideas y/o más información para reforzar (*support*) tu opinión. Luego entrégale (*hand it in*) la crítica culinaria a tu profesor(a).

SUGGESTION Provide students with possible questions to answer in their restaurant reviews. Ex: ¿Qué tipo de comida es? ¿Cuál es el mejor plato? ¿Y el peor? ¿Hay que esperar mucho? ¿Es el ambiente informal o elegante? ¿Cómo son los precios? ¿Cuál es la dirección y el número de teléfono?

3 EVALUATION

Criteria	Scale
Content	1 2 3 4
Organization	1 2 3 4
Accuracy	1 2 3 4
Oral Presentation	1 2 3 4
Creativity	1 2 3 4

Scoring

Excellent	18–20 points
Good	14–17 points
Satisfactory	10–13 points
Unsatisfactory	< 10 points

4 SUGGESTION Provide students with several menus written in Spanish and English. Ask them to discuss the design of each and integrate what they like into their own menus.

4 Un paso más Diseña el menú de un nuevo restaurante en la capital de un país hispano. Answers will vary.

- Decide en qué país y ciudad vas a abrir el restaurante.
- Investiga cuáles son las comidas típicas y los platos más populares del país.
- Diseña el menú, incluyendo entremeses, platos principales, ensaladas, postres (*desserts*) y bebidas.
- Indica los precios de los platos en la moneda del país.
- Intercambia tu menú con tres o cuatro compañeros y comparen los platos que escogieron.

4 SUGGESTION Have students work in small groups to design their menus. Assign different countries to different groups and have them share their projects with the rest of the class.

El Tamalito
Especialidades guatemaltecas
5a calle (Los Próceres) Zona 4
Tel: (502) 345 89 76
Fax: (502) 243 56 34

En Internet

Investiga estos temas en el sitio vistahigherlearning.com.
- Capitales de los países hispanos
- Comidas del mundo hispano

Antes de leer

Reading for the main idea is a useful strategy; it involves locating the topic sentences of each paragraph in order to determine the author's purpose for writing a particular piece. The first sentence in each paragraph can provide clues about the content of each paragraph, as well as impressions of how the entire reading selection is organized.

Examinar el texto

En esta sección tenemos dos textos diferentes. ¿Qué estrategias puedes usar para leer la crítica culinaria? ¿Cuáles son las apropiadas para familiarizarte con el menú? Utiliza las estrategias más eficaces para cada texto. ¿Qué tienen en común?

Identificar la idea principal

Lee la primera frase de cada párrafo de la crítica culinaria del restaurante **El Palmito**. Apunta el tema principal de cada párrafo. Luego lee todo el primer párrafo. ¿Crees que el restaurante le gustó a la autora de la crítica culinaria? ¿Por qué? Ahora lee la crítica entera. En tu opinión, ¿cuál es la idea principal de la crítica? ¿Por qué la escribió la autora? Compara tus opiniones con las de un(a) compañero/a.

SUGGESTION Ask students to scan the menu and give the English equivalents of **Entremeses** (Hors d'oeuvres), Sopas (Soups), **Entradas** (Entrees), **Postres** (Desserts), and **Bebidas** (Beverages).

SUGGESTION Discuss the classification of 1 star (*) to 5 stars (*****) when rating the qualities of a restaurant. You may want to give examples from local restaurants that students know.

EXPANSION To further check comprehension, ask: **¿Cómo es el servicio en el restaurante? ¿Cuál fue la opinión de la crítica respecto a la comida? ¿Cómo son los precios en El Palmito? ¿Cuándo está abierto El Palmito?**

TEACHING OPTION Divide the class into small groups and have them take turns ordering from the **El Palmito** menu. They should take turns being the waiter/waitress and the customer.

recursos

vistahigher
learning.com

37E

Restaurantes

Cinco estrellas para El Palmito

Margarita Galán, crítica de restaurantes

El viernes pasado cené en el restaurante **El Palmito,** donde se unen de una manera extraordinaria la comida tradicional de nuestra región y la belleza arquitectónica de nuestra ciudad. Su propietario, Héctor Suárez, es uno de los jefes de cocina más respetados del país.

El exterior del restaurante refleja el estilo colonial de la ciudad. Por dentro, la decoración rústica crea un ambiente cálido. Hay que mencionar también el hermoso patio, lleno de plantas y flores, donde muchas personas se reúnen para tomar un café en un ambiente relajado y cordial.

Uno no se puede quejar del servicio de **El Palmito.** El personal del restaurante es muy amable y atento, desde los cocineros que preparan la comida hasta los meseros que la sirven.

La comida del restaurante es exquisita. Las tortillas, que se sirven con ajiaceite, son deliciosas. La sopa de pollo y huevo es excelente, y los frijoles enchilados, ricos. También recomiendo el tomaticán, cocinado con una gran variedad de verduras muy ricas. De postre, don Héctor me preparó su especialidad, un rico pastel de yogur.

Les recomiendo que visiten **El Palmito** cuando tengan ocasión.

El Palmito
*de lunes a sábado 10:00am-11:00pm
domingo 11:00am-10:00pm*

Comida *****
Servicio *****
Ambiente *****
Precio ****

Después de leer

¿Comprendiste?

Selecciona las palabras que mejor completan cada frase.

1. La arquitectura del restaurante es _____colonial_____ [moderna, colonial, fea].

2. [Los clientes, Los cocineros, Los camareros] _____Los camareros_____ sirven la comida.

3. [Los clientes, Los cocineros, Los camareros] _____Los cocineros_____ preparan la comida.

4. El dueño del restaurante es uno de los _____mejores_____ [peores, menores, mejores] jefes de cocina del país.

5. La comida en este restaurante, según la autora, es _____muy buena_____ [muy buena, mala, regular].

Preguntas

1. ¿Cómo se llama el dueño del restaurante?
   El dueño del restaurante se llama Héctor Suárez.

2. ¿Qué tipo de comida se sirve en El Palmito?
   En El Palmito se sirve comida tradicional de la región.

3. ¿Cómo es el ambiente del restaurante?
   El ambiente del restaurante es cálido, relajado y cordial.

4. ¿Quién escribió este artículo?
   Este artículo lo escribió Margarita Galán.

5. ¿Cuántos platos probó la autora del artículo?
   La autora del artículo probó cinco platos.

Coméntalo

¿Te interesan las comidas y bebidas que sirven en El Palmito? ¿Cuáles te interesan más? ¿Por qué? ¿Se sirven platos y bebidas similares a éstos en tu región o comunidad? Answers will vary.

postres *desserts* cálido *warm* por dentro *inside*
hay que *one must* jefe de cocina *head chef* lleno *full* relajado *relaxed*
ambiente *atmosphere* uno no se puede quejar *one can't complain*
cuando tengan ocasión *when you have the opportunity*

M E N Ú

Éntremeses

Pan tostado con
• Queso frito   • Mantequilla y jalea

Tortillas con
• Ajicomino (chile, comino)   • Ajiaceite (chile, aceite)

Sopas

• Cebolla   • Verduras   • Pollo y huevo   • Mariscos

Platos Principales

Chilaquil
(tortilla de maíz, queso, hierbas y chile)

Tomaticán
(tomate, papas, maíz, chile, arvejas, zanahorias y verduras)

Tamales
(maíz, azúcar, ajo, cebolla)

Frijoles enchilados
(frijoles negros, carne de cerdo o de res, arroz, chile)

Postres

• Helado de piña   • Plátanos caribeños
• Uvate (uvas, azúcar de caña y ron)   • Pastel de yogur

Bebidas

• Té helado   • Vino tinto
• Vino blanco   • Agua mineral   • Jugos
• Chilate (maíz, chile y cacao)

La carne y el pescado

el atún	tuna
el bistec	steak
los camarones	shrimp
la carne	meat
la carne de res	beef
la chuleta de cerdo	pork chop
la hamburguesa	hamburger
el jamón	ham
la langosta	lobster
los mariscos	seafood
el pavo	turkey
el pescado	fish
el pollo (asado)	(roast) chicken
la salchicha	sausage
el salmón	salmon

Los granos y las verduras

las arvejas	peas
la cebolla	onion
el champiñón	mushroom
la ensalada	salad
los frijoles	beans
la lechuga	lettuce
el maíz	corn
las papas/patatas	potatoes
el tomate	tomato
las verduras	vegetables
la zanahoria	carrot

Las frutas

la banana	banana
las frutas	fruit
el limón	lemon
la manzana	apple
la naranja	orange
las uvas	grapes

Las comidas

el/la camarero/a	waiter
el/la dueño/a	owner
el menú	menu
la sección de (no) fumadores	(non) smoking section
el almuerzo	lunch
la cena	dinner
la comida	food; meal
el desayuno	breakfast
los entremeses	hors d'oeuvres
el plato (principal)	(main) dish
agrio/a	sour
delicioso/a	delicious
dulce	sweet
picante	hot, spicy
rico/a	tasty; delicious
sabroso/a	tasty; delicious
salado/a	salty
almorzar (o:ue)	to have lunch
cenar	to have dinner
desayunar	to have breakfast
pedir (e:i)	to order (food)
probar (o:ue)	to taste; to try
recomendar (e:ie)	to recommend
servir (e:i)	to serves

Las bebidas

el agua (f.) (mineral)	(mineral) water
la bebida	drink
el café	coffee
la cerveza	beer
el jugo (de fruta)	(fruit) juice
la leche	milk
el refresco	soft drink
el té (helado)	(iced) tea
el vino (blanco/tinto)	(white/red) wine

Otras comidas

el aceite	oil
el ajo	garlic
el arroz	rice
el azúcar	sugar
los cereales	cereal; grains
el huevo	egg
la mantequilla	butter
la margarina	margarine
la mayonesa	mayonnaise
el pan (tostado)	(toasted) bread
las papas/patatas fritas	French fries
la pimienta	pepper
el queso	cheese
la sal	salt
el sándwich	sandwich
la sopa	soup
el vinagre	vinegar

Verbos

conducir	to drive
conocer	to know; to be acquainted with
morir (o:ue)	to die
ofrecer	to offer
parecer	to seem; to appear
saber	to know; to know how
traducir	to translate

Expresiones útiles	See page 173.
Comparisons and superlatives	See pages 183–184.

recursos

LM p. 48

Lab CD/MP3 Lección 8

Vocab CD Lección 8

¡VIVAN LOS PAÍSES HISPANOS!

El Amazonas es el río más caudaloso (*the largest*) del mundo. Por ser muy profundo (*deep*) y ancho (*wide*), tiene otro nombre: "río océano". Los barcos más grandes pueden navegar en él. También pueden navegar barcos pequeños, como la canoa que vemos en la foto. Alrededor (*around*) del río Amazonas hay una gran selva (*jungle*) y muy poca gente vive allí.

Suramérica I

Venezuela

Área: 912.050 km² (352.144 millas²)
Población: 26.468.000
Capital: Caracas–3.261.000
Ciudades principales: Maracaibo, Valencia, Maracay, Barquisimeto
Moneda: bolívar

SOURCE: Population Division, UN Secretariat

Colombia

Área: 1.138.910 km² (439.734 millas²)
Población: 45.580.000
Capital: Bogotá–7.596.000
Ciudades principales: Cali, Medellín, Barranquilla, Cartagena
Moneda: peso colombiano

SOURCE: Population Division, UN Secretariat

Ecuador

Área: 283.560 km² (109.483 millas²)
Población: 13.798.000
Capital: Quito–1.832.000
Ciudades principales: Guayaquil, Cuenca, Machala, Portoviejo
Moneda: dólar estadounidense

SOURCE: Population Division, UN Secretariat

Perú

Área: 1.285.220 km² (496.224 millas²)
Población: 27.804.000
Capital: Lima–8.185.000
Ciudades principales: Arequipa–797.000, Trujillo–672.000, Chiclayo–552.000, Iquitos–380.000
Moneda: nuevo sol

SOURCE: Population Division, UN Secretariat

Gente

Indígenas de Ecuador

Ecuador tiene mucha población indígena (*native*). La lengua oficial de Ecuador es el español, pero la gente habla otras lenguas en el país. Aproximadamente unos 4.000.000 de ecuatorianos hablan lenguas indígenas. La mayoría de ellos habla quechua. Los indígenas son agricultores y excelentes tejedores (*weavers*). Los tejidos de Ecuador son famosos en todo el mundo por sus colores vivos y sus hermosos diseños (*designs*). En el mercado de Otavalo se venden mantas (*blankets*), ropas tradicionales y tapices (*tapestries*) hechos por los indígenas.

Lugares

El Salto Ángel

El Salto Ángel, en el sureste de Venezuela, es la catarata (*waterfall*) más alta del mundo. Tiene 979 metros (3.212 pies) de altura (*height*). Es diecisiete veces más alta que las cataratas del Niágara. El Salto Ángel tiene su nombre porque James C. Ángel lo descubrió (*discovered*) en 1937. Está en el Parque Nacional Canaima y los indígenas lo llaman *Churún Merú*.

Mar Caribe

Barranquilla

Maracai

Medellín

Bogotá

Cali

R. Magdalena

COLOMBIA

Pasto

Quito

ECUADOR

Guayaquil

Iquito

PERÚ

Cordillera de los Andes

Lima

Cuzc

Océano Pacífico

Lago T

Arequipa

INSTRUCTIONAL RESOURCES WB, VM, Website, OT, IRM, Ph Video, Ph DVD, I CD-ROM

Puerto España
TRINIDAD

Caracas

VENEZUELA

R. Orinoco

GUAYANA

BRASIL

BOLIVIA

PARAGUAY

Literatura

Gabriel García Márquez

El colombiano Gabriel García Márquez es uno de los escritores contemporáneos más importantes del mundo. Ganó el Premio Nobel de Literatura en 1982. García Márquez publicó su primer cuento (*story*) en 1947, cuando era (*was*) un estudiante universitario. Su libro más famoso se llama *Cien años de soledad*. El estilo literario de García Márquez es el "realismo mágico", un estilo que mezcla (*mixes*) la realidad con la fantasía. Otros escritores relacionados (*related*) con el realismo mágico son Alejo Carpentier (Cuba), Arturo Uslar Pietri (Venezuela) y Julio Cortázar (Argentina).

Economía

Las alpacas del Perú

La alpaca es un animal suramericano de la familia de la llama y la vicuña. Vive en rebaños (*herds*) en los Andes del Perú. La alpaca escupe (*spits*) para defenderse. Es un animal muy importante para la economía del país. Da una lana muy buena que los indígenas peruanos utilizan para hacer ropa, mantas (*blankets*) y bolsas.

recursos

WB pp. 85–86

VM pp. 207–210

I CD-ROM Lección 8

vistahigher learning.com

¿Qué aprendiste?

1 **¿Cierto o falso?** Indica si las oraciones son **ciertas** o **falsas**.

Cierto	Falso	
✓		**1.** El río Amazonas es el más caudaloso del mundo.
	✓	**2.** Alrededor del río Amazonas hay una gran playa.
✓		**3.** La moneda de Ecuador es el dólar estadounidense.
	✓	**4.** Arequipa es una de las ciudades principales de Venezuela.
	✓	**5.** La lengua oficial de Ecuador es el quechua.
✓		**6.** Los tejidos de Ecuador son famosos en todo el mundo.
	✓	**7.** Las cataratas del Niágara son más altas que el Salto Ángel.
✓		**8.** Los indígenas llaman *Churún Merú* al Salto Ángel.
✓		**9.** García Márquez ganó el Premio Nobel en 1982.
	✓	**10.** García Márquez publicó su primer cuento en 1999.
✓		**11.** La alpaca es de la familia de la llama y la vicuña.
✓		**12.** La alpaca escupe para defenderse.

2 **Preguntas** Contesta las siguientes preguntas.

1. ¿Qué otro nombre tiene el río Amazonas? ¿Por qué?
El otro nombre del río Amazonas es "río océano", por ser muy profundo y ancho.

2. ¿Qué se vende en el mercado de Otavalo? ¿Qué te gustaría comprar allí?
En el mercado de Otavalo se venden tapices, mantas y ropas tradicionales hechos por los indígenas.

3. ¿Dónde está el Salto Ángel? ¿Crees que se puede nadar allí?
El Salto Ángel está en el Parque Nacional Canaima, en Venezuela. No se puede nadar en el Salto Ángel porque es muy alto.

4. ¿Cuál es el estilo literario de Gabriel García Márquez? Explica.
El estilo literario de Gabriel García Márquez es el realismo mágico, un estilo que mezcla la realidad con la fantasía.

5. ¿Por qué crees que la alpaca es importante para la economía del Perú?
La alpaca es muy importante para la economía del Perú porque da una lana muy buena.

En Internet

Busca más información sobre estos temas en el sitio vistahigherlearning.com. Presenta la información a tus compañeros/as de clase.

- Indígenas de Ecuador
- El Salto Ángel
- Gabriel García Márquez
- Las alpacas del Perú

9 Las celebraciones

Communicative Goals

You will learn how to:

- wish somebody a happy birthday
- talk about celebrations and personal relationships
- ask for the bill in a restaurant
- express gratitude

Para empezar

- ¿Cómo crees que se sienten ellos, alegres o tristes?
- ¿De qué color es el vestido de la mujer joven, blanco o amarillo?
- ¿Crees que los jóvenes tienen planes para ir de vacaciones?

Las celebraciones

SUGGESTION Introduce active vocabulary by asking students if they organized a party recently. Ex: **¿Quiénes fueron? ¿Qué comieron y qué tomaron? ¿Bailaron? ¿Lo pasaron bien?**

la boda
wedding

LAS FIESTAS

el aniversario (de bodas) *(wedding) anniversary*

el día de fiesta *holiday*

la fiesta *party*

el/la invitado/a *guest*

la Navidad *Christmas*

la quinceañera *young woman's fifteenth birthday celebration*

la sorpresa *surprise*

cambiar (de) *to change*

celebrar *to celebrate*

cumplir años *to have a birthday*

dejar una propina *to leave a tip*

divertirse (e:ie) *to have fun*

invitar *to invite*

pagar la cuenta *to pay the bill*

el cumpleaños
birthday

brindar
to toast

graduarse (de)
to graduate (from)

pasarlo bien/mal *to have a good/bad time*

regalar *to give (a gift)*

reírse (e:i) *to laugh*

relajarse *to relax*

sonreír (e:i) *to smile*

sorprender *to surprise*

POSTRES Y OTRAS COMIDAS

la botella de vino *bottle of wine*

los dulces *sweets; candy*

el helado *ice cream*

el pastel *cake*
   de cumpleaños *birthday cake*

los postres *desserts*

las galletas
cookies

el flan
baked custard

el champán
champagne

recursos

| WB pp. 89–90 | LM p. 49 | Lab CD/MP3 Lección 9 | I CD-ROM Lección 9 | Vocab CD Lección 9 |

SUGGESTION Write **divertirse** and **pasarlo bien** on the board and explain their meanings. Then ask students about a recent party they may have attended using both forms. Ex: **¿Te divertiste? ¿Lo pasaste bien?**

INSTRUCTIONAL RESOURCES WB, LM, Lab CD/MP3, I CD-ROM, Vocab CD, OT, IRM

LAS ETAPAS DE LA VIDA

la etapa *stage*
la juventud *youth*
el nacimiento *birth*
la vida *life*

jubilarse *to retire (from work)*
nacer *to be born*

la niñez
childhood

la adolescencia
adolescence

la vejez
old age

OTRAS PALABRAS

el apellido *last name*
el consejo *advice*
la respuesta *answer*

LAS RELACIONES PERSONALES

la alegría *happiness*
la amistad *friendship*
el amor *love*
el divorcio *divorce*
el estado civil *marital status*
el matrimonio *marriage; married couple*
la pareja *couple; partner*
el/la recién casado/a *newlywed*

casado/a *married*
divorciado/a *divorced*
juntos/as *together*
separado/a *separated*
soltero/a *single*
viudo/a *widowed*

la madurez
maturity; middle age

casarse (con) *to get married (to)*
comprometerse (con) *to get engaged (to)*
divorciarse (de) *to get divorced (from)*
enamorarse (de) *to fall in love (with)*
llevarse bien/mal (con) *to get along well/badly (with)*
odiar *to hate*
romper (con) *to break up (with)*
salir (con) *to go out (with); to date*
separarse (de) *to separate (from)*
tener una cita *to have a date; to have an appointment*

la muerte
death

SUGGESTION To review new vocabulary and check comprehension, ask: **¿Tiene un soltero una esposa? ¿Cuándo es tu cumpleaños? ¿Qué tipo de pastel te gusta para el cumpleaños? ¿Estás casado/a? ¿Cuándo es tu aniversario? ¿Ocurre la vejez antes o después de la niñez?**

SUGGESTION Point out that many Hispanics may celebrate their **día del santo**, or Saint's Day. This is the day that celebrates the saint for whom a person was named.

Variación léxica Point out these lexical items: **comprometerse →prometerse** (*Esp.*)
pastel → torta (*Arg., Venez.*); **queque** (*C. Rica*)

❶ SCRIPT For the script, see the Instructor's Resource Manual.

❷ SCRIPT For the script, see the Instructor's Resource Manual.

❸ SUGGESTION If the activity was done as homework, quickly go over answers in class.

Práctica y conversación

1 **¿Lógico o ilógico?** 🎧 Escucha las oraciones e indica si son **lógicas** o **ilógicas**.

	1.	2.	3.	4.	5.	6.	7.	8.
Lógico	✓		✓				✓	✓
Ilógico		✓		✓	✓	✓		

2 **¡Feliz cumpleaños!** 🎧 Los amigos de Silvia están preparándole una fiesta de cumpleaños. Escucha la conversación y contesta las preguntas.

1. ¿Sabe Silvia que sus amigos le van a dar una fiesta? <u>No, Silvia no sabe que sus amigos le van a dar una fiesta./No, porque es una sorpresa.</u>

2. ¿Qué van a comer los amigos en la fiesta? <u>Los amigos en la fiesta van a comer pastel de chocolate y helado.</u>

3. ¿A Silvia le gusta el chocolate? <u>Sí, a Silvia le gusta/le encanta el chocolate.</u>

4. ¿Dónde compraron el helado? <u>Compraron el helado en la tienda que está al lado de la residencia estudiantil.</u>

5. ¿Por qué no quieren comer el helado de la cafetería? <u>No quieren comer el helado porque el de la tienda es mejor.</u>

6. ¿Cuántos años cumple Silvia? <u>Silvia cumple dieciocho años.</u>

7. ¿Con qué brindan los amigos? <u>Los amigos brindan con champán.</u>

8. ¿Silvia es mayor o menor que sus amigos? <u>Silvia es menor que sus amigos.</u>

3 **Seleccionar** Selecciona la mejor expresión o palabra.

dejó una propina	se jubiló
lo pasaron mal	se llevan bien
nació	sonrió
nos divertimos	tenemos una cita
se casaron	

1. Nelson y Mildred <u>se casaron</u> el septiembre pasado. La boda fue maravillosa.

2. Mi tía le <u>dejó una propina</u> muy grande al camarero.

3. Mi padrastro <u>se jubiló</u> hace un año.

4. A Alejandra le gustan las galletas. Ella <u>sonrió</u> después de comérselas todas.

5. Luis y yo <u>nos divertimos</u> en la fiesta. Bailamos y comimos mucho.

6. ¡Tengo una nueva sobrina! Ella <u>nació</u> ayer por la mañana.

7. Irene y su esposo <u>se llevan bien</u>. Son muy felices.

8. Rocío y Eddie <u>lo pasaron mal</u> en el cine. La película fue muy mala.

9. Isabel y yo <u>tenemos una cita</u> esta noche. Vamos a ir a un restaurante muy elegante.

recursos

Text CD Lección 9

4 **Planes para una fiesta** Trabaja con dos compañeros/as para planear una fiesta. Describan la fiesta a la clase. Recuerden incluir la siguiente información.   Answers will vary.

1. ¿Qué tipo de fiesta es?
2. ¿Dónde va a ser? ¿Cuándo va a ser?
3. ¿A quién van a invitar?
4. ¿Qué van a comer? ¿Quién va a llevar la comida?
5. ¿Qué van a beber? ¿Quién va a llevar las bebidas?
6. ¿Qué van a hacer todos durante la fiesta?

5 **Una fiesta memorable** Cuéntale (*tell*) a un(a) compañero/a cómo fue una fiesta memorable. Incluye los siguientes elementos: **¿Qué? ¿Por qué? ¿Cuándo? ¿Dónde? ¿Cómo? ¿Quién?**   Answers will vary.

4 EXPANSION Have students make invitations for their party. They may also make a shopping list and a "to-do" list.

5 EXPANSION Ask volunteers to talk about their memorable party experiences. Ask others comprehension questions about what was said.

Pronunciación **The letters h, j, and g**

SUGGESTION Model the pronunciation of each word or sentence, having students repeat after you.

helado   **h**ombre   **h**ola   **h**ermosa

The Spanish **h** is always silent.

José   **j**ubilarse   de**j**ar   pare**j**a

The letter **j** is pronounced much like the English *h* in *his*.

a**g**encia   **g**eneral   **G**il   **G**isela

The letter **g** can be pronounced three different ways. Before **e** or **i**, the letter **g** is pronounced much like the English *h*.

Gustavo, **g**racias por llamar el domin**g**o.

At the beginning of a phrase or after the letter **n**, the Spanish **g** is pronounced like the English *g* in *girl*.

Me **g**radué en a**g**osto.

In any other position, the Spanish **g** has a somewhat softer sound.

Guerra   conse**gui**r   **gua**ntes   a**gua**

In the combinations **gue** and **gui**, the **g** has a hard sound and the **u** is silent. In the combination **gua**, the **g** has a hard sound and the **u** is pronounced like the English *w*.

EXPANSION Other words with **h**, **j**, or **g** from the vocabulary list include: **alegría**, **graduarse**, **pagar**, **relajarse**, **juntos**, **consejo**, **vejez**, and **juventud**. Have students repeat these words after you.

recursos

Text CD
Lección 9

LM
p. 50

Lab CD/MP3
Lección 9

I CD-ROM
Lección 9

Refranes Lee los refranes en voz alta, prestando atención a la **h**, la **j** y la **g**.

A la larga, lo más dulce amarga.[1]

El hábito no hace al monje.[2]

1 Too much of a good thing.
2 The clothes don't make the man.

¡Feliz cumpleaños, Maite!

Don Francisco y los estudiantes celebran el cumpleaños de Maite en el restaurante El Cráter.

VIDEO SYNOPSIS While the travelers are looking at the dessert menu, Doña Rita and the waiter bring in some flan, a cake, and some wine to celebrate Maite's birthday. The group leaves Doña Rita a nice tip, thanks her, and says goodbye.

PREVIEW Have your students read the first line of dialogue in each video still and then make an educated guess about what happens in this **Escenas** episode. Record their guesses.

SUGGESTION Ask students to brainstorm a list of things that might happen at a surprise birthday party. Then play the video module and ask your students to take notes. Work with the students to lead them to an accurate plot summary.

Personajes

DON FRANCISCO

JAVIER

INÉS

ÁLEX

MAITE

DOÑA RITA

CAMARERO

recursos

VM pp. 185–186 | I CD-ROM Lección 9 | Es V CD-ROM Lección 9

INÉS A mí me encantan los dulces. Maite, ¿tú qué vas a pedir?

MAITE Ay, no sé. Todo parece tan delicioso. Quizás el pastel de chocolate.

JAVIER Para mí el pastel de chocolate con helado. Me encanta el chocolate. Y tú Álex, ¿qué vas a pedir?

ÁLEX Generalmente prefiero la fruta, pero hoy creo que voy a probar el pastel de chocolate.

DON FRANCISCO Yo siempre tomo un flan y un café.

DOÑA RITA & CAMARERO ¡Feliz cumpleaños, Maite!

INÉS ¿Hoy es tu cumpleaños, Maite?

MAITE Sí, el 22 de junio. Y parece que vamos a celebrarlo.

TODOS MENOS MAITE ¡Felicidades!

MAITE ¡Gracias! Pero, ¿quién le dijo que es mi cumpleaños?

DOÑA RITA Lo supe por don Francisco.

ÁLEX Ayer te lo pregunté, ¡y no quisiste decírmelo! ¿Eh? ¡Qué mala eres!

JAVIER ¿Cuántos años cumples?

MAITE Veintitrés.

INSTRUCTIONAL RESOURCES VM, I CD-ROM, Es Video (Start 00:47:00), Es V CD-ROM, Es DVD, IRM

SUGGESTION Have the class look at the **Expresiones útiles**. Draw attention to the forms **dijo** and **supe**. Explain that these are irregular preterite forms of the verbs **decir** and **saber**. They will learn more about these concepts in **Gramática 9.1**.

ÁLEX Yo también acabo de cumplir los veintitrés años.

MAITE ¿Cuándo?

ÁLEX El cuatro de mayo.

DOÑA RITA Aquí tienen un flan, pastel de chocolate con helado… y una botella de vino para dar alegría.

MAITE ¡Qué sorpresa! ¡No sé qué decir! Muchísimas gracias.

DON FRANCISCO El conductor no puede tomar vino. Doña Rita, gracias por todo. ¿Puede traernos la cuenta?

DOÑA RITA Enseguida, Paco.

INÉS Creo que debemos dejar una buena propina. ¿Qué les parece?

MAITE Sí, vamos a darle una buena propina a la Sra. Perales. Es simpatiquísima.

DON FRANCISCO Gracias una vez más. Siempre lo paso muy bien aquí.

MAITE Muchísimas gracias, Sra. Perales. Por la comida, por la sorpresa y por ser tan amable con nosotros.

Expresiones útiles

Celebrating a birthday party

¡Feliz cumpleaños!
Happy birthday!
¡Felicidades!
Congratulations! (for an event such as a birthday or anniversary)
¡Felicitaciones!
Congratulations! (for an event such as an engagement or a good grade on a test)
¿Quién le dijo que es mi cumpleaños?
Who told you that it's my birthday?
Lo supe por don Francisco.
I found out from Don Francisco.
¿Cuántos años cumples/cumple usted?
How old are you now?
Veintitrés.
Twenty-three.

Asking for the bill

¿Puede traernos la cuenta?
Can you bring us the bill?
La cuenta, por favor.
The bill, please.
Enseguida, señor/señora/señorita.
Right away, sir/ma'am/miss.

Expressing gratitude

¡(Muchas) Gracias!
Thank you (very much)!
Muchísimas gracias.
Thank you very, very much.
Gracias por todo.
Thanks for everything.
Gracias una vez más.
Thanks once again.

Leaving a tip

Creo que debemos dejar una buena propina. ¿Qué les parece?
I think we should leave a good tip. What do you guys think?
Sí, vamos a darle una buena propina.
Yes, let's give him/her a good tip.

1 EXPANSION Have students work in pairs or small groups to write a question that would have elicited each of these statements.

2 SUGGESTION Have students review the vocabulary before doing this activity.

3 TEACHING OPTION Have students work in pairs to ad-lib the restaurant scene from the **Escenas** episode for the class. They should try to get the general meaning across using the vocabulary and expressions they know.

¿Qué piensas?

1 Completar Completa las frases con la información correcta.

1. De postre, don Francisco siempre pide _____un café y un flan_____.

2. A Javier le encanta _____el chocolate_____.

3. Álex cumplió los _____veintitrés_____ años _____el cuatro de mayo_____.

4. Hoy Álex quiere probar algo diferente. De postre, va a pedir _____pastel de chocolate_____.

5. El conductor no puede _____tomar vino_____.

6. Los estudiantes van a dejarle _____una buena propina_____ a doña Rita.

2 Seleccionar Selecciona algunas de las opciones de la lista para completar las frases.

comer	¡Qué sorpresa!
el postre	una botella de vino
la cuenta	una sorpresa
la quinceañera	veintidós
pedir	veintitrés

1. Hoy Maite cumple _____veintitrés_____ años.

2. Maite no sabe que van a celebrar su cumpleaños porque es _____una sorpresa_____.

3. Cuando una pareja celebra su aniversario y quiere tomar algo especial, compra _____una botella de vino_____.

4. Después de una cena o un almuerzo, es normal pedir _____el postre/la cuenta_____.

5. De postre, Inés y Maite no saben exactamente lo que van a _____comer/pedir_____.

6. Álex tiene _____veintitrés_____ años.

3 Situación Trabajen en grupos para representar una conversación. Uno/a de ustedes está celebrando su cumpleaños en un restaurante. Un(a) amigo/a le desea feliz cumpleaños y le pregunta cuántos años cumple. Luego, cada uno/a le pide al/a la camarero/a un postre y algo para beber. Después de comer los postres, un(a) amigo/a pide la cuenta y otro/a habla de dejar una propina. Los amigos dicen que quieren pagar la cuenta y la persona que cumple años les da las gracias por todo.
Answers will vary.

Exploración

Fiestas y celebraciones

TEACHING OPTION Tell the class that in the Spanish-speaking world, many young girls celebrate their **quinceañera**, or fifteenth birthday, which celebrates their transition into adulthood. The **quinceañera** can be a lavish event with live music, catered food, and many guests.

En Sevilla, la Semana Santa (*Holy Week*) es especialmente colorida (*colorful*) y emocionante. Las procesiones religiosas son muy famosas y muchos turistas quieren verlas.

En México, se celebra el Día de los Muertos (*the dead*) el primero y el dos de noviembre. Mucha gente va al cementerio para honrar a sus seres queridos (*loved ones*). Es común ofrecerles flores, incienso y comida a los muertos.

EXPANSION Ask students about their family's traditions for remembering their loved ones who have passed away. Compare their own traditions with those of Mexico's **Día de los Muertos**.

Argentina celebra su independencia el 25 de mayo, fecha en que, en 1810, los argentinos establecieron su propio gobierno (*own government*). La celebración es en la Plaza de Mayo de Buenos Aires; hay discursos oficiales y fuegos artificiales (*speeches and fireworks*).

EXPANSION Ask students to describe how their town or region celebrates Independence Day. Have them compare their traditions with those of Argentina.

Observaciones

- Los españoles celebran el Año Nuevo comiendo rápidamente doce uvas.
- En las regiones de Suramérica donde hace calor en diciembre, es común celebrar la Navidad en la playa.
- En Ecuador se celebra el Carnaval tirando (*throwing*) agua a todos los que pasan.

Coméntalo

Con un(a) compañero/a, contesta las siguientes preguntas. Answers will vary.

- ¿Cuál de estas celebraciones te interesa más? ¿Por qué?
- ¿Son similares o diferentes a los días de fiesta en tu comunidad?
- ¿Cuáles son las fiestas más populares en tu comunidad o región? ¿Cómo las celebras?

EXPANSION Ask students to work in pairs to tell each other about celebrations in their families or their community. Remind them to use as many expressions as possible from the lesson vocabulary and the **Expresiones útiles**.

recursos

vistahigher learning.com

9.1 Irregular preterites

▶ You already know that **ir** and **ser** are irregular in the preterite. Here are some other verbs that are irregular in the preterite.

Hubo una fiesta en el restaurante El Cráter.

Preterite of *tener*, *venir*, and *decir*		
tener (e → u)	**venir (e → i)**	**decir (e → i)**
yo	tuve	vine	dije
tú	tuviste	viniste	dijiste
Ud./él/ella	tuvo	vino	dijo
nosotros/as	tuvimos	vinimos	dijimos
vosotros/as	tuvisteis	vinisteis	dijisteis
Uds./ellos/ellas	tuvieron	vinieron	dijeron

Doña Rita les dio una botella de vino a los viajeros.

▶ Observe the stem changes in the chart: the **e** in **tener** changes to **u**, and the **e** in **venir** and **decir** changes to **i**. Note also that the **c** in **decir** changes to **j**. None of these verbs have written accents in the **yo** or **Ud./él/ella** forms.

▶ These verbs have similar stem changes.

INFINITIVE	U-STEM	PRETERITE FORMS
poder	pud–	pude, pudiste, pudo, pudimos, pudisteis, pudieron
poner	pus–	puse, pusiste, puso, pusimos, pusisteis, pusieron
saber	sup–	supe, supiste, supo, supimos, supisteis, supieron
estar	estuv–	estuve, estuviste, estuvo, estuvimos, estuvisteis, estuvieron

INFINITIVE	I-STEM	PRETERITE FORMS
querer	quis–	quise, quisiste, quiso, quisimos, quisisteis, quisieron
hacer	hic–	hice, hiciste, hizo, hicimos, hicisteis, hicieron

INFINITIVE	J-STEM	PRETERITE FORMS
traer	traj–	traje, trajiste, trajo, trajimos, trajisteis, trajeron
conducir	conduj–	conduje, condujiste, condujo, condujimos, condujisteis, condujeron
traducir	traduj–	traduje, tradujiste, tradujo, tradujimos, tradujisteis, tradujeron

¡ojo!

Verbs with **j**-stems omit the letter **i** in the **ustedes** form.

For example,

tener → tuvieron, but **decir → dijeron**.

Most verbs that end in **–cir** are **j**-stem verbs in the preterite.

For example,

producir → produje, **produjiste**, etc.

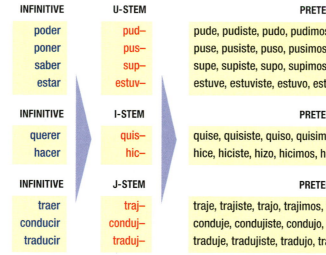

¿Dijiste larga distancia?

En tarjetas prepagadas ninguna te da más minutos para hablar

INSTRUCTIONAL RESOURCES WB, LM, Lab CD/MP3, I CD-ROM, IRM (Audio Scripts & Instructor Annotations)
Refer students to the **recursos** box in **Ampliación** for complete information.

The preterite of *dar*

yo	di	Ud./él/ella	dio	vosotros/as	disteis
tú	distet	nosotros/as	dimos	Uds./ellos/ellas	dieron

▶ The endings for **dar** are the same as the regular preterite endings for **–er** and **–ir** verbs, but there are no written accent marks.

La camarera me **dio** el menú.
The waitress gave me the menu.

Le **di** a Juan algunos consejos.
I gave Juan some advice.

▶ The preterite of **hay** (inf. **haber**) is **hubo** (*there was/were*).

Hubo una fiesta el sábado pasado.
There was a party last Saturday.

Hubo muchos invitados.
There were a lot of guests.

Práctica y conversación

NATIONAL communication STANDARDS

1 **Una fiesta sorpresa** Completa estas frases con el pretérito de los verbos indicados.

1. El sábado ___hubo___ [haber] una fiesta para Elsa.
2. Sofía ___hizo___ [hacer] un pastel para la fiesta y Miguel ___trajo___ [traer] un flan.
3. Los amigos de Elsa ___trajeron___ [traer] regalos.
4. El hermano de Elsa no ___vino___ [venir] porque ___tuvo___ [tener] que trabajar.
5. Su tía María Dolores tampoco ___pudo___ [poder] venir.
6. ¡La fiesta le ___dio___ [dar] a Elsa tanta alegría!

2 **¿Qué hicieron?** Usa los siguientes verbos para describir lo que hicieron estas personas: **dar, estar, hacer, poner, tener, traducir, traer, venir.**

1. El señor López/dinero
El señor López le dio dinero a su hijo.

3. Nosotros/fiesta
Nosotros tuvimos (hicimos/dimos) una fiesta./Nosotros estuvimos en una fiesta.

2. Norma/pavo
Norma puso el pavo en la mesa.

4. Roberto y Elena/regalo
Roberto y Elena le trajeron/dieron un regalo a su amigo.

3 **Preguntas** En parejas, túrnense para contestar estas preguntas. Answers will vary.

1. ¿Qué hiciste anoche? ¿Y el domingo pasado?
2. ¿Quiénes no estuvieron en clase la semana pasada?
3. ¿Qué trajiste a clase ayer? ¿Y hoy?
4. ¿Hubo una fiesta en tu casa el sábado?
5. ¿Cuándo fue la última (*last*) vez que tus parientes vinieron a visitarte? ¿Te trajeron algo? ¿Qué te trajeron?
6. ¿Les diste a tus padres un regalo para su aniversario de bodas? ¿Qué les regalaste?

4 **Encuesta** Circula por la clase y formula preguntas hasta que encuentres a alguien que corresponda a alguna descripción de la lista. Informa a la clase los resultados.
Answers will vary.

Descripciones	Nombres
1. Tuvo un examen ayer.	_____
2. Trajo dulces a clase.	_____
3. Condujo su carro (*car*) a clase.	_____
4. Estuvo en la biblioteca ayer.	_____
5. Le dio consejos a alguien ayer.	_____
6. No pudo levantarse esta mañana.	_____
7. Tuvo que levantarse temprano ayer.	_____
8. Hizo un viaje a un país hispano el verano pasado.	_____

9.2 Verbs that change meaning in the preterite

▶ **Conocer**, **saber**, **poder**, and **querer** change meanings in the preterite.

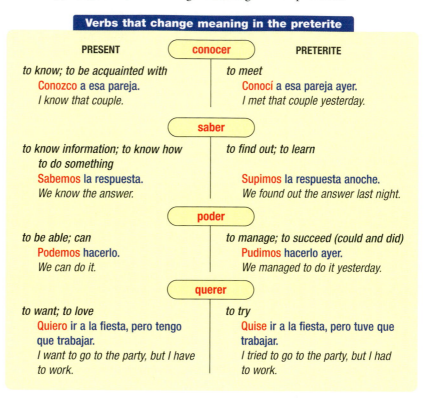

Verbs that change meaning in the preterite

PRESENT	conocer	PRETERITE
to know; to be acquainted with		*to meet*
Conozco a esa pareja.		**Conocí** a esa pareja ayer.
I know that couple.		*I met that couple yesterday.*
	saber	
to know information; to know how to do something		*to find out; to learn*
Sabemos la respuesta.		**Supimos** la respuesta anoche.
We know the answer.		*We found out the answer last night.*
	poder	
to be able; can		*to manage; to succeed (could and did)*
Podemos hacerlo.		**Pudimos** hacerlo ayer.
We can do it.		*We managed to do it yesterday.*
	querer	
to want; to love		*to try*
Quiero ir a la fiesta, pero tengo que trabajar.		**Quise** ir a la fiesta, pero tuve que trabajar.
I want to go to the party, but I have to work.		*I tried to go to the party, but I had to work.*

▶ In the preterite, **poder** and **querer** have different meanings, depending on whether they are used in affirmative or negative sentences.

Affirmative		**Negative**	
pude	*I was able (to)*	no pude	*I failed (to)*
quise	*I tried (to)*	no quise	*I refused (to)*

SUGGESTION Have students scan the advertisement and identify the instances where preterite verbs are used.

SUGGESTION Ask students questions about the advertisement. Ex: **¿Qué quiso hacer la humanidad? ¿Qué pudo conocer? ¿Cuándo llegó el hombre a la Luna? ¿Qué tipo de compañía es la del anuncio? ¿Es eficaz la conexión entre el viaje a la Luna y los servicios bancarios?**

ESPAÑOL EN VIVO

Hubo un día en el que la humanidad quiso ir más allá de sus límites. Pudo conocer un mundo increíble. Supo asegurar su futuro.

Ahora todos lo pueden hacer.

BANCO DAVIVIENDA

INSTRUCTIONAL RESOURCES WB, LM, Lab CD/MP3, I CD-ROM, IRM (Audio Scripts & Instructor Annotations)

Práctica y conversación

1 Oraciones Forma frases con los siguientes elementos. Usa el pretérito.

MODELO

Mis padres / no querer / venir / fiesta

Mis padres no quisieron venir a la fiesta.

1. Anoche / nosotros / saber / que / Carlos y Eva / divorciarse   Anoche supimos que Carlos y Eva se divorciaron.

2. Tú / conocer / Nora / clase / historia / ¿no?
Tú conociste a Nora en la clase de historia, ¿no?

3. ¿Poder / ustedes / visitar / la Isla de Pascua?
¿Pudieron ustedes visitar la Isla de Pascua?

4. Ayer / yo / saber / que / Paco / querer / romper / Olivia.
Ayer yo supe que Paco quiso romper con Olivia.

5. El señor Navarro / querer / jubilarse / pero / no poder
El señor Navarro quiso jubilarse pero no pudo.

6. Gustavo y Elena / conocer / mi esposo / quinceañera de Ana   Gustavo y Elena conocieron a mi esposo en la quinceañera de Ana.

7. Yolanda / no poder / dormir / anoche
Yolanda no pudo dormir anoche.

8. Irma / saber / que / nosotros / comer / galletas
Irma supo que nosotros comimos las galletas.

9. Ayer / yo / no poder / llamar / tú
Ayer no pude llamarte.

10. Nosotros / querer / pagar la cuenta
Nosotros quisimos pagar la cuenta.

2 Completar Completa estas frases de una manera lógica.
Answers will vary.

1. Ayer yo supe…
2. Ayer mi compañero/a de cuarto supo…
3. Esta mañana no pude…
4. El fin de semana pasado mis amigos y yo no pudimos…
5. Conocí a mi mejor amigo/a en…
6. Mis padres no quisieron…
7. Mi mejor amigo/a no pudo…
8. Mi novio/a y yo nos conocimos en…
9. La semana pasada supe…
10. Ayer mis amigos quisieron…
11. Mis abuelos pudieron…

3 Telenovela  En parejas, preparen un diálogo para una escena de una telenovela (*soap opera*). La escena trata de (*is about*) una situación amorosa entre tres personas: Mirta, Daniel y Raúl. Usen el pretérito de **conocer**, **poder**, **querer** y **saber** en su diálogo. Answers will vary.

Daniel   **Mirta**   **Raúl**

4 El fin de semana Escribe dos listas: las cosas que hiciste durante el fin de semana pasado y las cosas que quisiste hacer, pero no pudiste. Luego, con un(a) compañero/a, comparen sus listas y expliquen por qué no pudieron hacer esas cosas. Answers will vary.

Cosas que hice	Cosas que quise hacer
1.	1.
2.	2.
3.	3.
4.	4.
5.	5.
6.	6.
7.	7.
8.	8.
9.	9.
10.	10.

9.3 Relative pronouns

▶ Relative pronouns are used to combine two sentences or clauses that share a common element, such as a noun or pronoun. Study the following diagrams.

La comida que pidieron fue muy sabrosa.

Éste es el flan. *This is the flan.*	**Manuela preparó el flan.** *Manuela made the flan.*

Éste es el flan que Manuela preparó.
This is the flan that Manuela made.

Lourdes es muy inteligente. *Lourdes is very intelligent.*	**Lourdes estudia español.** *Lourdes studies Spanish.*

Lourdes, quien estudia español, es muy inteligente.
Lourdes, who studies Spanish, is very intelligent.

Doña Rita, quien les sirve el vino, es la dueña del restaurante.

▶ Spanish has three commonly used relative pronouns.

> **Common relative pronouns**

que | *that; which; who*   **quien(es)** | *who; whom; that*   **lo que** | *that which; what*

¡ojo!

Note that relative pronouns never carry an accent, unlike interrogative words like **¿qué?** and **¿quién(es)?**

▶ **Que**, the most frequently used relative pronoun, can refer to things or to people. Unlike the English *that*, **que** is never omitted.

¿Dónde está el pastel **que** pedí?
Where is the cake (that) I ordered?

El hombre **que** sirve la comida se llama Diego.
The man who serves the food is named Diego.

▶ **Que** is used like the English *that* after verbs like **creer, decir, pensar,** and **suponer.**

Creo que la fiesta es mañana.
I think (that) the party is tomorrow.

Pienso que hiciste bien.
I think (that) you did well.

Ana **dice que** no puede venir.
Ana says (that) she can't come.

Supongo que va a llover.
I suppose (that) it's going to rain.

▶ **Quien** (singular) and **quienes** (plural) refer only to people and are often used after a preposition or the personal **a.**

Eva, **a quien** vi anoche, cumple veinticinco años hoy.
Eva, whom I saw last night, turns twenty-five today.

¿Son ésas las chicas **de quienes** me hablaste la semana pasada?
Are those the girls you told me about last week?

▶ **Quien(es)** is occasionally used instead of **que** in clauses set off by commas.

Lola, **quien** es cubana, es médica.
Lola, who is Cuban, is a doctor.

Su tía, **que** es alemana, ya llegó.
Her aunt, who is German, already arrived.

   INSTRUCTIONAL RESOURCES WB, LM, Lab CD/MP3, I CD-ROM, IRM (Audio Scripts & Instructor Annotations)

▶ **Lo que** refers to an idea, a situation, or a past event and means *what*, *that which*, or *the thing that*.

Juana tiene todo **lo que** necesitamos.
Juana has everything we need.

Lo que quiero es verte.
What I want is to see you.

Lo que me molesta es el calor.
What bothers me is the heat.

Lo que más te gusta es divertirte.
What you like most is to have fun.

Práctica y conversación

1 **Una fiesta de aniversario** Amparo está hablando de la fiesta de aniversario de sus abuelos. Completa las oraciones con las expresiones de la lista.

a quien conozco muy bien, se llama Ana	que se graduó
de quienes te hablé	quien es la novia de Ramón
que saqué	quien se jubiló

1. El sábado fui a la fiesta de aniversario de mis abuelos, ___de quienes te hablé___ la semana pasada.
2. Éstas son las fotos ___que saqué___ durante la fiesta.
3. Éste es Ramón, mi primo. Es el chico ___que se graduó___ de la universidad en junio.
4. Éste es mi abuelo, ___quien se jubiló___ el año pasado.
5. La mujer en esta foto, ___a quien conozco muy bien, se llama Ana___.
6. Y ésta es Lucita, ___quien es la novia de Ramón___.

2 **Una fiesta de cumpleaños** Describe la fiesta sorpresa que van a dar Jaime y Tina, usando los pronombres relativos **que, quien, quienes** y **lo que.**

1. Jaime y Tina son las personas ___que___ están planeando la fiesta.
2. Manuela, ___quien___ cumple veintiún años mañana, no sabe que ellos están planeando una fiesta.
3. Éstas son las personas ___que___ van a invitar.
4. Juan y Luz, ___quienes___ son los hermanos de Manuela, van a venir.
5. Marco, ___quien___ es el novio de Manuela, va a venir también.
6. ___Lo que___ Jaime y Tina van a servir de postre es un pastel de chocolate.
7. Después del pastel, ___que___ está delicioso, todos brindan con champán.

3 **Entrevista** En parejas, túrnense para hacerse las siguientes preguntas. Answers will vary.

1. ¿Qué es lo que más te gusta de los días de fiesta? ¿Por qué?
2. ¿Qué es lo que menos te gusta de los días de fiesta? ¿Por qué?
3. ¿Quiénes son las personas con quienes celebras tu cumpleaños?
4. ¿Quién es el/la pariente o amigo/a a quien más le gustan los cumpleaños? ¿Por qué le gustan tanto?
5. ¿Dónde compras los regalos que le regalas a tu mejor amigo/a?
6. ¿Tienes hermanos o amigos que están casados? ¿Dónde viven?
7. ¿Quién es la persona que más te importa?
8. ¿Quiénes son las personas con quienes te diviertes más? ¿Por qué lo pasas bien con ellos/ellas?

4 **Definiciones** En parejas, definan las siguientes palabras, usando **que, quien(es)** y **lo que.** Luego compartan sus definiciones con la clase. Answers will vary.

MODELO
un pastel de cumpleaños
Estudiante 1: ¿Qué es un pastel de cumpleaños?
Estudiante 2: Es un postre que comes en tu cumpleaños./Es lo que comes en tu cumpleaños.

1. el helado
2. el champán
3. una propina
4. una boda
5. un invitado
6. la Navidad
7. una recién casada
8. el divorcio
9. la juventud
10. la vejez
11. una viuda
12. una quinceañera

9.4 ¿Qué? and ¿cuál?

NATIONAL STANDARDS
comparisons

▸ As you know, **¿qué?** and **¿cuál?** or **¿cuáles?** mean *what?* or *which?* However, they are not interchangeable.

▸ **¿Qué?** is used to ask for a definition or explanation.

¿Qué es un flan?
What is flan?

¿Qué estudias?
What do you study?

▸ **¿Cuál(es)?** is used when there is a choice among several possibilities.

¿Cuáles quieres, éstos o ésos?
Which (ones) do you want, these ones or those ones?

¿Cuál es tu apellido, Martínez o Vilanova?
What is your last name, Martínez or Vilanova?

▸ **¿Cuál(es)?** cannot be used before a noun. **¿Qué?** is used instead.

¿Cuál es tu color favorito?
What is your favorite color?

¿Qué colores te gustan?
What colors do you like?

▸ **¿Qué?** used before a noun has the same meaning as **¿cuál?**

¿Qué regalo te gusta?
What/which gift do you like?

¿Qué dulces quieren ustedes?
What/which sweets do you want?

Interrogative words and phrases

¿a qué hora?	at what time?	¿cuándo?	when?	¿dónde?	where?
¿adónde?	(to) where?	¿cuánto/a?	how much?	¿qué?	what?; which?
¿cómo?	how?	¿cuántos/as?	how many?	¿quién(es)?	who?
¿cuál(es)?	what?; which?	¿de dónde?	from where?		

SUGGESTION Have students scan the advertisement and identify the interrogative words.

SUGGESTION Ask students questions about the advertisement. Ex: **¿Te gusta este carro? ¿Qué carros te gustan? ¿Te gusta este anuncio? ¿Por qué piensas que es eficaz?**

ESPAÑOL EN VIVO

¿Con quién quieres compartir tus momentos mágicos?

¿Cuáles son tus prioridades en la vida?

¿Qué te sugiere la palabra "libertad"?

Tú eliges cómo vivir.

¿Te gusta conducir?

NATIONAL STANDARDS
communication cultures

INSTRUCTIONAL RESOURCES WB, LM, Lab CD/MP3, I CD-ROM, IRM (Audio Scripts & Instructor Annotations)

Práctica y conversación

1 **Minidiálogos** Completa los minidiálogos con las palabras interrogativas correctas.

SORAYA ¿ Cuándo es la fiesta de aniversario de tus padres?

ERNESTO El sábado por la noche.

• • •

MICAELA ¿ Dónde va a ser la fiesta de cumpleaños?

TIMOTEO En casa de mi primo.

• • •

MARCIA ¿ Cuál es tu clase favorita?

CARLOS La clase de arte es mi favorita.

• • •

TOMÁS ¿ Cuánto dinero te van a dar tus abuelos para tu graduación de la universidad?

MERCEDES Dicen que van a darme dos mil dólares.

• • •

LIDIA ¿ Qué compraste para tu sobrino?

MARTA Una raqueta de tenis.

• • •

BLAS ¿ Adónde vas después de la boda?

GIL Mi novia y yo vamos al cine. ¿Quieres venir?

2 **Completar** Completa estas preguntas con una palabra interrogativa. A veces se puede usar más de una palabra interrogativa.

1. ¿En ___qué___ país nacieron tus padres?
2. ¿ Cuál es la fecha de tu cumpleaños?
3. ¿ Cuándo naciste?
4. ¿ Cuál es tu estado civil?
5. ¿ Cuándo/Cómo/Dónde te relajas?
6. ¿ Cuáles/A qué hora son tus programas favoritos de la televisión?
7. ¿ Quién es tu mejor amigo?
8. ¿ Adónde van tus amigos para divertirse?
9. ¿ Qué postres te gustan? ¿ Cuál te gusta más?
10. ¿ Qué problemas tuviste el primer día de clase?
11. ¿ Cuántos primos tienes?

3 **Una invitación** En parejas, lean esta invitación. Luego, túrnense para hacerse (*ask each other*) preguntas basadas en la información de la invitación. Answers will vary.

> FERNANDO SANDOVAL VALERA   LORENZO VÁSQUEZ AMARAL
> ISABEL ARZIPE DE SANDOVAL   ELENA SOTO DE VÁSQUEZ
>
> TIENEN EL AGRADO DE INVITARLOS
> A LA BODA DE SUS HIJOS
>
> MARÍA LUISA Y JOSÉ ANTONIO
>
> LA CEREMONIA RELIGIOSA TENDRÁ LUGAR
> EL SÁBADO 10 DE JUNIO A LAS DOS DE LA TARDE
> EN EL TEMPLO DE SANTO DOMINGO
> (CALLE SANTO DOMINGO, 961).
>
> DESPUÉS DE LA CEREMONIA SÍRVANSE PASAR A LA RECEPCIÓN EN EL SALÓN
> DE BAILE DEL HOTEL METRÓPOLI (SOTERO DEL RÍO, 465).

4 **Preguntas** Con un(a) compañero/a, formula preguntas sobre las fotos. Answers will vary.

MODELO

Estudiante 1: ¿Quién es esta mujer?
Estudiante 2: Es una estudiante.
Estudiante 1: ¿Dónde está?
Estudiante 2: En la biblioteca.
Estudiante 1: ¿Qué está haciendo?
Estudiante 2: Está estudiando.

1.

2.

3.

4.

SCRIPT For the script, see the Instructor's Resource Manual.

Ampliación

1 Escuchar

A Escucha la conversación entre Josefina y Rosa. Cuando oigas una de las palabras de la **columna A**, usa el contexto para identificar un sinónimo en la **columna B**.

TIP Guess meaning through context. Listen to the words and phrases around an unfamiliar word to guess its meaning.

A	B
_d_ **1.** festejar	a. conmemoración religiosa de una muerte
_e_ **2.** yo lo disfruté (disfrutar)	b. tolera
_c_ **3.** dicha	c. suerte
_h_ **4.** bien parecido	d. celebrar
_g_ **5.** finge (fingir)	e. me divertí
_b_ **6.** soporta (soportar)	f. horror
	g. crea una ficción
	h. guapo

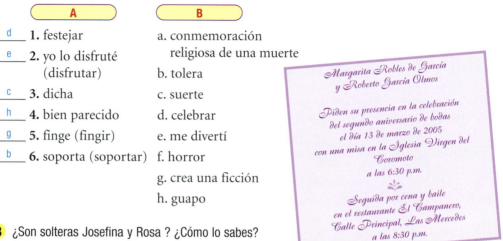

Margarita Robles de García y Roberto García Olmos

Piden su presencia en la celebración del segundo aniversario de bodas el día 13 de marzo de 2005 con una misa en la Iglesia Virgen del Coromoto a las 6:30 p.m.

Seguida por cena y baile en el restaurante El Campanero, Calle Principal, Las Mercedes a las 8:30 p.m.

B ¿Son solteras Josefina y Rosa ? ¿Cómo lo sabes?
Answers will vary.

2 Conversar
Trabaja con un(a) compañero/a para comparar cómo celebraron ustedes el Día de Acción de Gracias (*Thanksgiving Day*) el año pasado. Incluyan la siguiente información en la conversación.
Answers will vary.

- ¿Dónde celebraron el día de fiesta? ¿Lo pasaron bien?
- ¿Cuál fue el menú? ¿Quiénes prepararon la comida?
- ¿Trajeron ustedes algo? ¿Qué trajeron?
- ¿Quiénes vinieron a comer? ¿Conocieron a alguien?

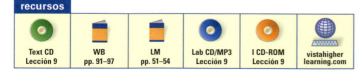

recursos

Text CD Lección 9	WB pp. 91–97	LM pp. 51–54	Lab CD/MP3 Lección 9	I CD-ROM Lección 9	vistahigher learning.com

INSTRUCTIONAL RESOURCES Text CD, WB, LM, Lab CD/MP3, I CD-ROM (Activities & Quiz), Website, IRM
Inform students that the material listed in the **recursos** box applies to the complete **Gramática** section.

3 Escribir En una composición, compara dos celebraciones a las que tú asististe recientemente. Answers will vary.

TIP Use Venn diagrams. Use Venn diagrams to organize your ideas visually before comparing and contrasting people, places, objects, events, or issues. Differences are listed in the outer circles, similarities where the two circles overlap.

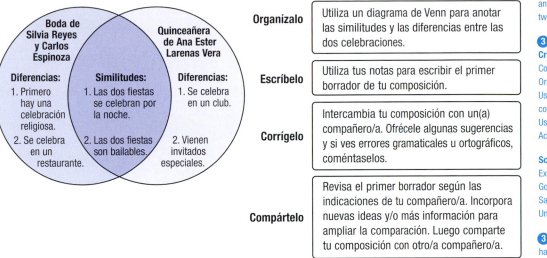

Boda de Silvia Reyes y Carlos Espinoza

Diferencias:
1. Primero hay una celebración religiosa.
2. Se celebra en un restaurante.

Similitudes:
1. Las dos fiestas se celebran por la noche.
2. Las dos fiestas son bailables.

Quinceañera de Ana Ester Larenas Vera

Diferencias:
1. Se celebra en un club.
2. Vienen invitados especiales.

Organízalo Utiliza un diagrama de Venn para anotar las similitudes y las diferencias entre las dos celebraciones.

Escríbelo Utiliza tus notas para escribir el primer borrador de tu composición.

Corrígelo Intercambia tu composición con un(a) compañero/a. Ofrécele algunas sugerencias y si ves errores gramaticales u ortográficos, coméntaselos.

Compártelo Revisa el primer borrador según las indicaciones de tu compañero/a. Incorpora nuevas ideas y/o más información para ampliar la comparación. Luego comparte tu composición con otro/a compañero/a.

3 SUGGESTION To create a Venn diagram, draw two circles that overlap and label the top of each circle with a different family celebration. List the differences between the two celebrations in the outer rings and the similarities where the two circles overlap.

3 EVALUATION

Criteria	Scale
Content	1 2 3 4
Organization	1 2 3 4
Use of comparisons/ contrasts	1 2 3 4
Use of vocabulary	1 2 3 4
Accuracy	1 2 3 4

Scoring

Excellent	18–20 points
Good	14–17 points
Satisfactory	10–13 points
Unsatisfactory	< 10 points

3 SUGGESTION Have students hand in their Venn diagrams with their compositions.

4 Un paso más Imagina que eres un(a) periodista de un país hispano. Escribe un artículo sobre un día de fiesta o una celebración que viste. Answers will vary.

- Investiga las fiestas, las celebraciones y los festivales de tu país. Elige la celebración que más te interese.
- Incluye en el artículo el nombre de la celebración, cuándo fue y cómo la celebraron.
- Incluye información sobre la ropa especial que llevaron, la comida, la música y el baile.
- Indica qué hiciste tú durante la celebración.
- Presenta el artículo a la clase. Es importante explicar los detalles y mostrar fotos.

4 SUGGESTION Have students interview a person from a Spanish-speaking country to get information on celebrations in that country. They could also research celebrations on the Internet.

4 TEACHING OPTION Have students play the role of a news reporter and present their articles to the class as if they had created live broadcasts of the event.

En Internet

Investiga estos temas en el sitio vistahigherlearning.com.
- Festivales nacionales del mundo hispano
- Fiestas religiosas del mundo hispano

NATIONAL STANDARDS
connections communities

Antes de leer

Recognizing root words and word families can help you guess the meaning of words in context, ensuring better comprehension of a reading selection. Using this strategy will enrich your Spanish vocabulary as well. Look through the reading selection and find words related to the following terms.

Give the meanings of both sets of words, based on context and on your knowledge of these words or similar words.

Root word	Related word	Meaning
1. sabroso	_____	_____
2. amar	_____	_____
3. exitoso	_____	_____
4. la diversión	_____	_____
5. el oficial	_____	_____
6. la familia	_____	_____

SUGGESTION Present these other examples of word families: **conocer, conocimiento, conocido; habla, hablador, hablar, hablante; idea, ideal, idealismo, idealista.**

SUGGESTION Have students scan the text for clues about its content. Headlines (**titulares**), photos, and layout (**composición de la página**) reveal that it is a newspaper society page (**Notas de sociedad**).

SUGGESTION To check comprehension, ask students to identify the people who fit these descriptions: **1. Organizaron la fiesta de Marisa (Cristina Montes Vallejo y Tomás Méndez Esquivel) 2. Hizo la torta de Marisa (Tomás) 3. Es el esposo de Lola Navarro de Ibáñez (Bernardo Ibáñez) 4. Ofició en la ceremonia de José Luis y Elena (un amigo de la pareja) 5. Tienen la casa donde tuvo lugar el banquete nupcial (los padres de José Luis)**

recursos

vistahigher
learning.com

SOCIEDAD

Fiesta de cumpleaños

Marisa Castillo Solís

Marisa Castillo Solís cumplió 21 años el martes pasado. Para celebrarlo, sus amigos Cristina Montes Vallejo y Tomás Méndez Esquivel le organizaron una fiesta sorpresa en casa de Cristina. Marisa estudia periodismo en la Universidad de Buenos Aires y es una gran amante del cine.

A la fiesta acudió un grupo de amigos de Marisa y su hermano mayor Martín, que viajó desde Mendoza para traerle un regalo muy especial: una colección de las mejores películas argentinas de las últimas décadas. La fiesta fue un gran éxito. Todos los invitados disfrutaron de la comida y se divirtieron bailando al son de diferentes ritmos musicales. De postre, Tomás preparó un delicioso pastel. ¡Felicidades, Marisa!

Aniversario

Lola Navarro de Ibáñez y
Bernardo Ibáñez Narváez

Lola Navarro de Ibáñez y Bernardo Ibáñez Narváez celebraron sus cincuenta años de matrimonio en compañía de sus hijos y nietos. La celebración tuvo lugar en el restaurante El Tulipán, donde los invitados saborearon un delicioso banquete. Después de la cena, la Orquesta Armonía animó la fiesta con canciones para todas las edades. Como regalo de aniversario de bodas, los hijos de Lola y Bernardo les organizaron un viaje a Cádiz, ciudad de la costa andaluza española donde se conocieron de niños.

Boda

José Luis Pastor Gómez y
Elena Limón Ávila

El pasado 10 de agosto, a las 19 horas, se celebró la boda entre José Luis y Elena en Buenos Aires. La ceremonia fue muy emotiva al ser oficiada por un amigo de la pareja. Tras la breve e íntima ceremonia religiosa, los novios se reunieron con sus invitados en la casa de los padres de José Luis. Allí tuvo lugar el banquete nupcial, que comenzó a las 22:15 de la noche y terminó la mañana siguiente.

SUGGESTION Provide students with announcements from local newspapers and ask them to compare them to those shown here. Point out the layout, photos, format, and the information included.

Después de leer

¿Comprendiste?

Indica si lo que se dice en cada oración es **cierto** o **falso**. Corrige las oraciones falsas.

	Cierto	Falso
1. Lola y Bernardo tuvieron una fiesta en su casa para celebrar su aniversario de bodas.		✔
2. Martín no pudo asistir a la fiesta de cumpleaños de su hermana.		✔
3. A Marisa le encantan las películas.	✔	
4. José Luis y Elena se casaron en una ceremonia religiosa.	✔	
5. Después de la boda de José Luis y Elena, los invitados no comieron nada.		✔

La celebración tuvo lugar en el restaurante El Tulipán.

Martín vino de Mendoza para asistir a la fiesta.

Hubo un banquete después de la boda.

Preguntas

1. ¿Qué les regalaron a Lola y Bernardo?
   A Lola y Bernardo les regalaron un viaje a Cádiz.

2. ¿Cuántos años cumplió Marisa?
   Marisa cumplió veintiún años.

3. ¿Dónde tuvo lugar el banquete de la boda?
   El banquete de la boda tuvo lugar en la casa de los padres de José Luis.

4. ¿Qué le regaló Martín a su hermana Marisa?
   Martín le regaló a Marisa una colección de las mejores películas argentinas.

5. ¿Cuántos años de matrimonio celebran Lola y Bernardo?
   Lola y Bernardo celebran cincuenta años de matrimonio.

Coméntalo

¿Hay una sección de notas sociales en el periódico de tu universidad, comunidad o región? ¿Qué tipo de información encuentras en la sección de notas sociales? ¿La lees normalmente? ¿Por qué? Answers will vary.

amante del cine *film lover* acudió *attended* últimas *last few* son *sound*
éxito *success* disfrutaron de *enjoyed* saborearon *enjoyed (with respect to food)*
animó *livened up* tuvo lugar *took place*

Las celebraciones

el aniversario (de bodas)	(wedding) anniversary
la boda	wedding
el cumpleaños	birthday
el día de fiesta	holiday
la fiesta	party
el/la invitado/a	guest
la Navidad	Christmas
la quinceañera	young woman's fifteenth birthday celebration
la sorpresa	surprise
brindar	to toast (drink)
cambiar (de)	to change
celebrar	to celebrate
cumplir años	to have a birthday
dejar una propina	to leave a tip
divertirse (e:ie)	to have fun
graduarse (de)	to graduate (from)
invitar	to invite
pagar la cuenta	to pay the bill
pasarlo bien/mal	to have a good/ bad time
regalar	to give (a gift)
reírse (e:i)	to laugh
relajarse	to relax
sonreír (e:i)	to smile
sorprender	to surprise

Las relaciones personales

la alegría	happiness
la amistad	friendship
el amor	love
el divorcio	divorce
el estado civil	marital status
el matrimonio	marriage; married couple
la pareja	couple; partner
el/la recién casado/a	newlywed
casado/a	married
divorciado/a	divorced
juntos/as	together
separado/a	separated
soltero/a	single
viudo/a	widowed
casarse (con)	to get married (to)
comprometerse (con)	to get engaged (to)
divorciarse (de)	to get divorced (from)
enamorarse (de)	to fall in love (with)
llevarse bien/mal (con)	to get along well/badly (with)
odiar	to hate
romper (con)	to break up (with)
salir (con)	to go out (with); to date
separarse (de)	to separate (from)
tener una cita	to have a date; to have an appointment

Las etapas de la vida

la adolescencia	adolescence
la etapa	stage
la juventud	youth
la madurez	maturity; middle age
la muerte	death
el nacimiento	birth
la niñez	childhood
la vejez	old age
la vida	life
jubilarse	to retire (from work)
nacer	to be born

Los postres y otras comidas

la botella de vino	bottle of wine
el champán	champagne
los dulces	sweets; candy
el flan	baked custard
las galletas	cookies
el helado	ice cream
el pastel	cake
el pastel de cumpleaños	birthday cake
los postres	desserts

Otras palabras

el apellido	last name
el consejo	advice
la respuesta	answer

Expresiones útiles	See page 199.
Relative pronouns	See page 206.
Interrogative words and phrases	See page 208.

recursos

LM pp. 54

Lab CD/MP3 Lección 9

Vocab CD Lección 9

10 En el consultorio

PARA EMPEZAR Here are some additional questions you can ask based on the photo: **¿Cuándo conociste a tu médico/a? ¿Vas mucho a verlo/a? ¿Estuviste en su oficina la semana pasada? ¿El mes pasado? ¿El año pasado? ¿Cuándo?**

Communicative Goals

You will learn how to:
- discuss medical conditions
- describe your health
- talk about the body

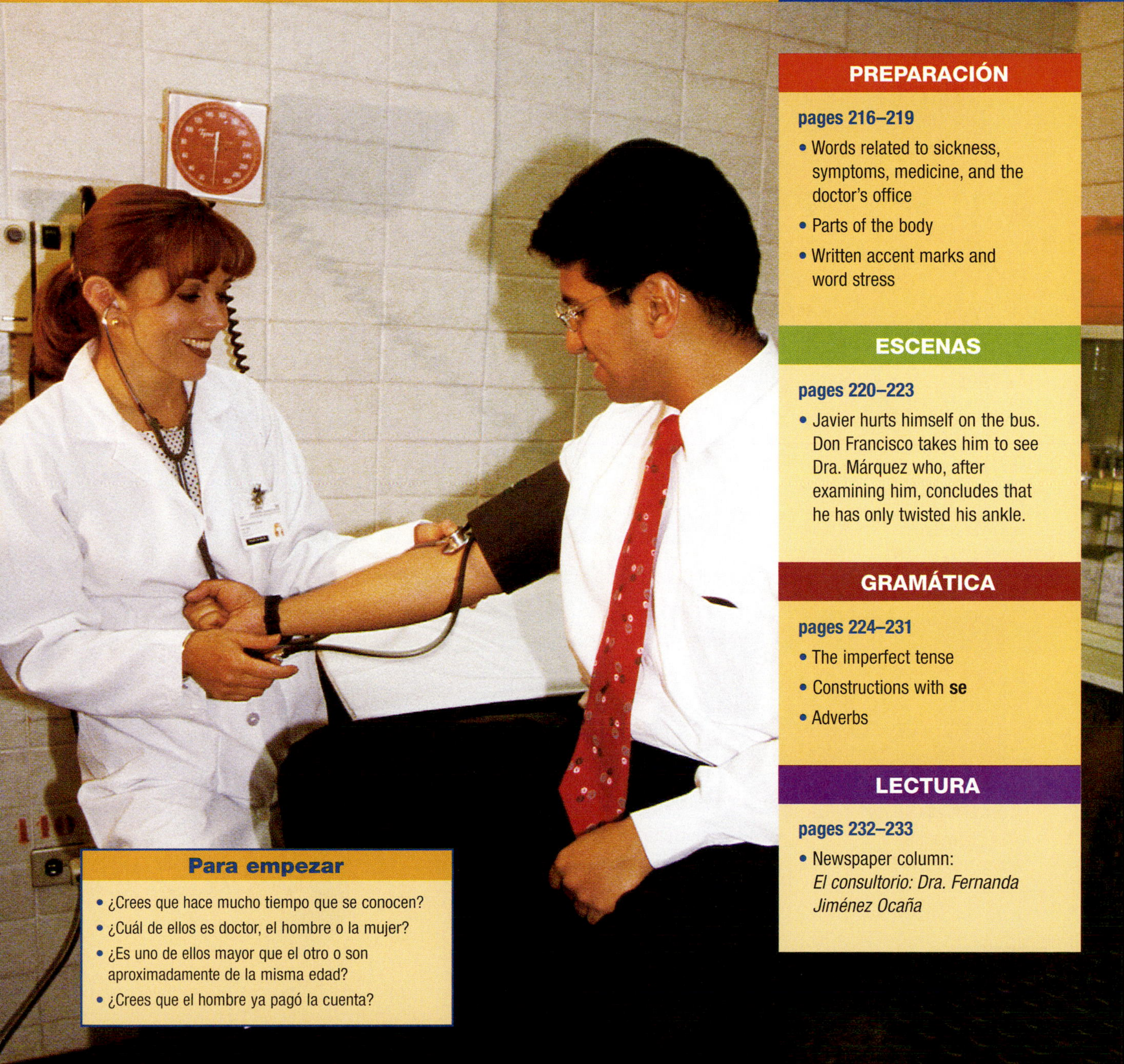

PREPARACIÓN

ESCENAS

GRAMÁTICA

LECTURA

Para empezar

- ¿Crees que hace mucho tiempo que se conocen?
- ¿Cuál de ellos es doctor, el hombre o la mujer?
- ¿Es uno de ellos mayor que el otro o son aproximadamente de la misma edad?
- ¿Crees que el hombre ya pagó la cuenta?

En el consultorio

TEACHING OPTION Play a game of **Simón dice**. Write **toquen** on the board and explain that it means *touch*. Start by saying **Simón dice… toquen la nariz, la cabeza**, and so forth.

SUGGESTION Introduce active vocabulary by pointing to parts of your body or by using the overhead transparency.

la cabeza *head*

el cuello *neck*

la garganta *throat*

el brazo *arm*

el dedo *finger*

el ojo *eye*

la oreja *(outer) ear*

la nariz *nose*

la boca *mouth*

el pie *foot*

la pierna *leg*

EL CUERPO

el corazón *heart*
el cuerpo *body*
el estómago *stomach*
el hueso *bone*
la rodilla *knee*
el tobillo *ankle*

SUGGESTION Remind students that body parts are referred to with the article and not the possessive: **Me duelen los pies**. The idea of "my" is expressed by the indirect object pronoun **me**.

la farmacia *pharmacy*

LA SALUD

el accidente *accident*
la clínica *clinic*
el consultorio *doctor's office*
el/la doctor(a) *doctor*
el/la enfermero/a *nurse*
el examen médico *physical exam*
el hospital *hospital*
el/la paciente *patient*
la operación *operation*
la radiografía *X-ray*
la sala de emergencia(s) *emergency room*
la salud *health*

el dentista *dentist*

recursos				
WB pp. 99–100	LM p. 55	Lab CD/MP3 Lección 10	I CD-ROM Lección 10	Vocab CD Lección 10

INSTRUCTIONAL RESOURCES WB, LM, Lab CD/MP3, I CD-ROM, Vocab CD, OT, IRM

tomar(le) la temperatura (a alguien)
to take (someone's) temperature

VERBOS

caerse *to fall (down)*

enfermarse *to get sick*

lastimarse (el pie) *to injure (one's foot)*

poner una inyección *to give an injection*

recetar *to prescribe*

romperse (la pierna) *to break (one's leg)*

sacar(se) una muela *to have a tooth pulled*

torcerse (el tobillo) *to sprain (one's ankle)*

VARIACIÓN LÉXICA Point out these lexical items:
resfriado → resfrío (*Cono Sur*), **catarro** (*Méx.*)

sala de emergencia(s) → sala de urgencias (*Amér. L.*)

romperse → quebrarse (*Amér. L.*)

estornudar
to sneeze

ENFERMEDADES Y SÍNTOMAS

el dolor (de cabeza) *(head)ache; pain*

la enfermedad *illness; sickness*

la gripe *flu*

la infección *infection*

el resfriado *cold*

el síntoma *symptom*

la tos *cough*

congestionado/a *congested; stuffed up*

mareado/a *dizzy; nauseated*

doler (o:ue) *to hurt*

estar enfermo/a *to be sick*

ser alérgico/a (a) *to be allergic (to)*

tener fiebre (f.) *to have a fever*

toser *to cough*

SUGGESTION To test comprehension, ask: **¿Cuáles son los síntomas de un resfriado? ¿de la gripe? ¿Qué necesita hacer una persona con un resfriado? ¿con la gripe? ¿con el tobillo torcido? ¿con fiebre?**

VARIACIÓN LÉXICA Point out the following false cognates related to health that students should be aware of. **Embarazada** means *pregnant*, not *embarrassed*. **Constipado/a** means *congested; stuffed up*, not *constipated*.

LOS MEDICAMENTOS

el antibiótico *antibiotic*

el medicamento *medication*

la medicina *medicine*

las pastillas *pills; tablets*

la receta *prescription*

la aspirina
aspirin

ADJETIVOS

embarazada *pregnant*

grave *grave; serious*

médico/a *medical*

saludable *healthy*

sano/a *healthy*

1 SCRIPT For the script, see the Instructor's Resource Manual.

1 EXPANSION Other activities to use here: **bailar, hacer la tarea, trabajar como camarero/a, ir de compras, hacer un examen físico, visitar al dentista.**

2 EXPANSION Now reverse the task by naming a body part and have students associate different activities with that body part.

3 SUGGESTION Give students ten minutes to complete the survey and then tally the class results.

3 EXPANSION Ask for a show of hands for those who fall into the different groups, then analyze the trends of the class. Are your students healthy or unhealthy?

Práctica y conversación

1 Escuchar 🎧 Escucha las frases y selecciona la respuesta más adecuada.

1. ___c___
2. ___e___
3. ___g___
4. ___d___
5. ___f___
6. ___h___
7. ___a___
8. ___b___

a. Tengo dolor de cabeza y fiebre.
b. No fui a la clase porque estaba enfermo.
c. Me caí ayer jugando al tenis.
d. Debes ir a la farmacia.
e. Porque tengo gripe.
f. Sí, tengo mucha tos por las noches.
g. Lo llevaron directamente a la sala de emergencia.
h. No sé. Todavía tienen que tomarme la temperatura.

2 Actividades 🎎 En parejas, identifiquen las partes del cuerpo que ustedes asocian con las siguientes actividades. Answers will vary.

MODELO
nadar
Estudiante 1: Usamos los brazos para nadar.
Estudiante 2: También usamos las piernas.

1. estudiar biología
2. llevar zapatos
3. toser
4. comer arroz con pollo
5. comprar un perfume
6. ver una película
7. hablar por teléfono
8. correr en el parque
9. tocar el piano

3 Cuestionario 🎎 Selecciona las respuestas que mejor reflejen tus experiencias. Suma (*add*) los puntos de cada respuesta y anota el resultado. Después, compara los resultados con el resto de la clase. Answers will vary.

¿Tienes buena salud?

27–30 puntos Salud y hábitos excelentes
23–26 puntos Salud y hábitos buenos
22 puntos o menos Salud y hábitos problemáticos

1. ¿Con qué frecuencia te enfermas (resfriados, gripe, etc.)?
   • Cuatro veces por año o más. (1 punto)
   • Dos o tres veces por año. (2 puntos)
   • Casi nunca. (3 puntos)

2. ¿Con qué frecuencia tienes dolor de estómago o problemas digestivos?
   • Con mucha frecuencia. (1 punto)
   • A veces. (2 puntos)
   • Casi nunca. (3 puntos)

3. ¿Con qué frecuencia tienes dolor de cabeza?
   • Frecuentemente. (1 punto)
   • A veces. (2 puntos)
   • Casi nunca. (3 puntos)

4. ¿Comes verduras y frutas?
   • No, casi nunca. (1 punto)
   • Sí, a veces. (2 puntos)
   • Sí, todos los días. (3 puntos)

5. ¿Eres alérgico/a a algo?
   • Sí, a muchas cosas. (1 punto)
   • Sí, a algunas cosas. (2 puntos)
   • No. (3 puntos)

6. ¿Haces ejercicios aeróbicos?
   • No, casi nunca hago ejercicios aeróbicos. (1 punto)
   • Sí, a veces. (2 puntos)
   • Sí, con frecuencia. (3 puntos)

7. ¿Con qué frecuencia te haces un examen médico?
   • Nunca o casi nunca. (1 punto)
   • Cada dos años. (2 puntos)
   • Cada año y/o antes de practicar un deporte. (3 puntos)

8. ¿Con qué frecuencia vas al dentista?
   • Nunca voy al dentista. (1 punto)
   • Sólo cuando me duele una muela. (2 puntos)
   • Por lo menos una vez por año. (3 puntos)

9. ¿Qué comes normalmente por la mañana?
   • No como nada. (1 punto)
   • Tomo una bebida dietética. (2 puntos)
   • Como cereales y fruta. (3 puntos)

10. ¿Con qué frecuencia te sientes mareado/a?
   • Frecuentemente. (1 punto)
   • A veces. (2 puntos)
   • Casi nunca. (3 puntos)

recursos
Text CD Lección 10

4 **Un accidente** 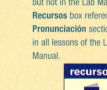 Cuéntale (*tell*) a la clase cómo fue un accidente o una enfermedad que tuviste. Incluye información que conteste las siguientes preguntas: ¿Qué ocurrió? ¿Dónde y cuándo ocurrió? ¿Cómo ocurrió? ¿Quién te ayudó y cómo? Answers will vary.

4 SUGGESTION Provide a model for students by describing an illness or accident you may have had.

5 **¿Cuáles son sus síntomas?** En parejas, túrnense para representar los papeles (*roles*) de un(a) médico/a y su paciente. Answers will vary.

5 SUGGESTION Have students brainstorm a list of symptoms they might have when visiting the doctor.

Ortografía **El acento y las sílabas fuertes**

NATIONAL comparisons *STANDARDS*

SUGGESTION Other words from the lesson's vocabulary that require written accents include: **corazón**, **estómago**, **antibiótico**, **clínica**, **médico**, and **radiografía**.

In Spanish, written accent marks are used on many words. Here is a review of some of the principles governing word stress and the use of written accents.

as-pi-ri-na   **gri-pe**   **to-man**   **an-tes**

In Spanish, when a word ends in a vowel, **–n**, or **–s**, the spoken stress usually falls on the next-to-last syllable. Words of this type are very common and do not need a written accent.

a-sí   **in-glés**   **in-fec-ción**   **hé-ro-e**

When a word ends in a vowel, **–n**, or **–s**, and the spoken stress does *not* fall on the next-to-last syllable, then a written accent is needed.

hos-pi-tal   **na-riz**   **re-ce-tar**   **to-ser**

When a word ends in any consonant *other* than **–n** or **–s**, the spoken stress usually falls on the last syllable. Words of this type are very common and do not need a written accent.

SUGGESTION Point out that **Ortografía** replaces **Pronunciacíon** in the Student Edition for **Lecciones 10–18**, but not in the Lab Manual. The **Recursos** box references the **Pronunciación** sections found in all lessons of the Lab Manual.

lá-piz   **fút-bol**   **hués-ped**   **sué-ter**

When a word ends in any consonant *other* than **–n** or **–s** and the spoken stress does *not* fall on the last syllable, then a written accent is needed.

far-ma-cia   **bio-lo-gí-a**   **su-cio**   **frí-o**

Diphthongs (two weak vowels or a strong and weak vowel together) are normally pronounced as a single syllable. A written accent is needed when a diphthong is broken into two syllables.

recursos

LM
p. 56

Lab CD/MP3
Lección 10

I CD-ROM
Lección 10

sol   **pan**   **mar**   **tos**

Spanish words of only one syllable do not usually carry a written accent.

El ahorcado Juega al ahorcado (*hangman*) para adivinar las palabras.

1. __ l __ __ __ __ a   Vas allí cuando estás enfermo/a. clínica
2. __ __ __ __ e __ c __ __ n   Se usa para poner una vacuna (*vaccination*). inyección
3. __ __ d __ o __ __ __ __ __ a   Se usa para ver los huesos. radiografía

¡Uf! ¡Qué dolor!

Don Francisco y Javier van a la clínica de la doctora Márquez.

VIDEO SYNOPSIS While on the bus, Javier injures his foot. Don Francisco tells the group they are close to his friend's clinic. Dra. Márquez determines that Javier simply twisted his ankle. She prescribes some pain medication and sends Javier and Don Francisco on their way.

PREVIEW Have students cover the **Expresiones útiles** with a sheet of paper and scan the **Escenas** section for words and expressions related to health care. Then have them predict what will happen in this episode. Have students study the **Expresiones útiles** as homework.

EXPANSION Have students make a list of their own allergies or medical needs and learn how to say them in Spanish.

Personajes

DON FRANCISCO

JAVIER

INÉS

DRA. MÁRQUEZ

JAVIER Estoy aburrido… Tengo ganas de dibujar. Con permiso.

INÉS ¡Javier! ¿Qué te pasó?

JAVIER ¡Ay! ¡Uf! ¡Qué dolor! ¡Creo que me rompí el tobillo!

DON FRANCISCO No te preocupes, Javier. Estamos cerca de la clínica donde trabaja la doctora Márquez, mi amiga.

JAVIER ¿Tengo dolor? Sí, mucho. ¿Dónde? En el tobillo. ¿Tengo fiebre? No lo creo. ¿Estoy mareado? Un poco. ¿Soy alérgico a algún medicamento? No. ¿Embarazada? Definitivamente NO.

DRA. MÁRQUEZ ¿Cómo se lastimó el pie?

JAVIER Me caí cuando estaba en el autobús.

recursos

| VM pp. 187–188 | I CD-ROM Lección 10 | Es V CD-ROM Lección 10 |

INSTRUCTIONAL RESOURCES VM, I CD-ROM, Es Video (Start 00:52:19), Es V CD-ROM, Es DVD, IRM

SUGGESTION Have students look at the **Expresiones útiles**. Point out the verb forms **enfermaba**, **enfermabas**, **tenía**, and **gustaban**. Explain that these are imperfect tense forms, used here to talk about habitual events in the past. They will learn more about these concepts in **Gramática 10.1**.

SUGGESTION After reading the **Expresiones útiles** aloud, ask students a few questions. Ex: **¿Te duele la cabeza? ¿Te duele el estómago después de comer mucho? ¿Eres alérgico/a a algún medicamento?**

DRA. MÁRQUEZ ¿Cuánto tiempo hace que se cayó?

JAVIER Ya se me olvidó… déjeme ver… este… eran más o menos las dos o dos y media cuando me caí… o sea hace más de una hora. ¡Me duele mucho!

DON FRANCISCO Sabes, Javier, cuando era chico yo les tenía mucho miedo a los médicos. Visitaba mucho al doctor porque me enfermaba con mucha frecuencia… Tenía muchas infecciones de la garganta. No me gustaban las inyecciones ni las pastillas. Una vez me rompí la pierna jugando al fútbol…

JAVIER ¡Doctora! ¿Qué dice? ¿Está roto el tobillo?

DRA. MÁRQUEZ Tranquilo, le tengo buenas noticias, Javier. No está roto el tobillo. Apenas está torcido.

JAVIER Pero, ¿voy a poder ir de excursión con mis amigos?

DRA. MÁRQUEZ Creo que sí. Pero debe descansar y no caminar mucho durante un par de días. Le receto unas pastillas para el dolor.

DRA. MÁRQUEZ Adiós, Francisco. Adiós, Javier. ¡Cuidado! ¡Buena suerte en las montañas!

Expresiones útiles

Discussing medical conditions

¿Cómo se lastimó el pie?
How did you hurt your foot?
¿Te duele el tobillo?
Does your ankle hurt? (fam.)
¿Le duele el tobillo?
Does your ankle hurt? (form.)
Sí, (me duele) mucho.
Yes, (it hurts) a lot.
¿Es usted alérgico/a a algún medicamento?
Are you allergic to any medication?
Sí, soy alérgico/a a la penicilina.
Yes, I'm allergic to penicillin.
¿Está roto el tobillo?
Is the ankle broken?
No está roto. Apenas está torcido.
It's not broken. It's just twisted.
¿Te enfermabas frecuentemente?
Did you used to get sick frequently? (fam.)
Sí, me enfermaba frecuentemente.
Yes, I used to get sick frequently.
Tenía muchas infecciones.
I used to get a lot of infections.

Other expressions

hace + [period of time] + **que** + [present tense]:

¿Cuánto tiempo hace que te duele?
How long has it been hurting?
Hace una hora que me duele.
It's been hurting for an hour.

hace + [period of time] + **que** + [preterite]:

¿Cuánto tiempo hace que se cayó?
How long ago did you fall?
Me caí hace más de una hora./Hace más de una hora que me caí.
I fell more than an hour ago.

1 EXPANSION Additional items: 1. Javier tiene el tobillo roto. (Falso. El tobillo no está roto. Está torcido.) 2. La doctora Márquez le receta un poco de penicilina. (Falso. Le receta unas pastillas para el dolor.)

3 SUGGESTION Give students several minutes to prepare their conversation with their partner. Then ask several pairs to present their skit in front of the class.

3 EXPANSION Have students create the conversation for the follow-up visit between the same doctor and patient. Encourage them to be creative with the ending.

¿Qué piensas?

1 **¿Cierto o falso?** Decide si las siguientes frases sobre Javier son **ciertas** o **falsas**. Corrige las frases falsas.

Cierto	Falso	
✓	_____	**1.** Está aburrido y tiene ganas de hacer algo creativo.
_____	✓	**2.** Cree que se rompió la rodilla.
		Cree que se rompió el tobillo.
✓	_____	**3.** Se lastimó cuando se cayó en el autobús.
_____	✓	**4.** Hace menos de una hora que se cayó.
		Hace más de una hora que se cayó.
_____	✓	**5.** Es alérgico a dos medicamentos.
		No es alérgico a ningún medicamento.
_____	✓	**6.** No está mareado, pero sí tiene un poco de fiebre.
		Está un poco mareado, pero no tiene fiebre.

2 **Ordenar** Pon los siguientes eventos en el orden correcto.

___4___ a. La doctora le saca una radiografía.

___6___ b. La doctora le receta unas pastillas para el dolor.

___2___ c. Javier se lastima el tobillo en el autobús.

___5___ d. Don Francisco le habla a Javier de cuando era chico.

___1___ e. Javier quiere dibujar un rato (*a while*).

___3___ f. Don Francisco lo lleva a una clínica.

3 **En el consultorio** En parejas, preparen una conversación entre un(a) médico/a y su paciente. El/la paciente se cayó en su casa y piensa que se rompió un dedo. El/la médico/a le pregunta al/a la paciente si le duele y cuánto tiempo hace que se cayó. El/la paciente describe su dolor. Finalmente, el/la médico/a le recomienda un tratamiento (*treatment*). Usen las siguientes preguntas y frases en su conversación. Answers will vary.

¿Cómo se lastimó…?	Estoy…	¿Le duele…?
¿Cuánto tiempo hace que le duele…?	¿Es usted alérgico/a a algún medicamento?	Tengo…
¿Cuánto tiempo hace que se lastimó…?	Hace… que me duele.	Usted debe…
	Hace… que me lastimé…	

Exploración

La medicina en los países hispanos

En España y en muchos países de Latinoamérica, hay clínicas y hospitales públicos donde los servicios médicos son gratuitos.

Para las personas que no quieren visitar las instalaciones (*facilities*) públicas, hay clínicas y hospitales privados.

SUGGESTION Have students interview a heritage speaker about the health care system in their country of origin. They can also interview him or her about a personal experience with an injury or illness.

EXPANSION Explain to the class that in Latin America, larger cities generally have a wider variety of medical specialists, public clinics and services than rural areas.

En algunas regiones del mundo hispano, especialmente en las áreas rurales, los curanderos (*healers*) son muy populares. Los curanderos usan plantas y hierbas para tratar (*treat*) las enfermedades.

EXPANSION Some residents of rural areas may also seek medical assistance from **parteras** (*midwives*).

Médicos célebres

- El médico argentino **René Favaloro** fue el pionero de la operación conocida (*known*) como el *bypass*.
- El **Dr. Manuel Elkin Patarroyo**, de Colombia, descubrió la vacuna (*vaccine*) contra la malaria.
- La **Dra. Antonia Novello**, puertorriqueña, fue la primera mujer y la primera hispana en asumir el puesto de Cirujana-General (*Surgeon General*) de los Estados Unidos.
- El **Dr. Pedro Penzini Fleury** tiene mucha fama en Venezuela por sus artículos de periódico y sus programas de radio sobre medicina y nutrición.

Coméntalo

Con un(a) compañero/a, contesta las siguientes preguntas. Answers will vary.

- ¿Debe ofrecer el gobierno servicios médicos gratuitos? ¿Por qué?
- ¿Hay servicios médicos públicos en tu comunidad o región?
- ¿Qué piensas de la medicina alternativa? ¿Por qué?

recursos

vistahigher learning.com

10.1 The imperfect tense

▶ In Lesson 6, you learned the preterite tense. Now you will learn the imperfect tense, which describes past activities in a different way.

The imperfect of regular verbs

	cantar	beber	escribir
yo	cantaba	bebía	escribía
tú	cantabas	bebías	escribías
Ud./él/ella	cantaba	bebía	escribía
nosotros/as	cantábamos	bebíamos	escribíamos
vosotros/as	cantabais	bebíais	escribíais
Uds./ellos/ellas	cantaban	bebían	escribían

Cuando era chico yo les tenía mucho miedo a los médicos.

Tenía que ir mucho a una clínica. ¡No me gustaban nada las inyecciones!

¡ojo!

The imperfect endings of –er and –ir verbs are the same. The **nosotros** form of –ar verbs has an accent on the first **a** of the ending. –**Er** and –**ir** verb forms carry an accent on the first **i** of the ending.

• • •

Ir, ser, and **ver** are the only irregular verbs in the imperfect.

▶ There are no stem changes in the imperfect tense.

Me **duelen** los pies.
My feet hurt.

Me **dolían** los pies.
My feet were hurting.

▶ The imperfect form of **hay** (inf. **haber**) is **había** (*there was/were/used to be*).

Había sólo un médico.
There was only one doctor.

Había dos pacientes allí.
There were two patients there.

Irregular verbs in the imperfect

	ir	ser	ver
yo	iba	era	veía
tú	ibas	eras	veías
Ud./él/ella	iba	era	veía
nosotros/as	íbamos	éramos	veíamos
vosotros/as	ibais	erais	veíais
Uds./ellos/ellas	iban	eran	veían

▶ The imperfect is used to describe past events in a different way than the preterite. Generally, the imperfect describes actions which are seen by the speaker as incomplete or continuing, while the preterite describes actions which have been completed. The imperfect expresses what was happening at a certain time or how things used to be.

¿Qué te **pasó**?
What happened to you?

Me **torcí** el tobillo.
I sprained my ankle.

¿Dónde **vivías** de niño?
Where did you live as a child?

Vivía en San José.
I lived in San José.

▶ Use the following words and expressions with the imperfect to express habitual or repeated actions: **de niño/a** (*as a child*), **todos los días** (*every day*), **mientras** (*while*).

INSTRUCTIONAL RESOURCES WB, LM, Lab CD/MP3, I CD-ROM, IRM (Audio Scripts & Instructor Annotations)
Refer students to the **recursos** box in **Ampliación** for complete information.

Uses of the imperfect

Habitual or repeated actions	Íbamos al parque los domingos. *We used to go to the park on Sundays.*	**Age**	Los niños tenían seis años. *The children were 6 years old.*
Events or actions that were in progress	Yo leía mientras él estudiaba. *I was reading while he was studying.*	**Physical characteristics**	Era alto y guapo. *He was tall and handsome.*
Time-telling	Eran las tres y media. *It was 3:30.*	**Mental or emotional states**	Quería mucho a su familia. *He loved his family very much.*

Práctica y conversación

1 ¡Pobre Miguelito! Completa las frases con el imperfecto. Luego, pon las oraciones en un orden lógico.

___8___ a. Miguelito no ___iba___ [ir] a jugar más.

___7___ b. El doctor dijo que no ___era___ [ser] nada grave.

___5___ c. El niño le dijo a la enfermera que ___le dolía___ [dolerle] la nariz.

___2___ d. Los niños ___jugaban___ [jugar] en el patio.

___3___ e. Su mamá ___estaba___ [estar] dibujando cuando Miguelito entró llorando.

___1___ f. ___Eran___ [ser] las dos de la tarde.

___4___ g. Miguelito ___tenía___ [tener] mucho dolor.

___6___ h. El doctor ___quería___ [querer] examinar su nariz.

2 La salud Completa las frases con el imperfecto.

caerse	esperar	mirar	sentirse
doler	estar	poder	tener
enfermarse	estornudar	querer	toser

1. Después de correr, a Dora le ___dolían___ los pies.

2. Ana ___miraba___ el termómetro; con tanta fiebre no ___podía___ leerlo.

3. Él ___esperaba___ porque el doctor ___estaba___ ocupado.

4. Ellos ___tosían/estornudaban___ y ___estaban/se sentían___ congestionados porque ___tenían___ gripe.

5. Lorenzo ___tenía___ dolor de muelas.

6. Paco y Luis ___tenían___ dolor de estómago y ___querían___ unas pastillas para el dolor.

7. Le ___dolía___ la cabeza y ___estaba/se sentía___ mareado.

8. Luisa ___estornudaba___ porque es alérgica al polen.

9. Juan Carlos siempre ___se caía___ de la bicicleta.

3 Entrevista Trabajen en parejas. Un(a) estudiante entrevista a su compañero/a. Luego compartan los resultados de la entrevista con la clase. Answers will vary.

Preguntas	Respuestas
1. ¿Cuántos años tenías en 1991? ¿Y en 1997?	_____
2. Cuando eras niño/a, ¿qué hacía tu familia durante las vacaciones?	_____
3. Cuando eras estudiante de primaria, ¿te gustaban tus profesores?	_____
4. Cuando tenías diez años, ¿cuál era tu programa de televisión favorito?	_____
5. Cuando tenías quince años, ¿cuál era tu grupo musical favorito?	_____
6. Antes de tomar esta clase, ¿sabías hablar español?	_____

4 Describir En parejas, túrnense para describir lo que hacían durante algunos momentos de sus vidas. Luego informen a la clase sobre la vida del/de la compañero/a. Answers will vary.

MODELO

De niña, mi familia y yo siempre íbamos a Puntarenas. Tomábamos el tren. Salíamos a las 6 de la mañana. Todos los días nadábamos. En Navidad mis papás siempre hacían una gran fiesta. Mi mamá y mis tías preparaban mucha comida. Toda la familia venía.

- Las vacaciones y los veranos cuando eras niño/a
- Celebraciones con tus amigos o con tu familia
- Cómo eran tu escuela y tus amigos
- Cuando estabas enfermo/a
- Ocasiones especiales

10.2 Constructions with **se**

▶ As you know, **se** can be used as a reflexive pronoun (**Él se despierta.**).

▶ Non-reflexive verbs can be used with **se** to form impersonal constructions. In impersonal constructions, the person performing the action is not expressed or defined. In English, the passive voice or indefinite subjects (*you, they, one*) are used.

Se habla español en Costa Rica.
Spanish is spoken in Costa Rica.

Se puede leer en la sala de espera.
You can read in the waiting room.

▶ You often see the impersonal **se** in signs and advertisements.

SE PROHÍBE NADAR

Se necesitan programadores
GRUPO TECNO
Tel. 778-34-34

ENTRADA
Se entra por la izquierda

¡ojo!
The third person singular verb form is used with singular nouns and the third person plural form is used with plural nouns:
Se vende ropa.
Se venden camisas.

▶ **Se** is used to de-emphasize the person who performs the action in question, so as to imply that the accident or event is not his/her direct responsibility. These statements are constructed using the following pattern.

se + INDIRECT OBJECT PRONOUN + VERB + SUBJECT

Bueno, vamos a ver si se le rompió un hueso.

▶ In this construction, what would normally be the direct object of the sentence becomes the subject and agrees with the verb.

I.O. PRONOUN	VERB	SUBJECT
me	perdieron	las llaves.
te	cayó	la taza.
Se le	dañó	el radio.
nos	rompieron	las botellas.
os	olvidaron	las pastillas.
les		

▶ These verbs are often used with **se** to describe unplanned events.

| caer | to fall; to drop | olvidar | to forget | quedar | to be left behind |
| dañar | to damage; to break down | perder (e:ie) | to lose | romper | to break |

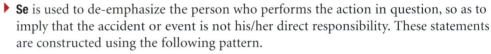

¡ojo!
Dejar caer (*let fall*) is often used to mean *to drop.*
Elena dejó caer el libro. *Elena dropped the book.*
El médico dejó caer la aspirina. *The doctor dropped the aspirin.*

▶ **A** + [noun] or **a** + [prepositional pronoun] is frequently used to clarify or emphasize who is involved in the action.

Al estudiante se le perdió la tarea.
The student lost his homework.

A mí se me olvidó ir a clase ayer.
I forgot to go to class yesterday.

Práctica y conversación

1 **¿Cierto o falso?** Lee estas oraciones sobre la vida en 1901. Indica si lo que dice cada oración es **cierto** o **falso**. Luego corrige las oraciones falsas.

Cierto	Falso	
	✓	**1.** Se veía mucha televisión.
✓		**2.** Se escribían muchos libros.
✓		**3.** Se viajaba mucho en tren.
✓		**4.** Se montaba a caballo.
	✓	**5.** Se mandaba correo electrónico.
	✓	**6.** Se llevaban minifaldas.

No se veía la televisión. Se leía mucho.
No se mandaba correo electrónico. Se mandaban muchas cartas y postales.
No se llevaban minifaldas. Se llevaban faldas largas.

2 **Anuncios** Traduce estos anuncios (*ads*) al español con el **se** impersonal.

ENGINEERS NEEDED
1. Se necesitan ingenieros.

NO TALKING
6. Se prohíbe hablar.

EATING AND DRINKING PROHIBITED
2. Se prohíbe comer y beber.

TEACHER NEEDED
7. Se necesita profesor(a).

PROGRAMMERS SOUGHT
3. Se buscan programadores.

WE SELL BOOKS
8. Se venden libros.

WE SPEAK ENGLISH
4. Se habla inglés.

DO NOT ENTER
9. Se prohíbe entrar.

WE SELL COMPUTERS
5. Se venden computadoras.

SPANISH SPOKEN
10. Se habla español.

3 **Preguntas** Trabajen en parejas y usen estas preguntas para entrevistarse. Answers will vary.

1. ¿Qué comidas se sirven en tu restaurante favorito?
2. ¿Se te olvidó invitar a alguien a tu última fiesta o cena?
3. ¿A qué hora se abre la cafetería de tu universidad?
4. ¿Alguna vez se te quedó algo importante en casa?
5. ¿Alguna vez se te perdió algo importante durante un viaje?
6. ¿Qué se vende en la librería de la universidad?
7. ¿Sabes si en la librería se aceptan cheques?
8. ¿Alguna vez se te rompió un plato o un vaso (*glass*)?
9. ¿Alguna vez se te cayó una botella de vino?

4 **Minidiálogos** En parejas, preparen los siguientes minidiálogos. Luego preséntenlos a la clase. Answers will vary.

1. A Spanish professor asks for a student's workbook. The student explains why he or she doesn't have it.
2. A tourist asks the bellhop where the best food in the city is served, and the bellhop gives several suggestions.
3. A patient tells the doctor that he or she can't walk. The doctor examines the patient and explains what's wrong.
4. A parent asks a child how the plates got broken. The child apologizes profusely and explains what happened.

5 **Anuncios** En grupos, preparen dos anuncios de televisión para presentar a la clase. Deben usar el imperfecto y dos construcciones con **se**.

MODELO
Se me cayeron unos libros en el pie y ¡Ayyyyy! Sentía mucho, pero mucho dolor. Pero ya no, gracias a Superaspirina 500. ¡Tomé dos pastillas y se me fue el dolor! ¡Se puede comprar Superaspirina 500 en todas las farmacias Recetamax!

10.3 Adverbs

▶ Adverbs describe how, when, and where actions take place. They modify verbs, adjectives, and even other adverbs. The list below contains some adverbs you have already learned.

bien	muy	hoy	temprano	aquí
mal	nunca	siempre	ayer	

▶ Most adverbs end in **–mente.** These are equivalent to the English adverbs which end in *–ly*.

lentamente	*slowly*	generalmente	*generally*
verdaderamente	*truly; really*	simplemente	*simply*

▶ To form adverbs which end in **–mente**, add **–mente** to the feminine form of the adjective. If the adjective does not have a feminine form, just add **–mente** to the standard form.

ADJECTIVE	FEMININE FORM	SUFFIX	ADVERB
lento	lenta	–mente	lentamente
fabuloso	fabulosa	–mente	fabulosamente
enorme		–mente	enormemente
feliz		–mente	felizmente

▶ Adverbs that end in **–mente** generally follow the verb, while adverbs that modify an adjective or another adverb precede the word they modify.

Javier dibuja **maravillosamente.**
Javier draws wonderfully.

Inés está **casi siempre** ocupada.
Inés is almost always busy.

Common adverbs and adverbial expressions

a menudo	*often*	así	*like this; so*	menos	*less*
a tiempo	*on time*	bastante	*enough; quite*	muchas veces	*a lot; many times*
a veces	*sometimes*	casi	*almost*		
además (de)	*furthermore; besides*	con frecuencia	*frequently*	poco	*little*
		de vez en	*from time*	por lo menos	*at least*
apenas	*hardly; scarcely*	cuando	*to time*	pronto	*soon*

SUGGESTION Have students scan the advertisement and identify the adverbs.

SUGGESTION Ask students questions about the advertisement. Ex: **Según el anuncio, ¿para qué sirve la aspirina? ¿Te duele a menudo la cabeza? ¿Tomas aspirina cuando te duele la cabeza? ¿Necesitas una receta del médico para comprar aspirina? Cuando estás enfermo/a, ¿prefieres tomar un medicamento o llamar antes al doctor?**

ESPAÑOL EN VIVO

No Hay Tiempo Para el Dolor de Cabeza

ASPIRINA

Si tienes prisa, o simplemente si quieres que tu dolor de cabeza se vaya muy pronto, piensa en Bayer. Se asimila mejor y actúa rápidamente. Ya no se puede perder tiempo por un dolor de cabeza.

INSTRUCTIONAL RESOURCES WB, LM, Lab CD/MP3, I CD-ROM, IRM (Audio Scripts & Instructor Annotations)

Práctica y conversación

1 **En la clínica** Completa las oraciones con los adverbios adecuados.

1. La cita era a las nueve, pero llegamos ____tarde____ [aquí, nunca, tarde].

2. El problema fue que ____ayer____ [aquí, ayer, así] se nos rompió el despertador.

3. La recepcionista no se enojó porque sabía que normalmente llegábamos ____a tiempo____ [a veces, a tiempo, poco].

4. El doctor estaba ____casi____ [por lo menos, mal, casi] listo.

5. ____Apenas____ [así, además, apenas] tuvimos que esperar cinco minutos.

6. El doctor dijo que nuestra hija Irene necesitaba una operación ____inmediatamente____ [temprano, menos, inmediatamente].

7. Cuando Irene salió de la operación, le preguntamos ____nerviosamente____ [con frecuencia, nerviosamente, muchas veces] al doctor cómo estaba nuestra hija.

8. ____Afortunadamente____ [por lo menos, afortunadamente, a menudo] el médico nos contestó que Irene estaba bien.

2 **Oraciones** Combina palabras de las tres columnas para formar oraciones completas. Answers will vary.

MODELO
Mi mejor amigo se enferma frecuentemente.
Britney Spears conduce rápidamente.

Sujetos	Verbos	Adverbios
mi mejor amigo/a	caerse	bien
mi(s) padre(s)	casarse	fabulosamente
el/la profesor(a) de español	conducir	felizmente
yo	divertirse	frecuentemente
los jóvenes	enfermarse	mal
Tiger Woods	estornudar	muchas veces
Britney Spears	ir	poco
Tina Turner	levantarse	pronto
todos nosotros	llevarse	rápidamente
	vestirse	tarde
		temprano
		tranquilamente

3 **Preguntas** Usa estas preguntas para entrevistar a tu compañero/a. Answers will vary.

1. ¿Qué sabes hacer muy bien?
2. ¿Vas al doctor de vez en cuando?
3. ¿Qué estudias además de español?
4. ¿Hay compañeros/as de clase a quienes apenas conoces?
5. ¿Te enfermas a menudo?
6. ¿Con qué frecuencia cenas en un restaurante?
7. ¿Generalmente, llegas a tiempo a las clases y citas?
8. ¿Qué haces si te sientes congestionado/a y estornudas muchas veces?

4 **¿Con qué frecuencia?** Circula por la clase y pregúntales a tus compañeros/as con qué frecuencia hacen las actividades que se mencionan en la lista. Comparte la información con la clase. Answers will vary.

MODELO
pasear en bicicleta
Estudiante 1: *De vez en cuando, ¿paseas en bicicleta?*
Estudiante 2: *Sí, paseo en bicicleta con mucha frecuencia./ No, casi nunca paseo en bicicleta.*

Actividades	con mucha frecuencia	de vez en cuando	casi nunca	nunca
1. Nadar	_____	_____	_____	_____
2. Jugar al tenis	_____	_____	_____	_____
3. Hacer la tarea	_____	_____	_____	_____
4. Salir a bailar	_____	_____	_____	_____
5. Mirar la televisión	_____	_____	_____	_____
6. Domir en clase	_____	_____	_____	_____
7. Perder las gafas	_____	_____	_____	_____
8. Tomar una medicina	_____	_____	_____	_____
9. Ir al dentista	_____	_____	_____	_____

SCRIPT For the script, see the Instructor's Resource Manual.

Ampliación

1 Escuchar 🎧

A Escucha la conversación de la Srta. Méndez y Carlos Peña. Marca las frases donde se mencionan los síntomas de Carlos.

TIP **Listen for specific information.** Identify the subject of a conversation and use your background knowledge to predict what kinds of information you might hear. For example, what would you expect to hear in a conversation between a sick person and a doctor's receptionist?

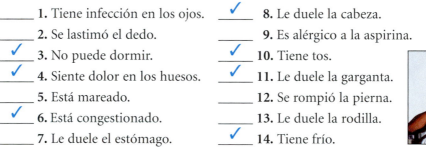

_____ 1. Tiene infección en los ojos.

_____ 2. Se lastimó el dedo.

✓ 3. No puede dormir.

✓ 4. Siente dolor en los huesos.

_____ 5. Está mareado.

✓ 6. Está congestionado.

_____ 7. Le duele el estómago.

✓ 8. Le duele la cabeza.

_____ 9. Es alérgico a la aspirina.

✓ 10. Tiene tos.

✓ 11. Le duele la garganta.

_____ 12. Se rompió la pierna.

_____ 13. Le duele la rodilla.

✓ 14. Tiene frío.

B En tu opinión, ¿qué tiene Carlos? ¿Una gripe? ¿Un resfriado? ¿Una alergia? Explica tu opinión. Answers will vary.

2 Conversar
Con un(a) compañero/a, prepara una conversación entre un(a) estudiante hipocondríaco/a y el/la enfermero/a. Presenten la conversación a la clase. Answers will vary.

> • Decidan qué síntomas tiene el/la estudiante y con qué frecuencia los tiene.
>
> • Decidan qué preguntas le va a hacer el/la enfermero/a. (Por ejemplo: ¿Cuánto tiempo hace que comenzaron los síntomas? ¿Tenía el mismo problema cuando era niño/a? ¿Lo tenía la semana pasada?)
>
> • Decidan qué consejos le va a dar el/la enfermero/a.

recursos

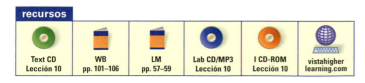

| Text CD Lección 10 | WB pp. 101–106 | LM pp. 57–59 | Lab CD/MP3 Lección 10 | I CD-ROM Lección 10 | vistahigher learning.com |

230 *doscientos treinta*

INSTRUCTIONAL RESOURCES Text CD, WB, LM, Lab CD/MP3, I CD-ROM (Activities & Quiz), Website, IRM
Inform students that the material listed in the **recursos** box applies to the complete **Gramática** section.

3 **Escribir** Eres un(a) enfermero/a en la sala de emergencia de un hospital. Tienes que escribir cada día un parte (*report*) médico para tu supervisor(a). *Answers will vary.*

TIP **Avoid redundancies.** To avoid repetition of verbs and nouns, consult a Spanish language thesaurus. Use direct object pronouns, possessive adjectives, demonstrative adjectives and pronouns, and prepositional pronouns to streamline your writing.

Susana se lastimó la rodilla ayer. ~~*Susana*~~ *Ella estaba corriendo* ~~*por el parque*~~ *cuando se cayó y se* ^la ~~*lastimó la rodilla.*~~

Organízalo Utiliza un mapa de ideas para organizar tu parte médico. Incluye información sobre los pacientes, sus síntomas y el resultado de los tratamientos.

Escríbelo Utiliza tus apuntes para escribir el primer borrador de tu parte médico.

Corrígelo Intercambia tu composición con un(a) compañero/a. Lee su borrador y anota los aspectos mejor escritos (*written*). Ofrécele sugerencias para evitar (*avoid*) redundancias, y si ves algunos errores gramaticales u ortográficos, coméntaselos.

Compártelo Revisa el primer borrador según las indicaciones de tu compañero/a. Incorpora nuevas ideas y/o más información si es necesario antes de escribir la versión final del parte médico.

4 **Un paso más** Prepara una presentación sobre el sistema de servicios médicos de un país hispano. Tu presentación debe contestar las siguientes preguntas. *Answers will vary.*

- ¿Qué servicios médicos públicos hay en el país?
- ¿Cuál es el papel (*role*) de las clínicas y los hospitales privados?
- ¿Cómo son los servicios médicos en las ciudades y en las áreas rurales?
- ¿Son populares los tratamientos alternativos?
- ¿Hay personas reconocidas por sus contribuciones a la medicina?

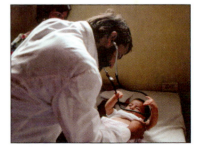

En Internet

Investiga estos temas en el sitio vistahigherlearning.com.

- Hospitales en el mundo hispano
- Clínicas en el mundo hispano
- Médicos famosos del mundo hispano

connections communities NATIONAL STANDARDS

SUGGESTION Discuss what kind of information may be included in a medical report written by an emergency room nurse and list it on the board.

EVALUATION

Criteria	Scale
Content	1 2 3 4
Organization	1 2 3 4
Accuracy	1 2 3 4
Comprehensibility	1 2 3 4
Creativity	1 2 3 4

Scoring

Excellent	18–20 points
Good	14–17 points
Satisfactory	10–13 points
Unsatisfactory	< 10 points

SUGGESTION Have students work in small groups and divide up the research. Each student can present on what they learned about their target country's healthcare system.

EXPANSION Have students discuss the similarities or differences between the healthcare system in the United States with that of their target country. **¿Qué tienen en común? ¿En qué se diferencian?**

Antes de leer

Using what you already know about a particular subject will often help you better understand a reading selection. For example, if you read an article about a recent medical discovery, you might think about what you already know about health in order to understand unfamiliar words or concepts.

At a glance, what does this reading selection appear to be about?

_____

_____

What type of document is this, and how can you tell?

_____

_____

Based on what you know about documents of this type, what types of information do you expect to find in this reading selection?

_____

_____

SUGGESTION Have students share their observations about the text. Then ask: **¿Qué tipo de texto es? (una columna de consejos médicos) ¿Dónde se publicó? (En un periódico o en una revista) ¿Quién es la doctora Fernanda Jiménez Ocaña? (La doctora que da los consejos).** **¿Qué significa la "P" y la "R"? (pregunta y respuesta)**

SUGGESTION To check comprehension, ask students to summarize the medical problems in each entry.

EXPANSION Bring in samples of medical advice columns from local newspapers. Have students compare the format, the questions, and the style of the responses. Have them discuss the reliability of advice columns.

recursos

vistahigher learning.com

El consultorio
Dra. Fernanda Jiménez Ocaña

P: Soy una madre española y le escribo para hacerle una consulta sobre mi hijo. Tiene ocho años y hace una semana que ni come ni duerme bien. Además, desde hace cuatro días tose constantemente. Al no tomar la cantidad de alimentos necesarios ni dormir lo suficiente, mi hijo no tiene energía para realizar sus actividades diarias. Estoy un poco preocupada, porque es la primera vez que el niño presenta este tipo de síntomas. Todavía no fuimos al médico porque me interesa conocer primero su punto de vista. Muchísimas gracias por su ayuda.

R: Querida madre española: Gracias por escribir a mi columna. Cuando un niño de la edad de su hijo presenta este tipo de síntomas, puede ser señal de que tiene una pequeña infección en las vías respiratorias, producida por una bacteria o por un virus. Creo que debe llevar pronto a su hijo al consultorio de su médico, para evitar la aparición de una enfermedad crónica como la bronquitis. Si tiene más preguntas o si desea contarme cómo evoluciona su hijo, ya sabe que puede escribirme otra vez.

P: Hola, doctora. Soy un ciclista profesional de Colombia. Hace dos semanas tuve un accidente con mi bicicleta y me lastimé la rodilla. Fui a la sala de emergencias y el médico me hizo una radiografía para ver si tenía un hueso roto. Afortunadamente, los resultados de la radiografía fueron muy buenos y sólo me recetaron unas pastillas y mucho reposo. Le escribo porque, después de este tiempo, sigo sintiendo dolor en la zona de la rodilla. ¿Qué puedo hacer?

R: Querido amigo ciclista: Creo que, en su caso, necesita tener más paciencia. Hay que comprender que algunas veces el cuerpo requiere más tiempo para recuperarse. Creo que tiene que esperar dos semanas más para ver si el dolor va desapareciendo o no. Si sigue las indicaciones de su médico y no nota ningún cambio, debe volver al hospital. En mi opinión, no debe hacer ningún movimiento con la pierna y debe seguir tomándose las pastillas que le recetaron.

P: Le escribo desde Puerto Rico para pedirle su opinión. Durante este mes y el anterior, tengo los síntomas de un resfriado que no desaparece nunca. Toso, estoy congestionado y tengo la garganta y los ojos irritados. Mi novia opina que soy alérgico a algo. ¿Cree que eso es posible?

R: Estimado amigo puertorriqueño: Debe empezar por observar dónde y cuándo aparecen sus síntomas. El otoño y la primavera son las épocas del año en que suele haber más reacciones alérgicas del tipo que usted presenta. Creo que debe ir al médico y esperar los resultados de las pruebas. Si le diagnostican un tipo de alergia, no debe preocuparse. En la actualidad, existen tratamientos excelentes, incluyendo antihistaminas e inyecciones, que calman los efectos de las reacciones alérgicas y lo ayudan a llevar una vida normal.

¡Salud!

Dra. Fernanda Jiménez Ocaña

desde hace cuatro días *since four days ago*   alimentos *foods*   Querido/a *Dear*
señal *sign*   vías *passages*   Hay que *It is necessary to*   el anterior *the previous one*
Estimado/a *Dear*   suele haber *there are customarily*   pruebas *tests*

Después de leer

¿Comprendiste?

Indica si cada oración es **cierta** o **falsa**. Corrige las oraciones falsas.

Cierto	Falso	
✓		**1.** La doctora cree que el chico puertorriqueño puede tener alergias.
	✓	**2.** La madre española no come bien.
		Su hijo no come bien.
	✓	**3.** La doctora piensa que el ciclista debe practicar más el ciclismo.
		La doctora piensa que él no debe hacer ningún movimiento con la pierna.
✓		**4.** La doctora piensa que el hijo de la española puede tener una infección.
	✓	**5.** La radiografía indica que el ciclista colombiano tiene algunos huesos rotos.
		Los resultados de la radiografía fueron buenos.
✓		**6.** Hace dos meses que el puertorriqueño tiene los síntomas de un resfriado.

Preguntas

1. ¿Con qué frecuencia tose el hijo de la madre española? *El hijo de la madre española tose constantemente.*

2. ¿Cuánto tiempo hace que el colombiano se lastimó la rodilla? *Hace dos semanas que el colombiano se lastimó la rodilla.*

3. ¿Qué hizo el médico cuando el ciclista fue a la sala de emergencias? *El médico le hizo una radiografía para ver si tenía un hueso roto.*

4. ¿Por qué debe ser paciente el ciclista? *El ciclista debe ser paciente porque el cuerpo necesita tiempo para recuperarse.*

5. ¿Qué debe hacer la madre española? *La madre española debe llevar pronto a su hijo al consultorio de su médico.*

6. Según (*according to*) la doctora, ¿cuándo ocurren más frecuentemente las reacciones alérgicas? *Según la doctora, las reacciones alérgicas ocurren más frecuentemente durante el otoño y la primavera.*

Coméntalo

¿Es bueno depender de las columnas de consejos médicos? Imagina que tú escribes esta columna. ¿Qué deben hacer las tres personas que pidieron consejos? *Answers will vary.*

El cuerpo

la boca	mouth
el brazo	arm
la cabeza	head
el corazón	heart
el cuello	neck
el cuerpo	body
el dedo	finger
el estómago	stomach
la garganta	throat
el hueso	bone
la nariz	nose
el ojo	eye
la oreja	(outer) ear
el pie	foot
la pierna	leg
la rodilla	knee
el tobillo	ankle

Adjetivos

congestionado/a	congested; stuffed up
embarazada	pregnant
grave	grave; serious
mareado/a	dizzy; nauseated
médico/a	medical
saludable	healthy
sano/a	healthy

La salud

el accidente	accident
el antibiótico	antibiotic
la aspirina	aspirin
la clínica	clinic
el consultorio	doctor's office
el/la dentista	dentist
el/la doctor(a)	doctor
el dolor (de cabeza)	(head)ache; pain
la enfermedad	illness; sickness
el/la enfermero/a	nurse
el examen médico	physical exam
la farmacia	pharmacy
la gripe	flu
el hospital	hospital
la infección	infection
el medicamento	medication
la medicina	medicine
la operación	operation
el/la paciente	patient
las pastillas	pills; tablets
la radiografía	X-ray
la receta	prescription
el resfriado	cold
la sala de emergencia(s)	emergency room
la salud	health
el síntoma	symptom
la tos	cough

Verbos

caer	to fall; to drop
caerse	to fall (down)
dañar	to damage; to break down
doler (o:ue)	to hurt
enfermarse	to get sick
estar enfermo/a	to be sick
estornudar	to sneeze
lastimarse (el pie)	to injure (one's foot)
olvidar	to forget
poner una inyección	to give an injection
prohibir	to prohibit
quedar	to be left behind
recetar	to prescribe
romper	to break
romperse (la pierna)	to break (one's leg)
sacar(se) una muela	to have a tooth pulled
ser alérgico/a (a)	to be allergic (to)
tener fiebre (f.)	to have a fever
tomar(le) la temperatura (a alguien)	to take (someone's) temperature
torcerse (el tobillo)	to sprain (one's ankle)
toser	to cough

Otras palabras y expresiones

Hace + [time] + que + [present]	to have been doing something for a period of time
Hace + [time] + que + [preterite]	to have done something in the past (ago)
de niño/a	as a child
mientras	while
todos los días	every day

Expresiones útiles	See page 221.
Adverbs	See page 228.

recursos

LM p. 59

Lab CD/MP3 Lección 10

Vocab CD Lección 10

INSTRUCTIONAL RESOURCES LM, Lab CD/MP3, Vocab CD, IRM, Tests

Un esquiador salta (*jumps*) en el centro de esquí Portillo, uno de los más famosos y antiguos (*old*) de Chile. El esquí y el snowboard se pueden practicar en las montañas nevadas (*snow-capped mountains*) de la Cordillera de los Andes, que se extiende por todo el país. Gente de todo el mundo va a Chile a practicar los deportes de invierno. ¿Te gustaría esquiar en Chile?

Suramérica II

Argentina

Área: 2.780.400 km² (1.074.000 millas²)

Población: 39.302.000

Capital: Buenos Aires–12.439.000

Ciudades principales: Córdoba, Rosario, Mendoza

Moneda: peso argentino

SOURCE: Population Division, UN Secretariat

Chile

Área: 756.950 km² (292.259 millas²)

Población: 16.136.000

Capital: Santiago de Chile–5.867.000

Ciudades principales: Concepción, Viña del Mar, Valparaíso, Temuco

Moneda: peso chileno

SOURCE: Population Division, UN Secretariat

Uruguay

Área: 176.220 km² (68.039 millas²)

Población: 3.455.000

Capital: Montevideo–1.352.000

Ciudades principales: Salto, Paysandú, Las Piedras, Rivera

Moneda: peso uruguayo

SOURCE: Population Division, UN Secretariat

Paraguay

Área: 406.750 km² (157.046 millas²)

Población: 6.216.000

Capital: Asunción–1.472.000

Ciudades principales: Ciudad del Este, San Lorenzo, Lambaré, Fernando de la Mora

Moneda: guaraní

SOURCE: Population Division, UN Secretariat

Bolivia

Área: 1.098.580 km² (412.162 millas²)

Población: 9.275.000

Capital: La Paz, sede del gobierno (*seat of government*), capital administrativa–1.662.000; **Sucre,** capital constitucional y judicial–189.000

Ciudades principales: Santa Cruz de la Sierra, Cochabamba, Oruro, Potosí

Moneda: peso boliviano

SOURCE: Population Division, UN Secretariat

PERÚ

BOLIVIA

⭐ La Paz

Arica •

Sucre ⭐

Iquique •

Antofagasta •

Salta

CHILE

Océano Pacífico

ARGENTIN

Córdoba •

Valparaíso • ⭐ Mendoza •

Santiago

Cordillera de los Andes

Concepción •

Bahía Blanc

Puerto Montt •

Estrecho de Magallanes

Punta Arenas •

Tierra del Fuego •

El tango argentino

El tango es una música y un baile que tienen ritmos y sonidos (*sounds*) de raíces africanas y europeas. Es uno de los símbolos culturales más importantes de Argentina, y nació en Buenos Aires en la década de 1880. El tango también tiene un lenguaje propio (*own*): el lunfardo (*Buenos Aires slang*). En un principio (*in the beginning*), el tango era un baile provocativo y violento, pero comenzó a ser más romántico desde 1930. Hoy en día es popular en todo el mundo.

La Paz, Bolivia

La Paz es la capital más alta del mundo. Su aeropuerto está a una altitud de 3.600 metros (12.000 pies). La gran altura provoca a veces un malestar (*discomfort*) conocido como *soroche*, que en la lengua nativa aimará significa "mal de montaña" (*mountain sickness*). La región de La Paz tiene montañas nevadas, desierto y selva (*jungle*) de clima subtropical.

BRASIL

PARAGUAY

⭐ Asunción

Río Paraná

URUGUAY

⬤ Rosario

⭐ ⭐ Montevideo

Buenos Aires

s Malvinas

NATIONAL
cultures
connections
STANDARDS

Costumbres

La carne y el mate

La ganadería (*cattle raising*) es una de las actividades económicas principales de Uruguay y Argentina. La carne de res forma parte de la dieta diaria de los dos países. Los platos más comunes son el asado (*barbecue*), la parrillada (*grilled meat*) y el chivito (*goat*). El mate es un té verde que se bebe en una taza hecha de calabaza (*gourd*) a través de (*through*) un popote metálico (*metal straw*) llamado bombilla. Es una bebida de origen indígena que se bebe a diario (*every day*) y reemplaza al café.

Naturaleza

Los ríos Paraguay y Paraná

Aunque (*although*) Paraguay no tiene costa (*coast*), sus dos ríos (*rivers*) principales, el Paraguay y el Paraná, lo comunican con el océano Atlántico. El río Paraguay es el principal afluente (*tributary*) del río Paraná. Divide a Paraguay en dos regiones distintas y le da su nombre.

El río Paraná confluye (*meets*) con el río Iguazú en la frontera (*border*) entre Brasil, Argentina y Paraguay. Allí forman las famosas cataratas (*waterfalls*) del Iguazú, uno de los sitios turísticos más visitados en Suramérica. Situadas (*located*) en el Parque Nacional de Iguazú, estas hermosas y extensas cataratas tienen unos 70 metros (230 pies) de altura (*height*).

recursos

WB pp. 107–108	VM pp. 211–216	I CD-ROM Lección 10	vistahigher learning.com

¿Qué aprendiste?

1 **¿Cierto o falso?** Decide si lo que dicen las siguientes frases es **cierto** o **falso**.

Cierto	Falso	
	✓	**1.** Rosario es una de las ciudades principales de Bolivia.
✓		**2.** Viña del Mar y Concepción son dos de las ciudades principales de Chile.
	✓	**3.** Asunción es la capital de Uruguay.
	✓	**4.** En un principio, el tango era un baile tranquilo.
✓		**5.** El tango es uno de los símbolos culturales más importantes de Argentina.
	✓	**6.** La Paz es la capital más baja del mundo.
✓		**7.** La región alrededor de La Paz tiene montañas nevadas, desierto y selva.
✓		**8.** La carne de res forma parte de la dieta diaria de Argentina y Uruguay.
✓		**9.** El mate es un té verde.
	✓	**10.** Paraguay tiene costa en el océano Atlántico.
	✓	**11.** El río Paraná es el principal afluente del río Paraguay.
✓		**12.** Las cataratas del Iguazú están en la frontera entre Brasil, Paraguay y Argentina.

2 **Preguntas** Contesta las siguientes preguntas. Answers will vary.

1. ¿Qué país de Suramérica crees que es bueno para practicar los deportes de invierno?

2. ¿Viste gente bailando tango? Si es así, ¿dónde la viste?

3. ¿Comiste asado alguna vez? Si no, ¿crees que te gustaría?

4. ¿Crees que sería fácil correr una maratón en La Paz? ¿Por qué sí o por qué no?

5. ¿Te gustaría visitar La Paz? ¿Por qué?

6. ¿Por qué crees que el Parque Nacional de Iguazú es uno de los sitios turísticos más visitados de Suramérica?

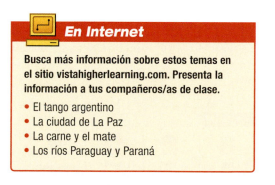

En Internet

Busca más información sobre estos temas en el sitio vistahigherlearning.com. Presenta la información a tus compañeros/as de clase.

- El tango argentino
- La ciudad de La Paz
- La carne y el mate
- Los ríos Paraguay y Paraná

11 El carro y la tecnología

PARA EMPEZAR Here are some additional questions you can ask based on the photo: **¿Te gustan las computadoras?** ¿Para qué usas el correo electrónico? ¿Cómo se escribían tus padres cuando no existía el correo electrónico? ¿Se hablaban tus abuelos por teléfono con frecuencia? ¿Usan ahora ellos el correo electrónico?

Communicative Goals

You will learn how to:
- answer the telephone
- talk about bus or car problems
- say how far away things are
- express surprise

Para empezar

- ¿Crees que ellos se llevan bien o mal?
- ¿Crees que hace mucho tiempo que se conocen?
- ¿Crees que están casados?
- ¿Quién tiene una blusa rosa?
- ¿Quién tiene el pelo negro?

El carro y la tecnología

EN LA CALLE

la calle *street*

el camino *route*

el garaje *mechanic's shop*

la gasolina *gasoline*

la gasolinera *gas station*

el kilómetro *kilometer*

el/la mecánico/a *mechanic*

la milla *mile*

la multa *fine*

el policía/la mujer policía *police officer*

la policía *police (force)*

el taller (mecánico) *(mechanic's) garage; repair shop*

el tráfico *traffic*

la velocidad máxima *speed limit*

arrancar *to start*

arreglar *to fix; to arrange*

bajar *to go down*

bajar(se) de *to get off of/out of (a vehicle)*

chocar (con) *to run into; to crash*

conducir *to drive*

estacionar *to park*

manejar *to drive*

parar *to stop*

revisar (el aceite) *to check (the oil)*

subir *to go up*

subir(se) a *to get on/into (a vehicle)*

el semáforo
traffic light

LAS PARTES DEL CARRO

el carro *car, automobile*

el coche *car, automobile*

los frenos *brakes*

SUGGESTION Ask pairs of students to role-play the following situations. As they do so, write the relevant vocabulary on the board and provide a mini-narration (or have student volunteers do so). 1. A driver takes his car to the mechanic. 2. One driver crashes into another. 3. A police officer gives a driver a ticket for going through a light and/or speeding (**exceder la velocidad máxima**).

el capó
(car) hood

el parabrisas
windshield

el volante
steering wheel

el baúl
trunk

el motor
motor

la llanta
tire

la licencia de conducir
driver's license

llenar (el tanque)
to fill up (the tank)

VARIACIÓN LÉXICA
Point out these lexical items:
baúl → cajuela (*Méx.*); **maletera** (*Perú*)
capó → cofre (*Méx.*)
gasolinera → bencinera (*Chile*)

recursos

WB pp. 109–110	LM p. 61	Lab CD/MP3 Lección 11	I CD-ROM Lección 11	Vocab CD Lección 11

INSTRUCTIONAL RESOURCES WB, LM, Lab CD/MP3, I CD-ROM, Vocab CD, OT, IRM

el televisor
television set

LA TECNOLOGÍA

la cinta *(audio) tape*
la contestadora *answering machine*
el control remoto *remote control*
el disco compacto *compact disc*
el estéreo *stereo*
el fax *fax (machine)*
el radio *radio (set)*
el teléfono (celular) *(cellular) phone*
la televisión por cable *cable television*
el tocadiscos compacto *compact disc player*
el videocasete *videocassette*
la videocasetera *VCR*

apagar *to turn off*
funcionar *to work*
llamar *to call*
poner *to turn on*
prender *to turn on*
sonar (o:ue) *to ring*

SUGGESTION Draw a picture of a car on the board that includes identifiable parts from the active vocabulary. Make cards with the Spanish names for the parts and place tape on the back. Have students place the cards on the relevant parts of the drawing.

SUGGESTION Mention that many English computer-related words, such as **software**, **antivirus**, **joystick**, and **Internet**, have become part of the Spanish language.

EXPANSION Have students list six electronic items that they use. Have them circulate around the room asking other students if they use those items too. When someone does, the student asks for his or her signature (**Firma aquí, por favor**). Students should try to get a signature for each item.

la cámara (de video)
(video) camera

ADJETIVOS

descompuesto/a *not working; out of order*
lento/a *slow*
lleno/a *full*

la calculadora
calculator

INTERNET Y LA COMPUTADORA

el archivo *file*
la computadora portátil *laptop*
el disco *disk*
Internet *Internet*
el módem *modem*
la página principal *home page*
la pantalla *screen*
el programa de computación *software*
la red *the Web, the Internet*
el sitio Web *website*

guardar *to save*
imprimir *to print*
navegar en Internet *to surf the Internet*

la computadora
the computer

el monitor
monitor

el ratón
mouse

la impresora
printer

el teclado
keyboard

1 SCRIPT For the script, see the Instructor's Resource Manual.

1 EXPANSION Have student pairs create five situations in which the objects not selected during this activity are required. Then have them meet with another pair to present their situations and have the other pair select the items needed for each one.

2 EXPANSION Ask volunteers to talk about problems they have had with computers and technology. Possible subjects include a malfunctioning printer, slow Internet access, a computer crash (**fallar**), etc.

2 TEACHING OPTION Play "Concentration." On eight cards, write vocabulary words. On another eight cards, draw or paste a picture that matches the words. Place cards face down in four rows of four cards. Have students select two cards. If the two cards match, they keep them. If they don't, the students put them back. The person with the most cards at the end wins.

3 EXPANSION Stage a debate about the role of technology in today's world: **La tecnología: ¿beneficio o no?**

Práctica y conversación

1 ¿Qué necesitas? Identifica oralmente los dibujos. Luego escucha las frases e indica el objeto que necesitas para cada actividad.

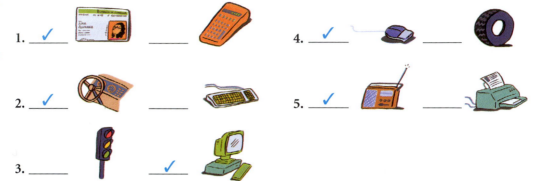

2 Problemas con la computadora Completa el diálogo con las palabras correctas.

arreglar	funciona	llamar	prendiste
descompuesto	la impresora	navegar	el ratón
el disco	imprimir	la pantalla	el teléfono celular

JUAN CARLOS Mariana, la computadora no ___funciona___. No veo nada en ___la pantalla___.

MARIANA Pues, ¿la ___prendiste___?

JUAN CARLOS Tienes razón, no estaba prendida. Ahora no puedo conectarme a Internet. Parece que el módem está ___descompuesto___. ¿Cómo lo puedo ___arreglar___?

MARIANA ¡Ay, mi amor! No es eso. Es que estoy hablando por teléfono con Sara. Si quieres, la puedo ___llamar___ por ___el teléfono celular___.

JUAN CARLOS Sí, gracias… Bueno, ahora sí estoy conectado. Voy a ___navegar___ un rato y después voy a ___imprimir___ el trabajo para mi clase de historia… Pero, ¿dónde está ___la impresora___?

MARIANA Lo siento, ésa sí que está descompuesta.

JUAN CARLOS No te preocupes. Puedo llevar ___el disco___ a la universidad e imprimirlo allá.

MARIANA ¡Qué buena idea! ¡Eres tan inteligente, mi amor!

3 Preguntas Trabajen en grupos para contestar las siguientes preguntas. Después compartan sus respuestas con la clase. Answers will vary.

1. ¿Cuáles son las ventajas (*advantages*) y desventajas de los medios (*means*) de comunicación? ¿Cómo usas la tecnología para divertirte, comunicarte y trabajar?

recursos

Text CD Lección 11

INSTRUCTIONAL RESOURCES Text CD, IRM

4 **En el taller** En parejas, preparen una conversación entre un(a) mecánico/a y un(a) cliente/a cuyo (*whose*) coche se dañó en un accidente. Los dos hablan de las partes dañadas.
Answers will vary.

5 **Situación** En parejas, preparen una conversación entre el/la director(a) de ventas (*sales*) de una tienda de computadoras y un(a) cliente/a. El cliente puede ser el padre de un niño de seis años, una mujer que va a crear una nueva empresa (*business*) en su casa, un hombre que viaja mucho o un estudiante que no sabe nada de computadoras.
Answers will vary.

4 5 EXPANSION Have students present their conversations to the class. Students can vote on the most original, funniest, etc.

Ortografía **La acentuación de palabras similares**

Although accent marks usually indicate which syllable in a word is stressed, they are also used to distinguish between words that have the same or similar spellings.

SUGGESTION Read the samples aloud and have student volunteers write them on the board.

EXPANSION Write sentences on the board without accent marks. Have volunteers come to the board to correct them.

Él maneja **el** coche.   **Sí**, voy **si** quieres.

Although one-syllable words do not usually carry written accents, some *do* have accent marks to distinguish them from words that have the same spelling but different meanings.

Sé cocinar.   **Se** baña.   ¿Tomas **té**?   **Te** duermes.

Sé (*I know*) and **té** (*tea*) have accent marks to distinguish them from the pronouns **se** and **te**.

para mí   **mi** cámara   **Tú** lees.   **tu** estéreo

Mí (*me*) and **tú** (*you*) have accent marks to distinguish them from the possessive pronouns **mi** and **tu**.

¿**Por qué** vas?   Voy **porque** quiero.

Several words of many syllables have accent marks to distinguish them from words that have similar spellings.

Éste es rápido.   **Este** módem es rápido.

Demonstrative pronouns have accent marks to distinguish them from demonstrative adjectives.

¿**Cuándo** fuiste?   Fui **cuando** me llamó.

Adverbs have accent marks when they are used to convey a question.

recursos

LM
p. 62

Lab CD/MP3
Lección 11

I CD-ROM
Lección 11

Crucigrama Utiliza las siguientes pistas (*clues*) para completar el crucigrama. ¡Ojo con los acentos!

Horizontales

1. Él _____ levanta.
4. No voy _____ no puedo.
7. Tú _____ acuestas.
9. ¿ _____ es el examen?
10. Quiero este video y _____.

Verticales

2. ¿Cómo _____ usted?
3. Eres _____ mi hermano.
5. ¿ _____ tal?
6. Me gusta _____ suéter.
8. Navego _____ la red.

¹S	²E		³C		
	S	⁴P	O	R	⁵Q	U	⁶E
		⁷T	⁸E		M	U	S
⁹C	U	Á	N	D	O	¹⁰É	S	E

Tecnohombre, ¡mi héroe!

El autobús se daña.

communication cultures
NATIONAL STANDARDS

VIDEO SYNOPSIS On the way to Ibarra, the bus breaks down. Don Francisco can't locate the problem, but Inés, an experienced mechanic, diagnoses it as a burned-out alternator. Álex uses his cell phone to call Don Francisco's friend, Sr. Fonseca, who is a mechanic. Maite and Don Francisco praise Inés and Álex for saving the day.

PREVIEW Have your students cover the **Escenas** dialogue and guess what happens in this episode based on the video stills only. Quickly review the guesses your students made. Ask them a few questions to guide them in summarizing this episode.

SUGGESTION Use correction fluid to erase 7–10 words to create a master for a cloze activity. Hand out copies for students to fill in as they watch the video. If necessary, show the segment more than once. Have small groups fill in the blanks.

Personajes

DON FRANCISCO

JAVIER

INÉS

ÁLEX

MAITE

SR. FONSECA

recursos

| VM pp. 189–190 | I CD-ROM Lección 11 | Es V CD-ROM Lección 11 |

ÁLEX ¿Bueno? … Con él habla… Ah, ¿cómo estás? … Aquí, yo muy bien. Vamos para Ibarra. ¿Sabes lo que pasó? Esta tarde íbamos para Ibarra cuando Javier tuvo un accidente en el autobús. Se cayó y tuvimos que llevarlo a una clínica.

JAVIER Episodio veintiuno: Tecnohombre y los superamigos suyos salvan el mundo una vez más.

INÉS Oh, Tecnohombre, ¡mi héroe!

MAITE ¡Qué cómicos! Un día de éstos, ya van a ver…

ÁLEX Van a ver quién es realmente Tecnohombre. Mis superamigos y yo nos hablamos todos los días por el teléfono Internet, trabajando para salvar el mundo. Pero ahora, con su permiso, quiero escribirle un mensaje electrónico a mi mamá y navegar en la Red un ratito.

DON FRANCISCO Chicos, creo que tenemos un problema con el autobús. ¿Por qué no se bajan?

DON FRANCISCO Mmm, no veo el problema.

INÉS Cuando estaba en la escuela secundaria, trabajé en el taller de mi tío. Me enseñó mucho sobre mecánica. Por suerte, arreglé unos autobuses como éste.

DON FRANCISCO ¡No me digas! Bueno, ¿qué piensas?

INSTRUCTIONAL RESOURCES VM, I CD-ROM, Es Video (Start 00:58:05), Es V CD-ROM, Es DVD, IRM

SUGGESTION Use video captions 1, 3, and 10 to point out the **Lección 11** grammar concepts of the imperfect tense, **por** vs. **para**, and possessive pronouns.

INÉS Pues… no sé… creo que es el alternador. A ver… sí… Mire, don Francisco… está quemado el alternador.

DON FRANCISCO Ah, sí. Pero aquí no podemos arreglarlo. Conozco a un mecánico, pero está en Ibarra, a veinte kilómetros de aquí.

ÁLEX ¡Tecnohombre, a sus órdenes!

DON FRANCISCO ¡Eres la salvación, Álex! Llama al Sr. Fonseca al cinco, treinta y dos, cuarenta y siete, noventa y uno. Nos conocemos muy bien. Seguro que nos ayuda.

ÁLEX Buenas tardes. ¿Con el Sr. Fonseca por favor? … Soy Álex Morales, cliente de Ecuatur. Le hablo de parte del señor Francisco Castillo… Es que íbamos para Ibarra y se nos dañó el autobús…. Pensamos que es el… el alternador… Estamos a veinte kilómetros de la ciudad…

SR. FONSECA Creo que va a ser mejor arreglar el autobús allí mismo. Tranquilo, enseguida salgo.

ÁLEX Buenas noticias. El Sr. Fonseca viene enseguida. Piensa que puede arreglar el autobús aquí mismo.

MAITE ¡La Mujer Mecánica y Tecnohombre, mis héroes!

DON FRANCISCO ¡Y los míos también!

Expresiones útiles ·

Talking on the telephone
¿Aló?/¿Bueno?/¿Diga?
Hello?
¿Quién habla?
Who is speaking?
¿De parte de quién?
Who is calling?
Con él/ella habla.
This is he/she.
Le hablo de parte de Francisco Castillo.
I'm speaking to you on behalf of Francisco Castillo.
¿Puedo dejar un recado?
May I leave a message?
Está bien. Llamo más tarde.
That's fine. I'll call later.

Talking about bus/car problems
¿Qué pasó?
What happened?
Se nos dañó el autobús.
The bus broke down.
Se nos pinchó una llanta.
We got a flat tire.
Está quemado el alternador.
The alternator is burned out.

Saying how far away things are
Está a veinte kilómetros de aquí.
It's twenty kilometers from here.
Estamos a veinte kilómetros de la ciudad.
We're twenty kilometers from the city.

Expressing surprise
¡No me diga! (form.)/
¡No me digas! (fam.)
You don't say!

Additional vocabulary
aquí mismo
right here
A sus órdenes.
At your service.

¿Qué piensas?

SUGGESTION Mention that there are various ways to say that a car is broken down. Synonyms for descompuesto include **averiado, roto, verado,** and **en pana**. They can also say **se rompió** or simply **no funciona.**

EXPANSION Have small groups write additional questions about the video module. Have groups exchange questions. For example, G1: **¿Quién tuvo un accidente en el autobús?** G2: **Javier tuvo un accidente en el autobús.**

EXPANSION Have each student choose one of the video characters and prepare a summary of the day's events from that person's point of view. Have a few volunteers read their summaries to the class. The class will guess the identity of the character.

SUGGESTION Explain that partners should sit back to back during this mini-drama to simulate a real phone conversation.

1 Seleccionar Selecciona las opciones que completan correctamente las siguientes frases.

1. Álex quiere
   a. llamar a su mamá por el teléfono celular. (b.)escribirle a su mamá y navegar en la red.
   c. hablar por el teléfono celular y navegar en la red.

2. Se les dañó el autobús. Inés dice que
   (a.)el alternador está quemado. b. se les pinchó una llanta.
   c. el taller está quemado.

3. Álex llama al mecánico, el señor
   a. Castillo. b. Ibarra. (c.)Fonseca.

4. Maite llama a Inés la "Mujer Mecánica" porque antes
   (a.)trabajaba en el taller de su tío. b. arreglaba computadoras.
   c. conocía a muchos mecánicos.

5. El grupo está a _____ de la ciudad.
   a. veinte millas b. veinte grados centígrados
   (c.)veinte kilómetros

2 ¿Quién? Contesta las preguntas.

1. ¿Quién tiene un teléfono en el autobús? Álex tiene un teléfono en el autobús.

2. ¿Quién conoce a un mecánico en la ciudad? Don Francisco conoce a un mecánico en la ciudad.

3. ¿Quién diagnostica el problema del autobús? Inés diagnostica el problema del autobús.

4. ¿Quién llama al mecánico? Álex llama al mecánico.

5. ¿Quién dice que puede arreglar el autobús? El Sr. Fonseca/El mecánico dice que puede arreglar el autobús.

6. ¿Quién dice que Inés y Álex son sus héroes? Maite y don Francisco dicen que Inés y Álex son sus héroes.

3 Situación Trabaja con un(a) compañero/a para representar los papeles de un(a) mecánico/a y un(a) conductor(a). El/la conductor(a) llama al/a la mecánico/a por teléfono y le explica cuál es el problema del coche. Después le indica dónde está con relación al taller. El/la mecánico/a le dice que puede ir enseguida. Usen estas preguntas y frases en su conversación. Answers will vary.

Aló. /¿Bueno?/Diga.	¿Qué pasó?
Con él/ella habla.	¿Quién habla?
Estoy a... kilómetros de...	Se me dañó el coche.

Exploración

El transporte en la ciudad

EXPANSION Many large cities in the Spanish-speaking world have invested in public transportation, with extensive public bus systems in most cities. Mexico City has a highly-praised metro (subway). Its 154 stations and ten lines provide efficient and inexpensive transportation to approximately 4.4 million people.

Los taxis son un medio de transporte muy popular en México, D.F., la capital. Muchos de los taxis son de marca Volkswagen y generalmente son de color verde o amarillo brillante.

SUGGESTION Point out that in the Spanish-speaking world there is more emphasis on public transportation than in the Unites States. In addition, people tend to use small, fuel-efficient cars and motorcycles.

SUGGESTION Ask students: ¿Cuáles son las ciudades españolas que tienen metro? ¿Cuántos taxis hay en México, D.F.? ¿De qué colores son? ¿Dónde se pueden ver las chivas? ¿Cómo son? ¿Cuál es la ciudad en Colombia que tiene metro? ¿Cuáles son los cuatro nombres para un autobús en Argentina? and so forth.

Madrid, Barcelona y Bilbao son tres ciudades españolas que tienen metro. Los metros de Madrid (1919) y Barcelona (1924) son muy antiguos. El metro de Bilbao tiene la forma de la letra 'Y' por causa del trayecto del río Nervión.

La chiva es uno de los símbolos folclóricos de Colombia. Las chivas están pintadas de colores vibrantes y viajan de un pueblo a otro. También hay chivas turísticas que viajan dentro de las ciudades. Muchas de las chivas no tienen ventanas de cristal–la cabina está al aire libre.

Observaciones

- En México, D.F., hay unos 80.000 taxis y éstos hacen diariamente más de 780.000 viajes.
- La ciudad de Medellín es la única ciudad en Colombia que tiene metro. Bogotá, la capital, no tiene metro.
- En Caracas, Venezuela, el tiempo de viaje en automóvil se duplica (*doubles*) durante la hora pico (*rush hour*).
- En Argentina hay cuatro nombres para el autobús: ómnibus, colectivo, micro y bondi.

EXPANSION After pairs discuss the last item of the Coméntalo section, have each one meet with another to share comments and thoughts. Then ask for volunteers to report their group's comments to the class. As time permits, you may want to lead students in summarizing class experiences and opinions.

Coméntalo

Con un(a) compañero/a, contesta las siguientes preguntas. Answers will vary.

- ¿Cuál es tu medio de transporte preferido? ¿Por qué? ¿Tienes carro?
- ¿Usas el transporte público? ¿Hay transporte público en tu comunidad?
- ¿Es más importante el transporte público en las ciudades pequeñas o en las grandes?

recursosvistahigherlearning.com

11.1 The preterite and the imperfect

▶ The preterite and the imperfect are not interchangeable. The choice between these two tenses depends on the context and on the point of view of the speaker.

Uses of the preterite	Uses of the imperfect
To express actions that are viewed by the speaker as completed	**To describe an on-going past action with no reference to its beginning or end**
Don Francisco estacionó el autobus.	Maite conducía muy rápido en Madrid.
Don Francisco parked the bus.	*Maite was driving very fast in Madrid.*
Fueron a Valparaíso ayer.	Javier esperaba en el garaje.
They went to Valparaíso yesterday.	*Javier was waiting in the garage.*
To express the beginning or end of a past action	**To express habitual past actions and events**
La película empezó a las nueve.	Cuando era joven, jugaba al tenis.
The movie began at nine o'clock.	*When I was young, I used to play tennis.*
Ayer terminé el proyecto.	Álex siempre revisaba su correo electrónico a las tres.
Yesterday I finished the project.	*Álex always checked his e-mail at three o'clock.*
To narrate a series of past actions or events	**To describe mental, physical, and emotional states or conditions**
Don Francisco paró el autobus, abrió la ventanilla y saludó a doña Rita.	La chica quería descansar. Se sentía mal y tenía dolor de cabeza.
Don Francisco stopped the bus, opened the window, and greeted Doña Rita.	*The girl wanted to rest. She felt ill and had a headache.*
	Ellos eran altos y tenían ojos verdes.
	They were tall and had green eyes.
	Estábamos felices de ver a la familia.
	We were happy to see the family.

Por suerte, arreglé unos autobuses como éste.

▶ When the preterite and the imperfect appear in the same sentence, the imperfect describes what was happening, and the preterite describes the action that interrupted the on-going activity.

Navegaba en la red cuando **sonó** el teléfono.
I was surfing the Web when the phone rang.

Maite **leía** el periódico cuando **llegó** Álex.
Maite was reading the newspaper when Álex arrived.

Íbamos para Ibarra y se nos dañó el autobús.

▶ The preterite and the imperfect are often used together in lengthy narratives such as fiction stories and news stories. The imperfect provides the background information, such as the time, the weather, and the location. The preterite indicates the specific events.

Eran las dos de la mañana y el detective ya no **podía** mantenerse despierto. **Se bajó** lentamente del coche, **estiró** las piernas y **levantó** los brazos.

It was two in the morning, and the detective could no longer stay awake. He slowly stepped out of the car, stretched his legs, and raised his arms.

La luna **estaba** llena y no **había** en el cielo ni una sola nube. De repente, el detective **escuchó** un grito espeluznante.

The moon was full and there wasn't a single cloud in the sky. Suddenly, the detective heard a piercing scream.

INSTRUCTIONAL RESOURCES WB, LM, Lab CD/MP3, I CD-ROM, IRM (Audio Scripts & Instructor Annotations)
Refer students to the **recursos** box in **Ampliación** for complete information.

Práctica y conversación

1 **Un accidente** Completa este artículo de periódico con las formas correctas del pretérito o del imperfecto.

Un trágico accidente

Ayer temprano por la mañana _____hubo_____ [haber] un trágico accidente en el centro de Lima, cuando un autobús _____chocó_____ [chocar] con un carro. La mujer que _____manejaba_____ [manejar] el carro _____murió_____ [morir] al instante. Los paramédicos llevaron al conductor del autobús al hospital porque _____tenía_____ [tener] varias fracturas y una conmoción cerebral (*concussion*). Su estado de salud es todavía muy grave. El conductor del autobús _____dijo_____ [decir] que no _____vio_____ [ver] el carro hasta el último (*last*) momento porque _____había_____ [haber] mucha niebla y _____estaba_____ [estar] lloviendo. Él _____intentó_____ [intentar] (*to attempt*) dar un viraje brusco (*to swerve*), pero _____perdió_____ [perder] el control del autobús y no _____pudo_____ [poder] evitar (*to avoid*) el choque. Según nos informaron, no _____se lastimó_____ [lastimarse] ningún pasajero.

2 **Combinar** Combina elementos de las tres columnas para hablar de lo que hicieron y lo que hacían las personas de la primera columna. Answers will vary.

Sujetos	Verbos	Adverbios
el mecánico	arreglar	ayer
Dale Earnhardt (hijo)	caerse	bien
la mujer policía	chocar	con frecuencia
Bill Gates	conducir	de vez en cuando
las computadoras	decir	fácilmente
mis amigos y yo	enamorarse	lentamente
Jennifer López	funcionar	por aquí
yo	lastimarse	por fin
el conductor	navegar	todos los días
	olvidar	una vez

3 **Frases** En parejas, completen las frases usando el pretérito o el imperfecto. Luego comparen sus respuestas. Answers will vary.

MODELO

De niño/a, yo…

Estudiante 1: De niña, yo vivía con mis abuelos en un apartamento cerca de la escuela.

Estudiante 2: Pues mi mamá, mis hermanos y yo vivíamos en una casita con un jardín.

Estudiante 1: De niña, me lastimé una vez la rodilla. Mientras corría, me caí.

Estudiante 2: En cambio, yo nunca me hice daño en la rodilla, pero me lastimaba constantemente las manos.

1. El verano pasado…
2. Yo manejaba el coche mientras…
3. Anoche mi novio/a…
4. Ayer el/la profesor(a)…
5. La semana pasada un(a) amigo/a…
6. A menudo mi madre…
7. Esta mañana en la cafetería…
8. Navegábamos en Internet cuando…

4 **Tu primer(a) novio/a** Entrevista a un(a) compañero/a acerca de su primer(a) novio/a. Si quieres, puedes añadir (*to add*) otras preguntas. Answers will vary.

1. ¿Quién fue tu primer(a) novio/a?
2. ¿Cuántos años tenías cuando lo/la conociste?
3. ¿Cómo era él/ella?
4. ¿Qué le gustaba hacer? ¿Tenían ustedes los mismos pasatiempos?
5. ¿Por cuánto tiempo salieron ustedes?
6. ¿Adónde iban ustedes cuando salían?
7. ¿Pensaban casarse?
8. ¿Cuándo y por qué rompieron ustedes?

5 **Un robo misterioso** Anoche alguien robó (*stole*) el examen de la Lección 11 de la oficina de tu profesor(a) y tú tienes que averiguar (*to find out*) quién lo hizo. Pregúntales a varios compañeros dónde estaban, con quién estaban y qué hicieron entre las ocho y las doce de la noche. Luego decide quién robó el examen. Answers will vary.

11.2 Por and para

▶ Both **por** and **para** mean *for*, but they are not interchangeable.

Uses of *por*

Motion or a general location (around, through, along, by)	La excursión nos llevó **por** el centro. *The tour took us through downtown.*	**Means by which something is done** (by, by way of, by means of)	Ellos viajan **por** la autopista. *They travel by way of the highway.*
	Pasamos **por** el parque y **por** el río. *We passed by the park and along the river.*		¿Hablaste con la policía **por** teléfono? *Did you talk to the police by phone?*
Duration of an action (for, during, in)	Estuve en Montevideo **por** un mes. *I was in Montevideo for a month.*	**Exchange or substitution** (for, in exchange for)	Le di dinero **por** la videocasetera. *I gave him money for the VCR.*
	Miguel estudió **por** la noche. *Miguel studied during the night.*		Muchas gracias **por** el video. *Thank you very much for the video.*
Object of a search (for, in search of)	Vengo **por** ti a las ocho. *I am coming for you at eight.*	**Unit of measure** (per, by)	Manejé a 120 kilómetros **por** hora. *I drove 120 kilometers per hour.*
	Maite fue **por** su cámara. *Maite went in search of her camera.*		Me pagan **por** hora. *I get paid by the hour.*

Uses of *para*

Destination (toward, in the direction of)	Salimos **para** Mérida hoy. *We are leaving for Mérida today.*	**Purpose or goal +** [infinitive] (in order to)	Juan estudia **para** (ser) mecánico. *Juan is studying to be a mechanic.*
	Voy **para** el banco. *I'm going to the bank.*	**The recipient of something** (for)	Compré una calculadora **para** mi hijo. *I bought a calculator for my son.*
Deadline or a specific time in the future (by, for)	Él va a arreglarlo **para** el viernes. *He will fix it by Friday.*	**Comparisons or opinions** (for, considering)	**Para** ser joven, es demasiado serio. *For a young person, he is too serious.*
Purpose + [noun] (for, used for)	Es una llanta **para** el carro. *It's a tire for the car.*		**Para** mí, esta lección no es difícil. *For me, this lesson isn't difficult.*
	Un módem sirve **para** navegar en Internet. *A modem is used to surf the Internet.*	**Employment** (for)	Sara trabaja **para** Telecom. *Sara works for Telecom.*

Álex habla por teléfono.

▶ **Por** is used in several idiomatic expressions.

por aquí	*around here*	**por eso**	*that's why; therefore*
por ejemplo	*for example*	**por fin**	*finally*

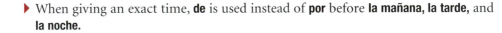

Es para usted.

▶ When giving an exact time, **de** is used instead of **por** before **la mañana, la tarde,** and **la noche.**

La clase es a las nueve **de** la mañana.
The class is at nine a.m.

La clase es **por** la mañana.
The class is in the morning.

Llegué a las diez **de** la noche.
I arrived at ten p.m.

Me gusta estudiar **por** la noche.
I like to study at night.

INSTRUCTIONAL RESOURCES WB, LM, Lab CD/MP3, I CD-ROM, IRM (Audio Scripts & Instructor Annotations)

▶ Often, either **por** or **para** can be used in a sentence, although the meaning may change.

Caminé **por** el parque.
I walked through the park.

Caminé **para** el parque.
I walked to (toward) the park.

Trabajó **por** su padre.
He worked for (in place of) his father.

Trabajó **para** su padre.
He worked for his father('s business).

Se exhibió **por** el pueblo.
It was shown throughout (around) the town.

Se exhibió **para** todo el pueblo.
It was shown for the whole town.

Práctica y conversación

1 Un viaje a Buenos Aires Completa este párrafo con las preposiciones **por** o **para**.

El mes pasado, mi esposo y yo hicimos un viaje a Buenos Aires y sólo pagamos dos mil dólares __por__ los pasajes. Estuvimos en Buenos Aires __por__ una semana y exploramos toda la ciudad. Durante el día caminamos __por__ la plaza San Martín, el microcentro y el barrio de La Boca, donde viven muchos artistas. __Por__ la noche fuimos a una tanguería, que es un tipo de teatro, __para__ mirar a la gente bailar tango. Dos días después decidimos hacer una excursión __por__ las Pampas __para__ ver el paisaje (*countryside*) y un rodeo con gauchos. __Por__ eso, alquilamos (*we rented*) un carro y pasamos unos días muy agradables. El último (*last*) día que estuvimos en Buenos Aires fuimos a Galerías Pacíficas __para__ comprar recuerdos (*souvenirs*) __para__ nuestros hijos y nietos. Compramos tantos regalos que, al regresar, tuvimos que pagar impuestos (*duties*) cuando pasamos __por__ la aduana.

2 Completar Usa **por** o **para** y completa estas frases de una manera (*manner*) lógica. Answers will vary.

1. El año pasado compré un regalo…
2. Ayer fui al taller…
3. Necesito hacer la tarea…
4. En casa, hablo con mis amigos…
5. Los miércoles tengo clases…
6. A veces voy a la biblioteca…
7. Necesito… dólares…
8. Esta noche tengo que estudiar…
9. Mi padre/madre trabaja…
10. Mi mejor amigo/a estudia…

3 ¿Qué pasa aquí? Usa **por** o **para** y el tiempo presente para describir estos dibujos. Luego, compara tus respuestas con las de un(a) compañero/a. Answers will vary.

1. _____ 4. _____

2. _____ 5. _____

3. _____ 6. _____

4 Una subasta En grupos dramaticen una subasta (*auction*). Cada estudiante debe traer un objeto o una foto del objeto para vender a la clase. Luego, un(a) estudiante es el/la vendedor(a) y los otros son los postores (*bidders*). Answers will vary.

MODELO
Vendedor(a): ¿Quién me ofrece $200,00 por la cámara de video? Yo pagué $400,00 por ella.
Postor(a) 1: Te doy $175,00.

11.3 Stressed possessive adjectives and pronouns

Episodio veintiuno:
Tecnohombre y los
superamigos suyos
salvan el mundo
una vez más.

La Mujer Mecánica
y Tecnohombre,
¡mis héroes!

¡Y los míos también!

▶ Spanish has two types of possessive adjectives: the unstressed (short) forms you learned in Lesson 3 and the stressed (long) forms. The stressed possessive adjectives are used for emphasis or to express the English phrases *(of) mine, (of) yours, (of) his,* and so on.

Stressed possessive adjectives				
Singular forms		**Plural forms**		
MASCULINE	FEMININE	MASCULINE	FEMININE	
mío	mía	míos	mías	*my; (of) mine*
tuyo	tuya	tuyos	tuyas	*your; (of) yours (fam.)*
suyo	suya	suyos	suyas	*your; (of) yours (form.); his; (of) his; her; (of) hers; its*
nuestro	nuestra	nuestros	nuestras	*our; (of) ours*
vuestro	vuestra	vuestros	vuestras	*your; (of) yours (fam.)*
suyo	suya	suyos	suyas	*your; (of) yours (form.); their; (of) theirs*

▶ Stressed possessive adjectives agree in gender and number with the nouns they modify.

mi impresora	la impresora mía	nuestros televisores	los televisores nuestros
my printer	*my printer*	*our television sets*	*our television sets*

▶ Stressed possessive adjectives are placed after the nouns they modify. Unstressed possessive adjectives are placed before the noun.

Son **mis** llaves.
They are my keys.

Son las llaves **mías**.
They are my keys.

▶ A definite article, an indefinite article, or a demonstrative adjective usually precedes a noun modified by a stressed possessive adjective.

Alberto tenía
unos discos **tuyos**. — *Alberto had some disks of yours.*
los discos **tuyos**. — *Alberto had your disks.*
estos discos **tuyos**. — *Alberto had these disks of yours.*

▶ **Suyo, suya, suyos,** and **suyas** have more than one meaning. You can avoid confusion by using the construction: [article] + [noun] + **de** + [subject pronoun or noun].

el teclado **suyo**
el teclado **de él/ella** — *his/her keyboard*
el teclado **de usted(es)** — *your keyboard*
el teclado **de ellos/ellas** — *their keyboard*
el teclado **de Ramón** — *Ramón's keyboard*

▶ **El** and **la** are usually omitted when a stressed possessive adjective follows the verb **ser**.

¿**Es suya** esta cámara?

No, no **es mía**.

INSTRUCTIONAL RESOURCES WB, LM, Lab CD/MP3, I CD-ROM, IRM (Audio Scripts & Instructor Annotations)

▶ Possessive pronouns are used to replace [noun] + [possessive adjective]. In Spanish, the possessive pronouns have the same forms as the stressed possessive adjectives, and they are preceded by a definite article.

| la calculadora nuestra | ▶ | la nuestra | el fax tuyo | ▶ | el tuyo | los archivos suyos | ▶ | los suyos |

▶ Possessive pronouns agree in number and gender with the nouns they replace.

Aquí está **mi coche**. ¿Dónde está **el tuyo**?
Here's my car. Where is yours?

¿Tienes **las cintas** de Carlos?
Do you have Carlos's tapes?

El mío está en el taller de mi hermano Armando.
Mine is at my brother Armando's garage.

No, pero tengo **las nuestras**.
No, but I have ours.

Práctica y conversación

1 Frases Forma frases en el presente.

1. yo / necesitar / usar / impresora / de Miguel / porque / mío / no / funcionar Yo necesito usar la impresora de Miguel porque la mía no funciona.
2. pero / él / no poder / ayudarme / porque / suyo / tampoco / funcionar Pero él no puede ayudarme porque la suya tampoco funciona.
3. Me gustaría / pedirle / a Juana / su ratón, / pero / suyo / estar / descompuesto Me gustaría pedirle a Juana su ratón, pero el suyo está descompuesto.
4. yo / no poder / usar / teclado / de Conchita / porque / suyo / estar descompuesto / también Yo no puedo usar el teclado de Conchita porque el suyo está descompuesto también.
5. y si / yo / pedirte / computadora, / estar / seguro que / ir / decirme / que / no poder / usar / tuyo Y si yo te pido tu computadora, estoy seguro/a que vas a decirme que no puedo usar la tuya.

2 Anuncios Lee este anuncio (*ad*) con un(a) compañero/a. Preparen su propio (*own*) anuncio usando los adjetivos o los pronombres posesivos. Después, conviértanlo en un anuncio de televisión (*commercial*).

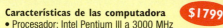

Esta computadora y esta impresora pueden ser suyas por sólo **$1799**

Características de las computadora
• Procesador: Intel Pentium III a 3000 MHz
• 640 Mb de memoria
• Disco duro de 100 Gb
• Sistema operativo: Linux

Características de la impresora
• Velocidad: 20 páginas por minuto en blanco y negro
• Resolución de 1200 x 1200
El precio incluye un año de servicio de Internet gratis. Para más información, llame al 362-1990 o visite nuestro sitio www.fiera.com.

3 ¿Es suyo? Un policía ha capturado al hombre que robó (*robbed*) en tu casa. Ahora el policía quiere saber qué cosas son tuyas. En parejas, usen las pistas (*clues*) para contestar las preguntas.

MODELO
No / pequeño
Policía: Esta computadora, ¿es suya?
Estudiante: No, no es mía. La mía es más pequeña.

1. Sí E1: Esta calculadora, ¿es suya? E2: Sí, es mía.

4. No / viejo E1: Esta cámara de video, ¿es suya? E2: No, no es mía. La mía es más vieja.

2. Sí E1: Este radio, ¿es suyo? E2: Sí, es mío.

5. Sí E1: Este estéreo, ¿es suyo? E2: Sí, es mío.

3. No / nuevo E1: Este televisor, ¿es suyo? E2: No, no es mío. El mío es más nuevo.

6. No / caro E1: Este teléfono celular, ¿es suyo? E2: No, no es mío. El mío es más caro.

SCRIPT For the script, see the Instructor's Resource Manual.

SUGGESTION Before beginning the conversation, have students list information they plan to include, as suggested by the model. Such information includes their age, the date, the weather, time of day, and so forth. Next, have students review how they will place the events of the day in order, and which past tense will be used to express the various ideas in their conversation.

EXPANSION Ask volunteers to present their conversation to the rest of the class. Follow with a discussion on aspects of this life experience that students found they had in common or during which they had something interesting or unusual happen.

Ampliación

1 Escuchar

A Mientras escuchas a Ricardo Moreno, selecciona el género al que corresponde su discurso. Luego, identifica de qué habla y su propósito (*purpose*).

TIP **Recognize the genre of spoken discourse.** Identifying the genre (for example: political speech, radio interview, news broadcast) of what you hear can help you figure out what kinds of things you are likely to hear. It will also help you identify the speaker's motives and intentions.

1. ¿Qué tipo de discurso es?

a. las noticias por radio   b. un anuncio comercial   c. la reseña (*review*) de una película

2. ¿De qué habla?

a. de su vida   b. de un producto o servicio   c. de algo que oyó o vio

3. ¿Cuál es el propósito?

a. relacionarse con alguien   b. informar   c. vender

B ¿Qué te indicó el género de este discurso? Answers will vary.

2 Conversar

Con un(a) compañero/a, prepara una conversación sobre la primera vez que manejaste un carro o el día en que fuiste al Departamento de Tráfico para conseguir tu licencia de conducir. Answers will vary.

MODLEO

Estudiante 1: Conseguí la licencia de conducir cuando tenía dieciséis años. Hacía sol y mi mamá me acompañó al Departamento de Tráfico. ¿Tú también conseguiste la tuya a los dieciséis años?

Estudiante 2: No, todavía no tengo la mía. En mi estado no podemos conseguir una licencia de conducir hasta los dieciocho años. ¿Cómo fue la primera vez que manejaste?

Estudiante 1: Estaba despejado y hacía sol. Eran las tres y media de la tarde, después de clases. Tenía un poco de miedo, pero quería hacerlo. Después de conducir, me sentí muy bien.

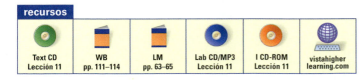

recursos

| Text CD Lección 11 | WB pp. 111–114 | LM pp. 63–65 | Lab CD/MP3 Lección 11 | I CD-ROM Lección 11 | vistahigher learning.com |

INSTRUCTIONAL RESOURCES Text CD, WB, LM, Lab CD/MP3, I CD-ROM (Activities & Quiz), Website, IRM
Inform students that the material listed in the **recursos** box applies to the complete **Gramática** section.

3 **Escribir** Escribe una historia acerca de una experiencia tuya con una máquina electrónica o con el carro. Answers will vary.

TIP **Master the simple past tenses.** To write about events that occurred in the past, you will need to know when to use the preterite and the imperfect. The box on this page contains a summary of their uses.

Organízalo	Prepara una lista de todos los detalles que quieres narrar (*narrate*).
Escríbelo	Utiliza tu lista para escribir el primer borrador de tu historia.
Corrígelo	Intercambia tu historia con un(a) compañero/a. Lee su borrador y reflexiona sobre las partes mejor escritas. Ofrécele sugerencias sobre los detalles, la lógica de la secuencia de eventos y el uso del pretérito y del imperfecto.
Compártelo	Revisa el primer borrador según las indicaciones de tu compañero/a. Incorpora nuevas ideas para enriquecer la narración de los eventos. Escribe la versión final de tu historia y compártela con la clase.

Preterite
• Actions viewed as completed
• Beginning or end of past actions
• Series of past actions

Imperfect
• On-going past actions
• Habitual past actions
• Mental, physical, and emotional states in the past

4 **Un paso más** Busca información sobre los cibercafés en los países hispanos e inventa un cibercafé nuevo. Crea un anuncio de revista (*magazine advertisement*) para promocionarlo. El anuncio debe incluir los siguientes elementos: Answers will vary.

• Una descripción del lugar donde está ubicado (*located*) el cibercafé
• Una descripción de la tecnología y de los servicios que se ofrecen a los clientes
• Fotos o dibujos
• Por qué este cibercafé es mejor que otros
• Los precios.

NATIONAL STANDARDS connections communities

En Internet

Investiga estos temas en el sitio vistahigherlearning.com.

• Cibercafés en el mundo hispano
• Internet en el mundo hispano
• La tecnología en el mundo hispano

3 SUGGESTION Review the summary box of uses of the preterite vs. imperfect. Write a few sentences on the board and ask volunteers to explain why the preterite or imperfect was chosen in each case. Ex:
1. Gloria paró para contestar su teléfono celular.
2. Cuando mi papá era joven, no había computadoras.
3. Fue a comprar una computadora la semana pasada. 4. Mis abuelos estaban felices de ver la foto de su nieto en su correo electrónico.

3 EVALUATION

Criteria	Scale
Content	1 2 3 4
Organization	1 2 3 4
Use of preterite and imperfect	1 2 3 4
Use of vocabulary	1 2 3 4
Accuracy, mechanics	1 2 3 4

Scoring

Excellent	18–20 points
Good	14–17 points
Satisfactory	10–13 points
Unsatisfactory	< 10 points

4 SUGGESTION Point out that different countries have unique domain codes. Ex: **.ar** (Argentina), **.co** (Colombia), **.mx** (Mexico), **.es** (Spain), **.ve** (Venezuela)

4 SUGGESTION Bring in examples of advertisements for technology products for students to examine.

4 EXPANSION Have students use their advertisement as the basis for a radio announcement promoting their cybercafé.

4 EVALUATION

Criteria	Scale
Content	1 2 3 4 5
Organization	1 2 3 4 5
Accuracy	1 2 3 4 5
Creativity	1 2 3 4 5

Scoring

Excellent	18–20 points
Good	14–17 points
Satisfactory	0–13 points
Unsatisfactory	< 10 points

Antes de leer

One way languages grow is by borrowing words from each other. English words that relate to technology are often borrowed by Spanish and other languages throughout the world. Sometimes the words are modified slightly to fit the sounds of the languages that borrow them. When reading in Spanish, you can often increase your understanding by looking for words borrowed from English or other languages you know.

Examinar el texto

Mira brevemente la selección. ¿De qué trata? ¿Cómo lo sabes?

Buscar

Esta lectura contiene varias palabras tomadas del inglés. Trabaja con un(a) compañero/a para encontrarlas.

SUGGESTION Ask student volunteers to read aloud paragraphs of the text. After each paragraph, have student volunteers identify borrowed words while you write them on the board. At the end of the article, model the pronunciation of the borrowed words.

SUGGESTION Have students work in pairs to answer the following questions. **En la foto, ¿quiénes juegan al ajedrez? ¿Jugaste tú juegos en una computadora? ¿Cómo cambiaron las computadoras y la tecnología desde que tú naciste? ¿Qué tipo de "inteligencia" tiene una computadora? Para ti, ¿qué significa "inteligencia artificial"?** When they have finished, go over the answers.

EXPANSION Ask these additional questions of student pairs, groups, or the whole class. **Para muchas personas, ¿qué simbolizó la victoria de "Deep Blue"? (La victoria de la inteligencia artificial sobre la del ser humano) ¿Qué generan las computadoras? (Nuevos modelos con conocimientos muy definidos que guardan su base de datos) ¿Qué no tienen todavía las computadoras? (Sentido común) ¿Qué no pueden crear las computadoras? (Algo nuevo y original)**

recursos

vistahigher
learning.com

Inteligencia y memoria: la inteligencia artificial

Alfonso Santamaría

Una de las principales características de la película de ciencia ficción *2001: una odisea del espacio* es la gran inteligencia de su protagonista no humano, la computadora HAL-9000. Para muchas personas, la genial película de Stanley Kubrick es una reflexión sobre la evolución de la inteligencia, desde que el hombre utilizó por primera vez un hueso como herramienta hasta la llegada de la inteligencia artificial (I.A.).

Ahora que vivimos en el siglo XXI, en un mundo en el que Internet y el fax son ya comunes, podemos preguntarnos: ¿consiguieron los científicos especialistas en I.A. crear una computadora como HAL? La respuesta es no. Hoy en día no existe una computadora con las capacidades intelectuales de HAL porque todavía no existen *inteligencias artificiales generales* que demuestren lo que llamamos "sentido común". Sin embargo, la I.A. está progresando mucho en el desarrollo de las *inteligencias especializadas*. El ejemplo más famoso es Deep Blue, la computadora de IBM especializada en jugar al ajedrez.

EXPANSION Have pairs of students work together to read aloud the paragraphs and write two true-false questions about each. Then have them exchange their questions with another pair who answers each item and corrects false statements.

Después de leer

La idea de crear una máquina con capacidad para jugar al ajedrez se originó en 1950. En esa década, el científico Claude Shannon desarrolló una teoría que se convirtió en realidad en 1967, cuando apareció el primer programa que le permitió a una computadora competir, aunque sin éxito, en un campeonato de ajedrez. Más de veinte años después, un grupo de expertos en I.A. fue al centro de investigación Thomas J. Watson de Nueva York para desarrollar Deep Blue, la computadora que en 1997 derrotó al campeón mundial de ajedrez Garry Kasparov. Esta extraordinaria computadora pudo ganar al maestro ruso de ajedrez porque estaba diseñada para procesar 200 millones de jugadas por segundo. Además, Deep Blue guardaba en su memoria una recopilación de los movimientos de ajedrez más brillantes de toda la historia, entre ellos los que Kasparov efectuó en sus competiciones anteriores.

Para muchas personas la victoria de Deep Blue sobre Kasparov simbolizó la victoria de la inteligencia artificial sobre la del ser humano. Debemos reconocer los grandes avances científicos en el área de las computadoras y las ventajas que pueden traernos en un futuro, pero también sus limitaciones. Las computadoras generan nuevos modelos con conocimientos muy definidos, pero todavía no tienen sentido común: una computadora como Deep Blue puede ganar una partida de ajedrez, pero no puede explicar la diferencia entre una reina y un peón. Tampoco puede crear algo nuevo y original a partir de lo establecido, como hicieron Mozart o Picasso.

Las inteligencias artificiales especializadas son una realidad. ¿Pero una inteligencia como la de HAL-9000? Pura ciencia ficción.

¿Comprendiste?

Indica si las frases son **ciertas** o **falsas**. Corrige las falsas.

Cierto	Falso	
✔		**1.** La computadora HAL-9000 era muy inteligente.
	✔	**2.** Deep Blue es un buen ejemplo de la inteligencia artificial general. Deep Blue es un buen ejemplo de la inteligencia especializada.
	✔	**3.** El maestro de ajedrez Garry Kasparov le ganó a Deep Blue en 1997. Deep Blue le ganó a Garry Kasparov en 1997.
✔		**4.** Las computadoras no tienen la creatividad de Mozart y Picasso.
	✔	**5.** Hoy hay computadoras como HAL-9000. No existe una computadora con las capacidades intelectuales de HAL-9000. Las computadoras con la inteligencia de HAL-9000 son pura ciencia ficción.

Preguntas

1. ¿Qué tipo de inteligencia se relaciona con HAL-9000?
La inteligencia artificial general se relaciona con HAL-9000.

2. ¿Qué tipo de inteligencia tienen las computadoras como Deep Blue?
Las computadoras como Deep Blue tienen una inteligencia especializada.

3. ¿Cuándo se originó la idea de crear una máquina para jugar al ajedrez?
La idea de crear una máquina para jugar al ajedrez se originó en 1950.

4. ¿Qué compañía inventó Deep Blue?
La compañía que inventó Deep Blue fue IBM.

5. ¿Por qué Deep Blue le pudo ganar a Garry Kasparov?
Deep Blue le pudo ganar a Garry Kasparov porque estaba diseñada para procesar 200 millones de jugadas por segundo.

Coméntalo

¿Son las computadoras más inteligentes que los seres humanos? En el futuro, ¿van a tener las computadoras la inteligencia de los seres humanos? ¿Cuándo?
Answers will vary.

herramienta *tool* **sentido común** *common sense* **desarrollo** *development* **ajedrez** *chess* **éxito** *success* **campeonato** *championship* **jugadas** *moves* **derrotó** *defeated* **la del ser humano** *that of the human being* **ventajas** *advantages* **conocimientos** *knowledge* **partida** *match* **reina** *queen* **peón** *pawn*

La tecnología

la calculadora	calculator
la cámara (de video)	(video) camera
la cinta	(audio) tape
la contestadora	answering machine
el control remoto	remote control
el disco compacto	compact disc
el estéreo	stereo
el fax	fax (machine)
el radio	radio (set)
el teléfono (celular)	(cellular) telephone
la televisión por cable	cable television
el televisor	television set
el tocadiscos compacto	compact disc player
el videocasete	videocassette
la videocasetera	VCR
apagar	to turn off
funcionar	to work
llamar	to call
prender	to turn on
sonar (o:ue)	to ring
descompuesto/a	not working; out of order
lento/a	slow
lleno/a	full

El carro

el baúl	trunk
la calle	street
el camino	route
el capó	(car) hood
el carro	car; automobile
el coche	car; automobile
los frenos	brakes
el garaje	mechanic's shop
la gasolina	gasoline
la gasolinera	gas station
el kilómetro	kilometer
la licencia de conducir	driver's license
la llanta	tire
el/la mecánico/a	mechanic
la milla	mile
el motor	motor
la multa	fine
el parabrisas	windshield
el policía/la mujer policía	police officer
la policía	police (force)
el semáforo	traffic light
el taller (mecánico)	(mechanic's) garage; repair shop
el tráfico	traffic
la velocidad máxima	speed limit
el volante	steering wheel
arrancar	to start
arreglar	to fix; to arrange
bajar	to go down
bajar(se) de	to get off of/out of (a vehicle)
chocar (con)	to run into; to crash
conducir	to drive
estacionar	to park
llenar (el tanque)	to fill up (the tank)
manejar	to drive
parar	to stop
revisar (el aceite)	to check (the oil)
subir	to go up
subir(se) a	to get on/into (a vehicle)

Internet y la computadora

el archivo	file
la computadora	computer
la computadora portátil	laptop
el disco	disk
la impresora	printer
Internet	Internet
el módem	modem
el monitor	monitor
la página principal	home page
la pantalla	screen
el programa de computación	software
el ratón	mouse
la red	the Web; the Internet
el sitio Web	website
el teclado	keyboard
guardar	to save
imprimir	to print
navegar en Internet	to surf the Internet

Otras palabras y expresiones

para	for; in order to; toward; in the direction of; by; used for; considering
por	for; by; by means of; through; along; during; in; in exchange for; around; in search of; by way of; per
por aquí	around here
por ejemplo	for example
por eso	that's why; therefore
por fin	finally

Expresiones útiles	See page 245.
Stressed possessive adjectives and pronouns	See pages 252–253.

recursos

| LM p. 65 | Lab CD/MP3 Lección 11 | Vocab CD Lección 11 |

12 Hogar, dulce hogar

PARA EMPEZAR Here are some additional questions you can ask based on the photo:
¿Dónde vives? ¿Cómo es la casa tuya? ¿Tienes un carro? ¿Y una computadora?

Para empezar

- ¿Cómo es la casa, es moderna o es vieja?
- ¿Crees que el niño es el hermano o el hijo de la mujer?
- ¿Quién es más alto: la mujer o el niño?
- ¿Crees que hace frío o que hace calor?

Hogar, dulce hogar

EXPANSION Ask students about their living arrangements. Ex: **¿Vives en una residencia, en una casa o en un apartamento? ¿Cuántos cuartos hay? ¿Tiene garaje? ¿Tiene jardín?** And so forth.

LA CASA Y SUS CUARTOS

la alcoba *bedroom*
el altillo *attic*
el balcón *balcony*
la cocina *kitchen*
el comedor *dining room*
la entrada *entrance*
el garaje *garage*
la oficina *office*
el pasillo *hallway*
el patio *patio*
la sala *living room*
el sótano *basement; cellar*

la escalera
stairs; stairway

el jardín
garden; yard

LA MESA

la copa *wineglass; goblet*
la cuchara *spoon*
el cuchillo *knife*
el plato *plate*
la servilleta *napkin*
la taza *cup*
el tenedor *fork*
el vaso *glass*

LOS ELECTRODOMÉSTICOS

la estufa *stove*
el horno (de microondas) *(microwave) oven*
la lavadora *washing machine*
el lavaplatos *dishwasher*
el refrigerador *refrigerator*
la secadora *clothes dryer*

los electrodomésticos
electrical appliances

SUGGESTION Bring in several place settings for a table and use them when presenting **la mesa** vocabulary. Have students set the table in Spanish

SUGGESTION Use magazine photos, real estate ads, or other visuals to present the vocabulary related to houses.

recursos

WB pp. 119–120	**LM** p. 67	**Lab CD/MP3** Lección 12	**I CD-ROM** Lección 12	**Vocab CD** Lección 12

INSTRUCTIONAL RESOURCES WB, LM, Lab CD/MP3, I CD-ROM, Vocab CD, OT, IRM

barrer el suelo
to sweep the floor

LOS QUEHACERES DOMÉSTICOS

arreglar *to neaten; to straighten up*

cocinar *to cook*

ensuciar *to get (something) dirty*

hacer los quehaceres domésticos
to do household chores

lavar (el suelo, los platos) *to wash (the floor, the dishes)*

limpiar la casa *to clean the house*

pasar la aspiradora *to vacuum*

poner la mesa *to set the table*

quitar la mesa *to clear the table*

sacar la basura *to take out the trash*

sacudir los muebles *to dust the furniture*

planchar la ropa
to iron clothes

SUGGESTION Take a class survey on who does the different household chores. Have students raise their hands when you say: **cocinar, lavar el suelo, poner la mesa,** and so forth.

hacer la cama
to make the bed

LOS MUEBLES

la alfombra *rug*

la almohada *pillow*

el armario *closet*

la cómoda *chest with drawers*

las cortinas *curtains*

el cuadro *painting*

el estante *bookcase; bookshelves*

la lámpara *lamp*

la luz *light*

la manta *blanket*

la mesita *side/end table*

la mesita de noche *night stand*

la pared *wall*

la pintura *painting; picture*

el sillón *armchair*

el sofá *sofa; couch*

los muebles
furniture

VARIACIÓN LÉXICA
Point out these lexical items:

alcoba → aposento (*Rep. Dom.*); **recámara** (*Méx.*), **habitación, dormitorio** (*Esp.*); **cuarto** (*Amér. L.*); **pieza** (*Col., Arg.*)

apartamento → departamento (*Amér. L.*); **piso** (*Esp.*)
lavar los platos → fregar los trastes (*Amér. C.*)

OTRAS PALABRAS

las afueras *suburbs; outskirts*

la agencia de bienes raíces *real estate agency*

el alquiler *rent (payment)*

el ama (m., f.) de casa *housekeeper; caretaker*

el barrio *neighborhood*

el edificio de apartamentos *apartment building*

el hogar *home*

el/la vecino/a *neighbor*

la vivienda *housing*

alquilar *to rent*

mudarse *to move (residences)*

1 SCRIPT For the script, see the Instructor's Resource Manual.

2 SCRIPT For the script, see the Instructor's Resource Manual.

3 SUGGESTION Use props for an actual place setting for this activity.

3 EXPANSION Using pictures from your picture file, ask students what utensils are needed for various foods. Ex: **¿Con qué se come un taco? (con las manos) ¿Qué se necesita para comer espaguetis? (tenedor y cuchara)** and so forth.

4 SUGGESTION Before students start, do a dictation. Ex: **En casa, mi marido siempre pasa la aspiradora, pero yo sacudo los muebles. Mi hijo saca la basura y mi hija pone la mesa.**

4 SUGGESTION In groups, play a game of charades. Ask students to act out the household chores.

Práctica y conversación

1 Escoger 🎧 Escucha las preguntas e indica la respuesta correcta.

1. _____ Al pasillo.
   ✓ Al balcón.

2. _____ En el lavaplatos.
   ✓ En la mesita de noche.

3. _____ Al barrio.
   ✓ A las afueras.

4. ✓ En la secadora.
   _____ En la basura.

5. _____ El balcón.
   ✓ Las escaleras.

6. ✓ En las paredes.
   _____ En la estufa.

7. ✓ El horno.
   _____ La aspiradora.

8. _____ En la alfombra.
   ✓ En la alcoba.

2 Escuchar 🎧 Escucha la conversación y completa las frases.

1. Pedro va a limpiar _____ la sala _____ primero.
2. Paula va a comenzar por _____ la cocina _____.
3. Pedro le recuerda (*reminds*) a Paula que debe _____ hacer la cama _____ en la alcoba de huéspedes.
4. Pedro va a _____ planchar la ropa _____ en el sótano.
5. Pedro también va a limpiar _____ la oficina _____.
6. Ellos están limpiando la casa porque _____ la madre de Pedro va a visitarlos _____.

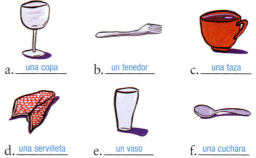

3 Emparejar Identifica los dibujos. Luego indica la letra del dibujo que corresponde a cada descripción.

___e__ 1. Lo usas para tomar agua.

___b__ 2. Lo necesitas para comer un bistec.

___f__ 3. Necesitas este objeto para la sopa.

___c__ 4. La necesitas para tomar café.

___a__ 5. La necesitas para tomar vino.

___d__ 6. Necesitas este objeto para limpiarte la boca después de comer.

a. una copa   b. un tenedor   c. una taza

d. una servilleta   e. un vaso   f. una cuchara

4 Los quehaceres domésticos 🎲 Trabajen en grupos para indicar quién hace los siguientes quehaceres domésticos en sus casas. Luego contesten las preguntas. *Answers will vary.*

barrer el suelo	lavar la ropa	pasar la aspiradora	quitar la mesa
cocinar	lavar el suelo	planchar la ropa	sacar la basura
hacer las camas	lavar los platos	poner la mesa	sacudir los muebles

recursos

Text CD Lección 12

- ¿Quién hace más quehaceres, tú o tus compañeros/as?
- ¿Cúales son los quehaceres que más te molesta hacer?
- ¿Piensas que debes hacer más quehaceres? ¿Por qué?

5 **Mi apartamento** Dibuja el plano de un apartamento amueblado (*furnished*) y escribe los nombres de las habitaciones y los muebles. Un(a) compañero/a describe su apartamento mientras el/la otro/a lo dibuja. Cuando terminen, hablen de los cambios que se necesitan para mejorarlo.
Answers will vary.

5 SUGGESTION Have students draw their maps before you assign pairs. Make sure they keep the maps simple.

Ortografía **Las mayúsculas y las minúsculas**

Here are the Spanish rules for capitals (**mayúsculas**) and lowercase letters (**minúsculas**).

Los estudiantes llegaron al aeropuerto a las dos. **L**uego fueron al hotel.

In both Spanish and English, the first letter of every sentence is capitalized.

Rubén **B**lades   **P**anamá   **C**olón   los **A**ndes

The first letter of all proper nouns (names of people, countries, cities, etc.) is capitalized.

Cien años de soledad   *Don Quijote de la Mancha*   *El País*   *Muy Interesante*

The first letter of the first word in titles of books, films, and works of art is generally capitalized, as well as the first letter of any proper names. In newspaper and magazine titles, as well as other short titles, the initial letter of each word is often capitalized.

la **s**eñora Ramos   **d**on Francisco   el **p**residente   **S**ra. Vives

Titles associated with people are *not* capitalized unless they appear as the first word in a sentence. Note, however, that the first letter of an abbreviated title is capitalized.

Último   **Á**lex   **MENÚ**   **PERDÓN**

Accent marks should be retained on capital letters. In practice, however, this rule is often ignored.

lunes   **v**iernes   **m**arzo   **p**rimavera

The first letter of days, months, and seasons is *not* capitalized.

español   **e**stadounidense   **j**aponés   **p**anameños

The first letter of nationalities and languages is *not* capitalized.

SUGGESTION Explain that if a city or country has a definite article as part of its name, then the article is capitalized. Ex: **La Habana, La Coruña, La Haya.**

SUGGESTION Tell students that **El País** is a Spanish newspaper and **Muy Interesante** is a magazine.

EXPANSION Give this sentence to the class as a dictation: **El Dr. Guzmán, el amigo panameño de la Srta. Rivera, llegó a Quito el lunes doce de mayo.** Tell the students to abbreviate all titles. Then write the sentence on the board so they can check their work.

Oraciones Lee el diálogo de las serpientes. Ordena las letras para saber de qué palabras se trata. Después escribe las letras indicadas para descubrir por qué llora Pepito.

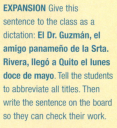

Profesor Herrera, ¿es cierto que somos venenosas?

Sí, Pepito. ¿Por qué lloras?

m n a a P á   ⊙ ☐ ☐ ☐ ☐ ☐   y a U r u g u   ☐ ☐ ☐ ⊙ ☐ ☐

s t e m r a   ⊙ ☐ ☐ ☐ ☐ ☐   r o ñ e s a   ☐ ☐ ☐ ⊙ ☐ ☐

i g s l é n   ☐ ☐ ☐ ⊙ ☐

¡ ☐orque ☐e acabo de morder la ☐ en ☐u ☐ !

venenosas *venomous*
morder *to bite*

¡Porque me acabo de morder la lengua!

Respuestas: Panamá, martes, inglés, Uruguay, señora

recursos

LM
p. 26

Lab CD/MP3
Lección 12

I CD-ROM
Lección 12

¡Les va a encantar la casa!

Don Francisco y los estudiantes llegan a Ibarra.

VIDEO SYNOPSIS Don Francisco and the students go to the house where they will stay before their hike. The housekeeper shows the students around the house. Don Francisco suggests the students help with the chores, and he tells them that their guide for the hike will arrive at seven the next morning.

PREVIEW Have students guess what happens in this **Escenas** episode, based on its title and the video stills.

SUGGESTION Explain that the sentences that begin with **Quiero que...** are examples of the present subjunctive. Students will learn more about these concepts in **Gramática 12.2** and **12.3**.

Personajes

DON FRANCISCO

JAVIER

INÉS

ÁLEX

MAITE

SRA. VIVES

SRA. VIVES ¡Hola, bienvenidos!

DON FRANCISCO Sra. Vives, le presento a los chicos. Chicos, ésta es la Sra. Vives, el ama de casa.

SRA. VIVES Encantada. Síganme, que quiero mostrarles la casa. ¡Les va a encantar!

SRA. VIVES Esta alcoba es para los chicos. Tienen dos camas, una mesita de noche, una cómoda… En el armario hay más mantas y almohadas por si las necesitan.

SRA. VIVES Javier, no ponga las maletas en la cama. Póngalas en el piso, por favor.

SRA. VIVES Tomen ustedes esta alcoba, chicas.

recursos

VM pp. 191–192	I CD-ROM Lección 12	Es V CD-ROM Lección 12

INSTRUCTIONAL RESOURCES VM, I CD-ROM, Es Video (Start 01:04:59), Es V CD-ROM, Es DVD, IRM

SUGGESTION Have students look at the Expresiones útiles. Point out that the verbs Síganme and Cuente are command forms. Students will learn more about these concepts in Gramática 12.1.

SRA. VIVES Ésta es la sala. El sofá y los sillones son muy cómodos. Pero, por favor, ¡no los ensucien!

SRA. VIVES Allí están la cocina y el comedor. Al fondo del pasillo hay un baño.

DON FRANCISCO Chicos, a ver… ¡atención! La Sra. Vives les va a preparar las comidas. Pero quiero que ustedes la ayuden con los quehaceres domésticos. Quiero que arreglen sus alcobas, que hagan las camas, que pongan la mesa… ¿entendido?

INÉS Insistimos en que nos deje ayudarla a preparar la comida.

SRA. VIVES No, chicos, no es para tanto, pero gracias por la oferta. Descansen un rato que seguramente están cansados.

ÁLEX Gracias. A mí me gustaría pasear por la ciudad.

INÉS Perdone, don Francisco, ¿a qué hora viene el guía mañana?

DON FRANCISCO ¿Martín? Viene temprano, a las siete de la mañana. Les aconsejo que se acuesten temprano esta noche. ¡Nada de televisión ni de conversaciones largas!

ESTUDIANTES ¡Ay, don Francisco!

Expresiones útiles

Welcoming people
¡Bienvenido(s)/a(s)!
Welcome!

Showing people around the house
Síganme, que quiero mostrarles la casa.
Follow me, I want to show you the house.
Allí están la cocina y el comedor.
The kitchen and dining room are over there.
Al fondo del pasillo hay un baño.
At the end of the hall there is a bathroom.

Telling people what to do
Quiero que la ayude(n) con los quehaceres domésticos.
I want you to help her with the household chores.
Quiero que arregle(n) su(s) alcoba(s).
I want you to straighten your room(s).
Quiero que haga(n) las camas.
I want you to make the beds.
Quiero que ponga(n) la mesa.
I want you to set the table.
Cuente con nosotros.
You can count on us.
Insistimos en que nos deje ayudarla a preparar la comida.
We insist that you let us help you make the food.
Le(s) aconsejo que se acueste(n) temprano.
I advise you to go to bed early.

Other expressions
No es para tanto.
It's not a big deal.
Gracias por la oferta.
Thanks for the offer.

¿Qué piensas?

NATIONAL communication STANDARDS

1 **EXPANSION** Give these additional items to the class: 1. Álex quiere descansar. (Falso: Álex quiere pasear por la ciudad.) 2. Martín va a llegar mañana a las cuatro de la tarde. (Falso: Martín va a llegar a las siete de la mañana.)

2 **SUGGESTION** This activity can be done in pairs or small groups. After students answer the questions correctly, have them create other questions to ask their classmates.

3 **SUGGESTION** Model this activity by drawing a floor plan on the board and describing it to the class. Label each room and say what activities you do in each room.

1 **Cierto o falso?** Indica si las siguientes frases son **ciertas** o **falsas**. Corrige las frases falsas.

Cierto	Falso

1. La alcoba de los chicos tiene dos camas, dos mesitas de noche y una cómoda. *(Falso ✓)*
   Tiene sólo una mesita de noche.

2. La señora Vives no quiere que Javier ponga las maletas en la cama. *(Cierto ✓)*

3. El sofá y los sillones están en la sala. *(Cierto ✓)*

4. Los estudiantes tienen que sacudir los muebles y sacar la basura. *(Falso ✓)*
   Tienen que arreglar las alcobas, hacer las camas y poner la mesa.

5. Los estudiantes van a preparar las comidas. *(Falso ✓)*
   La señora Vives va a prepararlas.

2 **En la casa de Ibarra** Contesta las preguntas.

1. ¿Quién les muestra la casa a los estudiantes?
   La señora Vives les muestra la casa a los estudiantes.

2. Si Álex y Javier necesitan mantas y almohadas, ¿dónde deben buscarlas?
   Si Álex y Javier necesitan mantas y almohadas, deben buscarlas en el armario.

3. ¿Quién les dice a los estudiantes que deben ayudar a la señora Vives?
   Don Francisco les dice a los estudiantes que deben ayudar a la señora Vives.

4. ¿Quién dice que los estudiantes pueden ayudar a preparar la comida?
   Inés dice que los estudiantes pueden ayudar a preparar la comida.

5. ¿A qué hora va a llegar el guía mañana?
   El guía va a llegar a las siete de la mañana.

3 **Mi casa** Dibuja el plano (*floor plan*) de una casa o un apartamento donde te gustaría vivir. Después, en parejas, comenten las actividades que se pueden realizar (*can be carried out*) en las distintas habitaciones. Pueden usar estas frases en su conversación. Answers will vary.

Al fondo hay…	**Aquí es donde**	**Ésta es (la cocina).**
Allí yo (preparo la comida).	**yo (pongo la basura).**	**Quiero mostrarte…**

Exploración

La vivienda en el mundo hispano

EXPANSION The central patio is a feature that originates in traditional Islamic architecture, with its focus on interior space. The open-air patio functions as a climate modifier, which helps explain why it is popular in hot areas. In Spain, the Alhambra has spectacular examples of interior patios.

Muchas casas antiguas en España y Latinoamérica están construidas alrededor de un patio central. Desde el patio, se pueden ver las puertas de todas las habitaciones.

SUGGESTION Explain that people who live in apartments may refer to their home as **su casa** even if it is not an actual house.

SUGGESTION Have students present their **casa o apartamento ideal** to the rest of the class.

Las casas colgantes (*hanging*) de Cuenca, España, son muy famosas. Estas casas están situadas en un acantilado (*cliff*) y forman parte del paisaje único (*unique landscape*) de la ciudad.

En el lago de Maracaibo, en Venezuela, hay casas suspendidas sobre el agua, que se llaman palafitos. Los palafitos son reminiscentes de la ciudad italiana de Venecia, de donde viene el nombre "Venezuela", que significa "pequeña Venecia".

Observaciones

- Los aztecas de México tenían sistemas de drenaje (*sewer systems*) en sus viviendas.
- La Gran Francia en Granada, Nicaragua, es una antigua casa colonial convertida en hotel.
- La Casa de las Gárgolas (*gargoyles*), en Santo Domingo, tiene seis gárgolas en su fachada (*façade*). Se dice que vienen de la Catedral de Santo Domingo.

Coméntalo

Con un(a) compañero/a, contesta las siguientes preguntas. Answers will vary.

- ¿Cuál de las viviendas mencionadas en esta página te interesa más? ¿Por qué?
- En tu comunidad, ¿dónde vive la mayoría de la gente: en casas o en apartamentos?
- Describe tu casa o apartamento ideal.

recursos

vistahigher
learning.com

12 GRAMÁTICA

12.1 Formal (Ud. and Uds.) commands

**No se preocupe...
La vamos a ayudar
en todo lo posible.**

**Sí, cuente
con nosotros.**

▶ Command forms are used to give orders or advice. Use formal commands with people you address as **usted** or **ustedes.**

Hable con ellos, don Francisco.
Talk to them, Don Francisco.

Coma frutas y verduras.
Eat fruits and vegetables.

Laven los platos ahora mismo.
Wash the dishes right now.

▶ The **usted** and **ustedes** commands are formed by dropping the final **–o** of the **yo** form of the present tense. For **–ar** verbs, add **–e** or **–en**. For **–er** and **–ir** verbs, add **–a** or **–an.**

Formal commands (Ud. and Uds.)

Infinitive	Present tense *yo* form	Ud. command	Uds. command
barrer	barro	barra	barran
decir	digo	diga	digan
limpiar	limpio	limpie	limpien
sacudir	sacudo	sacuda	sacudan
salir	salgo	salga	salgan
servir	sirvo	sirva	sirvan
venir	vengo	venga	vengan
volver	vuelvo	vuelva	vuelvan

▶ Verbs with irregular **yo** forms have the same irregularity in their formal commands. These verbs include **conducir, conocer, decir, hacer, ofrecer, oír, poner, salir, tener, traducir, traer, venir,** and **ver.**

Oiga, don Francisco…
Listen, Don Francisco…

¡Salga inmediatamente!
Leave immediately!

Ponga la mesa, por favor.
Set the table, please.

▶ Stem-changing verbs maintain their stem changes in **usted** and **ustedes** commands.

e:ie
No **pierda** la llave.
Cierren la puerta.

o:ue
Vuelva temprano, joven.
Duerman bien, chicos.

e:i
Sirva la sopa, por favor.
Repitan las frases.

▶ Verbs ending in **–car, –gar,** and **–zar** have a spelling change in the command forms.

sacar	c	qu	saque, saquen
jugar	g	gu	juegue, jueguen
almorzar	z	c	almuerce, almuercen

▶ The following verbs have irregular formal commands.

INFINITIVE	UD. COMMAND	UDS. COMMAND	INFINITIVE	UD. COMMAND	UDS. COMMAND
dar	dé	den	saber	sepa	sepan
estar	esté	estén	ser	sea	sean
ir	vaya	vayan			

INSTRUCTIONAL RESOURCES WB, LM, Lab CD/MP3, I CD-ROM, IRM (Audio Scripts & Instructor Annotations)
Refer students to the **recursos** box in **Ampliación** for complete information.

▶ In affirmative commands, reflexive and object pronouns are attached to the end of the verb. Note that when a pronoun is attached to a verb that has two or more syllables, an accent mark is added.

Siénten**se**, por favor.   Díga**melo**.   Acuésten**se** ahora.   Pónganlas en el suelo, por favor.

▶ To make a command negative, place **no** before the verb. Note that the pronouns precede the verb.

No ponga las maletas en la cama.   **No ensucien** los sillones.   No **se** preocupe.   No **me lo** dé.
Don't put the suitcases on the bed.   *Don't dirty the armchairs.*   *Don't worry.*   *Don't give it to me.*

▶ **Usted** and **ustedes** can be used after command forms for a more formal, polite tone.

Muéstrele usted la foto a su amigo.   **Tomen ustedes** esta alcoba.
Show the photo to your friend.   *Take this bedroom.*

Práctica y conversación

1 **Consejos** La señora González quiere mudarse. Ayúdala indicando el mandato (*command*) formal de cada verbo.

1. ___Lea___ [leer] los anuncios (*ads*) del periódico y ___guárdelos___ [guardarlos].
2. Decida qué casa quiere y ___llame___ [llamar] al agente. ___Pídale___ [pedirle] un contrato de alquiler.
3. ___Dígales___ [decirles] a todos que tienen que ayudar. No ___les haga___ [hacerles] las maletas a los niños.
4. El día de la mudanza no ___esté___ [estar] nerviosa.
5. No ___se preocupe___ [preocuparse]. ___Sepa___ [saber] que todo va a salir bien.

2 **¿Qué dicen?** En parejas, miren los dibujos y escriban un mandato lógico para cada uno. Answers will vary.

1. _____

2. _____   3. _____   4. _____

3 **Problemas** En parejas, hablen de los siguientes problemas. Usen mandatos para ofrecer soluciones.

MODELO
Me torcí el tobillo jugando al tenis. Es la tercera vez.
Estudiante 1: Me torcí el tobillo jugando al tenis.
Estudiante 2: No juegue más al tenis. / Vaya a ver a un médico.

1. Me enfermé después de volver de las vacaciones.
2. Nuestra casa es demasiado pequeña para nuestra familia.
3. Se me cayó la botella de vino que traía para la cena.
4. ¡Se me olvidó estudiar para el examen!

4 **Un programa de consejos** En parejas, túrnense para representar los papeles de una persona que da consejos en la radio y los radioyentes (*radio listeners*) que la llaman con los siguientes problemas. Answers will vary.

- problemas sentimentales
- problemas académicos
- problemas con los amigos
- problemas financieros
- problemas médicos
- problemas con el coche

5 **Anuncios** En grupos, presenten un anuncio de televisión (*TV commercial*) a la clase. Debe tratar de (*be about*) un detergente, un electrodoméstico o una agencia de bienes raíces. Usen mandatos, los pronombres relativos (**que, quien(es)** o **lo que**) y el **se** impersonal. Answers will vary.

MODELO
Compre el lavaplatos Corona. Tiene todo lo que usted desea. Es el lavaplatos que mejor funciona. Venga a verlo ahora mismo... No pierda ni un minuto más.

12.2 The present subjunctive

Quiero que ustedes ayuden con los quehaceres domésticos.

Insistimos en que nos deje ayudarla a preparar la comida.

▶ With the exception of commands, all of the verb forms you have been using have been in the indicative mood. The indicative is used to state facts and to express actions or states that the speaker considers to be real and definite. In contrast, the subjunctive mood expresses the speaker's attitudes toward events, as well as actions or states the speaker views as uncertain or hypothetical.

Present subjunctive of regular verbs

	hablar	comer	escribir
yo	hable	coma	escriba
tú	hables	comas	escribas
Ud./él/ella	hable	coma	escriba
nosotros/as	hablemos	comamos	escribamos
vosotros/as	habléis	comáis	escribáis
Uds./ellos/ellas	hablen	coman	escriban

▶ To form the present subjunctive of regular verbs, drop the **–o** ending from the **yo** form of the present indicative, and replace it with the subjunctive endings.

INFINITIVE	PRESENT INDICATIVE	PRESENT SUBJUNCTIVE
hablar	hablo	hable
comer	como	coma
escribir	escribo	escriba

▶ Note that, in the present subjunctive, **–ar** verbs use endings normally associated with present tense **–er** and **–ir** verbs. Likewise, **–er** and **–ir** verbs in the present subjunctive use endings normally associated with **–ar** verbs in the present tense. Note also that, in the present subjunctive, the **yo** form is the same as the **Ud./él/ella** form.

▶ Verbs with irregular **yo** forms in the present indicative tense have the same irregularity in the present subjunctive.

INFINITIVE	PRESENT INDICATIVE	PRESENT SUBJUNCTIVE	INFINITIVE	PRESENT INDICATIVE	PRESENT SUBJUNCTIVE
conducir	conduzco	conduzca	poner	pongo	ponga
conocer	conozco	conozca	tener	tengo	tenga
decir	digo	diga	traducir	traduzco	traduzca
hacer	hago	haga	traer	traigo	traiga
ofrecer	ofrezco	ofrezca	venir	vengo	venga
oír	oigo	oiga	ver	veo	vea
parecer	parezco	parezca			

 INSTRUCTIONAL RESOURCES WB, LM, Lab CD/MP3, I CD-ROM, IRM (Audio Scripts & Instructor Annotations)

▶ To maintain the **–c, –g,** and **–z** sounds, verbs ending in **–car, –gar,** and **–zar** have a spelling change in all forms of the present subjunctive.

sacar	saque, saques, saque, saquemos, saquéis, saquen
jugar	juegue, juegues, juegue, juguemos, juguéis, jueguen
almorzar	almuerce, almuerces, almuerce, almorcemos, almorcéis, almuercen

Present subjunctive of Stem-changing verbs

▶ **–Ar** and **–er** stem-changing verbs have the same stem changes in the present subjunctive and in the present indicative tenses.

entender (e:ie)	entienda, entiendas, entienda, entendamos, entendáis, entiendan
pensar (e:ie)	piense, pienses, piense, pensemos, penséis, piensen
mostrar (o:ue)	muestre, muestres, muestre, mostremos, mostréis, muestren
volver (o:ue)	vuelva, vuelvas, vuelva, volvamos, volváis, vuelvan

▶ **–Ir** stem-changing verbs maintain the stem changes of the present indicative in the present subjunctive. In addition, the **nosotros/as** and **vosotros/as** forms also undergo a stem change, from unstressed **e** to **i**, and unstressed **o** to **u**.

dormir (o:ue)	duerma, duermas, duerma, durmamos, durmáis, duerman
pedir (e:i)	pida, pidas, pida, pidamos, pidáis, pidan
sentir (e:ie)	sienta, sientas, sienta, sintamos, sintáis, sientan

Irregular verbs in the present subjuntive

▶ These five verbs are irregular in the present subjunctive.

Irregular verbs in the present subjunctive					
	dar	**estar**	**ir**	**saber**	**ser**
yo	dé	esté	vaya	sepa	sea
tú	des	estés	vayas	sepas	seas
Ud./él/ella	dé	esté	vaya	sepa	sea
nosotros/as	demos	estemos	vayamos	sepamos	seamos
vosotros/as	deis	estéis	vayáis	sepáis	seáis
Uds./ellos/ellas	den	estén	vayan	sepan	sean

▶ The subjunctive form of **hay** (*there is, there are*) is also irregular: **haya.**

General uses of the subjunctive

▶ As you will soon learn in **Gramática** 12.3, 13.1, 13.2, and 13.3, the subjunctive is mainly used to express: 1) will and influence, 2) emotion, 3) doubt, disbelief, and denial, 4) indefiniteness and non existance

▶ The subjunctive is usually used in complex sentences that consist of a main clause and a subordinate clause. The main clause contains a verb or expression that triggers the use of the subjunctive. The word **que** connects the subordinate clause to the main clause.

Main clause	Connector	Subordinate clause

Es muy importante   que   **vayas** al hotel ahora mismo.

▶ Some expressions are always followed by clauses in the subjunctive. These include:

Es bueno que... *It's good that...*	**Es mejor que...** *It's better that...*	**Es malo que...** *It's bad that...*
Es importante que... *It's important that...*	**Es necesario que...** *It's necessary that...*	**Es urgente que...** *It's urgent that...*

Es bueno que coma verduras.
It is good that I eat vegetables.

Es malo que el niño no hable mucho.
It is bad that the boy does not speak much.

Es necesario que los estudiantes traduzcan la lectura.
It is necessary that the students translate the reading.

Es mejor que vayas con él.
It is better that you go with him.

Es importante que nosotros traigamos la tarea.
It is important that we bring our homework.

Es urgente que Luisa sepa la verdad.
It is urgent that Luisa know the truth.

SUGGESTION Have students scan the advertisement and identify the subjunctive.

SUGGESTION Ask students questions about the advertisement. Ex: **¿Qué tipo de compañía es la del anuncio? ¿Qué recomienda el anuncio? ¿Qué otras recomendaciones debería de hacer el anuncio?**

ESPAÑOL EN VIVO

Para que tenga dientes más sanos…

• Es bueno que vaya al dentista con frecuencia.

• Es necesario que use blanqueador.

• ¡Y lo más importante es que se limpie los dientes con *Dentabrit*!

NATIONAL communication cultures STANDARDS

Práctica y conversación

1 **Emparejar** Completa las oraciones conjugando los verbos indicados. Luego, empareja las oraciones del primer grupo con las del segundo grupo.

1. Es mejor que ___cenemos___ [nosotros, cenar] en casa. _b_

2. Es importante que ___tome___ [yo, tomar] algo para el dolor de cabeza. _c_

3. Señora, es urgente que le ___saque___ [yo, sacar] la muela. Parece que tiene una infección. _e_

4. Es malo que Ana les ___dé___ [ellos, dar] tantos dulces a los niños. _a_

5. Es necesario que ___lleguen___ [ustedes, llegar] a la una de la tarde. _f_

6. Es importante que ___nos acostemos___ [nosotros, acostarse] temprano. _d_

• • •

a. Es importante que ___coman___ [ellos, comer] más verduras.

b. No, es mejor que ___salgamos___ [nosotros, salir] a comer.

c. Y yo creo que es urgente que ___llames___ [tú, llamar] al médico.

d. En mi opinión, no es necesario que ___durmamos___ [nosotros, dormir] tanto.

e. ¿Ah, sí? ¿Es necesario que me ___tome___ [yo, tomar] un antibiótico también?

f. Para llegar a tiempo, es necesario que ___almorcemos___ [nosotros, almorzar] temprano.

2 **Oraciones** Combina los elementos de las tres columnas para formar frases. Answers will vary.

Expresiones	Sujetos	Actividades
Es bueno que	yo	hacer la cama
Es mejor que	mi hermano	levantarse
Es malo que	los padres	sacar la basura
Es importante que	Oprah Winfrey	gritar
Es necesario que	mis amigos	lavar los platos
Es urgente que	Calista Flockhart	cocinar
	mi profesor(a)	barrer el suelo
	Ricky Martin	despertarse
	Shakira	ensuciar
		comer

3 **Minidiálogos** En parejas, completen los minidiálogos de una manera lógica usando el subjuntivo. Answers will vary.

MODELO

Miguelito: Mamá, no quiero arreglar mi cuarto.

Sra. Casas: Es necesario que lo arregles. Y es importante que sacudas los muebles también.

MIGUELITO Mamá, no quiero estudiar. Quiero salir a jugar con mis amigos.

SRA. CASAS _____.

• • •

MIGUELITO Mamá, es que no me gustan las verduras. Prefiero comer pasteles.

SRA. CASAS _____.

• • •

MIGUELITO ¿Tengo que poner la mesa, mamá?

SRA. CASAS _____.

• • •

MIGUELITO No me siento bien, mamá. Me duele todo el cuerpo y tengo fiebre.

SRA. CASAS _____.

4 **Entrevista** En parejas, usen estas preguntas para entrevistarse. Expliquen sus respuestas. Answers will vary.

1. ¿Es importante que los niños ayuden con los quehaceres domésticos?

2. ¿Es urgente que los norteamericanos aprendan otras lenguas?

3. Si un(a) norteamericano/a quiere aprender francés, ¿es mejor que lo aprenda en Francia?

4. En tu universidad, ¿es necesario que los estudiantes vivan en residencias estudiantiles?

5. ¿Es bueno que todos los estudiantes practiquen algún deporte?

6. ¿Es importante que todos los estudiantes asistan a las clases?

12.3 Subjunctive with verbs of will and influence

▶ The subjunctive is used with verbs and expressions of will and influence. Verbs of will and influence are often used when someone wants to affect the actions of other people.

Enrique **quiere** que **salgamos** a cenar.
Enrique wants us to go out for dinner.

Mi madre nos **ruega** que **vayamos** a verla.
My mother begs us to come see her.

▶ Here are some verbs of will and influence.

Verbs of will and influence					
aconsejar	*to advise*	mandar	*to order*	recomendar (e:ie)	*to recommend*
desear	*to wish; to desire*	necesitar	*to need*	rogar (o:ue)	*to beg; to plead*
importar	*to be important;*	pedir (e:i)	*to ask (for)*	sugerir (e:ie)	*to suggest*
	to matter	prohibir	*to prohibit*		
insistir (en)	*to insist (on)*	querer (e:ie)	*to want*		

▶ Some impersonal expressions convey will or influence, such as **es necesario que, es importante que, es mejor que,** and **es urgente que.**

Es importante que duermas bien.
It's important that you sleep well.

Es urgente que él lo haga hoy.
It's urgent that he do it today.

Quiero que arreglen sus alcobas, que hagan las camas, que pongan la mesa...

▶ When the main clause contains an expression of will or influence and the subordinate clause has a different subject, the subjunctive is required.

Main clause	Connector	Subordinate clause
VERB OF WILL		SUBJUNCTIVE
Mi mamá **prefiere**	que	yo **saque** la basura.

▶ Indirect object pronouns are often used with verbs of permission, suggestion or request, such as **aconsejar, mandar, pedir, recomendar, rogar** and **sugerir.**

Te **aconsejo** que estudies.
I advise you to study.

Le **ruego** que no venga.
I beg you not to come.

Le **sugiero** que vaya a casa.
I suggest that you go home.

...y les aconsejo que se acuesten temprano esta noche.

▶ All the forms of **prohibir** in the present tense carry a written accent, except for the **nosotros** form: **prohíbo, prohíbes, prohíbe, prohibimos, prohibís, prohíben.**

Ella les **prohíbe** que miren la televisión.
She prohibits them from watching television.

Nos **prohíben** que nademos en la piscina.
They prohibit us from swimming in the pool.

▶ The infinitive is used if there is no change of subject.

No quiero **sacudir** los muebles.
I don't want to dust the furniture.

Es importante **sacar** la basura.
It's important to take out the trash.

Paco prefiere **descansar**.
Paco prefers to rest.

No es necesario **quitar** la mesa.
It's not necessary to clear the table.

   INSTRUCTIONAL RESOURCES WB, LM, Lab CD/MP3, I CD-ROM, IRM (Audio Scripts & Instructor Annotations)

Práctica y conversación

1 Entre amigas Completa el diálogo con palabras de la lista.

cocina	diga	ponga	quiere	sé	ser
comas	haga	prohíbe	saber	sea	vaya

IRENE Tengo problemas con Vilma. ¿Qué me recomiendas que le _diga_?

JULIA Necesito _saber_ más para aconsejarte.

IRENE Me _prohíbe_ que traiga dulces a la casa.

JULIA Tiene razón. Es mejor que tú no _comas_ dulces.

IRENE Quiero que _sea_ más flexible. Pero insiste en que yo _haga_ todo en la casa.

JULIA Yo _sé_ que Vilma _cocina_ y hace los quehaceres todos los días.

IRENE Sí, pero siempre me pide que _ponga_ los cubiertos en la mesa y que _vaya_ al sótano por las servilletas.

JULIA ¡Vilma sólo _quiere_ que ayudes en la casa!

2 Unos consejos Lee lo que dice cada persona. Luego da consejos lógicos usando verbos como **aconsejar, recomendar** y **prohibir**. Tus consejos deben ser diferentes de lo que la persona quiere hacer. Answers will vary.

MODELO

El presidente: Quiero comprar la Casa Blanca.

Le aconsejo que compre otra casa.

1. **Tu mamá:** Pienso poner la secadora en la entrada de la casa.

2. **Tu tía:** Voy a ir a la gasolinera para comprar unas elegantes copas de cristal.

3. **Tu amigo:** Voy a ponerme mi traje de baño en la clase.

4. **Tu primo:** Voy a comprar tazas y platos en el taller El Coche Feliz.

5. **Tu profesora:** No voy a poner servilletas para los cuarenta invitados.

6. **Enrique Iglesias:** Pienso poner todos mis muebles nuevos en el altillo de mi casa.

7. **Shakira:** Hay una fiesta en mi casa esta noche, pero no quiero arreglar la casa.

8. **Tu papá:** Hoy no tengo ganas de hacer las camas.

3 Preguntas En parejas, túrnense para contestar las preguntas. Usen el subjuntivo. Answers will vary.

1. ¿Te dan consejos tus amigos? ¿Qué te aconsejan? ¿Aceptas sus consejos? ¿Por qué?

2. ¿Qué te sugieren tus profesores antes de terminar los cursos que tomas?

3. ¿Insisten tus amigos en que salgas mucho con ellos?

4. ¿Qué quieres que te regalen tu familia y tus amigos/as para tu cumpleaños?

5. ¿Qué le recomiendas tú a un(a) amigo/a que no quiere salir los sábados con su novio/a?

6. ¿Qué les aconsejas a los nuevos estudiantes de tu universidad?

4 Recomendaciones En parejas, preparen una lista de seis personas famosas. Un(a) estudiante da el nombre de una persona famosa y el/la otro/a le da un consejo. Answers will vary.

MODELO

Estudiante 1: Judge Judy.

Estudiante 2: Le recomiendo que sea más simpática con la gente.

Estudiante 1: Leonardo DiCaprio.

Estudiante 2: Le aconsejo que haga más películas.

5 El apartamento de Luisa En parejas, miren la ilustración y denle consejos a Luisa sobre cómo arreglar su apartamento. Usen expresiones impersonales y verbos como **aconsejar, sugerir** y **recomendar**. Answers will vary.

MODELO

Es mejor que arregles el apartamento más a menudo. Te aconsejo que no dejes para mañana lo que puedas hacer hoy.

① **SCRIPT** For the script, see the Instructor's Resource Manual.

Ampliación

① Escuchar 🎧

A Mira los anuncios en esta página y escucha la conversación entre el señor Núñez, Adriana y Felipe. Luego indica si cada descripción se refiere a la casa ideal de Adriana y Felipe, a la casa del anuncio o al apartamento del anuncio.

TIP **Use visual cues.** Visual cues, like illustrations and headings, provide useful clues about what you will hear. For example, what sort of visuals might appear in a real estate ad?

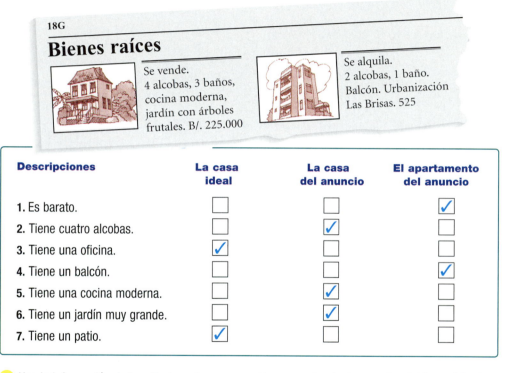

18G

Bienes raíces

Se vende.
4 alcobas, 3 baños, cocina moderna, jardín con árboles frutales. B/. 225.000

Se alquila.
2 alcobas, 1 baño. Balcón. Urbanización Las Brisas. 525

Descripciones	La casa ideal	La casa del anuncio	El apartamento del anuncio
1. Es barato.	☐	☐	✓
2. Tiene cuatro alcobas.	☐	✓	☐
3. Tiene una oficina.	✓	☐	☐
4. Tiene un balcón.	☐	☐	✓
5. Tiene una cocina moderna.	☐	✓	☐
6. Tiene un jardín muy grande.	☐	✓	☐
7. Tiene un patio.	✓	☐	☐

B Usa la información de los dibujos y la conversación para entender lo que dice Adriana al final. ¿Qué significa "todo a su debido tiempo"? Answers will vary.

② Conversar 👥 Con un(a) compañero/a, preparen una conversación entre el Dr. Freud y un(a) paciente que lo consulta sobre un problema personal (la familia, el/la novio/a, etc.). Luego presenten la conversación a la clase. Answers will vary.

MODELO

Estudiante 1: Buenos días, Dr. Freud, me llamo Alicia. Mi mamá no quiere que yo vaya a ver a mis amigas. No le importa que me aburra. Me prohíbe conducir por la noche.

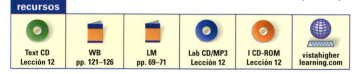

recursos

| Text CD Lección 12 | WB pp. 121–126 | LM pp. 69–71 | Lab CD/MP3 Lección 12 | I CD-ROM Lección 12 | vistahigher learning.com |

INSTRUCTIONAL RESOURCES Text CD, WB, LM, Lab CD/MP3, I CD-ROM (Activities & Quiz), Website, IRM
Inform students that the material listed in the **recursos** box applies to the complete **Gramática** section.

3 **Escribir** Eres el/la administrador(a) de un edificio de apartamentos. Prepara un contrato de arrendamiento (*lease*) para los nuevos inquilinos (*tenants*). Answers will vary.

TIP **Use linking words.** To make your writing more sophisticated, use linking words to connect simple sentences or ideas. Some common linking words are: **y, o, cuando, mientras, pero, porque, pues, que, quien(es),** and **sino**.

Here are some technical terms that might help you in writing your contract: **arrendatario** (*tenant*); **arrendador** (*landlord*); **propietario** (*owner*); **estipulaciones** (*stipulations*); **parte** (*party*); **de anticipación, de antelación** (*in advance*).	**Organízalo**	Utiliza un mapa de ideas para organizar la información sobre las fechas del contrato, el precio del alquiler y otros aspectos importantes.
	Escríbelo	Escribe el primer borrador de tu contrato de arrendamiento.
	Corrígelo	Intercambia el contrato con un(a) compañero/a. Anota los aspectos mejor escritos (*written*), especialmente el uso de las palabras de enlace (*linking words*). Ofrécele sugerencias, y si ves algunos errores, coméntaselos.
	Compártelo	Revisa el primer borrador según las indicaciones de tu compañero/a. Incorpora nuevas ideas y/o más información si es necesario, antes de escribir la versión final.

4 **Un paso más** Imagina que quieres construir una casa de vacaciones en un país hispano. Prepara para la clase una presentación sobre la casa. Toma en cuenta las siguientes preguntas. Answers will vary.

- ¿Dónde quieres construir la casa? ¿Prefieres que esté en la selva (*jungle*), en una isla, en una montaña o en un lugar con vistas al mar?

- ¿Cómo va a ser la casa? ¿Quieres que sea grande? ¿Cuántos pisos y cuántos cuartos va a tener?

- ¿Qué efectos visuales puedes usar para hacer más interesante la presentación? ¿Tienes mapas, fotos o planos (*blueprints*) de la casa?

- ¿Qué muebles quieres poner en cada cuarto?

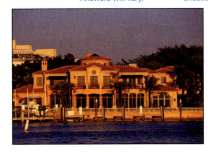

3 **SUGGESTION** Brainstorm with students and list the kinds of things that might be needed in a rental agreement contract. Ex: **la dirección, las fechas, el precio del alquiler, la fecha de pago, el depósito, reglas acerca de la basura, el correo, los animales domésticos, el ruido,** etc.

3 **TEACHING OPTION** Suggest that students draw up a letter of agreement between an adult and his or her parent who live in the same house.

3 **EVALUATION**

Criteria	Scale
Content	1 2 3 4
Organization	1 2 3 4
Use of vocabulary	1 2 3 4
Use of linking words	1 2 3 4
Grammar	1 2 3 4

Scoring

Excellent	18–20 points
Good	14–17 points
Satisfactory	10–13 points
Unsatisfactory	< 10 points

4 **SUGGESTION** Give students several days to prepare this assignment.

En Internet

Investiga estos temas en el sitio vistahigherlearning.com.

- Lugares turísticos del mundo hispano
- Agencias de bienes raíces en el mundo hispano
- Mueblerías (*furniture stores*) en el mundo hispano

Antes de leer

Did you know that a text written in Spanish is often longer than the same text written in English? Because the Spanish language often uses more words to express ideas, you may encounter a few long sentences when reading in Spanish. Of course, the length of sentences varies with genre and with authors' individual styles. To help you understand long sentences, identify the main parts of the sentence before trying to read it in its entirety. First, locate the main verb of the sentence, along with its subject, ignoring any words or phrases set off by commas. Then re-read the sentence, adding details like direct and indirect objects, transitional words, and prepositional phrases. Practice this strategy on a few sentences from this reading selection.

SUGGESTION Have students examine the layout and format of the reading. Ask them what kind of reading they think it is. Before reading it for comprehension, they should also scan for cognates, such as **estilo, colonial, espacio público, exhibición permanente,** etc.

SUGGESTION Practice the reading strategy with the first, second, and third sentences in the reading. Then have them work in pairs to look for long sentences. Have them point out the main verb and subject in each.

SUGGESTION Point out that the word **piso** has several meanings. It can mean *floor*, *flooring*; *apartment* (in Spain); or *story* (of a building). The **planta baja** of a building is the ground floor; the second story is the **primer piso**, and the third story is the **segundo piso**.

EXPANSION Have students give a brief presentation on a historical building in the area. Have them give a physical description and the basic historical facts about the building. Ask volunteers to present their descriptions to the class.

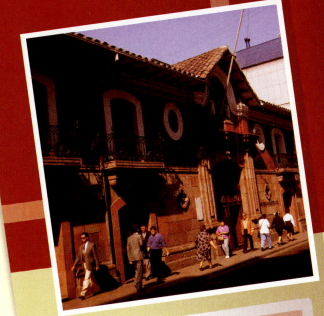

La Casa Colorada es un atractivo edificio de estilo colonial, construido en 1769. Está situado en el centro de Santiago de Chile, en la calle Merced. En sus orígenes fue la vivienda de Mateo de Toro y Zambrano, un aristócrata chileno conocido por sus actividades en el ejército, los negocios y la administración de la ciudad. En la actualidad, la Casa Colorada no está habitada por nadie.

recursos

vistahigher learning.com

El edificio se convirtió en un espacio público en el siglo XX y en su interior están el Museo de Santiago, la Oficina de Turismo y la Fundación de Vicente Huidobro, donde se encuentra abundante información sobre la vida y la obra de este escritor chileno. El Museo de Santiago ofrece una exhibición permanente sobre la historia de la ciudad, desde la época precolombina hasta nuestros días.

La Casa Colorada es una obra del arquitecto portugués Joseph de la Vega. Los materiales fundamentales que se utilizaron en su construcción fueron el adobe, la madera y la cal. Desde el primer momento, esta casa se convirtió en el centro de atención de la sociedad santiaguina por la elegancia de su diseño. Además, una característica que la diferenciaba de otras viviendas del mismo estilo arquitectónico es que su fachada estaba recubierta de piedra hasta el primer piso. El edificio empezó a llamarse Casa Colorada en 1888, año en que pintaron su fachada de color rojo.

La composición exterior del edificio es simétrica. En el centro de la fachada hay una gran puerta que sirve de acceso principal a la vivienda; a los lados se ven unos arcos que forman puertas adicionales en el primer piso y ventanas con balcones de hierro forjado en el segundo. Otra característica interesante del exterior de la casa es la elevación triangular del tejado sobre la puerta principal.

ejército *army* **negocios** *business* **En la actualidad** *At the present time* **siglo** *century* **obra** *work* **madera** *wood* **cal** *lime* **santiaguina** *of Santiago* **diseño** *design* **fachada** *façade* **recubierta de piedra** *covered with stone* **hierro forjado** *wrought iron* **tejado** *roof*

Después de leer

¿Comprendiste?

Completa las frases con las palabras adecuadas.

1. Mateo de Toro y Zambrano, un aristócrata de _____Chile_____, vivió en la Casa Colorada.

2. Ahora _____nadie_____ vive en la Casa Colorada.

3. El exterior de la casa es de color _____rojo_____.

4. La _____puerta_____ principal está en el centro de la fachada.

5. Los materiales que se utilizaron en su construcción fueron _____el adobe, la madera y la cal_____.

6. En el Museo de Santiago hay una exhibición sobre la _____historia_____ de la ciudad.

Preguntas

1. ¿Cómo se llamaba el arquitecto de la Casa Colorada?
   El arquitecto de la Casa Colorada se llamaba Joseph de la Vega.

2. ¿Cuándo se construyó la Casa Colorada?
   La Casa Colorada se construyó en 1769.

3. ¿Cuándo se convirtió en lugar público?
   Se convirtió en lugar público en el siglo XX.

4. ¿Por qué este edificio se llama la Casa Colorada?
   Se llama la Casa Colorada porque pintaron de color rojo su fachada en 1888.

5. ¿Por qué la Casa Colorada se diferenciaba de otras viviendas del mismo estilo arquitectónico?
   Porque su fachada estaba recubierta de piedra hasta el primer piso.

6. ¿Dónde están el Museo de Santiago, la Oficina de Turismo y la Fundación de Vicente Huidobro?
   El Museo de Santiago, la Oficina de Turismo y la Fundación de Vicente Huidobro están en (el interior de) la Casa Colorada.

Coméntalo

¿Te gustaría visitar la Casa Colorada? ¿Por qué? ¿Te gustaría vivir en una casa similar a ésta? Explica tu respuesta. ¿Hay edificios históricos en tu ciudad o comunidad? Descríbelos. Answers will vary.

La vivienda

las afueras	suburbs; outskirts
la agencia de bienes raíces	real estate agency
el alquiler	rent (payment)
el ama (m., f.) de casa	housekeeper; caretaker
el barrio	neighborhood
el edificio de apartamentos	apartment building
el hogar	home
el/la vecino/a	neighbor
la vivienda	housing
alquilar	to rent
mudarse	to move (residences)

Los cuartos y otros lugares

la alcoba	bedroom
el altillo	attic
el balcón	balcony
la cocina	kitchen
el comedor	dining room
la entrada	entrance
la escalera	stairs; stairway
el garaje	garage
el jardín	garden; yard
la oficina	office
el pasillo	hallway
el patio	patio
la sala	living room
el sótano	basement; cellar

Los muebles y otras cosas

la alfombra	rug
la almohada	pillow
el armario	closet
la cómoda	chest of drawers
las cortinas	curtains
el cuadro	painting
el estante	bookcase; bookshelves
la lámpara	lamp
la luz	light
la manta	blanket
la mesita	side/end table
la mesita de noche	night stand
los muebles	furniture
la pared	wall
la pintura	painting; picture
el sillón	armchair
el sofá	couch; sofa

Los electrodomésticos

el electrodoméstico	electric appliance
la estufa	stove
el horno (de microondas)	(microwave) oven
la lavadora	washing machine
el lavaplatos	dishwasher
el refrigerador	refrigerator
la secadora	clothes dryer

La mesa

la copa	wineglass; goblet
la cuchara	spoon
el cuchillo	knife
el plato	plate
la servilleta	napkin
la taza	cup
el tenedor	fork
el vaso	glass

Los quehaceres domésticos

arreglar	to neaten; to straighten up
barrer el suelo	to sweep the floor
cocinar	to cook
ensuciar	to get (something) dirty
hacer la cama	to make the bed
hacer los quehaceres domésticos	to do household chores
lavar (el suelo, los platos)	to wash (the floor, the dishes)
limpiar la casa	to clean the house
pasar la aspiradora	to vacuum
planchar la ropa	to iron clothes
poner la mesa	to set the table
quitar la mesa	to clear the table
sacar la basura	to take out the trash
sacudir los muebles	to dust the furniture

Expresiones útiles	See page 265.
Verbs and expressions of will and influence	See page 272.

recursos

LM p. 71	Lab CD/MP3 Lección 12	Vocab CD Lección 12

La ropa tradicional de los guatemaltecos se llama *huipil* y muestra el amor de la cultura maya por la naturaleza (*nature*). Tiene colores vivos y los diseños (*designs*) indican el origen, la edad y el sexo de la persona que lo lleva.

América Central I

Guatemala

Área: 108.890 km² (42.042 millas²)
Población: 12.952.000
Capital: Ciudad de Guatemala–3.869.000
Ciudades principales: Quetzaltenango, Escuintla, Mazatenango, Puerto Barrios
Moneda: quetzal

SOURCE: Population Division, UN Secretariat

Honduras

Área: 112.492 km² (43.870 millas²)
Población: 7.199.000
Capital: Tegucigalpa–1.120.000
Ciudades principales: San Pedro Sula, El Progreso
Moneda: lempira

SOURCE: Population Division, UN Secretariat

El Salvador

Área: 21.040 km² (8.124 millas²)
Población: 6.876.000
Capital: San Salvador–1.533.000
Ciudades principales: Apopa, Santa Ana, San Miguel
Moneda: colón

SOURCE: Population Division, UN Secretariat

MÉXICO

Sierra de Lacandón

Lago Petén Itza

Río de la Pasión

Río Usumacinta

BELICE

Golfo de Hondu

Puerto Barrios

La Ceiba

San Pedro S

GUATEMALA

Lago de Izabal

Sierra Espíritu Santo

El Progreso

Sierra Grita

Sierra

Sierra Madre

Lago de Atitlán

Río Motagua

Ciudad de Guatemala

Lago de Yojoa

Quetzaltenango

Lago de Guija

Tegucigalpa

Mazatenango

Antigua Guatemala

Escuintla

Río de la Paz

Río Lempa

Santa Ana

San Salvador

La Libertad

San Miguel

Río Lempa

La Unión

Río Cho

EL SALVADOR

Océano Pacífico

Ciudades

La Antigua Guatemala

La Antigua Guatemala era la capital del país, hasta que un terremoto (*earthquake*) la destruyó (*destroyed*) en 1773. Tiene una arquitectura colonial hermosa y es un importante centro turístico de Guatemala. La Antigua Guatemala es también muy famosa en el mundo por su celebración anual de la Semana Santa (*Holy Week*).

INSTRUCTIONAL RESOURCES WB, VM, Website, OT, IRM, Ph Video, Ph DVD, I CD-ROM

Mar Caribe

Islas de la Bahía

HONDURAS

Sierra de Payas

Río Patuca

Montañas de Colón

Río Coco

Laguna de Caratasca

NICARAGUA

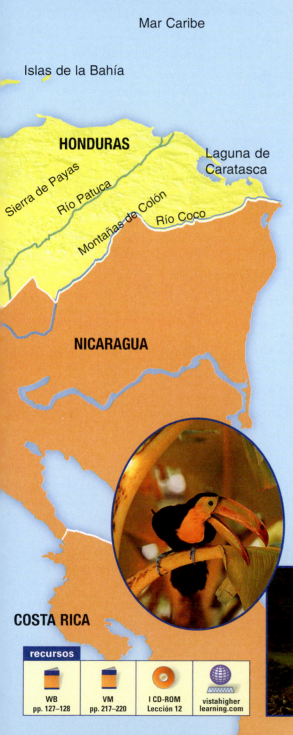

COSTA RICA

recursos			
WB pp. 127–128	**VM** pp. 217–220	**I CD-ROM** Lección 12	**vistahigher learning.com**

Lugares

Copán

Copán está en Honduras, en el límite (*border*) con Guatemala. Miles de turistas van a las ruinas mayas de Copán durante todo el año. Los mayas fueron una antigua (*ancient*) civilización indígena que vivió en el sur de México, Guatemala, Honduras y El Salvador por más de 2.000 años. Era una civilización muy avanzada. Construyeron (*built*) pirámides, templos y observatorios. También descubrieron (*discovered*) y usaron el cero antes que los europeos e hicieron un calendario complejo y preciso. Una de las actividades más importantes de Copán era la astronomía. Allí se hacían congresos (*conventions*) de astrónomos.

Naturaleza

El Parque Nacional Montecristo

El Parque Nacional Montecristo está en el norte de El Salvador, en el límite con Honduras y Guatemala. Este bosque (*forest*) tiene árboles (*trees*) muy altos que forman una bóveda (*vault*) natural. La luz del sol no puede pasar a través de (*through*) ella. El bosque tiene un 100% de humedad. Allí hay muchas especies interesantes de plantas y animales, como orquídeas, hongos (*fungi*), pumas, quetzales y tucanes.

¿Qué aprendiste?

1 **¿Cierto o falso?** Indica si las siguientes frases son **ciertas** o **falsas**.

Cierto	Falso	
	✓	**1.** La ropa tradicional de los guatemaltecos se llama Quetzaltenango.
✓		**2.** Los diseños del *huipil* indican el origen de la persona que lo lleva.
✓		**3.** Tegucigalpa es la capital de Honduras.
	✓	**4.** La lempira es la moneda de Guatemala.
✓		**5.** Los mayas descubrieron el cero antes que los europeos.
	✓	**6.** En Copán se hacían congresos de geografía.
	✓	**7.** La Antigua Guatemala es la capital de Guatemala.
✓		**8.** La Antigua Guatemala es muy famosa por su celebración de la Semana Santa.
✓		**9.** El Parque Nacional Montecristo está en El Salvador, en el límite con Honduras y Guatemala.
	✓	**10.** El bosque del Parque Nacional Montecristo tiene un 50% de humedad.

2 **Preguntas** Contesta las siguientes preguntas. Answers will vary.

1. ¿Qué muestra el *huipil*? ¿Qué indican sus diseños?

2. ¿Crees que los países de esta lección son muy poblados (*populated*) o poco poblados?

3. ¿Crees que la civilización maya era avanzada? ¿Por qué?

4. ¿Por qué crees que la Antigua Guatemala es un importante centro turístico?

5. ¿Por qué la luz del sol no puede pasar a través de los árboles del Parque Nacional Montecristo?

En Internet

Busca más información sobre estos temas en el sitio vistahigherlearning.com. Presenta la información a tus compañeros/as de clase.

- Copán
- La Antigua Guatemala
- El Parque Nacional Montecristo

13 La naturaleza

PARA EMPEZAR Here are some additional questions you can ask based on the photo: ¿Tienes algún pasatiempo? ¿Cuál? ¿Dónde lo practicas? ¿Puedes escalar montañas? ¿Te gusta acampar? ¿Dónde puedes hacer estas actividades?

Communicative Goals

You will learn how to:
- talk about the natural world
- discuss environmental conditions
- express wishes, desires, and doubts

Para empezar

- ¿Crees que ellos son amigos o novios?
- ¿Crees que hay electrodomésticos donde están ellos?
- ¿Están en el patio de su casa?
- ¿Están en la ciudad o en las afueras?

La naturaleza

VARIACIÓN LÉXICA Point out these lexical items:
césped → pasto (*Perú*); **grama** (*Venez*); **zacate** (*Méx.*)

el volcán
volcano

EL MEDIO AMBIENTE

la conservación *conservation*

la contaminación (del aire; del agua) *(air; water) pollution*

la ecología *ecology*

el ecoturismo *ecotourism*

la energía (solar) *(solar) energy*

la extinción *extinction*

el gobierno *government*

la ley *law*

la lluvia (ácida) *(acid) rain*

el medio ambiente *environment*

el peligro *danger*

la población *population*

el reciclaje *recycling*

el recurso natural *natural resource*

la solución *solution*

LA NATURALEZA

el árbol *tree*

el bosque (tropical) *(tropical; rain) forest*

el césped *grass*

el cielo *sky*

el cráter *crater*

el desierto *desert*

la estrella *star*

la hierba *grass*

el lago *lake*

la luna *moon*

el mundo *world*

la naturaleza *nature*

la nube *cloud*

el océano *ocean*

el paisaje *landscape*

la piedra *rock; stone*

la planta *plant*

la región *region; area*

el río *river*

la selva *jungle*

el sendero *trail*

el sol *sun*

la tierra *land; soil*

el valle *valley*

la flor
flower

SUGGESTION Write **la naturaleza** and **la conservación** on the board and have students guess their meanings. Ask volunteers to write English words under those headings. Have the class look in their texts to see how many Spanish equivalents they find.

la energía nuclear
nuclear energy

EXPANSION Whisper a vocabulary word to a student, who then represents it on the board. The class guesses the word and spells it aloud in Spanish.

la deforestación
deforestation

recursos

WB pp. 131–132	LM p. 73	Lab CD/MP3 Lección 13	I CD-ROM Lección 13	Vocab CD Lección 13

INSTRUCTIONAL RESOURCES WB, LM, Lab CD/MP3, I CD-ROM, Vocab CD, OT, IRM

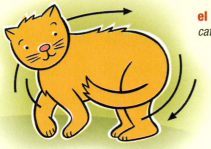

el gato
cat

LOS ANIMALES

el animal *animal*
el pez *fish*
la vaca *cow*

el pájaro
bird

el perro
dog

EXPANSION Have students play "Bingo" using vocabulary words.

VERBOS

conservar *to conserve*
contaminar *to pollute*
controlar *to control*
cuidar *to take care of*
dejar de (+ inf.) *to stop (doing something)*
desarrollar *to develop*
descubrir *to discover*
destruir *to destroy*
estar afectado/a (por) *to be affected (by)*
evitar *to avoid*
mejorar *to improve*
proteger *to protect*
reciclar *to recycle*
recoger *to pick up*
reducir *to reduce*
resolver (o:ue) *to resolve; to solve*
respirar *to breathe*

SUGGESTION Point out that ecotourism is one way of teaching visitors and residents about endangered animals and plants while protecting habitats.

la botella de vidrio
glass bottle

SUGGESTION Involve students in a discussion by asking: ¿Está contaminado el aire en tu ciudad? ¿De dónde viene la contaminación? ¿Tiene tu ciudad un programa de reciclaje? ¿Tenemos un programa aquí en la universidad? ¿Reciclas tú? and so forth.

OTRAS PALABRAS Y EXPRESIONES

el envase de plástico *plastic container*
puro/a *pure*

la lata de aluminio
aluminum can

estar contaminado/a
to be polluted

① **SCRIPT** For the script, see the Instructor's Resource Manual.

② **SCRIPT** For the script, see the Instructor's Resource Manual.

③ **SUGGESTION** Go over the activity with the whole class. Ask individuals to read the completed sentences.

③ **EXPANSION** Have students write five more original sentences, using different verb tenses. Ask volunteers to share their sentences with the rest of the class.

④ **EXPANSION** Have student pairs prepare definitions for five additional words. Call on a pair to write the words they have chosen on the board. Then have the pairs present their definitions to the class; after each definition the class identifies the word.

Práctica y conversación

NATIONAL communication STANDARDS

1 **Escuchar** 🎧 Mientras escuchas las frases, anota los sustantivos (*nouns*) que se refieren a **las plantas**, **los animales**, **la tierra** y **el cielo**.

Plantas	Animales	Tierra	Cielo
flores	perro	valle	sol
hierba	gatos	volcán	nubes
árboles	vacas	bosques tropicales	estrellas

2 **Seleccionar** 🎧 Escucha las descripciones e indica qué foto corresponde a cada descripción.

a. ____2____   b. ____4____   c. ____3____   d. ____1____

3 **Completar** Completa las frases.

1. Si vemos basura en las calles, la debemos __recoger__.
2. Los científicos trabajan para __descubrir__ nuevas soluciones.
3. Es necesario que todos trabajemos juntos para __resolver__ los problemas del medio ambiente.
4. Debemos __proteger__ el medio ambiente porque está en peligro.
5. Muchas leyes nuevas __controlan__ el número de árboles que se pueden cortar (*cut down*).
6. Las primeras civilizaciones __se desarrollaron__ cerca de los ríos, los lagos y los océanos.
7. Todas las personas del mundo __están afectadas__ por la contaminación.
8. Los turistas deben tener cuidado de no __contaminar__ las regiones que visitan.
9. Podemos conservar los recursos si __reciclamos__ el aluminio, el vidrio y el plástico.
10. La lluvia ácida, la contaminación y la deforestación __destruyen__ el medio ambiente.

contaminar	destruyen	reciclamos
controlan	están afectadas	recoger
cuidan	mejoramos	resolver
descubrir	proteger	se desarrollaron

4 **Definir** 🎁 Trabaja con un(a) compañero/a para definir o describir cada palabra. Answers will vary.

1. la población   4. la naturaleza   7. la ecología
2. un valle   5. un desierto   8. un sendero
3. la lluvia   6. la extinción

recursos

Text CD Lección 13

¿Qué es el cielo?

El cielo está sobre la tierra y tiene nubes.

5 Situaciones Trabajen en grupos pequeños para representar una de las siguientes situaciones. Answers will vary.

- Un(a) representante de una agencia ambiental (*environmental*) habla con el/la presidente/a de una compañía industrial que está contaminando un río o el aire.

- Un(a) guía de ecoturismo habla con un grupo sobre cómo disfrutar del (*to enjoy*) medio ambiente y conservarlo.

5 SUGGESTION Have groups of three choose a situation, making sure all situations are covered. Have students take turns playing each role. After groups have had time to prepare, invite some to present their situation to the class.

Ortografía **Los signos de puntuación**

In Spanish, as in English, punctuation marks are important because they help you express your ideas in a clear, organized way.

No podía ver las llaves. Las buscó por los estantes, las mesas, las sillas, el suelo; minutos después, decidió mirar por la ventana. Allí estaban…

The **punto y coma (;)**, the **tres puntos (…)**, and the **punto (.)** are used in very similar ways in Spanish and English.

Argentina, Brasil, Paraguay y Uruguay son miembros de Mercosur.

In Spanish, the **coma (,)** is not used before **y** or **o** in a series.

13,5%	**29,2°**	**3.000.000**	**$2.999,99**

In numbers, Spanish uses a **coma** where English uses a decimal point and a **punto** where English uses a comma.

¿Cómo te llamas?   **¿Dónde está?**   **¡Ven aquí!**   **¡Hola!**

Questions in Spanish are preceded and followed by **signos de interrogación (¿ ?)**, and exclamations are preceded and followed by **signos de exclamación (¡ !)**.

¿Palabras de amor? El siguiente diálogo tiene diferentes significados (*meanings*), dependiendo de los signos de puntuación que utilizas y el lugar donde los pones. Intenta encontrar los diferentes significados. Answers will vary.

JULIÁN	me quieres
MARISOL	no puedo vivir sin ti
JULIÁN	me quieres dejar
MARISOL	no me parece mala idea
JULIÁN	no eres feliz conmigo
MARISOL	no soy feliz

SUGGESTION Model reading numerical examples. Ex: **13,5% = trece coma cinco por ciento, 29,2° = veintinueve coma dos grados.** Mention that Mexican Spanish uses English conventions.

SUGGESTION Explain that an inverted question mark or exclamation point comes at the beginning of the part of the sentence where the question or exclamation begins. Ex: —**¿Cómo estás, Mirta?** —**¡Superbien, Andrés! Y tú, ¿cómo estás?** —**No me siento bien y me duele la cabeza, ¡caramba!**

recursos

LM p. 74

Lab CD/MP3 Lección 13

I CD-ROM Lección 13

¡Qué paisaje más hermoso!

Martín y los estudiantes visitan el sendero en las montañas.

VIDEO SYNOPSIS Don Francisco introduces the students to Martín, who will be their guide on the hike. Martín takes the students to the site of the hike, where they discuss the need for environmental protection.

SUGGESTION Have the class work in groups to read the video episode aloud. Circulate among the groups and model correct pronunciation as needed.

SUGGESTION Use video captions 3, 4, and 7 to point out examples of the present subjunctive, which will be studied in this lesson's **Gramática** section.

SUGGESTION Have your students scan the video still captions and list words related to nature and the environment. Then have them predict what will happen in this episode. Write down their predictions. After watching the **Escenas** episode review the predictions and guide the class to give a correct plot summary.

Personajes

DON FRANCISCO

JAVIER

INÉS

ÁLEX

MAITE

MARTÍN

DON FRANCISCO Chicos, les presento a Martín Dávalos, el guía de la excursión. Martín, nuestros pasajeros: Maite, Javier, Inés y Álex.

MARTÍN Mucho gusto. Voy a llevarlos al área donde vamos a ir de excursión mañana. ¿Qué les parece?
ESTUDIANTES ¡Sí! ¡Vamos!

MAITE ¡Qué paisaje más hermoso!
INÉS No creo que haya lugares más bonitos en el mundo.

MARTÍN Esperamos que ustedes se diviertan mucho, pero es necesario que cuiden la naturaleza.
JAVIER Se pueden tomar fotos, ¿verdad?
MARTÍN Sí, con tal de que no toques las flores o las plantas.

ÁLEX ¿Hay problemas de contaminación en esta región?
MARTÍN La contaminación es un problema en todo el mundo. Pero aquí tenemos un programa de reciclaje. Si ves por el sendero botellas, papeles o latas, recógelos.

recursos

VM
pp. 193–194

I CD-ROM
Lección 13

Es V CD-ROM
Lección 13

INSTRUCTIONAL RESOURCES VM, I CD-ROM, Es Video (Start 01:10:38), Es V CD-ROM, Es DVD, IRM

SUGGESTION Read the **Expresiones útiles** aloud and have the class repeat them. Then integrate them into a conversation about the state of the environment in your area. Ex: **¿Cuál es el mayor problema de contaminación en esta región? ¿Qué podemos hacer para cuidar la naturaleza?**

JAVIER Entiendo que mañana vamos a cruzar un río. ¿Está contaminado?

MARTÍN En las montañas el río no parece estar afectado por la contaminación. Cerca de las ciudades, sin embargo, el río tiene bastante contaminación.

ÁLEX ¡Qué aire tan puro se respira aquí! No es como en la Ciudad de México.... Tenemos un problema gravísimo de contaminación.

MARTÍN A menos que resuelvan ese problema, los habitantes van a sufrir muchas enfermedades en el futuro.

INÉS Creo que todos debemos hacer algo para proteger el medio ambiente.

MAITE Yo creo que todos los países deben establecer leyes que controlen el uso de automóviles.

JAVIER Pero Maite, ¿tú vas a dejar de usar tu carro en Madrid?

MAITE Pues, voy a tener que usar el Metro... Pero tú sabes que mi coche es tan pequeñito... casi no contamina nada.

INÉS ¡Ven, Javier!

JAVIER ¡¡Ya voy!!

Expresiones útiles

Talking about the environment

No creo que haya lugares más bonitos en el mundo.
I don't think there are any prettier places in the world.

¿Hay problemas de contaminación en esta región?
Are there problems with pollution in this region/area?

Es un problema en todo el mundo.
It's a problem throughout the world.

El río no parece estar afectado por la contaminación.
The river does not seem to be affected by pollution.

El río tiene bastante contaminación.
The river is quite polluted.

Es necesario que cuiden la naturaleza.
It's necessary that you take care of nature.

Puedes tomar fotos, con tal de que no toques las plantas.
You can take pictures, provided that you don't touch the plants.

Tenemos un problema gravísimo de contaminación.
We have an extremely serious problem with pollution.

A menos que resuelvan el problema, los habitantes van a sufrir muchas enfermedades.
Unless they solve the problem, the inhabitants are going to suffer a lot of illnesses.

Si ves botellas, papeles o latas, recógelos.
If you see bottles, papers, or cans, pick them up.

❶ **SUGGESTION** Ask volunteers to read each sentence aloud.

❷ **EXPANSION** Use the sentences for a dictation activity.

❷ **SUGGESTION** Have students answer these questions in pairs.

❸ **SUGGESTION** Place students in small groups. Have students read through or watch the video episode again in preparation for this activity.

¿Qué piensas?

1 **Seleccionar** Selecciona la opción más lógica para cada frase.

1. Martín va a llevar a los estudiantes al lugar donde van a
   a. contaminar el río.   b. bailar.
   c. ir de excursión.

2. El río está más afectado por la contaminación
   a. cerca de los bosques.   b. en las ciudades.
   c. en las montañas.

3. Martín quiere que los estudiantes
   a. recojan la basura de los senderos.   b. descubran nuevos senderos.
   c. no usen sus autos.

4. La contaminación del aire puede producir
   a. problemas de estómago.   b. enfermedades respiratorias.
   c. enfermedades mentales.

2 **Preguntas** Responde a las siguientes preguntas.

1. Según Martín, ¿qué es necesario que hagan los estudiantes? ¿Qué no pueden hacer?
   Es necesario que los estudiantes cuiden la naturaleza. No pueden tocar ni las plantas ni las flores.

2. ¿Qué problemas del medio ambiente mencionan Martín y los estudiantes?
   Martín y los estudiantes mencionan el problema de la contaminación del aire y de los ríos.

3. ¿Qué cree Maite que deben hacer los países?
   Maite cree que los países deben establecer leyes que controlen el uso de los automóviles.

4. ¿Qué cosas se pueden reciclar en el programa que menciona Martín?
   En el programa que menciona Martín se pueden reciclar las botellas, los papeles y las latas.

5. Si Maite no puede usar su carro en Madrid, ¿qué medio de transporte va a usar?
   Si Maite no puede usar su carro en Madrid, ella va a usar el Metro.

3 **Situación** Eres el/la guía de un grupo de turistas que quiere hacer una excursión a las montañas. Conversa con ellos/as (tus compañeros/as) sobre las cosas que van a ver y sobre lo que deben y no deben hacer durante la excursión.
Answers will vary.

Exploración

Atracciones naturales del mundo hispano

SUGGESTION Point out that many governments in the Spanish-speaking world have established parks and biological preserves. Among the most famous are: **El Yunque** near San Juan, Puerto Rico; **Parque Nacional Manu**, in Peru's Amazon basin; **Parque Nacional Canaima**, Venezuela, home of **Salto Ángel**, the highest waterfall in the world; and **Parque Nacional Torres del Paine** in Chilean Patagonia.

Muchas personas consideran que Guatemala es el país de la eterna primavera, por sus bellezas naturales. Para conservar los recursos naturales, en Guatemala se estableció un sistema de biotopos —parques nacionales y reservas naturales. Los biotopos sirven para preservar la flora y la fauna únicas del país.

Nicaragua tiene más de 25 volcanes, como el Cerro Negro, en la zona pacífica del país. Algunos de ellos son activos y de vez en cuando entran en erupción (*erupt*).

SUGGESTION Ask comprehension questions: **¿Cuántas especies de pájaros hay en Ecuador? (1.640) ¿Por qué es famoso el árbol de Tule? (edad) ¿Cuántos volcanes hay en la zona pacífica de Nicaragua? (25)**

En la Quebrada de los Cuervos, en Uruguay, se puede hacer turismo de aventura y, al mismo tiempo, estar en contacto con la naturaleza. Desde 1986, forma parte de la primera área natural protegida (*protected*) de Uruguay.

SUGGESTION Have students locate the countries and territories mentioned (**Uruguay, Nicaragua, Guatemala, Ecuador, México, Panamá, Puerto Rico**) on the maps on the inside covers of their texts.

Observaciones

- Hay más de 1.640 especies de pájaros en Ecuador.
- El árbol de Tule en Oaxaca, México, tiene más de 2.000 años de edad y un diámetro de 10 metros —el más grande del mundo.
- La Bahía Piñas es el lugar de pesca más famoso de Panamá.
- En Puerto Rico, hay 16 especies nativas de coquí, ranas arbóreas (*tree frogs*).
- El volcán Momotombo de Nicaragua aparece frecuentemente en los versos del gran poeta nicaragüense Rubén Darío.

Coméntalo

Con un(a) compañero/a, contesta las siguientes preguntas. Answers will vary.

- ¿Quieres visitar algunos de los lugares mencionados en esta página? ¿Por qué?
- ¿Cuáles son los lugares naturales más bonitos que conoces? ¿Cómo son?
- ¿Hay parques nacionales cerca de tu comunidad? ¿Qué se puede hacer allí?

EXPANSION Have students discuss **Coméntalo** in small groups. Then ask for volunteers to report back to the whole class.

recursos
vistahigher
learning.com

13.1 The subjunctive with verbs of emotion

Main clause	Connector	Subordinate clause
Marta espera	que	yo vaya al lago este fin de semana.

Esperamos que ustedes se diviertan mucho en la excursión.

▶ When the main clause of a sentence expresses an emotion or feeling, the subjunctive is required in the subordinate clause.

Nos alegramos de que te **gusten** las flores.
We are happy that you like the flowers.

Temo que Ana no **pueda** ir mañana con nosotros.
I'm afraid that Ana won't be able to go with us tomorrow.

Siento que tú no **vengas** mañana.
I'm sorry that you're not coming tomorrow.

Le sorprende que Juan **sea** tan joven.
It surprises him that Juan is so young.

Es triste que tengamos un problema grave de contaminación en la Ciudad de México.

Common verbs and expressions of emotion

alegrarse (de)	*to be happy*	esperar	*to hope; to wish*	sentir (e:ie)	*to be sorry; to regret*
es extraño	*it's strange*	gustar	*to be pleasing; to like*		
es ridículo	*it's ridiculous*			sorprender	*to surprise*
es terrible	*it's terrible*	molestar	*to bother*	temer	*to be afraid; to fear*
es triste	*it's sad*	ojalá (que)	*I hope (that); I wish (that)*		
es una lástima	*it's a shame*			tener miedo (de)	*to be afraid (of)*

Me molesta que la gente no **recicle** el plástico.
It bothers me that people don't recycle plastic.

Es una lástima que no **controlemos** la deforestación.
It's a shame we don't control deforestation.

Me gusta que **respiremos** aire limpio.
I like that we breathe clean air.

Espera que las leyes **cuiden** las selvas.
He hopes that the laws protect the jungles.

Using the subjunctive

▶ The infinitive is used after an expression of emotion when there is no change of subject.

Temo **llegar** tarde.
I'm afraid I'll arrive late.

Temo que mi novio **llegue** tarde.
I'm afraid my boyfriend will arrive late.

Me molesta **ver** el bosque tropical en peligro.
It bothers me to see the rain forest in danger.

Me alegro de que el gobierno **se preocupe** por el medio ambiente.
I'm happy that the government worries about the environment.

▶ The expression **ojalá (que)** is always followed by the subjunctive. The use of **que** is optional.

Ojalá (que) se conserven nuestros recursos naturales.
I hope (that) our natural resources will be conserved.

Ojalá (que) recojan la basura muy pronto.
I hope (that) they collect the garbage soon.

INSTRUCTIONAL RESOURCES WB, LM, Lab CD/MP3, I CD-ROM, IRM (Audio Scripts & Instructor Annotations)
Refer students to the **recursos** box in **Ampliación** for complete information.

Práctica y conversación

1 **Olga y Sara** Completa el diálogo con palabras de la lista.

alegro	molesta	temer
encuentren	ojalá	tengo miedo de
estén	puedan	vayan
lleguen	sorprender	visitar

OLGA Me alegro de que Adriana y Raquel _____vayan_____ a Colombia.

SARA Sí. Es una lástima que _____lleguen_____ tarde. Ojalá que la universidad las ayude a buscar casa. _____Tengo miedo de_____ que no consigan dónde vivir.

OLGA Me _____molesta_____ que seas tan pesimista. Yo espero que _____encuentren_____ gente simpática.

SARA Sí, ojalá. Van a estudiar la deforestación en las costas. Es triste que en tantos países los recursos naturales _____estén_____ en peligro.

OLGA Me _____alegro_____ de que no se queden en la capital por la contaminación, pero _____ojalá_____ tengan tiempo de viajar por el país.

SARA Sí, espero que _____puedan_____ ir al Museo del Oro. Sé que también esperan _____visitar_____ la Catedral de Sal de Zipaquirá.

2 **Oraciones** Combina elementos de las tres columnas para formar oraciones. Answers will vary.

MODELO
Es triste que algunas personas no cuiden la naturaleza.

Expresiones	Sujetos	Actividades
Me alegro de que	yo	desarrollar programas de reciclaje
Espero que	tú	
Es extraño que	el gobierno	proteger el medio ambiente
Me gusta que	el/la profesor(a)	
Tengo miedo de que	la universidad	destruir los bosques
Es triste que	las fábricas	poner en peligro la naturaleza
Ojalá que	algunas personas	cuidar la naturaleza
	los centros comerciales	

3 **Conversación** Usa los siguientes elementos para crear una conversación entre Juan y la madre de su novia. Añade palabras si es necesario. Luego, con un(a) compañero/a, preséntala a la clase.

1. Juan, / esperar / (tú) escribirle / Raquel. / Ser / tu / novia. / Ojalá / no / sentirse / sola.
   Juan, espero que le escribas a Raquel. Es tu novia. Ojalá no se sienta sola.
2. Molestarme / (usted) decirme / lo que / tener / hacer. / Ahora / mismo / estarle / escribiendo
   Me molesta que me diga lo que tengo que hacer. Ahora mismo le estoy escribiendo.
3. Alegrarme / oírte / decir / eso. / Ser / terrible / estar / lejos / cuando / nadie / recordarte
   Me alegra oírte decir eso. Es terrible estar lejos cuando nadie te recuerda.
4. Señora, / ¡yo / tener / miedo / (ella) no recordarme / mí! / Ser / triste / estar / sin / novia
   Señora, ¡yo tengo miedo de que no me recuerde a mí! Es triste estar sin novia.
5. Ser / ridículo / (tú) sentirte / así. / Tú / saber / ella / querer / casarse / contigo
   Es ridículo que te sientas así. Tú sabes que ella quiere casarse contigo.
6. Ridículo / o / no, / sorprenderme / todos preocuparse / ella / y / (nadie) acordarse / mí
   Ridículo o no, me sorprende que todos se preocupen por ella y nadie se acuerde de mí.

4 **Comentar** En parejas, conversen sobre su ciudad, sus clases o algún otro tema, usando expresiones como **me alegro de que, temo que** y **es extraño que.** Luego reaccionen a los comentarios de su compañero/a. Answers will vary.

MODELO
Estudiante 1: Me alegro de que vayan a limpiar el río.
Estudiante 2: Yo también. Me preocupa que el agua del río esté tan contaminada.
Estudiante 1: Espero que mis profesores de español y matemáticas den menos tarea.
Estudiante 2: Pues yo temo que todos mis profesores piensen dar más tarea.

5 **Problemas** Prepara una lista de problemas ecológicos que te preocupen. Luego, describe cada problema a varios compañeros. Escribe las soluciones que te ofrecen. Después, comparte la información con la clase. Answers will vary.

Problemas	Soluciones
_____	_____
_____	_____
_____	_____
_____	_____
_____	_____
_____	_____

13.2 The subjunctive with doubt, disbelief, and denial

¡No creo que haya lugares más bonitos en el mundo!

Dudo que el río esté contaminado aquí en las montañas.

▶ The subjunctive is used with expressions of doubt, disbelief, and denial.

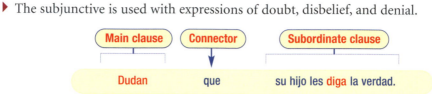

Main clause	Connector	Subordinate clause
Dudan	que	su hijo les diga la verdad.

▶ The subjunctive is used in a subordinate clause when there is a change of subject and the main clause implies negation or uncertainty.

Expressions of doubt, disbelief, or denial

dudar	to doubt	no es cierto	it's not true; it's not certain	es improbable	it's improbable
negar (e:ie)	to deny			(no) es posible	it's (not) possible
no creer	not to believe	no es seguro	it's not certain	(no) es probable	it's (not) probable
no estar seguro/a (de)	not to be sure (of)	no es verdad	it's not true		
		es imposible	it's impossible		

El gobierno **niega** que el agua **esté** contaminada.
The government denies that the water is polluted.

Dudo que el gobierno **resuelva** el problema.
I doubt that the government will solve the problem.

▶ In English, the expression *it is probable/possible* indicates a fairly high degree of certainty. In Spanish, however, **es probable/posible** implies uncertainty and therefore triggers the subjunctive in the subordinate clause.

Es posible que **haya** menos bosques y selvas en el futuro.
It's possible that there will be fewer forests and jungles in the future.

Es muy **probable** que **contaminemos** el medio ambiente.
It's very probable that we pollute the environment.

▶ **Quizás** and **tal vez** imply an uncertain possibility and are usually followed by the subjunctive.

Quizás haga sol mañana.
Perhaps it will be sunny tomorrow.

Tal vez veamos la luna esta noche.
Perhaps we will see the moon tonight.

▶ The indicative is used in a subordinate clause when the main clause expresses certainty.

Expressions of certainty

es cierto	it's true; it's certain	es verdad	it's true	no dudar	not to doubt
es obvio	it's obvious	estar seguro/a (de)	to be sure (of)	no hay duda de	there is no doubt
es seguro	it's certain	no cabe duda de	there is no doubt	no negar (e:ie)	not to deny

INSTRUCTIONAL RESOURCES WB, LM, Lab CD/MP3, I CD-ROM, IRM (Audio Scripts & Instructor Annotations)

No negamos que **hay** demasiados carros en las carreteras.
We don't deny that there are too many cars on the highways.

Es cierto que los tigres **están** en peligro de extinción.
It's certain that tigers are in danger of extinction.

▶ The verb **creer** expresses belief or certainty, so it is followed by the indicative. **No creer** implies doubt and is followed by the subjunctive.

Creo que **debemos** usar la energía solar.
I believe we should use solar energy.

No creo que **haya** vida en Marte
I don't believe that there is life on Mars.

Práctica y conversación

1 Dudas Carolina siempre miente. Expresa tus dudas sobre lo que Carolina está diciendo ahora.

MODELO

El próximo año mi familia y yo vamos a ir de vacaciones por diez meses. [dudar]

¡Ja! Dudo que vayan de vacaciones por diez meses.

1. Mi tía es la directora del Sierra Club. [no ser verdad]
   No es verdad que tu tía sea la directora del Sierra Club.
2. Dos profesores míos juegan para los Osos (*Bears*) de Chicago. [ser imposible]
   Es imposible que dos profesores tuyos jueguen para los Osos de Chicago.
3. Mi mejor amiga conoce al chef Emeril. [no ser cierto]
   No es cierto que tu mejor amiga conozca al chef Emeril.
4. Mi padre es dueño del Centro Rockefeller. [no ser posible]
   No es posible que tu padre sea dueño del Centro Rockefeller.

2 Conversación Completa el diálogo. Luego dramatízalo con un(a) compañero/a.

RAÚL Ustedes dudan que yo ___estudie___ [estudio/estudie]. No niego que a veces me ___divierto___ [divierto/divierta], pero no cabe duda de que ___tomo___ [tomo/tome] mis estudios en serio. Creo que no ___tienen___ [tienen/tengan] razón.

PAPÁ Es posible que tu mamá y yo no ___tengamos___ [tenemos/tengamos] razón. Pero no hay duda de que te ___pasas___ [pasas/pases] toda la noche en Internet y oyendo música. No es seguro que ___estés___ [estás/estés] estudiando.

RAÚL Es verdad que ___uso___ [uso/use] mucho Internet, pero ¿no es posible que ___sea___ [es/sea] para buscar información para mis clases?

PAPÁ No dudo que esta conversación nos ___va___ [va/vaya] a ayudar. Pero tal vez ___puedas___ [puedes/puedas] estudiar sin música.

3 Hablando con un(a) burócrata En parejas, preparen un diálogo sobre el medio ambiente entre un(a) activista y un(a) burócrata del gobierno (*government bureaucrat*). Luego presenten la conversación a la clase.
Answers will vary.

MODELO

Activista: *Queremos reducir la contaminación del aire. Pero dudo que el gobierno nos ayude.*

Burócrata: *Es obvio que el gobierno está haciendo muchas cosas para reducir la contaminación del aire.*

4 Adivinar Escribe cinco oraciones sobre tu vida presente y futura. Cuatro deben ser falsas y sólo una debe ser cierta. Preséntalas al grupo. El grupo adivina (*guesses*) cuál es la oración cierta y expresa sus dudas sobre las falsas.
Answers will vary.

MODELO

Estudiante 1: *Quiero irme un año a trabajar en la selva.*

Estudiante 2: *Dudo que te guste vivir en la selva.*

Estudiante 3: *En cinco años voy a ser presidente de los Estados Unidos.*

Estudiante 2: *No creo que vayas a ser presidente de los Estados Unidos en cinco años. ¡Tal vez en treinta!*

5 Debate Con un compañero/a, debate algunas de las posibles soluciones a los problemas del medio ambiente.

MODELO

Estudiante 1: *Para proteger el medio ambiente, creo que necesitamos una ley para controlar el número de coches en cada familia.*

Estudiante 2: *Dudo que sea posible controlar el número de coches. A muchas personas les gusta tener su propio (own) coche.*

13.3 The subjunctive with conjunctions

▶ Conjunctions are words or phrases that connect others. Certain conjunctions commonly introduce adverbial clauses, which describe *how, why, when,* and *where* an action takes place. The conjunctions listed below always require the subjunctive.

Conjunctions that require the subjunctive

a menos que	unless	con tal (de) que	provided that	para que	so that
antes (de) que	before	en caso (de) que	in case (that)	sin que	without

¿Se pueden tomar fotos?

Sí, con tal de que no toques las flores.

Voy a dejar un recado **en caso de que** Gustavo me **llame**.
I'm going to leave a message in case Gustavo calls me.

Voy al supermercado **para que tengas** algo de comer.
I'm going to the supermarket so that you'll have something to eat.

▶ The infinitive is used after the prepositions **antes de, para,** and **sin** when there is no change of subject. Compare these sentences.

A menos que resuelvan el problema, ellos van a sufrir muchas enfermedades.

Te llamamos el viernes **antes de salir** de la casa.
We will call you on Friday before leaving the house.

Te llamamos mañana **antes de que salgas**.
We will call you tomorrow before you leave.

Conjunctions used with subjunctive or indicative

cuando	when	en cuanto	as soon as	tan pronto como	as soon as
después (de) que	after	hasta que	until		

Cuando veo basura, la recojo.

▶ With the conjunctions above, use the subjunctive in the subordinate clause if the main clause expresses a future action or command.

Vamos a resolver el problema **cuando desarrollemos** nuevas tecnologías.
We are going to solve the problem when we develop new technologies.

Después de que ustedes **tomen** sus refrescos, reciclen las botellas.
After you drink your soft drinks, recycle the bottles.

Voy a formar un club de ecología **tan pronto como empiecen** las clases.

▶ If the verb in the main clause expresses an action that habitually happens, or that happened in the past, the indicative is used.

Contaminan los ríos **cuando construyen** nuevos edificios.
They pollute the rivers when they build new buildings.

Contaminaron el río **cuando construyeron** ese edificio.
They polluted the river when they built that building.

Siempre vamos de excursión **tan pronto como llega** Rafael.
We always go hiking as soon as Rafael arrives.

Salimos **tan pronto como llegó** Rafael.
We left as soon as Rafael arrived.

 INSTRUCTIONAL RESOURCES WB, LM, Lab CD/MP3, I CD-ROM, IRM (Audio Scripts & Instructor Annotations)

Práctica y conversación

1 **Una excursión** La señora Montero habla de una excursión que quiere hacer con su familia. Completa las oraciones con la forma correcta de cada verbo.

1. Voy a llevar a mis hijos al parque para que **aprendan** [aprender] sobre la naturaleza.

2. Vamos a pasar todo el día allí con tal de que todos nosotros **tengamos** [tener] tiempo.

3. Vamos a alquilar bicicletas en cuanto **lleguemos** [llegar] al parque.

4. En bicicleta, podemos explorar el parque sin **caminar** [caminar] demasiado.

5. Vamos a bajar al cráter a menos que se **prohíba** [prohibir].

6. Siempre llevamos al perro cuando **vamos** [ir] al parque.

7. En caso de que **llueva** [llover], vamos a regresar temprano a la casa.

8. Queremos almorzar a la orilla (*shore*) del río cuando **tengamos** [tener] hambre.

9. Mis hijos van a ver muchas cosas interesantes antes de **salir** [salir] del parque.

10. Una vez estuvimos en el parque hasta que uno de mis hijos **se durmió** [dormirse].

2 **Oraciones** Completa las siguientes oraciones.
Answers will vary.

1. No podemos controlar la contaminación del aire a menos que…

2. Voy a reciclar los productos de papel en cuanto…

3. Protegemos los animales en peligro de extinción para que…

4. Mis amigos y yo vamos a recoger la basura de la universidad después de que…

5. Todos podemos conservar energía cuando…

6. No podemos desarrollar nuevas fuentes (*sources*) de energía sin…

7. Debemos comprar coches eléctricos tan pronto como…

8. Hay que eliminar la contaminación del agua para…

9. No podemos proteger la naturaleza sin que…

3 **Preguntas** En parejas, contesten las siguientes preguntas. Luego, compartan la información con la clase.
Answers will vary.

1. ¿Qué haces cada noche antes de acostarte?

2. ¿Qué haces en la clase cada día después de que llega el/la profesor(a)?

3. ¿Qué hacen tus padres para que puedas asistir a la universidad?

4. ¿Qué puedes hacer para mejorar tu español?

5. ¿Qué quieres hacer mañana a menos que haga mal tiempo?

6. ¿Qué haces en tus clases sin que los profesores lo sepan?

4 **El fin de semana** En parejas, hablen de lo que van a hacer este fin de semana, usando las palabras indicadas.
Answers will vary.

a menos que	después de que	para que
antes de	en caso de que	sin
antes de que	en cuanto	sin que
con tal de que	hasta que	tan pronto como
cuando	para	

MODELO

Estudiante 1: El sábado mis amigos y yo vamos al lago. Después de que volvamos, voy a estudiar para mi examen de química.

Estudiante 2: Todos los sábados llevo a mi primo al parque para que juegue con sus amigos. Pero el sábado que viene, con tal de que no llueva, lo voy a llevar a las montañas.

5 **Tic-Tac-Toe** Formen dos equipos. Una persona comienza una frase y otra persona de su equipo la termina, usando palabras de la gráfica. El primer equipo que forme tres oraciones seguidas (*in a row*) gana el tic-tac-toe. Tienen que usar correctamente la conjunción o la preposición y el verbo.

MODELO

Estudiante 1: Dudo que podamos eliminar la deforestación…

Estudiante 2: …sin que nos ayude el gobierno.

cuando	con tal de que	para que
antes de que	para	sin que
hasta que	en caso de que	antes de

1 **SCRIPT** For the script, see the Instructor's Resource Manual.

2 **SUGGESTION** Before beginning the conversation, have students list additional vocabulary and expressions that they are likely to use.

2 **EXPANSION** Ask volunteers to present their conversation to the rest of the class.

Ampliación

1 Escuchar 🎧

A Escucha el discurso de Soledad Morales, una activista preocupada por el medio ambiente. Antes de escuchar, marca las palabras y frases que tú crees que ella va a usar en su discurso. Después marca las palabras y frases que escuchaste. Answers will vary.

TIP **Use your background knowledge / Guess meaning from context.** Your background knowledge helps you anticipate the content of discourse that you hear in Spanish. If you hear words or expressions you do not understand, you can often guess their meanings based on the surrounding words.

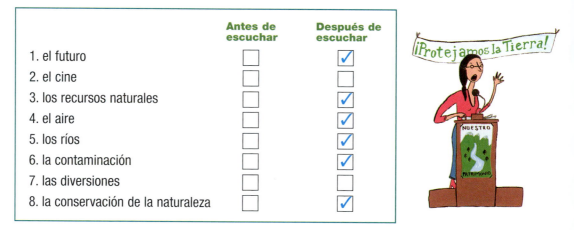

	Antes de escuchar	Después de escuchar
1. el futuro	☐	☑
2. el cine	☐	☐
3. los recursos naturales	☐	☑
4. el aire	☐	☑
5. los ríos	☐	☑
6. la contaminación	☐	☑
7. las diversiones	☐	☐
8. la conservación de la naturaleza	☐	☑

B En tu opinión, ¿qué recomendaciones va a dar la señora Morales en la siguiente parte de su discurso?

2 Conversar 🎴 Conversa con un(a) compañero/a sobre el estado del medio ambiente en tu comunidad o región. Las siguientes expresiones pueden ser útiles. Answers will vary.

Dudo que…	No dudo que…	No negar
Es cierto que…	No es cierto que…	No podemos resolver el problema a menos que…
Es posible resolver el problema con tal de que…	No es seguro…	
	No es verdad que…	Ojalá…
Es probable que…	No estoy seguro/a de que…	Quizás…
Es una lástima que…	No hay duda de que…	Tal vez…

recursos

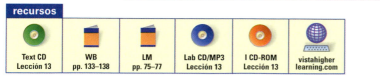

| Text CD Lección 13 | WB pp. 133–138 | LM pp. 75–77 | Lab CD/MP3 Lección 13 | I CD-ROM Lección 13 | vistahigher learning.com |

INSTRUCTIONAL RESOURCES Text CD, WB, LM, Lab CD/MP3, I CD-ROM (Activities & Quiz), Website, IRM
Inform students that the material listed in the **recursos** box applies to the complete **Gramática** section.

3 **Escribir** Escribe una carta a un periódico sobre una situación importante que afecta el medio ambiente en tu comunidad.

TIP **Consider your audience and purpose.** Once you have defined both your audience and your purpose, you will be able to decide which genre, vocabulary, and grammatical structures will best serve your needs.

- Are you going to comment on one topic or several?
- Are you intending to register a complaint or to inform others?
- Are you hoping to persuade others to adopt your point of view or to take specific action?

Organízalo	Decide cuál es el propósito de tu carta y planéala.
Escríbelo	Utiliza tus apuntes para escribir el primer borrador de tu carta.
Corrígelo	Intercambia tu carta con un(a) compañero/a. Léela y anota los mejores aspectos. Ofrécele sugerencias para mejorarla. Si ves algunos errores, coméntaselos.
Compártelo	Revisa el primer borrador según las indicaciones de tu compañero/a. Si es necesario, incorpora nuevas ideas y/o más información.

3 EXPANSION Ask student volunteers to provide examples of vocabulary and expressions that inspire, inform, persuade, or register a complaint.

3 EVALUATION

Criteria	Scale
Content	1 2 3 4
Organization	1 2 3 4
Use of Vocabulary	1 2 3 4
Accuracy and	
Mechanics	1 2 3 4
Creativity	1 2 3 4

Scoring

Excellent	18–20 points
Good	14–17 points
Satisfactory	10–13 points
Unsatisfactory	< 10 points

4 **Un paso más** Escribe una carta al/a la presidente/a de un país hispano para hablarle de tus dudas, deseos y preocupaciones sobre el futuro de una de las atracciones naturales del país.
Answers will vary.

- Investiga algunas de las atracciones naturales del mundo hispano.
- Escoge una y piensa en lo que se puede hacer para protegerla.
- Explica lo que temes de los problemas ambientales, lo que esperas y tus dudas sobre el futuro.
- Formula recomendaciones para proteger este lugar en el futuro.

4 SUGGESTION Ask students to use print resources as well as the Internet as they do their research.

Las tortugas marinas están en grave peligro de extinción.

En Internet

Investiga estos temas en el sitio vistahigherlearning.com.

- Atracciones naturales de España
- Atracciones naturales de América del Sur
- Atracciones de México, América Central y el Caribe

4 EXPANSION Have students present their letters to the class. Mention to students that their presentations will be more interesting if they integrate visual information such as posters, photos, and brochures.

4 EXPANSION Write a few slogans on the board: **Conserve el medio ambiente, Prohibido contaminar, Este planeta es también para generaciones futuras.** Have pairs of students brainstorm other slogans to promote environmental awareness. Ask pairs to share their work with the class.

Antes de leer

When you are faced with an unfamiliar text, it is important to determine the writer's purpose (which is often related to the genre or type of writing). Identifying the purpose of a text will help you anticipate the content of a reading selection. For example, if you are reading an advice column in a newspaper, you know to expect questions about people's problems and suggestions from the columnist. The reading selection for this lesson consists of two fables: "El perro y el cocodrilo" by Félix María Samaniego, and "El pato y la serpiente" by Tomás de Iriarte. In general, what do the writers of fables attempt to accomplish? What kinds of characters do you expect to read about in fables?

_____

_____

_____

Sobre los autores

Félix María Samaniego (1745–1801), nacido en España, escribió las *Fábulas morales*, que ilustran de manera humorística el carácter humano. Los protagonistas de muchas de sus fábulas son animales que hablan.

Tomás de Iriarte (1750–91), nacido en las Islas Canarias, tuvo gran éxito (*success*) con su libro *Fábulas literarias*. Su tendencia a representar la lógica a través de símbolos de la naturaleza fue de gran influencia para muchos autores de su época.

SUGGESTION Some ideas that students should generate in **Antes de leer** include: the characters are animals; the story begins with the formulaic **había una vez**; and it ends with an explanation of the story's purpose, a moral.

SUGGESTION Mention that one of the traditional purposes of a fable is to teach a lesson about life. Ask them to try to express the lesson in their own words.

SUGGESTION Have students work in pairs to answer: **¿De dónde viene el autor? ¿Cuándo vivió? ¿Quiénes son los protagonistas de las fábulas? ¿Qué ilustran sus fábulas?** Ask volunteers to share their responses with the class.

El perro y el cocodrilo

Bebiendo un perro en el Nilo,
al mismo tiempo corría.
"Bebe quieto", le decía
un taimado cocodrilo.

Díjole el perro prudente:
"Dañoso es beber y andar;
pero ¿es sano el aguardar
a que me claves el diente? "

¡Oh qué docto perro viejo!
Yo venero su sentir
en esto de no seguir
del enemigo el consejo.

Nilo *Nile* quieto *in peace* taimado *sly* Díjole *Said to him*
Dañoso *Harmful* andar *to walk* ¿es sano… diente? *is it good for me to wait for you to sink your teeth into me?*
docto *learned; wise* venero *revere* sentir *wisdom*

recursos

vistahigher
learning.com

Después de leer

¿Comprendiste?

Escoge la mejor opción para completar cada oración.

1. El cocodrilo _____ perro.

   a. está preocupado por el   b. quiere comerse al
   c. tiene miedo del

2. El perro _____ cocodrilo.

   a. tiene miedo del   b. es amigo del
   c. quiere quedarse con el

3. El pato cree que es un animal

   a. muy famoso.   b. muy hermoso.
   c. de muchos talentos.

4. La serpiente cree que el pato es

   a. muy inteligente.   b. muy tonto.
   c. muy feo.

Preguntas   Answers will vary.

1. ¿Qué representa el cocodrilo?

   _____

2. ¿Qué representa el pato?

   _____

3. ¿Cuál es la moraleja (*moral*) de "El perro y
   el cocodrilo"?

   _____

4. ¿Cuál es la moraleja de "El pato y la serpiente"?

   _____

Coméntalo   Answers will vary.

¿Estás de acuerdo (*do you agree*) con las moralejas
de estas fábulas? ¿Por qué? ¿Cuál de estas fábulas te
gusta más? ¿Por qué? ¿Conoces otras fábulas? ¿Cuál
es su propósito (*purpose*)?

EXPANSION Have students act out the fables. Ask a few
groups to present the fable for the whole class.

EXPANSION Have small groups or pairs write their own
short fable. Ask them to include the elements they have
studied in these fables, including animal protagonists, formulaic phrases, and a moral.

El pato y la serpiente

A orillas de un estanque,
diciendo estaba un pato:
"¿A qué animal dio el cielo
los dones que me ha dado?

"Soy de agua, tierra y aire:
cuando de andar me canso,
si se me antoja, vuelo;
si se me antoja, nado".

Una serpiente astuta
que le estaba escuchando,
le llamó con un silbo,
y le dijo "¡Seo guapo!

"No hay que echar tantas plantas;
pues ni anda como el gamo,
ni vuela como el sacre,
ni nada como el barbo;

"y así tenga sabido
que lo importante y raro
no es entender de todo,
sino ser diestro en algo".

pato *duck* orillas *bank* estanque *pond* cielo *heaven*
los dones… dado *the gifts that it has given me*
me canso *I get tired* si se me antoja, vuelo *If I feel like it,*
I fly silbo *hiss*

Seo *Señor* No hay que… plantas *There's no reason to boast*
gamo *deer* sacre *falcon* barbo *barbel (a type of fish)*
lo… raro *the important and rare thing* diestro *skillful*

La naturaleza

el árbol	tree
el bosque (tropical)	(tropical; rain) forest
el cielo	sky
el cráter	crater
el desierto	desert
la estrella	star
la flor	flower
la hierba	grass
el lago	lake
la luna	moon
el mundo	world
la naturaleza	nature
la nube	cloud
el océano	ocean
el paisaje	landscape
la piedra	rock; stone
la planta	plant
la región	region; area
el río	river
la selva	jungle
el sendero	trail
el sol	sun
la tierra	land; soil
el valle	valley
el volcán	volcano

Conjunciones

a menos que	unless
antes (de) que	before
con tal (de) que	provided that
después (de) que	after
en caso (de) que	in case (that)
en cuanto	as soon as
hasta que	until
para que	so that
sin que	without
tan pronto como	as soon as

El medio ambiente

la conservación	conservation
la contaminación (del aire; del agua)	(air; water) pollution
la deforestación	deforestation
la ecología	ecology
el ecoturismo	ecotourism
la energía (nuclear; solar)	(nuclear; solar) energy
la extinción	extinction
el gobierno	government
la ley	law
la lluvia (ácida)	(acid) rain
el medio ambiente	environment
el peligro	danger
la población	population
el reciclaje	recycling
el recurso natural	natural resource
la solución	solution
conservar	to conserve
contaminar	to pollute
controlar	to control
cuidar	to take care of
dejar de (+ *inf.*)	to stop (doing something)
desarrollar	to develop
descubrir	to discover
destruir	to destroy
estar afectado/a (por)	to be affected (by)
estar contaminado/a	to be polluted
evitar	to avoid
mejorar	to improve
proteger	to protect
reciclar	to recycle
recoger	to pick up
reducir	to reduce
resolver (o:ue)	to resolve; to solve
respirar	to breathe
la botella de vidrio	glass botle
el envase de plástico	plastic container
la lata de aluminio	aluminum can
puro/a	pure

Las emociones

alegrarse (de)	to be happy
esperar	to hope; to wish
sentir (e:ie)	to be sorry; to regret
temer	to be afraid, to fear
es extraño	it's strange
es una lástima	it's a shame
es ridículo	it's ridiculous
es terrible	it's terrible
es triste	it's sad
ojalá (que)	I hope (that); I wish (that)

Las dudas y certezas

(no) creer	(not) to believe
(no) dudar	(not) to doubt
(no) estar seguro/a (de)	(not) to be sure (of)
(no) negar (e:ie)	(not) to deny
es imposible	it's impossible
es improbable	it's improbable
es obvio	it's obvious
no cabe duda de	there is no doubt
no hay duda de	there is no doubt
(no) es cierto	it's (not) true; it's (not) certain
(no) es posible	it's (not) possible
(no) es probable	it's (not) probable
(no) es seguro	it's (not) certain
(no) es verdad	it's (not) true

Los animales

el animal	animal
el gato	cat
el pájaro	bird
el perro	dog
el pez	fish
la vaca	cow

Expresiones útiles	See page 291.

recursos

LM p. 77 · Lab CD/MP3 Lección 13 · Vocab CD Lección 13

   INSTRUCTIONAL RESOURCES LM, Lab CD/MP3, Vocab CD, IRM, Tests

14 En la ciudad

PARA EMPEZAR Here are some additional questions you can ask based on the photo: ¿Vives en una ciudad? ¿Qué responsabilidades crees que tienen las personas que viven en una ciudad para proteger el medio ambiente?

Communicative Goals

You will learn how to:
- give advice
- talk about errands
- ask for directions

Para empezar

- ¿Dónde están ellos, en una calle o en un sendero?
- ¿Es posible que donde están ellos haya contaminación?
- ¿Puedes ver edificios de apartamentos?
- ¿Crees que ellos están haciendo ecoturismo?

En la ciudad

SUGGESTION Using realia or pictures, ask students to identify **carne, zapato, pan,** etc. As students answer, write the names of the corresponding establishments on the board **(carnicería, zapatería, panadería).**

la pescadería
fish market

EXPANSION Have each student list ten items from different kinds of stores. Have partners exchange lists and tell where to get each item. Ex: **(botas) Para comprar unas botas, tienes que ir a la zapatería.**

EN LA CIUDAD

el banco *bank*

la carnicería *butcher shop*

el correo *post office; mail*

la heladería *ice cream shop*

la joyería *jewelry store*

la lavandería *laundromat*

la panadería *bakery*

la pastelería *pastry shop*

el salón de belleza *beauty salon*

el supermercado *supermarket*

la zapatería *shoe store*

hacer cola *to stand in line*

hacer diligencias *to run errands*

la ciudad
city

la frutería
fruit store

la peluquería
hairdressing salon

EN EL CORREO

el paquete *package*

los sellos *stamps*

el sobre *envelope*

echar (una carta) al buzón *to put (a letter) in the mailbox; to mail (a letter)*

enviar *to send*

mandar *to send*

el cartero
mail carrier

las estampillas
stamps

EXPANSION Have each student draw a schematic map of a few city blocks, labeling the establishments and naming the streets. Then have them write a description of the location of each establishment and exchange their description with a partner. The partner recreates the city map from the description. When finished, partners compare the maps.

recursos

| WB pp. 139–140 | LM p. 79 | Lab CD/MP3 Lección 14 | I CD-ROM Lección 14 | Vocab CD Lección 14 |

INSTRUCTIONAL RESOURCES WB, LM, Lab CD/MP3, I CD-ROM, Vocab CD, OT, IRM

EN EL BANCO

el cheque de viajero *traveler's check*

la cuenta corriente *checking account*

la cuenta de ahorros *savings account*

ahorrar *to save (money)*

cobrar *to cash (a check); to charge (for a product or service)*

depositar *to deposit*

llenar (un formulario) *to fill out (a form)*

pagar al contado *to pay in cash*

pagar a plazos *to pay in installments*

pedir prestado *to borrow*

pedir un préstamo *to apply for a loan*

ser gratis *to be free of charge*

SUGGESTION Mime common banking transactions. Say: **Cuando necesito dinero, voy al banco. Escribo un cheque y lo cobro.** Do the same with post office vocabulary. Say: **En el correo, compré unas estampillas, las puse en el sobre y eché la carta en el buzón.**

el cheque *check*

SERIE KY 5296221
Diamante 787
Valparaíso

0-744679-00-5
JUAN FLORES GARCÍA

$ 2387.00

044-0365
011

8 de noviembre de 2005

Páguese a
la orden de María Eugenia Castano
o, al portador

la suma de dos mil trescientos ochenta y siete con 00/100

pesos m/l

Juan Flores García
Firma autorizada

BANCO ATLANTIS

:54892332.A 0440900657008- 01

Este cheque tiene papel de seguridad con marca de agua, verifíquela antes de aceptarlo.

firmar
to sign

TEACHING OPTION Using cards that name establishments and corresponding picture cards, play **Concentración**.

el cajero automático
automatic teller machine, ATM

OTRAS PALABRAS Y EXPRESIONES

la cuadra *(city) block*

la dirección *address*

la esquina *corner*

cruzar *to cross*

doblar *to turn*

estar perdido/a *to be lost*

quedar *to be located*

(al) este *(to the) east*

(al) oeste *(to the) west*

(al) norte *(to the) north*

(al) sur *(to the) south*

derecho *straight (ahead)*

enfrente de *opposite; facing*

hacia *toward*

el letrero
sign

PARE

dar direcciones
to give directions

VARIACIÓN LÉXICA Point out these lexical items:
cheque de viajero → cheque de viaje (*Esp.*)
cuadra → manzana (*Esp.*)
direcciones → indicaciones (*Esp.*)
doblar → girar (*Esp.*); virar, voltear (*Amér. L.*)
hacer diligencias → hacer mandados (*Amér. L.*)
sello → estampilla (*Amér. L.*)

① SCRIPT For the script, see the Instructor's Resource Manual.

② SCRIPT For the script, see the Instructor's Resource Manual.

③ SUGGESTION Model the activity by asking ¿Para qué vamos a la carnicería? Guide them to see that the correct response is para comprar pollo.

③ EXPANSION Ask students ¿Qué más podemos comprar en una carnicería? etc.

④ SUGGESTION Check answers by asking individuals to read the completed sentences.

Práctica y conversación

1 **¿Lógico o ilógico?** 🎧 Escucha las frases e indica si cada frase es **lógica** o **ilógica**.

	1.	2.	3.	4.	5.	6.	7.	8.
Lógico	✓		✓		✓	✓		
Ilógico		✓		✓			✓	✓

2 **¿Adónde fue?** 🎧 Óscar está hablándote de las diligencias que hizo ayer. Indica adónde fue.

1. _____✓_____

3. _____✓_____

5. _____✓_____

2. _____✓_____

4. _____✓_____

6. _____✓_____

3 **Emparejar** Empareja los lugares con la actividad que se pueda hacer en cada lugar.

Lugares

1. carnicería __g__
2. pastelería __a__
3. frutería __b__
4. joyería __c__
5. lavandería __e__
6. pescadería __f__
7. salón de belleza __d__
8. zapatería __h__

Actividades

a. comprar galletas.
b. comprar manzanas
c. comprar un collar (*necklace*)
d. cortarse (*to cut*) el pelo
e. lavar la ropa
f. comprar pescado
g. comprar pollo
h. comprar unas sandalias

4 **Completar** Llena los espacios en blanco con las palabras más adecuadas.

1. El banco me regaló un reloj. Lo conseguí ___gratis___ .
2. Me gusta ___ahorrar___ dinero, pero no me molesta gastarlo.
3. Tengo que ___firmar___ el cheque en el dorso (*on the back*) para cobrarlo.
4. Mi madre va a un ___cajero automático___ para obtener dinero.
5. Julio lleva su cheque al banco y lo ___cobra___ para tener dinero.
6. Anoche en el restaurante, Marco ___pagó al contado___ en vez de usar una tarjeta de crédito.

ahorrar	firmar
cajero automático	gratis
cobra	pagó al contado

recursos

Text CD Lección 14

 INSTRUCTIONAL RESOURCES Text CD, IRM

5 **Situaciones** En parejas, representen los papeles (*roles*) de un(a) empleado/a del banco y de uno/a de los/las siguientes clientes/as. Answers will vary.

- un(a) estudiante universitario/a que quiere abrir una cuenta corriente.

- una pareja de recién casados que quiere pedir un préstamo para comprar una casa.

- una persona que quiere información de los servicios que ofrece el banco.

- un(a) estudiante que va a ir a estudiar al extranjero (*abroad*).

6 **Direcciones** En grupos, escriban un minidrama en el que unos/as turistas están preguntando cómo llegar a diferentes sitios de la comunidad en la que viven ustedes. Luego preséntenlo a la clase. Answers will vary.

5 SUGGESTION Create a word bank of useful phrases on the board. Ask volunteers to suggest expressions and grammatical constructions that will help with their role plays.

5 SUGGESTION Go over new vocabulary by asking **¿Cuándo pedimos un préstamo? ¿Los cheques son para una cuenta corriente o una cuenta de ahorros?** and so forth.

SUGGESTION Write abbreviations on the board and ask volunteers what each abbreviation stands for.

EXPANSION Have pairs write an imaginary mailing address that uses as many abbreviations as possible. Then have volunteers write their work on the board and ask for classmates to read them aloud.

Ortografía Las abreviaturas

NATIONAL comparisons STANDARDS

In Spanish, as in English, abbreviations are often used in order to save space and time while writing. Here are some of the most commonly used abbreviations in Spanish.

usted → **Ud.**   ustedes → **Uds.**

As you have already learned, the subject pronouns **usted** and **ustedes** are often abbreviated.

don → **D.**   doña → **Dña.**   doctor(a) → **Dr(a).**

señor → **Sr.**   señora → **Sra.**   señorita → **Srta.**

These titles are frequently abbreviated.

centímetro → **cm**   metro → **m**   kilómetro → **km**

litro → **l**   gramo → **g; gr**   kilogramo → **kg**

The abbreviations for these units of measurement are often used, but without periods.

por ejemplo → **p. ej.**   página(s) → **pág(s).**

These abbreviations are often seen in books.

derecha → **dcha.**   izquierda → **izq. (izqda.)**

código postal → **C.P.**   número → **n.º**

These abbreviations are often used in mailing addresses.

Banco → **Bco.**   Compañía → **Cía.**

cuenta corriente → **c/c.**   Sociedad Anónima (*Inc.*) → **S.A.**

These abbreviations are frequently used in the business world.

Sra. Emilia F. Bazán
Cía. Romero, S.A.
3336
Calle Lozano, n.º 37
Caracas, Venezuela

Emparejar En la tabla hay 9 abreviaturas. Empareja los cuadros necesarios para formarlas.
S.A., Bco., cm, Dña., c/c., dcha., Srta., C.P., Ud.

S.	c.	C.	c	co.	U
B	c/	Sr	A.	D	dc
ta.	P.	ña.	ha.	m	d.

recursos

LM p. 80

Lab CD/MP3 Lección 14

I CD-ROM Lección 14

Estamos perdidos.

Maite y Álex hacen diligencias en el centro.

VIDEO SYNOPSIS Don Francisco and Martín advise the students about things they need for the hike. Álex and Maite decide to go to the supermarket, the bank, and the post office. Álex and Maite get lost downtown, but a young man gives them directions. After finishing their errands, Álex and Maite return to the house.

SUGGESTION Have groups read through the episode aloud. Circulate among the groups and model correct pronunciation as needed.

SUGGESTION Have students say what they would expect to see in an episode in which the main characters get lost while running errands. Write down and later review their predictions.

SUGGESTION Use video captions 3, 6, and 9 to point out examples of the present subjunctive and informal commands, which will be studied in **Gramática 14.1** and **14.2**.

Personajes

DON FRANCISCO

JAVIER

INÉS

ÁLEX

MAITE

MARTÍN

JOVEN

recursos		
VM pp. 195–196	I CD-ROM Lección 14	Es V CD-ROM Lección 14

MARTÍN & DON FRANCISCO Buenas tardes.

JAVIER Hola. ¿Qué tal? Estamos conversando sobre la excursión de mañana.

DON FRANCISCO ¿Y ya tienen todo lo que necesitan? A todos los excursionistas yo siempre les recomiendo llevar zapatos cómodos, una mochila, gafas oscuras y un suéter por si hace frío.

JAVIER Todo listo, don Francisco.

MARTÍN Les aconsejo que traigan algo de comer.

ÁLEX Mmm… no pensamos en eso.

MAITE ¡Deja de preocuparte tanto, Álex! Podemos comprar algo en el supermercado ahora mismo. ¿Vamos?

ÁLEX ¡Excelente idea! En cuanto termine mi café te acompaño.

MAITE Necesito pasar por el banco y por el correo para mandar unas cartas.

ÁLEX Está bien.

ÁLEX ¿Necesitan algo del centro?

INÉS ¡Sí! Cuando vayan al correo, ¿pueden echar estas postales al buzón? Además necesito unas estampillas.

ÁLEX Por supuesto.

INSTRUCTIONAL RESOURCES VM, I CD-ROM, Es Video (Start 01:16:02), Es VCD-ROM, Es DVD, IRM

SUGGESTION Read the **Expresiones útiles** aloud and have the class repeat them. Ask volunteers to read characters' lines aloud as the class follows along, paying special attention to the **Expresiones útiles**.

JOVEN ¡Hola! ¿Puedo ayudarte en algo?

MAITE Sí, estamos perdidos. ¿Hay un banco por aquí con cajero automático?

JOVEN Mmm… no hay ningún banco en esta calle que tenga cajero automático.

JOVEN Pero conozco uno en la calle Pedro Moncayo que sí tiene cajero automático. Cruzas esta calle y luego doblas a la izquierda. Sigues todo derecho y antes de que lleguen a la Joyería Crespo van a ver un letrero grande del Banco del Pacífico.

MAITE También buscamos un supermercado.

JOVEN Pues, allí mismo enfrente del banco hay un supermercado pequeño. Fácil, ¿no?

MAITE Creo que sí. Muchas gracias por su ayuda.

MAITE Ten, guapa, tus sellos.

INÉS Gracias, Maite. ¿Qué tal les fue en el centro?

MAITE ¡Superbien! Fuimos al banco y al correo. Luego en el supermercado compramos comida para la excursión. Y antes de regresar, paramos en una heladería.

MAITE ¡Ah! Y otra cosa. Cuando llegamos al centro conocimos a un joven muy simpático que nos dio direcciones. Era muy amable... ¡y muy guapo!

Expresiones útiles

Giving advice
Les recomiendo/Hay que llevar zapatos cómodos.
I recommend that you/It's necessary to wear comfortable shoes.
Les aconsejo que traigan algo de comer.
I advise you to bring something to eat.
Trae gafas oscuras.
Bring sunglasses. (fam., sing.)

Talking about errands
Necesito pasar por el banco.
I need to go by the bank.
Te acompaño.
I'll go with you.

Getting directions
¿Hay un banco por aquí?
Is there a bank around here?
Dobla a la izquierda/derecha.
Turn to the left/right. (fam., sing.)
Sigue todo derecho.
Go straight ahead. (fam., sing.)
Van a ver un letrero grande.
You're going to see a big sign.
¿Por dónde queda… ?
Where is…?
Está a dos cuadras de aquí.
It's two blocks from here.
Allí mismo enfrente del banco hay un supermercado.
Right in front of the bank there is a supermarket.

1 **EXPANSION** Give the class these additional items: **1. El joven llevó a Álex y a Maite al banco. (Falso. El joven les dio direcciones.) 2. Después de hacer sus diligencias, Maite y Álex fueron a una heladería. (Cierto.)** Add others or have pairs do so.

2 **SUGGESTION** Have students write the sentences on separate slips of paper so they can rearrange them until they determine the correct order. Ask a volunteer to read the sentences aloud.

3 **SUGGESTION** Review the **Expresiones útiles** with students before assigning pairs.

3 **EXPANSION** Provide time for students to work out a dramatization of this activity. Ask groups to volunteer to present it to the class.

3 **EXPANSION** Have students prepare several sets of directions that explain how to get to well-known places on campus or in the community without mentioning the destinations by name. Have students read the directions out loud and have the class say where they would be if they followed them.

¿Qué piensas?

1 **¿Cierto o falso?** Decide si las siguientes frases son **ciertas** o **falsas**. Corrige las frases falsas.

Cierto	Falso	
_____	✓	**1.** Don Francisco insiste en que los excursionistas lleven una cámara.

Don Francisco les recomienda llevar zapatos cómodos, una mochila, gafas oscuras y un suéter.

✓	_____	**2.** Inés escribió unas postales y ahora necesita mandarlas por correo.

_____	✓	**3.** El joven dice que el Banco del Atlántico tiene un cajero automático.

El joven dice que el Banco del Pacífico tiene un cajero automático.

_____	✓	**4.** Enfrente del banco hay una heladería.

Enfrente del banco hay un supermercado pequeño.

2 **Ordenar** Pon los eventos en el orden correcto.

- 6   **a.** Álex y Maite comen un helado.
- 5   **b.** Maite y Álex van al supermercado y compran comida.
- 1   **c.** Álex termina su café.
- 2   **d.** Inés les da unas postales a Maite y a Álex para echar al buzón.
- 3   **e.** Un joven ayuda a Álex y a Maite a encontrar el banco porque están perdidos.
- 4   **f.** Maite y Álex van al banco y al correo.

3 **Conversación** Un(a) compañero/a y tú son vecinos/as. Uno/a de ustedes acaba de mudarse y necesita ayuda porque no conoce la ciudad. Preparen una breve conversación en la que hagan planes para ir a los siguientes lugares usando las palabras indicadas. Answers will vary.

¡Cómo no!	*Why not!*	**¿Qué te parece?**	*What do you think?*
luego	*then*	**¿Sabes dónde**	*Do you know*
primero	*first*	**queda… ?**	*where… is?*

- un banco
- una lavandería
- un supermercado
- una heladería
- una panadería
- un salón de belleza

Exploración

En el centro

SUGGESTION Have students locate the countries mentioned (Perú, Spain, Argentina, México, Colombia, Honduras) on the maps on the inside covers of their texts.

La Puerta del Sol en Madrid, España, está en el "kilómetro cero" de la ciudad. Se dice que allí comienzan todas las calles principales. Cerca hay muchos bares, restaurantes, tiendas y otros negocios.

SUGGESTION Mention that the buildings that line the **plaza mayor** often house the municipal government, a church or cathedral, the post office, and important businesses or banks.

En muchos países hispanos, la plaza mayor es el centro social de la ciudad. Es donde la gente va para reunirse con sus amigos, para tomar un café o para ir de compras. Normalmente, está localizada en el centro de la ciudad.

SUGGESTION Ask students comprehension questions. Ex: ¿Dónde está la Puerta del Sol? ¿Qué es el kilómetro cero? ¿Cuál es la ciudad que nunca duerme? ¿Por qué la llama así la gente? ¿Qué es la zona viva y dónde está?

Muchas personas dicen que Buenos Aires, Argentina, es "la ciudad que nunca duerme". La ciudad tiene discotecas, bares, restaurantes y otras atracciones que están abiertas toda la noche…o por lo menos (*at least*) hasta la madrugada (*early morning*), siete días a la semana.

Observaciones

- En México, se usa el término **zócalo** en lugar de **plaza mayor.**
- En la Plaza de Armas de Lima, Perú, se hace el cambio de guardia (*changing of the guard*) todos los días, como un tributo público a la bandera (*flag*) peruana.
- El Parque San Antonio de Medellín, Colombia, tiene cuatro grandes esculturas del famoso artista Fernando Botero.
- La zona viva es el corazón comercial de Tegucigalpa, Honduras, donde se encuentran las tiendas y los restaurantes más importantes.

Coméntalo

Con un(a) compañero/a, contesta las siguientes preguntas. Answers will vary.

- ¿Te gustaría visitar algunos de los lugares mencionados en esta página? ¿Cuáles?
- ¿Prefieres las ciudades grandes, medianas (*medium-sized*) o pequeñas? ¿Por qué?
- Describe el centro de una ciudad que conoces. ¿Qué se puede hacer allí?

recursos
vistahigher learning.com

comparisons

14.1 The subjunctive in adjective clauses

¿Hay un banco por aquí que tenga cajero automático?

No hay ningún banco en esta calle que tenga cajero automático.

▶ Adjective clauses modify nouns or pronouns. The subjunctive can be used in adjective clauses to indicate that the existence of someone or something is uncertain or indefinite.

▶ The subjunctive is used in an adjective clause that refers to a person, place, thing, or idea that either does not exist or whose existence is uncertain or indefinite.

Adjective clauses

Indicative	Subjunctive
Necesito el libro que tiene información sobre Venezuela.	Necesito un libro que tenga información sobre Venezuela.
I need the book that has information about Venezuela.	*I need a book that has information about Venezuela.*
Quiero vivir en esta casa que tiene jardín.	Quiero vivir en una casa que tenga jardín.
I want to live in this house that has a garden.	*I want to live in a house that has a garden.*
En mi barrio, hay una heladería que vende helado de mango.	En mi barrio, no hay ninguna heladería que venda helado de mango.
In my neighborhood, there's an ice cream shop that sells mango ice cream.	*In my neighborhood, there is no ice cream shop that sells mango ice cream.*

▶ When the adjective clause refers to a person, place, thing, or idea that is certain or definite, the indicative is used.

Quiero ir **al restaurante** que **está** en frente de la biblioteca.
I want to go to the restaurant that's in front of the library.

Busco **al profesor** que **enseña** japonés.
I'm looking for the professor who teaches Japanese.

Conozco a **alguien** que **va** a esa peluquería.
I know someone who goes to that beauty salon.

Tengo **un amigo** que **vive** cerca de mi casa.
I have a friend who lives near my house.

▶ The personal **a** is not used with direct objects that are hypothetical people. However, **alguien** and **nadie** are always preceded by the personal **a** when they function as direct objects.

Necesitamos **un empleado** que **sepa** usar computadoras.
We need an employee who knows how to use computers.

Buscamos **a alguien** que **pueda** cocinar.
We're looking for someone who can cook.

Necesitamos **al empleado** que **sabe** usar computadoras.
We need the employee who knows how to use computers.

No conocemos **a nadie** que **pueda** cocinar.
We don't know anyone who can cook.

▶ The subjunctive is commonly used in questions when the speaker is uncertain. However, if the person who responds to the question knows the information, the indicative is used.

¿Hay un parque que **esté** cerca de nuestro hotel?
Is there a park that's close to our hotel?

Sí, hay un parque que **está** muy cerca del hotel.
Yes, there's a park that's very close to the hotel.

INSTRUCTIONAL RESOURCES WB, LM, Lab CD/MP3, I CD-ROM, IRM (Audio Scripts & Instructor Annotations)
Refer students to the **recursos** box in **Ampliación** for complete information.

Práctica y conversación

1 **Minidiálogos** Completa los minidiálogos con la forma correcta de los verbos indicados.

MARCIA Buscamos un hotel que ___tenga___ [tener] piscina.

MARTÍN Hay tres o cuatro hoteles por aquí que ___tienen___ [tener] piscina.

• • •

EDUARDO ¿Hay algún buzón por aquí donde yo ___pueda___ [poder] echar una carta?

SUSANA Hay un buzón en la esquina donde ___puedes___ [poder] echar una carta.

• • •

ANA Queremos encontrar un restaurante que ___sirva___ [servir] comida venezolana.

BENITO Creo que el restaurante en esta cuadra ___sirve___ [servir] comida venezolana.

• • •

VICENTE Necesitas al empleado que ___entiende___ [entender] este nuevo programa de computación.

MARISOL No hay nadie que ___entienda___ [entender] este programa.

2 **Anuncios clasificados** En parejas, lean estos anuncios y luego describan el tipo de persona u objeto que se busca. Answers will vary.

CLASIFICADOS

VENDEDOR(A) Se necesita persona dinámica y responsable con buena presencia. Experiencia mínima de un año. Horario de trabajo flexible. Llamar a Joyería Aurora de 10 a 13h y de 16 a 18h. Tel: 263-7553.

PELUQUERÍA UNISEX Se busca persona con experiencia en peluquería y maquillaje para trabajar tiempo completo. Llamar de 9 a 13h. Tel: 261-3548.

COMPARTIR APARTAMENTO Se necesita compañera para compartir apartamento de 2 alcobas en el Chaco. Alquiler 300.000 bolívares por mes. No fumar. Llamar al 951-3642 entre 19 y 22h.

CLASES DE INGLÉS Profesor de Inglaterra con diez años de experiencia ofrece clases para grupos o instrucción privada para individuos. Llamar al 933-4110 de 16:30 a 18:30.

SE BUSCA CONDOMINIO Se busca condominio en Sabana Grande con 3 alcobas, 2 baños, sala, comedor y aire acondicionado. Tel: 977-2018.

EJECUTIVO DE CUENTAS Se requiere joven profesional con al menos dos años de experiencia en el sector financiero. Se ofrecen beneficios excelentes. Enviar currículum vitae al Banco Unión, Avda. Urdaneta n.° 263, Caracas C.P. 64740.

3 **Completar** Completa estas frases de una manera lógica. Luego, compara tus respuestas con las de un(a) compañero/a. Answers will vary.

1. Tengo un(a) amigo/a que…
2. Algún día espero tener un apartamento o una casa que…
3. Quiero visitar un país que…
4. No tengo ningún profesor que…
5. Me gustaría conocer a alguien que…
6. Mi compañero/a de cuarto busca una lavandería que…
7. Un(a) consejero/a (advisor) debe ser una persona que…
8. Mi novio/a desea un perro que…
9. En esta clase no hay nadie que…
10. Mis padres buscan un carro que…

4 **Encuesta** Circula por la clase y pregúntales a tus compañeros/as si conocen a alguien que corresponda a cada descripción de la lista. Si dicen que conocen a una persona así, pregúntales quién es y anota sus respuestas. Luego informa a la clase de los resultados de tu encuesta. Answers will vary.

Actividades	Nombres	Respuestas
1. Dar direcciones buenas		
2. Hablar japonés		
3. Comprender el subjuntivo		
4. Necesitar un préstamo		
5. Pedir prestado un carro		
6. Odiar ir de compras		
7. Ser venezolano/a		
8. No saber nadar		
9. Manejar una motocicleta		
10. Trabajar en una zapatería		
11. No tener tarjeta de crédito		
12. Graduarse este año		

14.2 Familiar (**tú**) commands

▶ Familiar (**tú**) commands are used when you want to give advice to or instruct someone you address with **tú**.

Trae algo de comer.

No te preocupes, el supermercado está cerca.

Negative *tú* commands

Infinitive	Present subjunctive	Negative *tú* command
cuidar	tú cuides	no cuides (tú)
tocar	tú toques	no toques (tú)
temer	tú temas	no temas (tú)
volver	tú vuelvas	no vuelvas (tú)
insistir	tú insistas	no insistas (tú)
pedir	tú pidas	no pidas (tú)

▶ Negative **tú** commands have the same form as the **tú** form of the present subjunctive. The pronoun **tú** is used only for emphasis.

Julia, **no cruces** la calle.
Julia, don't cross the street.

Carlos, **no eches** eso al buzón.
Carlos, don't put that in the mailbox.

▶ The negative familiar commands keep the same stem changes as the indicative.

Affirmative *tú* commands

Infinitive	Present subjunctive	Affirmative *tú* command
cuidar	él/ella/Ud. cuida	cuida (tú)
tocar	él/ella/Ud. toca	toca (tú)
temer	él/ella/Ud. teme	teme (tú)
volver	él/ella/Ud. vuelve	vuelve (tú)
insistir	él/ella/Ud. insiste	insiste (tú)
pedir	él/ella/Ud. pide	pide (tú)

▶ Affirmative **tú** commands usually have the same form as the **Ud./él/ella** form of the present indicative.

Paga al contado.
Pay in cash.

Pide un préstamo.
Ask for a loan.

▶ There are eight irregular affirmative **tú** commands.

decir	di	ir	ve	salir	sal	tener	ten
hacer	haz	poner	pon	ser	sé	venir	ven

Haz los ejercicios.
Do the exercises.

¡**Sal** de aquí ahora mismo!
Leave here at once!

¡**Ten** cuidado con el perro!
Be careful with the dog!

▶ **Ir** and **ver** have the same **tú** command. Context will determine the meaning.

Ve al supermercado con José.
Go to the supermarket with José.

Ve ese programa… es muy interesante.
See that program… it's very interesting.

▶ The placement of reflexive and object pronouns in **tú** commands follows the same rules as in formal commands. When a pronoun is attached to a command of more than two syllables, a written accent is used.

Informal

¡Alég**ra**te!
Be happy!

Di**me**.
Tell me.

No **te** sientas triste.
Don't feel sad.

No **me** lo digas.
Don't tell me (it).

Formal

¡Alégren**se**!
Be happy!

Díga**me**.
Tell me.

No **se** sientan tristes.
Don't feel sad.

No **me** lo diga.
Don't tell me (it).

Práctica y conversación

1 Unas diligencias La señora Pujol quiere que su esposo haga unas diligencias en el centro. Completa las frases con las formas correctas.

1. Enrique, ___ve___ [ir] al banco, por favor.
2. Cuando llegues al banco, ___deposita___ [depositar] este cheque en nuestra cuenta corriente.
3. No lo ___deposites___ [depositar] en la cuenta de ahorros y, por favor, no ___pidas___ [pedir] un préstamo.
4. Luego ___pasa___ [pasar] por la zapatería y ___recoge___ [recoger] mis zapatos.
5. No ___pagues___ [pagar] al contado, sino con un cheque.

2 Quehaceres Pedro y Marina no pueden ponerse de acuerdo (*agree*) cuando le dan órdenes a su hijo Miguel. Lee los quehaceres que Pedro le da a Miguel. Después, usa la información entre paréntesis para formar las órdenes que le da Marina. Sigue el modelo.

MODELO
Recoge la basura. (poner la mesa)
No la recojas, Miguel. Pon la mesa.

1. Barre el suelo. (pasar la aspiradora) No lo barras. Pasa la aspiradora.
2. Plancha la ropa. (hacer las camas) No la planches. Haz las camas.
3. Saca la basura. (quitar la mesa) No la saques. Quita la mesa.
4. Ve a la joyería. (ir a la frutería) No vayas. Ve a la frutería.
5. Dale los libros a Katia. (dárselos a Juan) No se los des. Dáselos a Juan.
6. Prepara la cena. (limpiar el carro) No la prepares. Limpia el carro.

3 Estoy perdido/a Con un(a) compañero/a, prepara una breve conversación entre un(a) estudiante nuevo/a en la universidad y otro estudiante que le da direcciones. Answers will vary.

MODELO
Estudiante 1: Quiero ir al edificio de Ciencias, pero estoy perdido. ¿Me puedes ayudar?
Estudiante 2: Sí. Sigue derecho hasta que llegues al edificio de Negocios. Dobla a la izquierda y sigue hasta llegar al edificio de Artes. Dobla a la derecha y el edificio de Ciencias es el primer edificio a la izquierda.

4 Órdenes Circula por la clase e intercambia órdenes con tus compañeros/as. Debes seguir las órdenes que ellos te dan o reaccionar apropiadamente. Answers will vary.

MODELO
Estudiante 1: Dame todo tu dinero.
Estudiante 2: No, no quiero dártelo. Muéstrame tu cuaderno.
Estudiante 1: Aquí está.
Estudiante 3: Ve a la pizarra y escribe tu nombre.
Estudiante 4: No quiero. Hazlo tú.

14.3 Nosotros/as commands

▶ **Nosotros/as** commands, which correspond to the English equivalent of *let's* + [verb], are used to give orders or suggestions that include yourself and other people.

Crucemos la calle.
Let's cross the street.

No crucemos la calle.
Let's not cross the street.

▶ Both affirmative and negative **nosotros/as** commands are generally formed by using the first person plural form of the present subjunctive.

¿Quieres ir al supermercado?

▶ The affirmative *let's* + [verb] may also be expressed with **vamos a** + [infinitive]. Remember, however, that **vamos a** + [infinitive] can also mean *we are going to* (*do something*). Context and tone will determine which meaning is being expressed.

Vamos a cruzar la calle.
Let's cross the street.

Vamos a trabajar mucho.
We're going to work a lot.

▶ To express *let's go*, the present indicative form of **ir** is used. For the negative command, the present subjunctive (**vayamos**) is used.

Affirmative	Negative
Vamos a la pescadería.	**No vayamos** a la pescadería.
Let's go to the fish market.	*Let's not go to the fish market.*

¡Excelente idea! ¡Vamos!

▶ Object pronouns are attached to affirmative **nosotros/as** commands. A written accent is added to maintain the original stress.

Firmemos el cheque.
Let's sign the check.

Firmémoslo.
Let's sign it.

Escribamos a Ana y Raúl.
Let's write to Ana and Raúl.

Escribámosles.
Let's write to them.

▶ Object pronouns are placed in front of negative **nosotros/as** commands.

No **les paguemos** el préstamo.
Let's not pay them the loan.

No **se lo digamos** a ellos.
Let's not tell them.

No **lo compremos.**
Let's not buy it.

No **se la presentemos.**
Let's not introduce her.

▶ When **nos** or **se** is attached to an affirmative **nosotros/as** command, the final **–s** is dropped.

Démoselo a ella.
Let's give it to her.

Mandémoselo a ellos.
Let's send it to them.

Sentémonos allí.
Let's sit down there.

Levantémonos temprano.
Let's get up early.

▶ The **nosotros/as** command form of **irse** (*to go away*) is **vámonos**. Its negative form is **no nos vayamos.**

¡**Vámonos** de vacaciones!
Let's go away on vacation!

No nos vayamos de aquí.
Let's not go away from here.

   INSTRUCTIONAL RESOURCES WB, LM, Lab CD/MP3, I CD-ROM, IRM (Audio Scripts & Instructor Annotations)

Práctica y conversación

1 **Conservación** Completa esta conversación con los mandatos de **nosotros/as**.

MARÍA   Sergio, ¿quieres hacer diligencias por la tarde?

SERGIO   No <u>las dejemos</u> [dejarlas] para más tarde.
<u>Hagámoslas</u> [hacerlas] ahora.

MARÍA   Necesito comprar sellos.

SERGIO   Yo también. <u>Vamos</u> [ir] al correo.

MARÍA   Pues, antes de ir al correo, necesito sacar dinero de mi cuenta corriente.

SERGIO   Bueno, <u>busquemos</u> [buscar] un cajero automático.

MARÍA   ¿Tienes hambre?

SERGIO   Sí. <u>Crucemos</u> [cruzar] la calle y <u>comamos</u> [comer] algo en ese café.

MARÍA   Buena idea.

SERGIO   ¿Nos sentamos aquí?

MARÍA   No, no <u>nos sentemos</u> [sentarse] aquí; <u>sentémonos</u> [sentarse] enfrente de la ventana.

SERGIO   ¿Qué pedimos?

MARÍA   <u>Pidamos</u> [pedir] café y pan dulce.

2 **Hagámoslo** Responde a cada oración según las indicaciones. Sigue el modelo.

MODELO

Vamos a vender el carro. (Sí)
Sí, vendámoslo.

1. Vamos a levantarnos a las seis. (Sí) Sí, levantémonos a las seis.
2. Vamos a enviar los paquetes. (No) No, no los enviemos.
3. Vamos al supermercado. (No) No, no vayamos.
4. Vamos a mandar esta tarjeta postal a nuestros amigos. (No) No, no se la mandemos.
5. Vamos a limpiar la habitación. (Sí) Sí, limpiémosla.
6. Vamos a mirar la televisión. (No) No, no la miremos.
7. Vamos a bailar. (Sí) Sí, bailemos.
8. Vamos a arreglar la sala. (No) No, no la arreglemos.

3 **Decisiones** Tú y un(a) compañero/a están en Tegucigalpa, Honduras. Túrnense para hacerse estas preguntas. Contesten las preguntas con un mandato afirmativo o negativo de **nosotros/as**. Answers will vary.

1. ¿Nos quedamos en un hotel o en una pensión?
2. ¿Cruzamos la calle aquí o caminamos una cuadra más?
3. ¿Vamos a casa o comemos en un restaurante?
4. ¿Vamos al cine en taxi o en autobús?
5. ¿Salimos para el cine a las seis o a las seis y media?
6. ¿Hacemos cola o buscamos otra película?
7. ¿Volvemos al hotel después de la película o tomamos algo en un café?
8. ¿Pagamos la cuenta al contado o con tarjeta de crédito?

4 **Turistas** Tú y dos o tres amigos/as están en Caracas por dos días. Lean esta página de una guía turística sobre la ciudad y decidan qué van a hacer hoy por la mañana, por la tarde y por la noche. Answers will vary.

MODELO

Estudiante 1: Visitemos el Museo de Arte Contemporáneo Sofía Imber esta mañana. Quiero ver las esculturas (sculptures) de Jesús Rafael Soto.

Estudiante 2: Sí. Después vamos a la Casa Natal de Simón Bolívar. ¡Qué interesante!

Estudiante 3: Está bien. Esta noche salgamos a un restaurante, pero no vayamos al Restaurante El Coyuco. Es muy caro.

Guía de Caracas

MUSEOS	SITIOS DE INTERÉS	RESTAURANTES
• **Museo de Arte Colonial** Avenida Panteón	• **Plaza Bolívar**	• **El Barquero** Avenida Luis Roche
• **Museo de Arte Contemporáneo Sofía Imber** Parque Central. Esculturas de Jesús Rafael Soto y pinturas de Miró, Chagall y Picasso.	• **Jardín Botánico** Avenida Interna UCV. De 8:00 a 5:00.	• **Restaurante El Coyuco** Avenida Urdaneta
	• **Parque del Este** Avenida Francisco de Miranda. Parque más grande de la ciudad con serpentarium.	• **Restaurante Sorrento** Avenida Francisco Solano
• **Galería de Arte Nacional** Parque Central. Colección de más de 4.000 obras de arte venezolano.	• **Casa Natal de Simón Bolívar** Esquinas San Jacinto y Traposos. Casa colonial donde nació Simón Bolívar.	• **Café Tonino** Avenida Andrés Bello

1 SCRIPT For the script, see the Instructor's Resource Manual.

Ampliación

1 Escuchar 🎧

A Lee estas frases y luego escucha la conversación entre Alberto y Eduardo. Indica si cada verbo se refiere a algo en el pasado, en el presente o en el futuro.

TIP Listen for specific information/linguistic cues. You can often get the facts you need by listening for specific pieces of information. By listening for verb endings, you can figure out whether the verbs describe past, present, or future actions. Verb endings also indicate who is performing the action.

Acciones

1. Demetrio / comprar en Macro _____pasado_____
2. Alberto / comprar en Macro _____futuro_____
3. Alberto / estudiar psicología _____pasado_____
4. carro / tener frenos malos _____presente_____
5. Eduardo / comprar un anillo para Rebeca _____pasado_____
6. Eduardo / estudiar _____futuro_____

B ¿Crees que Alberto y Eduardo viven en una ciudad grande o en un pueblo? ¿Cómo lo sabes?
Viven en una ciudad grande. La ciudad es grande porque tiene metro.

2 Conversar 🎁 Tú y un(a) compañero/a viven juntos/as en un apartamento y tienen problemas económicos. Describan los problemas y sugieran algunas soluciones. Answers will vary.

MODELO

Estudiante 1: No sé qué hacer. Casi no tengo el dinero para el alquiler.

Estudiante 2: Debes ahorrar más dinero—y yo también. No comamos en restaurantes. Comamos en casa.

Estudiante 1: Tal vez necesitemos mudarnos. Necesitamos un apartamento que sea más barato.

Estudiante 2: ¡Uy! No quiero mudarme. Pídele un préstamo a tu papá, mejor.

Estudiante 1: No lo puedo hacer cada mes. Pero tienes razón, podemos ahorrar dinero comiendo en casa.

Estudiante 2: Y no usemos más los cajeros automáticos. Paguemos todo de la cuenta corriente para saber mejor adónde va el dinero.

recursos

| Text CD Lección 14 | WB pp. 141–146 | LM pp. 81–83 | Lab CD/MP3 Lección 14 | I CD-ROM Lección 14 | vistahigher learning.com |

INSTRUCTIONAL RESOURCES Text CD, WB, LM, Lab CD/MP3, I CD-ROM (Activities & Quiz), Website, IRM
Inform students that the material listed in the **recursos** box applies to the complete **Gramática** section.

3 **Escribir** Escribe una carta a un(a) amigo/a en la cual le explicas claramente cómo llegar a tu casa desde el aeropuerto. Incluye también un mapa detallado para que no se confunda. *Answers will vary.*

TIP **List key words.** When you give directions, you use prepositions that describe location, such as **enfrente de, al lado de,** and **detrás de.** Making a list of these expressions will help you write your directions more efficiently.

Organízalo	Planea la mejor ruta para llegar a tu casa. Apunta las expresiones útiles para dar direcciones, como los nombres de las calles y de los monumentos.
Escríbelo	Dibuja un mapa y utilízalo para escribir el primer borrador de tu carta.
Corrígelo	Intercambia tu carta con un(a) compañero/a. Anota los aspectos mejor escritos. Ofrécele sugerencias. ¿Hay suficientes detalles? ¿Está claro el mapa? Si ves algunos errores, coméntaselos.
Compártelo	Revisa el primer borrador de la carta y el mapa según las indicaciones de tu compañero/a. Incorpora nuevas ideas y/o más información si es necesario antes de escribir la versión final.

3 **SUGGESTION** Have students brainstorm verbs, locations, and directions in a word map on the board. Clarify that they will be giving directions using the imperative. Have them practice a few verbs from the list as models.

3 **SUGGESTION** Have students work in pairs to practice giving directions to each other from their homes to the university.

3 **EVALUATION**

Criteria	Scale
Content	1 2 3 4
Organization	1 2 3 4
Use of vocabulary	1 2 3 4
Grammar	1 2 3 4
Accuracy of map	1 2 3 4

Scoring

Excellent	18–20 points
Good	14–17 points
Satisfactory	10–13 points
Unsatisfactory	< 10 points

4 **Un paso más** Imagina que eres miembro de un grupo que está diseñando y promocionando una comunidad modelo en un país hispano. Diseña el folleto (*brochure*) publicitario para la comunidad. *Answers will vary.*

- Escoge el lugar ideal para el proyecto. Considera el acceso a las ciudades grandes, los eventos culturales y las atracciones naturales.

- Incluye un mapa del país elegido que indique dónde está localizada la comunidad modelo.

- Crea un mapa de la zona que muestre las atracciones principales del centro de la comunidad.

- Explica las características de la comunidad.

4 **SUGGESTION** You may wish to have students work in pairs, with one partner focusing on the residential areas and the other on the commercial areas of the community. Suggest they interview local designers or developers to get first-hand information. Students may wish to produce an electronic brochure if they have access to multimedia or Web authoring software.

4 **EXPANSION** Have students present their brochures to the class. After the presentations, have students discuss which aspects of community design were most effective and why.

En Internet

Investiga estos temas en el sitio vistahigherlearning.com.

- Ciudades en España
- Ciudades en México, el Caribe y Centroamérica
- Ciudades en América del Sur

NATIONAL connections communities STANDARDS

Antes de leer

You can understand a narrative more completely if you identify the point of view of the narrator. You can do this by simply asking yourself from whose perspective the story is being told. Some stories are narrated in the first person. That is, the narrator is a character in the story, and everything you read is filtered through that person's thoughts, emotions, and opinions. Other stories have an omniscient narrator who is not one of the story's characters, but reports the thoughts and actions of all the characters. This reading selection consists of an excerpt from the novel *La muerte de Artemio Cruz*, by Carlos Fuentes. Is this selection narrated in the first person or by an omniscient narrator? How can you tell?

_____

_____

Sobre el autor

Carlos Fuentes (1928–) es un renombrado escritor mexicano que ha ganado varios premios (*has won several prizes*) internacionales. Sus escritos demuestran una profunda preocupación por las cuestiones sociales y políticas.

SUGGESTION Write the following first sentences of two narratives on the board and ask students to identify the point of view: **1. Cristóbal Colón vio por primera vez el territorio de Venezuela el 1 de agosto de 1498. 2. Muy pronto tuvimos que reconocer que no íbamos a solucionar el caso sin mucho trabajo.**

SUGGESTION Ask: **¿De dónde viene el autor? ¿Cuándo nació? ¿Qué ganó? ¿Qué demuestran sus escritos?** Ask volunteers to share their responses with the class.

TEACHING OPTION Have pairs rewrite the selection from the first-person point of view. Talk about how the story changed.

recursos

vistahigher
learning.com

La muerte de Artemio Cruz

(fragmento)
Carlos Fuentes

En la Ciudad de México, un hombre de negocios va en limusina al edificio donde trabaja.

Él vio pasar el domo naranja y las columnas blancas, gordas, del Palacio de Bellas Artes (…), la portada ocre, veneciana del Correo y las esculturas frondosas, las ubres plenas y las cornucopias vaciadas del Banco de México:

acarició la banda de seda del sombrero de fieltro marrón (…): los mosaicos azules de Sanborn's y la piedra labrada y negruzca del convento de San Francisco. El automóvil se detuvo en la esquina de Isabel la Católica y el chófer le abrió la puerta y se quitó la gorra y él, en cambio, se colocó el fieltro, peinándose con los dedos (…).

EXPANSION The photos are of the **Palacio de Bellas Artes** and the **Banco de México**, both in Mexico City. Ask students how the pictures enhance understanding.

(…) y esa corte de vendedores (…) y mujeres enrebozadas y niños con el labio superior embarrado de moco lo rodearon hasta que pasó las puertas giratorias y se ajustó la corbata frente al vidrio del vestíbulo y atrás, en el segundo vidrio, el que daba a la calle de Madero, un hombre idéntico a él (…) se arreglaba el nudo de la corbata también, con los mismos dedos manchados de nicotina, el mismo traje cruzado, pero sin color, rodeado de los mendigos y dejaba caer la mano al mismo tiempo que él y luego le daba la espalda y caminaba al centro de la calle, mientras él buscaba el ascensor, desorientado por un instante.

portada ocre *ochre-colored façade* esculturas… plenas *luxuriant sculptures, full udders* acarició *gently touched* fieltro marrón *brown felt* piedra labrada *carved stone* se detuvo *stopped* gorra *cap* se colocó *put on* enrebozadas *wrapped up in shawls* embarrado de moco *covered with snot* rodearon *surrounded* giratorias *revolving* atrás *behind* daba a *faced* manchados *stained* mendigos *beggars*

Después de leer

¿Comprendiste?

Indica si las oraciones son **ciertas** o **falsas**. Corrige las oraciones falsas.

Cierto	Falso	
	✓	1. El hombre de negocios condujo su carro al centro. *El hombre de negocios tenía un conductor.*
	✓	2. El hombre de negocios tiene un sombrero que es de seda. *El hombre de negocios tiene un sombrero de fieltro.*
✓		3. Mientras va al trabajo, el hombre ve el Palacio de Bellas Artes.
✓		4. Mientras entraba en el edificio, lo rodeó un grupo de mendigos.
	✓	5. El hombre buscaba las escaleras. *El hombre buscaba el ascensor.*

Preguntas   Answers will vary.

1. ¿Es rico o pobre el hombre de negocios?

2. Cuando entra en el edificio donde trabaja, el hombre ve un grupo de mendigos. ¿Es indiferente a su sufrimiento?

3. El hombre ve su propio reflejo en el vidrio, caminando hacia los pobres, y se siente desorientado. ¿Por qué?

4. En tu opinión, ¿representa el reflejo otro aspecto de su personalidad?

Coméntalo

¿Hay lugares mencionados en la lectura que tengan un valor (*value*) simbólico? ¿Qué simbolizan las personas? ¿Hay un comentario social en esta lectura? ¿Cuál es? Answers will vary.

En la ciudad

el banco	bank
la carnicería	butcher shop
el correo	post office
la frutería	fruit store
la heladería	ice cream shop
la joyería	jewelry store
la lavandería	laundromat
la panadería	bakery
la pastelería	pastry shop
la peluquería	hairdressing salon
la pescadería	fish market
el salón de belleza	beauty salon
el supermercado	supermarket
la zapatería	shoe store
hacer cola	to stand in line
hacer diligencias	to run errands

En el correo

el cartero	mail carrier
el correo	mail
las estampillas	stamps
el paquete	package
los sellos	stamps
el sobre	envelope
echar (una carta) al buzón	to put (a letter) in the mailbox; to mail (a letter)
enviar	to send
mandar	to send

En el banco

el cajero automático	automatic teller machine, ATM
el cheque	check
el cheque de viajero	traveler's check
la cuenta corriente	checking account
la cuenta de ahorros	savings account
ahorrar	to save (money)
cobrar	to cash (a check); to charge (for a product or service)
depositar	to deposit
firmar	to sign
llenar (un formulario)	to fill out (a form)
pagar a plazos	to pay in installments
pagar al contado	to pay in cash
pedir prestado	to borrow
pedir un préstamo	to apply for a loan
ser gratis	to be free of charge

Las direcciones

la cuadra	(city) block
la dirección	address
la esquina	corner
el letrero	sign
cruzar	to cross
dar direcciones	to give directions
doblar	to turn
estar perdido/a	to be lost
quedar	to be located
(al) este	(to the) east
(al) oeste	(to the) west
(al) norte	(to the) north
(al) sur	(to the) south
derecho	straight (ahead)
enfrente de	opposite; facing
hacia	toward

Expresiones útiles	See page 311.

recursos

LM p. 83 · Lab CD/MP3 Lección 14 · Vocab CD Lección 14

El Canal de Panamá conecta los océanos Pacífico y Atlántico. Se construyó en 1903 y se terminó diez años después. La construcción costó 639 millones de dólares. Actualmente lo usan 38 barcos por día y por él pasan más de 12.000 barcos por año. Es la fuente (*source*) principal de ingresos (*income*) de Panamá. Cada barco paga aproximadamente $40.000 dólares de peaje (*toll*).

América Central II

Nicaragua

Área: 129.494 km^2 (49.998 millas^2)
Población: 5.774.000
Capital: Managua–1.166.000
Ciudades principales: León, Masaya, Granada
Moneda: córdoba

SOURCE: Population Division, UN Secretariat

Costa Rica

Área: 51.100 km^2 (19.730 millas^2)
Población: 4.454.000
Capital: San José–1.080.000
Ciudades principales: Alajuela, Cartago, Puntarenas, Heredia
Moneda: colón costarricense

SOURCE: Population Division, UN Secretariat

Panamá

Área: 78.200 km^2 (30.193 millas^2)
Población: 3.067.000
Capital: Ciudad de Panamá–1.299.000
Ciudades principales: Colón, David
Moneda: balboa

SOURCE: Population Division, UN Secretariat

Sociedad

Costa Rica: nación progresista

Costa Rica es uno de los países más progresistas del mundo. Da servicios médicos gratis a todos sus ciudadanos (*citizens*) y también a los turistas. En 1870, Costa Rica abolió (*abolished*) la pena de muerte (*death penalty*). En 1948, disolvió el ejército (*army*) e hizo obligatoria y gratis la educación para todos los costarricenses.

Indígenas

La mola

La mola es un tejido de los kunas, una tribu indígena que vive en las islas San Blas de Panamá. Las molas se hacen con piezas de tela (*material*) de muchos colores. Las molas tradicionales tienen dibujos (*patterns*) geométricos. Antes se usaban como ropa y hoy también se usan para decorar casas.

HONDURAS

Río Coco

Cordillera Isabela

NICARAGUA

Río Tuma

Sierra Madre

Cordillera de Yolaina

León

Lago de Managua

Managua

Masaya

Granada

Lago de Nicaragua

Isla Zapatera

Isla Ometepe

Río San Juan

Océano Pacífico

Cordillera de Guanacaste

COSTA RICA

Puntarenas

Río Reventazón

San José

Limón

Cartago

Cordillera Talamarca

Escritores

Ernesto Cardenal

El nicaragüense Ernesto Cardenal es poeta, escultor y sacerdote (*priest*) católico. Es uno de los escritores más famosos de Latinoamérica. Ha escrito más de treinta y cinco libros. Estudió en México y Estados Unidos. Cree en el poder (*power*) de la poesía para mejorar la sociedad y el mundo. Siempre ha trabajado para establecer la igualdad (*equality*) y la justicia en su país.

Política

Óscar Arias

Óscar Arias, político costarricense, fue presidente de su país desde 1986 hasta 1990. Estudió en Costa Rica, Estados Unidos e Inglaterra. Fue profesor de Ciencias Políticas en la Universidad de Costa Rica. Cuando fue presidente, hizo un plan para establecer la paz (*peace*) en Centroamérica. Logró (*achieved*) un acuerdo (*agreement*) de paz con los presidentes de El Salvador, Nicaragua, Honduras y Guatemala. Por sus esfuerzos (*efforts*), ganó el Premio Nobel de la Paz en 1987.

Mar Caribe

Bocas del Toro

Canal de Panamá

Islas San Blas

Colón

Cordillera de San Blas

Río Chepo

Serranía de Tabasará

Ciudad de Panamá

PANAMÁ

David

Isla del Rey

Isla de Coiba

Golfo de Panamá

COLOMBIA

recursos

| WB pp. 147–148 | VM pp. 221–224 | I CD-ROM Lección 14 | vistahigher learning.com |

¿Qué aprendiste?

1 **¿Cierto o falso?** Indica si las siguientes frases son **ciertas** o **falsas**.

Cierto	Falso	
✓		**1.** El Canal de Panamá conecta los océanos Pacífico y Atlántico.
	✓	**2.** Por el Canal de Panamá pasan más de 12.000 barcos por día.
✓		**3.** La población de Nicaragua es mayor que la de Panamá.
	✓	**4.** San José es la capital de Panamá.
	✓	**5.** En Costa Rica, la educación es gratis y obligatoria para todos los turistas.
✓		**6.** Costa Rica disolvió el ejército en 1948.
	✓	**7.** La mola es una tribu indígena que vive en Panamá.
✓		**8.** Las molas se usan hoy para decorar casas.
✓		**9.** Ernesto Cardenal es uno de los escritores más famosos de Latinoamérica .
	✓	**10.** Ernesto Cardenal estudió en Inglaterra.
	✓	**11.** Óscar Arias fue presidente de Panamá.
✓		**12.** Óscar Arias ganó el Premio Nobel de la Paz en 1987.

2 **Preguntas** Contesta las siguientes preguntas con frases completas. Answers will vary.

1. ¿Crees que el Canal de Panamá es importante? ¿Por qué?

2. ¿Por qué crees que Costa Rica es uno de los países más progresistas del mundo?

3. ¿Qué puedes hacer con una mola hecha por los kunas?

4. ¿Cuántos libros escribió Ernesto Cardenal? ¿Qué profesiones tiene, además de ser escritor?

5. ¿Por qué ganó Óscar Arias el Premio Nobel de la Paz?

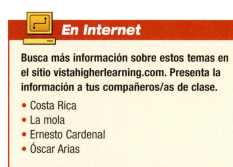

En Internet

Busca más información sobre estos temas en el sitio vistahigherlearning.com. Presenta la información a tus compañeros/as de clase.

- Costa Rica
- La mola
- Ernesto Cardenal
- Óscar Arias

15 El bienestar

PARA EMPEZAR Here are some additional questions you can ask based on the photo: **¿Crees que tienes buena salud? ¿Cómo lo sabes? ¿Vas al gimnasio regularmente? ¿Conoces algún programa que ofrezca buenas ideas para mejorar la salud? ¿Cuál?**

Communicative Goals

You will learn how to:
- talk about an outing
- discuss nutrition
- describe an action or event in the immediate past
- describe an event that occurred before another past event

PREPARACIÓN

pages 330–333

- Words related to being healthy
- The gym and nutrition
- The letters *b* and *v*

ESCENAS

pages 334–337

- The students and Martín go on their long-awaited hike. Don Francisco greets them when they return at the end of the day, and listens to their reactions to what they saw and experienced.

GRAMÁTICA

pages 338–345

- Past participles used as adjectives
- The present perfect
- The past perfect

LECTURA

pages 346–347

- Novel: excerpt from *14 (De Indicios pánicos)*

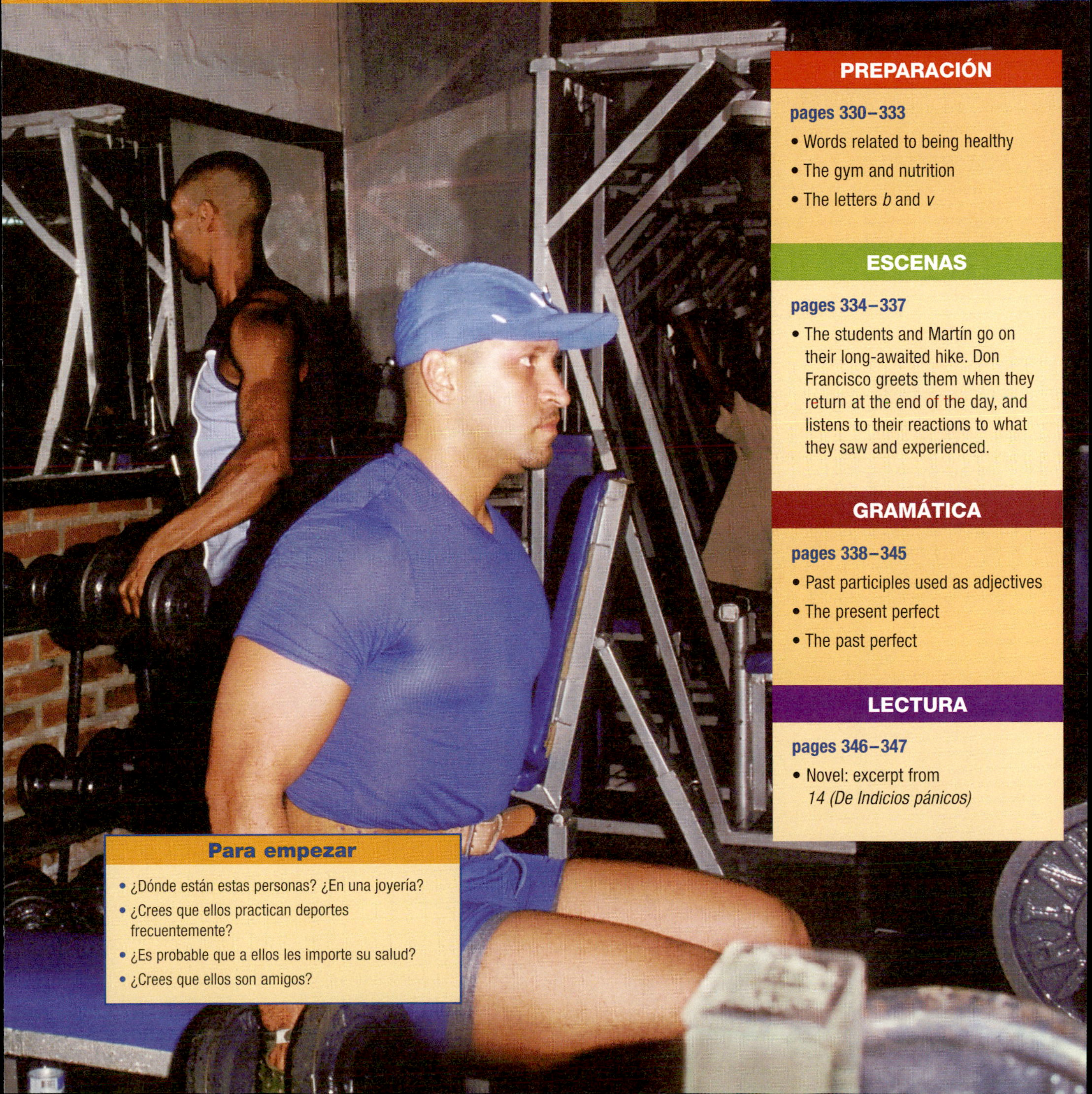

Para empezar

- ¿Dónde están estas personas? ¿En una joyería?
- ¿Crees que ellos practican deportes frecuentemente?
- ¿Es probable que a ellos les importe su salud?
- ¿Crees que ellos son amigos?

El bienestar

el masaje
massage

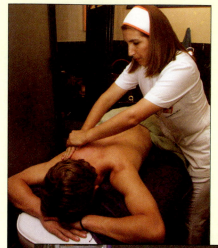

EL BIENESTAR

el bienestar *well-being*

aliviar el estrés/la tensión *to relieve stress/tension*

disfrutar (de) *to enjoy; to reap the benefits (of)*

llevar una vida sana *to lead a healthy lifestyle*

(no) fumar *(not) to smoke*

EN EL GIMNASIO

el/la monitor(a) *trainer*

el músculo *muscle*

calentarse (e:ie) *to warm up*

entrenarse *to practice; to train*

estar en buena forma *to be in good shape*

hacer ejercicio *to exercise*

hacer ejercicios aeróbicos *to do aerobics*

hacer gimnasia *to work out*

mantenerse en forma *to stay in shape*

sudar *to sweat*

hacer ejercicios de estiramiento
to do stretching exercises

levantar pesas
to lift weights

la clase de ejercicios aeróbicos
aerobics class

SUGGESTION Write **hacer ejercicio** on the board and ask students these questions: **¿Quiénes hacen ejercicios regularmente? ¿Hacen ejercicios aeróbicos? ¿Quiénes levantan pesas?** and so forth.

VARIACIÓN LÉXICA
Point out these lexical items:
hacer ejercicios aeróbicos → hacer aerobic (*Esp.*)

recursos

| WB pp. 149–150 | LM p. 85 | Lab CD/MP3 Lección 15 | I CD-ROM Lección 15 | Vocab CD Lección 15 |

LA NUTRICIÓN

la caloría *calorie*

el colesterol *cholesterol*

la grasa *fat*

la merienda *(afternoon) snack*

los minerales *minerals*

la nutrición *nutrition*

la proteína *protein*

adelgazar *to lose weight; to slim down*

aumentar de peso *to gain weight*

comer una dieta equilibrada *to eat a balanced diet*

consumir alcohol *to consume alcohol*

engordar *to gain weight*

estar a dieta *to be on a diet*

descafeinado/a *decaffeinated*

las vitaminas *vitamins*

merendar (e:ie) *to have a(n) (afternoon) snack*

SUGGESTION Ask students where they would go in their community to do the following activities **levantar pesas, merendar, hacer ejercicios aeróbicos, hacer gimnasia, comprar comida para una dieta equilibrada.**

la bebida alcohólica *alcoholic beverage*

ADJETIVOS

activo/a *active*

débil *weak*

flexible *flexible*

sedentario/a *sedentary*

tranquilo/a *calm; quiet*

OTRAS PALABRAS Y EXPRESIONES

la droga *drug*

el/la drogadicto/a *drug addict*

el/la teleadicto/a *couch potato*

apurarse *to hurry; to rush*

darse prisa *to hurry; to rush*

sufrir muchas presiones *to be under a lot of pressure*

tratar de (+ inf.) *to try (to do something)*

en exceso *in excess; too much*

sin *without*

TEACHING OPTION Have students interview each other about their own exercise and workout habits.

SUGGESTION Discuss the qualities of a **teleadicto** and write them on the board. Ex: **no es muy activo, es sedentario, mira la televisión en exceso, come mucho, no hace mucho ejercicio,** and so forth.

fuerte *strong*

① SCRIPT For the script, see the Instructor's Resource Manual.

③ SUGGESTION Suggested answers include: 1. levantar pesas; 2. hacer ejercicios de estiramiento; 3. clase de ejercicios aeróbicos; 4. hacer ejercicio, correr

③ TEACHING OPTION Ask students to make gestures for the physical activities from the lesson vocabulary. Ex: **¡Levanten pesas! ¡Hagan ejercicios aeróbicos! ¡Descansen!** Carry out a TPR activity with the students and keep them moving!

④ SUGGESTION Share some fitness magazine ads or local health club brochures with the class to prepare for this activity.

⑤ SUGGESTION Review verbs and expressions of will and influence from **Lección 12**.

Práctica y conversación

1 **¿Cómo se mantiene en buena forma?** 🎧 Maribel habla de lo que hace para mantenerse en forma. Indica las cosas que hace.

✓ 1. Hacer ejercicios de estiramiento

✓ 2. Hacer ejercicios aeróbicos

____ 3. Levantar pesas

✓ 4. Comer una dieta equilibrada

____ 5. Practicar tenis

____ 6. Tomar sólo bebidas descafeinadas

____ 7. Correr

✓ 8. Pasear en bicicleta

____ 9. Ir al gimnasio

____ 10. Nadar

2 **Combinar** Combina las palabras de las dos columnas para formar diez frases lógicas.

_h_ 1. David levanta pesas…		a. aumentó de peso.
_e_ 2. Estás en buena forma…		b. estiramiento.
_f_ 3. Felipe se lastimó…		c. presiones.
_a_ 4. Mi hermano…		d. porque quieren adelgazar.
_b_ 5. Sara hace ejercicios de…		e. porque haces ejercicio.
_d_ 6. Mis primos están a dieta…		f. un músculo de la pierna.
_g_ 7. Para llevar una vida sana…		g. no se debe fumar.
_c_ 8. Ellos sufren muchas…		h. y corre mucho.

3 **Describir** Describe lo que ocurre en los dibujos. Answers will vary.

1. 2. 3. 4.

4 **Un anuncio** En grupos de cuatro, imaginen que son dueños/as de un gimnasio con un equipo (*equipment*) moderno, monitores cualificados y un(a) nutricionista. Preparen y presenten un anuncio para la televisión que hable del gimnasio y atraiga (*attracts*) a nuevos clientes. Answers will vary.

5 **Recomendaciones** En parejas, imaginen que están preocupados por los malos hábitos de un(a) amigo/a suyo/a que no está bien últimamente (*lately*). Escriban y representen un diálogo en el cual hablan de lo que está pasando en la vida de su amigo/a y los cambios que necesita hacer para llevar una vida sana. Answers will vary.

recursos

Text CD Lección 15

6 **El teleadicto** Con un(a) compañero/a, representen los papeles (*the roles*) de un(a) nutricionista y un(a) teleadicto/a. La persona sedentaria habla de sus malos hábitos de comidas y de que no hace ejercicio. También toma demasiado café y sufre de mucho estrés. El/La nutricionista le sugiere una dieta equilibrada y una rutina para mantenerse en buena forma. El/La teleadicto/a le da las gracias por su ayuda. Answers will vary.

Ortografía   Las letras b y v

comparisons NATIONAL STANDARDS

Since there is no difference in pronunciation between the Spanish letters *b* and *v*, spelling words that contain these letters can be tricky. Here are some tips.

nomb**re**   **b**lusa   a**bs**oluto   descu**b**rir

The letter *b* is always used before consonants.

bonita   **bot**ella   **bus**car   **bien**estar

At the beginning of words, the letter **b** is usually used when it is followed by the letter combinations –on, –or, –ot, –u, –ur, –us, –ien, and –ene.

adelgaza**b**a   disfruta**b**an   i**b**as   í**b**amos

The letter *b* is used in the verb endings of the imperfect tense for –**ar** verbs and **ir**.

voy   **v**amos   estu**v**o   tu**v**ieron

The letter *v* is used in the present tense forms of **ir** and in the preterite forms of **estar** and **tener**.

oct**av**o   hu**ev**o   act**iv**a   gr**av**e

The letter *v* is used in these noun and adjective endings: –**avo/a**, –**evo/a**, –**ivo/a**, –**ave**, –**eve**.

El ahorcado   Juega al ahorcado (*hangman*) para adivinar las palabras.

1. n u b e s   Están en el cielo.   nubes
2. b u z ó n   Relacionado con el correo.   buzón
3. b o t e l l a   Está llena de líquido.   botella
4. n i e v e   Fenómeno meteorológico.   nieve
5. v e n t a n a s   Los "ojos" de la casa.   ventanas

SUGGESTION Write all the forms of **estar** and **tener** in the preterite tense on the board.

SUGGESTION Write all the forms of **ir** in the present tense on the board.

TEACHING OPTION Write these sentences on the board and have students fill in the missing letters: **Doña _ioleta era muy acti_a y lle_aba una _ida muy sana. Siempre comía _ien y nunca toma _a _ino ni refrescos. Nunca fuma_a e i_a al gimnasio todos los días para hacer ejercicios aeró_icos**. As an alternative, do a dictation with the sentences.

recursos

LM p. 86

Lab CD/MP3 Lección 15

I CD-ROM Lección 15

¡Qué buena excursión!

Martín y los estudiantes van de excursión.

VIDEO SYNOPSIS Martín leads the students in some warm-up stretches before the hike. During the hike, the students chat, take pictures, and admire their surroundings. Afterwards, they talk about the wonderful time they had. Don Francisco tells the group it's time to go back for dinner.

PREVIEW Have students read only the first statement of each video still. Then have them predict the content of this episode.

SUGGESTION Have students discuss the items (including equipment, clothing, food, and drink) that they would take on a hike. Also discuss how they might prepare for a hike (packing, stretching, planning the route, and so forth).

Personajes

DON FRANCISCO

JAVIER

INÉS

ÁLEX

MAITE

MARTÍN

MARTÍN Buenos días, don Francisco.
DON FRANCISCO ¡Hola, Martín!
MARTÍN Ya veo que han traído lo que necesitan. ¡Todos han venido muy bien equipados!

1

MARTÍN Muy bien. ¡Atención, chicos! Primero hagamos algunos ejercicios de estiramiento...

2

MARTÍN Es bueno que se hayan mantenido en buena forma. Entonces, jóvenes, ¿ya están listos?
JAVIER ¡Sí, listísimos! No puedo creer que finalmente haya llegado el gran día.

3

MARTÍN ¡Fabuloso! ¡En marcha, pues!
DON FRANCISCO ¡Adiós! ¡Cuídense!

4

Martín y los estudiantes pasan ocho horas caminando en las montañas. Hablan, sacan fotos y disfrutan del paisaje. Se divierten muchísimo.

5

recursos

VM pp. 197–198 | I CD-ROM Lección 15 | Es V CD-ROM Lección 15

INSTRUCTIONAL RESOURCES VM, I CD-ROM, Es Video (Start 01:22:22), Es V CD-ROM, Es DVD, IRM

SUGGESTION Have students look at the **Expresiones útiles.** Point out that **han traído, han venido,** and **ha sido** are examples of the present perfect, which combines a present tense form of the verb **haber** with the past participle of another verb. Students will learn more about this structure in **Gramática 15.2.**

SUGGESTION Explain that **había visto** and **había hecho** are examples of the past perfect, which combines an imperfect tense form of **haber** with a past participle. Students will learn more about this structure in **Gramática 15.3.**

DON FRANCISCO ¡Hola! ¡Qué alegría verlos! ¿Cómo les fue en la excursión?

JAVIER Increíble, don Efe. Nunca había visto un paisaje tan espectacular. Es un lugar estupendo. Saqué mil fotos y tengo montones de escenas para dibujar.

MAITE Nunca había hecho una excursión. ¡Me encantó! Cuando vuelva a España, voy a tener mucho que contarle a mi familia.

INÉS Ha sido la mejor excursión de mi vida. Amigos, Martín, don Efe, mil gracias.

ÁLEX Sí, gracias, Martín. Gracias por todo.

MARTÍN No hay de qué. Ha sido un placer.

DON FRANCISCO Chicos, pues es hora de volver. Creo que la señora Vives nos ha preparado una cena muy especial.

Expresiones útiles

Getting ready to start a hike

Ya veo que han traído lo que necesitan.
I see that you have brought what you need.

¡Todos han venido muy bien equipados!
Everyone has come very well-equipped!

¿(Están) listos?
(Are you) ready?

¡En marcha, pues!
Let's get going, then!

Talking about a hike

¿Cómo les fue en la excursión?
How did the hike go?

Nunca había visto un paisaje tan espectacular.
I had never seen such spectacular scenery.

Nunca había hecho una excursión. ¡Me encantó!
I had never gone on a hike before. I loved it!

Ha sido la mejor excursión de mi vida.
It's been the best hike of my life.

Courtesy expressions

Gracias por todo.
Thanks for everything.

Ha sido un placer.
It's been a pleasure.

¡Cuídense!
Take care!

① **EXPANSION** Have students work in pairs or small groups to write a question that would elicit each statement.

② **SUGGESTION** The word **vitamina** was not used in this activity. Have your students work in pairs to write a sentence that includes this word. Ask volunteers to share their sentences with the class.

② **EXPANSION** Ask these additional questions: **¿Qué hicieron Martín y los chicos antes de empezar la excursión? (Hicieron unos ejercicios de estiramiento.) ¿Qué hicieron los estudiantes durante la excursión? (Caminaron, hablaron, sacaron fotos y miraron el paisaje.)**

③ **TEACHING OPTION** Have one-third of the class prepare the **primera parte**, one-third of the class prepare the **segunda parte** and the last third prepare the **tercera parte**. Have volunteers present their conversations and discuss if they make sense together as a whole minidrama.

¿Qué piensas?

1 **Seleccionar** Selecciona la opción que mejor completa cada frase.

1. Antes de salir, Martín les recomienda a los estudiantes que hagan
   a. ejercicios de estiramiento.   b. ejercicios aeróbicos.
   c. gimnasia.

2. Los excursionistas hablaron, _____ en las montañas.
   a. levantaron pesas y se divirtieron   b. caminaron y dibujaron
   c. sacaron fotos y disfrutaron del paisaje

3. Inés dice que ha sido la mejor excursión
   a. del viaje.   b. del año.
   c. de su vida.

4. Cuando Maite vuelva a España, va a
   a. tener montones de escenas para dibujar.   b. tener mucho que contarle a su familia.
   c. tener muchas fotos que enseñarle a su familia.

5. La señora Vives les ha preparado
   a. una cena especial.   b. un día en las montañas muy especial.
   c. una excursión espectacular.

2 **Completar** Completa las frases.

1. A Javier le duelen los músculos después de caminar tanto.
   Hoy lo que necesita es _____un masaje_____.

2. Don Francisco a veces sufre presiones y estrés en su trabajo.
   Debe hacer ejercicio para _____aliviar el estrés_____.

3. A Inés le encanta salir con amigos o leer un buen libro.
   Ella nunca va a ser una _____teleadicta_____.

4. Álex trata de comer una dieta equilibrada.
   Por ejemplo, trata de llevar una dieta sin
   mucha _____grasa_____.

aliviar el estrés	un masaje
grasa	teleadicta
mantenerse en forma	vitamina

5. A Maite no le duelen los músculos. Cuatro veces
   por semana hace gimnasia para _____mantenerse en forma_____.

3 **Minidrama** Usando el episodio de **Escenas** como fuente (*source*) de ideas, trabaja con dos o tres amigos/as para preparar un minidrama en tres partes, en el que hacen una excursión por una montaña. El minidrama debe incluir los siguientes elementos. Answers will vary.

• Una breve conversación antes de comenzar la excursión.
• Una conversación durante la excursión, mencionando algunas de las cosas que ven y hacen.
• Después de la excursión, una conversación en la que comentan las cosas que ocurrieron.

Exploración

El bienestar en el mundo hispano

TEACHING OPTION Share magazines or newspapers in Spanish that feature articles about fitness, healthy diets, and avoiding stress. As an alternative, have students research these topics in Spanish-language periodicals on the Internet.

SUGGESTION Explain that the term **jai alai** means **"día de fiesta"** or "holiday" in **vascuence**, the language of the Basque region of Spain.

SUGGESTION Have students discuss any strategies that they use to improve their health and well-being. Ask students to list popular strategies or activities.

España es conocida por su dieta mediterránea, caracterizada por el arroz, los productos lácteos, las frutas y las verduras frescas. El uso del aceite de oliva y el consumo de pescado reducen el colesterol y las proteínas animales en la dieta.

La yerba mate, una bebida similar al té, es popular en Argentina, Uruguay y Paraguay. Se dice que controla el estrés y la obesidad, y que estimula el sistema inmunológico. Tradicionalmente, se toma en una calabaza (*gourd*) con una bombilla filtrante (*tea-filtering straw*).

De origen vasco, el deporte jai alai se diseminó por España antes de llegar a México y a Florida. Parecido a la pelota de frontón (*handball*), tiene fama de ser el deporte más rápido del mundo. También era uno de los más peligrosos, antes de la introducción de los cascos (*helmets*), en 1968.

Observaciones

- Según leyendas indígenas, la yerba mate tiene orígenes divinos.
- El vino tinto, consumido con moderación en las comidas de países como Chile, Argentina y España, combate las enfermedades cardiovasculares.
- Chile tiene mucha actividad geotérmica y una gran cantidad de centros termales para reducir el estrés y mantenerse en forma.

Coméntalo

Con un(a) compañero/a, contesta las siguientes preguntas. Answers will vary.

- ¿Te interesa seguir alguna de las estrategias mencionadas aquí? ¿Cuál y por qué?
- ¿Prefieres lograr (*achieve*) tu bienestar con una dieta, con ejercicios, con métodos alternativos o con un poco de todo?

recursos

vistahigher learning.com

15.1 Past participles used as adjectives

Forming past participles

Sólo tomo café descafeinado.

Estoy cansada.

La ventana está rota.

La puerta está abierta.

▸ The past participles of English verbs often end in *–ed* (*to turn* ➔ *turned*), but many are also irregular (*to buy* ➔ *bought*; *to drive* ➔ *driven*).

▸ In Spanish, regular **–ar** verbs form the past participle with **–ado**. Regular **–er** and **–ir** verbs form the past participle with **–ido**.

INFINITIVE	STEM	PAST PARTICIPLE
bailar	bail–	bailado
comer	com–	comido
vivir	viv–	vivido

▸ You already know several past participles used as adjectives: **aburrido, interesado, nublado, perdido,** etc.

▸ Note that all irregular past participles, except for those of **decir (dicho)** and **hacer (hecho),** end in **–to.**

Irregular past participles

abrir	abierto	escribir	escrito	resolver	resuelto
decir	dicho	hacer	hecho	romper	roto
describir	descrito	morir	muerto	ver	visto
descubrir	descubierto	poner	puesto	volver	vuelto

▸ The past participles of **–er** and **–ir** verbs whose stems end in **–a**, **–e**, or **–o** carry a written accent mark on the **i** of the **–ido** ending.

caer	caído	oír	oído	sonreír	sonreído
creer	creído	reír	reído	traer	traído
leer	leído				

Past participles used as adjectives

▸ Past participles can be used as adjectives. They are often used with the verb **estar** to describe a condition or state that results from an action. When used as adjectives, past participles must agree in gender and number with the nouns they modify.

En la entrada, hay algunos letreros **escritos** en español.
In the entrance, there are some signs written in Spanish.

El gimnasio **está cerrado.**
The gym is closed.

Tenemos la mesa **puesta** y la cena **hecha**.
We have the table set and dinner made.

El cheque ya **está firmado.**
The check is already signed.

INSTRUCTIONAL RESOURCES WB, LM, Lab CD/MP3, I CD-ROM, IRM (Audio Scripts & Instructor Annotations)
Refer students to the **recursos** box in **Ampliación** for complete information.

Práctica y conversación

1 **Completar** Completa estas frases con la forma adecuada del participio pasado.

1. El hombre ___descrito___ [describir] en ese panfleto es un monitor del gimnasio.
2. Serena Williams es una atleta muy ___conocida___ [conocer].
3. ¿Está ___descubierto___ [descubrir] ya todo el petróleo del mundo?
4. Los libros ___usados___ [usar] son más baratos que los nuevos.
5. Los documentos están ___firmados___ [firmar].
6. Creo que el gimnasio está ___abierto___ [abrir] veinticuatro horas al día.

2 **Describir** Completa las frases con las palabras indicadas.

está cerrada	están aburridos
está muerto	están descritos
está rota	están firmados
están abiertas	no está hecha

1. Los estudiantes
   ___están aburridos___.

4. Los cheques
   ___están firmados___.

2. La ventana
   ___está rota___.

5. La cama
   ___no está hecha___.

3. La puerta
   ___está cerrada___.

6. El señor Vargas
   ___está muerto___.

3 **Preguntas** En parejas, túrnense para hacerse estas preguntas. Answers will vary.

1. ¿Qué haces cuando no estás preparado/a para una clase?
2. ¿Qué haces cuando estás perdido/a en una ciudad?
3. ¿Está ordenado tu cuarto?
4. ¿Dejas la luz prendida en tu cuarto?
5. ¿Prefieres comprar libros usados o nuevos? ¿Por qué?
6. ¿Tienes mucho dinero ahorrado?
7. ¿Necesitas pedirles dinero prestado a tus padres?
8. ¿Quiénes están aburridos en la clase?
9. ¿Hay alguien que esté dormido en la clase?
10. ¿Cuándo está abierto el gimnasio de la universidad?

4 **Encuesta** Circula por la clase y haz las siguientes preguntas a tus compañeros hasta que encuentres a las personas que correspondan a cada descripción. Anota sus respuestas, y luego informa a la clase de los resultados. Answers will vary.

Descripciones	Nombres	Otra información
1. Tiene algo roto en casa. (¿Qué es?)	_____	_____
2. Lleva algo hecho en Europa o en un país hispano. (¿Qué es?)	_____	_____
3. Tiene su libro abierto. (¿Qué libro?)	_____	_____
4. Toma café descafeinado. (¿Cuándo?)	_____	_____
5. Está interesado/a en trabajar en un banco. (¿Por qué?)	_____	_____
6. Hace ejercicios aeróbicos todos los días. (¿Dónde y por qué?)	_____	_____
7. Tiene un pariente o un(a) amigo/a muy conocido/a. (¿Quién?)	_____	_____
8. Es teleadicto/a. (¿Cuáles son sus programas favoritos?)	_____	_____

15.2 The present perfect

▶ The present perfect indicative tense (**el pretérito perfecto de indicativo**) is used to talk about what someone *has done*. It is formed with the present tense of **haber** and a past participle.

Ya veo que han traído
todo lo que necesitan.

Todos han venido
muy bien equipados.

Present indicative of *haber*			
Singular forms		**Plural forms**	
yo	he	nosotros/as	hemos
tú	has	vosotros/as	habéis
Ud./él/ella	ha	Uds./ellos/ellas	han

Tú no **has cerrado** la puerta.
You haven't closed the door.

¿**Ha asistido** Juan a la clase?
Has Juan attended class?

Yo ya **he leído** esos libros.
I've already read those books.

Hemos presentado el proyecto.
We have presented the project.

¡ojo!

To say that someone has *just done something*, **acabar de** + [infinitive] is used.

Juan **acaba de llegar**.
Juan has just arrived.

Ellos **acaban de salir**.
They have just left.

Acabo de terminar.
I have just finished.

Acabamos de cenar.
We have just eaten dinner.

▶ The past participle agrees with the noun when it functions as an adjective, but not when it is part of the present perfect tense.

Clara **ha abierto** las ventanas.
Clara has opened the windows.

Las ventanas están **abiertas**.
The windows are open.

▶ The present perfect is generally used just as in English: to talk about what *has occurred*. It usually refers to the recent past.

He trabajado cuarenta horas.
I have worked forty hours.

¿Cuál es el último libro que **has leído**?
What is the last book that you have read?

▶ **Haber** and the past participle cannot be separated.

Siempre **hemos vivido** en Bolivia.
We have always lived in Bolivia.

Usted nunca **ha venido** a mi oficina.
You have never come to my office.

La señora Vives nos ha
preparado una cena.

▶ The word **no** and any object or reflexive pronouns are placed immediately before **haber**.

Yo **no he cobrado** el cheque.
I have not cashed the check.

¿Por qué **no lo has cobrado**?
Why haven't you cashed it?

Susana ya **lo ha hecho**.
Susana has already done it.

Ellos **no lo han arreglado**.
They haven't fixed it.

▶ *To have* can be a main verb or an auxiliary verb. As a main verb, it corresponds to **tener**, while as an auxiliary, it corresponds to **haber**.

Tengo un problema.
I have a problem.

He resuelto mi problema.
I have resolved my problem.

▶ The present perfect of **hay** is **ha habido**.

Ha habido muchos problemas.
There have been a lot of problems.

Ha habido un accidente.
There has been an accident.

No hay de qué.
Ha sido un placer.

INSTRUCTIONAL RESOURCES WB, LM, Lab CD/MP3, I CD-ROM, IRM (Audio Scripts & Instructor Annotations)

Práctica y conversación

1 Completar Estas oraciones describen el estilo de vida (*lifestyle*) de unos estudiantes. Complétalas con el pretérito perfecto del indicativo de los verbos indicados.

adelgazar	comer	llevar
aumentar	hacer	sufrir

1. Luisa __ha sufrido__ muchas presiones este año.
2. Juan y Raúl __han aumentado__ de peso porque no hacen ejercicio.
3. Pero María Luisa __ha adelgazado__ porque trabaja demasiado y siempre se olvida de comer.
4. Hasta ahora, yo __he llevado__ una vida muy sana.
5. Pero tú y yo no __hemos hecho__ gimnasia este semestre.
6. Tampoco __hemos comido__ una dieta equilibrada recientemente.

2 Estilos de vida Marisela ha cambiado su estilo de vida porque quiere llevar una vida sana. Explica lo que ha hecho según el modelo. Luego explica lo que tú has hecho al respecto (*in that regard*). Answers will vary.

MODELO
Encontrar un buen gimnasio

Marisela ha encontrado un buen gimnasio. Yo no he encontrado un gimnasio, pero sé que debo buscar uno.

1. Tratar de estar en forma
2. Estar a dieta los últimos dos meses
3. Dejar de tomar refrescos
4. Hacerse una prueba de colesterol
5. Entrenar cinco días a la semana este año
6. Cambiar de una vida sedentaria a una vida activa
7. Tomar vitaminas por la noche y por la mañana
8. Hacer ejercicio para relajarse
9. Consumir mucha proteína este mes
10. Dejar de fumar
11. Levantar pesas tres días a la semana
12. Aliviar el estrés

3 ¿Qué han hecho estas personas? En parejas, describan lo que han hecho y lo que no han hecho las personas en cada dibujo. Usen su imaginación. Answers will vary.

Jorge y Raúl

Natalia y Diego

Luisa

Ricardo

Jacobo

Carmen

4 Describir En parejas, identifiquen a una persona que lleva una vida muy sana. Puede ser una persona que conocen o un personaje que aparece en una película o programa de televisión. Entre los dos, escriban una descripción de lo que la persona ha hecho para llevar una vida sana. Answers will vary.

MODELO
Pedro Martínez ha llevado una vida muy sana. Ha hecho todo lo posible para mantenerse en forma. Para jugar muy bien al béisbol, él ha...

15.3 The past perfect

▶ The past perfect indicative (**el pretérito pluscuamperfecto de indicativo**) is used to talk about what someone *had done* or what *had occurred* before another past action or state. The past perfect uses the imperfect of **haber** plus the past participle.

Nunca había
visto un paisaje tan
espectacular.

Nunca había hecho
una excursión.

Past perfect indicative		
	cerrar	**perder**	**asistir**
yo	había cerrado	había perdido	había asistido
tú	habías cerrado	habías perdido	habías asistido
Ud./él/ella	había cerrado	había perdido	había asistido
nosotros/as	habíamos cerrado	habíamos perdido	habíamos asistido
vosotros/as	habíais cerrado	habíais perdido	habíais asistido
Uds./ellos/ellas	habían cerrado	habían perdido	habían asistido

Antes de 2003, **había vivido** aquí.
Before 2003, I had lived here.

Cuando llegamos, Luis ya **había salido**.
When we arrived, Luis had left already.

▶ The past perfect is often used with the word **ya** (*already*). Note that **ya** cannot be placed between **haber** and the past participle.

Ella **ya había empezado** cuando llamaron.
She had begun already when they called.

Cuando llegué a casa, Raúl **ya se había acostado**.
When I arrived home, Raúl had already gone to bed.

SUGGESTION Have students scan the advertisement and identify the past perfect verbs.

SUGGESTION Ask students questions about the advertisement. Ex: **¿Cómo era la vida del hombre cuando llevaba una vida sedentaria? ¿Cómo es ahora? ¿Te identificas con algunos de los hábitos, presentes o pasados, de este hombre? ¿Con cuáles? ¿Qué les recomienda el hombre del anuncio a los lectores? ¿Creen que les da buenos consejos?**

ESPAÑOL EN VIVO

¡Acabo de descubrir una nueva vida!

Hasta el año pasado, siempre había mirado la tele sentado en el sofá durante mis ratos libres. ¡Era un sedentario y un teleadicto! Jamás había practicado ningún deporte y había aumentado mucho de peso.

Este año, he empezado a comer una dieta más sana y voy al gimnasio todos los días. He comenzado a ser una persona muy activa y he adelgazado. Disfruto de una vida sana y ... ¡Me siento muy feliz!

Manténgase en forma.

¡Venga al Gimnasio Olímpico hoy mismo!

Práctica y conversación

1 Completar Completa los minidiálogos con las formas correctas del pretérito pluscuamperfecto del indicativo.

SARA Antes de cumplir los 15 años, ¿ _habías estudiado_ [estudiar] tú otra lengua?

JOSÉ Sí, _había tomado_ [tomar] clases de inglés y de italiano.

• • •

DOLORES Antes del 2000, ¿ _habían viajado_ [viajar] tú y tu familia a Europa?

TOMÁS Sí, _habíamos visitado_ [visitar] Europa tres veces.

• • •

ANTONIO Antes de este año, ¿ _había corrido_ [correr] usted en un maratón?

SRA. VERA No, nunca lo _había hecho_ [hacer].

• • •

SOFÍA Antes de su enfermedad, ¿ _había sufrido_ [sufrir] muchas presiones tu tío?

IRENE Sí… y mi tío nunca _se había mantenido_ [mantenerse] en buena forma.

2 Quehaceres Indica lo que ya había hecho cada miembro de la familia antes de la llegada de la madre, la señora Ferrer. Answers will vary.

3 Tu vida Indica si ya habías hecho las siguientes cosas antes de cumplir los dieciséis años. Answers will vary.

1. Escalar una montaña
2. Escribir un poema
3. Leer una novela
4. Enamorarse
5. Montar a caballo
6. Ir de pesca
7. Manejar un carro
8. Navegar en Internet

4 Oraciones En parejas, conversen sobre los siguientes temas, usando el pretérito pluscuamperfecto del indicativo. Answers will vary.

1. Cuando yo llamé a mi mejor amigo/a la semana pasada, él/ella ya…
2. Antes de este año, mis amigos y yo nunca…
3. Hasta el año pasado, yo siempre…
4. Antes de cumplir los veinte años, mi mejor amigo/a…
5. Antes de cumplir los treinta años, mis padres ya…
6. Hasta que cumplí los dieciocho años, yo no…
7. Antes de este semestre, el/la profesor(a) de español no…
8. Antes de tomar esta clase, yo nunca…

5 Lo dudo Escribe cinco oraciones, algunas ciertas y otras falsas, sobre cosas que habías hecho antes de venir a la universidad. Luego, en grupos, túrnense para leer sus oraciones. Cada miembro del grupo debe decir "es cierto" o "lo dudo" después de cada una. Escribe la reacción de cada compañero/a. ¿Quién obtuvo más respuestas ciertas? Answers will vary.

MODELO

Estudiante 1: Cuando tenía 10 años, ya había manejado el carro de mi papá.

Estudiante 2: Lo dudo.

Estudiante 3: Es cierto.

6 Entrevista En parejas, preparen una conversación en la que un(a) periodista de televisión está entrevistando (interviewing) a un(a) actor/actriz famoso/a que está haciendo un video de ejercicios aeróbicos. El/la periodista le hace preguntas para descubrir la siguiente información:

- Si siempre se había mantenido en forma antes de hacer este video
- Si había seguido una dieta especial antes de hacer este video
- Qué le recomienda a la gente que quiere mantenerse en forma
- Qué le recomienda a la gente que quiere adelgazar
- Qué va a hacer cuando termine este video

1 SCRIPT For the script, see the Instructor's Resource Manual.

Ampliación

1 Escuchar 🎧

A Escucha lo que dice Ofelia Cortez de Bauer. Anota algunos de los cognados que escuchas y también la idea general del discurso.

TIP **Listen for the gist/cognates.** By listening for the gist, you can get the general idea of what you're hearing. Listening for cognates will help you to fill in the details.

Cognados	Idea general
_____	_____
_____	_____
_____	_____

Ahora indica si las siguientes frases son **ciertas** o **falsas**.

Cierto	Falso	
✓	_____	**1.** La señora Bauer habla de la importancia de estar en buena forma.
_____	✓	**2.** Según la señora Bauer, es importante que todos sigan el mismo programa.
✓	_____	**3.** La señora Bauer participa en actividades individuales y de grupo.
_____	✓	**4.** Según la señora Bauer, el objetivo más importante de cada persona debe ser adelgazar.

B ¿Sigues los consejos de la señora Bauer? Explica tu respuesta. ¿Qué piensas de los consejos que ella da? ¿Hay otra información que ella debía haber incluido? Answers will vary.

2 Conversar 🎎

Con un(a) compañero/a, preparen una conversación entre el/la enfermero/a de la clínica de la universidad y un(a) estudiante que no se siente bien. Incluyan la siguiente información en su conversación. Luego preséntenla a la clase. Answers will vary.

- ¿De dónde viene el problema?
- ¿Tiene buenos hábitos el/la estudiante?
- ¿Qué ha hecho el/la estudiante en los últimos meses? ¿Cómo se ha sentido?
- ¿Qué recomendaciones tiene el/la enfermero/a para el/la estudiante?
- ¿Qué va a hacer el/la estudiante para llevar una vida más sana?

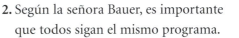

recursos

| Text CD Lección 15 | WB pp. 151–156 | LM pp. 87–89 | Lab CD/MP3 Lección 15 | I CD-ROM Lección 15 | vistahigher learning.com |

INSTRUCTIONAL RESOURCES Text CD, WB, LM, Lab CD/MP3, I CD-ROM (Activities & Quiz), Website, IRM
Inform students that the material listed in the **recursos** box applies to the complete **Gramática** section.

3 **Escribir** Desarrolla un plan personal para mejorar tu bienestar físico y emocional. Considera la nutrición, el ejercicio y el estrés. Answers will vary.

TIP **Organize your information logically.** To make your writing and message clearer to your readers, organize information chronologically or in order of importance.

Organízalo	Escribe tus objetivos. Anota lo que has hecho hasta ahora, lo que no has hecho, y lo que todavía tienes que hacer para conseguir tus objetivos.
Escríbelo	Organiza tus apuntes y escribe el primer borrador de tu plan personal.
Corrígelo	Intercambia tu plan personal con un(a) compañero/a. Ofrécele sugerencias para mejorar la organización. ¿Incluye toda la información pertinente? ¿Es lógica la organización? Si ves algunos errores, coméntaselos.
Compártelo	Prepara la versión final, tomando en cuenta los comentarios de tu compañero/a. Luego júntate con otro/a compañero/a y comparen lo que han escrito. ¿En qué son similares sus planes? ¿En qué son diferentes?

4 **Un paso más** Imagina que estás a cargo de (*in charge of*) promocionar una excursión de aventuras con actividades deportivas en algún país hispano. Crea un folleto (*brochure*) atractivo para vender la idea de la excursión; compara tu folleto con los de tus compañeros/as. Answers will vary.

- Escoge el país y los lugares que van a visitar.
- Describe las actividades deportivas y de aventura que van a hacer en cada lugar.
- Explica los aspectos de la excursión que son importantes para la salud.
- Incluye el costo del viaje.

En Internet

Investiga estos temas en el sitio vistahigherlearning.com.
- Actividades deportivas en el mundo hispano
- Turismo alternativo en el mundo hispano

3 SUGGESTION Have students brainstorm details of a personal fitness plan. Have them include nutrition, exercise and stress reduction. As a class, talk about how to organize the information in a logical manner before starting the writing assignment.

3 EVALUATION

Criteria	Scale
Content	1 2 3 4
Organization	1 2 3 4
Use of vocabulary	1 2 3 4
Accuracy and mechanics	1 2 3 4
Creativity	1 2 3 4

Scoring
Excellent 18–20 points
Good 14–17 points
Satisfactory 10–13 points
Unsatisfactory < 10 points

4 SUGGESTION Students will need a week to complete this project. Bring in some adventure magazines or travel brochures to serve as models for this project. Travel websites can also be a source of information for students.

4 EXPANSION Suggest that students can go to the Centers for Disease Control and Prevention website at www.cdc.gov for vaccination requirements and other medical information.

4 SUGGESTION Have students present their brochures to the whole class. Set aside sufficient time to do a few presentations at a time.

Antes de leer

For dramatic effect and to achieve a smoother writing style, authors often do not explicitly supply the reader with all the details of a story. Clues in the text can help you infer those things the writer chooses not to state in a direct manner. You simply "read between the lines" to fill in the missing information and draw conclusions about the story.

Sobre la autora

Cristina Peri Rossi (1941–) Nació en Uruguay, pero ahora vive en España. En sus cuentos, novelas y poemas explora las pasiones, el aislamiento (*isolation*) y las incertidumbres (*uncertainties*) que sentimos como seres humanos (*human beings*).

EXPANSION Read the first sentence of the story aloud and discuss with the class what it may mean.

TEACHING OPTION Have students read through the passage and locate the verbs in the present perfect tense. Discuss why this tense is used and how it contributes to the meaning of the story. You can also have students identify the past participles used as adjectives in the story. Students can then identify the verbs. Ex: **cerrada (cerrar).**

SUGGESTION Have students identify the words in the story that signal to the reader the sex of the narrator. (The feminine adjective is the clue: **no seas distraída**).

SUGGESTION Ask pairs to interview one another with the questions in **Coméntalo**.

14 (De Indicios pánicos)

Cristina Peri Rossi

Ella me ha entregado la felicidad dentro de una caja bien cerrada, y me la ha dado, diciéndome:

—Ten cuidado, no vayas a perderla, no seas distraída, me ha costado un gran esfuerzo conseguirla: los mercados estaban cerrados, en las tiendas ya no había y los pocos vendedores ambulantes que existían se han jubilado, porque

recursos

vistahigher learning.com

tenían los pies cansados. Ésta es la única que pude hallar en la plaza, pero es de las legítimas. Tiene un poco menos brillo que aquella que consumíamos mientras éramos jóvenes y está un poco arrugada, pero si caminas bien, no notarás la diferencia. Si la apoyas en alguna parte, por favor, recógela antes de irte, y si decides tomar un ómnibus, apriétala bien entre las manos: la ciudad está llena de ladrones y fácilmente te la podrían arrebatar.

Después de todas estas recomendaciones soltó la caja y me la puso entre las manos. Mientras caminaba, noté que no pesaba mucho pero que era un poco incómoda de usar: mientras la sostenía no podía tocar otra cosa, ni me animaba a dejarla depositada, para hacer las compras. De manera que no podía entretenerme, y menos aún, detenerme a explorar, como era mi costumbre. A la mitad de la tarde tuve frío. Quería abrirla, para saber si era de las legítimas, pero ella me dijo que se podía evaporar. Cuando desprendí el papel, noté que en la etiqueta venía una leyenda:

"Consérvese sin usar."

Desde ese momento tengo la felicidad guardada en una caja. Los domingos de mañana la llevo a pasear, por la plaza, para que los demás me envidien y lamenten su situación; de noche la guardo en el fondo del ropero. Pero se aproxima el verano y tengo un temor: ¿cómo la defenderé de las polillas?

me… caja *handed me happiness in a box* esfuerzo *effort*
la única que pude hallar *the only one I could find* brillo *shine*
arrugada *wrinkled* no notarás *you won't notice* Si… parte *If you set it down*
somewhere apriétala *hold* ladrones *thieves* arrebatar *to snatch*
soltó *let go of* pesaba *weighed* desprendí *I took off* etiqueta *label*
leyenda *inscription* envidien *envy* en… ropero *in the back of the closet*
defenderé *will I defend* polillas *moths*

Después de leer

¿Comprendiste?

1. La persona que narra el cuento, ¿es hombre o es mujer? La persona que narra el cuento es mujer.

2. El regalo, la felicidad, ¿fue fácil o difícil de conseguir? El regalo fue difícil de conseguir.

3. ¿La felicidad se compró en la calle o en una tienda? La felicidad se compró en la calle.

4. Según la persona que la dio, ¿esta felicidad es de mejor o de peor calidad que la que tenía de joven? Esta felicidad es de peor calidad.

5. Según ella, ¿hay mucho o poco riesgo de perder la felicidad? Según ella, hay mucho riesgo de perder la felicidad.

6. ¿Cuál es el problema con la felicidad? El problema con la felicidad es que no le permite tocar cosas.

7. Al final, ¿qué hace la narradora con la felicidad? Al final, la narradora deja a la felicidad en el ropero, excepto los domingos.

Preguntas Answers will vary.

1. ¿Qué debe hacer la narradora para cuidar la felicidad?

2. ¿Qué límites le impone la felicidad a la narradora?

3. ¿Cómo quiere la narradora que su felicidad afecte a otras personas?

4. ¿Por qué tiene miedo de las polillas la narradora?

Coméntalo

Para ti, ¿qué significa este cuento? ¿Qué dice de la felicidad? ¿Qué dice de la sociedad y las relaciones humanas? ¿Te parecen importantes la edad y el sexo de la persona que narra? ¿Y de la persona que le dio la felicidad? ¿Qué relación tienen las dos personas? En el cuento, ¿cuáles son las ventajas (*advantages*) y desventajas de tener la felicidad? ¿Te parece un buen regalo? ¿Qué recomendaciones tienes para la narradora del cuento? Answers will vary.

El bienestar

el bienestar	well-being
la clase de ejercicios aeróbicos	aerobics class
la droga	drug
el/la drogadicto/a	drug addict
el masaje	massage
el/la monitor(a)	trainer
el músculo	muscle
el/la teleadicto/a	couch potato
adelgazar	to lose weight; to slim down
aliviar el estrés/ la tensión	to relieve stress/ tension
apurarse	to hurry; to rush
aumentar de peso	to gain weight
calentarse (e:ie)	to warm up
darse prisa	to hurry; to rush
disfrutar (de)	to enjoy; to reap the benefits (of)
engordar	to gain weight
entrenarse	to practice; to train
estar a dieta	to be on a diet
estar en buena forma	to be in good shape
(no) fumar	(not) to smoke
hacer ejercicio	to exercise
hacer ejercicios aeróbicos	to do aerobics
hacer ejercicios de estiramiento	to do stretching exercises
hacer gimnasia	to work out
levantar pesas	to lift weights
llevar una vida sana	to lead a healthy lifestyle
mantenerse en forma	to stay in shape
sudar	to sweat
sufrir muchas presiones	to be under a lot of pressure
tratar de (+ inf.)	to try (to do something)
activo/a	active
débil	weak
flexible	flexible
fuerte	strong
sedentario/a	sedentary
tranquilo/a	calm; quiet

La nutrición

la bebida alcohólica	alcoholic beverage
la caloría	calorie
el colesterol	cholesterol
la grasa	fat
la merienda	(afternoon) snack
los minerales	minerals
la nutrición	nutrition
la proteína	protein
las vitaminas	vitamins
comer una dieta equilibrada	to eat a balanced diet
consumir alcohol	to consume alcohol
merendar (e:ie)	to have a(n) (afternoon) snack
descafeinado/a	decaffeinated

Otras palabras y expresiones

en exceso	in excess; too much
sin	without

Expresiones útiles	See page 335.
Irregular past participles	See page 338.

recursos

LM p. 89	Lab CD/MP3 Lección 15	Vocab CD Lección 15

PARA EMPEZAR Here are some additional questions you can ask based on the photo:
¿Has tenido un trabajo? ¿Dónde? ¿Qué hacías? ¿Te gusta trabajar? ¿Por qué?
¿Has sufrido presiones? Explica por qué. ¿Qué haces para aliviar el estrés?

Communicative Goals

You will learn how to:

- discuss the world of work
- talk about future plans
- reminisce
- express hopes

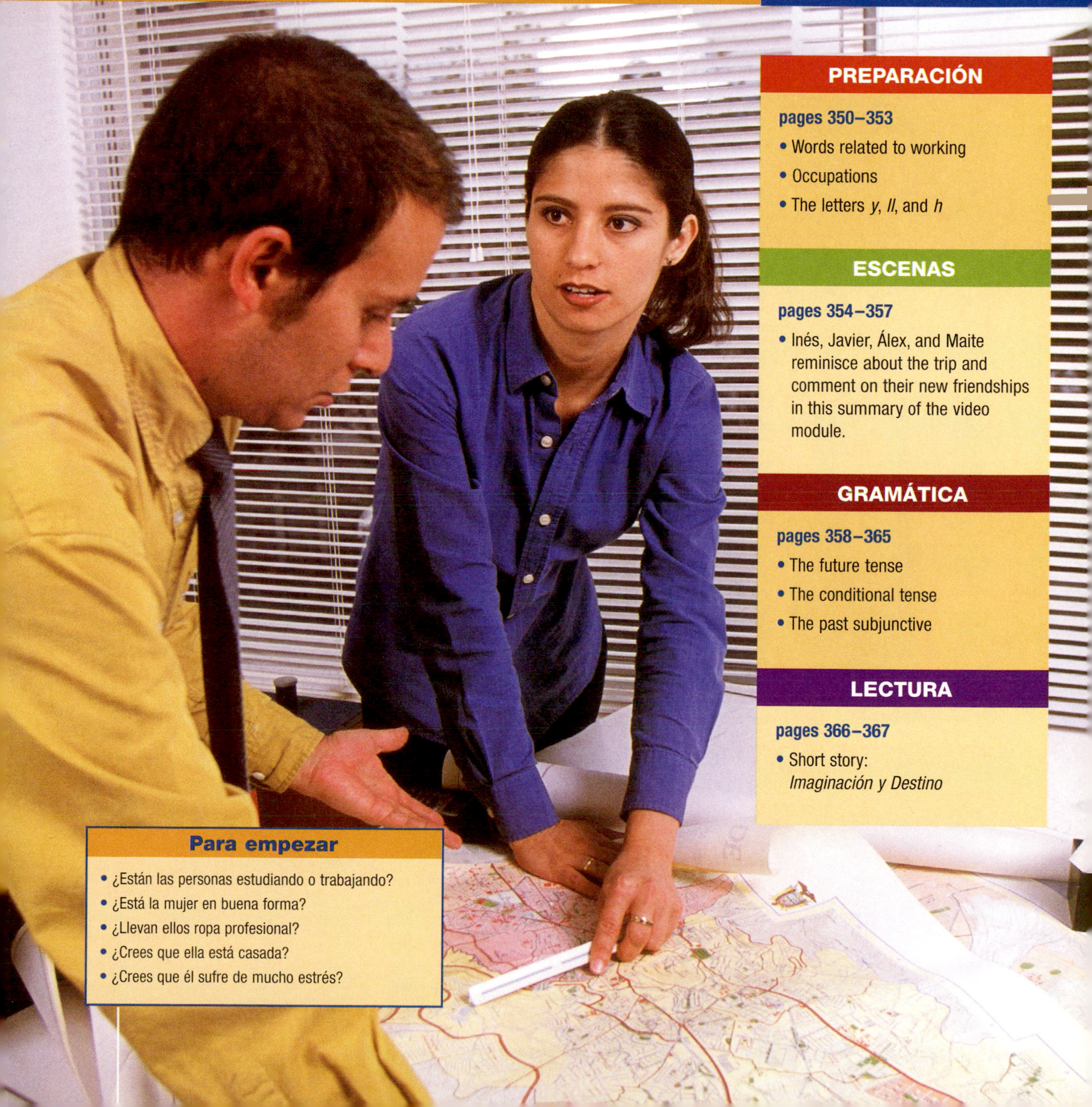

Para empezar

- ¿Están las personas estudiando o trabajando?
- ¿Está la mujer en buena forma?
- ¿Llevan ellos ropa profesional?
- ¿Crees que ella está casada?
- ¿Crees que él sufre de mucho estrés?

El mundo del trabajo

el científico
scientist

LAS OCUPACIONES

el/la abogado/a *lawyer*
la actriz *actress*
el/la arqueólogo/a *archaeologist*
el/la arquitecto/a *architect*
el bailarín *dancer*
la bailarina *dancer*
el/la cantante *singer*
el/la carpintero/a *carpenter*
el/la consejero/a *counselor; advisor*
el/la contador(a) *accountant*
el/la corredor(a) de bolsa *stockbroker*
el/la diseñador(a) *designer*
el/la electricista *electrician*
el/la escritor(a) *writer*
el/la escultor(a) *sculptor*
el/la gerente *manager*
el hombre/la mujer de negocios
businessperson
el/la jefe/a *boss*
el/la maestro/a *elementary school teacher*
el/la pintor(a) *painter*
el/la poeta *poet*
el/la político/a *politician*
el/la reportero/a *reporter*
el/la secretario/a *secretary*
el/la técnico/a *technician*

el cocinero
cook; chef

la peluquera
hairdresser

el bombero
firefighter

el psicólogo
psychologist

el actor
actor

SUGGESTION Have students work in pairs to list words associated with professions. Ex: **cocinero: cocina, restaurante, cuchara, horno, comida,** and so forth.

VARIACIÓN LÉXICA
Point out these lexical items:
abogado/a → licenciado/a (*Amér. C.*)
contador(a) → contable (*Esp.*)

recursos

| WB pp. 157–158 | LM p. 91 | Lab CD/MP3 Lección 16 | I CD-ROM Lección 16 | Vocab CD Lección 16 |

INSTRUCTIONAL RESOURCES WB, LM, Lab CD/MP3, I CD-ROM, Vocab CD, OT, IRM

Se busca

diseñador gráfico.

Ofrecemos excelentes beneficios.
Para mayor información,
diríjase a nuestra oficina principal,
Calle Castilla, no. 44.

el anuncio
advertisement

LAS ENTREVISTAS

el/la aspirante *candidate; applicant*
los beneficios *benefits*
el/la entrevistador(a) *interviewer*
el puesto *position; job*
el salario *salary*
la solicitud (de trabajo) *(job) application*
el sueldo *salary*

contratar *to hire*
entrevistar *to interview*
ganar *to earn*
obtener *to obtain; to get*
solicitar *to apply (for a job)*

el currículum
résumé

DATOS PERSONALES
Nombre y apellidos:
Fecha de nacimiento:
Lugar de nacimiento:
D.N.I.:
Dirección:

Carmelo Roca González
14 de diciembre de 1978
Salamanca
7885270-R
Calle Ferrara 17, 5
37500 Salamanca

Teléfono:
Correo electrónico:
923 270 118
rocac@teleline.com

FORMACIÓN ACADÉMICA
* 2001-2002 Máster en Administración y Dirección de Empresas, Universidad Autónoma de Madrid
* 1996-2001 Licenciado en Administración y Dirección de Empresas por la Universidad de Salamanca

CURSOS Y SEMINARIOS
* 2001 "Gestión y Creación de Empresas", Universidad de Córdoba

EXPERIENCIA PROFESIONAL
* 1999-2000 Contrato de un año en la empresa RAMA, S.L., realizando tareas administrativas
* 1998-1999 Contrato de trabajo haciendo prácticas en Banco Sol

IDIOMAS
* INGLÉS Nivel alto. Título de la Escuela Oficial de Idiomas
* ITALIANO Nivel Medio

INFORMÁTICA/COMPUTACIÓN
* Conocimientos de usuario de Mac / Windows
* MS Office

EL MUNDO DEL TRABAJO

el ascenso *promotion*
el aumento de sueldo *raise*
la carrera *career*
la compañía *company; firm*
el empleo *job; employment*
la empresa *company; firm*
la especialización *field of study*
los negocios *business; commerce*
la ocupación *occupation*
el oficio *trade*
la profesión *profession*
el teletrabajo *telecommuting*
el trabajo *job; work*
la videoconferencia *videoconference*

dejar *to quit; to leave behind*
despedir (e:i) *to fire*
invertir (e:ie) *to invest*
renunciar (a) *to resign (from)*
tener éxito *to be successful*

comercial *commercial; business-related*

TEACHING OPTION Take a class survey of the different professions for which students are studying. List the most popular professions on the board and have students brainstorm the requirements for each.

EXPANSION In pairs, have students write down a few questions they would ask a potential employer or a potential employee in a job interview.

SUGGESTION Discuss the different experiences students have had with job interviews. Ask: **¿Te pones nervioso/a antes de una entrevista? ¿Cómo te preparas para una entrevista?**

la reunión
meeting

SUGGESTION In small groups, have students use what they have learned in this vocabulary list to order the events involved in securing a job.

la entrevista
interview

SUGGESTION Using pictures and the overhead transparency, ask students to identify places of business and occupations. Ex: **¿Qué tipo de negocio es? (peluquería) ¿Quién trabaja aquí? (un(a) peluquero/a)**

Práctica y conversación

1 SCRIPT For the script, see the Instructor's Resource Manual.

2 SUGGESTION Have students make a list of words or expressions they associate with the following professions: **arqueólogo, contador, electricista, cocinero.**

3 EXPANSION Have pairs write logical sentences with the unused choices. Ex: **Mi hermano mandó la solicitud de trabajo ayer.** Call on different pairs to read their sentences aloud.

3 TEACHING OPTION Divide the class into teams of four. Give groups five minutes to write a job advertisement. Then have groups take turns reading them. The other teams must guess what job is being announced. Award points for correct answers.

4 SUGGESTION This activity can be done in pairs or small groups in round-robin fashion. Call on students to report on different students' responses.

1 ¿Lógico o ilógico? Escucha las frases e indica si cada frase es **lógica** o **ilógica**.

	1.	2.	3.	4.	5.	6.	7.	8.
Lógico	✓		✓	✓		✓		
Ilógico		✓			✓		✓	✓

2 Asociaciones ¿Qué profesiones asocias con las siguientes palabras? Escoge de la lista.

1. pelo _____peluquera_____
2. novelas _____escritor_____
3. emociones _psicóloga/actriz_
4. teatro _____actriz_____
5. periódico _reportero/escritor_

6. pinturas _____pintor_____
7. elecciones _____política_____
8. baile _____bailarín_____
9. leyes _____abogado_____
10. consejos _consejero/psicóloga_

abogado	escritor
actriz	peluquera
arqueólogo	pintor
bailarín	política
consejero	psicóloga
electricista	reportero

3 Completar Completa las frases.

1. Quiero conseguir un puesto con
   a. oficios. b.) beneficios. c. ocupación.
2. Luisa tiene la oportunidad de _____ la empresa donde trabaja.
   a. despedir b. entrevistar c.) invertir en
3. Mi vecino dejó su _____ porque no le gustaba su jefe.
   a.) puesto b. anuncio c. ascenso
4. Raúl va a _____ su empleo antes de empezar su propia empresa.
   a. solicitar b. tener éxito c.) renunciar a
5. Mi madre _____ su carrera como escultora.
   a.) tuvo éxito en b. invirtió c. entrevistó
6. ¿Cuándo obtuviste _____ más reciente?
   a. la reunión b. la videoconferencia c.) el aumento de sueldo
7. Jorge llegó tarde a la _____ esta mañana.
   a.) reunión b. especialización c. carrera

4 Conversación Contesta las preguntas con un(a) compañero/a. Answers will vary.

1. ¿Te gusta tu especialización? ¿Cuál es tu carrera ideal? ¿Por qué?
2. ¿Cómo te preparas para una entrevista? ¿Obtienes siempre los puestos que quieres?
3. ¿Qué características tiene un(a) jefe/a bueno/a?
4. ¿Te gustaría más tener tu propia empresa o trabajar en una oficina? ¿Por qué?

recursos

Text CD Lección 16

5 **Una feria de trabajo** Organicen una feria (*fair*) de trabajo. Unos estudiantes son los representantes de las compañías y otros son los/las aspirantes que están buscando nuevos puestos de trabajo. Answers will vary.

5 SUGGESTION Ask **Representantes** to create job announcements and **Aspirantes** to prepare their résumés.

Representantes

- Preparan carteles con el nombre de su compañía.
- Escriben los puestos de trabajo que ofrecen.
- Contestan las preguntas de los aspirantes y describen los puestos disponibles.
- Consiguen los datos de los aspirantes.

Aspirantes

- Visitan la feria de trabajo.
- Hablan con tres representantes y formulan preguntas sobre los puestos que tienen.
- Muestran sus referencias y currículums.
- Escogen su puesto favorito.

Ortografía Las letras y, ll y h

comparisons
NATIONAL STANDARDS

The letters *ll* and *y* were not pronounced alike in Old Spanish. Nowadays, however, *ll* and *y* have the same or similar pronunciations in many parts of the Spanish-speaking world. This similarity results in frequent misspellings. The letter *h*, as you already know, is silent in Spanish, and it is often difficult to know whether words should be written with or without it. Here are some of the word groups that are spelled with each letter.

EXPANSION Read aloud a list of words that contain **y**, **ll**, and **h**. Each time you read a word, the class should say **i griega**, **elle** or **hache** to indicate which letter is used in that word.

tall**a**	**se**ll**o**	**bot**ell**a**	**amar**ill**o**

The letter *ll* is used in these endings: **–allo/a, –ello/a, –illo/a**.

llave	**lle**ga	**llo**rar	**llu**via

The letter *ll* is used at the beginning of words in these combinations: **lla–, lle–, llo–, llu–**.

ca**y**endo	le**y**eron	o**y**e	inclu**y**e

The letter *y* is used in some forms of the verbs **caer**, **leer**, and **oír**, and of verbs ending in **–uir**.

hiperactivo	**hosp**ital	**hipo**pótamo	**hum**or

The letter *h* is used at the beginning of words in these combinations: **hiper–, hosp–, hidr–, hipo–, hum–**.

hiato	**hie**rba	**hue**so	**hui**r

The letter *h* is also used in words that begin with these combinations: **hia–, hie–, hue–, hui–**.

Adivinanza Aquí tienes una adivinanza (*riddle*).
Intenta descubrir de qué se trata.

recursos

LM
p. 92

Lab CD/MP3
Lección 16

I CD-ROM
Lección 16

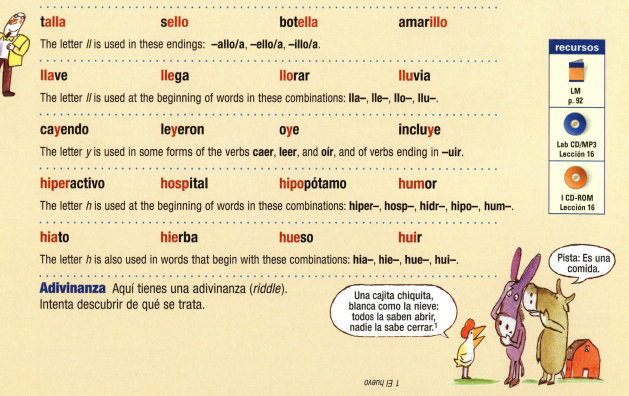

Pista: Es una comida.

Una cajita chiquita, blanca como la nieve: todos la saben abrir, nadie la sabe cerrar.[1]

1 El huevo

Memorias del viaje

Los viajeros recuerdan sus experiencias.

SUGGESTION You will want to tell students that there is no **Escenas** video module for this section. Instead, the **Escenas** section for **Lección 16** provides a summary of the video program through the reminiscings of the four main student characters. Depending on time constraints and student interest, you might want to show the bonus footage on the **Escenas** DVD. It contains three additional video modules featuring the **Escenas characters**.

SUGGESTION Have students predict the memories each character will mention as they reminisce about their trip. Review these predictions with the whole class.

SUGGESTION Have students discuss how the format seems different from previous episodes.

Personajes

JAVIER

INÉS

ÁLEX

MAITE

1

INÉS

La excursión a las montañas fue lo que más me gustó del viaje. ¡El paisaje era tan hermoso! Me encantó que mis amigos pudieran disfrutar de la belleza de mi país. Además, fue una oportunidad para que Javier y yo pudiéramos conocernos. Sé que muy pronto será un artista famoso. Nos llevamos muy bien durante el viaje y creo que seremos buenos amigos.

2

JAVIER

Para mí, el paisaje de las montañas fue lo mejor del viaje. Tomé varias fotos e hice muchos dibujos cuando estábamos allí. El próximo verano volveré para pintar más cuadros de lo que vi durante este viaje. Ahora soy un pintor desconocido… pero, cuando la gente vea esos cuadros, seré famoso. Estoy casi seguro de ello. Cuando vuelva, me gustaría que Inés, Maite y Álex vinieran conmigo. El viaje no sería tan divertido sin ellos.

recursos

I CD-ROM
Lección 16

SUGGESTION Have students look at the **Expresiones útiles**. Point out appropriate words and explain that students will learn more about the future tense, the conditional tense and the past subjunctive in this lesson's **Gramática** section.

ÁLEX

Hola, Mario:

Anoche volvimos a Quito. No quería que el viaje se acabara. Nos lo pasamos muy bien, incluso cuando se nos dañó el autobús cerca de Ibarra. Además, conocí a gente interesante, como Maite, que estudia para ser periodista. Es una chica guapa y muy inteligente. Durante el viaje, salimos juntos en varias ocasiones y creo que volveremos a vernos otra vez. Nunca se sabe, es posible que nos casemos un día de estos.

Tu amigo, Álex

MAITE

El viaje fue estupendo y me divertí muchísimo. Me sorprendió que mis amigos me organizaran una fiesta de cumpleaños en el restaurante El Cráter. Además, conocí a un chico encantador que se llama Álex. Me dijo que estaba pensando en empezar un negocio en Internet. En un primer momento, dudé que llegáramos a ser buenos amigos. Pero ahora me gustaría conocerlo mejor. ¿Quién sabe? Quizás nos convirtamos en algo más que amigos…

Expresiones útiles

Talking about future plans

Sé que muy pronto será famoso.
I know that soon he will be famous.
Creo que seremos buenos amigos.
I think we'll be good friends.
El próximo verano volveré para pintar más cuadros de lo que vi durante este viaje.
Next summer I'll return to paint more paintings of what I saw during this trip.
Cuando la gente vea esos cuadros, seré famoso.
When people see those paintings, I'll be famous.
Nunca se sabe, es posible que nos casemos un día de estos.
You never know, it's possible that we'll get married one of these days.

Reminiscing

Además, fue una oportunidad para que Javier y yo pudiéramos conocernos.
Besides, it was an opportunity for Javier and me to get to know each other.
Me sorprendió que mis amigos me organizaran una fiesta de cumpleaños en el restaurante El Cráter.
It surprised me that my friends organized a birthday party for me in the El Cráter restaurant.
Dudé que llegáramos a ser amigos.
I doubted that we would become friends.
No quería que el viaje se acabara.
I didn't want the trip to end.

Expressing hopes and wishes

Me gustaría conocerlo mejor.
I would like to get to know him better.
Cuando vuelva, me gustaría que Inés, Maite y Álex vinieran conmigo.
When I return, I would like Inés, Maite, and Álex to come with me.

2 SUGGESTION Ask students these additional questions: **¿Qué piensa Álex de Maite? (Es una chica guapa e inteligente.) ¿Se llevaron bien Inés y Javier en el viaje? (Sí) ¿Qué tipo de negocio quiere empezar Álex? (un negocio en Internet)**

2 EXPANSION What would Don Francisco say if he were to reminisce about his experiences with this group of travelers? Have students write a passage from his perspective to add to the episode. Use the passages from Inés, Javier, Maite, and Álex as models.

3 EXPANSION Have students interview each other in pairs about what they want to be doing in 10 years, 20 years, etc. Ask volunteers to report their partner's plans to the class.

¿Qué piensas?

1 Seleccionar Selecciona la respuesta más lógica para cada frase.

1. Inés cree que Javier será
   a. un bombero. (b.) un artista famoso.
   c. un científico.
2. Maite estaba sorprendida de que sus amigos le hubieran organizado
   (a.) una fiesta de cumpleaños. b. una excursión.
   c. una cena con Álex.
3. Javier volverá el próximo verano para
   a. correr. b. viajar. (c.) pintar.
4. Álex no quería que el viaje se acabara porque
   a. se le dañó la computadora. (b.) lo pasó muy bien.
   c. le gustó la comida de doña Rita.

2 Preguntas Responde a las siguientes preguntas.

1. ¿Se habían conocido Inés y Javier antes del viaje? ¿Cómo lo sabes?
   No, no se habían conocido antes del viaje. Inés dijo que conoció a Javier en el viaje.
2. ¿Qué piensa Maite de Álex?
   Maite piensa que Álex es encantador.
3. ¿Qué le gustó más del viaje a Javier?
   A Javier le gustó más el paisaje de las montañas.
4. ¿Qué opina Álex sobre su futuro con Maite?
   Opina que es posible que se casen.

3 La reunión En 20 años Maite, Álex, Inés y Javier se vuelven a reunir. En grupos, escriban un diálogo explicando qué ha pasado en sus vidas personales y profesionales después del viaje. Luego, representen el diálogo delante de la clase. Answers will vary.

Exploración

Las mujeres en el mundo del trabajo

SUGGESTION Other important professional Hispanic women include: **Antonia Novello** (former surgeon general of the United States), **Ellen Ochoa** (first Hispanic female astronaut), **Conchita Martínez** (Spain, 1994 Wimbledon winner) among others. Have students brainstorm other names to add to this list.

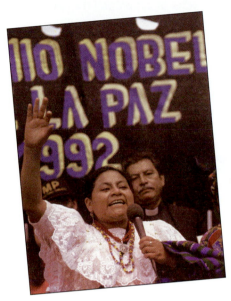

La indígena guatemalteca Rigoberta Menchú Tum recibió el Premio Nobel de la Paz en 1992. Es conocida por su trabajo en la defensa de los derechos de los pueblos indígenas. En 1983, publicó *Yo, Rigoberta Menchú,* un libro sobre su lucha (*fight*).

La diseñadora venezolana Carolina Herrera es considerada una de las figuras más importantes en el campo de la moda. Tiene mucho éxito en los Estados Unidos y en Latinoamérica. Su ropa es muy popular entre las mujeres profesionales por su estilo clásico y funcional.

EXPANSION To check comprehension, ask: **¿Quién es Rigoberta Menchú?** (una indígena guatemalteca conocida por su trabajo en la defensa de los derechos humanos en los pueblos indígenas. Ganó el Premio Nobel del la Paz en 1992.) **¿De dónde es Carolina Herrera?** (Venezuela) **¿Quién fue presidenta de Nicaragua?** (Violeta Barrios de Chamorro) **¿Quién fue la primera escritora latinoamericana que ganó el Premio Nobel de Literatura?** (Gabriela Mistral)

Observaciones

- **Gabriela Mistral** fue una poeta y diplomática chilena. En 1945 tuvo el honor de ser la primera escritora latinoamericana en recibir el Premio Nobel de Literatura.
- En 1996, el 49% de los estudiantes que se matricularon (*registered*) en los colegios técnicos públicos de Costa Rica eran mujeres.
- En 1999, **Mireya Moscoso** fue la primera mujer elegida (*elected*) presidenta de Panamá.

La primera mujer que gobernó un país de América Central fue **Violeta Barrios de Chamorro.** Fue presidenta de Nicaragua desde 1990 hasta 1997. Después, escribió sus memorias en un libro llamado *Sueños del corazón.*

Coméntalo

Con un(a) compañero/a, contesta las siguientes preguntas. Answers will vary.

- ¿Por qué son importantes estas mujeres en el mundo en general?
- En parejas, escojan una mujer profesional que admiran. ¿Qué cualidades admiran en esta persona?

EXPANSION Have students jot down their responses to **Coméntalo**. Then ask them to report what their partner said to the class.

recursos

vistahigher learning.com

16.1 The future tense

▶ You have already learned how to use **ir a** + [infinitive] to express the near future. You will now learn the future tense. Compare these different ways of expressing the future.

PRESENT INDICATIVE

Voy al cine mañana.
I'm going to the movies tomorrow.

PRESENT SUBJUNCTIVE

Ojalá **vaya al cine** mañana.
I hope I will go to the movies tomorrow.

IR A + INFINITIVE

Voy a ir al cine.
I'm going to go to the movies.

FUTURE

Iré al cine.
I will go to the movies.

<table>
<tr><td colspan="4">Future tense of regular verbs</td></tr>
<tr><th></th><th>estudiar</th><th>aprender</th><th>recibir</th></tr>
<tr><td>yo</td><td>estudiaré</td><td>aprenderé</td><td>recibiré</td></tr>
<tr><td>tú</td><td>estudiarás</td><td>aprenderás</td><td>recibirás</td></tr>
<tr><td>Ud./él/ella</td><td>estudiará</td><td>aprenderá</td><td>recibirá</td></tr>
<tr><td>nosotros/as</td><td>estudiaremos</td><td>aprenderemos</td><td>recibiremos</td></tr>
<tr><td>vosotros/as</td><td>estudiaréis</td><td>aprenderéis</td><td>recibiréis</td></tr>
<tr><td>Uds./ellos/ellas</td><td>estudiarán</td><td>aprenderán</td><td>recibirán</td></tr>
</table>

¡ojo!

All the forms of the future tense have written accents, except the **nosotros/as** form.

. . .

The future of **hay** (*inf.* **haber**) is **habrá** (*there will be*).

La próxima semana **habrá** dos reuniones. *Next week there will be two meetings.*

Habrá muchos gerentes en la conferencia. *There will be many managers at the conference.*

▶ In Spanish, the future tense consists of one word, whereas in English it is made up of *will* or *shall* and a main verb.

¿Cuándo **recibirás** el ascenso?
When will you receive the promotion?

Mañana **aprenderemos** más.
Tomorrow we will learn more.

▶ The future endings are the same for all verbs. For regular verbs, add the endings to the infinitive. For irregular verbs, add the endings to the irregular stem.

Irregular verbs in the future

INFINITIVE	STEM	FUTURE FORMS	INFINITIVE	STEM	FUTURE FORMS
decir	dir–	diré	saber	sabr–	sabré
hacer	har–	haré	salir	saldr–	saldré
poder	podr–	podré	tener	tendr–	tendré
poner	pondr–	pondré	venir	vendr–	vendré
querer	querr–	querré			

▶ Although *will* can refer to future time, it also refers to someone's willingness to do something. In this case, Spanish uses **querer** + [infinitive].

¿**Quieres llamarme**, por favor?
Will you please call me?

¿**Quieren ustedes escucharnos,** por favor?
Will you please listen to us?

INSTRUCTIONAL RESOURCES WB, LM, Lab CD/MP3, I CD-ROM, IRM (Audio Scripts & Instructor Annotations)
Refer students to the **recursos** box in **Ampliación** for complete information.

▶ English sentences involving expressions such as *I wonder, I bet, must be, may, might,* and *probably* are often conveyed in Spanish using the future of probability, a use of the future that expresses conjecture about present conditions, events, or actions.

¿Dónde **estarán** mis llaves?
I wonder where my keys are?

Estarán en la cocina.
They're probably in the kitchen.

▶ The future may be used in sentences in which the present subjunctive follows a conjunction of time such as **cuando, después (de) que, en cuanto, hasta que,** and **tan pronto como.**

Cuando llegues a la oficina, **hablaremos**.
When you arrive at the office, we will talk.

Saldremos tan pronto como termine su trabajo.
We will leave as soon as you finish your work.

Práctica y conversación

1 **Planes** Celia está hablando de sus planes. Repite lo que dice con el tiempo futuro.

MODELO
Voy a consultar un diccionario en la biblioteca.
Consultaré un diccionario en la biblioteca.

1. Julián me va a decir dónde puedo buscar trabajo.
Me dirá…
2. Voy a buscar un puesto que ofrezca ascensos.
Buscaré…
3. Voy a leer los anuncios clasificados todos los días.
Leeré…
4. Voy a obtener un puesto en mi especialización.
Obtendré…
5. Mis amigos van a intentar obtener un teletrabajo.
Intentarán…

2 **Preguntas** En parejas, túrnense para hablar del puesto que prefieren y por qué, basándose en los anuncios. Usen las preguntas como guía. Answers will vary.

SE BUSCA DIRECTOR
de mercadeo para empresa privada. Mínimo de 5 años de experiencia en turismo y conexiones con INTUR (Instituto Nicaragüense de Turismo) y ANTUR (Asociación Nicaragüense de Turismo Receptivo). Debe hablar inglés, español y alemán. Salario anual: 306,000 córdobas. Horario flexible. Buenos beneficios. Envíe currículum por fax al 492-38-67.

MUEBLERÍA MANAGUA
busca carpintero/a. Experiencia en fabricación de muebles finos. Horario: lunes a viernes de 7:30 a 11:30 y de 1:30 a 5:30. Sueldo semanal: 462 córdobas (y beneficios). Comenzará inmediatamente. Solicite en persona: Calle El Lago, Managua.

1. ¿Cuál será tu trabajo?
2. ¿Cuánto te pagarán?
3. ¿Te ofrecerán beneficios?
4. ¿Qué horario tendrás?
5. ¿Crees que te gustará?
6. ¿Cuándo comenzarás?

3 **Conversar** Tú y tu compañero/a viajarán a la República Dominicana. Conversen sobre dónde, cómo, con quién o cuándo harán las actividades escogidas. Answers will vary.

MODELO
Estudiante 1: ¿Qué haremos el martes?
Estudiante 2: Visitaremos el Jardín Botánico.

¡Bienvenido a la República Dominicana!

Se divertirá desde que llegue al Aeropuerto de las Américas.

- Visite la ciudad colonial de **Santo Domingo** con su interesante arquitectura.
- Vaya al **Jardín Botánico** y disfrute de nuestra abundante naturaleza.
- En el **Mercado Modelo,** no va a poder resistir la tentación de comprar artesanías.
- ¿Le gusta bucear? **Cabarete** tiene todo el equipo que Ud. necesita.
- ¿Desea nadar? **Punta Cana** le ofrece hermosas playas.

4 **Una empresa privada** En grupos pequeños, desarrollen planes para formar una empresa privada. Usen las preguntas como guía. Después presenten su plan a la clase. Answers will vary.

1. ¿Cómo se llamará y qué tipo de empresa será?
2. ¿Cuántos empleados tendrá y cuáles serán sus oficios?
3. ¿Qué tipo de beneficios se ofrecerán?
4. ¿Quién será el/la gerente y quién será el/la jefe/a?
5. ¿Permitirá su empresa el teletrabajo? ¿Por qué?
6. ¿Dónde pondrá anuncios para buscar empleados?

5 **Predicciones** Con dos o tres compañeros/as, especula sobre lo que ocurrirá en los siguientes años: 2010, 2030 y 2050. Usen su imaginación. Luego compartan sus predicciones con la clase. Answers will vary.

16.2 The conditional tense

▶ The conditional tense expresses what you would do or what would happen under certain circumstances. In Lesson 7, you learned the polite expression **me gustaría...** (*I would like...*), which uses a conditional form of **gustar**.

The conditional tense			
	visitar	**comer**	**aplaudir**
yo	visitaría	comería	aplaudiría
tú	visitarías	comerías	aplaudirías
Ud./él/ella	visitaría	comería	aplaudiría
nosotros/as	visitaríamos	comeríamos	aplaudiríamos
vosotros/as	visitaríais	comeríais	aplaudiríais
Uds./ellos/ellas	visitarían	comerían	aplaudirían

▶ The conditional endings are the same for all verbs and all forms carry a written accent. For regular verbs, add the endings to the infinitive. For irregular verbs, add the endings to the irregular stem.

INFINITIVE	STEM	CONDITIONAL	INFINITIVE	STEM	CONDITIONAL
decir	dir–	diría	querer	querr–	querría
haber	habr–	habría	saber	sabr–	sabría
hacer	har–	haría	salir	saldr–	saldría
poder	podr–	podría	tener	tendr–	tendría
poner	pondr–	pondría	venir	vendr–	vendría

¡ojo!

The conditional form of **hay** is **habría** (*there would be*).

▶ In English, the conditional is made up of *would* and a main verb, but in Spanish, it consists of one word.

Este aspirante **sería** perfecto para el puesto.
This candidate would be perfect for the job.

¿**Vivirían** ustedes en otro país por un trabajo?
Would you live in another country for a job?

Querría un puesto con un buen salario.
I would like a job with a good salary.

Ganarían más en otra compañía.
They would earn more in another company.

▶ The conditional is commonly used to make polite requests.

¿**Podrías** llamar al gerente, por favor?
Would you call the manager, please?

¿**Sería** tan amable de venir ahora?
Would you be so kind as to come now?

▶ In both Spanish and English, the conditional expresses the future in relation to a past action or state of being. The future indicates what *will happen*, whereas the conditional indicates what *would happen*. The future tense is often used if the main verb is in the present tense. The conditional is often used if the main verb is in one of the past tenses.

Creo que mañana **hará** sol.
I think it will be sunny tomorrow.

Creía que hoy **haría** sol.
I thought it would be sunny today.

 INSTRUCTIONAL RESOURCES WB, LM, Lab CD/MP3, I CD-ROM, IRM (Audio Scripts & Instructor Annotations)

▶ The English *would* can also mean *used to*, in the sense of past habitual action. To express past habitual actions, Spanish uses the imperfect.

Íbamos al parque los sábados.
We would go to the park on Saturdays.

De adolescentes, **comíamos** mucho.
As teenagers, we used to eat a lot.

▶ English sentences involving expressions such as *I wondered if, probably*, and *must have been* are often conveyed in Spanish using the conditional of probability, a use of the conditional that expresses conjecture or probability about *past* conditions, events, or actions.

Serían las nueve cuando el jefe me llamó.
It must have been 9 o'clock when the boss called.

Sonó el teléfono. ¿**Llamaría** Tina para cancelar la cita?
The phone rang. Could it be Tina calling to cancel the appointment?

Práctica y conversación

1 **Un viaje** A la empresa Día le gustaría tener una conferencia en Puerto Rico. Los empleados nos cuentan sus planes de viaje. Complétalos con el condicional.

1. Me _____gustaría_____ [gustar] venir unos días antes de la conferencia para viajar por el país.
2. Ana _____saldría_____ [salir] primero a la playa.
3. Yo _____diría_____ [decir] que fuéramos a San Juan.
4. Nosotras _____preferiríamos_____ [preferir] tener las reuniones por la mañana. Por la tarde _____podríamos_____ [poder] visitar la ciudad y los alrededores.
5. Y nosotros _____veríamos_____ [ver] la zona comercial de la ciudad. Y tú, Luisa, ¿qué _____harías_____ [hacer]?
6. El jefe _____tendría_____ [tener] interés en hacer una videoconferencia. Él _____visitaría_____ [visitar] los museos.

2 **Preguntas** Forma preguntas con las palabras que se dan en cada ocasión. Inventa las respuestas. Usa el condicional. Answers will vary.

MODELO
Hacer (ustedes) / videoconferencia / con / empresa en Chile
—¿Harían ustedes una videoconferencia con una empresa en Chile?
—Sí, haríamos una videoconferencia con una empresa en Chile.

1. contratar (tú) / primo / para / puesto nuevo
2. invertir (ellos) / dinero / en / compañía nueva
3. solicitar (ella) / trabajo / de abogado
4. renunciar (tú) / puesto / trabajo con más beneficios

3 **En tu lugar…** Lee las situaciones. Responde usando la frase **Yo en tu lugar…** (*If I were you…*). Después, compara tus ideas con las de un(a) compañero/a. Answers will vary.

MODELO
Me encanta mi puesto, pero mi jefe es muy pesado.
Estudiante 1: Me encanta mi puesto, pero mi jefe es muy pesado. ¡Nunca me deja hablar!
Estudiante 2: Pues, yo en tu lugar hablaría con mi jefe sobre este problema.

1. El año pasado escogí la contabilidad como mi especialización, pero ahora he descubierto que no me gusta trabajar con números todo el día.
2. Me ofrecen un puesto interesantísimo, pero tiene un horario horrible. No volveré a ver a mis amigos jamás.
3. Mi peluquero es maravilloso, pero se va de viaje por dos meses a San Juan. Los otros peluqueros que trabajan en su salón no me gustan. Y tengo que hacer varias presentaciones durante esos dos meses.

4 **¿Qué harías?** Quieres saber qué harían tus compañeros por un millón de dólares. Escribe ocho preguntas en el tiempo condicional. Circula por la clase y pregúntales a tus compañeros. Anota las respuestas e informa a la clase de los resultados de la encuesta. Answers will vary.

MODELO
Estudiante 1: ¿Trabajarías como cantante en Las Vegas?
Estudiante 2: Sí, lo haría. Sería muy interesante.

16.3 The past subjunctive

comparisons
NATIONAL STANDARDS

▶ The past subjunctive (**el imperfecto del subjuntivo**) is also called the imperfect subjunctive. Like the present subjunctive, it is used mainly in multiple-clause sentences that express will, influence, emotion, commands, indefiniteness, and non-existence.

¡ojo!

The past subjunctive endings are the same for all verbs. Also, note that the **nosotros/as** forms always have a written accent.

The past subjunctive			
	estudiar	**aprender**	**recibir**
yo	estudiara	aprendiera	recibiera
tú	estudiaras	aprendieras	recibieras
Ud./él/ella	estudiara	aprendiera	recibiera
nosotros/as	estudiáramos	aprendiéramos	recibiéramos
vosotros/as	estudiarais	aprendierais	recibierais
Uds./ellos/ellas	estudiaran	aprendieran	recibieran

No pensé que pudiera terminar la excursión.

▶ For *all* verbs, the past subjunctive is formed with the **Uds./ellos/ellas** form of the preterite. By dropping the **–ron** ending, you establish the stem for all the past subjunctive forms. You then add the past subjunctive endings.

INFINITIVE	PRETERITE FORM	STEM	PAST SUBJUNCTIVE
hablar	ellos hablaron	habla–	hablara, hablaras, habláramos
beber	ellos bebieron	bebie–	bebiera, bebieras, bebiéramos
escribir	ellos escribieron	escribie–	escribiera, escribieras, escribiéramos

Martín mostró mucho interés en que aprendiéramos sobre el medio ambiente.

▶ Verbs with irregular preterites use the same stems and endings in the past subjunctive.

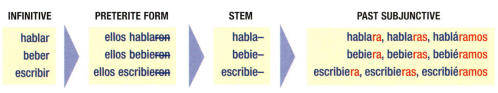

INFINITIVE	PRETERITE FORM	STEM	PAST SUBJUNCTIVE
dar	dieron	die–	diera, dieras, diéramos
decir	dijeron	dije–	dijera, dijeras, dijéramos
estar	estuvieron	estuvie–	estuviera, estuvieras, estuviéramos
hacer	hicieron	hicie–	hiciera, hicieras, hiciéramos
ir/ser	fueron	fue–	fuera, fueras, fuéramos
poder	pudieron	pudie–	pudiera, pudieras, pudiéramos
poner	pusieron	pusie–	pusiera, pusieras, pusiéramos
querer	quisieron	quisie–	quisiera, quisieras, quisiéramos
saber	supieron	supie–	supiera, supieras, supiéramos
tener	tuvieron	tuvie–	tuviera, tuvieras, tuviéramos
venir	vinieron	vinie–	viniera, vinieras, viniéramos

¡ojo!

Quisiera is often used to make polite requests.

Quisiera hablar con Marco.
I would like to speak to Marco.

¿Quisiera usted algo más?
Would you like anything else?

INSTRUCTIONAL RESOURCES WB, LM, Lab CD/MP3, I CD-ROM, IRM (Audio Scripts & Instructor Annotations)

▶ **–Ir** stem-changing verbs and other verbs with spelling changes follow a similar process.

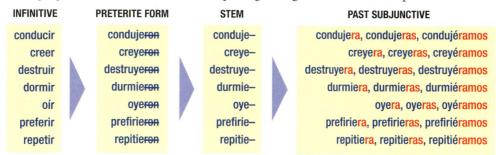

INFINITIVE	PRETERITE FORM	STEM	PAST SUBJUNCTIVE
conducir	condujeron	conduje–	condujera, condujeras, condujéramos
creer	creyeron	creye–	creyera, creyeras, creyéramos
destruir	destruyeron	destruye–	destruyera, destruyeras, destruyéramos
dormir	durmieron	durmie–	durmiera, durmieras, durmiéramos
oír	oyeron	oye–	oyera, oyeras, oyéramos
preferir	prefirieron	prefirie–	prefiriera, prefirieras, prefiriéramos
repetir	repitieron	repitie–	repitiera, repitieras, repitiéramos

▶ The past subjunctive is used the same as the present subjunctive, except that it describes actions or conditions that have already happened. The verb in the main clause is usually in the preterite or the imperfect.

Me pidieron que no **llegara** tarde.
They asked me not to arrive late.

Salió antes de que yo **pudiera** llamar.
He left before I could call.

Práctica y conversación

1 **Conversaciones** Completa los minidiálogos con el imperfecto del subjuntivo.

PACO ¿Qué le dijo el consejero a Andrés?

JULIA Le aconsejó que _dejara_ [dejar] los estudios de arte y que _estudiara_ [estudiar] una carrera que _pagara_ [pagar] mejor.

PACO ¿No se enojó él de que le _aconsejara_ [aconsejar] eso?

JULIA Sí, y le dijo que no creía que ninguna carrera le _fuera_ [ir] a gustar más.

• • •

EVA Qué lástima que ellos no te _ofrecieran_ [ofrecer] el puesto de gerente.

LUIS Querían a alguien que _tuviera_ [tener] experiencia.

EVA ¿No te molestó que te _dijeran_ [decir] eso?

LUIS No, me pidieron que _volviera_ [volver] en un año y _solicitara_ [solicitar] el puesto otra vez.

• • •

CARLA Cuánto me alegro de que tus hijas _vinieran_ [venir] ayer a visitarte. ¿Cuándo se van?

ANA Bueno, yo esperaba que se _quedaran_ [quedar] dos semanas, pero no pueden. Ojalá _pudieran_ [poder]. Hace muchísimo tiempo que no las veo.

2 **Transformar** Cambia las frases al pasado. Answers will vary.

MODELO
Temo que Juanita no consiga el trabajo.
Temía que Juanita no consiguiera el trabajo.

1. Esperamos que Miguel no renuncie.
   Esperábamos que Miguel no renunciara.
2. No hay nadie que responda al anuncio.
   No había nadie que respondiera al anuncio.
3. Me sorprende que ellos no inviertan su dinero.
   Me sorprendía que ellos no invirtieran su dinero.
4. Te piden que no llegues tarde a la oficina.
   Te pidieron que no llegaras tarde a la oficina.

3 **Minidiálogos** Trabajen en parejas. Uno/a ha comprado una casa; el/la otro/a es el/la responsable de las reformas (*improvements*) de la casa. El/la cliente/a llama para quejarse (*to complain*) de que no han hecho algunas reformas. Answers will vary.

MODELO
el/la técnico/a / conectar / módem
Estudiante 1: Le pedí al técnico que conectara el módem, pero todavía no ha venido.
Estudiante 2: Yo también le pedí que fuera a su casa.

1. el/la electricista / conectar / electricidad
2. el/la carpintero/a / construir / balcón
3. el/la diseñador(a) / escoger / muebles
4. el/la pintor(a) / pintar / paredes

1 SCRIPT For the script, see the Instructor's Resource Manual.

Ampliación

1 Escuchar 🎧

A Escucha la entrevista de la señora Sánchez y Rafael Ventura Romero. Antes de escucharla, prepara una lista de la información que esperas oír, según tu conocimiento previo (*prior knowledge*) del tema.

TIP **Use background knowledge/Listen for specific information.** Knowing the subject of what you're going to hear will help you use your background knowledge to anticipate words and phrases you're likely to hear, and to determine important information you should listen for.

Llena el formulario con la información necesaria. Si no oyes un dato (*piece of information*) que necesitas, escribe *Buscar en el currículum.* ¿Oíste toda la información de tu lista?

Puesto solicitado contador
Nombre y apellidos del solicitante Rafael Ventura Romero
Dirección Buscar en el currículum   **Tel.** Buscar en el currículum

Educación Universidad Politécnica de Nicaragua
Experiencia profesional: Puesto contador
Empresa Dulces González
¿Cuánto tiempo? 3 años durante las vacaciones de la universidad

Referencias:
Nombre Héctor Cruz
Dirección Buscar en el currículum   **Tel.** Buscar en el currículum

Nombre Prof. Armando Carreño
Dirección Buscar en el currículum   **Tel.** Buscar en el currículum

B ¿Cómo sabes si los resultados de la entrevista han sido positivos para Rafael Ventura?

Los resultados fueron positivos porque la jefa quiere que él empiece a trabajar antes de que se gradúe.

2 Conversar

Con un(a) compañero/a, conversen sobre sus planes para el futuro. Incluyan la siguiente información en su conversación.

- *¿Qué profesión u oficio seguirás en el futuro?*
- *¿Qué harás para tener éxito?*
- *¿Te mudarías de país por un puesto excelente?*
- *¿Estudiarás una especialización?*
- *¿Crees que serás multimillonario?*

recursos

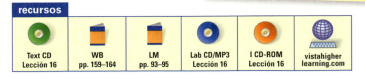

| Text CD Lección 16 | WB pp. 159–164 | LM pp. 93–95 | Lab CD/MP3 Lección 16 | I CD-ROM Lección 16 | vistahigher learning.com |

INSTRUCTIONAL RESOURCES Text CD, WB, LM, Lab CD/MP3, I CD-ROM (Activities & Quiz), Website, IRM
Inform students that the material listed in the **recursos** box applies to the complete **Gramática** section.

3 **Escribir** Escribe una composición sobre tus planes para el futuro. Formula planes para tu vida personal, profesional y financiera. Termina tu composición con una lista de metas. Answers will vary.

TIP **Use note cards.** Note cards (**fichas**) can help you organize your information. Label the top of each card with a general subject, such as **lugar** or **empleo**. Number the cards so you can easily flip through them to find information.

Organízalo	Utiliza fichas para apuntar cada plan o meta para el futuro. Asigna un año a cada meta.
Escríbelo	Organiza tus fichas y escribe el primer borrador de tu composición.
Corrígelo	Intercambia tu composición con un(a) compañero/a. Léela y anota sus mejores aspectos. ¿Habla de las metas específicas para su futuro? Ofrécele sugerencias para mejorar la organización. Si ves algunos errores, coméntaselos.
Compártelo	Revisa el primer borrador de tu composición según las indicaciones de tu compañero/a. Incorpora nuevas ideas y/o más información si es necesario, antes de escribir la versión final.

3 SUGGESTION Write these questions on the board to get students started: **¿Dónde vivirás? ¿Vivirás en la misma ciudad para siempre? ¿Te mudarás mucho? ¿Te casarás? ¿Tendrás hijos? ¿En qué trabajarás? ¿Ganarás mucho dinero? ¿Lo invertirás?**

3 EVALUATION

Criteria	Scale
Content	1 2 3 4
Organization	1 2 3 4
Use of vocabulary	1 2 3 4
Accuracy and mechanics	1 2 3 4
Creativity	1 2 3 4

Scoring

Excellent	18–20 points
Good	14–17 points
Satisfactory	10–13 points
Unsatisfactory	< 10 points

4 SUGGESTION Provide students with articles in Spanish about multinational companies and their products.

4 **Un paso más** Imagina que en el futuro trabajarás para una empresa multinacional que tiene sus oficinas más importantes en algún país hispano. Crea una cronología con texto y fotos de tu futura carrera profesional y compártela con la clase. Answers will vary.

- Escoge el país y busca información sobre las industrias y las compañías que operen allá.
- Describe la empresa y sus productos.
- Incluye fotos relacionadas con la empresa y con sus productos.
- Describe tu carrera, desde el comienzo hasta tu jubilación.
- Incluye los puestos que vas a tener en la empresa, y también fotos relacionadas con tu carrera.

En Internet

Investiga estos temas en el sitio vistahigherlearning.com.

- Empresas en el mundo hispano
- Industrias en el mundo hispano
- Compañías multinacionales en el mundo hispano

Antes de leer

Summarizing a text in your own words can help you understand it better. Before summarizing a text, you may find it helpful to skim it and jot down a few notes about its general meaning. You can then read the text again, writing down important details or noting special characteristics that occur in the text. Your notes will help you summarize what you have read.

The reading selection for this lesson consists of a brief story by Augusto Monterroso. What special characteristics in this text could help you summarize it? Skim the short story and jot down your ideas.

_____

_____

_____

Sobre el autor

Augusto Monterroso (1921–), escritor guatemalteco. Monterroso tiene un estilo conciso, sencillo (*simple*) y accesible. Su trabajo incluye la parodia, el humor negro, la fábula y el ensayo.

SUGGESTION Introduce the author and his style, then discuss the meaning of **la parodia, el humor negro** and **la fábula.**

SUGGESTION Do the **Antes de leer** task as a whole class before you assign the reading and **¿Comprendiste?** and **Preguntas** as homework. Have students share their notes.

EXPANSION To further check comprehension, ask students about the importance of the famous characters in the footnotes. Why did the author include Sir James Calisher, Sir Isaac Newton, and Sir Arthur Conan Doyle?

TEACHING OPTION Write on the board: **Un grupo de personsas se gradúa el mismo día, pero ¿qué pasa después?** Have the class model the writing style of Augusto Monterroso by creating a similar short story. As a class, create a repetitive introductory paragraph, then assign students to write their different endings. After volunteers have read aloud their responses, brainstorm an appropriate ending.

recursos

vistahigher
learning.com

Imaginación y Destino

Augusto Monterroso

En la calurosa tarde de verano un hombre descansa acostado, viendo al cielo, bajo un árbol; una manzana cae sobre su cabeza; tiene imaginación, se va a su casa y escribe la Oda a Eva.

En la calurosa tarde de verano un hombre descansa acostado, viendo al cielo, bajo un árbol; una manzana cae sobre su cabeza; tiene imaginación, se va a su casa y establece la Ley de la Gravitación Universal.

En la calurosa tarde de verano un hombre descansa acostado, viendo al cielo, bajo un árbol; una manzana cae sobre su cabeza; tiene imaginación, observa que el árbol no es un manzano sino una encina y descubre, oculto entre las ramas, al muchacho travieso del pueblo que se entretiene arrojando manzanas a los señores que descansan bajo los árboles, viendo al cielo, en las calurosas tardes del verano.

El primero era, o se convierte entonces para siempre en el poeta sir James Calisher; el segundo era, o se convierte entonces para siempre en el físico sir Isaac Newton[1]; el tercero pudo ser o convertirse entonces para siempre en el novelista sir Arthur Conan Doyle[2]; pero se convierte, o era ya irremediablemente desde niño, en el Jefe de Policía de San Blas, S.B.[3]

[1] Sir Isaac Newton (1642–1727), matemático y físico británico. Es considerado uno de los científicos más importantes de la historia. Formuló la Ley de la Gravitación Universal.
[2] Sir Arthur Conan Doyle (1859–1930), escritor británico. Sus más famosos protagonistas son Sherlock Holmes y su ayudante, el doctor Watson.
[3] S.B. Abreviatura para San Blas, una isla en Panamá. Una de las novelas de Monterroso tiene lugar en San Blas.

acostado *lying down* viendo *looking up* Ley *law* encina *oak tree* oculto *hidden* ramas *branches* travieso *mischievous* se entretiene *entertains himself* arrojando *throwing*

Después de leer

¿Comprendiste?

1. ¿Qué estación del año es y qué tiempo hace?

Es verano y hace calor.

2. ¿Qué hace el primer hombre después de descansar?

El primer hombre, después de descansar, escribe un poema.

3. ¿Qué hace el segundo hombre después de descansar?

El segundo hombre, después de descansar, establece la Ley de la Gravitación Universal.

4. ¿Qué encuentra el tercer hombre en el árbol?

El tercer hombre, encuentra al muchacho travieso del pueblo.

5. ¿Cuáles son las profesiones de estos tres hombres al final del cuento?

El primer hombre es poeta, el segundo es físico y el tercero es policía.

Preguntas   Answers will vary.

1. ¿Por qué lleva el cuento el título "Imaginación y Destino"?

2. ¿Por qué utiliza el autor tanta repetición?

3. La misma cosa les ocurre a los tres hombres, pero tienen reacciones distintas. ¿Por qué?

4. El autor escribe "o era ya irremediablemente desde niño". ¿Qué significa esta frase en relación con el resto del cuento?

5. Imagina que hay una cuarta persona en la historia. Escribe un párrafo en el estilo del autor sobre qué le pasa a esta persona "cuando una manzana cae sobre su cabeza…"

Coméntalo   Answers will vary.

En el cuento, los tres personajes tienen la misma experiencia con distintos resultados. ¿Has tenido una experiencia así? Un ejemplo es la graduación: un grupo de personas se gradúa el mismo día, pero ¿qué pasa después? ¿Crees que podemos controlar nuestros destinos? ¿Afectarán tus experiencias actuales tu futuro? ¿Cómo sabes qué profesión quieres ejercer (*carry out*) en el futuro?

Las ocupaciones

el/la abogado/a	lawyer
el actor	actor
la actriz	actress
el/la arqueólogo/a	archaeologist
el/la arquitecto/a	architect
el bailarín	dancer
la bailarina	dancer
el/la bombero/a	firefighter
el/la cantante	singer
el/la carpintero/a	carpenter
el/la científico/a	scientist
el/la cocinero/a	cook; chef
el/la consejero/a	counselor; advisor
el/la contador(a)	accountant
el/la corredor(a) de bolsa	stockbroker
el/la diseñador(a)	designer
el/la electricista	electrician
el/la escritor(a)	writer
el/la escultor(a)	sculptor
el/la gerente	manager
el hombre/la mujer de negocios	businessperson
el/la jefe/a	boss
el/la maestro/a	elementary school teacher
el/la peluquero/a	hairdresser
el/la pintor(a)	painter
el/la poeta	poet
el/la político/a	politician
el/la psicólogo/a	psychologist
el/la reportero/a	reporter
el/la secretario/a	secretary
el/la técnico/a	technician

Las entrevistas

el anuncio	advertisement
el/la aspirante	candidate; applicant
los beneficios	benefits
el currículum	résumé
la entrevista	interview
el/la entrevistador(a)	interviewer
el puesto	position; job
el salario	salary
la solicitud (de trabajo)	(job) application
el sueldo	salary
contratar	to hire
entrevistar	to interview
ganar	to earn
obtener	to obtain; to get
solicitar	to apply (for a job)

El mundo del trabajo

el ascenso	promotion
el aumento de sueldo	raise
la carrera	career
la compañía	company; firm
el empleo	job; employment
la empresa	company; firm
la especialización	field of study
los negocios	business; commerce
la ocupación	occupation
el oficio	trade
la profesión	profession
la reunión	meeting
el teletrabajo	telecommuting
el trabajo	job; work
la videoconferencia	videoconference
dejar	to quit; to leave behind
despedir (e:i)	to fire
invertir (e:ie)	to invest
renunciar (a)	to resign (from)
tener éxito	to be successful
comercial	commercial; businessrelated

Otras palabras y expresiones

dentro de (diez años)	within (ten years)
en el futuro	in the future
el porvenir	the future
próximo/a	next

Expresiones útiles	See page 355.

recursos

LM p. 95	Lab CD/MP3 Lección 16	Vocab CD Lección 16

INSTRUCTIONAL RESOURCES LM, Lab CD/MP3, Vocab CD, IRM, Tests

¡VIVAN LOS PAÍSES HISPANOS!

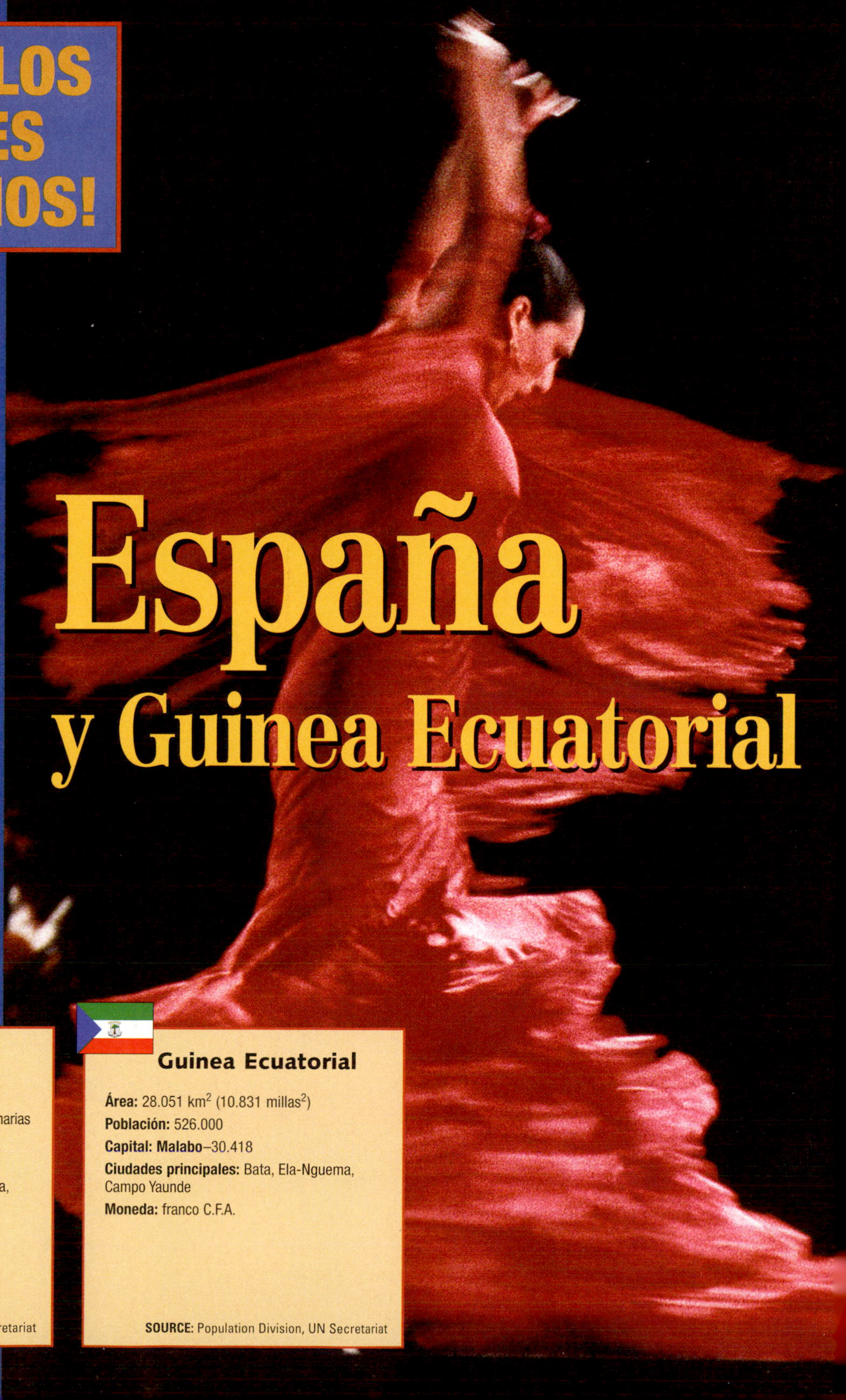

Una mujer baila flamenco en Sevilla. El flamenco, el baile y su música, expresa las pasiones de la gente de España. Tiene raíces (*roots*) judías (*Jewish*), árabes y africanas. Hoy es popular en todo el mundo. ¿Te gusta la música flamenca?

España
y Guinea Ecuatorial

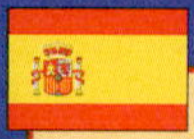

España

Área: 504.750 km^2 (194.884 millas^2), incluyendo las islas Baleares y las islas Canarias

Población: 39.874.000

Capital: Madrid–3.976.000

Ciudades principales: Barcelona, Valencia, Sevilla, Zaragoza

Moneda: euro

SOURCE: Population Division, UN Secretariat

Guinea Ecuatorial

Área: 28.051 km^2 (10.831 millas^2)

Población: 526.000

Capital: Malabo–30.418

Ciudades principales: Bata, Ela-Nguema, Campo Yaunde

Moneda: franco C.F.A.

SOURCE: Population Division, UN Secretariat

Lugares

Madrid: La Plaza Mayor

La Plaza Mayor de Madrid es uno de los lugares turísticos más importantes de Madrid. Fue construida (*was built*) en 1617 y está totalmente rodeada (*surrounded*) por edificios (*buildings*) de tres pisos con balcones y pórticos antiguos. En la Plaza Mayor hay muchas cafeterías, donde la gente pasa el tiempo bebiendo café y hablando con amigos.

Celebraciones

La Tomatina

En Buñol, un pequeño pueblo de Valencia, la producción de tomates es un recurso (*resource*) muy importante. Cada año en agosto se celebra el festival de La Tomatina. Durante todo un día, miles de personas se arrojan (*throw*) tomates unas a otras. Llegan turistas de todo el mundo y se usan varias toneladas (*tons*) de tomates.

Mar Cantábrico

La Coruña

Salamanca

Madrid

PORTUGAL

ESPAÑA

Sevilla

Estrecho de Gibraltar

Ceuta

MARRUECOS

Islas Canarias

La Palma

Tenerife

Gran Canaria

Lanzarote

Fuerteventura

Gomera

Hierro

INSTRUCTIONAL RESOURCES WB, VM, Website, OT, IRM, Ph Video, Ph DVD, I CD-ROM

FRANCIA

n Sebastián

Pirineos

ANDORRA

Zaragoza

Barcelona

Islas
Baleares

Menorca

Valencia

Mallorca

Ibiza

Mar
Mediterráneo

ÁFRICA

CAMERÚN

Malabo

elilla

GUINEA
ECUATORIAL

GABÓN

Artes

Velázquez y el Prado

El Prado, en Madrid, es uno de los museos más famosos del mundo. En el Prado hay miles de pinturas importantes, incluyendo obras (*works*) de Botticelli, el Greco y los españoles Goya y Velázquez. Diego Velázquez pintó *Las Meninas* en 1656 y es su obra más famosa. Actualmente, *Las Meninas* está en el Museo del Prado.

Lenguaje

El español en África

La presencia del idioma español en África es legado (*legacy*) de la historia colonial del continente. En la costa del Mar Mediterráneo, al noroeste de África, se encuentran Ceuta y Melilla y cerca de la costa de Marruecos están las islas Canarias. En estas tres comunidades se habla español porque son territorio de España.

En la costa oeste del continente africano se encuentra Guinea Ecuatorial, conocida como Guinea Española hasta su independencia de España en 1968. En este país el español es uno de los idiomas oficiales, junto al francés, el fang, el ibo y el bubi. La isla Bioko es donde predomina el uso del español y donde está la capital del país.

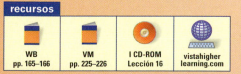

recursos

| WB pp. 165–166 | VM pp. 225–226 | I CD-ROM Lección 16 | vistahigher learning.com |

¿Qué aprendiste?

1 **¿Cierto o falso?** Indica si las siguientes frases son **ciertas** o **falsas**.

Cierto	Falso	
	✓	**1.** La moneda de España es la peseta.
	✓	**2.** El flamenco es un instrumento musical.
✓		**3.** El flamenco es hoy popular en todo el mundo.
	✓	**4.** En la Plaza Mayor no hay cafeterías.
✓		**5.** La Plaza Mayor fue construida en 1617.
✓		**6.** En Buñol, los tomates son un recurso importante.
	✓	**7.** Durante La Tomatina, se arrojan pelotas.
✓		**8.** El español es una de las lenguas oficiales de Guinea Ecuatorial.
✓		**9.** En el Museo del Prado hay miles de pinturas importantes.
	✓	**10.** *Las Meninas* es la obra más famosa de Botticelli.

2 **Preguntas** Contesta las siguientes preguntas con frases completas.

1. ¿Qué expresa el flamenco? El flamenco expresa las pasiones de la gente de España.

2. ¿Qué hace la gente en las cafeterías de la Plaza Mayor?
En las cafeterías de la Plaza Mayor la gente pasa el tiempo bebiendo café y hablando con amigos.

3. ¿Crees que el festival de La Tomatina es triste? ¿Crees que es divertido (*fun*)? ¿Por qué? Answers will vary.

4. ¿En qué país africano se habla español? Se habla español en Guinea Ecuatorial.

5. ¿Por qué crees que el Prado es uno de los museos más importantes del mundo?
El Prado es uno de los museos más famosos del mundo porque allí hay miles de pinturas importantes.

6. ¿Por qué se habla español en África?
Se habla español en África debido a la historia colonial del continente.

En Internet

Busca más información sobre estos temas en el sitio vistahigherlearning.com. Presenta la información a tus compañeros/as de clase.

- La Plaza Mayor
- La Tomatina
- Velázquez y el Prado
- Guinea Ecuatorial

Glossary of Grammatical Terms

ADJECTIVE A word that modifies or describes a noun or pronoun.

muchos libros	un hombre **rico**
many books	*a **rich** man*
las mujeres **altas**	
*the **tall** women*	

Demonstrative adjective An adjective that points out a specific noun.

esta fiesta	**ese** chico
this party	*that boy*
aquellas flores	
those flowers	

Possessive adjective An adjective that indicates ownership or possession.

mi mejor vestido	Éste es **mi** hermano.
my best dress	*This is **my** brother.*

Stressed possessive adjective A possessive adjective that emphasizes the owner or possessor.

Es un libro **mío**.
*It's **my book**./It's a book **of mine**.*

Es amiga **tuya**; yo no la conozco.
*She's a friend **of yours**; I don't know her.*

ADVERB A word that modifies or describes a verb, adjective, or another adverb.

Pancho escribe **rápidamente**.
*Pancho writes **quickly**.*

Este cuadro es **muy** bonito.
*This picture is **very** pretty.*

ARTICLE A word that points out either a specific (definite) noun or a non-specific (indefinite) noun.

Definite article An article that points out a specific noun.

el libro	**la** maleta
the book	*the suitcase*
los diccionarios	**las** palabras
the dictionaries	*the words*

Indefinite article An article that points out a noun in a general, non-specific way.

un lápiz	**una** computadora
a pencil	*a computer*
unos pájaros	**unas** escuelas
some birds	*some schools*

CLAUSE A group of words that contains both a conjugated verb and a subject, either expressed or implied.

Main (or Independent) clause A clause that can stand alone as a complete sentence.

Pienso ir a cenar pronto.
I plan to go to dinner soon.

Subordinate (or Dependent) clause A clause that does not express a complete thought and therefore cannot stand alone as a sentence.

Trabajo en la cafetería **porque necesito dinero para la escuela**.

*I work in the cafeteria **because I need money for school**.*

COMPARATIVE A word or construction used with an adjective or adverb to express a comparison between two people, places, or things.

Este programa es **más interesante que** el otro.
*This program is **more interesting than** the other one.*

Tomás no es **tan alto como** Alberto.
*Tomás is not **as tall as** Alberto.*

CONJUGATION A set of the forms of a verb for a specific tense or mood or the process by which these verb forms are presented.

Preterite conjugation of **cantar**

cant**é**	cant**amos**
cant**aste**	cant**asteis**
cant**ó**	cant**aron**

CONJUNCTION A word or phrase used to connect words, clauses, or phrases.

Susana es de Cuba **y** Pedro es de España.
*Susana is from Cuba **and** Pedro is from Spain.*

No quiero estudiar, **pero** tengo que hacerlo.
*I don't want to study, **but** I have to do it.*

CONTRACTION The joining of two words into one. The only contractions in Spanish are **al** and **del**.

Mi hermano fue **al** concierto ayer.
*My brother went **to the** concert yesterday.*

Saqué dinero **del** banco.
*I took money **from the** bank.*

DIRECT OBJECT A noun or pronoun that directly receives the action of the verb.

Tomás lee **el libro**.   **La** pagó ayer.
*Tomás reads **the book**.*   *She paid **it** yesterday.*

GENDER The grammatical categorizing of certain kinds of words, such as nouns and pronouns, as masculine, feminine, or neuter.

Masculine
articles **el**, un**o**
pronouns **él**, l**o**, mí**o**, ést**e**, és**e**, aquell**o**
adjective simpátic**o**

Feminine
articles **la**, un**a**
pronouns **ella**, l**a**, mí**a**, ést**a**, és**a**, aquéll**a**
adjective simpátic**a**

IMPERSONAL EXPRESSION A third-person expression with no expressed or specific subject.

Es muy importante.   **Llueve** mucho.
***It's very important**.*   ***It's raining** hard.*

INDIRECT OBJECT A noun or pronoun that receives the action of the verb indirectly; the object, often a living being, to or for whom an action is performed.

Eduardo **le** dio un libro **a Linda**.
*Eduardo gave a book **to Linda**.*

La profesora **me** dio una C en el examen.
*The professor gave **me** a C on the test.*

INFINITIVE The basic form of a verb. Infinitives in Spanish end in –**ar**, –**er**, or –**ir**.

hablar	**correr**	**abrir**
to speak	*to run*	*to open*

INTERROGATIVE An adjective or pronoun used to ask a question.

¿Quién habla?   **¿Cuántos** compraste?
***Who** is speaking?*   ***How many** did you buy?*

¿Qué piensas hacer hoy?
***What** do you plan to do today?*

INVERSION Changing the word order of a sentence, often to form a question.

Statement: Elena pagó la cuenta del restaurante.

Inversion: ¿Pagó Elena la cuenta del restaurante?

MOOD A grammatical distinction of verbs that indicates whether the verb is intended to make a statement or command, or to express a doubt, emotion, or condition contrary to fact.

Imperative mood Verb forms used to make commands.

Di la verdad.   **Caminen ustedes conmigo**.
***Tell the truth**.*   ***Walk with me**.*

¡Comamos ahora!
Let's eat now!

Indicative mood Verb forms used to state facts, actions, and states considered to be real.

Sé que **tienes** el dinero.
***I know** that **you have** the money.*

Subjunctive mood Verb forms used principally in subordinate (or dependent) clauses to express wishes, desires, emotions, doubts, and certain conditions, such as contrary-to-fact situations.

Prefieren que **hables** en español.
*They prefer that **you speak** in Spanish.*

Dudo que Luis **tenga** el dinero necesario.
*I doubt that Luis **has** the necessary money.*

NOUN A word that identifies people, animals, places, things, and ideas.

hombre	gato	México
man	*cat*	*Mexico*
casa	libertad	
house	*freedom*	

NUMBER A grammatical term that refers to singular or plural. Nouns in Spanish and English have number. Other parts of a sentence, such as adjectives, articles, and verbs, can also have number.

Singular	Plural
una cosa	unas cosas
a thing	*some things*
el profesor	los profesores
the professor	*the professors*

NUMBERS Words that represent amounts.

Cardinal numbers Words that show specific amounts.

cinco minutos	el año dos mil dos
five minutes	*the year 2002*

Ordinal numbers Words that indicate the order of a noun in a series.

el cuarto jugador	la décima hora
the fourth player	*the tenth hour*

PAST PARTICIPLE A past form of the verb used in compound tenses. The past participle may also be used as an adjective, but it must then agree in number and gender with the word it modifies.

Han **buscado** por todas partes.
They have searched everywhere.

Yo no había **estudiado** para el examen.
I hadn't studied for the exam.

Hay una **ventana rota** en la sala.
There is a broken window in the living room.

PERSON The form of the verb or pronoun that indicates the speaker, the one spoken to, or the one spoken about. In Spanish, as in English, there are three persons: first, second, and third.

Person	Singular	Plural
1st	yo *I*	nosotros/as *we*
2nd	tú, Ud. *you*	vosotros/as, Uds. *you*
3rd	él, ella *he/she*	ellos, ellas *they*

PREPOSITION A word that describes the relationship, most often in time or space, between two other words.

Anita es **de** California.
Anita is from California.

La chaqueta está **en** el carro.
The jacket is in the car.

¿Quieres hablar **con** ella?
Do you want to talk to her?

PRESENT PARTICIPLE In English, a verb form that ends in –*ing*. In Spanish, the present participle ends in **–ndo**, and is often used with **estar** to form a progressive tense.

Mi hermana está **hablando** por teléfono ahora mismo.
My sister is talking on the phone right now.

PRONOUN A word that takes the place of a noun or nouns.

Demonstrative pronoun A pronoun that takes the place of a specific noun.

Quiero **ésta**.
I want this one.

¿Vas a comprar **ése**?
Are you going to buy that one?

Juan prefirió **aquéllos**.
Juan preferred those (over there).

Object pronoun A pronoun that functions as a direct or indirect object of the verb.

Te digo la verdad.	**Me lo** trajo Juan.
I'm telling you the truth.	*Juan brought it to me.*

Reflexive pronoun A pronoun that indicates that the action of a verb is performed by the subject on itself. These pronouns are often expressed in English with –self: *myself, yourself,* etc.

Yo **me bañé** antes de salir.
*I **bathed (myself)** before going out.*

Elena **se acostó** a las once y media.
*Elena **went to bed** at eleven-thirty.*

Relative pronoun A pronoun that connects a subordinate clause to a main clause.

El chico **que** nos escribió viene a visitarnos mañana.
*The boy **who** wrote us is coming to visit us tomorrow.*

Ya sé **lo que** tenemos que hacer.
*I already know **what** we have to do.*

Subject pronoun A pronoun that replaces the name or title of a person or thing and acts as the subject of a verb.

Tú debes estudiar más.   **Él** llegó primero.
***You** should study more.*   ***He** arrived first.*

SUBJECT A noun or pronoun that performs the action of a verb and is often implied by the verb.

María va al supermercado.
***María** goes to the supermarket.*

(Ellos) Trabajan mucho.
***They** work hard.*

Esos **libros** son muy caros.
*Those **books** are very expensive.*

SUPERLATIVE A word or construction used with an adjective or adverb to express the highest or lowest degree of a specific quality among three or more people, places, or things.

Entre todas mis clases, ésta es la **más interesante**.
*Among all my classes, this is the **most interesting**.*

Raúl es el **menos simpático** de los chicos.
*Raúl is the **least pleasant** of the boys.*

TENSE A set of verb forms that indicates the time of an action or state: past, present, or future.

Compound tense A two-word tense made up of an auxiliary verb and a present or past participle. In Spanish, there are two auxiliary verbs: **estar** and **haber**.

En este momento, **estoy estudiando**.
*At this time, **I am studying**.*

El paquete no **ha llegado** todavía.
*The package **has** not **arrived** yet.*

Simple tense A tense expressed by a single verb form.

María **estaba** mal anoche.
*María **was** ill last night.*

Juana **hablará** con su mamá mañana.
*Juana **will** speak with her mom tomorrow.*

VERB A word that expresses actions or states of being.

Auxiliary verb A verb used with a present or past participle to form a compound tense. **Haber** is the most commonly used auxiliary verb in Spanish.

Los chicos **han** visto los elefantes.
*The children **have** seen the elephants.*

Espero que **hayas** comido.
*I hope you **have** eaten.*

Reflexive verb A verb that describes an action performed by the subject on itself and is always used with a reflexive pronoun.

Me compré un carro nuevo.
I bought myself *a new car.*

Pedro y Adela **se levantan** muy temprano.
*Pedro and Adela **get (themselves) up** very early.*

Spelling change verb A verb that undergoes a predictable change in spelling in order to reflect its actual pronunciation in the various conjugations.

practicar	c → qu	practico	practi**qué**
dirigir	g → j	diri**jo**	dirigí
almorzar	z → c	almor**zó**	almor**cé**

Stem-changing verb A verb whose stem vowel undergoes one or more predictable changes in the various conjugations.

entender (i:ie)	ent**ie**ndo
pedir (e:i)	p**i**den
dormir (o:ue, u)	d**ue**rmo, d**u**rmieron

377

Verb Conjugation Tables

The verb lists

The list of verbs below and the model-verb tables that start on page 380 show you how to conjugate every verb taught in ¡VIVA! Each verb in the list is followed by a model verb conjugated according to the same pattern. The number in parentheses indicates where in the tables you can find the conjugated forms of the model verb. If you want to find out how to conjugate **divertirse**, for example, look up number 33, **sentir**, the model for verbs that follow the **i:ie** stem-change pattern.

How to use the verb tables

In the tables you will find the infinitive, past and present participles, and all the simple forms of each model verb. The formation of the compound tenses of any verb can be inferred from the table of compound tenses, pages 380–387, either by combining the past participle of the verb with a conjugated form of **haber** or combining the present participle with a conjugated form of **estar**.

abrazar (z:c) like cruzar (37)

abrir like vivir (3) *except* past participle is abierto

aburrir(se) like vivir (3)

acabar de like hablar (1)

acampar like hablar (1)

acompañar like hablar (1)

aconsejar like hablar (1)

acordarse (o:ue) like contar (24)

acostarse (o:ue) like contar (24)

adelgazar (z:c) like cruzar (37)

afeitarse like hablar (1)

ahorrar like hablar (1)

alegrarse like hablar (1)

aliviar like hablar (1)

almorzar (o:ue) like contar (24) *except* (z:c)

alquilar like hablar (1)

anunciar like hablar (1)

apagar (g:gu) like llegar (41)

aplaudir like vivir (3)

apreciar like hablar (1)

aprender like comer (2)

apurarse like hablar (1)

arrancar (c:qu) like tocar (43)

arreglar like hablar (1)

asistir like vivir (3)

aumentar like hablar (1)

ayudar(se) like hablar (1)

bailar like hablar (1)

bajar(se) like hablar (1)

bañarse like hablar (1)

barrer like comer (2)

beber like comer (2)

besar(se) like hablar (1)

brindar like hablar (1)

bucear like hablar (1)

buscar (c:qu) like tocar (43)

caber (4)

caer(se) (5)

calentarse (e:ie) like pensar (30)

calzar (z:c) like cruzar (37)

cambiar like hablar (1)

caminar like hablar (1)

cantar like hablar (1)

casarse like hablar (1)

celebrar like hablar (1)

cenar like hablar (1)

cepillarse like hablar (1)

cerrar (e:ie) like pensar (30)

chocar (c:qu) like tocar (43)

cobrar like hablar (1)

cocinar like hablar (1)

comenzar (e:ie) (z:c) like empezar (26)

comer (2)

compartir like vivir (3)

comprar like hablar (1)

comprender like comer (2)

comprometerse like comer (2)

comunicarse (c:qu) like tocar (43)

conducir (c:zc) (6)

confirmar like hablar (1)

conocer (c:zc) (35)

conseguir (e:i) like seguir (32)

conservar like hablar (1)

consumir like vivir (3)

contaminar like hablar (1)

contar (o:ue) (24)

controlar like hablar (1)

correr like comer (2)

costar (o:ue) like contar (24)

creer (y) (36)

cruzar (z:c) (37)

cubrir like vivir (3) *except* past participle is cubierto

cuidar like hablar (1)

cumplir like vivir (3)

dañar like hablar (1)

dar(se) (7)

deber like comer (2)

decidir like vivir (3)

decir (e:i) (8)

declarar like hablar (1)

dejar like hablar (1)

depositar like hablar (1)

desarrollar like hablar (1)

desayunar like hablar (1)

descansar like hablar (1)

describir like vivir (3) *except* past participle is descrito

descubrir like vivir (3) *except* past participle is descubierto

desear like hablar (1)

despedirse (e:i) like pedir (29)

despertarse (e:ie) like pensar (30)

destruir (y) (38)

dibujar like hablar (1)

disfrutar like hablar (1)

divertirse (e:ie) like sentir (33)

divorciarse like hablar (1)

doblar like hablar (1)

doler (o:ue) like volver (34) *except* past participle is regular

dormir(se) (o:ue) (25)

ducharse like hablar (1)

dudar like hablar (1)

durar like hablar (1)

echar like hablar (1)

elegir (e:i) like pedir (29) *except* (g:j)

emitir like vivir (3)

empezar (e:ie) (z:c) (26)

enamorarse like hablar (1)

encantar like hablar (1)

encontrar(se) (o:ue) like contar (24)

enfermarse like hablar (1)

enojarse like hablar (1)
enseñar like hablar (1)
ensuciar like hablar (1)
entender (e:ie) (27)
entrenarse like hablar (1)
entrevistar like hablar (1)
enviar (envío) (39)
escalar like hablar (1)
escribir like vivir (3) *except* past participle is escrito
escuchar like hablar (1)
esculpir like vivir (3)
esperar like hablar (1)
esquiar (esquío) like enviar (39)
establecer (c:zc) like conocer (35)
estacionar like hablar (1)
estar (9)
estornudar like hablar (1)
estudiar like hablar (1)
evitar like hablar (1)
explicar (c:qu) like tocar (43)
explorar like hablar (1)
faltar like hablar (1)
fascinar like hablar (1)
firmar like hablar (1)
fumar like hablar (1)
funcionar like hablar (1)
ganar like hablar (1)
gastar like hablar (1)
graduarse (gradúo) (40)
guardar like hablar (1)
gustar like hablar (1)
haber (hay) (10)
hablar (1)
hacer (11)
importar like hablar (1)
imprimir like vivir (3)
informar like hablar (1)
insistir like vivir (3)
interesar like hablar (1)
invertir (e:ie) like sentir (33)
invitar like hablar (1)
ir(se) (12)
jubilarse like hablar (1)
jugar (u:ue) (g:gu) (28)
lastimarse like hablar (1)
lavar(se) like hablar (1)

leer (y) like creer (36)
levantar(se) like hablar (1)
limpiar like hablar (1)
llamar(se) like hablar (1)
llegar (g:gu) (41)
llenar like hablar (1)
llevar(se) like hablar (1)
llover (o:ue) like volver (34) *except* past participle is regular
luchar like hablar (1)
mandar like hablar (1)
manejar like hablar (1)
mantener(se) (e:ie) like tener (20)
maquillarse like hablar (1)
mejorar like hablar (1)
merendar (e:ie) like pensar (30)
mirar like hablar (1)
molestar like hablar (1)
montar like hablar (1)
morir (o:ue) like dormir (25) *except* past participle is muerto
mostrar (o:ue) like contar (24)
mudarse like hablar (1)
nacer (c:zc) like conocer (35)
nadar like hablar (1)
navegar (g:gu) like llegar (41)
necesitar like hablar (1)
negar (e:ie) like pensar (30) *except* (g:gu)
nevar (e:ie) like pensar (30)
obedecer (c:zc) like conocer (35)
obtener (e:ie) like tener (20)
ocurrir like vivir (3)
odiar like hablar (1)
ofrecer (c:zc) like conocer (35)
oír (y) (13)
olvidar like hablar (1)
pagar (g:gu) like llegar (41)
parar like hablar (1)
parecer (c:zc) like conocer (35)
pasar like hablar (1)
pasear like hablar (1)
patinar like hablar (1)
pedir (e:i) (29)
peinarse like hablar (1)
pensar (e:ie) (30)

perder (e:ie) like entender (27)
pescar (c:qu) like tocar (43)
pintar like hablar (1)
planchar like hablar (1)
poder (o:ue) (14)
poner(se) (15)
practicar (c:qu) like tocar (43)
preferir (e:ie) like sentir (33)
preguntar like hablar (1)
preocuparse like hablar (1)
preparar like hablar (1)
presentar like hablar (1)
prestar like hablar (1)
probar(se) (o:ue) like contar (24)
prohibir like vivir (3)
proteger (g:j) (42)
publicar (c:qu) like tocar (43)
quedar(se) like hablar (1)
querer (e:ie) (16)
quitar(se) like hablar (1)
recetar like hablar (1)
recibir like vivir (3)
reciclar like hablar (1)
recoger (g:j) like proteger (42)
recomendar (e:ie) like pensar (30)
recordar (o:ue) like contar (24)
reducir (c:zc) like conducir (6)
regalar like hablar (1)
regatear like hablar (1)
regresar like hablar (1)
reír(se) (e:i) (31)
relajarse like hablar (1)
renunciar like hablar (1)
repetir (e:i) like pedir (29)
resolver (o:ue) like volver (34)
respirar like hablar (1)
revisar like hablar (1)
rogar (o:ue) like contar (24) *except* (g:gu)
romper(se) like comer (2) *except* past participle is roto
saber (17)
sacar (c:qu) like tocar (43)
sacudir like vivir (3)
salir (18)
saludar(se) like hablar (1)
seguir (e:i) (gu:g) (32)

sentarse (e:ie) like pensar (30)
sentir(se) (e:ie) (33)
separarse like hablar (1)
ser (19)
servir (e:i) like pedir (29)
solicitar like hablar (1)
sonar (o:ue) like contar (24)
sonreír (e:i) like reír(se) (31)
sorprender like comer (2)
subir like vivir (3)
sudar like hablar (1)
sufrir like vivir (3)
sugerir (e:ie) like sentir (33)
suponer like poner (15)
temer like comer (2)
tener (e:ie) (20)
terminar like hablar (1)
tocar (c:qu) (43)
tomar like hablar (1)
torcerse (o:ue) like volver (34) *except* (c:z) and past participle is regular
toser like comer (2)
trabajar like hablar (1)
traducir (c:zc) like conducir (6)
traer (21)
transmitir like vivir (3)
tratar like hablar (1)
usar like hablar (1)
vender like comer (2)
venir (e:ie) (22)
ver (23)
vestirse (e:i) like pedir (29)
viajar like hablar (1)
visitar like hablar (1)
vivir (3)
volver (o:ue) (34)
votar like hablar (1)

Regular verbs: simple tenses

Infinitive	INDICATIVE					SUBJUNCTIVE		IMPERATIVE
	Present	Imperfect	Preterite	Future	Conditional	Present	Past	
1 hablar	hablo	hablaba	hablé	hablaré	hablaría	hable	hablara	
	hablas	hablabas	hablaste	hablarás	hablarías	hables	hablaras	habla tú (no hables)
	habla	hablaba	habló	hablará	hablaría	hable	hablara	hable Ud.
Participles:	hablamos	hablábamos	hablamos	hablaremos	hablaríamos	hablemos	habláramos	hablemos
hablando	habláis	hablabais	hablasteis	hablaréis	hablaríais	habléis	hablarais	hablad (no habléis)
hablado	hablan	hablaban	hablaron	hablarán	hablarían	hablen	hablaran	hablen Uds.
2 comer	como	comía	comí	comeré	comería	coma	comiera	
	comes	comías	comiste	comerás	comerías	comas	comieras	come tú (no comas)
	come	comía	comió	comerá	comería	coma	comiera	coma Ud.
Participles:	comemos	comíamos	comimos	comeremos	comeríamos	comamos	comiéramos	comamos
comiendo	coméis	comíais	comisteis	comeréis	comeríais	comáis	comierais	comed (no comáis)
comido	comen	comían	comieron	comerán	comerían	coman	comieran	coman Uds.
3 vivir	vivo	vivía	viví	viviré	viviría	viva	viviera	
	vives	vivías	viviste	vivirás	vivirías	vivas	vivieras	vive tú (no vivas)
	vive	vivía	vivió	vivirá	viviría	viva	viviera	viva Ud.
Participles:	vivimos	vivíamos	vivimos	viviremos	viviríamos	vivamos	viviéramos	vivamos
viviendo	vivís	vivíais	vivisteis	viviréis	viviríais	viváis	vivierais	vivid (no viváis)
vivido	viven	vivían	vivieron	vivirán	vivirían	vivan	vivieran	vivan Uds.

All verbs: compound tenses

PERFECT TENSES

INDICATIVE

Present Perfect		Past Perfect		Future Perfect		Conditional Perfect	
he		había		habré		habría	
has	hablado	habías	hablado	habrás	hablado	habrías	hablado
ha	comido	había	comido	habrá	comido	habría	comido
hemos	vivido	habíamos	vivido	habremos	vivido	habríamos	vivido
habéis		habíais		habréis		habríais	
han		habían		habrán		habrían	

SUBJUNCTIVE

Present Perfect		Past Perfect	
haya		hubiera	
hayas	hablado	hubieras	hablado
haya	comido	hubiera	comido
hayamos	vivido	hubiéramos	vivido
hayáis		hubierais	
hayan		hubieran	

PROGRESSIVE TENSES

	INDICATIVE					SUBJUNCTIVE	
Present Progressive	**Past Progressive**		**Future Progressive**		**Conditional Progressive**	**Present Progressive**	**Past Progressive**
estoy	estaba		estaré		estaría	esté	estuviera
estás	estabas		estarás		estarías	estés	estuvieras
está hablando	estaba	hablando	estará	hablando	estaría	esté hablando	estuviera hablando
estamos comiendo	estábamos	comiendo	estaremos	comiendo	estaríamos comiendo	estemos comiendo	estuviéramos comiendo
estáis viviendo	estabais	viviendo	estaréis	viviendo	estaríais viviendo	estéis viviendo	estuvierais viviendo
están	estaban		estarán		estarían	estén	estuvieran

Irregular verbs

Infinitive	INDICATIVE						SUBJUNCTIVE		IMPERATIVE
	Present	**Imperfect**	**Preterite**	**Future**	**Conditional**		**Present**	**Past**	
4 caber	quepo	cabía	cupe	cabré	cabría		quepa	cupiera	
	cabes	cabías	cupiste	cabrás	cabrías		quepas	cupieras	cabe tú (no quepas)
	cabe	cabía	cupo	cabrá	cabría		quepa	cupiera	quepa Ud.
Participles:	cabemos	cabíamos	cupimos	cabremos	cabríamos		quepamos	cupiéramos	quepamos
cabiendo	cabéis	cabíais	cupisteis	cabréis	cabríais		quepáis	cupierais	cabed (no quepáis)
cabido	caben	cabían	cupieron	cabrán	cabrían		quepan	cupieran	quepan Uds.
5 caer(se)	caigo	caía	caí	caeré	caería		caiga	cayera	
	caes	caías	caíste	caerás	caerías		caigas	cayeras	cae tú (no caigas)
	cae	caía	cayó	caerá	caería		caiga	cayera	caiga Ud. (no caiga)
Participles:	caemos	caíamos	caímos	caeremos	caeríamos		caigamos	cayéramos	caigamos
cayendo	caéis	caíais	caísteis	caeréis	caeríais		caigáis	cayerais	caed (no caigáis)
caído	caen	caían	cayeron	caerán	caerían		caigan	cayeran	caigan Uds.
6 conducir	conduzco	conducía	conduje	conduciré	conduciría		conduzca	condujera	
(c:zc)	conduces	conducías	condujiste	conducirás	conducirías		conduzcas	condujeras	conduce tú (no conduzcas)
Participles:	conduce	conducía	condujo	conducirá	conduciría		conduzca	condujera	conduzca Ud. (no conduzca)
conduciendo	conducimos	conducíamos	condujimos	conduciremos	conduciríamos		conduzcamos	condujéramos	conduzcamos
conducido	conducís	conducíais	condujisteis	conduciréis	conduciríais		conduzcáis	condujerais	conducid (no conduzcáis)
	conducen	conducían	condujeron	conducirán	conducirían		conduzcan	condujeran	conduzcan Uds.

Infinitive	INDICATIVE					SUBJUNCTIVE		IMPERATIVE
	Present	Imperfect	Preterite	Future	Conditional	Present	Past	
7 dar(se) Participles: dando dado	doy das da damos dais dan	daba dabas daba dábamos dabais daban	di diste dio dimos disteis dieron	daré darás dará daremos daréis darán	daría darías daría daríamos daríais darían	dé des dé demos deis den	diera dieras diera diéramos dierais dieran	 da tú (no **des**) **dé** Ud. **demos** dad (no **deis**) **den** Uds.
8 decir (e:i) Participles: **diciendo** **dicho**	digo dices dice decimos decís dicen	decía decías decía decíamos decíais decían	dije dijiste dijo dijimos dijisteis dijeron	diré dirás dirá diremos diréis dirán	diría dirías diría diríamos diríais dirían	diga digas diga digamos digáis digan	dijera dijeras dijera dijéramos dijerais dijeran	 di tú (no **digas**) **diga** Ud. **digamos** decid (no **digáis**) **digan** Uds.
9 estar Participles: estando estado	estoy estás está estamos estáis están	estaba estabas estaba estábamos estabais estaban	estuve estuviste estuvo estuvimos estuvisteis estuvieron	estaré estarás estará estaremos estaréis estarán	estaría estarías estaría estaríamos estaríais estarían	esté estés esté estemos estéis estén	estuviera estuvieras estuviera estuviéramos estuvierais estuvieran	 está tú (no **estés**) esté Ud. **estemos** estad (no **estéis**) **estén** Uds.
10 haber (hay) Participles: habiendo habido	he has ha hemos habéis han	había habías había habíamos habíais habían	hube hubiste hubo hubimos hubisteis hubieron	habré habrás habrá habremos habréis habrán	habría habrías habría habríamos habríais habrían	haya hayas haya hayamos hayáis hayan	hubiera hubieras hubiera hubiéramos hubierais hubieran	
11 hacer Participles: haciendo hecho	hago haces hace hacemos hacéis hacen	hacía hacías hacía hacíamos hacíais hacían	hice hiciste hizo hicimos hicisteis hicieron	haré harás hará haremos haréis harán	haría harías haría haríamos haríais harían	haga hagas haga hagamos hagáis hagan	hiciera hicieras hiciera hiciéramos hicierais hicieran	 haz tú (no **hagas**) **haga** Ud. **hagamos** haced (no **hagáis**) **hagan** Uds.
12 ir(se) Participles: **yendo** ido	voy vas va vamos vais van	iba ibas iba íbamos ibais iban	fui fuiste fue fuimos fuisteis fueron	iré irás irá iremos iréis irán	iría irías iría iríamos iríais irían	vaya vayas vaya vayamos vayáis vayan	fuera fueras fuera fuéramos fuerais fueran	 ve tú (no **vayas**) vaya Ud. **vamos** id (no **vayáis**) **vayan** Uds.
13 oír (y) Participles: **oyendo** oído	oigo oyes oye oímos oís oyen	oía oías oía oíamos oíais oían	oí oíste oyó oímos oísteis oyeron	oiré oirás oirá oiremos oiréis oirán	oiría oirías oiría oiríamos oiríais oirían	oiga oigas oiga oigamos oigáis oigan	oyera oyeras oyera oyéramos oyerais oyeran	 oye tú (no **oigas**) oiga Ud. **oigamos** oíd (no **oigáis**) **oigan** Uds.

Infinitive	INDICATIVE					SUBJUNCTIVE		IMPERATIVE
	Present	Imperfect	Preterite	Future	Conditional	Present	Past	
14 poder (o:ue)	puedo	podía	pude	podré	podría	pueda	pudiera	
	puedes	podías	pudiste	podrás	podrías	puedas	pudieras	puede tú (no puedas)
	puede	podía	pudo	podrá	podría	pueda	pudiera	pueda Ud.
Participles:	podemos	podíamos	pudimos	podremos	podríamos	podamos	pudiéramos	podamos
pudiendo	podéis	podíais	pudisteis	podréis	podríais	podáis	pudierais	poded (no podáis)
podido	pueden	podían	pudieron	podrán	podrían	puedan	pudieran	puedan Uds.
15 poner(se)	pongo	ponía	puse	pondré	pondría	ponga	pusiera	
	pones	ponías	pusiste	pondrás	pondrías	pongas	pusieras	pon tú (no pongas)
	pone	ponía	puso	pondrá	pondría	ponga	pusiera	ponga Ud.
Participles:	ponemos	poníamos	pusimos	pondremos	pondríamos	pongamos	pusiéramos	pongamos
poniendo	ponéis	poníais	pusisteis	pondréis	pondríais	pongáis	pusierais	poned (no pongáis)
puesto	ponen	ponían	pusieron	pondrán	pondrían	pongan	pusieran	pongan Uds.
16 querer (e:ie)	quiero	quería	quise	querré	querría	quiera	quisiera	
	quieres	querías	quisiste	querrás	querrías	quieras	quisieras	quiere tú (no quieras)
	quiere	quería	quiso	querrá	querría	quiera	quisiera	quiera Ud.
Participles:	queremos	queríamos	quisimos	querremos	querríamos	queramos	quisiéramos	queramos
queriendo	queréis	queríais	quisisteis	querréis	querríais	queráis	quisierais	quered (no queráis)
querido	quieren	querían	quisieron	querrán	querrían	quieran	quisieran	quieran Uds.
17 saber	sé	sabía	supe	sabré	sabría	sepa	supiera	
	sabes	sabías	supiste	sabrás	sabrías	sepas	supieras	sabe tú (no sepas)
	sabe	sabía	supo	sabrá	sabría	sepa	supiera	sepa Ud.
Participles:	sabemos	sabíamos	supimos	sabremos	sabríamos	sepamos	supiéramos	sepamos
sabiendo	sabéis	sabíais	supisteis	sabréis	sabríais	sepáis	supierais	sabed (no sepáis)
sabido	saben	sabían	supieron	sabrán	sabrían	sepan	supieran	sepan Uds.
18 salir	salgo	salía	salí	saldré	saldría	salga	saliera	
	sales	salías	saliste	saldrás	saldrías	salgas	salieras	sal tú (no salgas)
	sale	salía	salió	saldrá	saldría	salga	saliera	salga Ud.
Participles:	salimos	salíamos	salimos	saldremos	saldríamos	salgamos	saliéramos	salgamos
saliendo	salís	salíais	salisteis	saldréis	saldríais	salgáis	salierais	salid (no salgáis)
salido	salen	salían	salieron	saldrán	saldrían	salgan	salieran	salgan Uds.
19 ser	soy	era	fui	seré	sería	sea	fuera	
	eres	eras	fuiste	serás	serías	seas	fueras	sé tú (no seas)
	es	era	fue	será	sería	sea	fuera	sea Ud.
Participles:	somos	éramos	fuimos	seremos	seríamos	seamos	fuéramos	seamos
siendo	sois	erais	fuisteis	seréis	seríais	seáis	fuerais	sed (no seáis)
sido	son	eran	fueron	serán	serían	sean	fueran	sean Uds.
20 tener (e:ie)	tengo	tenía	tuve	tendré	tendría	tenga	tuviera	
	tienes	tenías	tuviste	tendrás	tendrías	tengas	tuvieras	ten tú (no tengas)
	tiene	tenía	tuvo	tendrá	tendría	tenga	tuviera	tenga Ud.
Participles:	tenemos	teníamos	tuvimos	tendremos	tendríamos	tengamos	tuviéramos	tengamos
teniendo	tenéis	teníais	tuvisteis	tendréis	tendríais	tengáis	tuvierais	tened (no tengáis)
tenido	tienen	tenían	tuvieron	tendrán	tendrían	tengan	tuvieran	tengan Uds.

21 traer
Participles: trayendo, traído

	INDICATIVE					SUBJUNCTIVE		IMPERATIVE
Present	Imperfect	Preterite	Future	Conditional		Present	Past	
traigo	traía	traje	traeré	traería		traiga	trajera	
traes	traías	trajiste	traerás	traerías		traigas	trajeras	trae tú (no traigas)
trae	traía	trajo	traerá	traería		traiga	trajera	traiga Ud.
traemos	traíamos	trajimos	traeremos	traeríamos		traigamos	trajéramos	traigamos
traéis	traíais	trajisteis	traeréis	traeríais		traigáis	trajerais	traed (no traigáis)
traen	traían	trajeron	traerán	traerían		traigan	trajeran	traigan Uds.

22 venir (e:ie)
Participles: viniendo, venido

Present	Imperfect	Preterite	Future	Conditional	Subj. Present	Subj. Past	Imperative
vengo	venía	vine	vendré	vendría	venga	viniera	
vienes	venías	viniste	vendrás	vendrías	vengas	vinieras	ven tú (no vengas)
viene	venía	vino	vendrá	vendría	venga	viniera	venga Ud.
venimos	veníamos	vinimos	vendremos	vendríamos	vengamos	viniéramos	vengamos
venís	veníais	vinisteis	vendréis	vendríais	vengáis	vinierais	venid (no vengáis)
vienen	venían	vinieron	vendrán	vendrían	vengan	vinieran	vengan Uds.

23 ver
Participles: viendo, visto

Present	Imperfect	Preterite	Future	Conditional	Subj. Present	Subj. Past	Imperative
veo	veía	vi	veré	vería	vea	viera	
ves	veías	viste	verás	verías	veas	vieras	ve tú (no veas)
ve	veía	vio	verá	vería	vea	viera	vea Ud.
vemos	veíamos	vimos	veremos	veríamos	veamos	viéramos	veamos
veis	veíais	visteis	veréis	veríais	veáis	vierais	ved (no veáis)
ven	veían	vieron	verán	verían	vean	vieran	vean Uds.

Stem-changing verbs

24 contar (o:ue)
Participles: contando, contado

Present	Imperfect	Preterite	Future	Conditional	Subj. Present	Subj. Past	Imperative
cuento	contaba	conté	contaré	contaría	cuente	contara	
cuentas	contabas	contaste	contarás	contarías	cuentes	contaras	cuenta tú (no cuentes)
cuenta	contaba	contó	contará	contaría	cuente	contara	cuente Ud.
contamos	contábamos	contamos	contaremos	contaríamos	contemos	contáramos	contemos
contáis	contabais	contasteis	contaréis	contaríais	contéis	contarais	contad (no contéis)
cuentan	contaban	contaron	contarán	contarían	cuenten	contaran	cuenten Uds.

25 dormir(se) (o:ue)
Participles: durmiendo, dormido

Present	Imperfect	Preterite	Future	Conditional	Subj. Present	Subj. Past	Imperative
duermo	dormía	dormí	dormiré	dormiría	duerma	durmiera	
duermes	dormías	dormiste	dormirás	dormirías	duermas	durmieras	duerme tú (no duermas)
duerme	dormía	durmió	dormirá	dormiría	duerma	durmiera	duerma Ud.
dormimos	dormíamos	dormimos	dormiremos	dormiríamos	durmamos	durmiéramos	durmamos
dormís	dormíais	dormisteis	dormiréis	dormiríais	durmáis	durmierais	dormid (no durmáis)
duermen	dormían	durmieron	dormirán	dormirían	duerman	durmieran	duerman Uds.

26 empezar (e:ie) (z:c)
Participles: empezando, empezado

Present	Imperfect	Preterite	Future	Conditional	Subj. Present	Subj. Past	Imperative
empiezo	empezaba	empecé	empezaré	empezaría	empiece	empezara	
empiezas	empezabas	empezaste	empezarás	empezarías	empieces	empezaras	empieza tú (no empieces)
empieza	empezaba	empezó	empezará	empezaría	empiece	empezara	empiece Ud.
empezamos	empezábamos	empezamos	empezaremos	empezaríamos	empecemos	empezáramos	empecemos
empezáis	empezabais	empezasteis	empezaréis	empezaríais	empecéis	empezarais	empezad (no empecéis)
empiezan	empezaban	empezaron	empezarán	empezarían	empiecen	empezaran	empiecen Uds.

	INDICATIVE					SUBJUNCTIVE		IMPERATIVE
Infinitive	Present	Imperfect	Preterite	Future	Conditional	Present	Past	
27 entender (e:ie) Participles: entendiendo entendido	entiendo entiendes entiende entendemos entendéis entienden	entendía entendías entendía entendíamos entendíais entendían	entendí entendiste entendió entendimos entendisteis entendieron	entenderé entenderás entenderá entenderemos entenderéis entenderán	entendería entenderías entendería entenderíamos entenderíais entenderían	entienda entiendas entienda entendamos entendáis entiendan	entendiera entendieras entendiera entendiéramos entendierais entendieran	entiende tú (no entiendas) entienda Ud. entendamos entended (no entendáis) entiendan Uds.
28 jugar (u:ue) (g:gu) Participles: jugando jugado	juego juegas juega jugamos jugáis juegan	jugaba jugabas jugaba jugábamos jugabais jugaban	jugué jugaste jugó jugamos jugasteis jugaron	jugaré jugarás jugará jugaremos jugaréis jugarán	jugaría jugarías jugaría jugaríamos jugaríais jugarían	juegue juegues juegue juguemos juguéis jueguen	jugara jugaras jugara jugáramos jugarais jugaran	juega tú (no juegues) juegue Ud. juguemos jugad (no juguéis) jueguen Uds.
29 pedir (e:i) Participles: pidiendo pedido	pido pides pide pedimos pedís piden	pedía pedías pedía pedíamos pedíais pedían	pedí pediste pidió pedimos pedisteis pidieron	pediré pedirás pedirá pediremos pediréis pedirán	pediría pedirías pediría pediríamos pediríais pedirían	pida pidas pida pidamos pidáis pidan	pidiera pidieras pidiera pidiéramos pidierais pidieran	pide tú (no pidas) pida Ud. pidamos pedid (no pidáis) pidan Uds.
30 pensar (e:ie) Participles: pensando pensado	pienso piensas piensa pensamos pensáis piensan	pensaba pensabas pensaba pensábamos pensabais pensaban	pensé pensaste pensó pensamos pensasteis pensaron	pensaré pensarás pensará pensaremos pensaréis pensarán	pensaría pensarías pensaría pensaríamos pensaríais pensarían	piense pienses piense pensemos penséis piensen	pensara pensaras pensara pensáramos pensarais pensaran	piensa tú (no pienses) piense Ud. pensemos pensad (no penséis) piensen Uds.
31 reír(se) (e:i) Participles: riendo reído	río ríes ríe reímos reís ríen	reía reías reía reíamos reíais reían	reí reíste rió reímos reísteis rieron	reiré reirás reirá reiremos reiréis reirán	reiría reirías reiría reiríamos reiríais reirían	ría rías ría riamos riáis rían	riera rieras riera riéramos rierais rieran	ríe tú (no rías) ría Ud. riamos reíd (no riáis) rían Uds.
32 seguir (e:i) (gu:g) Participles: siguiendo seguido	sigo sigues sigue seguimos seguís siguen	seguía seguías seguía seguíamos seguíais seguían	seguí seguiste siguió seguimos seguisteis siguieron	seguiré seguirás seguirá seguiremos seguiréis seguirán	seguiría seguirías seguiría seguiríamos seguiríais seguirían	siga sigas siga sigamos sigáis sigan	siguiera siguieras siguiera siguiéramos siguierais siguieran	sigue tú (no sigas) siga Ud. sigamos seguid (no sigáis) sigan Uds.
33 sentir(se) (e:ie) Participles: sintiendo sentido	siento sientes siente sentimos sentís sienten	sentía sentías sentía sentíamos sentíais sentían	sentí sentiste sintió sentimos sentisteis sintieron	sentiré sentirás sentirá sentiremos sentiréis sentirán	sentiría sentirías sentiría sentiríamos sentiríais sentirían	sienta sientas sienta sintamos sintáis sientan	sintiera sintieras sintiera sintiéramos sintierais sintieran	siente tú (no sientas) sienta Ud. sintamos sentid (no sintáis) sientan Uds.

34 volver (o:ue) — Participles: volviendo, vuelto

Infinitive	Present	Imperfect	Preterite	Future	Conditional	Present (Subj.)	Past (Subj.)	Imperative
volver (o:ue)	vuelvo	volvía	volví	volveré	volvería	vuelva	volviera	
	vuelves	volvías	volviste	volverás	volverías	vuelvas	volvieras	vuelve tú (no vuelvas)
	vuelve	volvía	volvió	volverá	volvería	vuelva	volviera	vuelva Ud.
Participles:	volvemos	volvíamos	volvimos	volveremos	volveríamos	volvamos	volviéramos	volvamos
volviendo	volvéis	volvíais	volvisteis	volveréis	volveríais	volváis	volvierais	volved (no volváis)
vuelto	vuelven	volvían	volvieron	volverán	volverían	vuelvan	volvieran	vuelvan Uds.

Verbs with spelling changes only

35 conocer (c:zc) — Participles: conociendo, conocido

Infinitive	Present	Imperfect	Preterite	Future	Conditional	Present (Subj.)	Past (Subj.)	Imperative
conocer (c:zc)	conozco	conocía	conocí	conoceré	conocería	conozca	conociera	
	conoces	conocías	conociste	conocerás	conocerías	conozcas	conocieras	conoce tú (no conozcas)
	conoce	conocía	conoció	conocerá	conocería	conozca	conociera	conozca Ud.
Participles:	conocemos	conocíamos	conocimos	conoceremos	conoceríamos	conozcamos	conociéramos	conozcamos
conociendo	conocéis	conocíais	conocisteis	conoceréis	conoceríais	conozcáis	conocierais	conoced (no conozcáis)
conocido	conocen	conocían	conocieron	conocerán	conocerían	conozcan	conocieran	conozcan Uds.

36 creer (y) — Participles: creyendo, creído

Infinitive	Present	Imperfect	Preterite	Future	Conditional	Present (Subj.)	Past (Subj.)	Imperative
creer (y)	creo	creía	creí	creeré	creería	crea	creyera	
	crees	creías	creíste	creerás	creerías	creas	creyeras	cree tú (no creas)
	cree	creía	creyó	creerá	creería	crea	creyera	crea Ud.
Participles:	creemos	creíamos	creímos	creeremos	creeríamos	creamos	creyéramos	creamos
creyendo	creéis	creíais	creísteis	creeréis	creeríais	creáis	creyerais	creed (no creáis)
creído	creen	creían	creyeron	creerán	creerían	crean	creyeran	crean Uds.

37 cruzar (z:c) — Participles: cruzando, cruzado

Infinitive	Present	Imperfect	Preterite	Future	Conditional	Present (Subj.)	Past (Subj.)	Imperative
cruzar (z:c)	cruzo	cruzaba	crucé	cruzaré	cruzaría	cruce	cruzara	
	cruzas	cruzabas	cruzaste	cruzarás	cruzarías	cruces	cruzaras	cruza tú (no cruces)
	cruza	cruzaba	cruzó	cruzará	cruzaría	cruce	cruzara	cruce Ud.
Participles:	cruzamos	cruzábamos	cruzamos	cruzaremos	cruzaríamos	crucemos	cruzáramos	crucemos
cruzando	cruzáis	cruzabais	cruzasteis	cruzaréis	cruzaríais	crucéis	cruzarais	cruzad (no crucéis)
cruzado	cruzan	cruzaban	cruzaron	cruzarán	cruzarían	crucen	cruzaran	crucen Uds.

38 destruir (y) — Participles: destruyendo, destruido

Infinitive	Present	Imperfect	Preterite	Future	Conditional	Present (Subj.)	Past (Subj.)	Imperative
destruir (y)	destruyo	destruía	destruí	destruiré	destruiría	destruya	destruyera	
	destruyes	destruías	destruiste	destruirás	destruirías	destruyas	destruyeras	destruye tú (no destruyas)
	destruye	destruía	destruyó	destruirá	destruiría	destruya	destruyera	destruya Ud.
Participles:	destruimos	destruíamos	destruimos	destruiremos	destruiríamos	destruyamos	destruyéramos	destruyamos
destruyendo	destruis	destruíais	destruisteis	destruiréis	destruiríais	destruyáis	destruyerais	destruid (no destruyáis)
destruido	destruyen	destruían	destruyeron	destruirán	destruirían	destruyan	destruyeran	destruyan Uds.

39 enviar (envío) — Participles: enviando, enviado

Infinitive	Present	Imperfect	Preterite	Future	Conditional	Present (Subj.)	Past (Subj.)	Imperative
enviar (envío)	envío	enviaba	envié	enviaré	enviaría	envíe	enviara	
	envías	enviabas	enviaste	enviarás	enviarías	envíes	enviaras	envía tú (no envíes)
	envía	enviaba	envió	enviará	enviaría	envíe	enviara	envíe Ud.
Participles:	enviamos	enviábamos	enviamos	enviaremos	enviaríamos	enviemos	enviáramos	enviemos
enviando	enviáis	enviabais	enviasteis	enviaréis	enviaríais	enviéis	enviarais	enviad (no enviéis)
enviado	envían	enviaban	enviaron	enviarán	enviarían	envíen	enviaran	envíen Uds.

	Infinitive	INDICATIVE					SUBJUNCTIVE		IMPERATIVE
		Present	Imperfect	Preterite	Future	Conditional	Present	Past	
40	graduarse (gradúo) Participles: graduando graduado	gradúo gradúas gradúa graduamos graduáis gradúan	graduaba graduabas graduaba graduábamos graduabais graduaban	gradué graduaste graduó graduamos graduasteis graduaron	graduaré graduarás graduará graduaremos graduaréis graduarán	graduaría graduarías graduaría graduaríamos graduaríais graduarían	**gradúe** **gradúes** **gradúe** **graduemos** **graduéis** **gradúen**	graduara graduaras graduara graduáramos graduarais graduaran	**gradúa** tú (no **gradúes**) **gradúe** Ud. graduemos graduad (no **graduéis**) **gradúen** Uds.
41	llegar (g:gu) Participles: llegando llegado	llego llegas llega llegamos llegáis llegan	llegaba llegabas llegaba llegábamos llegabais llegaban	**llegué** llegaste llegó llegamos llegasteis llegaron	llegaré llegarás llegará llegaremos llegaréis llegarán	llegaría llegarías llegaría llegaríamos llegaríais llegarían	**llegue** **llegues** **llegue** **lleguemos** **lleguéis** **lleguen**	llegara llegaras llegara llegáramos llegarais llegaran	llega tú (no **llegues**) **llegue** Ud. **lleguemos** llegad (no **lleguéis**) **lleguen** Uds.
42	proteger (g:j) Participles: protegiendo protegido	**protejo** proteges protege protegemos protegéis protegen	protegía protegías protegía protegíamos protegíais protegían	protegí protegiste protegió protegimos protegisteis protegieron	protegeré protegerás protegerá protegeremos protegeréis protegerán	protegería protegerías protegería protegeríamos protegeríais protegerían	**proteja** **protejas** **proteja** **protejamos** **protejáis** **protejan**	protegiera protegieras protegiera protegiéramos protegierais protegieran	protege tú (no **protejas**) **proteja** Ud. **protejamos** proteged (no **protejáis**) **protejan** Uds.
43	tocar (c:qu) Participles: tocando tocado	toco tocas toca tocamos tocáis tocan	tocaba tocabas tocaba tocábamos tocabais tocaban	**toqué** tocaste tocó tocamos tocasteis tocaron	tocaré tocarás tocará tocaremos tocaréis tocarán	tocaría tocarías tocaría tocaríamos tocaríais tocarían	**toque** **toques** **toque** **toquemos** **toquéis** **toquen**	tocara tocaras tocara tocáramos tocarais tocaran	toca tú (no **toques**) **toque** Ud. **toquemos** tocad (no **toquéis**) **toquen** Uds.

Guide to Vocabulary

Note on alphabetization

Formerly, **ch**, **ll**, and **ñ** were considered separate letters in the Spanish alphabet, **ch** appearing after **c**, **ll** after **l**, and **ñ** after **n**. In current practice, for purposes of alphabetization, **ch** and **ll** are not treated as separate letters, but **ñ** still follows **n**. Therefore, in this glossary you will find that **año**, for example, appears after **anuncio**.

Abbreviations used in this glossary

adj.	adjective	*interj.*	interjection	*poss.*	possessive
adv.	adverb	*i.o.*	indirect object	*prep.*	preposition
conj.	conjunction	*m.*	masculine	*pron.*	pronoun
d.o.	direct object	*n.*	noun	*ref.*	reflexive
f.	feminine	*obj.*	object	*sing.*	singular
fam.	familiar	*p.p.*	past participle	*sub.*	subject
form.	formal	*pl.*	plural	*v.*	verb

Spanish-English

A

a *prep.* at; to **1**
  ¿A qué hora...? At what time...? **1, 9**
  a bordo aboard **1**
  a dieta on a diet **15**
  a la derecha de to the right of **2**
  a la izquierda de to the left of **2**
  a la plancha grilled **8**
  a la(s) + *time* at + *time* **1**
  a menos que unless **13**
  a menudo often **10**
  a mi nombre in my name **5**
  a nombre de in the name of **5**
  a plazos in installments **14**
  A sus órdenes. At your
    service. **11**
  a tiempo on time **10**
  a veces sometimes **10**
  a ver let's see **1**
¡Abajo! *adv.* Down!
abeja *f.* bee
abierto/a *adj.* open **5**; *p.p.* opened **15**
abogado/a *m., f.* lawyer **16**
abrazar(se) *v.* to hug; to embrace
  (each other)
abrazo *m.* hug
abrigo *m.* coat **6**
abril *m.* April **5**
abrir *v.* to open **3**
abuelo/a *m., f.* grandfather;
  grandmother **3**
abuelos *pl.* grandparents **3**
aburrido/a *adj.* bored; boring **5**
aburrir *v.* to bore **7**
aburrirse *v.* to get bored
acabar de (+ *inf.*) *v.* to have just (*done*

something) **6**
acampar *v.* to camp **5**
accidente *m.* accident **10**
acción *f.* action
aceite *m.* oil **8**
ácido/a *adj.* acid **13**
acompañar *v.* to go with; to accompany **14**
aconsejar *v.* to advise **12**
acontecimiento *m.* event
acordarse (de) (o:ue) *v.* to remember **7**
acostarse (o:ue) *v.* to lie down;
  to go to bed **7**
activo/a *adj.* active **15**
actor *m.* actor **16**
actriz *f.* actress **16**
actualidades *f., pl.* news; current events
acuático/a *adj.* aquatic **4**
adelgazar *v.* to lose weight; to slim
  down **15**
además (de) *adv.* furthermore; besides **10**;
  in addition (to)
adicional *adj.* additional
adiós *m.* goodbye **1**
adjetivo *m.* adjective
administración de empresas *f.* business
  administration **2**
adolescencia *f.* adolescence **9**
¿adónde? *adv.* where (to)?
  (*destination*) **2, 9**
aduana *f.* customs **5**
aeróbico/a *adj.* aerobic **15**
aeropuerto *m.* airport **5**
afectado/a *adj.* affected **13**
afeitarse *v.* to shave **7**
aficionado/a *adj.* fan **4**
afirmativo/a *adj.* affirmative
afueras *f., pl.* suburbs; outskirts **12**
agencia de bienes raíces *f.* real estate
  agency **14**
agencia de viajes *f.* travel agency **5**

agente de viajes *m., f.* travel agent **5**
agosto *m.* August **5**
agradable *adj.* pleasant
agrio/a *adj.* sour **8**
agua *f.* water **8**
  agua mineral mineral water **8**
ahora *adv.* now
  ahora mismo right now **5**
ahorrar *v.* to save money **14**
ahorros *m., pl.* savings **14**
aire *m.* air **6**
ajo *m.* garlic
al (*contraction of* a + el) **4**
  al aire libre open-air **6**
  al contado in cash **14**
  (al) este (to the) east **14**
  al fondo (de) at the end (of) **12**
  al lado de next to; beside **2**
  (al) norte (to the) north **14**
  (al) oeste (to the) west **14**
  (al) sur (to the) south **14**
alcoba *f.* bedroom **12**
alcohol *m.* alcohol **15**
alcohólico/a *adj.* alcoholic **15**
alegrarse (de) *v.* to be happy **13**
alegre *adj.* happy; joyful **5**
alegría *f.* happiness **9**
alemán, alemana *adj.* German **3**
alérgico/a *adj.* allergic **10**
alfombra *f.* rug **12**; carpet
algo *pron.* something; anything **7**
algodón *m.* cotton **6**
alguien *pron.* someone; anyone **7**
algún, alguno/a(s) *adj.* any; some **7**
aliviar *v.* to relieve **15**
  aliviar el estrés/la tensión
    to relieve stress/tension **15**
allí *adv.* there **5**
  allí mismo right there **14**
almacén *m.* department store **6**

almohada *f.* pillow 12
almorzar (o:ue) *v.* to have lunch 8
almuerzo *m.* lunch 8
¿Aló? *interj.* Hello?
(*on the telephone*) 11
alojamiento *m.* lodging 5
alquilar *v.* to rent 12
alquiler *m.* rent 12
alternador *m.* alternator 11
altillo *m.* attic 12
alto/a *adj.* tall 3
aluminio *m.* aluminum 13
amable *adj.* nice; friendly 5
ama *m., f.* **de casa** housekeeper; caretaker 12; housewife
amarillo/a *adj.* yellow 6
amigo/a *m., f.* friend 3
amistad *f.* friendship 9
amor *m.* love 9
anaranjado/a *adj.* orange 6
animal *m.* animal 13
aniversario (de bodas) *m.* (wedding) anniversary 9
anoche *adv.* last night 6
anteayer *adv.* the day before yesterday 6
antes *adv.* before 7
antes de *prep.* before 7
antes (de) que *conj.* before 13
antibiótico *m.* antibiotic 10
antipático/a *adj.* unpleasant 3
anunciar *v.* to announce; to advertise
anuncio *m.* advertisement 16
año *m.* year 5
el año pasado last year 6
apagar *v.* to turn off 11
aparato *m.* appliance 12
apartamento *m.* apartment 12
apellido *m.* last name 5
apenas *adv.* hardly; scarcely; just 10
aplaudir *v.* to applaud
apreciar *v.* to appreciate
aprender *v.* to learn 3
apurarse *v.* to hurry; to rush 15
aquel, aquella *adj.* that; those (over there) 6
aquél, aquélla *pron.* that; those (over there) 6
aquello *neuter, pron.* that; that thing; that fact 6
aquellos/as *pl. adj.* that; those (over there) 6
aquéllos/as *pl. pron.* those (ones) (over there) 6
aquí *adv.* here 1
Aquí está... Here it is... 5
Aquí estamos en... Here we are at/in... 2
aquí mismo right here 11
árbol *m.* tree 13
archivo *m.* file 11
armario *m.* closet 12

arqueólogo/a *m., f.* archaeologist 16
arquitecto/a *m., f.* architect 16
arrancar *v.* to start (*a car*) 11
arreglar *v.* to fix; to arrange 11; to neaten; to straighten up 12
arriba *adv.* up
arroz *m.* rice 8
arte *m.* art 2
artes *f., pl.* arts
artesanía *f.* craftsmanship; crafts
artículo *m.* article
artista *m., f.* artist 3
artístico/a *adj.* artistic
arveja *m.* pea 8
asado/a *adj.* roasted 8
ascenso *m.* promotion 16
ascensor *m.* elevator 5
así *adj.* like this; so (*in such a way*) 10
así así so-so
asistir (a) *v.* to attend 3
aspiradora *f.* vacuum cleaner 12
aspirante *m., f.* candidate; applicant 16
aspirina *f.* aspirin 10
atún *m.* tuna 8
aumentar *v.* **de peso** to gain weight 15
aumento *m.* increase 16
aumento de sueldo pay raise 16
aunque *conj.* although
autobús *m.* bus 1
automático/a *adj.* automatic 14
auto(móvil) *m.* auto(mobile) 5
autopista *f.* highway
ave *f.* bird
avenida *f.* avenue
aventura *f.* adventure
avergonzado/a *adj.* embarrassed 5
avión *m.* airplane 5
¡Ay! *interj.* Oh!
¡Ay, qué dolor! Oh, what pain!
ayer *adv.* yesterday 6
ayudar *v.* to help 12
ayudarse *v.* to help each other
azúcar *m.* sugar 8
azul *adj.* blue 6

B

bailar *v.* to dance 2
bailarín/bailarina *m., f.* dancer 16
baile *m.* dance
bajar *v.* to go down 11
bajar(se) de *v.* to get off of/out of (a vehicle) 11
bajo/a *adj.* short (*in height*) 3
bajo control under control
balcón *m.* balcony 12
ballet *m.* ballet
baloncesto *m.* basketball 4
banana *f.* banana 8
banco *m.* bank 14

banda *f.* band
bandera *f.* flag
bañarse *v.* to bathe; to take a bath 7
baño *m.* bathroom 7
barato/a *adj.* cheap 6
barco *m.* boat 5
barrer *v.* to sweep 12
barrer el suelo to sweep the floor 12
barrio *m.* neighborhood 12
bastante *adv.* enough; quite 10; pretty
basura *f.* trash 12
baúl *m.* trunk 11
beber *v.* to drink 3
bebida *f.* drink 8
bebida alcohólica alcoholic beverage 15
béisbol *m.* baseball 4
bellas artes *f., pl.* fine arts
belleza *f.* beauty 14
beneficio *m.* benefit 16
besar(se) *v.* to kiss (each other)
beso *m.* kiss 6
biblioteca *f.* library 2
bicicleta *f.* bicycle 4
bien *adj.* good; well 1
bienestar *m.* well-being 15
¡Bienvenido(s)/a(s)! *adj.* Welcome! 12
billete *m.* paper money 8
billón trillion 6
biología *f.* biology 2
bistec *m.* steak 8
bizcocho *m.* biscuit
blanco/a *adj.* white 6
bluejeans *m., pl.* jeans 6
blusa *f.* blouse 6
boca *f.* mouth 10
boda *f.* wedding 9
boleto *m.* ticket
bolsa *f.* bag; purse 6
bombero/a *m., f.* firefighter 16
bonito/a *adj.* pretty 3
borrador *m.* eraser 2
bosque *m.* forest 13
bosque tropical tropical forest; rainforest 13
bota *f.* boot 6
botella *f.* bottle 9
botella de vino bottle of wine 9
botones *m., f., sing.* bellhop 5
brazo *m.* arm 10
brindar *v.* to toast (*drink*) 9
bucear *v.* to scuba dive 4
bueno *adv.* well 2
buen, bueno/a *adj.* good 3, 6
¡Buen viaje! Have a good trip! 1
buena forma good shape (*physical*) 15
¡Buena idea! Good idea! 4
Buenas noches. Good evening; Good night. 1
Buenas tardes. Good afternoon. 1

buenísimo extremely good
¿Bueno? Hello? *(on telephone)* 11
Buenos días. Good morning. 1
bulevar *m.* boulevard
buscar *v.* to look for 2
buzón *m.* mailbox 14

C

caballo *m.* horse 5
cabaña *f.* cabin 5
cabe: no cabe duda de there's no doubt 13
cabeza *f.* head 10
cada *adj.* each 6
caerse *v.* to fall (down) 10
café *m.* café 4; *adj.* brown 6; coffee 8
cafetera *f.* coffee maker
cafetería *f.* cafeteria 2
caído/a *p.p.* fallen 15
caja *f.* cash register 6
cajero/a *m., f.* cashier
  cajero automático automatic teller machine (ATM) 14
calcetín *m.* sock 6
calculadora *f.* calculator 11
caldo *m.* soup 8
  caldo de patas beef soup 8
calentarse (e:ie) *v.* to warm up 15
calidad *f.* quality 6
calle *f.* street 11
calor *m.* heat 3
caloría *f.* calorie 15
calzar *v.* to take size ... shoes 6
cama *f.* bed 5
cámara *f.* camera 11
  cámara de video videocamera 11
camarero/a *m., f.* waiter 8
camarón *m.* shrimp 8
cambiar (de) *v.* to change 9
cambio *m.* **de moneda** currency exchange
caminar *v.* to walk 2
camino *m.* route 11
camión *m.* truck; bus
camisa *f.* shirt 6
camiseta *f.* t-shirt 6
campo *m.* countryside 5
canadiense *adj.* Canadian 3
canal *m.* channel (TV)
canción *f.* song
candidato/a *m., f.* candidate
cansado/a *adj.* tired 5
cantante *m., f.* singer 16
cantar *v.* to sing 2
capital *f.* capital city 1
capó *m.* (car) hood 11
cara *f.* face 7
caramelo *m.* caramel
carne *f.* meat 8
  carne de res beef 8

carnicería *f.* butcher shop 14
caro/a *adj.* expensive 6
carpintero/a *m., f.* carpenter 16
carrera *f.* career 16
carretera *f.* highway
carro *m.* car; automobile 11
carta *f.* letter 4; (playing) card
cartel *m.* poster
cartera *f.* wallet 6
cartero *m.* mail carrier 14
casa *f.* house 4; home
casado/a *adj.* married 9
casarse (con) *v.* to get married (to) 9
casi *adv.* almost 10
catorce *adj., pron.* fourteen 1
cebolla *f.* onion 8
celebrar *v.* to celebrate 9
celular *adj.* cellular 11
cena *f.* dinner 8
cenar *v.* to have dinner 8
centro *m.* downtown 4
  centro comercial shopping mall 6
cepillarse los dientes/el pelo *v.* to brush one's teeth/one's hair 7
cerámica *f.* pottery
cerca de *prep.* near 2
cerdo *m.* pork 8
cereales *m., pl.* cereal; grains 8
cero *m.* zero 1
cerrado/a *adj.* closed 5
cerrar (e:ie) *v.* to close 4
cerveza *f.* beer 8
césped *m.* grass
ceviche *m.* lemon-marinated fish dish 8
  ceviche de camarón lemon-marinated shrimp 8
chaleco *m.* vest
champán *m.* champagne 9
champiñón *m.* mushroom 8
champú *m.* shampoo 7
chaqueta *f.* jacket 6
chau *fam., interj.* bye 1
cheque *m.* (bank) check 14
  cheque de viajero traveler's check 14
chévere *adj., fam.* terrific
chico/a *m., f.* boy/girl 1
chino/a *adj.* Chinese 3
chocar (con) *v.* to run into; to crash 11
chocolate *m.* chocolate
choque *m.* collision
chuleta *f.* chop *(food)* 8
  chuleta de cerdo pork chop 8
ciclismo *m.* cycling 4
cielo *m.* sky 13
cien(to) *adj., pron.* one hundred 2, 6
ciencia *f.* science
  ciencia ficción science fiction
científico/a *m., f.* scientist 16
cierto *m.* certain; true 13
  es cierto it's true/certain 13
  no es cierto it's not true/certain 13

cifra *f.* figure
cinco *adj., pron.* five 1
cincuenta *adj., pron.* fifty 2
cine *m.* movie theater 4
cinta *f.* (audio) tape 11
cinturón *m.* belt 6
circulación *f.* traffic
cita *f.* date; appointment 9
ciudad *f.* city 4
ciudadano/a *adj.* citizen
claro que sí *fam.* of course
clase *f.* class 2
  clase de ejercicios aeróbicos aerobics class 15
clásico/a *adj.* classical
cliente/a *m., f.* client 6
clínica *f.* clinic 10
cobrar *v.* to cash a check 14; to charge for a product or service 14
coche *m.* car; automobile 11
cocina *f.* kitchen 12; stove
cocinar *v.* to cook 12
cocinero/a *m., f.* cook, chef 16
cola *f.* line 14
colesterol *m.* cholesterol 15
color *m.* color 6
comedia *f.* comedy; play
comedor *m.* dining room 12
comenzar (e:ie) *v.* to begin 4
comer *v.* to eat 3
comercial *adj.* commercial; business-related 16
comida *f.* food; meal 8
como *prep.* like, as 8
¿cómo? what?; how? 1, 9
  ¿Cómo es...? What's... like? 3
  ¿Cómo está usted? How are you? *(form.)* 1
  ¿Cómo estás? How are you? *(fam.)* 1
  ¿Cómo les fue...? *pl.* How did... go for you? 15
  ¿Cómo se llama usted? What's your name? *(form.)* 1
  ¿Cómo te llamas (tú)? What's your name? *(fam.)* 1
cómoda *f.* chest of drawers 12
cómodo/a *adj.* comfortable 5
compañero/a de clase *m., f.* classmate 2
compañero/a de cuarto *m., f.* roommate 2
compañía *f.* company; firm 16
compartir *v.* to share 3
completamente *adv.* completely
compositor(a) *m., f.* composer
comprar *v.* to buy 2
compras *f., pl.* purchases
  ir de compras go shopping
comprender *v.* to understand 3
comprobar *v.* to check
comprometerse (con) *v.* to get engaged (to) 9

computación *f.* computer science 2
computadora *f.* computer 1, 11
computadora portátil *f.* laptop 11; portable computer
comunicación *f.* communication
comunicarse (con) *v.* to communicate (with)
comunidad *f.* community 1
con *prep.* with 2
  Con él/ella habla. This is he/she. (*on telephone*) 11
  con frecuencia *adv.* frequently 10
  Con permiso. Pardon me., Excuse me. 1
  con tal (de) que provided that 13
concierto *m.* concert
concordar *v.* to agree
concurso *m.* contest; game show
conducir *v.* to drive 8, 11
conductor(a) *m., f.* driver, chauffeur 1
confirmar *v.* to confirm 5
confirmar *v.* **una reservación** *f.* to confirm a reservation 5
congelador *m.* freezer
congestionado/a *adj.* congested; stuffed-up 10
conmigo *pron.* with me 4
conocer *v.* to know; to be acquainted with 8
conocido/a *adj.* known
conseguir (e:i) *v.* to get; to obtain 4
consejero/a *m., f.* counselor; advisor 16
consejo *m.* advice 9
conservación *f.* conservation 13
conservar *v.* to conserve 13
construir *v.* to build
consultorio *m.* doctor's office 10
consumir *v.* to consume 15
contabilidad *f.* accounting 2
contador(a) *m., f.* accountant 16
contaminación *f.* pollution 13; contamination
  contaminación del aire/del agua air/water pollution 13
contaminado/a *adj.* polluted 13
contaminar *v.* to pollute 13
contar (con) *v.* to count (on) 12
contento/a *adj.* happy; content 5
contestadora *f.* answering machine 11
contestar *v.* to answer 2
contigo *pron.* with you 4
contratar *v.* to hire 16
control *m.* control
  control remoto remote control 11
controlar *v.* to control 13
conversación *f.* conversation 1
conversar *v.* to talk; to chat 2
copa *f.* wineglass; goblet 12
corazón *m.* heart 10
corbata *f.* tie 6
corredor(a) *m., f.* **de bolsa** stockbroker 16
correo *m.* post office; mail 14

correo electrónico e-mail 4
correr *v.* to run 3
cortesía *f.* courtesy
cortinas *f., pl.* curtains 12
corto/a *adj.* short (*in length*) 6
cosa *f.* thing 1
costar (o:ue) *f.* to cost 6
cráter *m.* crater 13
creer *v.* to believe 13
  creer (en) *v.* to believe (in) 3
creído/a *p.p.* believed 15
crema de afeitar *f.* shaving cream 7
crimen *m.* crime; murder
cruzar *v.* to cross 14
cuaderno *m.* notebook 1
cuadra *f.* city block 14
cuadro *m.* painting 12; picture
cuadros *m., pl.* plaid 6
¿cuál(es)? which?; which one(s)? 2; what? 9
  ¿Cuál es la fecha de hoy? What is today's date? 5
cuando *conj.* when 7
¿cuándo? *adv.* when? 2, 9
¿cuánto(s)/a(s)? *adv.* how much?, how many? 1, 9
  ¿Cuánto cuesta…? How much does… cost? 6
  ¿Cuántos años tienes? How old are you? 3
cuarenta *adj., pron.* forty 2
cuarto *m.* room
cuarto/a *adj.* fourth 5
  menos cuarto quarter to (time)
  y cuarto quarter after (time)
cuarto de baño *m.* bathroom
cuatro *adj., pron.* four 1
cuatrocientos/as *adj., pron.,* four hundred 6
cubiertos *m., pl.* silverware
cubierto/a *p.p.* covered
cubrir *v.* to cover
cuchara *f.* spoon 12
cuchillo *m.* knife 12
cuello *m.* neck 10
cuenta *f.* bill 9; account 14
  cuenta corriente *f.* checking account 14
  cuenta de ahorros *f.* savings account 14
cuento *m.* story
cuerpo *m.* body 10
cuidado *m.* care 3
cuidar *v.* to take care of 13
¡Cuídense! Take care! 15
cultura *f.* culture
cumpleaños *m., sing.* birthday 9
cumplir años *v.* to have a birthday 9
cuñado/a *m., f.* brother-in-law; sister-in-law 3
currículum *m.* résumé 16;

curriculum vitae
curso *m.* course 2

D

danza *f.* dance
dañar *v.* to damage; to breakdown 11
dar *v.* to give 6
  dar direcciones to give directions 14
  dar un consejo to give advice
  darse con *v.* to bump into; to run into
  darse prisa to hurry; to rush 15
de *prep.* of; from 1
  ¿de dónde? from where? 9
  ¿De dónde eres? *fam.* Where are you from? 1
  ¿De dónde es usted? *form.* Where are you from? 1
  ¿De parte de quién? Who is calling? (*on telephone*) 11
  ¿de quién…? whose…? (*sing.*) 1
  ¿de quiénes…? whose…? (*pl.*) 1
  de algodón (made of) cotton 6
  de aluminio (made of) aluminum 13
  de compras shopping
  de cuadros plaid 6
  de excursión hiking 4
  de hecho in fact
  de ida y vuelta round-trip 5
  de la mañana in the morning; A.M. 1
  de la noche in the evening; at night; P.M. 1
  de la tarde in the afternoon; in the early evening; P.M. 1
  de lana (made of) wool 6
  de lunares polka-dotted 6
  de mi vida of my life 15
  de moda in fashion 6
  De nada. You're welcome. 1
  de ninguna manera no way
  de niño/a as a child 10
  de parte de on behalf of 11
  de plástico (made of) plastic 13
  de rayas striped 6
  de repente suddenly 6
  de seda (made of) silk 6
  de vaqueros western (genre)
  de vez en cuando from time to time 10
  de vidrio (made of) glass 13
debajo de *prep.* below; under 2
deber (+ inf.) *v.* to have to (*do something*), should (*do something*) 3
  Debe ser… It must be… 6
deber *m.* responsibility; obligation
debido a due to; the fact that
débil *adj.* weak 15
decidido/a *adj.* decided
decidir *v.* to decide 3
décimo/a *adj.* tenth 5
decir *v.* to say; to tell 6

declarar *v.* to declare; to say
dedo *m.* finger 10
deforestación *f.* deforestation 13
dejar *v.* to let 12; to quit; to leave behind 16
    dejar de (+ *inf.*) to stop (*doing something*) 13
    dejar una propina to leave a tip 9
del (*contraction of* de + el) of the; from the
delante de *prep.* in front of 2
delgado/a *adj.* thin; slender 3
delicioso/a *adj.* delicious 8
demás *pron.* the rest
demasiado *adv.* too much 6
dentista *m., f.* dentist 10
dentro de *adv.* within 16
dependiente/a *m., f.* clerk 6
deporte *m.* sport 4
deportista *m.* sports person
deportivo/a *adj.* sports-related 4
depositar *v.* to deposit 14
derecha *f.* right 2
derecho *adj.* straight 14
derechos *m., pl.* rights
desarrollar *v.* to develop 13
desastre natural *m.* natural disaster
desayunar *v.* to have breakfast 8
desayuno *m.* breakfast 8
descafeinado/a *adj.* decaffeinated 15
descansar *v.* to rest 2
descompuesto/a *adj.* not working; out of order 11
describir *v.* to describe 3
descrito/a *p.p.* described 15
descubierto/a *p.p.* discovered 15
descubrir *v.* to discover 13
desde *prep.* from; since 6
desear *v.* to want; to wish 2; to desire 12
desempleo *m.* unemployment
desierto *m.* desert 13
desigualdad *f.* inequality
desordenado/a *adj.* disorderly; messy 5
despacio *adj.* slowly
despedida *f.* farewell; goodbye
despedir (e:i) *v.* to fire 16
despedirse (de) (e:i) *v.* to say goodbye (to) 7
despejado/a *adj.* clear (*weather*)
despertador *m.* alarm clock 7
despertarse (e:ie) *v.* to wake up 7
después *adv.* afterwards; then 7
    después de after 7
    después (de) que *conj.* after 13
destruir *v.* to destroy 13
detrás de *prep.* behind 2
día *m.* day 1
    día de fiesta holiday 9
diario *m.* diary 1; newspaper
    diario/a *adj.* daily 7
dibujar *v.* to draw 2

dibujo *m.* drawing
    dibujos animados *m., pl.* cartoons
diccionario *m.* dictionary 1
dicho/a *p.p.* said 15
diciembre *m.* December 5
dictadura *f.* dictatorship
diecinueve *adj., pron.* nineteen 1
dieciocho *adj., pron.* eighteen 1
dieciséis *adj., pron.* sixteen 1
diecisiete *adj., pron.* seventeen 1
diente *m.* tooth 7
dieta *f.* diet 15
    dieta equilibrada balanced diet 15
diez *adj., pron.* ten 1
difícil *adj.* difficult; hard 3
¿Diga? Hello? (*on telephone*) 11
diligencia *f.* errand 14
dinero *m.* money 6
dirección *f.* address 14
direcciones *f., pl.* directions 14
director(a) *m., f.* director; (*musical*) conductor
disco *m.* disk 11
disco compacto compact disc (CD) 11
discriminación *f.* discrimination
discurso *m.* speech
diseñador(a) *m., f.* designer 16
diseño *m.* design
disfrutar (de) *v.* to enjoy; to reap the benefits (of) 15
diversión *f.* entertainment; fun activity 4
divertido/a *adj.* fun 7
divertirse (e:ie) *v.* to have fun 9
divorciado/a *adj.* divorced 9
divorciarse (de) *v.* to get divorced (from) 9
divorcio *m.* divorce 9
doblar *v.* to turn 14
doce *adj., pron.* twelve 1
doble *adj.* double
doctor(a) *m., f.* doctor 10
documental *m.* documentary
documentos de viaje *m., pl.* travel documents
doler (o:ue) *v.* to hurt 10
dolor *m.* ache; pain 10
dolor de cabeza *m.* headache 10
doméstico/a *adj.* domestic
domingo *m.* Sunday 2
don/doña title of respect used with a person's first name 1
donde *prep.* where
    ¿dónde? where? 1, 9
    ¿Dónde está…? Where is…? 2
dormir (o:ue) *v.* to sleep 4
dormirse (o:ue) *v.* to go to sleep; to fall asleep 7
dos *adj., pron.* two 1
    dos veces twice; two times 6
doscientos/as *adj., pron.* two hundred 6
drama *m.* drama; play

dramático/a *adj.* dramatic
dramaturgo/a *m., f.* playwright
droga *f.* drug 15
drogadicto/a *m., f.* drug addict 15
ducha *f.* shower
ducharse *v.* to shower; to take a shower 7
duda *f.* doubt 13
dudar *v.* to doubt 13
dueño/a *m., f.* owner 8; landlord
dulce *adj.* sweet 8
dulces *m., pl.* sweets; candy 9
durante *prep.* during 7
durar *v.* to last

E

e *conj.* (*used instead of* y *before words beginning with* i *and* hi) and
echar *v.* to throw
    echar una carta al buzón to put a letter in the mailbox; to mail a letter 14
ecología *f.* ecology 13
economía *f.* economics
ecoturismo *m.* ecotourism 13
Ecuador *m.* Ecuador 1
ecuatoriano/a *adj.* Ecuadorian 3
edad *f.* age
edificio *m.* building 12
    edificio de apartamentos apartment building 12
efectivo *m.* cash
ejercicio *m.* exercise 15
    ejercicios aeróbicos aerobic exercises 15
    ejercicios de estiramiento stretching exercises 15
ejército *m.* army
el *m., sing., def. art.* the 1
él *sub. pron.* he 1; *adj. pron.* him
elección *f.* election
electricista *m., f.* electrician 16
electrodoméstico *m.* electric appliance 12
elegante *adj. m., f.* elegant 6
elegir *v.* to elect
ella *sub. pron.* she 1; *obj. pron.* her
ellos/as *sub. pron.* they 1; them
embarazada *adj.* pregnant 10
emergencia *f.* emergency 10
emitir *v.* to broadcast
emocionante *adj.* exciting
empezar (e:ie) *v.* to begin 4
empleado/a *m., f.* employee 5
empleo *m.* job; employment 16
empresa *f.* company; firm 16
en *prep.* in; on; at 2
    en casa at home 7
    en caso (de) que in case (that) 13
    en cuanto as soon as 13
    en efectivo in cash
    en exceso in excess; too much 15

en línea in-line 4
¡En marcha! Let's get going! 15
en mi nombre in my name
en punto on the dot; exactly;
sharp (*time*) 1
en qué in which; in what; how 2
¿En qué puedo servirles?
How can I help you? 5
enamorado/a *adj.* **(de)** in love (with) 5
enamorarse (de) *v.* to fall in love (with) 9
encantado/a *adj.* delighted; pleased to meet
you 1
encantar *v.* to like very much; to love
(*inanimate objects*) 7
encima de *prep.* on top of 2
encontrar (o:ue) *v.* to find 4
encontrar(se) *v.* to meet (each other);
to find (each other)
encuesta *f.* poll; survey
energía *f.* energy 13
energía nuclear nuclear energy 13
energía solar solar energy 13
enero *m.* January 5
enfermarse *v.* to get sick 10
enfermedad *f.* illness; sickness 10
enfermero/a *m., f.* nurse 10
enfermo/a *adj.* sick 10
enfrente de *adv.* opposite; facing;
in front of 14
engordar *v.* to gain weight 15
enojado/a *adj.* mad; angry 5
enojarse (con) *v.* to get angry (with) 7
ensalada *f.* salad 8
enseguida *adv.* right away 9
enseñar *v.* to teach 2
ensuciar *v.* to get (something) dirty 12;
to dirty
entender (e:ie) *v.* to understand 4
entonces *adv.* then 7
entrada *f.* entrance 12; ticket
entre *prep.* between; among 2
entremeses *m., pl.* hors d'oeuvres 8;
appetizers
entrenarse *v.* to practice; to train 15
entrevista *f.* interview 16
entrevistador(a) *m., f.* interviewer 16
entrevistar *v.* to interview 16
envase *m.* container 13
enviar *v.* to send 14; to mail
equilibrado/a *adj.* balanced 15
equipado/a *adj.* equipped 15
equipaje *m.* luggage 5
equipo *m.* team 4
equivocado/a *adj.* wrong; mistaken 5
eres you are *fam.* 1
es you are *form.* ; he/she/it is 1
Es una lástima... It's a shame... 13
Es bueno que... It's good that... 12
Es de... He/She is from . . . 1
Es extraño... It's strange... 13
Es importante que... It's

important that . . . 12
Es imposible... It's impossible... 13
Es improbable... It's improbable... 13
Es la una. It's one o'clock. 1
Es malo que... It's bad that... 12
Es mejor que... It's better that... 12
Es necesario que... It's
necessary that... 12
Es obvio... It's obvious... 13
Es ridículo... It's ridiculous... 13
Es seguro... It's sure... 13
Es terrible... It's terrible... 13
Es triste... It's sad... 13
Es urgente que... It's urgent that... 12
Es verdad... It's true... 13
esa(s) *f., adj.* that; those 6
ésa(s) *f., pron.* those (ones) 6
escalar *v.* to climb 4
escalar montañas *f., pl.* to climb
mountains 4
escalera *f.* stairs; stairway 12
escoger *v.* choose
escribir *v.* to write 3
escribir una carta to write a letter 4
escribir un mensaje
electrónico to write an
e-mail message 4
escribir una (tarjeta) postal
to write a postcard 4
escrito/a *p.p.* written 15
escritor(a) *m., f.* writer 16
escritorio *m.* desk 2
escuchar *v.* to listen 2
escuchar la radio to listen to the radio
escuchar música to listen to music
escuela *f.* school 1
esculpir *v.* to sculpt
escultor(a) *m., f.* sculptor 16
escultura *f.* sculpture
ese *m., sing., adj.* that 6
ése *m., sing., pron.* that (one) 6
eso *neuter, pron.* that;
that thing 6
esos *m., pl., adj.* those 6
ésos *m., pl., pron.* those (ones) 6
España *f.* Spain 1
español *m.* Spanish (*language*) 2
español(a) *m., f., adj.* Spanish 3
espárragos *m., pl.* asparagus
especialización *f.* field of study 16;
specialization
espectacular *adj.* spectacular 15
espectáculo *m.* show
espejo *m.* mirror 7
esperar *v.* to wait (for); to hope 2;
to wish 13
esposo/a *m., f.* husband/wife; spouse 3
esquí (acuático) *m.* (water) skiing 4
esquiar *v.* to ski
esquina *m.* corner 14
está he/she/it is, you are *form.* 1

Está despejado. It's clear. (*weather*) 5
Está (muy) nublado. It's
(very) cloudy. (*weather*) 5
Está bien. That's fine. 11
esta(s) *f., adj.* this; these 6
esta noche tonight 4
ésta(s) *f., pron.* this (one); these (ones) 6
Ésta es... *f.* This is...
(*introducing someone*) 1
establecer *v.* to establish
estación *f.* station; season 5
estación de autobuses bus station 5
estación del metro subway station 5
estación del tren train station 5
estacionar *v.* to park 11
estadio *m.* stadium 2
estado civil *m.* marital status 9
Estados Unidos *m.* (EE.UU.;
E.U.) United States 1
estadounidense *adj.* from the United
States 3
estampado/a *adj.* print
estampilla *f.* stamp 14
estante *m.* bookcase; bookshelf 12
estar *v.* to be 2
estar a (veinte kilómetros)
de aquí to be (20 kilometers)
from here 11
estar a dieta to be on a diet 15
estar aburrido/a to be bored 5
estar afectado/a (por) to be
affected (by) 13
estar bajo control to be under control
estar cansado/a to be tired 5
estar contaminado/a to be polluted 13
estar de acuerdo to agree
estar de moda to be in fashion 6
estar de vacaciones to be on
vacation 5
estar en buena forma to be in
good shape 15
estar enfermo/a to be sick 10
estar listo/a to be ready 15
estar perdido/a to be lost 14
estar roto/a to be broken 10
estar seguro/a (de) to be sure
(of) 5, 13
estar torcido/a to be twisted;
to be sprained 10
estatua *f.* statue
este *m.* east 14; umm
este *m., sing., adj.* this 6
éste *m., sing., pron.* this (one) 6
Éste es... *m.* This is...
(*introducing someone*) 1
estéreo *m.* stereo 11
estilo *m.* style
estiramiento *m.* stretching 15
esto *neuter pron.* this; this thing 6
estómago *m.* stomach 10
estornudar *v.* to sneeze 10

estos *m., pl., adj.* these **6**

éstos *m., pl., pron.* these (ones) **6**

estrella *f.* star **13**

   estrella de cine *m., f.* movie star

estrés *m.* stress **15**

estudiante *m., f.* student **1**

estudiantil *adj. m., f.* student

estudiar *v.* to study **2**

estufa *f.* stove **12**

estupendo/a *adj.* stupendous **5**

etapa *f.* stage **9**; step

evitar *v.* to avoid **13**

examen *m.* test; exam **2**

   examen médico physical exam **10**

excelente *adj.* excellent **5**

exceso *m.* excess; too much **15**

excursión *f.* hike; tour; excursion **4**

excursionista *m., f.* hiker **4**

éxito *m.* success **16**

experiencia *f.* experience

explicar *v.* to explain **2**

explorar *v.* to explore

   explorar un pueblo to explore a town

   explorar una ciudad to explore a city

expresión *f.* expression

extinción *f.* extinction **13**

extranjero/a *adj.* foreign

extraño/a *adj.* strange **13**

F

fabuloso/a *adj* fabulous **5**

fácil *adj.* easy **3**

   facilísimo extremely easy **8**

falda *f.* skirt **6**

faltar *v.* to lack; to need **7**

familia *f.* family **3**

famoso/a *adj.* famous **16**

farmacia *f.* pharmacy **10**

fascinar *v.* to fascinate **7**

favorito/a *adj.* favorite **4**

fax *m.* fax (machine) **11**

febrero *m.* February **5**

fecha *f.* date **5**

feliz *adj.* happy **5**

   ¡Felicidades! Congratulations! (*for an event such as a birthday or anniversary*) **9**

   ¡Felicitaciones! Congratulations! (*for an event such as an engagement or a good grade on a test*) **9**

   ¡Feliz cumpleaños! Happy birthday! **9**

fenomenal *adj.* great **5**; phenomenal

feo/a *adj.* ugly **3**

festival *m.* festival

fiebre *f.* fever **10**

fiesta *f.* party **9**

fijo/a *adj.* set, fixed **6**

fin *m.* end **4**

fin de semana weekend **4**

finalmente *adv.* finally

firmar *v.* to sign (*a document*) **14**

física *f.* physics **2**

flan *m.* baked custard **9**

flexible *adj.* flexible **15**

flor *f.* flower **13**

folklórico/a *adj.* folk; folkloric

folleto *m.* brochure

fondo *m.* end **12**

forma *f.* shape **15**

formulario *m.* form **14**

foto(grafía) *f.* photograph **1**

francés, francesa *adj.* French **3**

frecuentemente *adv.* frequently **10**

frenos *m., pl.* brakes **11**

fresco/a *adj.* cool

frijoles *m., pl.* beans **8**

frío/a *adj.* cold

fritada *f.* fried dish (pork, fish, etc.)

frito/a *adj.* fried **8**

fruta *f.* fruit **8**

frutería *f.* fruit store **14**

frutilla *f.* strawberry **8**

fuente de fritada *f.* platter of fried food

fuera *adv.* outside

fuerte *adj.* strong **15**

fumar *v.* to smoke **15**

   no fumar not to smoke **15**

funcionar *v.* to work **11**; to function

fútbol *m.* soccer **4**

   fútbol americano football **4**

futuro/a *adj.* future **16**

   en el futuro in the future **16**

G

gafas (de sol) *f., pl.* (sun)glasses **6**

gafas (oscuras) *f., pl.* (sun)glasses **14**

galleta *f.* cookie **9**

ganar *v.* to win **4**; to earn (money) **16**

ganga *f.* bargain **6**

garaje *m.* mechanic's shop **11**; garage **12**

garganta *f.* throat **10**

gasolina *f.* gasoline **11**

gasolinera *f.* gas station **11**

gastar *v.* to spend (money) **6**

gato/a *m., f.* cat **13**

gente *f.* people **3**

geografía *f.* geography **2**

gerente *m., f.* manager **16**

gimnasio *m.* gym, gymnasium **4**

gobierno *m.* government **13**

golf *m.* golf **4**

gordo/a *adj.* fat **3**

grabadora *f.* tape recorder **1**

gracias *f., pl.* thank you; thanks **1**

   Gracias por todo. Thanks for everything. **9**

   Gracias una vez más. Thanks once

again. **9**

graduarse (de) *v.* to graduate (from) **9**

gran, grande *adj.* big; large; great **3**

grasa *f.* fat **15**

gratis *adj.* free of charge **14**

grave *adj.* grave; serious **10**

gravísimo/a *adj.* extremely serious **13**

grillo *m.* cricket

gripe *f.* flu **10**

gris *adj.* gray **6**

gritar *v.* to scream

guantes *m., pl.* gloves **6**

guapo/a *adj.* handsome; good-looking **3**

guardar *v.* to save (on a computer) **11**

guerra *f.* war

guía *m., f.* guide

gustar *v.* to be pleasing to; to like **7**

   Me gustaría(n)… I would like **7**

gusto *m.* pleasure **1**

   El gusto es mío. The pleasure is mine. **1**

   Gusto de (**+** *inf.*) It's a pleasure to…

   Mucho gusto. Pleased to meet you. **1**

H

haber (*aux.*) *v.* to have (*done something*) **15**

   ha sido un placer it's been a pleasure **15**

habitación *f.* room **5**

   habitación doble double room **5**

   habitación individual single room **5**

habitantes *m., pl.* inhabitants **13**

hablar *v.* to talk; to speak **2**

hacer *v.* to do; to make **4**

   Hace buen tiempo. It's nice weather. **5**; The weather is good.

   Hace (mucho) calor. It's (very) hot. (*weather*) **5**

   Hace fresco. It's cool. (*weather*) **5**

   Hace (mucho) frío. It's (very) cold. (*weather*) **5**

   Hace mal tiempo. It's bad weather. **5**; The weather is bad.

   Hace sol. It's sunny. (*weather*) **5**

   Hace (mucho) viento. It's (very) windy. (*weather*) **5**

   hacer cola to stand in line **14**

   hacer diligencias to do errands; to run errands **14**

   hacer ejercicio to exercise **15**

   hacer ejercicios aeróbicos to do aerobics **15**

   hacer ejercicios de estiramiento to do stretching exercises **15**

   hacer el papel to play a role

   hacer gimnasia to work out **15**

   hacer juego (con) to match **6**

   hacer la cama to make the bed **12**

hacer las maletas to pack (one's suitcases) 5
hacer los quehaceres domésticos to do household chores 12
hacer turismo to go sightseeing 5
hacer un viaje to take a trip 5
hacer una excursión to go on a hike; to go on a tour 5
hacha *f.* ax
hacia *prep.* toward 14
hambre *f.* hunger 3
hamburguesa *f.* hamburger 8
hasta *prep.* until 6; toward
  Hasta la vista. See you later. 1
  Hasta luego. See you later. 1
  Hasta mañana. See you tomorrow. 1
  hasta que until 13
  Hasta pronto. See you soon. 1
hay there is; there are 1
  Hay (mucha) contaminación. It's (very) smoggy.
  Hay (mucha) niebla. It's (very) foggy. 5
  Hay que It is necessary that 14
  No hay duda de There's no doubt 13
  No hay de qué. You're welcome. 1
hecho/a *p.p.* done 15
heladería *f.* ice cream shop 14
helado/a *adj.* iced 8
helado *m.* ice cream 9
hermanastro/a *m., f.* stepbrother/ stepsister 3
hermano/a *m., f.* brother/sister 3
hermano/a mayor/menor *m., f.* older/younger brother/sister 3
hermanos *m., pl.* siblings (brothers and sisters) 3
hermoso/a *adj.* beautiful 6
hierba *f.* grass 13
hijastro/a *m., f.* stepson/stepdaughter 3
hijo/a *m., f.* son/daughter 3
  hijo/a único/a only child 3
  hijos *m., pl.* children 3
historia *f.* history 2; story
hockey *m.* hockey 4
hogar *m.* home 12
hola *interj.* hello; hi 1
hombre *m.* man 1
  hombre de negocios businessman 16
hora *f.* hour 1
horario *m.* schedule 2
horno *m.* oven 12
  horno de microondas microwave oven 12
horror *m.* horror
hospital *m.* hospital 10
hotel *m.* hotel 5
hoy *adv.* today 2
  hoy día nowadays
  Hoy es... Today is... 2
huelga *f.* strike (labor)
hueso *m.* bone 10

huésped *m., f.* guest 5
huevo *m.* egg 8
humanidades *f., pl.* humanities
huracán *m.* hurricane

I

ida *f.* one way (*travel*)
idea *f.* idea 4
iglesia *f.* church 4
igualdad *f.* equality
igualmente *adv.* likewise 1
impermeable *m.* raincoat 6
importante *adj.* important 3
importar *v.* to be important (to); to matter 7, 12
imposible *adj.* impossible 13
impresora *f.* printer 11
imprimir *v.* to print 11
improbable *adj.* improbable 13
impuesto *m.* tax
incendio *m.* fire
increíble *adj.* incredible 5
individual *adj.* private (*room*) 5
infección *f.* infection 10
informar *v.* to inform
informe *m.* report; paper (*written work*)
ingeniero/a *m., f.* engineer 3
inglés *m.* English (*language*) 2
inglés, inglesa *adj.* English 3
insistir (en) *v.* to insist (on) 12
inspector(a) de aduanas *m., f.* customs inspector 5
inteligente *adj.* intelligent 3
intercambiar *v.* exchange
interesante *adj.* interesting 3
interesar *v.* to be interesting to; to interest 7
internacional *adj.* international
Internet *m.* Internet 11
inundación *f.* flood
invertir (e:ie) *v.* to invest 16
invierno *m.* winter 5
invitado/a *m., f.* guest (*at a function*) 9
invitar *v.* to invite 9
inyección *f.* injection 10
ir *v.* to go 4
  ir a (+ *inf.*) to be going to do something 4
  ir a la playa to go to the beach 5
  ir de compras to go shopping 6
  ir de excursión (a las montañas) to go for a hike (in the mountains) 4
  ir de pesca to go fishing 5
  ir de vacaciones to go on vacation 5
  ir en autobús to go by bus 5
  ir en auto(móvil) to go by car 5; to go by auto(mobile)
  ir en avión to go by plane 5
  ir en barco to go by ship 5

  ir en metro to go by subway
  ir en motocicleta to go by motorcycle 5
  ir en taxi to go by taxi 5
  ir en tren to go by train
irse *v.* to go away; to leave 7
italiano/a *adj.* Italian 3
izquierdo/a *adj.* left 2
  a la izquierda de to the left of 2

J

jabón *m.* soap 7
jamás *adv.* never; not ever 7
jamón *m.* ham 8
japonés, japonesa *adj.* Japanese 3
jardín *m.* garden; yard 12
jefe, jefa *m., f.* boss 16
joven *adj.* young 3
joven *m., f.* youth; young person 1
joyería *f.* jewelry store 14
jubilarse *v.* to retire (*from work*) 9
juego *m.* game
jueves *m., sing.* Thursday 2
jugador(a) *m., f.* player 4
jugar (u:ue) *v.* to play 4
  jugar a las cartas to play cards
jugo *m.* juice 8
  jugo de fruta fruit juice 8
julio *m.* July 5
jungla *f.* jungle
junio *m.* June 5
juntos/as *adj.* together 9
juventud *f.* youth 9

K

kilómetro *m.* kilometer 11

L

la *f., sing., d.o. pron.* her, it, *form.* you 5
la *f., sing., def. art.* the 1
laboratorio *m.* laboratory 2
lago *m.* lake 13
lámpara *f.* lamp 12
lana *f.* wool 6
langosta *f.* lobster 8
lápiz *m.* pencil 1
largo/a *m.* long (*in length*) 6
las *f., pl., def. art.* the 1
las *f., pl., d.o. pron.* them; *form.* you 5
lástima *f.* shame 13
lastimarse *v.* to injure oneself 10
  lastimarse el pie to injure one's foot 10
lata *f.* (*tin*) can 13
lavabo *m.* sink
lavadora *f.* washing machine 12

lavandería *f.* laundromat **14**
lavaplatos *m., sing.* dishwasher **12**
lavar *v.* to wash **12**
lavarse *v.* to wash oneself **7**
  lavarse la cara to wash one's face **7**
  lavarse las manos to wash one's
  hands **7**
le *sing., i.o. pron.* to/for him, her,
  you *form.* **6**
Le presento a... I would like to
  introduce... to you. *form.* **1**
lección *f.* lesson **1**
leche *f.* milk **8**
lechuga *f.* lettuce **8**
leer *v.* to read **3**
  leer el correo electrónico
  to read e-mail **4**
  leer un periódico to read a
  newspaper **4**
  leer una revista to read a
  magazine **4**
leído/a *p.p.* read **15**
lejos de *prep.* far from **2**
lengua *f.* language **2**
  lenguas extranjeras *f., pl.*
  foreign languages **2**
lentes de contacto *m., pl.* contact lenses
  lentes de sol sunglasses
lento/a *adj.* slow **11**
les *pl., i.o. pron.* to/for them, you *form.* **6**
letrero *m.* sign **14**
levantar *v.* to lift **15**
  levantar pesas to lift weights **15**
levantarse *v.* to get up **7**
ley *f.* law **13**
libertad *f.* liberty; freedom
libre *adj.* free **4**
librería *f.* bookstore **2**
libro *m.* book **2**
licencia de conducir *f.* driver's license **11**
limón *m.* lemon **8**
limpiar *v.* to clean **12**
  limpiar la casa to clean the house **12**
limpio/a *adj.* clean **5**
línea *f.* line **4**
listo/a *adj.* smart; ready **5**
literatura *f.* literature
llamar *v.* to call **11**
  llamar por teléfono to call on
  the phone
  llamarse to be called; to be named **7**
llanta *f.* tire **11**
llave *f.* key **5**
llegada *f.* arrival **5**
llegar *v.* to arrive **2**
llenar *v.* to fill **1**
  llenar el tanque to fill up the tank **11**
  llenar un formulario to fill out
  a form **14**
lleno/a *adj.* full **11**
llevar *v.* to carry **2**; to take; to wear **6**

llevar una vida sana to lead
  a healthy lifestyle **15**
llevarse bien/mal (con) to
  get along well/badly (with) **9**
llover (o:ue) *v.* to rain **5**
  Llueve. It's raining. **5**
lluvia *f.* rain **13**
  lluvia ácida acid rain **13**
lo *m., sing. d.o. pronoun.* him, it,
  you *form.* **5**
  lo mejor the best (thing)
  Lo pasamos de película. We had a
  great time.
  lo peor the worst (thing)
  lo que what; that; which **9**
  Lo siento. I'm sorry. **1**
  Lo siento muchísimo. I'm so sorry.
loco/a *adj.* crazy **6**
locutor(a) *m., f.* TV or radio announcer
lomo a la plancha *m.* grilled flank steak **8**
los *m., pl., do. pron.* them, you *form.* **5**
los *m., pl., def. art.* the **1**
luchar (contra), (por) *v.* to fight; to struggle
  (against), (for)
luego *adv.* afterwards, then **7**; *adv.* later **1**
lugar *m.* place **4**
luna *f.* moon **13**
lunar *m.* polka dot **6**; mole
lunes *m., sing.* Monday **2**
luz *f.* light **12**; electricity

M

madrastra *f.* stepmother **3**
madre *f.* mother **3**
madurez *f.* maturity; middle age **9**
maestro/a *m., f.* teacher (*elementary
  school*) **16**
magnífico/a *adj.* magnificent **5**
maíz *m.* corn **8**
mal, malo/a *adj.* bad **3**; sick **5**
  malísimo very bad **8**
maleta *f.* suitcase **1**
mamá *f.* mom **3**
mandar *v.* to order **12**; to send **14**; to mail
manejar *v.* to drive **11**
manera *f.* way
mano *f.* hand **1**
  ¡Manos arriba! Hands up!
manta *f.* blanket **12**
mantener *v.* to maintain **15**
  mantenerse en forma to stay
  in shape **15**
mantequilla *f.* butter **8**
manzana *f.* apple **8**
mañana *f.* morning, A.M. **1**; tomorrow **1**
mapa *m.* map **1**
maquillaje *m.* makeup **7**
maquillarse *v.* to put on makeup **7**
mar *m.* ocean; sea **5**

maravilloso/a *adj.* marvelous **5**
mareado/a *adj.* dizzy; nauseated **10**
margarina *f.* margarine **8**
mariscos *m., pl.* seafood **8**
marrón *adj. m., f.* brown
martes *m., sing.* Tuesday **2**
marzo *m.* March **5**
más *adj.* more **2**
  el/la/los/las más the most **8**
  más de (+ *number*) more
  than (+ *number*) **8**
  más tarde later **7**
  más... que more... than **8**
masaje *m.* massage **15**
matemáticas *f., pl.* mathematics **2**
materia *f.* course
matrimonio *m.* marriage; married
  couple **9**
máximo/a *m., f.* maximum **11**
mayo *m.* May **5**
mayonesa *f.* mayonnaise **8**
mayor *adj.* older **3**; bigger **8**
  el/la mayor *adj.* the oldest; the biggest **8**
me *pron.* me **5**
  Me duele mucho. It hurts me a lot. **10**
  Me gusta... I like... **2**
  No me gustan nada. I don't like...
  at all. **2**
  Me gustaría(n)... I would like... **7**
  Me llamo... My name is... **1**
  Me muero por... I'm dying to (for)...
mecánico/a *m., f.* mechanic **11**
mediano/a *adj.* medium
medianoche *f.* midnight **1**
medias *f., pl.* pantyhose, stockings **6**
medicamento *m.* medication **10**
medicina *f.* medicine **10**
médico/a *m., f.* doctor; physician **3**;
  adj. medical **10**
medio/a *m. adj.* half **3**
  medio ambiente environment **13**
  medio/a hermano/a
  half-brother/half-sister **3**
  medios de comunicación *m., pl.*
  means of communication; media
  y media thirty minutes past the
  hour (*time*) **1**
mediodía *m.* noon **1**
mejor *adj.* better **8**
  el/la mejor *m., f.* the best **8**
mejorar *v.* to improve **13**
melocotón *m.* peach
menor *adj.* younger **3**; smaller **8**
  el/la menor *m., f.* the youngest;
  the smallest **8**
menos *adv.* less **10**
  el/la/los/las menos the least **8**
  menos cuarto/menos quince
  quarter to (*time*) **1**
  menos de (+ *number*) less
  than (+ *number*) **8**

menos… que less… than 8
mensaje electrónico *m.* e-mail message 4
mentira *f.* lie
menú *m.* menu 8
mercado *m.* market 6
   mercado al aire libre open-air market 6
merendar (e:ie) *v.* to snack in the afternoon; to have a(n) (afternoon) snack 15
merienda *f.* (afternoon) snack 15
mes *m.* month 5
mesa *f.* table 2
mesita *f.* side/end table 12
   mesita de noche night stand 12
metro *m.* subway 5
mexicano/a *adj.* Mexican 3
México *m.* Mexico 1
mí *pron. obj. of prep.* me
mi(s) *poss. adj.* my 3
microonda *f.* microwave 12
   horno de microondas microwave oven 12
miedo *m.* fear 3
mientras *adv.* while 10
miércoles *m., sing.* Wednesday 2
mil *adj., pron.* one thousand
   mil millones billion
   Mil perdones. I'm so sorry. (*lit.* A thousand pardons.) 4
milla *f.* mile 11
millón million 6
millones (de) millions (of) 6
mineral *m.* mineral 15
minuto *m.* minute 1
mío(s)/a(s) *poss.* my; (of) mine 11
mirar *v.* to look (at); to watch 2
   mirar (la) televisión to watch television 2
mismo/a *adj.* same 3
mochila *f.* backpack 1
moda *f.* fashion 6
módem *m.* modem 11
moderno/a *adj.* modern
molestar *v.* to bother; to annoy 7
monitor *m.* monitor 11
monitor(a) *m., f.* trainer 15
montaña *f.* mountain 4
montar *v.* **a caballo** to ride a horse 5
monumento *m.* monument 4
mora *f.* blackberry 8
morado/a *adj.* purple 6
moreno/a *adj.* dark-haired 3
morir (o:ue) *v.* to die 8
mostrar (o:ue) *v.* to show 4
moto(cicleta) *f.* motorcycle 5
motor *m.* motor 11
muchacho/a *m., f.* boy; girl 3
mucho/a *adj., adv.* many; a lot of; much 2, 3
   muchas veces a lot; many times 10

Muchísimas gracias. Thank you very, very much. 9
muchísimo *adj., adv.* very much 2, 8
Mucho gusto. Pleased to meet you. 1
(Muchas) gracias. Thank you (very much); Thanks (a lot). 1
mudarse *v.* to move (from one house to another) 12
muebles *m., pl.* furniture 12
muela *f.* tooth 10
muerte *f.* death 9
muerto/a *p.p.* died 15
mujer *f.* woman 1
   mujer de negocios business woman 16
   mujer policía female police officer 11
multa *f.* fine 11
mundial *adj.* worldwide
mundo *m.* world 13
municipal *adj.* municipal
músculo *m.* muscle 15
museo *m.* museum 4
música *f.* music
musical *adj.* musical
músico/a *m., f.* musician
muy *adv.* very 1
   Muy amable. That's very kind of you. 5
(Muy) bien, gracias. (Very) well, thanks. 1

N

nacer *v.* to be born 9
nacimiento *m.* birth 9
nacional *adj.* national
nacionalidad *f.* nationality 1
nada *pron., adv.* nothing 1; not anything 7
   nada mal not bad at all 5
nadar *v.* to swim 4
nadie *pron.* no one, not anyone 7
naranja *m.* orange 8
nariz *f.* nose 10
natación *f.* swimming 4
natural *adj.* natural 13
naturaleza *f.* nature 13
navegar en Internet *v.* to surf the Internet 11
Navidad *f.* Christmas 9
necesario/a *adj.* necessary 12
necesitar *v.* to need 2, 12
negar (e:ie) *v.* to deny 13
negativo/a *m.* negative 7
negocios *m., pl.* business; commerce 16
negro/a *adj.* black 6
nervioso/a *adj.* nervous 5
nevar (e:ie) *v.* to snow 5
   Nieva. It's snowing. 5
ni…ni *conj.* neither… nor 7
niebla *f.* fog
nieto/a *m., f.* grandson/granddaughter 3

nieve *f.* snow
ningún, ninguno/a(s) *adj.* no; none; not any 7
   Ningún problema. No problem. 7
niñez *f.* childhood 9
niño/a *m., f.* child; boy/girl 3
no *adv.* no; not 1
   No cabe duda de There is no doubt 13
   No es así. That's not the way it is.
   No es para tanto. It's not a big deal. 12
   No es seguro… It's not sure… 13
   No es verdad… It's not true… 13
   No está. It's not here. 5
   No está nada mal. It's not bad at all. 5
   no estar de acuerdo to disagree
   no estar seguro/a (de) not to be sure (of) 13
   No estoy seguro. I'm not sure. 13
   no hay there is not; there are not 1
   No hay de qué. You're welcome. 1
   No hay duda de There is no doubt 13
   ¡No me diga(s)! You don't say! 11
   No me gustan nada. I don't like them at all. 2
   no muy bien not very well 1
   ¿no? right? 1
   no quiero I don't want to 4
   no sé I don't know
   No te/se preocupe(s). Don't worry. 7
   no tener razón to be wrong 3
noche *f.* night 1
nombre *m.* name 5
norte *m.* north 14
norteamericano/a *adj.* (North) American 3
nos *pron.* us 5
   Nos vemos. See you. 1
nosotros/as *sub. pron.* we 1; *ob. pron.* us 8
noticias *f., pl.* news
noticiero *m.* newscast
novecientos/as *adj, pron.* nine hundred 6
noveno/a *adj.* ninth 5
noventa *adj., pron.* ninety 2
noviembre *m.* November 5
novio/a *m., f.* boyfriend/girlfriend 3
nube *f.* cloud 13
nublado/a *adj.* cloudy
   Está (muy) nublado. It's (very) cloudy.
nuclear *adj.* nuclear 13
nuera *f.* daughter-in-law 3
nuestro(s)/a(s) *poss. adj.* our 3; of ours 11
nueve *adj., pron.* nine 1
nuevo/a *adj.* new 6

número *m.* number **1**
  número (shoe) size **6**
nunca *adj.* never; not ever **7**
nutrición *f.* nutrition **15**

O

o *conj.* or **7**
o... o *conj.* either . . . or **7**
obedecer (c:zc) *v.* to obey
obra *f.* work (*of art, literature, music, etc.*)
  obra maestra masterpiece
obtener *v.* to obtain; to get **16**
obvio/a *adj.* obvious **13**
océano *m.* ocean **13**; sea
ochenta eighty **2**
ocho *m.* eight **1**
ochocientos/as *adj., pron.* eight hundred **6**
octavo/a *adj.* eighth **5**
octubre *m.* October **5**
ocupación *f.* occupation **16**
ocupado/a *adj.* busy **5**
ocurrir *v.* to occur; to happen
odiar *v.* to hate **9**
oeste *m.* west **14**
oferta *f.* offer **12**
oficina *f.* office **12**
oficio *m.* trade **16**
ofrecer (c:zc) *v.* to offer **8**
oído *m.* sense of hearing; inner ear
oído *p.p.* heard **15**
oír *v.* to hear **4**
  oigan *form., pl.* listen (*in conversation*)
  Oye. *fam., sing.* Listen. (*in conversation*) **1**
ojalá (que) *interj.* I hope (that); I wish (that) **13**
ojo *m.* eye **10**
olvidar *v.* to forget **10**
once *adj., pron.* eleven **1**
ópera *f.* opera
operación *f.* operation **10**
ordenado/a *adj.* orderly **5**; well organized
ordinal *adj.* ordinal (*number*)
oreja *f.* (outer) ear **10**
orquesta *f.* orchestra
ortográfico/a *adj.* spellling
os *fam., pl. pron.* you **5**
otoño *m.* fall, autumn **5**
otro/a *adj.* other; another **6**
  otra vez again

P

paciente *m., f.* patient **10**
padrastro *m.* stepfather **3**
padre *m.* father **3**
  padres *m., pl.* parents **3**

pagar *v.* to pay **9**
  pagar a plazos to pay in installments **14**
  pagar al contado to pay in cash **14**
  pagar en efectivo to pay in cash
  pagar la cuenta to pay the bill **9**
página *f.* page **11**
  página principal home page **11**
país *m.* country **1**
paisaje *m.* landscape **13**; countryside
pájaro *m.* bird **13**
palabra *f.* word **1**
pan *m.* bread **8**
  pan tostado toasted bread **8**; toast
panadería *f.* bakery **14**
pantalla *f.* screen **11**
pantalones *m., pl.* pants **6**
  pantalones cortos shorts **6**
papa *f.* potato **8**
papas fritas *f., pl.* French fries **8**
papá *m.* dad **3**
  papás *m., pl.* parents **3**
papel *m.* paper **2**; role
paquete *m.* package **14**
par *m.* pair **6**
para *prep.* for; in order to; toward; in the direction of; by; used for; considering **11**
  para que so that **13**
parabrisas *m., sing.* windshield **11**
parar *v.* to stop **11**
parecer *v.* to seem; to appear **8**
pared *f.* wall **12**
pareja *f.* couple; partner **9**
parientes *m., pl.* relatives **3**
parque *m.* park **4**
párrafo *m.* paragraph
parte: de parte de on behalf of **11**
partido *m.* game **4**; match (*sports*)
pasado/a *adj.* last; past **6**
pasado *p.p.* passed
pasaje *m.* ticket **5**
  pasaje de ida y vuelta *m.* round-trip ticket **5**
pasajero/a *m., f.* passenger **1**
pasaporte *m.* passport **5**
pasar *v.* to go through **5**; to pass
  pasar la aspiradora to vacuum **12**
  pasar por el banco to go by the bank **14**
  pasar por la aduana to go through customs **5**
  pasar el tiempo to spend time **4**
  pasarlo bien/mal to have a good/bad time **9**
pasatiempo *m.* pastime, hobby **4**
pasear *v.* to take a walk; to stroll **4**
  pasear en bicicleta to ride a bicycle **4**
  pasear por la ciudad/el pueblo to walk around the city/town **4**

pasillo *m.* hallway **12**
pastel *m.* cake **9**
  pastel de chocolate chocolate cake
  pastel de cumpleaños birthday cake **9**
pastelería *f.* pastry shop **14**
pastilla *f.* pill; tablet **10**
patata *f.* potato **8**
  patatas fritas *f., pl.* French fries **8**
patinar (en línea) *v.* to skate (in-line) **4**
patio *m.* patio **12**; yard
pavo *m.* turkey **8**
paz *f.* peace
pedir (e:i) *v.* to ask for; to request **4, 12**; to order (*food*) **8**
  pedir prestado to borrow **14**
  pedir un préstamo to apply for a loan **14**
peinarse *v.* to comb one's hair **7**
película *f.* movie **4**
peligro *m.* danger **13**
peligroso/a *adj.* dangerous
pelirrojo/a *adj.* red-haired **3**
pelo *m.* hair **7**
pelota *f.* ball **4**
peluquería *f.* hairdressing salon **14**
peluquero/a *m., f.* hairdresser **16**
penicilina *f.* penicillin **10**
pensar (e:ie) *v.* to think **4**
  pensar (+ inf.) to intend; to plan (*to do something*) **4**
  pensar en to think about **4**
pensión *f.* boarding house **5**
peor *adj.* worse **8**
  el/la peor the worst **8**
pequeño/a *adj.* small **3**
pera *f.* pear
perder (e:ie) *v.* to lose; to miss **4**
perdido/a *adj.* lost
Perdón. Pardon me.; Excuse me. **1**
perezoso/a *adj.* lazy
perfecto/a *adj.* perfect **5**
periódico *m.* newspaper **4**
periodismo *m.* journalism **2**
periodista *m., f.* journalist **3**
permiso *m.* permission
pero *conf.* but **2**
perro *m.* dog **13**
persona *f.* person **3**
personaje *m.* character
  personaje principal main character
pesas *f., pl.* weights **15**
pesca *f.* fishing **5**
pescadería *f.* fish market **14**
pescado *m.* fish (*cooked*) **8**
pescador(a) *m., f.* fisherman/ fisherwoman
pescar *v.* to fish **5**
peso *m.* weight **15**
pez *m.* fish (*live*) **13**
picante *adj.* hot, spicy **8**

pie *m.* foot **10**
piedra *f.* rock; stone **13**
pierna *f.* leg **10**
pimienta *f.* pepper **8**
piña *f.* pineapple **8**
pintar *v.* to paint
pintor(a) *m., f.* painter **16**
pintura *f.* painting; picture **12**
piscina *f.* swimming pool **4**
piso *m.* floor (*of a building*) **5**
pizarra *f.* blackboard **2**
placer *m.* pleasure **15**
    Ha sido un placer. It's been a pleasure. **15**
planchar la ropa *v.* to iron clothes **12**
planes *m., pl.* plans **4**
planta *f.* plant **13**
    planta baja ground floor **5**
plástico *m.* plastic **13**
plato *m.* dish (*in a meal*) **8**; *m.* plate **12**
    plato principal main dish **8**
playa *f.* beach **5**
plazos *m., pl.* periods; time **13**
pluma *f.* pen **2**
población *f.* population **13**
pobre *adj.* poor **6**
pobreza *f.* poverty
poco/a *adj.* little **5, 10**; few
poder (o:ue) *v.* to be able to; can **4**
poema *m.* poem
poesía *f.* poetry
poeta *m., f.* poet **16**
policía *f.* police (force) **11**; *m.* (male) police officer **11**
política *f.* politics
político/a *m., f.* politician **16**
pollo *m.* chicken **8**
    pollo asado roast chicken **8**
ponchar *v.* to deflate; to get a flat (*tire*)
poner *v.* to put; to place **4**; to turn on (*electrical appliances*) **11**
    poner la mesa to set the table **12**
    poner una inyección to give an injection **10**
ponerse (+ adj.) to become (+ *adj.*) **7**; to put on **7**
por *prep.* in exchange for; for; by; in; through; by means of; along; during; around; in search of; by way of; per **11**
    por aquí around here **11**
    por avión by plane
    por ejemplo for example **11**
    por eso that's why; therefore **11**
    Por favor. Please. **1**
    por fin finally **11**
    por la mañana in the morning **7**
    por la noche at night **7**
    por la tarde in the afternoon; in the (early) evening **7**
    por lo menos at least **10**
    ¿por qué? why? **2**
    por supuesto of course

por teléfono by phone; on the phone
    por último finally **7**
porque *conj.* because **2**
portátil *adj.* portable **11**
porvenir *m.* future **16**
posesivo/a *adj.* possessive **3**
posible *adj.* possible **13**
    es posible it's possible **13**
    no es posible it's not possible **13**
postal *f.* postcard **4**
postre *m.* dessert **9**
practicar *v.* to practice **2**
    practicar deportes *m., pl.* to play sports **4**
precio (fijo) *m.* (fixed, set) price **6**
preferir (e:ie) *v.* to prefer **4, 12**
pregunta *f.* question
preguntar *v.* to ask (*a question*) **2**
premio *m.* prize; award
prender *v.* to turn on **11**
prensa *f.* press
preocupado/a (por) *adj.* worried (about) **5**
preocuparse (por) *v.* to worry (about) **7**
preparar *v.* to prepare **2**
preposición *f.* preposition
presentación *f.* introduction
presentar *v.* to introduce; to put on (*a performance*)
presiones *f., pl.* pressure **15**
prestado/a *adj.* borrowed
préstamo *m.* loan **14**
prestar *v.* to lend **6**
primavera *f.* spring **5**
primer, primero/a *adj.* first **5**
primo/a *m., f.* cousin **3**
principal *adj.* main **8**
prisa *f.* haste **3**
probable *adj. m., f.* probable **13**
    es probable it's probable **13**
    no es probable it's not probable **13**
probar (o:ue) *v.* to taste; to try **8**
probarse (o:ue) *v.* to try on **7**
problema *m.* problem **1**
profesión *f.* profession **3, 16**
profesor(a) *m., f.* teacher **1**; professor **2**
programa *m.* **1**
    programa de computación software **11**
    programa de entrevistas talk show
programador(a) *m., f.* programmer **3**
prohibir *v.* to prohibit **10, 12**; to forbid
pronombre *m.* pronoun **8**
pronto *adv.* soon **10**
propina *f.* tip **9**
propio/a *adj.* own
proteger *v.* to protect **13**
proteína *f.* protein **15**
próximo/a *adj.* next **16**
prueba *f.* test; quiz **2**
psicología *f.* psychology **2**
psicólogo/a *m., f.* psychologist **16**
publicar *v.* to publish

público *m.* audience
pueblo *m.* town **4**
puerta *f.* door **2**
Puerto Rico *m.* Puerto Rico **1**
puertorriqueño/a *adj.* Puerto Rican **3**
pues *conj.* well **2**; then **15**
puesto *m.* position; job **16**
puesto/a *p.p.* put **15**
puro/a *adj.* pure **13**

Q

que *pron.* that; who; which **9**
    ¡Qué…! How…! **3**
    ¡Qué dolor! What pain!
    ¡Qué gusto (+ inf.)! What a pleasure to… !
    ¡Qué ropa más bonita! What pretty clothes! **6**
    ¡Qué sorpresa! What a surprise!
    ¿qué? what? **1**; which? **9**
    ¿Qué día es hoy? What day is it?
    ¿Qué es? What is it? **1**
    ¿Qué hay de nuevo? What's new? **1**
    ¿Qué hicieron ellos/ellas? What did they do? **6**
    ¿Qué hicieron ustedes? What did you (*form., pl.*) do? **6**
    ¿Qué hiciste? What did you (*fam., sing.*) do? **6**
    ¿Qué hizo él/ella? What did he/she do? **6**
    ¿Qué hizo usted? What did you (*form., sing.*) do? **6**
    ¿Qué hora es? What time is it? **1**
    ¿Qué les parece? What do you guys think? **9**
    ¿Qué pasa? What's happening?; What's going on? **1**
    ¿Qué pasó? What happened? **11**; What's wrong?
    ¿Qué precio tiene? What is the price?
    ¿Qué tal? How are you?; How is it going? **1**; How is/are…? **2**
    ¿Qué talla lleva/usa? What size do you wear? **6**
    ¿Qué tiempo hace? How's the weather?, What's the weather like? **5**
quedar *v.* to be left over; to fit (*clothing*) **7**; to be left behind **10**; to be located **14**
quedarse *v.* to stay; to remain **7**
quehaceres domésticos *m., pl.* household chores **12**
quemado/a *adj.* burned (out) **11**
querer (e:ie) *v.* to want; to love **4**
queso *m.* cheese **8**
quien(es) *pron.* who **1**; whom; that **9**
    ¿Quién es…? Who is…? **1**

¿Quién habla? Who is speaking? *(telephone)* 11
¿quién(es)? who?; whom? 1, 9
química *f.* chemistry 2
quince *adj., pron.* fifteen 1
   menos quince quarter to (time) 1
   y quince quarter after (time) 1
quinceañera *f.* young woman's fifteenth birthday celebration 9
quinientos/as *adj.* five hundred 6
quinto/a *adj.* fifth 5
quisiera *v.* I would like 8
quitar la mesa *v.* to clear the table 12
quitarse *v.* to take off 7
quizás *adv.* maybe 5

R

racismo *m.* racism
radio *f.* radio *(medium)*
radio *m.* radio (set) 11
radiografía *f.* X-ray 10
rápido/a *adj.* fast
ratón *m.* mouse 11
ratos libres *m., pl.* spare time 4
raya *f.* stripe 6
razón *f.* reason 3
rebaja *f.* sale 6
recado *m.* (telephone) message 11
receta *f.* prescription 10
recetar *v.* to prescribe 10
recibir *v.* to receive 3
reciclaje *m.* recycling 13
reciclar *v.* to recycle 13
recién casado/a *m., f.* newlywed 9
recoger *v.* to pick up 13
recomendar (e:ie) *v.* to recommend 8, 12
recordar (o:ue) *v.* to remember 4
recorrer *v.* to tour an area
recurso *m.* resource 13
   recurso natural natural resource 13
red *f.* the Web; the Internet 11
reducir *v.* to reduce 13
refresco *m.* soft drink 8
refrigerador *m.* refrigerator 12
regalar *v.* to give *(as a gift)* 9
regalo *m.* gift 6
regatear *v.* to bargain 6
región *f.* region; area 13
regresar *v.* to return 2
regular *adj. m., f.* so-so; OK 1
reído *p.p.* laughed 15
reírse (e:i) *v.* to laugh 9
relaciones *f., pl.* relationships
relajarse *v.* to relax 9
reloj *m.* clock; watch 2
renunciar (a) *v.* to resign (from) 16
repetir (e:i) *v.* to repeat 4
reportaje *m.* report
reportero/a *m., f.* reporter 16; journalist

representante *m., f.* representative
resfriado *m.* cold *(illness)* 10
residencia estudiantil *f.* dormitory 2
resolver (o:ue) *v.* to resolve; to solve 13
respirar *v.* to breathe 13
respuesta *f.* answer 9
restaurante *m.* restaurant 4
resuelto/a *p.p.* resolved 15
reunión *f.* meeting 16
revisar *v.* to check 11
   revisar el aceite to check the oil 11
revista *f.* magazine 4
rico/a *adj.* rich 6; *adj.* tasty; delicious 8
ridículo *adj.* ridiculous 13
río *m.* river 13
riquísimo/a *adj.* extremely delicious 8
rodilla *f.* knee 10
rogar (o:ue) *v.* to beg; to plead 12
rojo/a *adj.* red 6
romántico/a *adj.* romantic
romper (con) *v.* to break up (with) 9
romper(se) *v.* to break 12
   romperse la pierna to break one's leg 10
ropa *f.* clothing; clothes 6
   ropa interior underwear 6
rosado/a *adj.* pink 6
roto/a *adj.* broken 10; *p.p.* broken 15
rubio/a *adj.* blond(e) 3
ruso/a *adj.* Russian
rutina *f.* routine 7
   rutina diaria daily routine 7

S

sábado *m.* Saturday 2
saber *v.* to know; to know how 8
sabrosísimo/a *adj.* extremely delicious
sabroso/a *adj.* tasty; delicious 8
sacar *v.* to take out 12
   sacar fotos to take pictures 5
   sacar la basura to take out the trash 12
   sacar(se) una muela to have a tooth pulled 10
sacudir *v.* to dust 12
   sacudir los muebles dust the furniture 12
sal *f.* salt 8
sala *f.* living room 12; room
   sala de emergencia(s) emergency room 10
salado/a *adj.* salty 8
salario *m.* salary 16
salchicha *f.* sausage 8
salida *f.* departure; exit 5
salir *v.* to leave 4; to go out
   salir con to leave with; to go out with 4; to date *(someone)* 9
   salir de to leave from 4

salir para to leave for *(a place)* 4
salmón *m.* salmon 8
salón de belleza *m.* beauty salon 14
salud *f.* health 10
saludable *adj.* healthy 10
saludar(se) *v.* to greet (each other)
saludo *m.* greeting 1
   saludos a… greetings to… 1
sandalia *f.* sandal 6
sándwich *m.* sandwich 8
sano/a *adj.* healthy 10
se *ref.pron.* himself, herself, itself, *form.* yourself, themselves, yourselves 7
se *impersonal* one 11
   Se nos dañó… The… broke down. 11
   Se hizo… He/she/it became…
   Se nos pinchó una llanta. We got a flat tire. 11
secadora *f.* clothes dryer 12
sección de (no) fumadores *f.* (non) smoking section 8
secretario/a *m., f.* secretary 16
secuencia *f.* sequence
sed *f.* thirst 3
seda *f.* silk 6
sedentario/a *adj.* sedentary 15; related to sitting
seguir (e:i) *v.* to follow; to continue; to keep (doing something) 4
según *prep.* according to
segundo/a *adj.* second 5
seguro/a *adj.* sure; safe 5
seis *adj., pron.* six 1
seiscientos/as *adj., pron.* six hundred 6
sello *m.* stamp 14
selva *f.* jungle 13
semáforo *m.* traffic light 11
semana *f.* week 2
   fin *m.* **de semana** weekend 4
   la semana pasada last week 6
semestre *m.* semester 2
sendero *m.* trail 13; trailhead
sentarse (e:ie) *v.* to sit down 7
sentir(se) (e:ie) *v.* to feel 7; to be sorry; to regret 13
señor (Sr.) *m.* Mr.; sir 1
señora (Sra.) *f.* Mrs.; ma'am 1
señorita (Srta.) *f.* Miss 1; young woman 2
separado/a *adj.* separated 9
separarse (de) *v.* to separate (from) 9
septiembre *m.* September 5
séptimo/a *adj.* seventh 5
ser *v.* to be 1
   ser aficionado/a (a) to be a fan (of) 4
   ser alérgico/a (a) to be allergic (to) 10
   ser gratis to be free of charge 14
serio/a *adj.* serious
servilleta *f.* napkin 12
servir (e:i) *v.* to help 5; to serve 8
sesenta *adj., pron.* sixty 2

setecientos/as *adj., pron.* seven hundred **6**
setenta *adj., pron.* seventy **2**
sexismo *m.* sexism
sexto/a *adj.* sixth **5**
sí *adv.* yes **1**
si *conj.* if **13**
SIDA *m.* AIDS
sido *p.p.* been **15**
siempre *adv.* always **7**
siete *adj., pron.* seven **1**
silla *f.* chair **2**
sillón *m.* armchair **12**
similar *adj. m., f.* similar
simpático/a *adj.* nice; likeable **3**
sin *prep.* without **13, 15**
  sin duda without a doubt
  sin embargo *adv.* however
  sin que *conj.* without **13**
sino *conj.* but
síntoma *m.* symptom **10**
sitio *m.* **Web** website **11**
situado/a *p.p.* located
sobre *m.* envelope **14**; *prep.* on; over **2**
sobrino/a *m., f.* nephew/niece **3**
sociología *f.* sociology **2**
sofá *m.* couch; sofa **12**
sois *fam.* you are **1**
sol *m.* sun **4, 13**
solar *adj.* solar **13**
solicitar *v.* to apply (*for a job*) **16**
solicitud (de trabajo) *f.* (job) application **16**
sólo *adv.* only **3**
soltero/a *adj.* single **9**; unmarried
solución *f.* solution **13**
sombrero *m.* hat **6**
somos we are **1**
son you/they are **1**
Son las... It's... o'clock. **1**
sonar (o:ue) *v.* to ring **11**
sonreído *p.p.* smiled **15**
sonreír (e:i) *v.* to smile **9**
sopa *f.* soup **8**
sorprender *v.* to surprise **9**
sorpresa *f.* surprise **9**
sótano *m.* basement; cellar **12**
soy I am **1**
  Soy yo. That's me. **1**
  soy de... I'm from... **1**
su(s) *poss. adj.* his; her; its; *form.* your; their; **3**
subir *v.* to go up **11**
subir(se) a to get on/into (a vehicle) **11**
sucio/a *adj.* dirty **5**
sucre *m.* former Ecuadorian currency **6**
sudar *v.* to sweat **15**
suegro/a *m., f.* father-in-law; mother-in-law **3**
sueldo *m.* salary **16**
suelo *m.* floor **12**

sueño *n.* sleep **3**
suerte *f.* luck **3**
suéter *m.* sweater **6**
sufrir *v.* to suffer **13**
  sufrir muchas presiones to be under a lot of pressure **15**
  sufrir una enfermedad to suffer (from) an illness **13**
sugerir (e:ie) *v.* to suggest **12**
supermercado *m.* supermarket **14**
suponer *v.* to suppose **4**
sur *m.* south **14**
sustantivo *m.* noun
suyo(s)/a(s) *poss.* (of) his/her; (of) hers; (of) its; (of) *form.* your, (of) yours, (of) theirs; their **11**

T

tal vez *adv.* maybe **5**
talentoso/a *adj.* talented
talla *f.* size **6**
  talla grande large **6**
taller *m.* **(mecánico)** (mechanic's) garage; repairshop **11**
también *adv.* also; too **2; 7**
tampoco *adv.* neither; not either **7**
tan *adv.* so **5**
  tan pronto como as soon as **13**
  tan... como as... as **8**
tanque *m.* tank **11**
tanto *adv.* so much
  tanto... como as much... as **8**
  tantos/as... como as many... as **8**
tarde *adv.* late **7**
tarde *f.* afternoon; evening; P.M. **1**
tarea *f.* homework **2**
tarjeta *f.* (post) card **4**
  tarjeta de crédito credit card **6**
  tarjeta postal postcard **4**
taxi *m.* taxi(cab) **5**
taza *f.* cup **12**
te *fam. pron.* you **5**
  Te presento a... I would like to introduce... to you. (*fam.*) **1**
  ¿Te gustaría? Would you like to?
  ¿Te gusta(n)... ? Do you like...? **2**
té *m.* tea **8**
  té helado iced tea **8**
teatro *m.* theater
teclado *m.* keyboard **11**
técnico/a *m., f.* technician **16**
tejido *m.* weaving
teleadicto/a *m., f.* couch potato **15**
teléfono (celular) *m.* (cellular) telephone **11**
telenovela *f.* soap opera
teletrabajo *m.* tele-commuting **16**
televisión *f.* television **11**

televisión por cable cable television **11**
televisor *m.* television set **11**
temer *v.* to be afraid; to fear **13**
temperatura *f.* temperature **10**
temprano *adv.* early **7**
tenedor *m.* fork **12**
tener *v.* to have **3**
  tener... años to be... years old **3**
  Tengo... años. I'm... years old. **3**
  tener (mucho) calor to be (very) hot **3**
  tener (mucho) cuidado to be (very) careful **3**
  tener dolor de to have a pain in
  tener éxito to be successful **16**
  tener fiebre to have a fever **10**
  tener (mucho) frío to be (very) cold **3**
  tener ganas de (+ inf.) to feel like (*doing something*) **3**
  tener (mucha) hambre *f.* to be (very) hungry **3**
  tener (mucho) miedo to be (very) afraid/scared of **3**
  tener miedo (de) que to be afraid that
  tener planes to have plans **4**
  tener (mucha) prisa to be in a (big) hurry **3**
  tener que (+ inf.) *v.* to have to (*do something*) **3**
  tener razón to be right **3**
  tener (mucha) sed to be (very) thirsty **3**
  tener (mucho) sueño to be (very) sleepy **3**
  tener (mucha) suerte to be (very) lucky **3**
  tener tiempo to have time
  tener una cita to have a date; an appointment **9**
tenis *m.* tennis **4**
tensión *f.* tension
tercer, tercero/a *adj.* third **5**
terminar *v.* to end; to finish **2**
  terminar de (+ inf.) to finish (*doing something*)
terremoto *m.* earthquake
terrible *adj.* terrible **13**
ti *prep., obj. of prep., fam.* you
tiempo *m.* time **4**; weather
  tiempo libre free time **4**
tienda *f.* shop; store **6**
  tienda de campaña *f.* tent **5**
tierra *f.* land; soil **13**
tinto/a *adj.* red (wine) **8**
tío/a *m., f.* uncle/aunt **3**
tíos *m.* aunts and uncles **3**
título *m.* title
tiza *f.* chalk **2**
toalla *f.* towel **7**
tobillo *m.* ankle **10**
tocadiscos compacto *m.* compact-disc player **11**

tocar *v.* to play (*a musical instrument*); to touch **13**
todavía *adv.* yet; still **5**
todo *m.* everything **5**
  en todo el mundo throughout the world **13**
  Todo está bajo control. Everything is under control.
  (todo) derecho straight ahead **14**
  ¡Todos a bordo! All aboard! **1**
todo/a *adj.* all **4**; whole
todos *m., pl.* all of us; *m., pl.* everybody; everyone
  todos los días every day **10**
tomar *v.* to take; to drink **2**
  tomar clases to take classes **2**
  tomar el sol to sunbathe **4**
  tomar en cuenta to take into account **8**
  tomar fotos to take pictures **13**
  tomar(le) la temperatura (a alguien) to take (someone's) temperature **10**
tomate *m.* tomato **8**
tonto/a *adj.* silly; foolish **3**
torcerse (el tobillo) *v.* to sprain (one's ankle) **10**
torcido/a *adj.* twisted; sprained **10**
tormenta *f.* storm
tornado *m.* tornado
tortilla *f.* tortilla **8**
  tortillas de maíz tortilla made of corn flour **8**
tos *f., sing.* cough **10**
toser *v.* to cough **10**
tostado/a *adj.* toasted **8**
tostadora *f.* toaster
trabajador(a) *adj.* hardworking **3**
trabajar *v.* to work **2**
trabajo *m.* job; work **16**; written work
traducir *v.* to translate **8**
traer *v.* to bring **4**
tráfico *m.* traffic **11**
tragedia *f.* tragedy
traído/a *p.p.* brought **15**
traje *m.* suit **6**
  traje de baño bathing suit **6**
tranquilo/a *adj.* calm; quiet **15**
  ¡Tranquilo! Stay calm!
transmitir to broadcast
tratar de (+ inf.) *v.* to try (*to do something*) **15**
  Trato hecho. It's a deal.
trece *adj., pron.* thirteen **1**
treinta *adj., pron.* thirty **1**
  y treinta thirty minutes past the hour (time) **1**
tren *m.* train **5**
tres *adj., pron.* three **1**
trescientos/as *adj., pron.* three hundred **6**
trimestre *m.* trimester; quarter **2**
triste *adj.* sad **5**
tú *fam. sing. sub. pron.* you **1**

Tú eres… You are… **1**
tu(s) *fam. poss. adj. fam.* your **3**
turismo *m.* tourism **5**
turista *m., f.* tourist **1**
turístico/a *adj.* touristic
tuyo(s)/a(s) *fam.poss. pron.* your; (of) yours **11**

Ud. *form., sing. sub. pron.* you **1**
Uds. *form., pl. sub. pron.* you **1**
último/a *adj.* last
un, uno/a *indef. art.* a; one **1**
  una vez once; one time **6**
  una vez más once again **9**
único/a *adj.* only **3**
universidad *f.* university **2**; college
unos/as *pron.* some **1**
urgente *adj.* urgent **12**
usar *v.* to wear; to use **6**
usted *form., sing. sub. pron.* you **1**
ustedes *form., pl. sub. pron.* you **1**
útil *adj.* useful
uva *f.* grape **8**

vaca *f.* cow **13**
vacaciones *f., pl.* vacation **5**
valle *m.* valley **13**
vamos let's go **4**
vaquero *m.* cowboy
  de vaqueros *m., pl.* western
varios/as *adj., pl.* several **8**
vaso *m.* glass **12**
veces *f., pl.* times **6**
vecino/a *m., f.* neighbor **12**
veinte *adj., pron.* twenty **1**
veinticinco *adj., pron.* twenty-five **1**
veinticuatro *adj., pron.* twenty-four **1**
veintidós *adj., pron.* twenty-two **1**
veintinueve *adj., pron.* twenty-nine **1**
veintiocho *adj., pron.* twenty-eight **1**
veintiséis *adj., pron.* twenty-six **1**
veintisiete *adj., pron.* twenty-seven **1**
veintitrés *adj., pron.* twenty-three **1**
veintiún, veintiuno/a *adj., pron.* twenty-one **1**
vejez *f.* old age **9**
velocidad *f.* speed **11**
  velocidad máxima speed limit **11**
vendedor(a) *m., f.* salesperson **6**
vender *v.* to sell **6**
venir *v.* to come **3**
ventana *f.* window **2**
ver *v.* to see **4**
  ver películas *f., pl.* to see movies **4**
  a ver let's see **2**

verano *m.* summer **5**
verbo *m.* verb
verdad *f.* truth **6**
  ¿verdad? right? **1**
verde *adj.*, green; ripe **5**
verduras *pl., f.* vegetables **8**
vestido *m.* dress **6**
vestirse (e:i) *v.* to get dressed **7**
vez *f.* time **6**
viajar *v.* to travel **2**
viaje *m.* trip **5**
viajero/a *m., f.* traveler **5**
vida *f.* life **9**
video *m.* video **11**
videocasete *m.* video cassette **11**
videocasetera *f.* VCR **11**
videoconferencia *f.* video conference **16**
vidrio *m.* glass **13**
viejo/a *adj.* old **3**
viento *m.* wind
viernes *m., sing.* Friday **5**
vinagre *m.* vinegar **8**
vino *m.* wine **8**
  vino blanco white wine **8**
  vino tinto red wine **8**
violencia *f.* violence
visitar *v.* to visit **4**
  visitar un monumento to visit a monument **4**
visto/a *p.p.* seen **15**
vitamina *f.* vitamin **15**
viudo/a *adj.* widowed **9**
vivienda *f.* housing **12**
vivir *v.* to live **3**
vivo/a *adj.* lively; alive **5**; bright
volante *m.* steering wheel **11**
volcán *m.* volcano **13**
voleibol *m.* volleyball **4**
volver (o:ue) *v.* to return **4**
volver a ver(te, lo, la) *v.* to see (you) again
vos *pron.* you
vosotros/as *fam., pl. sub. pron.* you **1**
votar *v.* to vote
vuelta *f.* return trip
vuelto/a *p.p.* returned **15**
vuestro(s)/a(s) *poss. adj.* your **3**; (of) yours **11**

walkman *m.* Walkman

y *conj.* and **1**
  y cuarto quarter after (time) **1**
  y media half-past (time) **1**
  y quince quarter after (time) **1**

Z

English-Spanish

A

A.M. **mañana** *f.* 1
able: be able to **poder (o:ue)** *v.* 4
aboard **a bordo** 1
accident **accidente** *m.* 10
accompany **acompañar** *v.* 14
account **cuenta** *f.* 14
accountant **contador(a)** *m., f.* 16
accounting **contabilidad** *f.* 2
ache **dolor** *m.* 10
acid **ácido/a** *adj.* 13
   acid rain **lluvia ácida** 13
acquainted: be acquainted with
   conocer *v.* 8
action **acción** *f.*
active **activo/a** *adj.* 15
actor **actor** *m.* 16
actress **actriz** *f.* 16
addict (*drug*) **drogadicto/a** *adj.* 15
additional **adicional** *adj.*
address **dirección** *f.* 14
adjective **adjetivo** *m.*
adolescence **adolescencia** *f.* 9
adventure **aventura** *f.*
advertise **anunciar** *v.*
advertisement **anuncio** *m.* 16
advice **consejo** *m.* 9
   give advice **dar** *v.* **un consejo**
advise **aconsejar** *v.* 12
advisor **consejero/a** *m., f.* 16
aerobic **aeróbico/a** *adj.* 15
   aerobic exercises **ejercicios**
      aeróbicos 15
   aerobics class **clase de**
      ejercicios aeróbicos 15
affected **afectado/a** *adj.* 13
   be affected (by) **estar** *v.*
      afectado/a (por) 13
affirmative **afirmativo/a** *adj.*
afraid: be (very) afraid **tener (mucho)**
   miedo 3
   be afraid **temer** *v.* 13
after **después de** *prep.* 7; **después (de) que**
   conj. 13
afternoon **tarde** *f.* 1
afterward **después** *adv.* 7; **luego** *adv.* 7
again **otra vez** *adv.*
age **edad** *f.*
agree **concordar** *v.* agree; **estar** *v.* **de**
   acuerdo
agreement **acuerdo** *m.*
AIDS **SIDA** *m.*
air **aire** *m.* 6
   air pollution **contaminación del**
      aire 13
airplane **avión** *m.* 5
airport **aeropuerto** *m.* 5

alarm clock **despertador** *m.* 7
alcohol **alcohol** *m.* 15
alcoholic **alcohólico/a** *adj.* 15
   alcoholic beverage **bebida alcohólica** 15
all **todo/a** *adj.* 4
   All aboard! **¡Todos a bordo!** 1
   all of us **todos**
   all over the world **en todo el**
      mundo
allergic **alérgico/a** *adj.* 10
   be allergic (to) **ser alérgico/a (a)** 10
alleviate **aliviar** *v.*
almost **casi** *adv.* 10
alone **solo/a** *adj.*
along **por** *prep.* 11
already **ya** *adv.* 6
also **también** *adv.* 2; 7
alternator **alternador** *m.* 11
although **aunque** *conj.*
aluminum **aluminio** *m.* 13
   (made of) aluminum **de aluminio** 13
always **siempre** *adv.* 7
American (*North*)
   norteamericano/a *adj.* 3
among **entre** *prep.* 2
amusement **diversión** *f.*
and **y** 1, **e** (*before words beginning with i*
   or hi)
   And you? **¿Y tú?** *fam.* 1;
      ¿Y usted? *form.* 1
angry **enojado/a** *adj.* 5
   get angry (with) **enojarse** *v.* **(con)** 7
animal **animal** *m.* 13
ankle **tobillo** *m.* 10
anniversary **aniversario** *m.* 9
   wedding anniversary **aniversario de**
      bodas 9
announce **anunciar** *v.*
announcer (*TV/radio*) **locutor(a)** *m., f.*
annoy **molestar** *v.* 7
another **otro/a** *adj.* 6
answer **contestar** *v.* 2; **respuesta** *f.* 9
answering machine **contestadora** *f.* 11
antibiotic **antibiótico** *m.* 10
any **algún, alguno/a(s)** *adj.* 7
anyone **alguien** *pron.* 7
anything **algo** *pron.* 7
apartment **apartamento** *m.* 12
apartment building **edificio de**
   apartamentos 12
appear **parecer** *v.* 8
appetizers **entremeses** *m., pl.*
applaud **aplaudir** *v.*
apple **manzana** *f.* 8
appliance (*electric*) **electrodoméstico**
   m. 12
applicant **aspirante** *m., f.* 16
application **solicitud** *f.* 16
   job application **solicitud de**
      trabajo 16
apply (*for a job*) **solicitar** *v.* 16

apply for a loan **pedir** *v.* **un**
   préstamo 14
appointment **cita** *f.* 9
   have an appointment **tener** *v.*
      una cita 9
appreciate **apreciar** *v.*
April **abril** *m.* 5
aquatic **acuático/a** *adj.* 4
archaeologist **arqueólogo/a** *m., f.* 16
architect **arquitecto/a** *m., f.* 16
area **región** *f.* 13
arm **brazo** *m.* 10
armchair **sillón** *m.* 12
army **ejército** *m.*
around **por** *prep.* 11
around here **por aquí** 11
arrange **arreglar** *v.* 11
arrival **llegada** *f.* 5
arrive **llegar** *v.* 2
art **arte** *m.* 2
   fine arts **bellas artes** *f., pl.*
article *m.* **artículo**
artist **artista** *m., f.* 3
artistic **artístico/a** *adj.*
arts **artes** *f., pl.*
as **como** *conj.* 8
   as… as **tan… como** 8
   as a child **de niño/a** 10
   as many… as **tantos/as… como** 8
   as much… as **tanto… como** 8
   as soon as **en cuanto** *conj.* 13;
      tan pronto como *conj.* 13
ask (*a question*) **preguntar** *v.* 2
ask for **pedir (e:i)** *v.* 4, 12
asparagus **espárragos** *m., pl.*
aspirin **aspirina** *f.* 10
at **a** *prep.* 1; **en** *prep.* 2
   at + *time* **a la(s)** + *time* 1
   at home **en casa** 7
   at least **por lo menos** 10
   at night **por la noche** 7
   at the end (of) **al fondo (de)** 12
   At what time… ? **¿A qué hora…?** 1, 9
   At your service. **A sus órdenes.** 11
attend **asistir (a)** *v.* 3
attic **altillo** *m.* 12
attract **atraer** *v.*
audience **público** *m.*
August **agosto** *m.* 5
aunt **tía** *f.* 3
   aunts and uncles **tíos** *m., pl.* 3
automatic **automático/a** *adj.* 14
   automatic teller machine (ATM)
      cajero automático 14
automobile **automóvil** *m.* 5; **carro** *m.*;
   coche *m.* 11
autumn **otoño** *m.* 5
avenue **avenida** *f.*
avoid **evitar** *v.* 13
award **premio** *m.*

B

backpack **mochila** *f.* 1
bad **mal, malo/a** *adj.* 3
  It's bad that… **Es malo que…** 12
  It's not bad at all. **No está nada mal.** 5
bag **bolsa** *f.* 6
bakery **panadería** *f.* 14
balanced **equilibrado/a** *adj.* 15
  balanced diet **dieta equilibrada** 15
balcony **balcón** *m.* 12
ball **pelota** *f.* 4
ballet **ballet** *m.*
banana **banana** *f.* 8
band **banda** *f.*
bank **banco** *m.* 14
bargain **ganga** *f.* 6; **regatear** *v.* 6
baseball (*game*) **béisbol** *m.* 4
basement **sótano** *m.* 12
basketball (*game*) **baloncesto** *m.* 4
bath **baño** *m.*
  take a bath **bañarse** *v.* 7
bathe **bañarse** *v.* 7
bathing suit **traje** *m.* **de baño** 6
bathroom **baño** *m.* 7; **cuarto de baño** *m.*
be **ser** *v.* 1; **estar** *v.* 2
be… years old **tener… años** 3
beach **playa** *f.* 5
  go to the beach **ir a la playa** 5
beans **frijoles** *m., pl.* 8
beautiful **hermoso/a** *adj.* 6
beauty **belleza** *f.* 14
  beauty salon **peluquería** *f.*;
    salón *m.* **de belleza** 14
because **porque** *conj.* 2
  because of **por** *prep.*
become (+ *adj.*) **ponerse (+ *adj.*)** 7;
  convertirse *v.*
bed **cama** *f.* 5
  go to bed **acostarse (o:ue)** *v.* 7
bedroom **alcoba** *f.* 12; **cuarto** *m.*;
  recámara *f.*
beef **carne** *f.* **de res** 8
  beef soup **caldo** *m.* **de patas** 8
been **sido** *p.p.* 15
beer **cerveza** *f.* 8
before **antes** *adv.* 7; **antes de** *prep.* 7; **antes
(de) que** *conj.* 13
beg **rogar (o:ue)** *v.* 12
begin **comenzar (e:ie)** *v.* 4; **empezar (e:ie)**
  v. 4
behalf: on behalf of **de parte de** 11
behind **detrás de** *prep.* 2
believe **creer** *v.* 13
  believe (in) **creer** *v.* **(en)** 3
  believed **creído** *p.p.* 15
bellhop **botones** *m., f., sing.* 5
beloved **enamorado/a** *adj.*
below **debajo de** *prep.* 2
belt **cinturón** *m.* 6

benefit **beneficio** *m.* 16
beside **al lado de** *prep.* 2
besides **además (de)** *adv.* 10
best **mejor** *adj.* 8
  the best **el/la mejor** *m., f.* 8;
    lo mejor *neuter*
better **mejor** *adj.* 8
  It's better that… **Es mejor que…** 12
between **entre** *prep.* 2
bicycle **bicicleta** *f.* 4
big **gran, grande** *adj.* 3
  bigger **mayor** *adj.* 8
  biggest, (the) **el/la mayor** *m., f.* 8
bill **cuenta** *f.* 9
billion **mil millones** 6
biology **biología** *f.* 2
bird **pájaro** *m.* 13; **ave** *f.*
birth **nacimiento** *m.* 9
birthday **cumpleaños** *m., sing.* 9
  birthday cake **pastel de cumpleaños** 9
  have a birthday **cumplir** *v.* **años** 9
biscuit **bizcocho** *m.*
black **negro/a** *adj.* 6
blackberry **mora** *f.* 8
blackboard **pizarra** *f.* 2
blanket **manta** *f.* 12
block (city) **cuadra** *f.* 14
blond **rubio/a** *adj.* 3
blouse **blusa** *f.* 6
blue **azul** *adj.* 6
boarding house **pensión** *f.* 5
boat **barco** *m.* 5
body **cuerpo** *m.* 10
bone **hueso** *m.* 10
book **libro** *m.* 2
bookcase **estante** *m.* 12
bookshelves **estante** *m.* 12
bookstore **librería** *f.* 2
boot **bota** *f.* 6
bore **aburrir** *v.* 7
bored **aburrido/a** *adj.* 5
  be bored **estar** *v.* **aburrido/a** 5
  get bored **aburrirse** *v.*
boring **aburrido/a** *adj.* 5
born: be born **nacer** *v.* 9
borrow **pedir prestado** 14
borrowed **prestado/a** *adj.*
boss **jefe** *m.*, **jefa** *f.* 16
bottle **botella** *f.* 9
  bottle of wine **botella de vino** 9
bother **molestar** *v.* 7
bottom **fondo** *m.*
boulevard **bulevar** *m.*
boy **chico** *m.* 1; **muchacho; niño** *m.* 3
boyfriend **novio** *m.* 3
brakes **frenos** *m., pl.* 11
bread **pan** *m.* 8
break **romper(se)** *v.* 10
  break (one's leg) **romperse (la
    pierna)** 10
breakdown **dañar** *v.* 10

The bus broke down. **Se nos dañó
  el autobús.** 11
break up (with) **romper** *v.* **(con)** 9
breakfast **desayuno** *m.* 8
  have breakfast **desayunar** *v.* 8
breathe **respirar** *v.* 13
bring **traer** *v.* 4
broadcast **transmitir** *v.*; **emitir** *v.*
brochure **folleto** *m.*
broken **roto/a** *adj.* 10; **roto/a** *p.p.* 15
  be broken **estar roto/a** 10
brother **hermano** *m.* 3
  brother-in-law **cuñado** *m., f.* 3
  brothers and sisters **hermanos** *m., pl.* 3
brought **traído/a** *p.p.* 15
brown **café** *adj.* 6; **marrón** *adj.*
brunet(te) **moreno/a** *adj.*
brush **cepillar** *v.* 7
  brush one's hair **cepillarse el pelo** 7
  brush one's teeth **cepillarse los
    dientes** 7
build **construir** *v.*
building **edificio** *m.* 12
bullfight **corrida** *f.* **de toros**
bump into (*meet accidentally*) **darse con**
burned (out) **quemado/a** *adj.* 11
bus **autobús** *m.* 1
  bus station **estación** *f.* **de autobuses** 5
business **negocios** *m., pl.* 16
  business administration
    administración *f.* **de empresas** 2
  business-related **comercial** *adj.* 16
businessman **hombre** *m.* **de negocios** 16
businesswoman **mujer** *f.* **de negocios** 16
busy **ocupado/a** *adj.* 5
but **pero** *conj.* 2; **sino** *conj.*
  (*in negative sentences*)
butcher shop **carnicería** *f.* 14
butter **mantequilla** *f.* 8
buy **comprar** *v.* 2
by **por** *conj.* 11; **para** *prep.* 11
  by means of **por** *prep.* 11
  by phone **por teléfono**
  by plane **en avión** 5
  by way of **por** *prep.* 11
bye **chau** *interj. fam.* 1

C

cabin **cabaña** *f.* 5
cable television **televisión** *f.*
  por cable *m.* 11
café **café** *m.* 4
cafeteria **cafetería** *f.* 2
cake **pastel** *m.* 9
calculator **calculadora** *f.* 11
call **llamar** *v.*
  call on the phone **llamar por teléfono**
  be called **llamarse** *v.* 7
calm **tranquilo/a** *adj.* 15

Stay calm! **¡Tranquilo/a!**
calorie **caloría** *f.* 15
camera **cámara** *f.* 11
camp **acampar** *v.* 5
can **lata** *f.* 13
can **poder (o:ue)** *v.* 4
Canadian **canadiense** *adj.* 3
candidate **aspirante** *m. f.* 16;
  candidate **candidato/a** *m., f.*
candy **dulces** *m., pl.* 9
capital city **capital** *f.* 1
car **coche** *m.* 11; **carro** *m.* 11; **auto(móvil)**
  m. 5
caramel **caramelo** *m.*
card **tarjeta** *f.* 4; (*playing*) **carta** *f.*
care **cuidado** *m.* 3
  take care of **cuidar** *v.* 13
career **carrera** *f.* 16
careful: be (very) careful **tener** *v.*
  (mucho) cuidado 3
caretaker **ama** *m., f.* **de casa** 12
carpenter **carpintero/a** *m., f.* 16
carpet **alfombra** *f.*
carrot **zanahoria** *f.* 8
carry **llevar** *v.* 2
cartoons **dibujos** *m., pl.* **animados**
case: in case (that) **en caso (de) que** 13
cash (a check) **cobrar** *v.* 14; **efectivo** *m.*
  cash register **caja** *f.* 6
  pay in cash **pagar** *v.* **al contado pagar**
    en efectivo
cashier **cajero/a** *m., f.*
cat **gato/a** *m., f.* 13
celebrate **celebrar** *v.* 9
cellar **sótano** *m.* 12
cellular **celular** *adj.* 11
  cellular telephone **teléfono** *m.*
    celular 11
cereal **cereales** *m., pl.* 8
certain **cierto** *m.*; **seguro** *m.* 13
  it's (not) certain **(no) es**
    seguro/cierto 13
chair **silla** *f.* 2
chalk **tiza** *f.* 2
champagne **champán** *m.* 9
change **cambiar** *v.* **(de)** 9
channel (*TV*) **canal** *m.*
character (*fictional*) **personaje** *m.*
  main character **personaje principal**
charge (for a product or service)
  cobrar *v.* 14
chauffeur **conductor(a)** *m., f.* 1
chat **conversar** *v.* 2
cheap **barato/a** *adj.* 6
check **comprobar** *v.*; **revisar** *v.* 11; (*bank*)
  cheque *m.* 14
  check the oil **revisar el aceite** 11
checking account **cuenta** *f.* **corriente** 14
cheese **queso** *m.* 8
chef **cocinero/a** *m., f.* 16
chemistry **química** *f.* 2

chest of drawers **cómoda** *f.* 12
chicken **pollo** *m.* 8
child **niño/a** *m., f.* 3
childhood **niñez** *f.* 9
children **hijos** *m., pl.* 3
Chinese **chino/a** *adj.*
chocolate **chocolate** *m.*
  chocolate cake **pastel** *m.* **de chocolate**
cholesterol **colesterol** *m.* 15
choose **escoger** *v.*
chop (*food*) **chuleta** *f.* 8
Christmas **Navidad** *f.* 9
church **iglesia** *f.* 4
citizen **ciudadano/a** *m., f.*
city **ciudad** *f.* 4
class **clase** *f.* 2
  take classes **tomar** *v.* **clases** 2
classical **clásico/a** *adj.*
classmate **compañero/a** *m., f.* **de clase** 2
clean **limpio/a** *adj.* 5; **limpiar** *v.* 12
  clean the house *v.* **limpiar la casa** 12
clear (*weather*) **despejado/a** *adj.* 5
  clear the table **quitar** *v.* **la mesa** 12
  It's clear. (*weather*) **Está despejado.** 5
clerk **dependiente/a** *m., f.* 6
client **cliente/a** *m., f.* 6
climb **escalar** *v.* 4
  climb mountains **escalar montañas** 4
clinic **clínica** *f.* 10
clock **reloj** *m.* 2
close **cerrar (e:ie)** *v.* 4
closed **cerrado/a** *adj.* 5
closet **armario** *m.* 12
clothes **ropa** *f.* 6
  clothes dryer **secadora** *f.* 12
clothing **ropa** *f.* 6
cloud **nube** *f.* 13
cloudy **nublado/a** *adj.* 5
  It's (very) cloudy. **Está (muy)**
    nublado. 5
coat **abrigo** *m.* 6
coffee **café** *m.* 8
  coffee maker **cafetera** *f.*
cold **frío** *m.* 3; (*disease*) **resfriado** *m.* 10
  be (very) cold (*feel*) **tener (mucho)**
    frío 3
  It's (very) cold. (*weather*) **Hace (mucho)**
    frío. 5
college **universidad** *f.*
collision **choque** *m.*
color **color** *m.* 6
comb one's hair **peinarse** *v.* 7
come **venir** *v.* 3
comedy **comedia** *f.*
comfortable **cómodo/a** *adj.* 5
commerce **negocios** *m., pl.* 16
commercial **comercial** *adj.* 16
communicate (with) **comunicarse** *v.* **(con)**
communication **comunicación** *f.*
  means of communication
    medios *m., pl.* **de comunicación**

community **comunidad** *f.* 1
compact disc (CD) **disco** *m.* **compacto** 11
  compact disc player **tocadiscos** *m.*
    sing. **compacto** 11
company **compañía** *f.* 16; **empresa** *f.* 16
comparison **comparación** *f.*
completely **completamente** *adv.*
composer **compositor(a)** *m., f.*
computer **computadora** *f.* 1, 11
  computer disc **disco** *m.* 11
  computer monitor **monitor** *m.* 11
  computer programmer
    programador(a) *m., f.* 3
  computer science **computación** *f.* 2
concert **concierto** *m.*
conductor (*musical*) **director(a)** *m., f.*
confirm **confirmar** *v.* 5
  confirm a reservation **confirmar una**
    reservación 5
congested **congestionado/a** *adj.* 10
Congratulations! (*for an event such as a*
  birthday or anniversary)
  ¡Felicidades! 9; (*for an event such as an*
  engagement or a good grade on a test)
  f., pl. **¡Felicitaciones!** 9
conservation **conservación** *f.* 13
conserve **conservar** *v.* 13
considering **para** *prep.* 11
consume **consumir** *v.* 15
contact lenses **lentes** *m. pl.* **de contacto**
container **envase** *m.* 13
contamination **contaminación** *f.*
content **contento/a** *adj.* 5
contest **concurso** *m.*
continue **seguir (e:i)** *v.* 4
control **control** *m.*; **controlar** *v.* 13
  be under control **estar bajo control**
conversation **conversación** *f.* 2
converse **conversar** *v.*
cook **cocinar** *v.* 12; **cocinero/a** *m., f.* 16
cookie **galleta** *f.* 9
cool **fresco/a** *adj.* 5
  It's cool. (*weather*) **Hace fresco.** 5
corn **maíz** *m.*
corner **esquina** *m.* 14
cost **costar (o:ue)** *v.* 6
cotton **algodón** *m.* 6
  (made of) cotton **de algodón** 6
couch **sofá** *m.* 12
couch potato **teleadicto/a** *m., f.* 15
cough **tos** *f.* 10; **toser** *v.* 10
counselor **consejero/a** *m., f.* 16
count (on) **contar** *v.* **(con)** 12
country (*nation*) **país** *m.* 1
countryside **campo** *m.* 5; **paisaje** *m.*
couple **pareja** *f.* 9
  couple (married) **matrimonio** *m.* 9
course **curso** *m.* 2; **materia** *f.*
courtesy **cortesía** *f.*
cousin **primo/a** *m., f.* 3
cover **cubrir** *v.*

covered **cubierto** *p.p.*
cow **vaca** *f.* 13
cowboy **vaquero** *m.*
crafts **artesanía** *f.*
craftsmanship **artesanía** *f.*
crash **chocar** *v.* **(con)** 11
crater **cráter** *m.* 13
crazy **loco/a** *adj.* 6
create **crear** *v.*
credit **crédito** *m.* 6
   credit card **tarjeta** *f.* **de crédito** 6
crime **crimen** *m.*
cross **cruzar** *v.* 14
culture **cultura** *f.*
cup **taza** *f.* 12
currency exchange **cambio** *m.* **de moneda**
current events **actualidades** *f., pl.*
curriculum vitae **currículum** *m.*
curtains **cortinas** *f., pl.* 12
custard (*baked*) **flan** *m.* 9
custom **costumbre** *f.*
customer **cliente/a** *m., f.*
customs **aduana** *f.* 5
   customs inspector **inspector(a)**
   m., f. **de aduanas** 5
cycling **ciclismo** *m.* 4

D

dad **papá** *m.* 3
daily **diario/a** *adj.* 7
   daily routine **rutina** *f.* **diaria** 7
damage **dañar** *v.* 10
dance **bailar** *v.* 2; **danza** *f.* **baile** *m.*
dancer **bailarín/bailarina** *m., f.* 16
danger **peligro** *m.* 13
dangerous **peligroso/a** *adj.*
dark-haired **moreno/a** *adj.* 3
date (*appointment*) **cita** *f.* 9; (*calendar*)
   fecha *f.* 5; (*someone*) **salir** *v.* **con**
   (alguien) 9
   date: have a date **tener** *v.* **una cita** 9
daughter **hija** *f.* 3
   daughter-in-law **nuera** *f.* 3
day **día** *m.* 1
   day before yesterday **anteayer** *adv.* 6
deal **trato** *m.*
   It's a deal. **Trato hecho.**
   It's not a big deal. **No es para tanto.** 12
death **muerte** *f.* 9
decaffeinated **descafeinado/a** *adj.* 15
December **diciembre** *m.* 5
decide **decidir** *v.* 3
decided **decidido/a** *adj.*
declare **declarar** *v.*
deforestation **deforestación** *f.* 13
delicious **delicioso/a** *adj.* 8; **rico/a** *adj.* 8;
   sabroso/a *adj.* 8
delighted **encantado/a** *adj.* 1
dentist **dentista** *m., f.* 10

deny **negar (e: ie)** *v.* 13
department store **almacén** *m.* 6
departure **salida** *f.* 5
deposit **depositar** *v.* 14
describe **describir** *v.* 3
described **descrito/a** *p.p.* 15
desert **desierto** *m.* 13
design **diseño** *m.*
designer **diseñador(a)** *m., f.* 16
desire **desear** *v.* 12
desk **escritorio** *m.* 2
dessert **postre** *m.* 9
destroy **destruir** *v.* 13
develop **desarrollar** *v.* 13
diary **diario** *m.* 1
dictatorship **dictadura** *f.*
dictionary **diccionario** *m.* 1
die **morir (o:ue)** *v.* 8
died **muerto/a** *p.p.* 15
diet **dieta** *f.* 15
   balanced diet **dieta equilibrada** 15
   be on a diet **estar** *v.* **a dieta** 15
difficult **difícil** *adj.* 3
dining room **comedor** *m.* 12
dinner **cena** *f.* 8
   have dinner **cenar** *v.* 8
direction: in the direction of **para** *prep.* 11
directions **direcciones** *f., pl.* 14
   give directions **dar direcciones** 14
director **director(a)** *m., f.*
dirty **ensuciar** *v.*; **sucio/a** *adj.* 5
   get (something) dirty **ensuciar** *v.* 12
disagree **no estar de acuerdo**
disaster **desastre** *m.*
discover **descubrir** *v.* 13
discovered **descubierto** *p.p.* 15
discrimination **discriminación** *f.*
dish **plato** *m.* 8
   main dish **plato principal** 8
dishwasher **lavaplatos** *m., sing.* 12
disk **disco** *m.* 11
disorderly **desordenado/a** *adj.* 5
dive **bucear** *v.* 4
divorce **divorcio** *m.* 9
divorced **divorciado/a** *adj.* 9
   get divorced (from) **divorciarse** *v.*
   (de) 9
dizzy **mareado/a** *adj.* 10
do **hacer** *v.* 4
   do aerobics **hacer ejercicios**
   aeróbicos 15
   do errands **hacer diligencias**
   do household chores **hacer**
   quehaceres domésticos 12
   do stretching exercises **hacer**
   ejercicios de estiramiento 15
doctor **médico/a** *m., f.* 3;
   doctor(a) *m., f.* 10
documentary (*film*) **documental** *m.*
dog **perro/a** *m., f.* 13
domestic **doméstico/a** *adj.*

domestic appliance
   electrodoméstico *m.* 12
done **hecho/a** *p.p.* 15
door **puerta** *f.* 2
dormitory **residencia** *f.* **estudiantil** 2
double **doble** *adj.* 5
   double room **habitación** *f.* **doble** 5
doubt **duda** *f.* 13; **dudar** *v.* 13
   There is no doubt… **No cabe duda**
   de… 13; **No hay duda de…** 13
Down with… ! **¡Abajo el/la…!**
downtown **centro** *m.* 4
drama **drama** *m.*
dramatic **dramático/a** *adj.*
draw **dibujar** *v.* 2
drawing **dibujo** *m.*
dress **vestido** *m.* 6
   get dressed **vestirse (e:i)** *v.* 7
drink **beber** *v.* 3; **bebida** *f.* 8; **tomar** *v.* 2
   Do you want something to drink?
   ¿Quieres algo de tomar?
drive **conducir** *v.* 8; **manejar** *v.* 11
driver **conductor(a)** *m., f.* 1
drug *f.* **droga** 15
   drug addict **drogadicto/a** *adj.* 15
due to **por** *prep.*
   due to the fact that **debido a**
during **durante** *prep.* 7; **por** *prep.* 11
dust **sacudir** *v.* 12
   dust the furniture **sacudir los**
   muebles 12
dying: I'm dying to (for)… **me**
   muero por…

E

each **cada** *adj.* 6
eagle **águila** *f.*
ear (outer) **oreja** *f.* 10
early **temprano** *adv.* 7
earn **ganar** *v.* 16
earthquake **terremoto** *m.*
ease **aliviar** *v.*
east **este** *m.* 14
   to the east **al este** 14
easy **fácil** *adj.* 3
   extremely easy **facilísimo** 8
eat **comer** *v.* 3
ecology **ecología** *f.* 13
economics **economía** *f.*
ecotourism **ecoturismo** *m.* 13
Ecuador **Ecuador** *m.* 1
Ecuadorian **ecuatoriano/a** *adj.* 3
effective **eficaz** *adj. m., f.*
egg **huevo** *m.* 8
eight **ocho** 1
eight hundred **ochocientos/as** 6
eighteen **dieciocho** 1
eighth **octavo/a** 5
eighty **ochenta** 2

either… or **o… o** *conj.* 7
elect **elegir** *v.*
election **elecciones** *f., pl.*
electrician **electricista** *m., f.* 16
electricity **luz** *f.*
elegant **elegante** *adj.* 6
elevator **ascensor** *m.* 5
eleven **once** 1
e-mail **correo** *m.* **electrónico** 4
   e-mail message **mensaje** *m.* **electrónico** 4
   read e-mail **leer** *v.* **el correo electrónico** 4
embarrassed **avergonzado/a** *adj.* 5
embrace (each other) **abrazar(se)** *v.*
emergency **emergencia** *f.* 10
   emergency room **sala** *f.* **de emergencia(s)** 10
employee **empleado/a** *m., f.* 5
employment **empleo** *m.* 16
end **fin** *m.* 4; **terminar** *v.* 2
   end table **mesita** *f.*12
energy **energía** *f.*13
engaged: get engaged (to) **comprometerse** *v.* **(con)** 9
engineer **ingeniero/a** *m., f.* 3
English (*language*) **inglés** *m.* 2; **inglés, inglesa** *adj.* 3
enjoy **disfrutar** *v.* **(de)** 15
enough **bastante** *adj.* 10
entertainment **diversión** *f.* 4
entrance **entrada** *f.* 12
envelope **sobre** *m.*14
environment **medio ambiente** *m.* 13
equality **igualdad** *f.*
equipped **equipado/a** *adj.* 15
eraser **borrador** *m.* 2
errand *f.* **diligencia** 14
establish **establecer** *v.*
evening **tarde** *f.* 1
event **acontecimiento** *m.*
every day **todos los días** 10
everybody **todos** *m., pl.*
everything **todo** *m.* 5
   Everything is under control. **Todo está bajo control.**
exactly **en punto** *adv.* 1
exam **examen** *m.* 2
excellent **excelente** *adj.* 5
excess **exceso** *m.* 15
   in excess **en exceso** 15
exchange **intercambiar** *v.*
   in exchange for **por** 11
exciting **emocionante** *adj. m., f.*
excursion **excursión** *f.* 4
excuse **disculpar** *v.*
Excuse me. (*May I?*) **Con permiso.** 1; (*I beg your pardon.*) **Perdón.** 1
exercise **ejercicio** *m.* 15
   hacer *v.* **ejercicio** 15
exit **salida** *f.* 5

expensive **caro/a** *adj.* 6
experience **experiencia** *f.*
explain **explicar** *v.* 2
explore **explorar** *v.*
   explore a city/town **explorar una ciudad/pueblo**
expression **expresión** *f.*
extinction **extinción** *f.* 13
eye **ojo** *m.* 10

F

fabulous **fabuloso/a** *adj* 5
face **cara** *f.* 7
facing **enfrente de** *prep.* 14
fact: in fact **de hecho**
fall (down) **caerse** *v.* 10
   fall asleep **dormirse (o:ue)** *v.* 7
   fall in love (with) **enamorarse** *v.* **(de)** 9
fall (season) **otoño** *m.* 5
fallen **caído/a** *p.p.* 15
family **familia** *f.* 3
famous **famoso/a** *adj.* 16
fan **aficionado/a** *adj.* 4
   be a fan (of) **ser aficionado/a (a)** 4
far from **lejos de** *prep.* 2
farewell **despedida** *f.*
fascinate **fascinar** *v.* 7
fashion **moda** *f.* 6
   be in fashion **estar** *v.* **de moda** 6
fast **rápido/a** *adj.*
fat **gordo/a** *adj.* 3; **grasa** *f.* 15
father **padre** *m.* 3
father-in-law **suegro** *m.* 3
favorite **favorito/a** *adj.* 4
fax (machine) **fax** *m.* 11
fear **miedo** *m.* 3; **temer** *v.* 13
February **febrero** *m.* 5
feel *v.* **sentir(se) (e:ie)** 7
   feel like (*doing something*) **tener ganas de (+ *inf.*)** 3
festival **festival** *m.*
fever **fiebre** *f.* 10
   have a fever **tener** *v.* **fiebre** 10
few **pocos/as** *adj. pl.*
field: field of study **especialización** *f.* 16
fifteen **quince** 1
   young woman's fifteenth birthday celebration **quinceañera** *f.* 9
fifth **quinto/a** *adj.* 5
fifty **cincuenta** 2
fight **luchar** *v.* **(por)**
figure (*number*) **cifra** *f.*
file **archivo** *m.* 11
fill **llenar** *v.*
   fill out a form **llenar un formulario** 14
   fill up the tank **llenar el tanque** 11
finally **finalmente** *adv*; **por último** 7; **por fin** 11
find **encontrar (o:ue)** *v.* 4

find (each other) **encontrar(se)** *v.*
fine arts **bellas artes** *f., pl.*
fine **multa** *f.* 11
   That's fine. **Está bien.** 11
finger **dedo** *m.* 10
finish **terminar** *v.* 4
   finish (*doing something*) **terminar** *v.* **de (+ *inf.*)**
fire **incendio** *m.*; **despedir (e:i)** *v.* 16
firefighter **bombero/a** *m., f.* 16
firm **compañía** *f.* 16; **empresa** *f.* 16
first **primer, primero/a** *adj.* 5
fish (*food*) **pescado** *m.* 8; **pescar** *v.* 5; (*live*) **pez** *m.* 13
   fish market **pescadería** *f.* 14
fisherman **pescador** *m.*
fisherwoman **pescadora** *f.*
fishing **pesca** *f.* 5
fit (*clothing*) **quedar** *v.* 7
five **cinco** *adj., pron.* 1
five hundred **quinientos/as** 6
fix (*put in working order*) **arreglar** *v.* 11
fixed **fijo/a** *adj.* 6
flag **bandera** *f.*
flank steak **lomo** *m.* 8
flat tire: We got a flat tire. **Se nos pinchó una llanta.** 11
flexible **flexible** *adj.* 15
flood **inundación** *f.*
floor (*story in a building*) **piso** *m.* 5; **suelo** *m.*12
   ground floor **planta** *f.* **baja** 5
   top floor **planta** *f.* **alta**
flower **flor** *f.* 13
flu **gripe** *f.* 10
fog **niebla** *f.*
foggy: It's (very) foggy. **Hay (mucha) niebla.** 5
folk **folklórico/a** *adj.*
follow **seguir (e:i)** *v.* 4
food **comida** *f.* 8
foolish **tonto/a** *adj.* 3
foot **pie** *m.* 10
football **fútbol** *m.* **americano** 4
for **para** *prep.* 11; **por** *prep.* 11
   for example **por ejemplo** 11
   for me **para mí**
forbid **prohibir** *v.*
foreign **extranjero/a** *adj.*
   foreign languages **lenguas** *f., pl.* **extranjeras** 2
forest **bosque** *m.* 13
forget **olvidar** *v.* 10
fork **tenedor** *m.* 12
form **formulario** *m.* 14
forty **cuarenta** *m.* 2
forward **en marcha** *adv.*
four **cuatro** *adj., pron.* 1
four hundred **cuatrocientos/as** *adj., pron.* 6
fourteen **catorce** *adj., pron.* 1
fourth **cuarto/a** *adj.* 5
free **libre** *adj.* 4

be free of charge **ser gratis** 14
free time **tiempo** *m.* **libre** 4;
   ratos *m., pl.* **libres**
freedom **libertad** *f.*
freezer **congelador** *m.*
French **francés, francesa** *adj.* 3
   French fries **papas** *f., pl* **fritas** 8;
   patatas *f., pl* **fritas** 8
frequently **frecuentemente** *adv.* 10; **con frecuencia** 10
Friday **viernes** *m., sing.* 2
fried **frito/a** *adj.* 8
   fried potatoes **papas** *f., pl.* **fritas;**
   patatas *f., pl.* **fritas**
friend **amigo/a** *m., f.* 3
friendly **amable** *adj.* 5
friendship **amistad** *f.* 9
from **de** *prep.* 1; **desde** *prep.* 6
   from where? **¿de donde?** 9
   from the United States **estadounidense** *adj.* 3
   from time to time **de vez en cuando** 10
   He/She/It is from… **Es de…** 1
   I'm from… **Soy de…** 1
fruit **fruta** *f.* 8
   fruit juice **jugo** *m.* **de fruta** 8
   fruit store **frutería** *f.* 14
full **lleno/a** *adj.* 11
fun **divertido/a** *adj.* 7
   fun activity **diversión** *f.* 4
   have fun **divertirse (e:ie)** *v.* 9
function **funcionar** *v.*
furniture **muebles** *m., pl.* 12
furthermore **además (de)** *adv.* 10
future **futuro** *m.* 16; **porvenir** *m.* 16
   in the future **en el futuro** 16

G

gain weight **aumentar** *v.* **de peso** 15; **engordar** *v.* 15
game (*match*) **partido** *m.* 4; **juego** *m.* 5
   game show **concurso** *m.*
garage **garaje** *m.* 12
garden **jardín** *m.* 12
garlic **ajo** *m.* 8
gas station **gasolinera** *f.* 11
gasoline **gasolina** *f.* 11
geography **geografía** *f.* 2
German **alemán, alemana** *adj.* 3
get **conseguir (e:i)** *v.* 4; **obtener** *v.* 16
   get along well/badly (with) **llevarse bien/mal (con)** 9
   get bored **aburrirse** *v.*
   get off of/out of (a vehicle) **bajar(se)** *v.* **de** 11
   get on/into (a vehicle) **subir(se)** *v.* **a** 11
   get up **levantarse** *v.* 7
gift **regalo** *m.* 6
girl **chica** *f.* 1; **muchacha; niña** *f.* 3

girlfriend **novia** *f.* 3
give **dar** *v.* 6; (*as a gift*) **regalar** 9
glass (*drinking*) **vaso** *m.* 12; **vidrio** *m.* 13
   (made of) glass **de vidrio** 13
glasses **gafas** *f., pl.* 6
   sunglasses **gafas de sol** 6
gloves **guantes** *m., pl.* 6
go **ir** *v.* 4
   go away **irse** 7
   go by boat **ir en barco** 5
   go by bus **ir en autobús** 5
   go by car **ir en auto(móvil)** 5
   go by motorcycle **ir en motocicleta** 5
   go by plane **ir en avión** 5
   go by subway **ir en metro** 5
   go by taxi **ir en taxi** 5
   go by the bank **pasar por el banco** 14
   go by train **ir en tren** 5
   go by **pasar** *v.* **por**
   go down; **bajar** *v.* 11
   go fishing **ir de pesca** 5
   go for a hike (in the mountains) **ir de excursión (a las montañas)** 4
   go out **salir** *v.*
   go out with **salir con** 4, 9
   go through customs **pasar por la aduana** 5
   go up **subir** *v.* 11
   go with **acompañar** *v.* 14
   Let's get going. **En marcha.** 15
   Let's go. **Vamos.** 4
goblet **copa** *f.* 12
going to: be going to (*do something*) **ir a (+ inf.)** 4
golf **golf** *m.* 4
good **buen, bueno/a** *adj.* 1, 3
   Good afternoon. **Buenas tardes.** 1
   Good evening. **Buenas noches.** 1
   Good idea! **¡Buena idea!** 4
   Good morning. **Buenos días.** 1
   Good night. **Buenas noches.** 1
   I'm good, thanks. **Bien, gracias.**
   It's good that… **Es bueno que…** 12
goodbye **adiós** *m.* 1
   say goodbye (to) **despedirse** *v.* **(de) (e:i)** 7
good-looking **guapo/a** *adj.* 3
government **gobierno** *m.* 13
graduate (from) **graduarse** *v.* **(de)** 9
grains **cereales** *m., pl.* 8
granddaughter **nieta** *f.* 3
grandfather **abuelo** *m.* 3
grandmother **abuela** *f.* 3
grandparents **abuelos** *m., pl.* 3
grandson **nieto** *m.* 3
grape **uva** *f.* 8
grass **hierba** *f.* 13; **césped** *m.*
grave **grave** *adj.* 10
gray **gris** *adj. m., f.* 6
great **gran, grande** *adj.* 3;

fenomenal *adj.* 5
green **verde** *adj. m., f.* 5
greet (each other) **saludar(se)** *v.*
greeting **saludo** *m.* 1
   Greetings to… **Saludos a…** 1
grilled (*food*) **a la plancha** 8
   grilled flank steak **lomo a la plancha** 8
ground floor **planta** *f.* **baja** 5
guest (*at a house/hotel*) **huésped** *m., f.* 5; (*invited to a function*) **invitado/a** *m., f.* 9
guide **guía** *m., f.*
gym **gimnasio** *m.* 4
gymnasium **gimnasio** *m.* 4

H

hair **pelo** *m.* 7
hairdresser **peluquero/a** *m., f.* 16
   hairdressing salon **peluquería** *f.* 14;
half **medio/a** *adj.* 3
   half-brother **medio hermano** 3;
   half-sister **media hermana** 3
   half-past (*time*) **y media** 1
hallway **pasillo** *m.* 12
ham **jamón** *m.* 8
hamburger **hamburguesa** *f.* 8
hand **mano** *f.* 1
Hands up! **¡Manos arriba!**
handsome **guapo/a** *adj.* 3
happen **ocurrir** *v.*
happiness **alegría** *f.* 9
Happy birthday! **¡Feliz cumpleaños!** 9
happy **alegre** *adj.* 5; **contento/a** *adj.* 5; **feliz** *adj.* 5
   be happy **alegrarse** *v.* **(de)** 13
hard **difícil** *adj.* 3
hard-working **trabajador(a)** *adj.* 3
hardly **apenas** *adv.* 10
haste **prisa** *f.* 3
hat **sombrero** *m.* 6
hate **odiar** *v.* 9
have **tener** *v.* 3
   Have a good trip! **¡Buen viaje!** 1
   have a tooth pulled **sacar(se) una muela** 10
   have to (*do something*) **tener que (+ inf.)** 3; **deber (+ inf.)** 3
he **él** *sub. pron.* 1
   he is **él es** 1
he/she/it is, you (*form., sing.*) are **está** 2
head **cabeza** *f.* 10
headache **dolor de cabeza** *m.* 10
health **salud** *f.* 10
healthful **saludable** *adj.*
healthy **sano/a, saludable** *adj.* 10
   lead a healthy life **llevar** *v.* **una vida sana** 15
hear **oír** *v.* 4
heard **oído/a** *p.p.* 15
hearing: sense of hearing **oído** *m.*

heart **corazón** *m.* 10
heat **calor** *m.* 3
Hello. **Hola.** *interj.* 1; (*on the telephone*) **Aló.**
11; **¿Bueno?** 11; **Diga.** 11
help **ayudar** *v.* 12; **servir (e:i)** *v.* 5
help each other **ayudarse** *v.*
her **su(s)** *poss. adj.* 3; **la** *pron.* 5; **le** *pron.* 6;
hers **suyo(s)/a(s)** *poss. pron.* 11
here **aquí** *adv.* 1
Here it is… **Aquí está…** 5
Here we are at/in… **Aquí estamos**
en… 2
It's not here. **No está.** 5
Hi. **Hola.** *interj.* 1
highway **autopista** *f.*; **carretera** *f.*
hike **excursión** *f.* 4
go on a hike **hacer una excursión** 5;
ir de excursión 4
hiker **excursionista** *m., f.* 4
hiking **de excursión** 4
him **lo** *pron.* 5; **le** *pron.* 6
hire **contratar** *v.* 16
his **su(s)** *poss. adj.* 3; **suyo(s)/a(s)**
poss. pron. 11
history **historia** *f.* 2
hobby **pasatiempo** *m.* 4
hockey **hockey** *m.* 4
holiday **día** *m.* **de fiesta** 9
home **hogar** *m.* 12
home page **página** *f.* **principal** 11
homework **tarea** *f.* 2
hood (car) **capó** *m.* 11
hope **esperar** *v.* 2, 13
I hope (that) **Ojalá (que)** *interj.* 13
horror **horror** *m.*
hors d'oeuvres **entremeses** *m., pl.* 8
horse **caballo** *m.* 5
hospital **hospital** *m.* 10
hot **picante** *adj.* 8
hot: be (very) hot (*feel*) **tener (mucho)**
calor 3; (*weather*) **hacer (mucho) calor** 5
hotel **hotel** *m.* 5
hour **hora** *f.* 1
house **casa** *f.* 4
household chores **quehaceres** *m., pl.*
domésticos 12
housekeeper **ama** *m., f.* **de casa** 12
housing **vivienda** *f.* 12
How…! **¡Qué…!** 3
how **¿cómo?** *adv.* 1, 9
How are you? **¿Qué tal?** 1
How are you? **¿Cómo estás?** *fam.* 1
How are you? **¿Cómo está usted?**
form. 1
How can I help you? **¿En qué**
puedo servirles? 5
How did… go for you? **¿Cómo les**
fue…? 15
How is it going? **¿Qué tal?** 1
How is/are …? **¿Qué tal…?** 2
How much/many? **¿Cuánto(s)/a(s)?** 1, 9

How much does… cost? **¿Cuánto**
cuesta…? 6
How old are you? **¿Cuántos**
años tienes? *fam.* 3
How's the weather? **¿Qué tiempo**
hace? 5
however **sin embargo** *adv.*
hug (each other) **abrazar(se)** *v.*
humanities **humanidades** *f., pl.*
hunger **hambre** *f.* 3
hundred **cien, ciento** *m.* 2
hungry: be (very) hungry **tener** *v.* **(mucha)**
hambre 3
hurricane **huracán** *m.*
hurry **apurarse; darse prisa** *v.* 15
be in a (big) hurry **tener** *v.* **(mucha)**
prisa 3
hurt **doler (o:ue)** *v.* 10
It hurts me a lot. **Me duele mucho.** 10
husband **esposo** *m.* 3

I

I **yo** *sub. pron.* 1
I am… **Yo soy…** 1
I don't like them at all. **No me gustan**
nada. 2
I hope (that) **Ojalá (que)** *interj.* 13
I wish (that) **Ojalá (que)** *interj.* 13
I would like… **me gustaría(n)…** 7
I would like to introduce… to you.
Le presento a… *form.* 1;
Te presento a… *fam.* 1
ice cream **helado** *m.* 9
ice cream shop **heladería** *f.* 14
iced **helado/a** *adj.* 9
iced tea **té helado** 8
idea **idea** *f.* 4
if **si** *conj.* 13
illness **enfermedad** *f.* 10
important **importante** *adj.* 3
be important to **importar** *v.* 7, 12
It's important that… **Es importante**
que… 12
impossible **imposible** *adj.* 13
It's impossible… **Es imposible…** 13
improbable **improbable** *adj.* 13
It's improbable… **Es improbable…** 13
improve **mejorar** *v.* 13
in **en** *prep.* 2; **por** *prep.* 11
in the afternoon **de la tarde** 1;
por la tarde 7
in the evening **de la noche** 1;
(*early*) **por la tarde** 7
in the morning **de la mañana** 1;
por la mañana 7
in love (with) **enamorado/a (de)** 5
in which **en qué** 2
in front of **delante de** *prep.* 2;
enfrente 14

increase **aumento** *m.* 16
incredible **increíble** *adj.* 5
inequality **desigualdad** *f.*
infection **infección** *f.* 10
inform **informar** *v.*
inhabitants **habitantes** *m., pl* 13
injection **inyección** *f.* 10
give an injection **poner** *v.* **una**
inyección 10
injure (oneself) **lastimarse** *v.* 10
injure (one's foot) **lastimarse**
(el pie) 10
inner ear **oído** *m.*
insist (on) **insistir** *v.* **(en)** 12
installments: pay in installments **pagar** *v.* **a**
plazos 14
intelligent **inteligente** *adj.* 3
intend **pensar** *v.* **(+ inf.)** 4
interest **interesar** *v.* 7
interesting **interesante** *adj.* 3
be interesting to **interesar** *v.* 7
international **internacional** *adj. m., f.*
Internet **red** *f.*; **Internet** *m.* 11
interview **entrevista** *f.* 16; interview
entrevistar *v.* 16
interviewer **entrevistador(a)** *m., f.* 16
introduction **presentación** *f.*
invest **invertir (e:ie)** *v.* 16
invite **invitar** *v.* 9
iron clothes **planchar** *v.* **la ropa** 12
it **lo/la** *pron.* 5
Italian **italiano/a** *adj.* 3
its **su(s)** *poss. adj.* 3 , **suyo(s)/a(s)**
poss. pron. 11

J

jacket **chaqueta** *f.* 6
January **enero** *m.* 5
Japanese **japonés, japonesa** *adj.* 3
jeans **bluejeans** *m., pl.* 6
jewelry store **joyería** *f.* 14
job **empleo** *m.* 16; **puesto** *m.* 16;
trabajo *m.* 16
job application **solicitud** *f.* **de**
trabajo 16
jog **correr** *v.*
journalism **periodismo** *m.* 2
journalist **periodista** *m., f.* 3;
reportero/a *m., f.*
joy **alegría** *f.*
give joy **dar** *v.* **alegría**
joyful **alegre** *adj.* 5
juice **jugo** *m.* 8
July **julio** *m.* 5
June **junio** *m.* 5
jungle **selva** *f.* 13, **jungla** *f.*
just **apenas** *adv.* 10
have just done something
acabar de (+ inf.) 6

K

keep (doing something) **seguir (e:ie)** *v.* 4
key **llave** *f.* 5
keyboard **teclado** *m.* 11
kilometer **kilómetro** *m.* 11
kind: That's very kind of you. **Muy amable.**
    adj. 5
kiss (each other) **besar(se)** *v.*; **beso** *m.* 6
kitchen **cocina** *f.* 12
knee **rodilla** *f.* 10
knife **cuchillo** *m.* 12
know **saber** *v.* 8; **conocer** *v.* 8
know how **saber** *v.* 8

L

laboratory **laboratorio** *m.* 2
lack **faltar** *v.* 7
lake **lago** *m.* 13
lamp **lámpara** *f.* 12
land **tierra** *f.* 13
landlord **dueño/a** *m., f.*
landscape **paisaje** *m.* 13
language **lengua** *f.* 2
laptop (computer) **computadora** *f.*
    portátil 11
large **gran, grande** *adj.* 3
large (*clothing size*) **talla** *f.* **grande** *adj.* 6
last **durar** *v.*; **pasado/a** *adj.* 6;
    último/a *adj.*
    last name **apellido** *m.* 9
    last night **anoche** *adv.* 6
    last week **la semana pasada** 6
    last year **el año pasado** 6
late **tarde** *adv.* 7
later **más tarde** *adv.* 7
    See you later. **Hasta la vista.** 1;
        Hasta luego. 1
laugh **reírse (e:i)** *v.* 9
laughed **reído** *p.p.* 15
laundromat **lavandería** *f.* 14
law **ley** *f.* 13
lawyer **abogado/a** *m., f.* 16
lazy **perezoso/a** *adj.*
learn **aprender** *v.* 3
least, (the) **el/la/los/las menos** 8
leave **salir** *v.* 4; **irse** *v.* 7
    leave a tip **dejar una propina** 9
    leave for (*a place*) **salir para** 4
    leave from **salir de** 4
    leave behind **dejar** *v.* 16
left **izquierdo/a** *adj.* 2
    be left behind **quedar** *v.* 10
    be left over **quedar** *v.* 7
    to the left of **a la izquierda de** 2
leg **pierna** *f.* 10
lemon **limón** *m.* 8
lend **prestar** *v.* 6

less **menos** *adv.* 10
    less… than **menos… que** 8
    less than (+ *number*) **menos de**
        (+ *number*) 8
lesson **lección** *f.* 1
let **dejar** *v.* 12
    let's see **a ver** 2
letter **carta** *f.* 4
lettuce **lechuga** *f.* 8
liberty **libertad** *f.*
library **biblioteca** *f.* 2
license (*driver's*) **licencia** *f.* **de**
    conducir 11
lie **mentira** *f.* 6
lie down **acostarse (o:ue)** *v.* 7
life **vida** *f.* 9
    of my life **de mi vida** 15
lifestyle: lead a healthy lifestyle
    llevar una vida sana 15
lift **levantar** *v.* 15
    lift weights **levantar pesas** 15
light **luz** *f.* 12
like **como** *prep.* 8; **gustar** *v.* 7
    like this **así** *adv.* 10
    like very much **encantar** *v.* 7
    I like… **me gusta(n)…** 2
    I like… very much *v.* **Me encanta…**
    Do you like… ? **¿Te gusta(n)…?** 2
likeable **simpático/a** *adj.* 3
likewise **igualmente** *adv.* 1
line **línea** *f.* 4; **cola** (*queue*) *f.* 14
listen to **escuchar** *v.* 2
    Listen! (*command*) **¡Oye!** *fam., sing.* 1;
        ¡Oigan! *form., pl.*
    listen to music **escuchar música**
    listen to the radio **escuchar la radio**
literature **literatura** *f.*
little (*quantity*) **poco/a** *adj.* 5; **poco** *adv.* 10
live **vivir** *v.* 3
living room **sala** *f.* 12
loan **préstamo** *m.* 14; **prestar** *v.* 6
lobster **langosta** *f.* 8
located **situado/a** *adj.*
    be located **quedar** *v.* 14
lodging **alojamiento** *m.* 5
long **largo/a** *adj.* 6
look (at) **mirar** *v.* 2
look for **buscar** *v.* 2
lose **perder (e:ie)** *v.* 4
    lose weight **adelgazar** *v.* 15
lost **perdido/a** *adj.* 14
    be lost **estar perdido/a** 14
lot, a **muchas veces** 10
lot of, a **mucho/a** *adj.* 2
love (*another person*) **querer (e:ie)** *v.* 4;
    (*things*) **encantar** *v.* 7; **amor** *m.* 9
    in love (with) **enamorado/a (de)** *adj.* 5
luck **suerte** *f.* 3
lucky: be (very) lucky **tener (mucha) suerte** 3
luggage **equipaje** *m.* 5
lunch **almuerzo** *m.* 8

have lunch **almorzar (o:ue)** *v.* 8

M

ma'am **señora (Sra.)** *f.* 1
mad **enojado/a** *adj.* 5
magazine **revista** *f.* 4
    read a magazine **leer una revista** 4
magnificent **magnífico/a** *adj.* 5
mail **correo** *m.* 14; **enviar** *v.*, **mandar** *v.*
    mail a letter **echar una carta al**
        buzón 14
    mail carrier **cartero/a** *m.* 14
mailbox **buzón** *m.* 14
main **principal** *adj. m., f.* 8
maintain **mantener** *v.* 15
make **hacer** *v.* 4
    make the bed **hacer la cama** 12
makeup **maquillaje** *m.* 7
man **hombre** *m.* 1
manager **gerente** *m., f.* 16
many **mucho/a** *adj.* 3
    many times **muchas veces** 10
map **mapa** *m.* 1
March **marzo** *m.* 5
margarine **margarina** *f.* 8
marinated fish **ceviche** *m.* 8
    lemon-marinated shrimp **ceviche**
        de camarón 8
marital status **estado** *m.* **civil** 9
market **mercado** *m.* 6
    open-air market **mercado al aire**
        libre 6
marriage **matrimonio** *m.* 9
married **casado/a** *adj.* 9
    get married (to) **casarse** *v.* (**con**) 9
marvelous **maravilloso/a** *adj.* 5
marvelously **maravillosamente** *adv.*
massage **masaje** *m.* 15
masterpiece **obra** *f.* **maestra**
match (*sports*) **partido** *m.*
    match **hacer** *v.* **juego (con)** 6
mathematics **matemáticas** *f., pl.* 2
matter **importar** *v.* 7, 12
maturity **madurez** *f.* 9
maximum **máximo/a** *m.* 11
May **mayo** *m.* 5
maybe **tal vez** *adv.* 5; **quizás** *adv.* 5
mayonnaise **mayonesa** *f.* 8
me **me** *pron.* 5
meal **comida** *f.* 8
means of communication **medios**
    m., pl. **de comunicación**
meat **carne** *f.* 8
mechanic **mecánico/a** *m., f.* 11
    mechanic's garage/repair shop
        taller *m.* **mecánico** 11
    mechanic's shop **garaje** *m.* 11
media **medios** *m., pl.* **de**
    comunicación

medical **médico/a** *adj.* 10
medication **medicamento** *m.* 10
medicine **medicina** *f.* 10
medium **mediano/a** *adj.*
meet (each other) **encontrar(se)** *v.*
meeting **reunión** *f.* 16
menu **menú** *m.* 8
message (*telephone*) **recado** *m.* 11
messy **desordenado/a** *adj.* 5
Mexican **mexicano/a** *adj.* 3
Mexico **México** *m.* 1
microwave **microonda** *f.* 12
   microwave oven **horno** *m.* **de microondas** 12
middle age **madurez** *f.* 9
midnight **medianoche** *f.* 1
mile **milla** *f.* 11
milk **leche** *f.* 8
million **millón** 6
   million of **millón de** 6
mine **mío/a(s)** *poss. pron.* 11
mineral **mineral** *m.* 15
   mineral water **agua** *f.* **mineral** 8
minute **minuto** *m.* 1
mirror **espejo** *m.* 7
Miss **señorita (Srta.)** *f.* 1
miss **perder (e:ie)** *v.* 4
mistaken **equivocado/a** *adj.* 5
modem **módem** *m.* 11
modern **moderno/a** *adj.*
mom **mamá** *f.* 3
Monday **lunes** *m., sing.* 2
money **dinero** *m.* 6
monitor **monitor** *m.* 11
month **mes** *m.* 5
monument **monumento** *m.* 4
moon **luna** *f.* 13
more **más** *adj.* 2
   more… than **más… que** 8
   more than (+ *number*) **más de (+ *number*)** 8
morning **mañana** *f.* 1
most, (the) **el/la/los/las más** 8
mother **madre** *f.* 3
mother-in-law **suegra** *f.* 3
motor **motor** *m.* 11
motorcycle **moto(cicleta)** *f.* 5
mountain **montaña** *f.* 4
mouse **ratón** *m.* 11
mouth **boca** *f.* 10
move (*to another house/city/country*) **mudarse** *v.* 12
movie **película** *f.* 4
   movie star **estrella** *f.* **de cine**
   movie theater **cine** *m.* 4
Mr. **señor (Sr.)** *m.* 1
Mrs. **señora (Sra.)** *f.* 1
much **mucho/a** *adj.* 2, 3
municipal **municipal** *adj.*
murder **crimen** *m.*
muscle **músculo** *m.* 15

museum **museo** *m.* 4
mushroom **champiñón** *m.* 8
music **música** *f.*
musical **musical** *adj.*
musician **músico/a** *m., f.*
must: It must be … **Debe ser…** 6
my **mi(s)** *poss. adj.* 3; **mío(s)/a(s)** *poss. pron.* 11

N

name **nombre** *m.* 5
   in my name **a mi nombre** 5
   in the name of **a nombre de** 5
   last name **apellido** *m.* 9
   My name is… **Me llamo…** 1
   be named **llamarse** *v.* 7
napkin **servilleta** *f.* 12
national **nacional** *adj., m., f.*
nationality **nacionalidad** *f.* 1
natural **natural** *adj., m., f.* 13
   natural disaster **desastre** *m.* **natural**
   natural resource **recurso** *m.* **natural** 13
nature **naturaleza** *f.* 13
nauseated **mareado/a** *adj.* 10
near **cerca de** *prep.* 2
neaten **arreglar** *v.* 12
necessary **necesario/a** *adj.* 12
   It's necessary that… **Es necesario que…** 12; **Hay que…** 14
neck **cuello** *m.* 10
need **faltar** *v.* 7; **necesitar** *v.* 2, 12
negative **negativo/a** *adj.*
neighbor **vecino/a** *m., f.* 12
neighborhood **barrio** *m.* 12
neither… nor **ni… ni** *conj.* 7; neither **tampoco** *adv.* 7
nephew **sobrino** *m.* 3
nervous **nervioso/a** *adj.* 5
network **red** *f.*
never **nunca** *adv.* 7; **jamás** *adv.* 7
new **nuevo/a** *adj.* 6
newlywed **recién casado/a** *m., f.* 9
news **noticias** *f., pl.*; **actualidades** *f., pl.*
newscast **noticiero** *m.*
newspaper **periódico** *m.* 4; **diario** *m.*
   read a newspaper **leer un periódico** 4
next **próximo/a** *adj.* 16
next to **al lado de** 2
nice **simpático/a** *adj.* 3; **amable** *adj.* 5
niece **sobrina** *f.* 3
night **noche** *f.* 1
   night stand **mesita** *f.* **de noche** 12
nine **nueve** 1
nine hundred **novecientos/as** 6
nineteen **diecinueve** 1
ninety **noventa** 2
ninth **noveno/a** 5
no **no** 1; **ningún, ninguno/a(s)** *adj.* 7
   no one **nadie** *pron.* 7

No problem. **Ningún problema.** 7
no way **de ninguna manera**
none **ningún, ninguno/a(s)** *adj.* 7
noon **mediodía** *m.* 1
nor **ni** *conj.* 7
north **norte** *m.* 14
   to the north **al norte** 14
nose **nariz** *f.* 10
not **no** 1
   not any **ningún, ninguno/a(s)** *adj.* 7
   not anyone **nadie** *pron.* 7
   not anything **nada** *pron.* 7
   not bad at all **nada mal** 5
   not either **tampoco** *adv.* 7
   not ever **nunca** *adv.* 7; **jamás** *adv.* 7
   not very well **no muy bien** 1
   not working **descompuesto/a** *adj.* 11
notebook **cuaderno** *m.* 1
nothing **nada** *pron.* 1; 7
noun **sustantivo** *m.*
November **noviembre** *m.* 5
now **ahora** *adv.*
nowadays **hoy día** *adv.*
nuclear energy **energía nuclear** 13
number **número** *m.* 1
nurse **enfermero/a** *m., f.* 10
nutrition **nutrición** *f.* 15

O

o'clock: It's… o'clock **Son las…** 1
   It's one o'clock. **Es la una.** 1
obey **obedecer (c:zc)** *v.*
obligation **deber** *m.*
obtain **conseguir (e:i)** *v.* 4; **obtener** *v.* 16
obvious **obvio** *adj.* 13
   it's obvious **es obvio** 13
occupation **ocupación** *f.* 16
occur **ocurrir** *v.*
ocean **mar** *m.* 5; **océano** *m.* 13
October **octubre** *m.* 5
of **de** *prep.* 1
   of course **claro que sí; por supuesto**
offer **oferta** *f.* 12; **ofrecer (c:zc)** *v.* 8
office **oficina** *f.* 12
   doctor's office **consultorio** *m.* 10
often **a menudo** *adv.* 10
Oh! **¡Ay!**
oil **aceite** *m.* 8
okay **regular** *adj.* 1
   It's okay. **Está bien.**
old **viejo/a** *adj.* 3; old age **vejez** *f.* 9
older **mayor** *adj., m., f.* 3
   older brother, sister **hermano/a mayor** *m., f.* 3
oldest **el/la mayor** 8
on **en** *prep.* 2; **sobre** *prep.* 2
   on behalf of **de parte de** *prep.* 11
   on the dot **en punto** *adv.* 1
   on time **a tiempo** *adv.* 10

on top of **encima de** *prep.* 2
once **una vez** 6
once again **una vez más** 9
one **un, uno/a** *adj., pron.* 1
    one hundred **cien(to)** 2
    one million **un millón**
    one thousand **mil**
    one time **una vez** 6
    one way *(travel)* **ida** *f.*
onion **cebolla** *f.* 8
only **sólo** *adv.* 3; **único/a** *adj.* 3
    only child **hijo/a único/a** *m., f.* 3
open **abrir** *v.* 3; **abierto/a** *adj.* 5
open-air **al aire libre** 6
opened **abierto/a** *p.p.* 15
opera **ópera** *f.*
operation **operación** *f.* 10
opposite **en frente de** *prep.* 14
or **o** *conj.* 7
orange **anaranjado/a** *adj.* 6; **naranja** *f.* 8
orchestra **orquesta** *f.*
order **mandar** 12; *(food)* **pedir (e:i)** *v.* 8
    in order to **para** *prep.* 11
orderly **ordenado/a** *adj.* 5
ordinal *(numbers)* **ordinal** *adj.*
other **otro/a** *adj.* 6
our **nuestro(s)/a(s)** *poss. adj.* 3; *poss.*
    pron. 11
out of order **descompuesto/a** *adj.* 11
outside **fuera** *adv.*
outskirts **afueras** *f., pl.* 12
oven **horno** *m.* 12
over **sobre** *prep.* 2
own **propio/a** *adj.*
owner **dueño/a** *m., f.* 8

P

P.M. **tarde** *f.* 1
pack (one's suitcases) **hacer** *v.* **las maletas** 5
package **paquete** *m.* 14
page **página** *f.* 11
pain **dolor** *m.* 10
    have a pain in the (knee) **tener** *v.*
        dolor de (rodilla)
paint **pintar** *v.*
painter **pintor(a)** *m., f.* 16
painting **cuadro** *m.* 12; **pintura** *f.* 12
pair **par** *m.* 6
pants **pantalones** *m., pl.* 6
pantyhose **medias** *f., pl.* 6
paper **papel** *m.* 2; *(report)* **informe** *m.*
    paper money **billete** *m.*
paragraph **párrafo** *m.*
Pardon me. *(May I?)* **Con permiso.** 1;
    (Excuse me.) Pardon me. **Perdón.** 1
parents **padres** *m., pl.* 3; **papás** *m., pl.* 3
park **parque** *m.* 4; **estacionar** *v.* 11
partner *(one of a couple)* **pareja** *f.* 9
party **fiesta** *f.* 9

pass **pasar** *v.*
passed **pasado/a** *p.p.*
passenger **pasajero/a** *m., f.* 1
passport **pasaporte** *m.* 5
past **pasado/a** *adj.* 6
pastime **pasatiempo** *m.* 4
pastry shop **pastelería** *f.* 14
patient **paciente** *m., f.* 10
patio **patio** *m.* 12
pay in cash **pagar** *v.* **al contado** 14; **pagar**
    en efectivo
pay in installments **pagar** *v.* **a plazos** 14
pay the bill **pagar** *v.* **la cuenta** 9
pea **arveja** *m.* 8
peace **paz** *f.*
peach **melocotón** *m.*
pear **pera** *f.*
pen **pluma** *f.* 2
pencil **lápiz** *m.* 1
penicillin **penicilina** *f.* 10
people **gente** *f.* 3
pepper **pimienta** *f.* 8
per **por** *prep.* 11
perfect **perfecto/a** *adj.* 5
perhaps **quizás** *adv.*; **tal vez** *adv.*
periods **plazos** *m., pl.*
permission **permiso** *m.*
person **persona** *f.* 3
pharmacy **farmacia** *f.* 10
phenomenal **fenomenal** *adj.*
photograph **foto(grafía)** *f.* 1
physical *(exam)* **examen** *m.* **médico** 10
physician **médico/a** *m., f.* 3;
    doctor(a) *m., f.*
physics **física** *f., sing.* 2
pick up **recoger** *v.* 13
picture **foto** *f.* 5; **pintura** *f.*
pie **pastel** *m.*
pill (tablet) **pastilla** *f.* 10
pillow **almohada** *f.* 12
pineapple **piña** *f.* 8
pink **rosado/a** *adj.* 6
place **lugar** *m.* 4; **poner** *v.* 4
plaid **de cuadros** *adj.* 6
plan *(to do something)* **pensar** *v.*
    (+ inf.) 4
plane **avión** *m.* 5
plans **planes** *m., pl.* 4
    have plans **tener** *v.* **planes** 4
plant **planta** *f.* 13
plastic **plástico** *adj.* 13
    (made of) plastic **de plástico** 13
plate **plato** *m.* 12
    platter of fried food **fuente** *f.*
        de fritada
play **drama** *m.*; **comedia** *f.*;
    jugar (u:ue) *v.* 4; *(a musical*
    instrument) **tocar** *v.*; *(a role)* **hacer** *v.* **el**
    papel; *(cards)* **jugar** *v.* **a (las cartas)**;
    (sports) **practicar** *v.* **deportes** 4
player **jugador(a)** *m., f.* 4

playwright **dramaturgo/a** *m., f.*
plead **rogar (o:ue)** *v.* 12
pleasant **agradable** *adj.*
Please. **Por favor.** 1
Pleased to meet you. **Mucho gusto.** 1;
    Encantado/a. *adj.* 1
pleasing: be pleasing to **gustar** *v.* 7
pleasure **gusto** *m.* 1; **placer** *m.* 15
    It's a pleasure to… **Gusto de (+ inf.)**
    It's been a pleasure. **Ha sido un**
        placer. 15
    The pleasure is mine. **El gusto**
        es mío. 1
poem **poema** *m.*
poet **poeta** *m., f.* 16
poetry **poesía** *f.*
police (force) **policía** *f.* 11
    police officer **policía** *m.*, **mujer** *f.*
        policía 11
political **político/a** *adj.*
politician **político/a** *m., f.* 16
politics **política** *f.*
polka-dotted **de lunares** *adj.* 6
poll **encuesta** *f.*
pollute **contaminar** *v.* 13
polluted **contaminado/a** *adj.* 13
    be polluted **estar contaminado/a** 13
pollution **contaminación** *f.* 13
pool **piscina** *f.* 4
poor **pobre** *adj.* 6
population **población** *f.* 13
pork **cerdo** *m.* 8
    pork chop **chuleta** *f.* **de cerdo** 8
portable **portátil** *adj.* 11
    portable computer **computadora**
        f. **portátil**
position **puesto** *m.* 16
possessive **posesivo/a** *adj.* 3
possible **posible** *adj.* 13
    it's (not) possible **(no) es posible** 13
post office **correo** *m.* 14
postcard **postal** *f.* 4; **tarjeta** *f.* **postal** 4
poster **cartel** *m.*
potato **papa** *f.* 8; **patata** *f.* 8
pottery **cerámica** *f.*
practice **entrenarse** *v.* 15;
    practicar *v.* 2
prefer **preferir (e:ie)** *v.* 4, 12
pregnant **embarazada** *adj. f.* 10
prepare **preparar** *v.* 2
preposition **preposición** *f.*
prescribe *(medicine)* **recetar** *v.* 10
prescription **receta** *f.* 10
present **regalo** *m.*; **presentar** *v.*
press **prensa** *f.*
pressure: be under a lot of pressure **sufrir** *v.*
    muchas presiones 15
pretty **bonito/a** *adj.* 3; **bastante** *adv.*
price **precio** *m.* 6
    fixed price **precio** *m.* **fijo** 6
print **estampado/a** *adj.*; **imprimir** *v.* 11

printer **impresora** *f.* 11
private (*room*) **individual** *adj.* 5
prize **premio** *m.*
probable **probable** *adj.* 13
   it's (not) probable **(no) es probable** 13
problem **problema** *m.* 1
profession **profesión** *f.* 3, 16
professor **profesor(a)** *m., f.* 2
program **programa** *m.* 1
programmer **programador(a)** *m., f.* 3
prohibit **prohibir** *v.* 10, 12
promotion (*career*) **ascenso** *m.* 16
pronoun **pronombre** *m.*
protect **proteger** *v.* 13
protein **proteína** *f.* 15
provided that **con tal (de) que** *conj.* 13
psychologist **psicólogo/a** *m., f.* 16
psychology **psicología** *f.* 2
publish **publicar** *v.*
Puerto Rican **puertorriqueño/a** *adj.* 3
Puerto Rico **Puerto Rico** *m.* 1
pull a tooth **sacar** *v.* **una muela**
purchases **compras** *f., pl.*
pure **puro/a** *adj.* 13
purple **morado/a** *adj.* 6
purse **bolsa** *f.* 6
put **poner** *v.* 4; **puesto/a** *p.p.* 15
   put a letter in the mailbox **echar** *v.*
     una carta al buzón 14
   put on (*a performance*) **presentar** *v.*
   put on (*clothing*) **ponerse** *v.* 7
   put on makeup **maquillarse** *v.* 7

Q

quality **calidad** *f.* 6
quarter **trimestre** *m.* 2
   quarter after (*time*) **y cuarto** 1;
     y quince 1
   quarter to (*time*) **menos cuarto** 1;
     menos quince 1
question **pregunta** *f.*
quickly **rápido** *adv.*
quiet **tranquilo/a** *adj.* 15
quit **dejar** *v.* 16
quite **bastante** *adv.* 10
quiz **prueba** *f.* 2

R

racism **racismo** *m.*
radio (*medium*) **radio** *f.*;
   radio (*set*) **radio** *m.* 11
rain **llover (o:ue)** *v.* 5; **lluvia** *f.* 13
   It's raining. **Llueve.** 5
raincoat **impermeable** *m.* 6
rainforest **bosque** *m.* **tropical** 13
raise (*salary*) **aumento** *v.* **de sueldo** 16
read **leer** *v.* 3; **leído/a** *p.p.* 15

ready **listo/a** *adj.* 15
real estate agency **agencia** *f.* **de bienes**
   raíces 12
reap the benefits (of) **disfrutar** *v.* **(de)** 15
reason **razón** *f.* 3
receive **recibir** *v.* 3
recommend **recomendar (e:ie)** *v.* 8, 12
recycle **reciclar** *v.* 13
recycling **reciclaje** *m.* 13
red **rojo/a** *adj.* 6
red-haired **pelirrojo/a** *adj.* 3
reduce **reducir** *v.* 13
   reduce stress/tension **aliviar** *v.* **el**
     estrés/la tensión
refrigerator **refrigerador** *m.* 12
region **región** *f.* 13
regret **sentir (e:ie)** *v.* 13
related to sitting **sedentario/a** *adj.*
relationships **relaciones** *f., pl.*
relatives **parientes** *m., pl.* 3
relax **relajarse** *v.* 9
relieve stress/tension **aliviar el**
   estrés/la tensión 15
remain **quedarse** *v.* 7
remember **recordar (o:ue)** *v.* 4; **acordarse**
   (o:ue) *v.* **(de)** 7
remote control **control** *m.* **remoto** 11
rent **alquilar** *v.* 12; **alquiler** *m.* 12
repeat **repetir (e:i)** *v.* 4
report **informe** *m.*; **reportaje** *m.*
reporter **reportero/a** *m., f.* 16
representative **representante** *m., f.*
request **pedir (e:i)** *v.* 4
reservation **reservación** *f.* 5
resign (from) **renunciar (a)** *v.* 16
resolve **resolver (o:ue)** *v.* 13
resolved **resuelto/a** *p.p.* 15
resource **recurso** *m.* 13
responsibility **deber** *v.*
rest **descansar** *v.* 2
   the rest **lo/los/las demás** *pron.*
restaurant **restaurante** *m.* 4
résumé **currículum** *m.* 16
retire (from work) **jubilarse** *v.* 9
return **regresar** *v.* 2; **volver (o:ue)** *v.* 4
   return trip **vuelta** *f.*
returned **vuelto/a** *p.p.* 15
rice **arroz** *m.* 8
rich **rico/a** *adj.* 6
ride **pasear** *v.* 4
   ride a bicycle **pasear en bicicleta** 4
   ride a horse **montar a caballo** 5
ridiculous **ridículo/a** *adj.* 13
   it's ridiculous **es ridículo** 13
right **derecha** *f.* 2
   right away **enseguida** *adv.* 9
   right here **aquí mismo** 11
   right now **ahora mismo** 5
   right there **allí mismo** 14
   be right **tener** *v.* **razón** 3
   to the right of **a la derecha de** 2

right? (*question tag*) **¿no?** 1;
   ¿verdad? 1
rights **derechos** *m., pl.*
ring (*a doorbell*) **sonar (o:ue)** *v.* 11
river **río** *m.* 13
road **camino** *m.*
roast chicken **pollo** *m.* **asado** 8
roasted **asado/a** *adj.* 8
rock **piedra** *f.* 13
role **papel** *m.*
rollerblade **patinar** *v.* **en línea**
romantic **romántico/a** *adj.*
room **habitación** *f.* 5; **cuarto** *m.*;
   (*large, living*) **sala** *f.*
roommate **compañero/a** *m., f.*
   de cuarto 2
round-trip **de ida y vuelta** 5
   round-trip ticket **pasaje** *m.* **de**
     ida y vuelta 5
route **camino** *m.* 11
routine **rutina** *f.* 7
rug **alfombra** *f.* 12
run **correr** *v.* 3
   run errands **hacer diligencias** 14
   run into (*have an accident*)
     chocar *v.* **(con)** 11; (*meet*
     accidentally) **darse con** *v.*
rush **apurarse; darse prisa** *v.* 15
Russian **ruso/a** *adj.*

S

sad **triste** *adj.* 5
   it's sad **es triste** 13
safe **seguro/a** *adj.* 5
said **dicho/a** *p.p.* 15
sake: for the sake of **por** *prep.*
salad **ensalada** *f.* 8
salary **salario** *m.* 16; **sueldo** *m.* 16
sale **rebaja** *f.* 6
salesperson **vendedor(a)** *m., f.* 6
salmon **salmón** *m.* 8
salt **sal** *f.* 8
salty **salado/a** *adj.* 8
same **mismo/a** *adj.* 3
sandal **sandalia** *f.* 6
sandwich **sándwich** *m.* 8
Saturday **sábado** *m.* 2
sausage **salchicha** *f.* 8
save (*on a computer*) **guardar** *v.* 11;
   save (*money*) **ahorrar** *v.* 14
savings **ahorros** *m., pl.* 14
   savings account **cuenta** *f.* **de**
     ahorros 14
say **decir** *v.* 6; **declarar** *v.*
scarcely **apenas** *adv.* 10
scared: be (very) scared **tener** *v.* **(mucho)**
   miedo 3
schedule **horario** *m.* 2
school **escuela** *f.* 1

science **ciencia** *f.*
  science fiction **ciencia ficción** *f.*
scientist **científico/a** *m., f.* 16
scream **gritar** *v.*
screen **pantalla** *f.* 11
scuba dive **bucear** *v.* 4
sculpt **esculpir** *v.*
sculptor **escultor(a)** *m., f.* 16
sculpture **escultura** *f.*
sea **mar** *m.* 5; **océano** *m.*
seafood **mariscos** *m., pl.* 8
search: in search of **por** *prep.* 11
season **estación** *f.* 5
seat **silla** *f.*
second **segundo/a** *adj.* 5
secretary **secretario/a** *m., f.* 16
sedentary **sedentario/a** *adj.* 15
see **ver** *v.* 4
  see (you) again **volver** *v.* a
    ver(te, lo, la)
  see movies **ver películas** 4
  See you. **Nos vemos.** 1
  See you later. **Hasta la vista.** 1;
    Hasta luego. 1
  See you soon. **Hasta pronto.** 1
  See you tomorrow. **Hasta mañana.** 1
seem **parecer** *v.* 8
seen **visto/a** *p.p.* 15
sell **vender** *v.* 6
semester **semestre** *m.* 2
send **enviar** *v.;* **mandar** *v.* 14
separate (from) **separarse** *v.* **(de)** 9
separated **separado/a** *adj.* 9
September **septiembre** *m.* 5
sequence **secuencia** *f.*
serious **grave** *adj.* 10
  extremely serious **gravísimo/a** *adj.* 13
serve **servir (e:i)** *v.* 8
set *(fixed)* **fijo** *adj.* 6
  set the table **poner** *v.* **la mesa** 12
seven **siete** *adj., pron.* 1
seven hundred **setecientos/as** *adj., pron.* 6
seventeen **diecisiete** *adj., pron.* 1
seventh **séptimo/a** *adj.* 5
seventy **setenta** *adj., pron.* 2
several **varios/as** *adj., pl.* 8
sexism **sexismo** *m.*
shame **lástima** *f.* 13
  It's a shame. **Es una lástima.** 13
shampoo **champú** *m.* 7
shape **forma** *f.* 15
  be in good shape **estar en**
    buena forma 15
share **compartir** *v.* 3
sharp *(time)* **en punto** 1
shave **afeitarse** *v.* 7
shaving cream **crema** *f.* **de afeitar** 7
she **ella** *sub. pron.* 1
  she is **ella es** 1
shellfish **mariscos** *m., pl.*
ship **barco** *m.*

shirt **camisa** *f.* 6
shoe **zapato** *m.* 6
  shoe size **número** *m.* **de zapato** 6
  shoe store **zapatería** *f.* 14
  tennis shoes **zapatos** *m., pl.* **de tenis**
shop **tienda** *f.* 6
shopping, to go **ir** *v.* **de compras** 6
  shopping mall **centro** *m.* **comercial** 6
short *(in height)* **bajo/a** *adj.* 3; *(in length)*
  corto/a *adj.* 6
short story **cuento** *m.*
shorts **pantalones cortos** *m., pl.* 6
should *(do something)* **deber** *v.* **(+ *inf*.)** 3
show **mostrar (o:ue)** *v.* 4; **espectáculo** *m.*
shower **ducha** *f.;* **ducharse** *v.* 7;
  bañarse *v.*
shrimp **camarón** *m.* 8
siblings **hermanos** *m., pl.* 3
sick **mal, malo/a** 5; **enfermo/a** *adj.* 10
  be sick **estar enfermo/a** 10
  get sick **enfermarse** *v.* 10
sickness **enfermedad** *f.* 10
side table **mesita** *f.* 12
sightseeing: go sightseeing **hacer** *v.*
  turismo 5
sign **firmar** *v.* 14; **letrero** *m.* 14
silk **seda** *f.* 6; *(made of)* **de seda** 6
silly **tonto/a** *adj.* 3
silverware **cubierto** *m.*
similar **similar** *adj. m., f.*
since **desde** *prep.*
sing **cantar** *v.* 2
singer **cantante** *m., f.* 16
single **soltero/a** *adj.* 9
  single room **habitación** *f.* **individual** 5
sink **lavabo** *m.*
sir **señor (Sr.)** *m.* 1
sister **hermana** *f.* 3
sister-in-law **cuñada** *f.* 3
sit down **sentarse (e:ie)** *v.* 7
six **seis** *adj., pron.* 1
six hundred **seiscientos/as** *adj., pron.* 6
sixteen **dieciséis** *adj., pron.* 1
sixth **sexto/a** *adj.* 5
sixty **sesenta** *adj., pron.* 2
size **talla** *f.* 6
  shoe size **número** *m.* **de zapato** 6
skate (in-line) **patinar** *v.* **(en línea)** 4
ski **esquiar** *v.* 4
skiing **esquí** *m.* 4
  water-skiing **esquí acuático** 4
skirt **falda** *f.* 6
sky **cielo** *m.* 13
sleep **dormir (o:ue)** *v.* 4; **sueño** *m.* 3
  go to sleep **dormirse (o:ue)** *v.* 7
sleepy: be (very) sleepy **tener** *v.* **(mucho)**
  sueño 3
slender **delgado/a** *adj.* 3
slim down **adelgazar** *v.* 15
slow **lento/a** *adj.* 11
slowly **despacio** *adv.*

small **pequeño/a** *adj.* 3
smaller **menor** *adj.* 8
smallest, (the) **el/la menor** *m., f.* 8
smart **listo/a** *adj.* 5
smile **sonreír (e:i)** *v.* 9
smiled **sonreído** *p.p.* 15
smoggy: It's (very) smoggy. **Hay (mucha)**
  contaminación.
smoke **fumar** *v.* 15
  not to smoke **no fumar** *v.* 15
smoking section **sección** *f.* **de fumadores** 8
  (non) smoking section **sección**
    de (no) fumadores 8
snack (in the afternoon) **merendar** *v.* 15;
  (afternoon snack) **merienda** *f.* 15
  have a snack **merendar** *v.* 15
sneakers **zapatos de tenis** 6
sneeze **estornudar** *v.* 10
snow **nevar (e:ie)** *v.* 5; **nieve** *f.*
snowing: It's snowing. **Nieva.** 5
so *(in such a way)* **así** *adv.* 10; **tan** *adv.* 5
  so much **tanto** *adv.*
  so-so **regular** 1; **así así**
  so that **para que** *conj.* 13
soap **jabón** *m.* 7
  soap opera **telenovela** *f.*
soccer **fútbol** *m.* 4
sociology **sociología** *f.* 2
sock **calcetín** *m.* 6
sofa **sofá** *m.* 12
soft drink **refresco** *m.* 8
software **programa** *m.* **de**
  computación 11
soil **tierra** *f.* 13
solar energy **energía solar** 13
solution **solución** *f.* 13
solve **resolver (o:ue)** *v.* 13
some **algún, alguno/a(s)** *adj.* 7; **unos/as**
  pron. 1; **unos/as** *m., f., pl. indef. art.* 1
somebody **alguien** *pron.*
someone **alguien** *pron.* 7
something **algo** *pron.* 7
sometimes **a veces** *adv.* 10
son **hijo** *m.* 3
song **canción** *f.*
son-in-law **yerno** *m.* 3
soon **pronto** *adj.* 10
  See you soon. **Hasta pronto.** 1
sorry: be sorry **sentir (e:ie)** *v.* 13
  I'm sorry. **Lo siento.** 1
  I'm so sorry. **Mil perdones.;**
    Lo siento muchísimo. 4
soup **caldo** *m.* 8; **sopa** *f.* 8
sour **agrio/a** *adj.* 8
south **sur** *m.* 14
  to the south **al sur** 14
Spain **España** *f.* 1
Spanish *(language)* **español** *m.* 2;
  español(a) *adj.; m., f.* 3
spare time **ratos** *m., pl.* **libres** 4
speak **hablar** *v.* 2

specialization **especialización** *f.*
spectacular **espectacular** *adj.* 15
speech **discurso** *m.*
speed **velocidad** *f.* 11
   speed limit **velocidad máxima** 11
spelling **ortográfico/a** *adj.*
spend (*money*) **gastar** *v.* 6
   spend time **pasar** *v.* **el tiempo** 4
spicy **picante** *adj.* 8
spoon (*table or large*) **cuchara** *f.* 12
sport **deporte** *m.* 4
   sports-loving **deportivo/a** *adj.*
   sports-related **deportivo/a** *adj.* 4
spouse **esposo/a** *m., f.* 3
sprain (one's ankle) **torcerse** *v.*
   (el tobillo) 10
sprained **torcido/a** *adj.* 10
   be sprained **estar** *v.* **torcido/a** 10
spring **primavera** *f.* 5
stadium **estadio** *m.* 2
stage **etapa** *f.* 9
stairs **escalera** *f.* 12
stairway **escalera** *f.* 12
stamp **estampilla** *f.* 14; **sello** *m.* 14
stand in line **hacer** *v.* **cola** 14
star **estrella** *f.* 13
start (a vehicle) **arrancar** *v.* 11
state **estado** *m.*
station **estación** *f.* 5
statue **estatua** *f.*
status: marital status **estado** *m.* **civil** 9
stay **quedarse** *v.* 7
   Stay calm! **¡Tranquilo/a!** *adj.*
   stay in shape **mantenerse** *v.* **en**
     forma 15
steak **bistec** *m.* 8
steering wheel **volante** *m.* 11
step **etapa** *f.*
stepbrother **hermanastro** *m.* 3
stepdaughter **hijastra** *f.* 3
stepfather **padrastro** *m.* 3
stepmother **madrastra** *f.* 3
stepsister **hermanastra** *f.* 3
stepson **hijastro** *m.* 3
stereo **estéreo** *m.* 11
still **todavía** *adv.* 5
stock broker **corredor(a)** *m., f.* **de**
   bolsa 16
stockings **medias** *f., pl.* 6
stomach **estómago** *m.* 10
stone **piedra** *f.* 13
stop **parar** *v.* 11
   stop (doing something) **dejar** *v.* **de**
     (+ inf.) 13
store **tienda** *f.* 6
storm **tormenta** *f.*
story **cuento** *m.*; **historia** *f.*
stove **estufa** *f.* 12
straight **derecho** *adj.* 14
   straight ahead **(todo) derecho** 14
straighten up **arreglar** *v.* 12

strange **extraño/a** *adj.* 13
   It's strange… **Es extraño…** 13
strawberry **frutilla** *f.*; **fresa** *f.* 8
street **calle** *f.* 11
stress **estrés** *m.* 15
stretching **estiramiento** *m.* 15
   stretching exercises **ejercicios**
     m., pl. **de estiramiento** 15
strike (labor) **huelga** *f.*
stripe **raya** *f.* 6
   striped **de rayas** *adj.* 6
stroll **pasear** *v.* 4
strong **fuerte** *adj.* 15
struggle (for) **luchar** *v.* **(por)**
student **estudiante** *m., f.* 1;
   estudiantil *adj.*
study **estudiar** *v.* 2
stuffed up (sinuses) **congestionado/a**
   adj. 10
stupendous **estupendo/a** *adj.* 5
style **estilo** *m.*
suburbs **afueras** *f., pl.* 12
subway **metro** *m.* 5
   subway station **estación** *f.* **del metro** 5
success **éxito** *m.* 16
successful: be successful **tener** *v.* **éxito** 16
such as **tales como**
suddenly **de repente** *adv.* 6
suffer **sufrir** *v.* 13
   suffer from an illness **sufrir una**
     enfermedad 13
sufficient **bastante** *adj.*
sugar **azúcar** *m.* 8
suggest **sugerir (e:ie)** *v.* 12
suit **traje** *m.* 6
suitcase **maleta** *f.* 1
summer **verano** *m.* 5
sun **sol** *m.* 4, 13
sunbathe **tomar** *v.* **el sol** 4
Sunday **domingo** *m.* 2
sunglasses **gafas** *f., pl.* **de sol** 6; **gafas**
   oscuras 14; **lentes** *m., pl.* **de sol**
sunny: It's (very) sunny. **Hace (mucho) sol.** 5
supermarket **supermercado** *m.* 14
suppose **suponer** *v.* 4
sure **seguro/a** *adj.* 5
   be sure (of) **estar** *v.* **seguro/a (de)** 5, 13
surf the Internet **navegar** *v.* **en Internet** 11
surprise **sorprender** *v.* 9; **sorpresa** *f.* 9
survey **encuesta** *f.*
sweat **sudar** *v.* 15
sweater **suéter** *m.* 6
sweep the floor **barrer** *v.* **el suelo** 12
sweet **dulce** *adj.* 8
sweets **dulces** *m., pl.* 9
swim **nadar** *v.* 4
swimming **natación** *f.* 4
   swimming pool **piscina** *f.* 4
symptom **síntoma** *m.* 10

T

table **mesa** *f.* 2
tablespoon **cuchara** *f.* 12
tablet (pill) **pastilla** *f.* 10
take **tomar** *v.* 2, 8; **llevar** *v.*
   Take care! **¡Cuídense!** 15
   take care of **cuidar** *v.* 13
   take (someone's) temperature
     tomar(le) *v.* **la temperatura**
     (a alguien) 10
   take (wear) a shoe size **calzar** *v.* 6
   take a bath **bañarse** *v.* 7
   take a shower **ducharse** *v.* 7
   take into account **tomar** *v.* **en cuenta**
   take off **quitarse** *v.* 7
   take out the trash **sacar** *v.* **la basura** 12
   take pictures **sacar** *v.* **fotos** 5;
     tomar fotos 13
talented **talentoso/a** *adj.*
talk **hablar** *v.* 2; **conversar** *v.* 2
   talk show **programa** *m.* **de entrevistas**
tall **alto/a** *adj.* 3
tank **tanque** *m.* 11
tape (audio) **cinta** *f.* 11
   tape recorder **grabadora** *f.* 1
taste **probar (o:ue)** *v.* 8
tasty **rico/a** *adj.* 8; **sabroso/a** *adj.* 8
tax **impuesto** *m.*
taxi(cab) **taxi** *m.* 5
tea **té** *m.* 8
teach **enseñar** *v.* 2
teacher **profesor(a)** *m., f.* 1;
   (elementary school) **maestro/a** *m., f.* 16
team **equipo** *m.* 4
technician **técnico/a** *m., f.* 16
tele-commuting **teletrabajo** *m.* 16
teleconference **videoconferencia** *f.*
telephone **teléfono** *m.* 11
   cellular telephone **teléfono celular** 11
television **televisión** *f.* 11
   television set **televisor** *m.* 11
tell **decir** *v.* 6
temperature **temperatura** *f.* 10
ten **diez** *adj., pron.* 1
tennis **tenis** *m.* 4
   tennis shoes **zapatos** *m., pl.* **de tenis**
tension **tensión** *f.* 15
tent **tienda** *f.* **de campaña** 5
tenth **décimo/a** *adj.* 5
terrible **terrible** *adj. m., f.* 13
   it's terrible **es terrible** 13
terrific **chévere** *adj.*
test **prueba** *f.* 2; **examen** *m.* 2
Thank you. **Gracias.** *f., pl.* 1
   Thank you (very much).
     (Muchas) gracias. 1
   Thank you very, very much.
     Muchísimas gracias. 9
   Thanks (a lot). **(Muchas) gracias.** 1

Thanks for everything. **Gracias por todo.** 9

Thanks once again. **Gracias una vez más.** 9

that **que; quien(es); lo que** *rel. pron.* 9

that (one) **ése, ésa, eso** *pron.* 6; **ese, esa,** *adj.* 6

that (over there) **aquél, aquélla, aquello** *pron.* 6; **aquel, aquella** *adj.* 6

that which **lo que** *conj.* 9

That's me. **Soy yo.** 1

that's why **por eso** 11

the **el** *m.,* **la** *f. sing., def. art.;* **los** *m.,* **las** *f. pl., def. art.* 1

theater **teatro** *m.*

their **su(s)** *poss., adj.* 3; **suyo(s)/a(s)** *poss., pron.* 11

them **los/las** *pron.* 5; **les** *pron.* 6

then **después** (afterward) *adv.* 7; **entonces** (as a result) *adv.* 7; **luego** (next) *adv.* 7; **pues** *adv.* 15

there **allí** *adv.* 5

There is/are… **Hay…** 1; There is/are not… **No hay…** 1

therefore **por eso** *adv.* 11

these **éstos, éstas** *pron.* 6; **estos, estas** *adj.* 6

they **ellos/as** *sub. pron.* 1

they are **ellos/as son** 1

thin **delgado/a** *adj.* 3

thing **cosa** *f.* 1

think **pensar (e:ie)** *v.* 4; (believe) **creer** *v.* think about **pensar en** 4

third **tercer, tercero/a** *adj.* 5

thirst **sed** *f.* 3

thirsty: be (very) thirsty **tener** *v.* **(mucha) sed** 3

thirteen **trece** *adj., pron.* 1

thirty **treinta** *adj., pron.* 1; thirty (minutes past the hour) **y treinta** 1; **y media** 1

this **este, esta** *adj.;* **éste, ésta, esto** *pron.* 6

This is… (introduction) **Éste/a es…** 1

This is he/she. (on telephone) **Con él/ella habla.** 11

those **ésos, ésas** *pron.* 6; **esos, esas** *adj.* 6

those (over there) **aquéllos, aquéllas** *pron.* 6; **aquellos, aquellas** *adj.* 6

thousand **mil** *m.* 6

three **tres** 1

three hundred **trescientos/as** 6

throat **garganta** *f.* 10

through **por** *prep.* 11

throughout: throughout the world **en todo el mundo** 13

throw **echar** *v.*

Thursday **jueves** *m., sing.* 2

thus (in such a way) **así** *adj.*

ticket **boleto** *m;.* **entrada** *f.;* **pasaje** *m.* 5

tie **corbata** *f.* 6

time **vez** *f.* 6; time **tiempo** *m.* 4

buy on time **comprar** *v.* **a plazos** *m., pl.*

have a good/bad time **pasarlo** *v.* **bien/mal** 9

We had a great time. **Lo pasamos de película.**

times **veces** *f., pl.*

many times **muchas veces** 10

tip **propina** *f.* 9

tire **llanta** *f.* 11

tired **cansado/a** *adj.* 5

be tired **estar** *v.* **cansado/a** 5

title **título** *m.*

to **a** *prep.* 1

toast (drink) **brindar** *v.* 9

toast **pan** *m.* **tostado**

toasted **tostado/a** *adj.* 8

toaster **tostadora** *f.*

today **hoy** *adv.* 2

Today is . . . **Hoy es…** 2, 5

together **juntos/as** *adj.* 9

tomato **tomate** *m.* 8

tomorrow **mañana** *adv.* 1

See you tomorrow. **Hasta mañana.** 1

tonight **esta noche** *adv.* 4

too **también** *adv.* 2; 7

too much **demasiado** *adv.* 6; **en exceso** 15

tooth **diente** *m.* 7; tooth **muela** *f.* 10

tornado **tornado** *m.*

tortilla **tortilla** *f.* 8

touch **tocar** *v.* 13

tour an area **recorrer** *v.;* **excursión** *f.*

go on a tour **hacer** *v.* **una excursión** 5

tourism **turismo** *m.* 5

tourist **turista** *m., f.* 1; **turístico/a** *adj.*

toward **para** *prep.* 11; **hacia** *prep.* 14

towel **toalla** *f.* 7

town **pueblo** *m.* 4

trade **oficio** *m.* 16

traffic **circulación** *f.;* **tráfico** *m.* 11

traffic light **semáforo** *m.* 11

tragedy **tragedia** *f.*

trail **sendero** *m.* 13

trailhead **sendero** *m.*

train **entrenarse** *v.* 15; **tren** *m.* 5

train station **estación** *f.* **del tren** *m.* 5

trainer **monitor(a)** *m., f.* 15

translate **traducir** *v.* 8

trash **basura** *f.* 12

travel **viajar** *v.* 2

travel agency **agencia** *f.* **de viajes** 5

travel agent **agente** *m., f.* **de viajes** 5

travel documents **documentos** *pl.; m.* **de viaje**

traveler **viajero/a** *m., f.* 5

traveler's check **cheque** *m.* **de viajero** 14

tree **árbol** *m.* 13

trillion **billón** 6

trimester **trimestre** *m.* 2

trip **viaje** *m.* 5

take a trip **hacer** *v.* **un viaje** 5

tropical forest **bosque** *m.* **tropical** 13

truck **camión** *m.*

true **cierto/a; verdad** *adj.* 13

it's (not) true **(no) es cierto/verdad** 13

trunk **baúl** *m.* 11

truth **verdad** *f.* 6

try **intentar** *v.;* **probar (o:ue)** *v.* 8

try (to do something) **tratar** *v.* **de (+ inf.)** 15

try on **probarse (o:ue)** *v.* 7

t-shirt **camiseta** *f.* 6

Tuesday **martes** *m., sing.* 2

tuna **atún** *m.* 8

turkey **pavo** *m.* 8

turn **doblar** *v.* 14

turn off (electricity/appliance) **apagar** *v.* 11

turn on (electricity/appliance) **poner** *v.* 11; **prender** *v.* 11

twelve **doce** 1

twenty **veinte** 1

twenty-eight **veintiocho** 1

twenty-five **veinticinco** 1

twenty-four **veinticuatro** 1

twenty-nine **veintinueve** 1

twenty-one **veintiún, veintiuno/a** 1

twenty-seven **veintisiete** 1

twenty-six **veintiséis** 1

twenty-three **veintitrés** 1

twenty-two **veintidós** 1

twice **dos veces** 6

twisted **torcido/a** *adj.* 10

be twisted **estar** *v.* **torcido/a** 10

two **dos** 1

two hundred **doscientos/as** 6

two times **dos veces** 6

U

ugly **feo/a** *adj.* 3

uncle **tío** *m.* 3

under **debajo de** *prep.* 2; **bajo** *prep.*

understand **comprender** *v.* 3; **entender (e:ie)** *v.* 4

underwear **ropa** *f.* **interior** 6

unemployment **desempleo** *m.*

United States **Estados Unidos** *m., pl.* 1

university **universidad** *f.* 2

unless **a menos que** *adv.* 13

unmarried **soltero/a** *adj.* 9

unpleasant **antipático/a** *adj.* 3

until **hasta** *prep.* 6; **hasta que** *conj.* 13

up **arriba** *adv.*

urgent **urgente** *adj.* 12

It's urgent that… **Es urgente que…** 12

us **nos** *pron.* 5

use **usar** *v.* 6

used for **para** *prep.* 11
useful **útil** *adj.*

V

vacation **vacaciones** *f., pl.* 5
  be on vacation **estar** *v.* **de vacaciones** 5
  go on vacation **ir** *v.* **de vacaciones** 5
vacuum **pasar** *v.* **la aspiradora** 12
  vacuum cleaner **aspiradora** *f.* 12
valley **valle** *m.* 13
various **varios/as** *adj., pl.*
VCR **videocasetera** *f.* 11
vegetables **verduras** *f., pl.* 8
verb **verbo** *m.*
very **muy** *adv.* 1
  very bad **malísimo** 8
  very much **muchísimo** *adv.* 2
  Very good, thank you. **Muy bien, gracias.**
  (Very) well, thanks. **(Muy) bien, gracias.** 1
vest **chaleco** *m.*
video **video** *m.* 1
  videocassette **videocasete** *m.* 11
  video conference **videoconferencia** *f.* 16
  videocamera **cámara** *f.* **de video** 11
vinegar **vinagre** *m.* 8
violence **violencia** *f.*
visit **visitar** *v.* 4
  visit a monument **visitar un monumento** 4
vitamin **vitamina** *f.* 15
volcano **volcán** *m.* 13
volleyball **voleibol** *m.* 4
vote **votar** *v.*

W

wait (for) **esperar** *v.* 2
waiter **camarero/a** *m., f.* 8
wake up **despertarse (e:ie)** *v.* 7
walk **caminar** *v.* 2
  take a walk **pasear** *v.* 4
  walk around the city/town **pasear por la ciudad/el pueblo** 4
Walkman **walkman** *m.*
wall **pared** *f.* 12
wallet **cartera** *f.* 6
want **desear** *v.* 2; **querer (e:ie)** *v.* 4, 12
  I don't want to **no quiero** 4
war **guerra** *f.*
warm (oneself) up **calentarse** *v.* 15
wash **lavar** *v.* 12
  wash one's face/hands **lavarse** *v.* **la cara/las manos** 7
  wash oneself **lavarse** 7

washing machine **lavadora** *f.* 12
watch **mirar** *v.* 2; **reloj** *m.* 2
  watch television **mirar (la) televisión** 2
water **agua** *f.* 8
  water pollution **contaminación del agua** 13
  water-skiing **esquí** *m.* **acuático** 4
way **manera** *f.*
we **nosotros/as** *sub. pron.* 1
  we are **nosotros/as somos** 1
weak **débil** *adj.* 15
wear **llevar** *v.* 6; **usar** *v.* 6;
  calzar *v.* (shoes) 6
weather **tiempo** *m.* 5
  It's bad weather. **Hace mal tiempo.** 5
  It's nice weather. **Hace buen tiempo.** 5
weaving **tejido** *m.*
Web **red** *f.* 11
website **sitio** *m.* **Web** 11
wedding **boda** *f.* 9
Wednesday **miércoles** *m., sing.* 2
week **semana** *f.* 2
weekend **fin** *m.* **de semana** 4
weight **peso** *m.* 15
  lift weights **levantar** *v.* **pesas** *f., pl.* 15
Welcome! **¡Bienvenido(s)/a(s)!** *adj.* 12
well **pues** *adv.* 2; **bueno** *adv.* 2
well-being **bienestar** *m.* 15
well organized **ordenado/a** *adj.*
west **oeste** *m.* 14
  to the west **al oeste** 14
western (genre) **de vaqueros** *adj.*
what **lo que** 9
  what? **¿qué?** *adj., pron.* 1, 9;
  ¿cuál(es)? 9
  At what time…? **¿A qué hora…?** 1
  What… ! **¡Qué…!**
  What a pleasure to . . . ! **¡Qué gusto (+ inf.)…**
  What a surprise! **¡Qué sorpresa!**
  What day is it? **¿Qué día es hoy?**
  What did he/she do? **¿Qué hizo él/ella?** 6
  What did they do? **¿Qué hizieron ellos/ellas?** 6
  What did you do? **¿Qué hiziste?** *fam., sing.;* **¿Qué hizo usted?** *form., sing.;* **¿Qué hicieron ustedes?** *form., pl.* 6
  What did you say? **¿Cómo?**
  What do you guys think? **¿Qué les parece?** 9
  What happened? **¿Qué pasó?** 11
  What is it? **¿Qué es?** 1
  What is the date (today)? **¿Cuál es la fecha (de hoy)?**
  What is the price? **¿Qué precio tiene?**
  What is today's date? **¿Cuál es la fecha de hoy?** 5
  What pain! **¡Qué dolor!**
  What pretty clothes! **¡Qué ropa más bonita!** 6
  What size do you wear? **¿Qué talla**

lleva (usa)? 6
  What time is it? **¿Qué hora es?** 1
  What's going on? **¿Qué pasa?** 1
  What's happening? **¿Qué pasa?** 1
  What's… like? **¿Cómo es…?** 3
  What's new? **¿Qué hay de nuevo?** 1
  What's the weather like? **¿Qué tiempo hace?** 5
  What's wrong? **¿Qué pasó?**
  What's your name? **¿Cómo se llama usted?** *form.* 1
  What's your name? **¿Cómo te llamas (tú)?** *fam.* 1
when **cuando** *conj.* 7
  When? **¿Cuándo?** 2, 9
where **donde** *adj., conj.*
  where? (destination) **¿adónde?** 2, 9; (location)**¿dónde?** 1, 9
  Where are you from? **¿De dónde eres?** *fam.* 1; **¿De dónde es usted?** *form.* 1
  Where is…? **¿Dónde está…?** 2
  (to) where? **¿adónde?** 2
which **que; lo que** *rel. pron.* 9
  which? **¿cuál(es)?** *adj., pron.;* **¿qué?** 2, 9
  which one(s)? **¿cuál(es)?** 2
while **mientras** *adv.* 10
white **blanco/a** *adj.* 6
  white wine **vino** *m.* **blanco** 8
who **que; quien(es)** *rel. pron.* 9
  who? **¿quién(es)?** 1, 9
  Who is…? **¿Quién es…?** 1
  Who is calling? (on telephone) **¿De parte de quién?** 11
  Who is speaking? (on telephone) **¿Quién habla?** 11
whole **todo/a** *adj.*
whom **quien(es)** *rel. pron.* 9
whose…? **¿de quién(es)…?** 9
why? **¿por qué?** *adv.* 2
widowed **viudo/a** *adj.* 9
wife **esposa** *f.* 3
win **ganar** *v.* 4
wind **viento** *m.*
window **ventana** *f.* 2
windshield **parabrisas** *m., sing.* 11
windy: It's (very) windy. **Hace (mucho) viento.** 5
wine **vino** *m.* 8
  red wine **vino tinto** 8
  white wine **vino blanco** 8
wineglass **copa** *f.* 12
winter **invierno** *m.* 5
wish **desear** *v.* 2; **esperar** *v.* 13
  I wish (that) **Ojalá que** 13
with **con** *prep.* 2
  with me **conmigo** 4
  with you **contigo** *fam.*
within **dentro de** *prep.* 16
without **sin** *prep.* 13, 15; **sin que** *conj.* 13
  without a doubt **sin duda**
woman **mujer** *f.* 1
wool **lana** *f.* 6

(made of) wool **de lana** 6
word **palabra** *f.* 1
work **trabajar** *v.* 2; **funcionar** *v.* 11; **trabajo**
    m. 16
    work (*of art, literature, music, etc.*)
        obra *f.*
    work out **hacer** *v.* **gimnasia** 15
world **mundo** *m.* 13
worldwide **mundial** *adj. m., f.*
worried (about) **preocupado/a (por)**
    adj. 5
worry (about) **preocuparse** *v.* **(por)** 7
    Don't worry. **No se preocupe.** *form.* 7;
        No te preocupes. *fam.* 7
worse **peor** *adj. m., f.* 8
worst **el/la peor** 8; **lo peor**
Would you like to? **¿Te gustaría?**
write **escribir** *v.* 3
    write a letter/post card/e-mail
    message **escribir una carta/(tarjeta)**
        postal/mensaje *m.* **electrónico** 4
writer **escritor(a)** *m., f.* 16
written **escrito/a** *p.p.* 15
wrong **equivocado/a** *adj.* 5
    be wrong **no tener** *v.* **razón** 3

X

X-ray **radiografía** *f.* 10

Y

yard **jardín** *m.* 12; **patio** *m.*
year **año** *m.* 5
    be… years old **tener** *v.* … **años** 3
yellow **amarillo/a** *adj.* 6
yes **sí** *interj.* 1
yesterday **ayer** *adv.* 6
yet **todavía** *adv.* 5
yogurt **yogur** *m.*
you **tú** *sub. pron. fam. sing.* 1; **usted** *sub.*
    pron. form. sing. 1; **vosotros/as** *sub. pron.*
    fam. pl. 1; **ustedes** *sub. pron. form. pl.* 1; **te**
    d. o. pron. fam. sing. 5; **lo** *d. o. pron. m.*
    form. sing. 5; **la** *d. o. pron. f. form. sing.* 5;
    os *d. o. pron. fam. pl.* 5; **los** *d. o. pron. m.*
    form. pl. 5; **las** *d. o. pron. f. form. pl.* 5; **le(s)**
    i. o. pron. form. 6;
    you are **tú eres** *fam. sing.* 1; **usted es**
        form. sing. 1; **vosotros/as sois** *fam. pl.*
        1; **ustedes son** *form. pl.* 1
    You don't say! **¡No me digas!** *fam.;*
        ¡No me diga! *form.* 11
    You're welcome. **De nada.** 1; **No hay**
        de qué. 1
young **joven** *adj.* 3
    young person **joven** *m., f.* 1
    young woman **señorita** *f.* 2
younger **menor** *adj. m., f.* 3

younger brother, sister **hermano/a**
    menor *m., f.* 3
youngest **el/la menor** *m., f.* 8
your **su(s)** *poss., adj., form.* 3
    your **tu(s)** *poss., adj., fam. sing.* 3
    your **vuestro(s)/a(s)** *poss., adj.*
        form., pl.
    your(s) *form.* **suyo(s)/a(s)**
        poss. pron., form. 11
    your(s) **tuyo(s)/a(s)** *poss.,*
        fam., sing. 11
youth **juventud** *f.* 9; (*young person*) **joven**
    m., f. 1

Z

zero **cero** *m.* 1

ÍNDICE

Text Credits

320–321 © Carlos Fuentes, un fragmento de *La Muerte de Artemio Cruz*, 1962, reprinted by permission of Carmen Ballcels Agencia Literaria.

344–345 © Cristina Peri Rossi, "14," de *Indicios Pánicos*, 1970, reprinted by permission of the author.

364–365 © Augusto Monterroso, *Imaginación y destino*, Santiago, Mosquito, 1999, reprinted by permission of International Editors' Co. Barcelona.

Fine Art

91 *Triptych of the Rains: Part 3, To Turn Green Again* by Tomás Sánchez.

94 *(Caña de azúcar)* by Diego Rivera.

369 *Las Meninas* by Diego Rodríguez de Silva y Velázquez.

Illustration Credits

Sophie Casson: 13, 15, 16, 37, 59, 61, 74, 101 (t), 109, 122, 135 (r), 148, 161, 170, 179, 183, 203, 242, 251, 262, 275, 300, 339, 341. **Debra Spina Dixon:** 3, 24, 25, 51, 72 (r), 73, 88, 98, 99, 120, 121, 129, 146, 147, 168, 169, 194, 216, 217, 240, 241, 260, 261, 286, 287, 306, 307, 330, 331, 350. **Hermann Mejía:** 227. **Sebastia Serra:** 72 (l). **Pere Virgili:** 50, 52, 65, 107, 111, 113, 114, 135 (l), 164, 165, 177, 195, 269, 332, 343. **Yayo:** 5, 27, 53, 75, 100 (b), 123, 149, 171, 197, 219, 243, 263, 289, 302, 303, 309, 333, 353.

Photography Credits

AGEfotostock: 278. **Martín Bernetti:** 1, 2 (t, l), 3, 4, 5 (l,m), 9 (l, tr), 11 (left column: all; right column: tm, tr, bl, bm, br), 14 (b), 18, 19 (t), 24, 25, 31 (bl), 33 (t, ml,bl,br), 35, 38 (bl), 40 (tr, b), 41 (t), 49, 50, 51 (t, b), 52 (tm, bl, bm, mr), 57 (tr, ml), 59 (left column: tr, bm, br), 61 (tl, mr, br), 62 (t), 63 (ml, bl, br), 66 (tr), 67, 68 (t), 69, 71, 73 (tm), 74 (tl, tmr, tr, br), 84 (t), 85 (l), 87 (left column: tl, tr, bl), 88 (tl, tr), 89, 97, 98, 99 (t), 100 (l, m), 104, 105 (b), 107, 113, 119, 121, 122 (b), 127 (tr, bl), 131, 134, 137, 138-139, 145, 146, 147 (tl, b), 148 (tml, tmr, bl, bmr), 153, 155 (tl, tr, ml, bl), 157 (t, m), 159, 162, 167, 168 (t), 169 (tl, tr, br), 181 (tm, bm, br), 184, 194 (tr), 205 (m, r), 209 (ml, mr, br), 212 (t), 213, 215, 216, 217, 223 (tr, b), 232, 240, 241, 247 (tr), 249, 253, 254, 255, 260 (tl), 261, 262 (l), 267 (tr), 285, 286 (tl, br), 330 (t, b), 287 (tr, bl), 288 (l, ml, b), 298 (t), 299, 305, 306 (tr, mr, bl), 307 (tl, b), 308, 313 (bl), 321, 331, 337 (tr), 338 (tm, bm), 345 (t), 346, 349, 350 (tr, bl, br), 351 (b), 365 (tl). **Antonio Contreras Martínez:** 31 (m), 79 (bl). **Corbis:** xxvi (b) © Kevin Schafer. 15 (ml) © Mitchell Gerber, (b) © Reuters/Mike Blake. 19 (b) © Sandy Felsenthal. 26 (l) © Bettmann, (r) © Yann Arthus-Bertrand. 31 (tr) © Jon Hicks. 38 (br) © Reuters/Marc Serota. 45 © Shaul Schwarz. 46 (tl) © Buddy Mays, (tr) © Patrick Ward, (bl) © Mitchell Gerber, (bml) © Rufus F. Folkks, (bmr) © Reuters/Jim Ruymen, (br) © Corbis. 47 (t) © Danny Lehman. 52 (tr) © LWA-Dann Tardif. 59 (left column: bl) © Catherine Karnow, (right column: tl) © Ted Spiegel, (tl) © Manuel Zambrana, (bl) © Mark E. Gibson, (br) © Reuters/Juergen Schwarz. 72 (b) © Jeffrey L. Rotman. 73 (tl) © Galen Rowell, (tr) © Neal Preston, (bl) © David Samuel Robbins. 79 (tl) © Reuters/Desmond Boylan, (tr) © Tim De Waele. 83 (tl, tr) © Duomo/Chris Trotman, (bl) © Warren Morgan. 94 (tl) © Morton Beebe, (bl) © Bettmann. 95 (b) © Brian A. Vikander. 105 (tr) © Nik Wheeler, (ml) © Danny Lehman. 109 (t) © Duomo/Chris Trotman, (tl) © Sergio Carmona, (tm) © Reuters/Allen Fredrickson, (tr, bl) © Duomo/Steven E. Sutton, (bm) © Henry Diltz, (br) © Reuters/Gary Hershorn. 141 © Dave G. Houser. 142 (bl, br) © Reuters/Mike Segar. 143 (t, b) © Jeremy Horner, (m) © Steve Chenn. 168 (b) © Lois Ellen Frank. 175 (tl) © Owen Franken, (tr) © Reuters/Ricky Rogers. 189 © Galen Rowell. 191 (t) © Francoise de Mulder, (bl) © Rick Price, (br) © Moshe Shai. 193 © Gabe Palmer. 201 (tr) © Patrick Ward, (ml) © Danny Lehman, (b) © Reuters/Enrique Shore. 231 © Stephanie Maze. 235 © Duomo/William Sallaz. 236 (t) © Javier Pierini. 237 (tl) © Owen Franken, (tr) © Miki Kratsman. 239 © PictureNet. 247 (tl) © Abilio Lope. 256 © Naijah Feanny-Hicks. 267 (tl) © Owen Franken, (b) © K. M. Westermann. 277 © Tony Arruza. 281 © Owen Franken. 282 (l) © Dave G. Houser, (r) © Craig Lovell. 283 (tr) © Tony Arruza, (b) © Yann Arthus-Bertrand. 286 (tr) © Kevin Schafer. 288 (mr) © Stephanie Maze, (r) © Roger Tidman. 293 (tl) © Corbis, (bl) © Hubert Stadler. 313 (tr) © Patrick Ward. 322 © Randy Faris. 323 © Keith Dannemiller. 325 © Bettmann. 326 (tl) © Jacques M. Chenet, (br) © Bettmann. 327 (t) © Bernard Bisson, (b) © Bill Gentile. 337 (tl) © Joel W. Rogers, (b) © Pablo San Juan. 338 (b) © Westlight Stock/OZ Productions. 342 © Michael Keller. 357 (tl) © Sergio Dorantes, (tr) © Steve Azzara, (b) © Bill Gentile. 366 © Catherine Karnow. 369 © Elke Stolzenberg. 370 (t) © Patrick Ward, (b) © Reuters/ Heino Kalis. **Dominicanada:** 47 (b). **Darío Eusse Tobón:** iii, 2 (br), 5 (r), 9 (b), 11 (right column: tl), 12 (t), 23, 33 (mr), 40 (tl), 52 (tl), 57 (bl), 59 (left column: tl, tm), 61 (tr), 63 (t), 66 (b), 68 (br), 72 (tr), 73 (br), 74 (tml, bl), 87 (left column: br; right column: t), 88 (b), 99 (b), 100 (r), 122 (b), 133 (left column: l), 135, 136, 147 (tr), 148 (tl, tr, bml, br), 155 (mr, br), 157 (b), 177, 181 (tr, bl), 185, 194 (tl, br), 205 (l), 209 (t), 211, 212 (b), 223 (ml), 229, 230, 242, 259, 260 (br), 262 (r), 273, 298 (b), 306 (br), 307 (tr), 317, 319, 320, 329, 330 (m), 332, 338 (t), 344, 350 (l), 351 (l), 365 (tr). **Linde Gee:** 313 (tl). **Getty Images:** 72 (tl) © John Kelly. 90 (t) © Phil Hunt, (b) © Ghislain & Marie David de Lossy. 190 (b) © Ken Fisher. **Carlos Gaudier:** 116, 117. **Alejandro Isaza Saldarriaga:** 62 (b), 63 (mr). **Latin Focus:** 15 (t, br) © Jimmy Dorantes, (bm) © John Castillo. 59 (ml) © Vince Bucci, (mr) © Jimmy Dorantes. 293 © Scott Sady. **Carolina Patiño Andrade:** 66 (tl). **Diana Patiño de Gee:** 175 (m). **Gloria Elena Restrepo:** 51 (m), 59 (b), 209 (bl). **Doren Spinner:** 127 (l), 142 (tl, tr), 287 (tl), 301, 371 (t), 345 (br).

About the Authors

Philip Redwine Donley received his M.A. in Hispanic Literature from the University of Texas at Austin in 1986 and his Ph.D. in Foreign Language Education from the University of Texas at Austin in 1997. Dr. Donley taught Spanish at Austin Community College, Southwestern University, and the University of Texas at Austin. He published articles and conducted workshops about language anxiety management, and the development of critical thinking skills, and was involved in research about teaching languages to the visually impaired. Dr. Donley was also the co-author of **AVENTURAS**, **VISTAS** and **PANORAMA**, three other introductory college Spanish textbook programs published by Vista Higher Learning.

José A. Blanco founded Vista Higher Learning in 1998. A native of Barranquilla, Colombia, Mr. Blanco holds degrees in Literature and Hispanic Studies from Brown University and the University of California, Santa Cruz. He has worked as a writer, editor, and translator for Houghton Mifflin and D.C. Heath and Company and has taught Spanish at the secondary and university levels. Mr. Blanco is also the co-author of several other Vista Higher Learning programs: **VISTAS** and **PANORAMA** at the introductory level, **VENTANAS**, **FACETAS**, and **ENFOQUES** at the intermediate level, and **REVISTA** at the advanced conversation level.

Islas Galápagos

Mar Caribe

Barranquilla
Maracaibo
Caracas
Puerto España
Trinidad y Tobago
Venezuela
Georgetown
Paramaribo
Cayena
Guyana
Surinam
Medellín
Colombia
Bogotá
Cali
R. Orinoco
Guayana Francesa
Pasto
R. Magdalena
R. Negro
R. Amazonas
Belém
Ecuador
Quito
Guayaquil
Iquitos
Manaus
R. Madeira
Perú
Recife
Lima
Cuzco
Salvador
Arequipa
Lago Titicaca
Brasil
La Paz
Sucre
Bolivia
Brasilia
Arica
Iquique
R. Paraguay
Belo Horizonte
Antofagasta
São Paulo
Río de Janeiro
Santos
R. Paraná
Salta
Paraguay
Asunción
Córdoba
R. Paraná
Rosario
Porto Alegre
Chile
Valparaíso
Mendoza
Santiago
Buenos Aires
Uruguay
Montevideo
Concepción
Argentina
Bahía Blanca
Puerto Montt

Cordillera de los Andes

Océano Pacífico

Océano Atlántico

Estrecho de Magallanes
Punta Arenas
Tierra del Fuego
Islas Malvinas

América del Sur

Océano Pacífico

Isla Pinta
Isla Marchena
Isla Genovesa
Isla Isabela
Línea Ecuatorial
ECUADOR
Volcán Darwin
Isla Santiago (San Salvador)
Isla Fernandina
Puerto Ayora
Isla Santa Cruz
Isla San Cristóbal
Santo Tomás
Puerto Barquerizo Moreno
Isla Santa María
Isla Española

N
O E
S